최신 개정판

파고다 JLPT

N2

일본어능력시험

해설 및 모의고사

PAGODA Books

파고다 JLPT N2
일본어능력시험

초 판 1쇄 인쇄 2018년 2월 23일
개정판 1쇄 발행 2023년 7월 2일

지 은 이 | 박은정
펴 낸 이 | 박경실
펴 낸 곳 | **PAGODA Books** 파고다북스
출판등록 | 2005년 5월 27일 제 300-2005-90호
주 소 | 06614 서울특별시 서초구 강남대로 419, 19층(서초동, 파고다타워)
전 화 | (02) 6940-4070
팩 스 | (02) 536-0660
홈페이지 | www.pagodabook.com

ISBN 978-89-6281-901-4 (13730)

파고다북스 www.pagodabook.com
파고다 어학원 www.pagoda21.com
파고다 인강 www.pagodastar.com
테스트 클리닉 www.testclinic.com

낙장 및 파본은 구매처에서 교환해 드립니다.

머리말

일본어 교육을 전공하면서, 특히나 저자는 수많은 분야 중에서도 일본어 교재와 교구에 많은 관심을 가지고 연구를 해왔습니다. 그리고 연구를 하면서 나중에 혹시라도 책을 집필할 기회가 된다면 학습자들이 조금 더 쉽고 편하게 일본어에 접근할 수 있도록 도와주는 "완벽한 교재"를 만들어 보고 싶다는 마음을 조심스럽게 품고 있었습니다.

물론, 사람마다 접근하는 방식이 다르고 느끼는 것이 다르기 때문에 완벽한 교재란 있을 수 없을 것입니다. 그러나 저자가 생각하는 "완벽한 교재"란 기초부터 문제 풀이 및 활용까지 논스톱으로 함께 할 수 있는 책이기 때문에 감히 완벽이란 말을 쓰고 싶습니다.

본서는 2010년에 바뀐 신경향에 맞춰 집필했습니다. 또한 최근의 2022년까지의 기출 문제를 철저히 분석하여, 어느 부분에 초점을 맞추어 공부를 하는 것이 가장 효율적인지에 대해 끊임없이 고민했습니다. 덧붙여 그동안 강의를 하면서 학생들이 공통적으로 어려워하는 부분에 대한 노하우 등까지도 모두 담으려 노력했습니다.

먼저 이론을 꼼꼼하게 잘 정리한 후, 문제를 풀어봄으로써 실전 감각을 기르고 그 후 실제 시험처럼 응시해보는 모의고사까지 3단계로 구성되어 있습니다. 책만 차근차근 잘 따라온다면 N2 기본 정리부터 실전 문제 풀이까지 전부 공부할 수 있습니다.

생텍쥐페리는 "계획 없는 목표는 한낱 꿈에 불과하다"라는 말을 남겼습니다. 저자가 아무리 연구 경험과 노하우를 모두 쏟아 넣어 '일본어 정복'이라는 목표를 가지고 있는 학습자에게 큰 도움이 되려고 노력한다 해도 학습자들이 자신들의 노력으로 교재의 내용을 자신의 것으로 만들지 못한다면 그저 서점에 진열되어 있는 수많은 교재 중 하나일 뿐이고, 학습자의 목표 또한 그저 하나의 꿈일 뿐일 것입니다.

학습자가 자신의 목표를 이루는 데 가장 중요한 계획 수립의 처음부터 끝까지 함께해야 비로소 저 역시 '완벽한 교재'라는 목표를 이룰 수 있을 것입니다.

강사로서 파고다에 큰 족적을 남길 수 있도록 허락해 주신 파고다교육그룹 박경실 회장님, 고루다 대표님과 이 책이 출판될 수 있도록 도와주신 관계자분들께 진심으로 감사 말씀드리며, 본서가 학습자와 동행하는 교재가 되어 함께 목표를 이룰 수 있길 기원합니다.

저자 **박은정**

구성

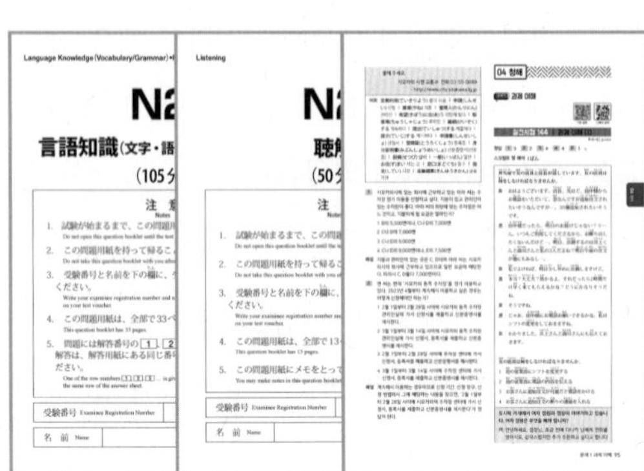

본서 1

실전 시험 해설 및 청해 스크립트
모의고사 1회·2회
모의고사 3회·4회 — 온라인 무료 다운로드
※ 모의고사 해설서(PDF)는
온라인 무료 열람/다운로드

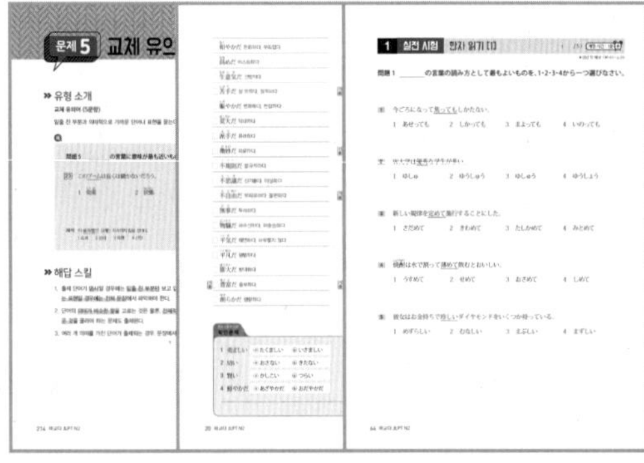

본서 2

유형파악
(유형 소개 ≫ 해답 스킬 ≫ 학습 대책)

기반 다지기 & 확인 문제
실전 시험 문제

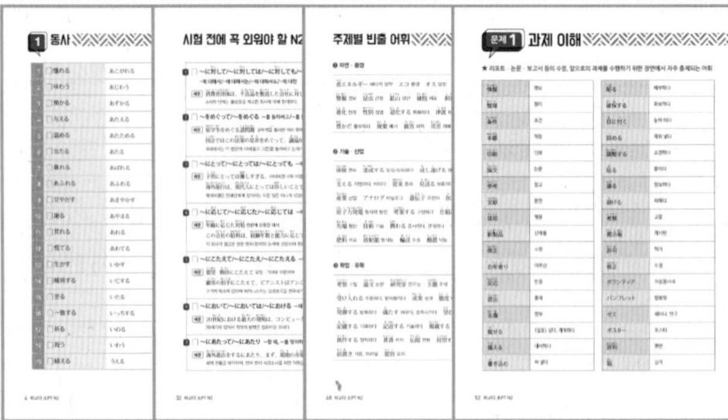

별책

시험 직전 마무리 체크북
문자·어휘 핵심 표현
문법 필수 표현
독해 주제별 빈출 어휘
청해 유형별 빈출 어휘

차례

본서 1 실전 시험 해설서 및 모의고사 문제집

* 01 문자·어휘는 각 유형 안에 '기반 다지기'를 나누어 수록했습니다

본서 2 유형파악 및 기반 다지기 + 실전 시험 158회

이 책의 특장점

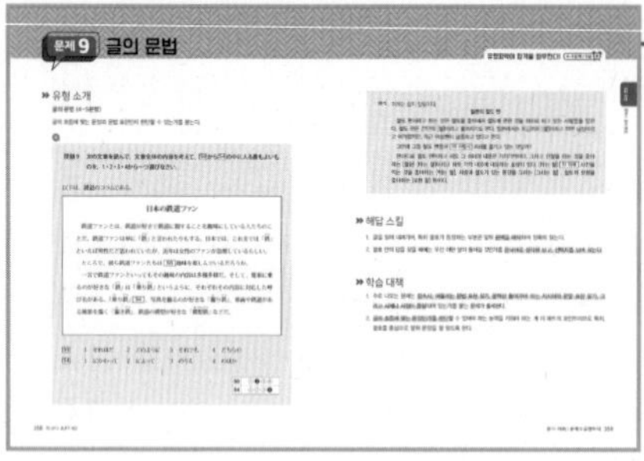

유형파악이 합격을 좌우한다

지피지기면 백전불태! 최신 기출 경향까지 모든 문항을 철저하게 분석하여, 저자의 노하우가 담긴 해답 스킬과 학습 방법을 제시했습니다. 각 유형을 전략적으로 접근해 풀이해 보세요.

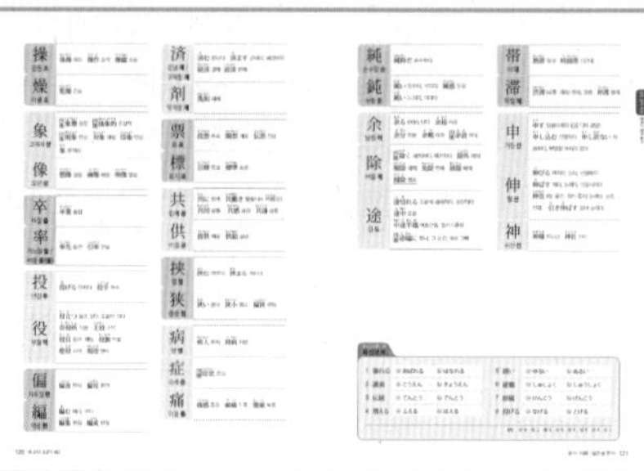

필수 어휘 • 표현으로 기반 다지기

문자 · 어휘, 문법 및 독해와 청해까지 모든 파트의 고득점을 위한 이론을 학습하며 기반을 다집니다. 역대 기출 어휘 및 문법을 별도로 표시하였고, 전략적인 분석을 바탕으로 예상 표현을 엄선했습니다. 간단한 확인 문제를 통해 학습한 어휘와 표현을 완전히 내 것으로 만들어 보세요.

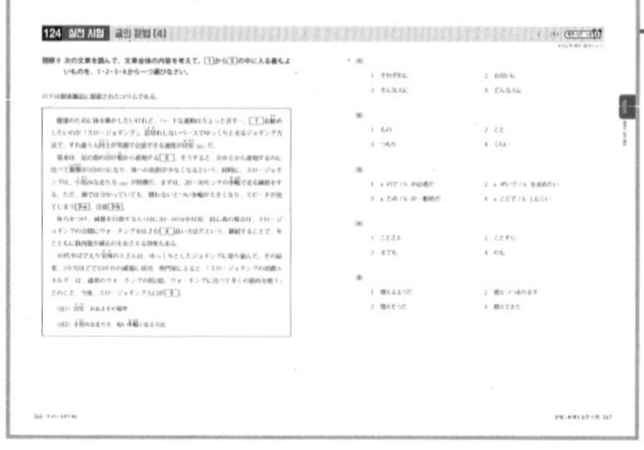

실전 문제 최다 수록

암기만 하는 학습으로 지친 여러분, 많이 풀어보면 합격이 보입니다! 문제를 풀어보면서 실전 감각을 올려보세요. 유형별로 총 158회나 되는 실전 문제를 수록하고, 마지막으로 점검해 볼 수 있는 모의고사 또한 4회를 준비했습니다.

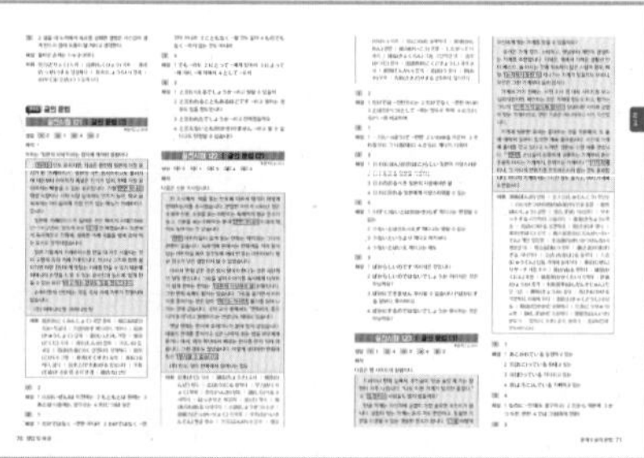

오답에서 정답으로 이끌어 줄 해설

모든 실전 시험 문제에 대한 상세한 해설을 제공합니다. (모의고사 해설은 온라인 제공) 각 문항에서 꼭 기억해야 할 핵심 포인트를 달아두었습니다. 필수 어휘도 함께 익혀두면 자연스럽게 어휘력이 향상될 것입니다.

활용도 높은 부가 학습자료

학습 스타일에 맞게 부가 자료를 활용하여, 빈틈없이 완벽하게 시험을 대비하세요. 단어학습 앱, 단어시험지 생성기, 받아쓰기 연습, 시험 직전 체크북 등 종합 선물 세트 같은 다양한 부가 자료를 마련했습니다. 독습자분들은 권장 학습플랜을 참고하거나 자신만의 플랜으로 계획을 세워 차근차근 따라와 보세요.

JLPT(일본어능력시험) 가이드

❶ Japanese Language Proficiency Test의 약자로 일본어를 모국어로 하지 않는 사람의 일본어 능력을 측정하는 검정 시험이다. 일본국제교육협회와 일본국제교류기금이 주최가 되어 1984년부터 실시해 오고 있으며, 2010년 새롭게 바뀐 시험 유형으로 연 2회 (7월, 12월 첫째 또는 둘째 주 일요일) 실시되고 있다. 1회(7월) 시험의 성적발표는 8월 말, 2회(12월) 시험의 성적발표는 1월 말경에 JLPT 홈페이지를 통해 확인할 수 있다.

❷ 시험은 N1, N2, N3, N4, N5로 나뉘어져 있어 수험자가 자신에게 맞는 레벨을 선택한다. 여기서 'N' 이라는 것은 새로움을 의미하는「New(新しい)」와 일본어의 의미인「Nihongo(日本語)」의 머리글자이다. 각 레벨에 따라 N1~N2는 언어지식(문자 · 어휘 · 문법) · 독해, 청해의 두 섹션으로, N3~N5는 언어지식(문자 · 어휘), 언어지식(문법) · 독해, 청해의 세 섹션으로 나뉘어져 있다.

시험과목과 시험시간 및 인정기준은 다음과 같으며, 인정기준을「읽기」,「듣기」의 언어 행동으로 나타낸다. 각 레벨에는 이들 언어행동을 실현하기 위한 언어지식이 필요하다.

레벨	인정기준
N1	폭 넓은 장면에서 사용되는 일본어를 이해할 수 있다. 읽기 · 논리적으로 약간 복잡하고 추상도가 높은 문장 등을 읽고, 문장의 구성과 내용을 이해할 수 있으며, 다양한 화제의 글을 읽고, 이야기의 흐름이나 상세한 표현 의도를 이해할 수 있다. 듣기 · 자연스러운 속도의 체계적 내용의 회화나 뉴스, 강의를 듣고, 내용의 흐름 및 등장인물의 관계나 내용의 논리 구성 등을 상세히 이해하거나, 요지를 파악할 수 있다.
N2	일상적인 장면에서 사용되는 일본어를 어느 정도 이해할 수 있다. 읽기 · 신문이나 잡지의 기사나 해설, 평이한 평론 등 논지가 명쾌한 문장을 읽고 문장의 내용을 이해할 수 있으며, 일반적인 화제에 관한 글을 읽고, 이야기의 흐름이나 표현 의도를 이해할 수 있다. 듣기 · 자연스러운 속도의 체계적 내용의 회화나 뉴스를 듣고, 내용의 흐름 및 등장인물의 관계를 이해하거나, 요지를 파악할 수 있다.
N3	일상적인 장면에서 사용되는 일본어를 어느 정도 이해할 수 있다. 읽기 · 일상적인 화제에 구체적인 내용을 나타내는 문장을 읽고 이해할 수 있으며, 신문의 기사 제목 등에서 정보의 개요를 파악할 수 있다. 일상적인 장면에서 난이도가 약간 높은 문장을 바꿔 제시하며 요지를 이해할 수 있다. 듣기 · 자연스러운 속도의 체계적 내용의 회화를 듣고, 이야기의 구체적인 내용을 등장인물의 관계 등과 함께 거의 이해할 수 있다.
N4	일상적인 장면에서 사용되는 일본어를 어느 정도 이해할 수 있다. 읽기 · 기본적인 어휘나 한자로 쓰여진, 일상생활에서 흔하게 일어나는 화제의 문장을 읽고 이해할 수 있다. 듣기 · 일상적인 장면에서 다소 느린 속도의 회화라면 거의 내용을 이해할 수 있다.
N5	일상적인 장면에서 사용되는 일본어를 어느 정도 이해할 수 있다. 읽기 · 히라가나나 가타카나, 일상생활에서 사용되는 기본적인 한자로 쓰여진 정형화된 어구나, 문장을 읽고 이해할 수 있다. 듣기 · 일상생활에서 자주 접하는 장면에서 느리고 짧은 회화로부터 필요한 정보를 얻어낼 수 있다.

2 시험 과목 및 시험 시간

레벨	시험과목 (시험시간)		휴식	2교시
N1	언어지식 (문자 • 어휘 • 문법) • 독해 (110분)		20분	청해 (60분)
N2	**언어지식 (문자 • 어휘 • 문법) • 독해 (105분)**			**청해 (50분)**
N3	언어지식 (문자 • 어휘) (30분)	언어지식 (문법) • 독해 (70분)		청해 (40분)
N4	언어지식 (문자 • 어휘) (30분)	언어지식 (문법) • 독해 (60분)		청해 (35분)
N5	언어지식 (문자 • 어휘) (25분)	언어지식 (문법) • 독해 (50분)		청해 (30분)

※ N3 - N5의 경우, 1교시에 언어지식(문자·어휘)과 언어지식(문법)·독해가 쉬는 시간 없이 바로 이어서 실시된다.

3 준비물 및 규정 신분증 종류

★ 규정신분증, 연필 또는 샤프(볼펜 및 사인펜은 사용 불가), 지우개, 아날로그 손목시계(전자식 시계 불가) ★

구분	규정 신분증	분실 시 대체 신분증
일반인, 대학생	주민등록증, 운전면허증, 기간 만료 전의 여권, 공무원증, 장애인복지카드, 정부24 주민등록증 모바일 확인서비스, 모바일 운전면허증(경찰청 발행), 모바일 공무원증	해당 주민센터에서 발급한 기간 만료 전의 '주민등록증 발급 신청 확인서'
중 · 고등 학생	주민등록증, 기간 만료 전의 여권, 학생증, 청소년증, 장애인복지카드	JLPT 신분확인증명서 발급양식 (JLPT 홈페이지 다운로드)
초등학생	기간 만료 전의 여권, 주민등록등(초)본, 건강보험증, 청소년증, 장애인복지카드	
군인	주민등록증, 운전면허증, 기간 만료 전의 여권, 공무원증(장교, 부사관, 군무원), 공익근무요원증	
외국인	기간 만료 전의 여권, 외국인등록증, 국내거소신고증, 영주증	없음

※ 인정되지 않는 신분증 : 대학(원)학생증, 국제운전면허증, 통신사 PASS 모바일 운전면허 확인 서비스, 밀리패스, 유효기간이 지난 신분증, 원본이 아닌 촬영/복사본 등 상기 규정에 명시되지 않은 신분증

4 시험 점수 / 결과 통지

레벨	배점구분	득점범위
N1	언어지식(문자 · 어휘 · 문법) 독해 청해 종합배점	0~60 0~60 0~60 0~180
N2	**언어지식(문자 · 어휘 · 문법)** **독해** **청해** **종합배점**	**0~60** **0~60** **0~60** **0~180**
N3	언어지식(문자 · 어휘 · 문법) 독해 청해 종합배점	0~60 0~60 0~60 0~180
N4	언어지식(문자 · 어휘 · 문법), 독해 청해 종합배점	0~120 0~60 0~180
N5	언어지식(문자 · 어휘 · 문법), 독해 청해 종합배점	0~120 0~60 0~180

(1) 합격/불합격의 판정

종합득점과 각 득점 구분의 기준점 두 개에서 합격 여부 판정이 실시된다. 기준점이란, 각 득점 구분으로 적어도 이 이상은 필요하다라고 하는 득점이다. 득점 구분의 득점이 하나라도 기준점에 이르지 못하면, 종합득점이 아무리 높아도 불합격이다. 각 득점 구분에 기준점을 두는 것은 학습자의 일본어 능력을 종합적으로 평가하기 위함이다.

〈2010년 일본어 능력시험의 합격 / 불합격 판정기준〉

레벨	합격점	기준점		
		언어지식	독해	청해
N1	100	19	19	19
N2	90	19	19	19
N3	95	19	19	19
N4	90	38		19
N5	80	38		19

(2) 시험 결과 통지의 예

다음 예와 같이 ① '득점구분 별 점수'와 득점구분 별 점수를 합계한, ② '종합득점', 추후 일본어 학습을 위한 ③ '참고 정보'를 통지한다. ③ '참고 정보'는 합격/불합격과는 관련 없다.

예 N3를 수험한 Y 씨의 '합격/불합격 통지서'의 일부성적정보 (실제 서식은 변경 가능)

① 득점구분 별 점수			② 종합득점
언어지식 (문자 · 어휘 · 문법)	독해	청해	
50/60	30/60	40/60	120/180

↓

③ 참고 정보 ※	
문자 · 어휘	문법
A	C

A 잘했다 (정답률 67% 이상)

B 보통이다 (정답률 34% 이상 67% 미만)

C 잘하지 못했다 (정답률 34% 미만)

※ 언어지식(문자 · 어휘 · 문법)'에 대해서, 참고 정보를 보면 '문자 · 어휘'는 A(정답률 67% 이상)로 '잘했다', '문법'은 C(정답률 34% 미만)로 '잘하지 못했다'는 것을 알 수 있다.

(3) 득점등화란?

서로 다른 시기에 실시되는 시험에서는 출제되는 문제가 다르므로 아무리 신중하게 출제를 해도 매회 시험의 난이도가 다소 변동하게 된다. 따라서 2010년 개정된 시험에서는 '등화' 방법을 통해 다른 시기에 실시된 시험 득점을 공통 척도상의 득점으로 표시하여 서로 비교할 수 있도록 했다.

예를 들어 Z씨가 어느 해 7월과 12월에 N2를 수험했을 경우 득점 구분의 '청해' 결과를 표시했다. 이 두 번의 시험은 7월보다 12월이 어려웠다고 하자. Z씨가 두 번의 시험 모두에서 푼 전체 20문제 중 10문제가 정답이었을 경우, 정답 수만을 비교하면 Z씨의 능력에는 변화가 없는 것처럼 보인다. 한편 등화에 따라 얻은 척도 점수는 7월은 30점, 12월은 35점으로 어려웠던 12월 시험의 득점이 높다. 이와 같이 시험 결과를 척도득점으로 표시함으로써 시험 난이도의 영향을 받지 않고 수험자의 능력 향상도를 확인할 수 있다.

예

	7월	12월
'청해' 정답 수	20문제 중 10문	20문제 중 10문제
등화된 '청해' 척도득점	30점	35점

5 문제 구성

각 레벨에서 출제되는 문제의 구성과 문제 수는 아래와 같다.

시험과목		문제의 종류	문제 수 ※				
			N1	**N2**	N3	N4	N5
1교시 언어지식 · 독해	문자 · 어휘	한자 읽기	6	**5**	8	7	7
		한자 표기	-	**5**	6	5	5
		단어 형성	-	**5**	-	-	-
		문맥 규정	7	**7**	11	8	6
		대체 유의어	6	**5**	5	4	3
		용법	6	**5**	5	4	-
		문제 수 합계	25	**32**	35	28	21
	문법	문법 형식의 판단	10	**12**	13	13	9
		문장 완성	5	**5**	5	4	4
		글의 문법	5	**5**	5	4	4
		문제 수 합계	20	**22**	23	21	17
	독해 ※	내용 이해 : 단문	4	**5**	4	3	2
		내용 이해 : 중문	9	**9**	6	3	2
		내용 이해 : 장문	4	**-**	4	-	-
		통합 이해	2	**2**	-	-	-
		주장 이해 : 장문	4	**3**	-	-	-
		정보 검색	2	**2**	2	2	1
		문제 수 합계	25	**21**	16	8	5
2교시 청해		과제 이해	6	**5**	6	8	7
		포인트 이해	7	**6**	6	7	6
		개요 이해	6	**5**	3	-	-
		발화 이해	-	**-**	4	5	5
		즉시 응답	14	**12**	9	8	6
		통합 이해	4	**4**	-	-	-
		문제 수 합계	37	**32**	28	28	24

※ '문제 수'는 매회 시험에서 출제되는 기준으로, 실제 출제 수는 다소 다를 수 있음.

※ '독해'에서는 하나의 본문에 대해 복수의 문제가 있는 경우도 있음.

활용법 및 필승 합격 전략

» 합격 가이드라인

클래스카드 단어암기 앱 이용

'클래스카드' 앱은 무료로 다운로드 가능합니다. 앱에서 교재명 〈파고다 JLPT N2 개정판〉을 검색하여 등록된 어휘 리스트를 확인할 수 있습니다. 암기 학습, 간단한 퀴즈 기능을 통해 JLPT 합격의 핵심인 어휘력을 탄탄하게 쌓아보세요.

단어시험지 자동생성기 무한 생성

파고다북스 사이트 www.pagodabook.com에서 언제든지 횟수 제한 없이 무료로 이용 가능합니다. 테스트하고자 하는 범위를 마음대로 선택할 수 있습니다. 단어시험을 통해 열심히 암기한 어휘를 점검해 보세요.

다양한 버전의 음원으로 귀 뚫기

기본 음원 외에도 1.2배속 음원, 고사장 음원까지 다양한 버전의 음원을 제공합니다. 학습 진도에 따라 다양한 음원을 적용해 보며 시험 전까지 귀가 뚫리는 경험을 해보세요.

청해 받아쓰기 연습

청해 받아쓰기 연습장과 함께 제공되는 MP3를 들으며, 빈칸을 채워 넣어보세요. 핵심 어휘와 표현을 한 번 더 체크하고, 청해 파트의 대화 흐름을 파악하면서 듣기 실력을 한 단계 더 올려보세요.

실전 문제 최다 수록! 유형별 실전 시험 158회 + 모의고사 4회

문자•어휘 100회, 문법 25회, 독해 18회, 청해 15회, 총 158회의 실전 시험 문제를 수록하여 실제 시험에 철저히 대비할 수 있습니다. 모든 내용을 학습한 후 최종 점검을 위한 모의고사 또한 4회(본서 2회분 + 온라인 다운로드 2회분)를 제공합니다. 모의고사에 대한 해설은 온라인에서 바로 확인해 보세요.
(QR 스캔 또는 파고다북스 사이트 다운로드)

얇고 소중한 시험 직전 체크북

시험 직전에 빠르게 훑어볼 수 있도록 핵심 내용만 엄선하여 소책자로 만들었습니다. 고사장까지 가볍게 들고 가면서 마지막까지 눈에 담아보세요.

» 필승 합격 4-step 전략

STEP 1

1교시 필승 전략

❶ 기반 다지기 학습 ···› 기출 단어는 필수 체크 + 확인 문제로 정리해요~

❷ 앱을 이용해서 암기 및 점검

❸ 무제한 단어시험지 자동생성기로 학습한 어휘 · 표현을 체크 업

★ 많이 풀어볼수록 합격에 가까워진다! 유형 소개를 통해 문제 이해 후 실전 시험 풀어보기

STEP 2

2교시 필승 전략

❶ 기반 다지기를 통해 빈출 표현•질문•어휘 등 익히기

❷ 다양한 버전의 음원 들으며 앞에서 익힌 표현을 확인하며 귀 트이기

❸ 청해 받아쓰기 연습으로 듣기 실력 늘리기

★ 많이 풀어볼수록 합격에 가까워진다! 유형 소개를 통해 문제 이해 후 실전 시험 풀어보기

STEP 3

시험이 다가온다

모의고사를 통해 최종 학습 점검하기 ···› 4회나 풀어볼 수 있어요!

STEP 4

디데이까지 손가락으로 셀 수 있다

시험 직전 체크북으로 요약 복습 ···› 얇고 소중한 엑기스 체크북은 시험장까지 함께 해요~

다양한 부가 학습자료 선물 세트

단어학습 앱 I 단어시험지 생성기 I MP3 I 받아쓰기(+MP3) I 문제 풀기 I 모의고사 I 해설서 I 소책자 별책

부가 학습자료 다운로드 및 MP3 스트리밍 재생

파고다북스 홈페이지 www.pagodabook.com

학습 플랜/My 플랜

4주 완성

	1일	2일	3일	4일	5일	6일	7일
1주	☐ p.6~34	☐ p.35~62	☐ p.64~93	☐ p.94~123	☐ p.124~143	☐ p.144~161	☐ p.162~171
My plan	☐	☐	☐	☐	☐	☐	☐
2주	☐ p.172~192	☐ p.194~213	☐ p.214~231	☐ p.232~249	☐ p.252~281	☐ p.282~295	☐ p.296~312
My plan	☐	☐	☐	☐	☐	☐	☐
3주	☐ p.313~323	☐ p.324~345	☐ p.346~357	☐ p.358~369	☐ p.372~381	☐ p.382~415	☐ p.416~447
My plan	☐	☐	☐	☐	☐	☐	☐
4주	☐ p.450~479	☐ p.480~507	☐ 모의고사 1회	☐ 모의고사 2회	☐ 모의고사 3회	☐ 모의고사 4회	☐ 마무리 체크북
My plan	☐	☐	☐	☐	☐	☐	☐

* 〈My Plan〉에는 직접 자신이 세운 학습 플랜을 기입하여 활용하세요.
* 8주 학습 완성을 원할 경우 '4주 완성' 플랜의 하루 분량을 이틀에 걸쳐서 학습하세요.

12주 완성

	1일	2일	3일	4일	5일	6일	7일
1주	☐ p.6~11	☐ p.12~16	☐ p.17~20	☐ p.21~26	☐ p.27~31	☐ p.32~36	☐ p.37~41
My plan	☐	☐	☐	☐	☐	☐	☐
2주	☐ p.42~47	☐ p.48~52	☐ p.53~57	☐ p.58~62	☐ p.64~70	☐ p.71~77	☐ p.78~85
My plan	☐	☐	☐	☐	☐	☐	☐
3주	☐ p.86~93	☐ p.94~98	☐ p.99~103	☐ p.104~108	☐ p.109~113	☐ p.114~118	☐ p.119~123
My plan	☐	☐	☐	☐	☐	☐	☐
4주	☐ p.124~129	☐ p.130~136	☐ p.137~143	☐ p.144~147	☐ p.148~151	☐ p.152~154	☐ p.155~157
My plan	☐	☐	☐	☐	☐	☐	☐

12주 완성

	1일	2일	3일	4일	5일	6일	7일
5주	☐ p.158~161	☐ p.162~171	☐ p.172~176	☐ p.177~182	☐ p.183~187	☐ p.188~192	☐ p.194~203
My plan	☐	☐	☐	☐	☐	☐	☐
6주	☐ p.204~213	☐ p.214~217	☐ p.218~221	☐ p.222~231	☐ p.232~235	☐ p.236~239	☐ p.240~249
My plan	☐	☐	☐	☐	☐	☐	☐
7주	☐ p.252~259	☐ p.260~267	☐ p.268~274	☐ p.275~281	☐ p.282~289	☐ p.290~297	☐ p.280~305
My plan	☐	☐	☐	☐	☐	☐	☐
8주	☐ p.306~314	☐ p.315~323	☐ p.324~345	☐ p.346~357	☐ p.358~369	☐ p.372~377	☐ p.378~381
My plan	☐	☐	☐	☐	☐	☐	☐

12주 완성

	1일	2일	3일	4일	5일	6일	7일
9주	☐ p.382~391	☐ p.392~407	☐ p.408~417	☐ p.418~423	☐ p.424~433	☐ p.434~441	☐ p.442~447
My plan	☐	☐	☐	☐	☐	☐	☐
10주	☐ p.450~459	☐ p.460~469	☐ p.470~479	☐ p.480~486	☐ p.488~492	☐ p.494~507	☐ 모의고사 1회
My plan	☐	☐	☐	☐	☐	☐	☐
11주	☐ 모의고사 1회 해설	☐ 모의고사 2회	☐ 모의고사 2회 해설	☐ 모의고사 3회	☐ 모의고사 3회 해설	☐ 모의고사 4회 해설	☐ 청해 받아쓰기 연습
My plan	☐	☐	☐	☐	☐	☐	☐
12주	☐ 문자 · 어휘 복습	☐ 문자 · 어휘 복습	☐ 문법 복습	☐ 문법 복습	☐ 독해 복습	☐ 청해 복습	☐ 마무리 체크북
My plan	☐	☐	☐	☐	☐	☐	☐

N2

실전모의고사(2회분)
&
해설집

차례

해설

실전 시험
158회분

해설

01 문자 어휘

문제1 한자 읽기

실전시험 1 | 한자 읽기 [1]

▶본서2 p.64

정답 1 1 2 2 3 1 4 1 5 1

1 **1** 이제 와서 초조해해도 소용없다.

해설 2 叱(しか)る 꾸짖다 3 迷(まよ)う 헤매다 4 祈(いの)る 빌다

어휘 今(いま)ごろ 이제 와서 | しかたない 소용없다

2 **2** W대학은 우수한 학생이 많다.

해설 앞뒤 한자를 장음으로 읽는 것에 주의한다.
[優] 훈독: 優(すぐ)れる 훌륭하다
優(やさ)しい 상냥하다
음독: 優勝(ゆうしょう) 우승

어휘 優秀(ゆうしゅう)だ 우수하다

3 **1** 새로운 규율을 정해서 시행하기로 했다.

해설 2 極(きわ)める 극하다, 다하다 3 確(たし)かめる 확인하다 4 認(みと)める 인정하다

어휘 規律(きりつ) 규율 | 施行(しこう)する 시행하다

4 **1** 소주는 물로 섞어서 연하게 해서 마시면 맛있다.

해설 2 責(せ)める 책하다, 나무라다 3 収(おさ)める 거두다 4 占(し)める 차지하다

어휘 割(わ)る 나누다, 깨뜨리다, (물을 타서) 묽게 하다

5 **1** 그녀는 부자여서 희귀한 다이아몬드를 몇 개나 가지고 있다.

해설 2 空(むな)しい 허무하다 3 眩(まぶ)しい 눈부시다 4 貧(まず)しい 가난하다

어휘 お金持(かねも)ち 부자

실전시험 2 | 한자 읽기 [2]

▶본서2 p.65

정답 1 1 2 4 3 4 4 4 5 1

1 **1** 그녀의 강점은 압도적이다.

해설 つ가 と와 만나면 촉음으로 변화한다. 음의 변화에 주의한다.

어휘 強(つよ)さ 강점 | 圧倒的(あっとうてき) 압도적

2 **4** 학생이 교사를 폭행한 사건은 세간에 충격을 주었다.

해설 [暴] 훈독: 暴(あば)れる 난폭해지다, 날뛰다
음독: 暴力(ぼうりょく) 폭력
[行] 훈독: 行(い)く 가다 / 行(おこな)う 행하다
음독(ぎょう/こう): 行事(ぎょうじ) 행사
行動(こうどう) 행동
음독이 두 개이므로 주의한다.

어휘 世間(せけん) 세간

3 **4** 이 장미는 선명한 빨간색이다.

해설 1 爽(さわ)やかだ 상쾌하다 2 穏(おだ)やかだ 온화하다 3 賑(にぎ)やかだ 북적거리다

어휘 赤色(あかいろ) 빨간색

4 **4** 추워서 떨릴 정도의 날씨였지만, 마지막까지 축제를 보았다.

해설 2 抱(かか)える 안다, (감)싸다 3 捉(とら)える 파악하다, 받아들이다

어휘 祭(まつ)り 축제

5 **1** 야마다 용의자는 자신의 죄를 순순히 인정했다.

해설 2 努(つと)める 힘쓰다, 노력하다 3 温(あたた)める 따뜻하게 하다, 데우다 4 固(かた)める 굳히다, 다지다, 확고히 하다

어휘 容疑者(ようぎしゃ) 용의자 | 罪(つみ) 죄 | すんなり 순순히

실전시험 3 | 한자 읽기 [3]

▶본서2 p.66

정답 1 4 2 4 3 1 4 3 5 1

1 **4** 회사의 이미지를 바꾸려고 여러 가지 이벤트를 개최했다.

해설 1 汚(よご)す 더럽히다 2 渡(わた)す 건네주다 3 戻(もど)す 되돌리다

어휘 変(か)える 바꾸다

2 **4** 실패하여 창피를 당했지만, 선배의 자상한 한마디에 위로받았다.

해설 恥(はじ)라는 한 글자 한자가 가끔 출제되니 알아 두고, 특히 숙어처럼 「恥(はじ)をかく 창피를 당하다」로 외워 두자.

어휘 失敗(しっぱい) 실패 | 恥(はじ) をかく 창피를 당하다 | 先輩(せんぱい) 선배 | 優(やさ) しい 상냥하다, 자상하다 | 一言(ひとこと) 한마디 | 慰(なぐさ)める 위로하다

3 **1** 선생님은 교실에 들어가자마자, 모두에게 소리치며 화내기 시작했다.

해설 怒(おこ)る 화내다 + 鳴(な)る 울리다
두 한자가 합쳐져 怒鳴(どな)る라고 특이하게 읽는다.
2 怒(いか)る 화내다 3 削(けず)る 깎다, 삭감하다
4 触(さわ)る 만지다

어휘 怒鳴(どな)る 고함치다, 호통치다

4 **3** 부모의 보호하에 자란 우리들은 항상 감사의 마음을 잊어서는 안 된다.

해설 [保] 훈독: 保(たも)つ 유지하다, 보존하다
음독: 保育(ほいく) 보육
[護] 음독: 看護(かんご) 간호
각각 음독으로 읽고 두 한자의 음독 모두 단음으로(짧게) 읽는다.

어휘 親(おや) 부모 | 保護(ほご) 보호 | 育(そだ)てる 자라다, 크다 | 感謝(かんしゃ) 감사

5 1 10세의 아이가 이 어려운 문제를 풀다니 정말 천재라고 하는 것이다.

해설 부사의 한자 읽기 문제가 가끔 출제되니 한자가 있는 부사도 알아두도록 하자.

어휘 解(と)く 풀다 | 天才(てんさい) 천재

실전시험 4 | 한자 읽기 [4]

본서2 p.67

정답 1 2 2 1 3 3 4 2 5 3

1 2 선생님으로서 성실하게 수업 준비를 하는 자세가 바람직하다.

해설 1 目覚ましい 눈부시다, 놀랍다 3 やかましい 요란스럽다, 시끄럽다 4 たくましい 용감하다

어휘 誠実(せいじつ) 성실 | 準備(じゅんび) 준비 | 姿勢(しせい) 자세

2 1 아름다운 정경이 눈에 선하다.

해설 앞뒤 한자가 장음으로 읽히는 것에 주의한다.

어휘 美(うつく)しい 아름답다 | 情景(じょうけい) 정경, 광경 | 目(め)に浮(う)かぶ 눈에 밟히다, 눈에 선하다

3 3 그녀는 주의 깊은 사람이다.

해설 用(よう) + 心(しん) = 用心(ようじん) 두 한자 모두 음독으로 읽는데 「마음 심 心(しん)」에서 음의 변화가 일어나니 주의하도록 한다.

어휘 深(ふか)い 깊다 | 用心(ようじん) 주의, 조심

4 2 골 앞에서 A 선수와 B 선수가 다투고 있다.

해설 1 整(ととの)う 정돈되다, 가지런해지다 3 戦(たたか)う 싸우다, 전쟁하다 4 教(おそ)わる 배우다, 가르침 받다

어휘 選手(せんしゅ) 선수

5 3 가난한 나라는 풍족한 나라로부터의 원조를 받고 있다.

해설 [助] 훈독: 助(たす)ける 돕다
음독: 補助(ほじょ) 보조
음독 「じょ」로 짧게 읽도록 한다.

어휘 貧(まず)しい 가난한 | 豊(ゆた)かな 풍족한

실전시험 5 | 한자 읽기 [5]

본서2 p.68

정답 1 3 2 2 3 3 4 1 5 2

1 3 우승하기 일보 직전이었는데 준우승으로 끝나버려 분해서 참을 수 없다.

해설 1 怪(あや)しい 수상하다 2 詳(くわ)しい 자세하다 4 激(はげ)しい 격하다, 심하다

어휘 あと一歩(いっぽ) 앞으로 한걸음, 일보 직전 | 準優勝(じゅんゆうしょう) 준우승

2 2 회사의 도산에 의해 주식이 하락했다.

해설 [下] 음독(か/げ): 地下(ちか) 지하 / 上下(じょうげ) 상하 / 下水(げすい) 하수 / 下車(げしゃ) 하차 / 下旬(げじゅん) 하순
「げ」로 읽을 때가 있으니 주의한다.

어휘 倒産(とうさん) 도산 | 倒(たお)れる 쓰러지다 | 株(かぶ) 주식

3 3 이것은 특별한 소재로 만들어져 있다고 한다.

해설 [素] 음독(す/そ): 素直(すなお)だ 순하다, 고분고분하다 / 水素(すいそ) 수소
음독이 두 개인데 여기에서는 「そ」로 읽는다.

어휘 特別(とくべつ) 특별

4 1 그는 감자 대신에 고구마를 경작하기로 했다.

해설 2 超(こ)す 넘다, 초과하다 3 隠(かく)す 숨기다 4 冷(ひ)やす 차게 하다

어휘 じゃがいも 감자 | さつまいも 고구마

5 2 그의 실수는 반쯤 나의 책임이라고 생각한다.

해설 [半] 음독: 半分(はんぶん) 절반
음독 읽기도 있으나 여기서는 훈독으로 「なかば」라 읽는다.

어휘 責任(せきにん) 책임

실전시험 6 | 한자 읽기 [6]

본서2 p.69

정답 1 4 2 3 3 2 4 3 5 1

1 4 그의 지적은 언제나 예리하다.

해설 1 鈍(にぶ)い 둔하다 2 渋(しぶ)い 떫다, 언짢다 3 苦(にが)い 쓰다(맛)

어휘 指摘(してき) 지적

2 3 A시와 B시의 경계에 강이 흐르고 있다.

해설 [境] 음독: 境界(きょうかい) 경계
음독 읽기도 있으나 여기서는 훈독으로 「さかい」라 읽는다.

어휘 流(なが)れる 흐르다

3 2 가게의 이익을 위해서 영업 방침을 바꿨다.

해설 두 한자 모두 음독으로 읽는다.

어휘 営業(えいぎょう) 영업 I 方針(ほうしん) 방침

4 3 야마다 씨는 상냥하고 순한 성격이다.

해설 [直]의 읽기가 다른 「正直(しょうじき) 정직」과 「率直(そっちょく) 솔직」도 자주 나오니 같이 알아 두자.

어휘 素直(すなお) 순함, 순수함

5 1 다른 문화를 접한 것이 계기가 되어 이 일을 시작했다.

해설 2 慣(な)れる 익숙해지다 3 恵(めぐ)まれる 혜택받다 4 憧(あこが)れる 동경하다

어휘 異文化(いぶんか) 이문화, 다른 문화 I きっかけ 계기

실전시험 7 I 한자 읽기 [7]

▶본서2 p.70

정답 1 3 2 2 3 2 4 3 5 3

1 3 매일 아침, 7시 정도에 잠이 깹니다.

해설 1 納(おさ)める 납입하다 収(おさ)める 거두다 2 染(そ)める 염색하다 4 褒(ほ)める 칭찬하다

어휘 目(め)が覚(さ)める 눈이 떠지다, 깨다

2 2 여러분의 솔직한 의견을 들려주세요.

해설 [率] 훈독: 率(ひき)いる 인솔하다
음독(そつ/りつ): 引率(いんそつ) 인솔 / 確率(かくりつ) 확률
이처럼 음독 읽기가 두 개 존재한다. 한국어 음으로 「솔: そつ/률: りつ」로 구별하면 쉽다.
「そつ」의 「つ」와 「ちょく」의 「ち」가 만나서 촉음으로 변하는 것에 주의한다.

어휘 意見(いけん) 의견

3 2 지금의 제도로 모두가 만족하고 있다고 단언할 수 있는가?

해설 [断] 음독(だん): 油断(ゆだん) 방심
훈독: 断(ことわ)る 거절하다
[言] 음독(ごん/げん): 伝言(でんごん) 전언 / 言語(げんご) 언어
두 가지 음독에 주의한다.

어휘 制度(せいど) 제도 I 満足(まんぞく) 만족

4 3 최근, 과학 기술은 현저한 진보를 보이고 있다.

해설 い형용사 중 레벨이 높은 어휘이기는 하나 최근 시험에 많이 출제되고 독해나 청해에서도 나오니 암기해 두자. 2번의 「輝(かがや)かしい 빛나다, 훌륭하다」도 중요하므로 기억해 둔다.

어휘 近年(きんねん) 최근 I 科学技術(かがくぎじゅつ) 과학 기술 I 著(いちじる)しい 현저하다 I 進歩(しんぽ) 진보

5 3 이상한 냄새가 나서 밖에 나가보았더니, 화재로 옆집이 불타고 있었다.

해설 匂(にお)いがする 냄새가 나다

어휘 火事(かじ) 화재 I 隣(となり) 옆, 이웃 I 燃(も)える 타다

실전시험 8 I 한자 읽기 [8]

▶본서2 p.71

정답 1 2 2 1 3 4 4 3 5 2

1 2 이 나라는 아직 풍부한 자연이 남아 있다.

해설 [豊]의 음독 읽기 「豊富(ほうふ)だ 풍부하다」와 훈독 읽기 「豊(ゆた)かだ 풍부/풍족하다」는 자주 출제되니 음독과 훈독을 구별하여 외워 둔다.
1 愚(おろ)かだ 어리석다 3 鮮(あざ)やかだ 선명하다 4 健(すこ)やかだ 건강하다

어휘 自然(しぜん) 자연

2 1 아이는 부모의 언동(말과 행동)에 매우 영향을 받기 쉽다.

해설 [言] 음독(げん/ごん): 言語(げんご) 언어 / 遺言(ゆいごん) 유언 / 伝言(でんごん) 전언
음독 두 가지를 각각 알아 둔다.

어휘 親(おや) 부모 I 影響(えいきょう) 영향

3 4 연수생을 수용하기 위해서는 주거를 확보할 필요가 있다.

해설 [住(じゅう)]는 장음으로, [居(きょ)]는 단음으로 읽으니 장단음에 주의해야 하는 문제이다.

어휘 研修生(けんしゅうせい) 연수생 I 受(う)け入(い)れる 수용하다, 받아들이다 I 確保(かくほ)する 확보하다

4 3 이 카메라는 소형이지만, 일반 모델과 비교하여 성능이 뒤떨어지는 것은 아니다.

해설 「劣(おと)る 뒤떨어지다」는 가치, 역량 등이 다른 것에 비해 뒤떨어진다는 의미를 가진다.
1 払(はら)う 돈 내다, 지불하다 2 潜(もぐ)る 잠수하다 4 昇(のぼ)る 오르다, 승진하다

어휘 小型(こがた) 소형 I 通常(つうじょう) 통상, 보통 I 性能(せいのう) 성능

5 2 자기 마음의 아픔에조차 둔감해진 사람은 나중에 스트레스를 견디지 못하게 된다.

해설 [鈍] 훈독: 鈍(にぶ)い 둔하다
여기서는 「どん」이라는 음독으로 읽는다.

어휘 痛(いた)み 아픔 I 耐(た)える 견디다

실전시험 9 I 한자 읽기 [9]

▶본서2 p.72

정답 1 4 2 2 3 3 4 1 5 1

1 4 둘이서 마시기 시작해서 어느새 5병의 병은 비어 있

었다.

해설 [空]는 음독「くう」와 훈독「から/そら」가 있다. 훈독「から」로 읽으면 '빔/공/허공'이라는 뜻,「そら」로 읽으면 '하늘'이라는 뜻이 되니 주의하자.

어휘 いつの間(ま)にか 어느샌가 | 空(から)になる 비다

2 **2** 할아버지의 유언대로 전 재산을 사회에 기부했다.

해설 [遺] 음독(ゆい/い): 遺言(ゆいごん) 유언 / 遺産(いさん) 유산
[言] 음독(げん/ごん): 断言(だんげん) 단언 / 無言(むごん) 무언
두 한자 모두 음독이 두 개이므로 주의가 필요하다.

어휘 全財産(ぜんざいさん) 전 재산 | 寄付(きふ) 기부

3 **3** 이 버스를 타면 목적지까지 직행으로 갈 수 있습니다.

해설 [行] 음독(こう/ぎょう): 直行(ちょっこう) 직행 / 急行(きゅうこう) 급행 / 行列(ぎょうれつ) 행렬
음독 두 개 구별하자.
直(ちょく) + 行(こう) = ちょっこう처럼 음의 변화가 생기니 읽을 때 주의한다.

어휘 目的地 (もくてきち) 목적지

4 **1** 조작 실수로 배가 바닷속에 가라앉아버려, 300명의 사망자가 나왔다.

해설 2 頼(たの)む 부탁하다 3 絡(から)む 엉키다 4 学(まな)ぶ 배우다

어휘 操作(そうさ) 조작 | 死亡者(しぼうしゃ) 사망자

5 **1** 갑작스럽지만(거두절미하고 본론으로 들어갈 때 하는 말), 오오이 씨는 주말에는 보통 무엇을 하십니까?

해설 [早] 음독(そう/さっ) 早急(そうきゅう) 조급 / 早速(さっそく) 즉시, 갑작스럽게
음독이 두 개이니 구별하여 알아 두자.

어휘 いつも 보통 때, 언제나

실전시험 10 | 한자 읽기 [10]

› 본서2 p.73

정답 **1** 2 **2** 4 **3** 3 **4** 1 **5** 3

1 **2** 지난번 파티에서는 나와 같은 세대의 사람들이 많이 있어 이야기가 고조되었다.

해설 [代] 음독(たい/だい): 交代(こうたい) 교대 / 代行(だいこう) 대행
두 가지 음독 쓰임에 주의한다.

어휘 盛(も)り上(あ)がる (기세 · 흥 · 소리 등이) 고조되다, 부풀어 오르다

2 **4** 유명인이 살고 있는 고급 주택의 경비는 엄중하다.

해설 [重] 음독(じゅう/ちょう): 体重(たいじゅう) 체중 / 慎重(しんちょう) 신중 / 尊重(そんちょう) 존중 / 貴重(きちょう) 귀중
[厳] 훈독: 厳(きび)しい 엄하다
음독(げん): 厳守(げんしゅ) 엄수

어휘 住宅(じゅうたく) 주택 | 警備(けいび) 경비

3 **3** 물을 주는 것을 깜빡 잊어버려서 꽃이 시들어버렸다.

해설 1 揺(ゆ)れる 흔들리다 2 触(ふ)れる 접촉하다 4 崩(くず)れる 무너지다, 붕괴되다

어휘 水(みず)をやる 물을 주다 | うっかり 깜빡

4 **1** 수술 후이니까 그에게는 격한 운동을 하지 않기를 바란다.

해설 2 乏(とぼ)しい 부족하다, 모자라다 3 そうぞうしい 시끄럽다, 떠들썩하다 4 ずうずうしい 뻔뻔하다

어휘 手術(しゅじゅつ) 수술

5 **3** 사고를 당해버렸지만, 다행히 가벼운 부상으로 끝났다.

해설 [幸]는 훈독으로「幸(しあわ)せだ 행복하다」와「幸(さいわ)いに 다행히」로 읽는다.

어휘 済(す)む 해결되다, 완료되다

실전시험 11 | 한자 읽기 [11]

› 본서2 p.74

정답 **1** 3 **2** 2 **3** 1 **4** 2 **5** 1

1 **3** 봉사활동으로 어르신들의 간호를 하고 있다.

해설 護(ご)가 장음이 아닌 단음으로 읽는 것에 주의한다.

어휘 ボランティア 봉사활동 | お年寄(としよ)り 어르신 | 介護(かいご) 간호, 양호

2 **2** 야구 시합의 결과에 흥분이 가라앉지 않았다.

해설 [興] 음독(こう/きょう): 復興(ふっこう) 부흥 / 興味(きょうみ) 흥미
음독 두 개 구별하자.

어휘 野球(やきゅう) 야구 | 結果(けっか) 결과 | 冷(さ)める 식다

3 **1** 저는 연애에서는 그에게 애쓰는 타입입니다.

해설 2 隠(かく)す 숨기다 3 亡(な)くす 잃다 4 略(りゃく)す 생략하다, 간단히 하다

어휘 尽(つ)くす (끝까지, 있는대로) 다하다, (남을 위해) 애쓰다, (전력을) 다하다

4 **2** 인간은 모두 평등해야 하므로, 인종에 따른 차별이 있어서는 안 된다.

해설 [平] 음독(へい/びょう): 平日(へいじつ) 평일 / 平等(びょうどう) 평등
두 가지 음독 읽기가 있는데, N2에서는 平等(びょうどう: 평등)가 자주 출제되니 필수로 알아 두자.

어휘 人種(じんしゅ) 인종 | 差別(さべつ) 차별

5 **1** 유명 가수의 불륜 스캔들로 세간이 시끄럽다.

해설 2 ずうずうしい 뻔뻔하다 3 若(わかわか)しい 젊디젊다 4 ばかばかしい 매우 어리석다, 우습다

어휘 世間(せけん) 세간

실전시험 12 | 한자 읽기 [12]

▶본서2 p.75

정답 1 4 2 3 3 2 4 2 5 1

1 4 유제품은 냉장고 안에 보존해주세요.

해설 [保] 훈독: 保(たも)つ 유지하다, 보존하다, 지키다
음독: 保育(ほいく) 보육 / 保護(ほご) 보호
[存]의 음독「そん/ぞん」중 여기서는「ぞん」으로 읽으니 주의하자.

어휘 乳製品(にゅうせいひん) 유제품 | 冷蔵庫(れいぞうこ) 냉장고

2 3 딸의 학교 행사 때문에, 오늘은 쉬겠습니다.

해설「行事」의 [行]을「ぎょう」로 읽는 것을 잘 기억해두자.

어휘 娘(むすめ) 딸

3 2 그는 의학계에서는 꽤 유명한 학자이다.

해설「名高い」에서「な + たかい = なだかい」「高い」의 발음 변화에 주의한다.

어휘 医学界(いがくかい) 의학계 | 学者(がくしゃ) 학자

4 2 사람에 따라 취향은 다양하다.

해설 [好] 훈독: 好(す)きだ 좋아하다 / 好(この)み 취향, 기호
음독: 好感(こうかん) 호감

어휘 様々(さまざま)だ 다양하다

5 1 오늘에 한하여 전 상품 반값 세일. 단 식기류는 제외한다.

해설 2 驚(おどろ)く 놀라다 3 叩(たた)く 때리다, 치다 4 近(ちか)づく 다가가다

어휘 限(かぎ)る 한하다 | 全品(ぜんぴん) 전 상품 | 半額(はんがく) 반액, 반값 | 食器類(しょっきるい) 식기류

실전시험 13 | 한자 읽기 [13]

▶본서2 p.76

정답 1 3 2 4 3 2 4 3 5 2

1 3 여성 단체 연합은 이번 주, 여성의 인권을 위해 캠페인을 할 예정이다.

해설 [連] 훈독: 連(つ)れる 데리고 오(가)다
음독(れん): 連絡(れんらく) 연락
[合] 훈독: 間(ま)に合(あ)う 시간에 맞다
음독(ごう): 合格(ごうかく) 합격

어휘 団体(だんたい) 단체 | 人権(じんけん) 인권

2 4 남자밖에 없는 동아리에 여성 멤버가 들어와서, 분위기가 부드러워졌다.

해설 1 爽(さわ)やかだ 상쾌하다 2 鮮(あざ)やかだ 선명하다 3 穏(おだ)やかだ 온화하다

어휘 部活(ぶかつ) 부활동 | 加(くわ)わる 더해지다 | 雰囲気(ふんいき) 분위기 | 和(なご)やかだ 부드럽다, 훈훈하다

3 2 큰아이보다 작은아이가 영리하다.

해설 [口] 음독(く/こう): 人口(じんこう) 입구 / 口伝(くでん) 구전
음독 두 개를 외워 두자.

어휘 上(うえ)の子(こ) 큰아이 | 下(した)の子(こ) 작은아이

4 3 80세의 고령에도 불구하고, 마라톤에 도전하는 것은 본받아야 합니다.

해설 [挑] 훈독: 挑(いど)む 도전하다
[戦] 훈독: 戦(たたか)う 다투다
이 문제는 음독을 물어보는 문제이지만, 각각의 훈독의 의미도 자주 출제된다.

어휘 高齢(こうれい) 고령 | 見習(みなら)う 본받다

5 2 우리 딸은 정직하고 성실한 아이입니다.

해설 [正] 음독(せい/しょう): 正確(せいかく)だ 정확하다 / 正体(しょうたい) 정체
두 가지 음독 읽기에 주의한다.

어휘 娘(むすめ) 딸 | 真面目(まじめ)な 성실한

실전시험 14 | 한자 읽기 [14]

▶본서2 p.77

정답 1 4 2 4 3 4 4 3 5 1

1 4 옛날에 살았던 마을에 가면 그리운 기분이 든다.

해설 1 若(わかわか)しい 젊디젊다 2 そそっかしい 경솔하다 3 恥(は)ずかしい 부끄럽다

어휘 昔(むかし) 옛날 | 町(まち) 마을

2 4 일본어 실력이 향상되기 위해서는 반복 연습이 필요하다.

해설「反(はん)」+「復(ふく)」=「はんぷく」
음의 변화에 주의한다.

어휘 上達(じょうたつ)する 향상되다 | 練習(れんしゅう) 연습 | 必要(ひつよう) 필요

3 4 초기 증상을 알기 어려워, 악화하여 수술하게 되었다.

해설「症(しょう)」,「状(じょう)」둘 다 장음으로 읽는 것을 기억하고, 탁음 위치에 주의한다.

어휘 初期(しょき) 초기 | 手術(しゅじゅつ) 수술 | 悪化(あっか) 악화

4 3 치마가 무엇인가에 걸려서 찢어지고 말았다.

해설 1 倒(たお)れる 쓰러지다 2 乱(みだ)れる 흐트러지다 4 離(はな)れる 멀어지다, 떨어지다

어휘 引(ひ)っかかる 걸리다

5 1 그를 반쯤 강제로 권했다.

해설 [強] 음독(ごう/きょう): 強盗(ごうとう) 강도 / 強制(きょうせい) 강제 / 強化(きょうか) 강화 / 強力(きょうりょく) 강력
음독 두 개 다 잘 출제되므로, 기억해 두자.

어휘 半(なか)ば 절반 | 誘(さそ)う 권하다

실전시험 15 | 한자 읽기 [15]

▶본서2 p.78

정답 1 2 2 2 3 4 4 3 5 1

1 2 어업의 발달에 의해 배의 종류와 구조가 다양화되었다.

해설 '구조'와 함께 「構成(こうせい) 구성」도 자주 출제되니 같이 알아 두자.

어휘 漁業(ぎょぎょう) 어업 | 種類(しゅるい) 종류 | 多様化(たようか) 다양화

2 2 지금까지의 현상에 대해 누군가 설명할 수 있는 사람 있습니까?

해설 [象] 음독(しょう): 現象(げんしょう) 현상 / 象徴(しょうちょう) 상징 / 抽象(ちゅうしょう) 추상 / 印象(いんしょう) 인상
[像] 음독(ぞう): 想像(そうぞう) 상상

어휘 説明(せつめい) 설명

3 4 세계에는 가난한 나라가 많이 있습니다.

해설 1 悲(かな)しい 슬프다 2 怪(あや)しい 수상하다 3 厳(きび)しい 엄하다, 엄격하다

어휘 世界(せかい) 세계

4 3 입사 시험에 떨어진 나를 친구가 위로해주었다.

해설 1 確(たし)かめる 확인하다 2 深(ふか)める 깊게 하다 4 認(みと)める 인정하다

어휘 入社(にゅうしゃ) 입사 | 友人(ゆうじん) 친구

5 1 운동화에 구멍이 뚫려 있다.

해설 2 空(そら) 하늘 3 粉(こな) 가루 4 鍵(かぎ) 열쇠

어휘 穴(あな)が空(あ)く 구멍이 나다

실전시험 16 | 한자 읽기 [16]

▶본서2 p.79

정답 1 3 2 1 3 4 4 4 5 2

1 3 글씨가 작은 프린트는 복사해서 확대하면 편리하다.

해설 [大] 음독(だい/たい): 巨大(きょだい) 거대 / 大衆(たいしゅう) 대중
쉬운 듯한 한자이면서도 음독 두 개가 비슷하여 헷갈리기 쉬우므로 잘 구별해야 한다.

어휘 便利(べんり)だ 편리하다

2 1 어렸을 때부터 동경해왔던 유명인을 만날 수 있어서 기쁘다.

해설 2 現(あらわ)れる 나타나다 3 荒(あ)れる 거칠어지다 4 恐(おそ)れる 두려워하다

어휘 嬉(うれ)しい 기쁘다

3 4 어제보다 엔화가 약간 상승했다.

해설 [若] 훈독: 若(わか)い 젊다
[干] 훈독: 干(ほ)す 말리다
음독뿐만 아니라 훈독도 기억한다. 가끔 부사의 한자 읽기가 출제되니 한자까지 꼼꼼히 체크하자.
[若(じゃく)] + [干(かん)]이 합쳐져 일어나는 촉음 변화에 주의한다.

어휘 上昇(じょうしょう) 상승

4 4 사장의 강경한 발언에 사원은 한마디도 하지 못하고, 가만히 있었다.

해설 「強(つよ: 훈독) + 気(き: 음독) = 強気(つよき)」
훈독 + 음독으로 된 특이한 조합의 단어이다.

어휘 発言(はつげん) 발언 | 一言(ひとこと) 한마디 | 黙(だま)る 말을 하지 않다, 가만히 있다

5 2 자외선은 피부에 좋지 않다.

해설 한 글자 한자 읽기/표기 문제는 한 문제씩 출제된다.

어휘 紫外線(しがいせん) 자외선

실전시험 17 | 한자 읽기 [17]

▶본서2 p.80

정답 1 3 2 3 3 1 4 3 5 3

1 3 그가 범죄자라는 확실한 증거가 없어서 곤란해하고 있다.

해설 [証] 음독(しょう): 認証(にんしょう) 인증
[拠] 음독(きょ/こ): 拠点(きょてん) 거점 / 証拠(しょうこ) 증거
음독이 두 개이므로 각각 알아두자.

어휘 犯罪者(はんざいしゃ) 범죄자 | 確実 (かくじつ)な 확실한 | 困(こま)る 곤란하다

2 3 소매치기를 당해, "도와주세요"라고 외쳤다.

해설 1 学(まな)ぶ 배우다 2 噛(か)む 물다 4 呼(よ)ぶ 부르다

어휘 スリ 소매치기 | 助(たす)ける 도와주다

3 1 욕실에서는 수증기 때문에 안경이 뿌예진다(흐려진다).

해설 [気] 음독(き/け): 気体(きたい) 기체 / 吐(は)き気(け) 구역질
음독 두 개 중 「け」가 사용된 예인데, 「湯気」는 음의 변화가 생겨 「ゆげ」로 읽으니 주의한다.

어휘 風呂場(ふろば) 욕실 | くもる 흐려지다, 흐리다

4 3 이용객의 증가에 따른 시설의 확충이 필요하다.

해설 [充]의 음독 읽기는「ちゅう」가 아닌「じゅう」임을 잘 기억해두자.

어휘 増加(ぞうか) 증가 | 施設(しせつ) 시설

5 3 시험에 떨어진 것을 이제 와서 후회해도 후회해도 소용없다.

해설 [更]의 음독 단어「更新(こうしん: 갱신)」도 잘 나오니 같이 알아 두자.

어휘 後悔(こうかい) 후회 | 今更(いまさら) 지금에서야, 이제 와서

실전시험 18 | 한자 읽기 [18]

▶본서2 p.81

정답 1 4 2 3 3 2 4 1 5 1

1 4 손님 : 계산해주세요.
점원: 네. 감사합니다. 350엔입니다.

해설 [定] 훈독: 定(さだ)める 결정하다
음독(じょう/てい): 勘定(かんじょう) 계산 / 判定(はんてい) 판정 / 規定(きてい) 규정
음독이 두 개이니 주의하자.

어휘 願(ねが)う 바라다

2 3 인기배우 커플의 결혼식이 성대하게 행해졌다.

해설 [盛] 음독(せい/じょう): 盛大(せいだい)に 성대하게 / 繁盛(はんじょう) 번성
두 가지 음독이 있다.

어휘 行(おこな)う 행하다

3 2 장시간의 텔레비전 시청은 아이의 성장을 방해한다.

해설 1 仕上(しあ)げる 완성하다 3 下(さ)げる 내리다 4 焦(こ)げる 타다, 눋다

어휘 長時間(ちょうじかん) 장시간 | 視聴(しちょう) 시청 | 成長(せいちょう) 성장

4 1 앞으로 5분이면 시합 종료인데 선수 교체가 행해졌다.

해설 代(たい / だい): 代表(だいひょう) 대표 / 代行(だいこう) 대행 / 代理(だいり) 대리
음독 두 개 중「たい」로 읽는 경우가 흔치 않으니「交代(こうたい)」를 알아두도록 하자.

어휘 終了(しゅうりょう) 종료 | 行(おこな)う 행하다

5 1 내가 일 이야기를 시작했더니, 갑자기 니시카와 씨의 기색이 나빠졌다.

해설 [途]는「と」로 짧게 단음으로 읽는다.

어휘 気味(きみ) 기색, 기분, 낌새

실전시험 19 | 한자 읽기 [19]

▶본서2 p.82

정답 1 2 2 4 3 2 4 1 5 1

1 2 감독의 신호를 보고 힘껏 달리기 시작했다.

해설「合(あい: 훈독)」+「図(ず: 음독)」=「合図(あいず)」
훈독과 음독의 특이한 조합이므로 잘 숙지해 둔다.

어휘 監督(かんとく) 감독 | 精一杯(せいいっぱい) 힘껏 | 走(はし)り出(だ)す 달리기 시작하다

2 4 여배우로서 유명한 그녀는 여전히 10년 전의 젊음을 유지하고 있다.

해설「相(あい)」+「変(か)」わらず 두 한자 모두 훈독으로 읽는 부사이며, '여전히, 변함없이'라는 의미이다.

어휘 保(たも)つ 유지하다

3 2 부정한 방법으로 출마한 다나카 씨는 후보에서 제외되었다.

해설 [除] 음독(じょ/じ): 排除(はいじょ) 배제 / 解除(かいじょ) 해제 / 削除(さくじょ) 삭제 / 掃除(そうじ) 청소 중「じょ」로 읽는 어휘가 출제 빈도가 높다.

어휘 不正(ふせい)な 부정한 | 出馬(しゅつば) 출마 | 候補(こうほ) 후보

4 1 전철 모형을 좋아하는 오타쿠도 있는 것 같다.

해설 [模] 음독(も/ぼ): 模範(もはん) 모범 / 模様(もよう) 모양 / 模索(もさく) 모색 / 規模(きぼ) 규모
예외로 읽는「규모 規模(きぼ)」도 잘 나온다.

어휘 模型(もけい) 모형

5 1 이 회사의 미래를 짊어질 인재를 채용하고 싶다.

해설 2 ためらう 주저하다, 망설이다 3 付(つ)き合(あ)う 사귀다 4 雇(やと)う 고용하다

어휘 採用(さいよう) 채용

실전시험 20 | 한자 읽기 [20]

▶본서2 p.83

정답 1 3 2 2 3 4 4 4 5 2

1 3 초고층 빌딩의 건설에 대해서는 찬반(찬성과 반대)이 나뉘었다.

해설 は행 앞의「ん」의 영향으로 발음의 변화가 생겨 ぱ행(ぱぴぷぺぽ)으로 읽는 것에 주의한다.

어휘 超高層(ちょうこうそう) 초고층 | 建設(けんせつ)건설 | 賛否(さんぴ) 찬반 | 分(わ)かれる 나뉘다, 갈리다

2 2 시골에 사는 젊은이가 감소하고, 노인만이 계속 증가하고 있다.

해설 [減] 훈독: 減(へ)らす 줄이다
음독(げん): 減量(げんりょう) 감량 / 増減(ぞうげん) 증감

어휘 田舎(いなか) 시골 | 暮(く)らす 살다 | 若者(わかも

の) 젊은이 | お年寄(としよ)り 노인 | 増(ふ)える 늘다

3 4 배우인 다나카 씨는 이번 드라마에서 훌륭한 연기를 보여주었다.

해설 1 倒(たお)れる 쓰러지다 2 流(なが)れる 흐르다 3 濡(ぬ)れる 젖다

어휘 演技(えんぎ) 연기

4 4 리포트 마감까지 앞으로 얼마 남지 않아서 그는 상당히 압박을 느끼고 있을 것이다.

해설 [相] 음독(そう/しょう): 相続(そうぞく) 상속 / 首相(しゅしょう) 수상
음독 두 개 구별하자.
「훈독: 相変(あいか)わらず」도 함께 외워 두자.

어휘 締(し)め切(き)り 마감 | わずか 불과

5 2 오랜만에 통장 잔고를 확인해보았다.

해설 [残]의 음독「ざん」+ [高]의 훈독「たか」=「残高(ざんだか)」 음독 + 훈독으로 특이한 조합인 데다가 음의 변화까지 있으니 유의해서 읽는다.

어휘 通帳(つうちょう) 통장 | 残高(ざんだか) 잔고

실전시험 21 | 한자 읽기 [21]

›본서2 p.84

정답 **1** 1 **2** 3 **3** 2 **4** 4 **5** 3

1 1 베스트셀러인 책을 샀지만, 두꺼워서 읽는 데에 시간이 걸렸다.

해설 [分]의 음독「ぶ」+ [厚]의 훈독「厚(あつ)い」=「分厚い(ぶあつい)」'두툼하다, 두껍다'의 뜻이 된다.

2 3 재해에 대한 대책이 요구되고 있다.

해설 1 損害(そんがい) 손해 2 被害(ひがい) 피해 4 妨害(ぼうがい) 방해

어휘 対策(たいさく) 대책 | 求(もと)める 요구하다

3 2 그 아이는 다른 사람의 험담만 해서 거리를 두고 있다.

해설 [離] 훈독: 離(はな)れる (거리가) 떨어지다
훈독의 동사도 함께 알아 두자.

어휘 悪口(わるくち) 험담

4 4 시간이 없기 때문에 자세한 설명은 생략하겠습니다.

해설 「省(はぶ)く」는 '생략하다'의 의미로「~く」로 끝나는 다른 선택지의 단어도 함께 알아두자.
1 乾(かわ)く 마르다, 건조되다 2 除(のぞ)く 제외하다 3 抜(ぬ)く 뽑다, 빼다

어휘 詳(くわ)しい 자세하다, 상세하다

5 3 피카소의 작품은 후반이 되면 추상적인 그림이 많아진다.

해설 [抽] 음독(ちゅう): 抽選(ちゅうせん) 추첨
[象] 음독(しょう): 現象(げんしょう) 현상 / 象徴(しょうちょう) 상징 / 印象(いんしょう) 인상
관련 어휘도 잘 나온다.

어휘 作品(さくひん) 작품 | 後半(こうはん) 후반

실전시험 22 | 한자 읽기 [22]

›본서2 p.85

정답 **1** 1 **2** 2 **3** 1 **4** 2 **5** 4

1 1 A사와의 계약은 의외로 간단히 체결할 수 있었다.

해설 2 運(はこ)ぶ 운반하다 3 喜(よろこ)ぶ 기뻐하다
4 転(ころ)ぶ 넘어지다, 구르다

어휘 契約(けいやく) 계약 | 意外(いがい) 의외

2 2 다이어트 중인데 음식의 유혹에 질 것 같다.

해설 [誘] 음독(ゆう): 勧誘(かんゆう) 권유
훈독: 誘(さそ)う 권하다
[惑] 음독(わく): 迷惑(めいわく) (민)폐

어휘 負(ま)ける 지다

3 1 국가 간에는 영토 문제로 다투는 경우도 많다.

해설 [土] 훈독: 土(つち) 흙
음독(と/ど): 土地(とち) 토지
土曜日(どようび) 토요일
음독이 두 개이니 주의하자.

어휘 争(あらそ)う 다투다

4 2 마에다 씨가 그렇게 대단한 사람인 줄은 몰랐어요.

해설 「偉(えら)い」는 '훌륭하다, 위대하다'의 의미이다.
1 賢(かしこ)い 현명하다 3 すごい 대단하다, 굉장하다 4 鋭(するど)い 예리하다

5 4 선생님의 이야기에 가슴이 뜨거워졌다.

해설 1 腸(ちょう) 장 2 頭(あたま) 머리 3 膝(ひざ) 무릎

어휘 熱(あつ)い 뜨겁다

실전시험 23 | 한자 읽기 [23]

›본서2 p.86

정답 **1** 1 **2** 3 **3** 4 **4** 1 **5** 2

1 1 아버지는 가족을 부양하기 위해서 하루도 쉬지 않고 일을 하고 있습니다.

해설 2 雇(やと)う 고용하다 3 救(すく)う 구하다(구조) 4 整(ととの)う 갖추어지다, 정돈되다

어휘 父(ちち) 아버지

2 3 사건 해결을 위한 대책을 모색하고 있습니다.

해설 [模] 음독(も/ぼ): 模型(もけい) 모형 / 模様(もよう) 모양 ☆規模(きぼ) 규모 출제 빈도 높음!

어휘 事件(じけん) 사건 | 解決(かいけつ) 해결 | 対策(たいさく) 대책

3 4 그는 면허도 갖고 있지 않은데, 운전해서 체포되었습니다.

해설 [許]의 훈독「許(ゆる)す 허락하다」도 같이 알아 둔다.

어휘 逮捕(たいほ) 체포

4 1 나는 지금까지 얄밉다고 생각한 사람이 몇 명 있습니다.

해설 2 怖(こわ)い 무섭다 3 ひどい 심하다 4 ずるい 교활하다

5 2 그는 자신의 장래에 대해서 막연히 생각하는 경향이 있다.

해설 [然] 음독(ぜん/ねん): 自然(しぜん) 자연 / 天然(てんねん) 천연
두 개의 음독 읽기가 있다.

어휘 将来(しょうらい) 장래

실전시험 24 I 한자 읽기 [24]

›본서2 p.87

정답 1 4 2 4 3 2 4 1 5 2

1 4 중요한 메일을 삭제해버려 힘들었습니다.

해설 [削] 훈독: 削(けず)る 깎다
[除] 훈독: 除(のぞ)く 제거하다
각각의 훈독의 의미도 중요하니 익혀두자.

어휘 大切(たいせつ)だ 중요하다 I 大変(たいへん)だ 힘들다, 큰일이다

2 4 복사기의 잉크 보충하는 방법을 모르겠다.

해설 [補] 훈독: 補(おぎな)う 보충하다
[充] 음독: 充電(じゅうでん) 충전
拡充(かくじゅう) 확충
훈독/음독으로 쓰이는 관련 어휘까지 확장해서 알아 두자.

어휘 コピー機(き) 복사기 I 仕方(しかた) 방법

3 2 광열비 등 개인 소비를 억제했다.

해설 [抑]의 훈독「抑(おさ)える 억제하다」라는 동사도 함께 외워두자.

어휘 光熱費(こうねつひ) 광열비 I 消費(しょうひ) 소비

4 1 공원으로 이어지는 벚꽃나무 길은 완전히 꽃잎으로 뒤덮여 있었다.

해설 2 救(すく)う 구조하다 3 現(あらわ)れる 나타나다 4 壊(こわ)れる 망가지다

어휘 花(はな)びら 꽃잎

5 2 근무시간 연장을 강요받은 직원들은 분노를 감추지 못했다.

해설 「怒(おこ)る 화내다」의 명사형은「怒(おこ)り」가 아닌「怒(いか)り」이다.
1 怒(おこ)る 화내다 3 かなり 꽤, 상당히 4 回(まわ)る 돌다

어휘 延長(えんちょう) 연장 I 強要(きょうよう) 강요 I 職員(しょくいん) 직원 I 隠(かく)す 감추다

실전시험 25 I 한자 읽기 [25]

›본서2 p.88

정답 1 1 2 3 3 4 4 1 5 1

1 1 A나라는 아름다운 자연의 혜택을 받고 있다.

해설 2 囲(かこ)む 둘러싸다, 에워싸다 3 頼(たの)む 부탁하다 4 悲(かな)しむ 슬퍼하다

어휘 美(うつく)しい 아름답다 I 自然(しぜん) 자연

2 3 저번 주, 은행에서 100만 엔을 빌렸는데, 상환을 재촉받아 난처하다.

해설 [催] 훈독: 催(もよお)す 개최하다
[促] 훈독: 促(うなが)す 재촉하다
각각의 동사도 시험에 잘 출제된다.

어휘 借(か)りる 빌리다

3 4 이 그림에서는 용맹스러운 기백이 느껴진다.

해설 1 やかましい 요란스럽다, 시끄럽다 2 厚(あつ)かましい 뻔뻔스럽다, 철면피이다 3 たくましい 늠름하다, 씩씩하다

어휘 気迫(きはく) 기백

4 1 이것은 목재를 운반하는 데에 편리한 도구입니다.

해설 「運(うん: 음독) + 搬(はん: 음독) = 運搬(うんぱん)」
음의 변화가 생기니 읽을 때 주의한다.

어휘 木材(もくざい) 목재 I 道具(どうぐ) 도구

5 1 물고기가 떼를 지어 강을 헤엄치고 있다.

해설 2 連(つ)れ 동반 3 切(き)れ 조각, 토막 4 まみれ 투성이

어휘 泳(およ)ぐ 헤엄치다

실전시험 26 I 한자 읽기 [26]

›본서2 p.89

정답 1 2 2 3 3 1 4 2 5 3

1 2 이 버스는 마을회관을 경유해서 시청까지 갑니다.

해설 [経] 훈독: 経(た)つ (시간·때가) 지나다, 경과하다
[由] 음독(ゆう/ゆ/ゆい): 自由(じゆう) 자유 / 理由(りゆう) 이유 / 由来(ゆらい) 유래 / 由緒(ゆいしょ) 유서
음독 읽기가 여러 개인 [由]의 쓰임을 다 암기하자.

어휘 公民館(こうみんかん) 공민관(마을 회관) I 市役所(しやくしょ) 시청

2 3 켄 씨는 "조금만 더 했으면 합격이었는데"라고 말하며 한탄했다.

해설 1 描(えが)く 그리다, 묘사하다 2 招(まね)く 부르다, 초대하다 4 乾(かわ)く 마르다, 건조되다

어휘 合格(ごうかく) 합격

3 **1** 자원이 부족한 우리나라는 외국으로부터의 수입이 많습니다.

해설 2 貧(まず)しい 가난하다 3 眩(まぶ)しい 눈부시다 4 険(けわ)しい 험하다, 험악하다

어휘 資源(しげん) 자원 I 我(わ)が国(くに) 우리나라 I 輸入(ゆにゅう) 수입

4 **2** 성실하고 정직한 그가 죄를 범할 리가 없다.

해설 1 罰(ばつ) 벌 3 件(けん) 건 4 波(なみ) 파도

어휘 正直(しょうじき)な 정직한 I 犯(おか)す 범하다

5 **3** 일본은 어렸을 때부터 매너나 질서가 몸에 배도록 하고 있다.

해설 [序]의 음독 단어 「序列(じょれつ) 서열」도 같이 알아두자.

어휘 身(み)につく 몸에 배다

실전시험 27 I 한자 읽기 [27]

본서2 p.90

정답 **1** 4 **2** 4 **3** 4 **4** 1 **5** 3

1 **4** 마라톤에는 불필요한 에너지 소모를 막기 위해 달리는 방법을 몸에 익히는 것이 필요하다.

해설 [消] 훈독: 消(け)す 끄다

어휘 防(ふせ)ぐ 막다 I 防止(ぼうし) 방지 I 身(み)につける 몸에 익히다

2 **4** 내 방은 창문이 커서 아침 해가 눈부시게 빛난다.

해설 1 傾(かたむ)く 기울다 2 抱(いだ)く (가슴·품에) 안다 3 乾(かわ)く 마르다, 건조 되다

어휘 朝日(あさひ) 아침 해 I 眩(まぶ)しい 눈부시다

3 **4** 일하는 사이사이 동료와 잡담을 했다.

해설 合間(あいま)의 [合]와 [間] 모두 훈독으로 읽는 것에 주의하며, 뜻은 '틈, 짬'으로 해석한다.

어휘 仲間(なかま) 동료 I おしゃべり 잡담, 수다

4 **1** 10년간 일했던 회사에서 해고되었지만, 열심히 해왔기 때문에 후회는 없다.

해설 명사형은 「悔(く)い」, イ형용사는 「悔(くや)しい」로 비슷하기 때문에 헷갈리지 않도록 한다.
3 細(こま)かい 세세하다 4 悔(くや)しい 분하다, 억울하다

어휘 首(くび)になる 해고되다

5 **3** 구상이 정리되어, 최종단계를 향해 나아가고 있다.

해설 [構] 음독(こう): 構成(こうせい) 구성 / 構造(こうぞう) 구조
확장시켜 암기해 두자.

어휘 最終段階(さいしゅうだんかい) 최종 단계 I 向(む)かう 향하다

실전시험 28 I 한자 읽기 [28]

본서2 p.91

정답 **1** 3 **2** 2 **3** 4 **4** 3 **5** 4

1 **3** 대학 세미나에서는 여러 가지 자극을 받았다.

해설 「刺激(しげき)を受(う)ける 자극을 받다」를 숙어처럼 알아두자.

2 **2** 그는 검소한 생활을 하고 있다.

해설 「質(しつ: 음독) + 素(そ: 음독)=質素(しっそ)」
음의 변화에 주의한다.

어휘 生活(せいかつ) 생활

3 **4** 50년 후, 여성 평균 수명은 90세를 넘을 것이라는 예측이 나오고 있다.

해설 [命] 훈독: 命(いのち) 생명
음독(めい/みょう): 命令(めいれい) 명령 / 運命(うんめい) 운명 / 寿命(じゅみょう) 수명
읽는 법에 주의한다.

어휘 超(こ)える 넘다, 초과하다

4 **3** 신형 텔레비전의 등장과 함께 기술면의 약점을 보완하기 위해, 전략적으로 움직이고 있다.

해설 1 からかう 조롱하다, 놀리다 2 見習(みなら)う 본받다 4 占(うらな)う 점치다

어휘 新型(しんがた) 신형 I 登場(とうじょう) 등장 I 弱点(じゃくてん) 약점 I 戦略的(せんりゃくてき) 전략적

5 **4** 방구석에 쓰레기통이 놓여져 있다.

해설 1 裏(うら) 안(쪽) 2 表(おもて) 뒤(쪽) 3 咳(せき) 기침

어휘 ごみ箱(ばこ) 쓰레기통

실전시험 29 I 한자 읽기 [29]

본서2 p.92

정답 **1** 3 **2** 1 **3** 2 **4** 4 **5** 4

1 **3** 백화점 붕괴 사건의 원인을 철저하게 조사한다.

해설 「徹(てつ: 음독) + 底(てい: 음독)=徹底(てってい)」
음의 변화에 주의한다.

어휘 崩壊事件(ほうかいじけん) 붕괴 사건 I 原因(げんいん) 원인 I 調査(ちょうさ) 조사

2 **1** 쓸데없는 움직임을 줄여 공을 던지는 기무라 선수의 기술은 최고다.

해설 2 抜(ぬ)く 뽑다, 빼다 3 泣(な)く 울다 4 落(お)ち着(つ)く 안정되다, 침착하다

어휘 無駄(むだ)な 쓸데없는 ㅣ 投(な)げる 던지다

3 2 예전에는 해외에서 일하고 싶다는 원망(바람, 소망)이 강했었다.

해설 [望] 훈독: 望(のぞ)む 바라다

어휘 以前(いぜん) 이전, 옛날

4 4 다른 사람의 물건을 함부로 만지지 마.

해설 「勝(かつ) + 手(て) + に = 勝手(かって)に」
훈독 + 훈독으로 읽으며 음의 변화에 주의한다.

어휘 触(さわ)る 손대다 ㅣ 接触(せっしょく) 접촉

5 4 연기 때문에 눈이 아파졌다.

해설 1 鍵(かぎ) 열쇠 2 岩(いわ) 바위 3 汁(しる) 국물, 즙

어휘 痛(いた)い 아프다

실전시험 30 ㅣ 한자 읽기 [30]

›본서2 p.93

정답 1 2 2 2 3 1 4 4 5 3

1 2 여러분의 성원에 힘을 얻었습니다.

해설 1 支援(しえん) 지원 2 声援(せいえん) 성원

어휘 力(ちから)づける 격려하다, 기운을 북돋아 주다

2 2 요즘 카메라는 소형에 고성능인 것이 많다.

해설 [小] 음독(しょう)이 아닌 훈독(こ)으로 읽는다. 「小型」을「しょうがた」로 읽지 않도록 주의한다.

어휘 高性能(こうせいのう) 고성능 ㅣ 小型(こがた) 소형

3 1 재판을 눈앞에 두고 긴장의 매일이다.

해설 「判断(はんだん) 판단」, 「批判(ひはん) 비판」과 같이 「はん」으로 읽는 관련 어휘도 숙지하도록 한다.

어휘 目前(もくぜん)にする 목전에 두다, 앞두다 ㅣ 緊張(きんちょう) 긴장

4 4 홍수에 대비해서 탱크에 물을 저장해두다.

해설 1 整(ととの)える 정돈하다, 갖추다 2 支(ささ)える 지지하다 3 吠(ほ)える 짖다

어휘 洪水(こうずい) 홍수 ㅣ 備(そな)える 갖추다

5 3 시작 신호에 선수들은 일제히 달리기 시작했다.

해설 1 一切(いっさい) 일체, 모두 2 一気(いっき)に 단숨에 4 一度(いちど)に 한 번에

어휘 合図(あいず) 신호

문제2 한자 표기

실전시험 31 ㅣ 한자 표기 [1]

›본서2 p.124

정답 1 2 2 4 3 4 4 1 5 1

1 2 마쓰모토 씨는 항상 손해가 되는 일만 하고 있다.

해설 1 がい 해(방해, 지장) 3 つみ 죄 4 どく 독

어휘 損(そん) 손해

2 4 소방서 주변이 우리 회사입니다.

해설 [消] 훈독: 消(け)す 끄다 / [防] 훈독: 防(ふせ)ぐ 막다 / [削] 훈독: 削(けず)る 깎다, 삭감하다 / [方] 음독: 方針(ほうしん) 방침
비슷하게 생긴 한자들도 확장시켜 암기해 두자.

어휘 消防署(しょうぼうしょ) 소방서

3 4 신형 차가 연달아 등장한다.

해설 [相] 훈독: 相手(あいて) 상대 / [想] 음독: 想像(そうぞう) 상상 / [次] 훈독: 次(つ)ぐ 버금가다, 뒤를 잇다

어휘 新型車(しんがたしゃ) 신형 차 ㅣ 相次(あいつ)ぐ 연달다, 잇따르다 ㅣ 登場(とうじょう) 등장

4 1 그 아이는 어렸을 때부터 천재라고 불려 왔다.

해설 [幼] 훈독: 幼(おさな)い 어리다, 음독: 幼稚園(ようちえん) 유치원 / [玄] 음독: 玄関(げんかん) 현관 / [眩] 훈독: 眩(まぶ)しい 눈부시다 / [功] 음독: 成功(せいこう) 성공

어휘 天才(てんさい) 천재 ㅣ 呼(よ)ぶ 부르다

5 1 이번 영화는 영상이 아름다운 데다가 스토리도 재미있어서 평판이 좋다.

해설 [映] 훈독: 映(うつ)る 비치다, 음독: 映画(えいが) / [像] 음독: 想像(そうぞう) 상상 / [象] 음독: 印象(いんしょう) 인상 抽象(ちゅうしょう) 추상 象徴(しょうちょう) 상징
[像]와 [象]의 구별은 자주 출제되니 꼭 구별해서 알아두도록 하자.

어휘 映像(えいぞう) 영상 ㅣ 評判(ひょうばん) 평판

실전시험 32 ㅣ 한자 표기 [2]

›본서2 p.125

정답 1 2 2 4 3 1 4 4 5 3

1 2 교통사고를 당해서 치료에 3개월이 걸렸다.

해설 [治] 훈독: 治(なお)る 낫다, 음독(ち/じ): 治療(ちりょう) 치료 / 政治(せいじ) 정치
음독「ち」와「じ」의 구별에 주의한다.

어휘 交通事故(こうつうじこ) 교통사고 ㅣ 治療(ちりょう) 치료

2 4 다른 사람의 의견도 존중합시다.

해설 [尊] 훈독: 尊(とうと)い 귀중하다 / [重] 음독: 軽重(けいじゅう) 경중 / 尊重(そんちょう) 존중 / 慎重(しんちょう) 신중
음독「じゅう」와「ちょう」의 구별에 주의한다.

어휘 尊重(そんちょう) 존중

3 **1** 기무라 씨는 살인사건 혐의로 체포되었습니다.

해설 [捕] 훈독: 捕(つか)まる 붙잡히다, 음독: 捕獲(ほかく) 포획 / [補] 훈독: 補(おぎな)う 보충하다, 음독: 補足(ほそく) 보충 / [康] 음독: 健康(けんこう) 건강
[捕] [補] 비슷한 한자를 구별한다.

어휘 殺人事件(さつじんじけん) 살인 사건 | 容疑(ようぎ) 용의 | 逮捕(たいほ) 체포

4 **4** 날씨가 나빠져서, 비가 많이 내리고 있다.

해설 1 岩(いわ) 바위 2 岸(きし) 물가 3 崖(がけ) 낭떠러지 4 崩(くず)れる 무너지다

5 **3** 이 아이는 상자 안에 무엇이 있는지 투시할 수 있는 능력을 갖고 있다.

해설 [透] 음독: 透明(とうめい) 투명 / [秀] 음독: 優秀(ゆうしゅう) 우수
[透] [秀] 비슷한 한자를 구별한다.

어휘 箱(はこ) 상자 | 透視(とうし) 투시 | 能力(のうりょく) 능력

실전시험 33 | 한자 표기 [3]

➤본서2 p.126

정답 **1** 1 **2** 3 **3** 2 **4** 1 **5** 2

1 **1** 저는 파리에서 1년 정도 체재한 적이 있습니다.

해설 [滞] 훈독: 滞(とどこお)る 막히다, 음독: 渋滞(じゅうたい) 정체
[滞] [帯]는 둘 다 음독(たい)으로 읽으나, 모양 구별이 필요하다.

어휘 滞在(たいざい) 체재

2 **3** 상사는 사원의 숨은 능력을 끌어낼 필요가 있다.

해설 1 隔(へだ)てる 거리를 두다 2 陰(かげ) 그늘 4 穏(おだ)やかだ 온화하다.

어휘 上司(じょうし) 상사 | 社員(しゃいん) 사원 | 隠(かく)れる 숨다 | 能力(のうりょく) 능력 | 引(ひ)き出(だ)す 꺼내다

3 **2** 가족 모두가 스키야키 냄비를 둘러싸고 이야기하면서 먹었다.

해설 [囲] 훈독: 囲(かこ)む 둘러싸다, 음독: 周囲(しゅうい) 주위

어휘 鍋(なべ) 냄비

4 **1** 남녀의 비율을 맞추기 위해, 여러 가지 대책을 세우고 있다.

해설 [比] 훈독: 比(くら)べる 비교하다, 음독: 比例(ひれい) 비례 / [率] 훈독: 率(ひき)いる 이끌다, 음독: 引率(いんそつ) 인솔 / 確率(かくりつ) 확률
[率]의 음독은「そつ」와「りつ」가 있으니 구별하여 알아둔다.

어휘 男女(だんじょ) 남녀 | 比率(ひりつ) 비율 | 対策(たいさく) 대책

5 **2** 이 전쟁이 영구히 계속되는 것은 아니다.

해설 [延(늘일 연)]의 음독은「えん」이며,「延長(えんちょう) 연장」라는 단어도 알아두자.

어휘 戦争(せんそう) 전쟁 | 続(つづ)く 계속되다 | わけではない ~것은 아니다

실전시험 34 | 한자 표기 [4]

➤본서2 p.127

정답 **1** 4 **2** 3 **3** 1 **4** 4 **5** 4

1 **4** 와타나베 씨의 취미는 기타를 치는 것이다.

해설 1 興味(きょうみ) 흥미

어휘 ギータをひく 기타를 치다

2 **3** 맛있는 소스의 비결은 농도의 가감이다.

해설 [濃] 훈독: 濃(こ)い 진하다, 음독: 濃度(のうど) 농도 / [農] 음독: 農業(のうぎょう) 농업

어휘 秘訣(ひけつ) 비결 | 加減(かげん) 가감(더하고 뺌)

3 **1** 거래처에 의뢰한 제품이 아직 도착하지 않았다.

해설 [頼] 훈독: 頼(たの)む 부탁하다, 음독: 依頼(いらい) 의뢰

어휘 取引先(とりひきさき) 거래처 | 製品(せいひん) 제품 | 届(とど)く 도착하다, 전해지다

4 **4** 문제가 된 정치가는 부정하게 이익을 얻으려고 했다.

해설 여기에서 부정은 '바르지 않다'를 의미하는「不正(ふせい)」를 골라야 한다.

어휘 政治家(せいじか) 정치가 | 利益(りえき) 이익 | 得(え)る 얻다

5 **4** 교육에서 칭찬을 하는 것은 다른 목적을 갖고 있다.

해설 1 追(お)う 좇다 2 助(たす)ける 돕다 3 組(く)む 짜다 4 狙(ねら)う 노리다, 겨냥하다
「狙(ねら)う」의 명사형「狙(ねら)い」가 정답이다.

어휘 教育(きょういく) 교육 | 褒(ほ)める 칭찬하다

실전시험 35 | 한자 표기 [5]

➤본서2 p.128

정답 **1** 4 **2** 4 **3** 2 **4** 4 **5** 1

1 **4** 두 사람의 성격은 대조적이다.

해설 1 対等(たいとう) 대등 2 対象(たいしょう) 대상 3 対称(たいしょう) 대칭

어휘 性格(せいかく) 성격

2 **4** 요즘 젊은이들은 자신을 위해서 소비하는 경향이 있다.

해설 [消] 훈독: 消(け)す 끄다 / [費] 훈독: 費(つい)やす 소비하다 / [削] 훈독: 削(けず)る 깎다, 음독: 削減(さくげん) 삭감 / [貿] 음독: 貿易(ぼうえき) 무역

어휘 若者(わかもの) 젊은이 I 消費(しょうひ) 소비 I 傾向(けいこう) 경향

3 2 북한의 도발이 나날이 과격해지고 있다.

해설 [挑] 훈독: 挑(いど)む 도전하다, 음독: 挑発(ちょうはつ) 도발

어휘 北朝鮮(きたちょうせん) 북한 I 日(ひ)に日(ひ)に 나날이 I 過激(かげき) 과격

4 4 마을에 수상한 남자가 서성거리고 있다.

해설 3 怪(あや)しい 수상하다

어휘 町(まち) 마을 I うろうろする 서성거리다

5 1 전용 용액에 하룻밤 담그면 소독됩니다.

해설 [溶] 훈독: 溶(と)ける 녹다, 용해하다 / [液] 음독: 液体(えきたい) 액체 / 血液(けつえき) 혈액

어휘 専用(せんよう) 전용 I 溶液(ようえき) 용액 I 一晩(ひとばん) 하룻밤 I 漬(つ)ける 담그다 I 消毒(しょうどく) 소독

실전시험 36 I 한자 표기 [6]

›본서2 p.129

정답 **1** 3 **2** 4 **3** 1 **4** 3 **5** 2

1 3 체포된 범인은 도망쳐버렸다.

해설 2 挑(いど)む 도전하다 4 遂(と)げる 이루다, 달성하다

어휘 逮捕(たいほ) 체포 I 犯人(はんにん) 범인 I 逃(に)げる도망치다

2 4 원료의 비용을 삭감해서 매상을 늘렸다.

해설 [削] 훈독: 削(けず)る, 음독: 削減(さくげん) 삭감 / [減] 훈독: 減(へ)る 줄다, 음독: 減量(げんりょう) 감량 / 減少(げんしょう) 감소

어휘 原料(げんりょう) 원료 I 売(う)り上(あ)げ 매상 I 伸(の)ばす 늘리다, 뻗다

3 1 제대로 훈련된 개는 사람을 물지 않는다.

해설 [練] 훈독: 練(ね)る 반죽하다, 짜다(생각), 연마하다, 음독: 練習(れんしゅう) 연습 / [連] 훈독: 連(つ)れる 동반하다, 음독: 連絡(れんらく) 연락
[練] [連] 비슷한 한자를 구별한다.

어휘 訓練(くんれん) 훈련 I 噛(か)む 물다

4 3 조금씩이라도 적당한 운동을 매일 해 나가는 편이 좋다.

해설 [摘] 훈독: 摘(つ)む 집다, 음독: 指摘(してき) 지적 / [適] 훈독: 適(てき)する 알맞다, 음독: 適度(てきど)な 적당한
[摘] [適] 비슷한 한자를 구별한다.

어휘 運動(うんどう) 운동 I 続(つづ)く 계속하다

5 2 면접 직전에는 초조함과 긴장을 숨길 수 없다.

해설 [焦] 훈독: 焦(あせ)る 초조해하다, 안달하다, 음독: 焦点(しょうてん) 초점

어휘 面接(めんせつ) 면접 I 直前(ちょくぜん) 직전 I 緊張(きんちょう) 긴장 I 隠(かく)す 숨기다

실전시험 37 I 한자 표기 [7]

›본서2 p.130

정답 **1** 1 **2** 1 **3** 1 **4** 3 **5** 2

1 1 공장의 입구에는 야간에도 경비원이 있다.

해설 [係(맬 계)]는 대표적으로 「関係(かんけい) 관계」에서 볼 수 있는 한자이며, [秘(숨길 비)]는 「秘蜜(ひみつ) 비밀」에서 쓰이는 한자이다. 음독이 같아 헷갈리는 한자들은 꼭 한자의 의미까지 파악해 두자.

어휘 夜間(やかん) 야간

2 1 크리스마스 선물로 남자 친구에게 스웨터를 짜줄 생각이다.

해설 2 緑(みどり) 녹색 3 [録] 음독: 記録(きろく) 기록 登録(とうろく) 등록 4 縁(えん) 인연

어휘 編(あ)む 짜다

3 1 최근 직장에서의 인간관계로 고민하고 있는 사람이 많다.

해설 [場] 음독: 運動場(うんどうじょう) 운동장 / [易] 음독: 貿易(ぼうえき) 무역, 훈독: 易(やす)い 쉽다, 용이하다 / [識] 음독: 知識(ちしき) 지식
여기에서는 [場]가 훈독(ば)으로 읽히는 것에 주의한다.

어휘 職場(しょくば) 직장 I 人間関係(にんげんかんけい) 인간관계 I 悩(なや)む 고민하다

4 3 겨울이 되면 피부가 쉽게 건조해진다.

해설 [乾] 훈독: 乾(かわ)く 건조하다, 마르다, 음독: 乾燥(かんそう) 건조 / [操] 훈독: 操(あやつ)る 조종하다, 음독: 操作(そうさ) 조작
[燥] [操] 비슷한 한자를 구별한다.

어휘 肌(はだ) 피부

5 2 기침이 나거나 콧물이 나거나 하는 감기 증상이 나타났다.

해설 [病] 음독: 病院(びょういん) 병원 / [症] 음독: 症状(しょうじょう) 증상

어휘 咳(せき) 기침 I 鼻水(はなみず) 콧물 I 風邪(かぜ) 감기 I 症状(しょうじょう) 증상 I 現(あらわ)れる 나타나다

실전시험 38 | 한자 표기 [8]

▶본서2 p.131

정답 1 2 2 1 3 2 4 2 5 1

1 **2** 그는 제 이상형입니다.

해설 [埋] 음독: 埋蔵(まいぞう) 매장, 훈독: 埋(う)める 묻다 / [想] 음독: 想像(そうぞう) 상상 / [相] 음독: 相互(そうご) 상호(서로)

어휘 理想(りそう) 이상

2 **1** 이 전차는 새것이고, 매우 쾌적하다.

해설 [快] 훈독: 快(こころよ)い 기분 좋다, 상쾌하다 / [決] 훈독: 決(き)める 정하다, 음독: 決(けっ)して 결코 / [摘] 훈독: 摘(つ)む 집다 / [適] 음독: 適(てき)する 적합하다

어휘 快適(かいてき) 쾌적

3 **2** 조직 사회에서는 부하는 상사의 명령에 따르지 않으면 안 된다.

해설 [組] 훈독: 組(く)む 짜다 / [織] 훈독: 織(お)る (옷감 등을) 짜다, 음독: 組織(そしき) 조직

어휘 部下(ぶか) 부하 | 上司(じょうし) 상사 | 命令(めいれい) 명령 | 従(したが)う 따르다

4 **2** 환경 문제를 계속 생각하면서도, 쓰레기를 줄이려 하는 노력은 전혀 하지 않는다.

해설 [環] 음독: 循環(じゅんかん) 순환 / [境] 훈독: 境(さかい) 경계, 음독: 境界(きょうかい) 경계

어휘 環境(かんきょう) 환경 | 減(へ)らす 줄이다 | 努力(どりょく) 노력 | 全然(ぜんぜん) 전혀

5 **1** 태풍에 따른 피해를 막기 위해서, 경찰은 마을 사람들에게 여러 가지를 권하고 있다.

해설 2 脱(ぬ)ぐ 벗다 3 稼(かせ)ぐ (돈을) 벌다 4 騒(さわ)ぐ 떠들다

어휘 台風(たいふう) 태풍 | 被害(ひがい) 피해 | 防(ふせ)ぐ 막다 | 警察(けいさつ) 경찰 | 村(むら) 마을 | 呼(よ)びかける 호소하다

실전시험 39 | 한자 표기 [9]

▶본서2 p.132

정답 1 1 2 1 3 4 4 2 5 4

1 **1** 선생님이 학생들을 인솔해서 수학여행을 갔다.

해설 [引] 훈독: 引(ひ)く 당기다 / [率] 훈독: 率(ひき)いる 이끌다
두 한자의 훈독 읽기도 알아두자.

어휘 引率(いんそつ) 인솔 | 修学旅行(しゅうがくりょこう) 수학여행

2 **1** 대도시에 사는 사람들은 개인주의 경향이 강하다.

해설 [主] 훈독: 主(おも)に 주로, 음독: 主人(しゅじん) 남편 / [義] 음독: 義理(ぎり) 의리 / [儀] 음독: 礼儀(れいぎ) 예의
[義] [儀]의 구별 문제도 자주 출제된다.

어휘 大都市(だいとし) 대도시 | 住(す)む 살다 | 個人主義(こじんしゅぎ) 개인주의 | 傾向(けいこう) 경향

3 **4** 전형적인 예를 들어 설명했다.

해설 [典] 음독: 古典(こてん) 고전 / [型] 음독: 模型(もけい) 모형
각각에 해당하는 음독 한자도 확장해서 알아두자.

어휘 例(れい)を挙(あ)げる 예를 들다

4 **2** 축구 시합 중, 상대 팀이 심판의 판정에 항의했다.

해설 [抗(こう: 음독)] / [議(ぎ: 음독)]

어휘 試合(しあい) 시합 | 相手(あいて) 상대 | 審判(しんぱん) 심판 | 判定(はんてい) 판정

5 **4** 후지산 정상에서 바라보는 풍경은 훌륭하다.

해설 2 挑(いど)む 도전하다 3 逃(に)げる 도망치다

어휘 頂上(ちょうじょう) 정상 | 眺(なが)める 바라보다, 조망하다 | 風景(ふうけい) 풍경

실전시험 40 | 한자 표기 [10]

▶본서2 p.133

정답 1 1 2 4 3 4 4 4 5 1

1 **1** 노부부는 사이좋게 손을 잡고 공원을 유유히 걷고 있었다.

해설 4 限(かぎ)る 한하다, 한정하다

어휘 老夫婦(ろうふうふ) 노부부 | 仲良(なかよ)い 사이좋다 | 握(にぎ)る 쥐다 | 公園(こうえん) 공원

2 **4** 유리 파편이 떨어져 있어서 위험합니다.

해설 [破] 훈독: 破(やぶ)る 찢어지다, 음독: 破産(はさん) 파산 / [片] 훈독: 片(かた) 한쪽, 음독: 破片(はへん) 파편 / [波] 훈독: 波(なみ) 파도

어휘 危(あぶ)ない 위험하다

3 **4** 유명 배우가 주연인 영화는 인기가 있다.

해설 [主] 훈독: 主(おも)に 주로, 음독: 主演(しゅえん) 주연 / [演] 훈독: 演(えん)じる 연기하다

어휘 売(う)れる 인기가 있다, 잘 팔리다

4 **4** 현대인의 운동 부족을 해소하기 위해서 체조 교실이 최근 인기다.

해설 [操] 훈독: 操(あやつ)る 조종하다, 음독: 体操(たいそう) 체조

어휘 現代人(げんだいじん) 현대인 | 不足(ふそく) 부족 | 解消(かいしょう) 해소

5 **1** 정부는 저출산 문제의 심각성에 대한 인식이 부족하다.

해설 [認] 훈독: 認(みと)める 인정하다, 음독: 認識(にんしき) 인식 / [識] 음독: 知識(ちしき) 지식

어휘 政府(せいふ) 정부 | 少子化(しょうしか) 저출산 | 深刻性(しんこくせい) 심각성 | 欠(か)ける 부족하다

실전시험 41 | 한자 표기 [11]

▶본서2 p.134

정답 1 3 2 1 3 1 4 2 5 1

1 3 벽에 흰 페인트를 칠했더니 분위기가 확 바뀌었다.

해설 1 余裕(よゆう) 여유 2 徐(じょじょ)に 서서히 4 途中(とちゅう) 도중 각각 쓰이는 음독/훈독의 예를 참고하도록 한다.

어휘 壁(かべ) 벽 | ペンキ 페인트 | 塗(ぬ)る 칠하다, 바르다 | 雰囲気(ふんいき) 분위기 | 変(か)わる 바뀌다

2 1 원고 마감이 앞으로 얼마 남지 않아서, 불안하다.

해설 [原] 음독: 原因(げんいん) 원인 / 原稿(げんこう) 원고 / [源] 훈독: 源(みなもと) 근원, 음독: 資源(しげん) 자원
[原] [源] 비슷한 한자를 구별한다.

어휘 締(し)め切(き)り 마감

3 1 풍부한 자원으로 혜택받고 있는 A국은 경제적으로도 안정되어 있다.

해설 [資] 음독: 資源(しげん) 자원 / 資料(しりょう) 자료 / [貿] 음독: 貿易(ぼうえき) 무역
[資] [貿] 비슷한 한자를 구별한다.

어휘 豊富(ほうふ)だ 풍부하다 | 資源(しげん) 자원 | 恵(めぐ)まれる 혜택받다 | 経済的(けいざいてき) 경제적 | 安定(あんてい) 안정

4 2 요점은 더욱 간결하게 정리해주세요.

해설 [喫] 음독: 喫茶店(きっさてん) 찻집, 카페 / 喫煙 (きつえん) 흡연 / [潔] 음독: 清潔(せいけつ) 청결 / 簡潔(かんけつ) 간결
[喫] [潔] 비슷한 한자를 구별한다.

어휘 要点(ようてん) 요점

5 1 고령 운전자의 증가에 따라 안전성의 문제가 불거지고 있다.

해설 [増] 훈독: 増(ふ)える 늘다 / [憎] 훈독: 憎(にく)む 미워하다
'증가'는 '늘어남'을 뜻하므로, [増]를 음독으로 사용한다.

어휘 高齢(こうれい) 고령 | 増加(ぞうか) 증가 | 問(と)う 묻다

실전시험 42 | 한자 표기 [12]

▶본서2 p.135

정답 1 3 2 2 3 1 4 2 5 1

1 3 전시회에서는 새로 출시될 예정인 휴대전화를 시험해볼 수 있어서, 기대됩니다.

해설 1 消(け)す 끄다 2 隠(かく)す 숨기다 4 許(ゆる)す 허락하다

어휘 展示会(てんじかい) 전시회 | 発売(はつばい) 발매, 출시 | 携帯(けいたい) 휴대 전화

2 2 추우니까 난방을 켜주세요.

해설 [防] 훈독: 防(ふせ)ぐ 막다, 음독: 防止(ぼうし) 방지 消防(しょうぼう) 소방 / [房] 음독: 文房具(ぶんぼうぐ) 문방구
[防] [房] 비슷한 한자를 구별한다.

어휘 暖房(だんぼう) 난방

3 1 서류는 각각의 항목을 확인한 후에 서명해주세요.

해설 [項] 음독: 注意事項(ちゅういじこう) 주의 사항 / [傾] 훈독: 傾(かたむ)く 기울다, 음독: 傾向(けいこう) 경향
[項] [傾] 비슷한 한자를 구별한다.

어휘 書類(しょるい) 서류 | 項目(こうもく) 항목

4 2 헬리콥터 조종 실수로 사고를 일으킨 아리타 씨는 상륙 후, 바로 체포되었다.

해설 [操] 훈독: 操(あやつ)る 조종하다, 음독: 操縦(そうじゅう) 조종 / [縦] 훈독: 縦(たて) 세로 / [従] 훈독: 従(したが)う 따르다
선택지에 나와 있는 정답 외의 한자도 잘 알아두자.

어휘 起(お)こす 일으키다 | 上陸(じょうりく) 상륙 | 逮捕(たいほ) 체포

5 1 일자리를 찾기 위해, 구인 사이트에 등록했지만, 아직까지 한 건도 연락이 없다.

해설 [求] 훈독: 求(もと)める 요구하다, 음독: 求人(きゅうじん) 구인 / [救] 훈독: 救(すく)う 구하다, 음독: 救助(きゅうじょ) 구조
[求] [救]의 구별은 자주 출제되니 꼭 알아두자.

어휘 探(さが)す 찾다 | 登録(とうろく) 등록

실전시험 43 | 한자 표기 [13]

▶본서2 p.136

정답 1 3 2 1 3 3 4 3 5 1

1 3 위험을 동반한 실험이 여기저기 행해지고 있다.

해설 1 失(うしな)う 잃다 2 叶(かな)う 이루다 4 払(はら)う 지불하다

어휘 危険(きけん) 위험 | 伴(ともな)う 동반하다 | 実験(じっけん) 실험 | 行(おこな)う 행하다

2 1 원칙적으로 사람이 운전합니다만, 최근에는 무인으로 운전할 수 있는 차가 등장하고 있다.

해설 [則] 음독: 原則(げんそく) 원칙 / [側] 음독: 側(かわ)

~쪽 / [測] 훈독: 測(はか)る (길이·깊이 등을) 재다, 음독: 測量(そくりょう) 측량 / [販] 음독: 販売(はんばい) 판매

어휘 無人(むじん) 무인 | 登場(とうじょう) 등장

3 3 이번 선거에서의 당의 승리에 여당의 항의가 계속되고 있다.

해설 [勝] 훈독: 勝(か)つ 이기다 / [利] 훈독: 利(き)く 잘 듣다, 잘 되다
훈독 읽기도 공부하자.

어휘 選挙(せんきょ) 선거 | 党(とう) 당 | 勝利(しょうり) 승리 | 与党(よとう) 여당 | 抗議(こうぎ) 항의

4 3 화재로 100여 명의 사람들이 희생되었다고 추측됩니다.

해설 [進] 훈독: 進(すす)む 나아가다, 진행하다, 음독:進行(しんこう) 진행 / [推] 음독: 推理(すいり) 추리 推測(すいそく) 추측
[進] [推]의 한자 구별이 필요하다.

어휘 火災(かさい) 화재 | 犠牲(ぎせい) 희생

5 1 우연히, 고향의 마트에서 전 남자 친구를 만났다.

해설 [偶] 음독: 偶然(ぐうぜん) 우연 / [隅] 훈독: 隅(すみ) 구석

어휘 地元(じもと) 고향 | 元彼(もとかれ) 전 남자 친구

실전시험 44 | 한자 표기 [14]

▶본서2 p.137

정답 1 1 2 1 3 4 4 3 5 4

1 1 좋아하는 선배를 파티에 초대했지만, 거절당했다.

해설 [招] 훈독: 招(まね)く 초대하다, 부르다 / [召] 훈독(めす): 召(め)し上(あ)がる 드시다
여기에서는 '초대하다'라는 의미를 가진 [招]의 음독 읽기가 사용되었다.

어휘 招待(しょうたい) 초대 | 断(ことわ)る 거절하다

2 1 스트레스 해소를 위해 무엇을 합니까?

해설 [解] 훈독: 解(と)く 풀다, 음독: 解説(かいせつ) / [角] 훈독: 角(かど) 모퉁이, 음독: 角度(かくど) 각도
[解] '풀다'의 의미를 사용해야 한다.

어휘 解消(かいしょう) 해소

3 4 신상품 판매권을 둘러싸고, A사와 B사가 경쟁하고 있다.

해설 1 戦(たたか)う 싸우다 2 競(きそ)う 다투다, 경쟁하다

어휘 新商品(しんしょうひん) 신상품 | 販売権(はんばいけん) 판매권 | ～をめぐって ~을 둘러싸고 | 争(あらそ)う 다투다, 경쟁하다

4 3 사고 원인을 밝히는 과정은 책임을 갖고 행해야만 한다.

해설 [任] 훈독: 任(まか)せる 맡기다, 음독: 責任(せきにん) 책임 / [住] 훈독: 住(す)む 살다, 음독: 住宅(じゅうたく) 주택
[任] [住] 한자 구별과 각각의 음독도 알아둔다.

어휘 事故(じこ) 사고 | 原因(げんいん) 원인 | 明(あき)らかに 확실히, 분명히 | 過程(かてい) 과정

5 4 대기업은 자회사에 제조 라인을 위탁해서 생산량을 늘리고 있다.

해설 [宅] 음독: お宅(たく) 댁 / [託] 음독: 委託(いたく) 위탁

어휘 大企業(だいきぎょう) 대기업 | 子会社(こがいしゃ) 자회사 | 製造(せいぞう) 제조 | 生産量(せいさんりょう) 생산량 | 増(ふ)やす 늘리다

실전시험 45 | 한자 표기 [15]

▶본서2 p.138

정답 1 1 2 2 3 1 4 3 5 3

1 1 글씨가 커서 축소 복사를 했다.

해설 [縮] 훈독: 縮(ちぢ)む 쭈글쭈글해지다, 줄어들다, 음독: 縮小(しゅくしょう) 축소 / [宿] 훈독: 宿(やど) 묵을 곳, 숙박, 음독: 宿泊(しゅくはく) 숙박

어휘 字(じ) 글씨

2 2 박 씨는 우수한 성적으로 대학을 졸업했다.

해설 優勝(ゆうしょう) 우승 / 優秀(ゆうしゅう) 우수

어휘 成績(せいせき) 성적

3 1 의사는 환자에 대해 친절히 진찰해주었다.

해설 [診] 훈독: 診(み)る 진찰하다, 음독: 診察(しんさつ) 진찰 / [珍] 훈독: 珍(めずら)しい 드물다, 희귀하다

어휘 医者(いしゃ) 의사 | 患者(かんじゃ) 환자

4 3 한 번도 화낸 적이 없는 어머니는 온화한 성격이다.

해설 1 隠(かく)す 숨기다 2 急(いそ)ぐ 급하다, 서두르다 4 温(あたた)かい 따뜻하다

어휘 怒(おこ)る 화내다 | 穏(おだ)やかだ 온화하다

5 3 이 책의 특징은 구성이 잘 되어있다는 것이다.

해설 [講] 음독: 講義(こうぎ) 강의 / [構] 훈독: 構(かま)う 상관하다, 음독: 構成(こうせい) 구성
[講] [構]의 구별은 자주 출제되니 꼭 암기해 두자.

어휘 特徴(とくちょう) 특징

실전시험 46 | 한자 표기 [16]

▶본서2 p.139

정답 1 1 2 3 3 4 4 1 5 1

1 1 대기업이 파산해서 경제적인 영향을 받았다.

해설 [破] 훈독: 破(やぶ)る 찢다 / [産] 훈독: 産(う)む 낳다 각각 훈독의 의미도 알아 두자.

어휘 大企業(だいきぎょう) 대기업 | 破産(はさん) 파산 | 経済的(けいざいてき) 경제적 | 影響(えいきょう) 영향

2 3 짐의 적재는 정량을 지켜야만 한다.

해설 음독「積載(せきさい) 적재」로 읽는다.
훈독 읽기도 암기하자.
[積] 훈독: 積(つ)もる 쌓다 / [載] 훈독: 載(の)せる 짐을 싣다, 게재하다

어휘 荷物(にもつ) 짐 | 定量(ていりょう) 정량 | 守(まも)る 지키다

3 4 어렸을 때 살았던 마을에 우연히 갔더니 그리워졌다.

해설 1 壊(こわ)れる 고장 나다, 부서지다 2 夢(ゆめ) 꿈 3 惜(お)しい 아깝다

어휘 町(まち) 마을 | 懐(なつ)かしい 그립다

4 1 니시카와 씨에게 권유받아 주말에 영화를 보러 가기로 했다.

해설 [誘] 훈독: 誘(さそ)う 권하다, 음독: 勧誘(かんゆう) 권유

5 1 전화보다 메일이나 메시지를 자주 사용하는 경향이 있다.

해설 음독「傾向(けいこう) 경향」으로 읽는다.
[傾] 훈독: 傾(かたむ)く 한쪽으로 기울다 / [向] 훈독: 向(む)く 향하다

실전시험 47 | 한자 표기 [17]

▶본서2 p.140

정답 **1** 4 **2** 1 **3** 3 **4** 1 **5** 1

1 4 기무라 씨는 음악가로서도 조각가로서도 폭넓게 활약하고 있다.

해설 [刻] 훈독: 刻(きざ)む 새기다, 음독: 彫刻家(ちょうこくか) 조각가 / [核] 음독: 核(かく)

어휘 音楽家(おんがくか) 음악가 | 幅広(はばひろ)い 폭넓다 | 活躍(かつやく) 활약

2 1 재개발로 인해 역할을 담당하는 모든 기능을 확충할 필요가 있다는 목소리가 높다.

해설 아래 단어도 잘 나오니 외워두자.
[拡] 음독: 拡大(かくだい) 확대 / [広] 훈독: 広場(ひろば) 광장

어휘 再開発(さいかいはつ) 재개발 | 役割(やくわり) 역할 | 担(にな)う 짊어지다 | 諸機能(しょきのう) 모든 기능 | 拡充(かくじゅう) 확충

3 3 수험생이 많이 모여 있기 때문에, 시험장은 혼란하다.

해설 [混] 훈독: 混(ま)ぜる 섞다 / [乱] 훈독: 乱(みだ)れる 혼란해지다
각각 훈독 동사도 알아두자.

어휘 受験者(じゅけんしゃ) 수험생 | 試験場(しけんじょう) 시험장 | 混乱(こんらん) 혼란

4 1 만날 때마다 지각하는 그는 언제나 한심한 변명을 늘어놓는다.

해설 2 青(あお)い 푸르다 3 晴(は)れる 개다 4 清(きよ)い 깨끗하다, 맑다

어휘 遅刻(ちこく) 지각 | 情(なさ)けない 한심하다 | 言(い)い訳(わけ) 변명

5 1 집을 지을 토지의 면적을 재었다.

해설 [積] 훈독: 積(つ)もる 쌓이다, 음독: 面積(めんせき) 면적 / [責] 훈독: 責(せ)める 나무라다, 책망하다, 음독: 責任(せきにん) 책임

어휘 土地(とち) 토지 | 測(はか)る (길이·깊이 등을) 재다

실전시험 48 | 한자 표기 [18]

▶본서2 p.141

정답 **1** 1 **2** 1 **3** 3 **4** 2 **5** 2

1 1 논문의 마감까지 힘을 쏟을 작정입니다.

해설 [注] 훈독: 注(そそ)ぐ 따르다, 붓다, 음독: 注意(ちゅうい) 주의

어휘 論文(ろんぶん) 논문 | 締(し)め切(き)り 마감

2 1 고양이는 무리하게 만지면 저항할 때가 있다.

해설 [低] 훈독: 低(ひく)い 낮다 / [底] 훈독: 底(そこ) 바닥, 음독: 海底(かいてい) 해저

어휘 猫(ねこ) 고양이 | 無理(むり) 무리 | 触(さわ)る 만지다

3 3 그는 사회문제에 민감하게 반응한다.

해설 [盛] 훈독: 盛(も)る 쌓아 올리다, 음독: 繁盛(はんじょう) 번성 盛大(せいだい) 성대
*盛는 음독 두 가지「じょう/せい」로 읽으니 참고해 두자.

어휘 敏感(びんかん) 민감 | 反応(はんのう) 반응

4 2 최근, 미니토마토를 자기 집에서 키우는 사람이 늘고 있다. 화분은 직경 30cm가 최적이다.

해설 [径] 음독: 直径(ちょっけい) 직경 / [怪] 훈독: 怪(あや)しい 수상하다
[径] [怪] 비슷한 한자를 구별한다.

어휘 自宅(じたく) 자택 | 植(う)える 심다 | 増(ふ)える 늘다 | 植木鉢(うえきばち) 화분 | 最適(さいてき) 최적

5 2 피로가 축적되어 아침에 일어날 수 없다.

해설 [蓄] 훈독: 蓄(たくわ)える 저장하다, 비축하다, 음독: 蓄積(ちくせき) 축적 / [畜] 음독: 家畜(かちく) 가축

어휘 疲労(ひろう) 피로

실전시험 49 | 한자 표기 [19]

▶본서2 p.142

정답 **1** 3 **2** 3 **3** 1 **4** 4 **5** 2

1 **3** 선배의 조언 덕분에 희망하던 직(직업)에 취직할 수 있었다.

해설 1 着(つ)く 도착하다 2 賭(か)ける 걸다(내기)

어휘 希望(きぼう) 희망 | 職(しょく)に就(つ)ける 직업을 갖다, 취직하다

2 **3** 부장님께 칭찬받아서 일의 능률이 올라, 좋은 성적을 냈다.

해설 [能] 음독: 能力(のうりょく) 능력 / [態] 음독: 状態(じょうたい) 상태
[能] [態] 비슷한 한자를 구별한다.

어휘 褒(ほ)める 칭찬하다 | 能率(のうりつ) 능률 | 成績(せいせき) 성적

3 **1** 지하 1층의 헬스장을 무료로 이용할 수 있는 것이 입주자의 특권입니다.

해설 [権] 음독: 特権(とっけん) 특권 / [勧] 훈독: 勧(すす)める 추천하다, 음독: 勧誘(かんゆう) 권유

어휘 無料(むりょう) 무료 | 利用(りよう) 이용 | 入居者(にゅうきょしゃ) 입주자

4 **4** 우승을 눈앞에 두고 있던 A팀은 B팀에 역전당해, 험한 표정을 보였다.

해설 [険] 훈독: 険(けわ)しい 험하다, 험상궂다

어휘 逆転(ぎゃくてん) 역전 | 表情(ひょうじょう) 표정

5 **2** 시내에 폭탄이 떨어져, 테러의 의혹이 있다.

해설 [弾] 훈독: 弾(はじ)く 튀기다 弾(ひ)く (악기를) 연주하다 / [暴] 훈독: 暴(あば)れる 난폭하게 굴다

어휘 市内(しない) 시내 | 爆弾(ばくだん) 폭탄 | 疑(うたが)い 의혹

실전시험 50 | 한자 표기 [20]

▶본서2 p.143

정답 **1** 1 **2** 3 **3** 1 **4** 1 **5** 1

1 **1** 일본의 가게 앞에는 '마네키네코'라는 것이 놓아져 있다.

해설 [招] 훈독: 招(まね)く 초대하다, 부르다, 음독: 招待(しょうたい) 초대 / [辺] 훈독: 辺(あた)り 근처, 부근, 음독: 周辺(しゅうへん) 주변

2 **3** 학생에게 폭력을 휘두른 선생님에 대해 엄한 비판이 계속되고 있다.

해설 [判] 음독: 判断(はんだん) 판단 / [半] 훈독: 半(なかば) 절반, 반 정도, 음독: 半分(はんぶん) 반

어휘 生徒(せいと) 학생 | 暴力(ぼうりょく) 폭력 | 振(ふ)るう 휘두르다 | 厳(きび)しい 엄격하다, 엄하다 | 批判(ひはん) 비판

3 **1** 성실한 그녀가 물건을 훔친다는 것은 상상이 가지 않는다.

해설 [像] 음독: 想像(そうぞう) 상상 / [象] 음독: 印象(いんしょう) 인상
[像]와 [象]의 구별은 자주 출제되니 꼭 구별해서 알아두도록 하자.

어휘 万引(まんび)きをする 도둑질하다, 훔치다

4 **1** 3년간, 보험 회사에 근무한 적이 있습니다.

해설 음독 「保険(ほけん) 보험」으로 읽는다.
[保] 훈독: 保(たも)つ 지키다 / [険] 훈독: 険(けわ)しい 험하다, 험악하다

어휘 勤(つと)める 근무하다

5 **1** 감기에 걸리지 않도록, 항상 손을 청결히 하는 것에 주의하고 있다.

해설 [清] 훈독: 清(きよ)い 깨끗하다, 맑다, 음독: 清潔(せいけつ) 청결 / [青] 훈독: 青(あお)い 파랗다

어휘 風邪(かぜ) 감기 | 心掛(こころが)ける 항상 주의하다, 유의하다

문제3 단어 형성

실전시험 51 | 단어 형성 [1]

▶본서2 p.162

정답 **1** 2 **2** 1 **3** 4 **4** 4 **5** 2

1 **2** 설탕은 콜라의 (주)성분이다.

해설 1 古(ふる) 헌~ 2 主(しゅ) 주~ 3 多(た) 다~ 4 両(りょう) 양~

어휘 成分(せいぶん) 성분

2 **1** 내일, 세계적으로 유명한 발레(단)이 내일(일본을 방문)한다.

해설 1 団(だん) ~단 2 集(しゅう) ~집 3 党(とう) ~당 4 族(ぞく) ~족

어휘 バレエ 발레 | 来日(らいにち) 내일(일본에 방문함)

3 **4** (최)첨단 기술을 자랑하는 일본은 세계에서도 인정받고 있다.

해설 1 現(げん) 현~ 2 超(ちょう) 초~ 3 高(こう) 고~ 4 最(さい) 최~

어휘 先端(せんたん) 첨단 | 技術(ぎじゅつ) 기술 | 認(みと)める 인정하다

4 **4** 기말시험 결과를 학년(별)로 보면 1학년만 작년을 상회했다.

해설 1 境(さかい) 경계 2 段(だん) 단 3 節(せつ) 절(절기, 마디) 4 別(べつ) ~별

어휘 期末(きまつ) 기말 | 結果(けっか) 결과 | 上回(うわまわ)る 웃돌다, 상회하다

5 2 야마나카 교수는 의학(계)에서는 유명한 인물이다.

해설 1 系(けい) ~계(계열) 2 界(かい) ~계(세계) 3 風(ふう) ~풍 4 類(るい) ~류

어휘 教授(きょうじゅ) 교수 | 医学(いがく) 의학 | 名高(なだか)い 유명한

실전시험 52 | 단어 형성 [2]

▶본서2 p.163

정답 1 3 2 2 3 2 4 2 5 3

1 3 이번 밀레 전에서는 (미)공개 작품이 전시된다.

해설 1 完(かん) 완~ 2 不(ふ) 불/부~ 3 未(み) 미~ 4 無(む) 무~

어휘 –展(てん) -전 | 未公開(みこうかい) 미공개 | 作品(さくひん) 작품 | 展示(てんじ) 전시

2 2 그녀는 아직 (정)사원이 아니기 때문에 나와는 근무 조건이 다르다.

해설 1 改(かい) 개~ 2 正(せい) 정~ 3 真(ま) 진짜/정말~ 4 定(てい) 정~

어휘 社員(しゃいん) 사원 | 勤務(きんむ) 근무 | 条件(じょうけん) 조건

3 2 일기예보에 따르면 내일은 전국에 걸쳐 비가 내려서, 강수(량)도 많을 것이라는 예상이다.

해설 1 計(けい) ~계 2 量(りょう) ~량 3 度(ど) ~도 4 差(さ) ~차(차이)

어휘 天気予報(てんきよほう) 일기예보 | 全国(ぜんこく) 전국 | ~にわたって ~에 걸쳐서 | 降水量(こうすいりょう) 강수량 | 予感(よかん) 예감

4 2 어떤 상황에서도 폭력은 정당(화)될 수 없다.

해설 1 感(かん) ~감 2 化(か) ~화 3 可(か) ~가 4 的(てき) ~적

어휘 場合(ばあい) 경우 | 暴力(ぼうりょく) 폭력 | 正当化(せいとうか) 정당화

5 3 고객: 티셔츠, (다른) 색은 없나요?

해설 1 建(だ)て ~층 짜리 2 向(む)き ~향 3 違(ちが)い 다른~, ~착오 4 沿(ぞ)い ~따른

어휘 色違(いろちが)い 다른 색

실전시험 53 | 단어 형성 [3]

▶본서2 p.164

정답 1 1 2 2 3 1 4 1 5 3

1 1 헤어질 때(쯤) 그녀는 무언가 말했지만, 들리지 않았다.

해설 1 際(ぎわ) ~하려고 할 때, ~하기 시작할 때 2 間(かん) 사이, 간격 3 期(き) 시기

어휘 別(わか)れる 헤어지다

2 2 계약에 있어서 (모든) 조건을 자세히 검토한 후에 정하는 편이 좋다.

해설 1 末(まつ) ~말 2 諸(しょ) 모든, 여러 3 過(か) 과~ 4 複(ふく) 복~

어휘 契約(けいやく) 계약 | 条件(じょうけん) 조건 | 詳(くわ)しい 자세하다 | 検討(けんとう) 검토 | 決(き)める 정하다

3 1 그의 변명은 오히려 역효과를 가져왔다.

해설 1 逆(ぎゃく) 역~ 2 反(はん) 반~ 3 副(ふく) 부~ 4 悪(あく) 악~

어휘 言(い)い訳(わけ) 변명 | 逆効果(ぎゃくこうか) 역효과 | もたらす 가져오다

4 1 톨스토이의 작품에는 여러 가지의 (명)문구가 있다.

해설 1 名(めい) 명~ 2 最(さい) 최~ 3 現(げん) 현~ 4 諸(しょ) 모든, 여러

어휘 作品(さくひん) 작품 | 数々(かずかず)の 여러 가지의 | 名文句(めいもんく) 명문구

5 3 이 지역의 산업은 제조 중심 사업에서 서비스(업)으로 바뀌어가고 있다.

해설 1 完(かん) ~완 2 心(しん) ~심 3 業(ぎょう) ~업 4 観(かん) ~관

어휘 地域(ちいき) 지역 | 産業(さんぎょう) 산업 | 製造(せいぞう) 제조 | 中心(ちゅうしん) 중심 | サービス業(ぎょう) 서비스업 | 変(か)わる 바뀌다

실전시험 54 | 단어 형성 [4]

▶본서2 p.165

정답 1 3 2 1 3 4 4 4 5 3

1 3 내일 심포지엄은 (별도의) 회장에서 행해지므로 주의해 주세요.

해설 「別(べつ)」는 접두어로는 '별도의, 따로'라는 의미와 접미어 '~별'의 의미 두 가지가 있으니 꼭 구별한다. 여기서는 접두어 '별도의, 따로'의 의미로 사용되었다.

어휘 行(おこな)われる 행해지다

2 1 이번 대통령 선거는 예년과 비교해, 투표(율)이 높았다.

해설 1 率(りつ) ~율 2 非(ひ) 비~ 3 重(じゅう) ~중 4 少(しょう) 소~

어휘 大統領(だいとうりょう) 대통령 | 選挙(せんきょ) 선거 | 例年(れいねん) 예년 | 比(くら)べる 비교하다 | 投票率(とうひょうりつ) 투표율

3 4 큰 병을 앓은 이래, 나의 인생(관)은 완전히 바뀌었다.

해설 1 官(かん) ~관(관직) 2 案(あん) ~안(안건) 3 刊(か

ん) ~간(간행) 4 観(かん) ~관(관점)

어휘 大病(たいびょう) 큰 병, 중병 | 変(か)わる 바뀌다 | からりと 모조리, 몽땅

4 **4** 그녀의 이야기는 너무나도 현실과 (떨어져) 아무도 동의하지 않았다.

해설 명사에 「離(はな)れ」가 붙어 '~을 멀리하는, ~와 동떨어져'라는 의미를 가지게 된다.

5 **3** 과거 비난 받았던 영화가 (재)평가를 받아 영화제에서 상을 받았다.

해설 1 低(てい) 저~ 2 非(ひ) 비~ 3 再(さい) 재~ 4 初(しょ) 초~

어휘 非難(ひなん) 비난 | 評価(ひょうか) 평가 | 映画祭(えいがさい) 영화제 | 賞(しょう)をとる 상을 받다

실전시험 55 | 단어 형성 [5]

›본서2 p.166

정답 **1** 1 **2** 4 **3** 3 **4** 1 **5** 2

1 **1** 가와다 씨는 미국(유파/방식)의 비즈니스로 성공했다.

해설 「流(りゅう)」는 유파, 계통, 학술이나 예능 등에서 그 사람이나 유파의 고유한 방식을 의미한다.

2 **4** 박 씨는 대학 4년간, 장학(금)을 받았다.

해설 1 料(りょう) ~료 2 代(だい) ~대(대금) 3 費(ひ) ~비 4 金(きん) ~금

어휘 奨学金(しょうがくきん) 장학금

3 **3** 일본 (총) 인구는 약 1억 3천만 명입니다.

해설 1 全(ぜん) 전~ 2 名(めい) 명~ 3 総(そう) 총~ 4 生(なま) 생~

어휘 人口(じんこう) 인구 | 億(おく) 억

4 **1** 이 영화를 만드는 데에 10억 엔이라는 제작(비)가 들었다.

해설 1 費(ひ) ~비(비용) 2 賃(ちん) ~임(운임) 3 代(だい) ~대(대금) 4 料(りょう) ~료(요금)

어휘 億(おく) 억 | 制作費(せいさくひ) 제작비

5 **2** 선로(를 따라) 작은 집이 죽 늘어서 있다.

해설 1 添(ぞ)え ~첨부 2 沿(ぞ)い ~따라 3 連(づ)れ ~동반 4 込(こ)み ~포함

어휘 線路(せんろ) 선로 | 並(なら)ぶ 늘어서다

실전시험 56 | 단어 형성 [6]

›본서2 p.167

정답 **1** 2 **2** 2 **3** 2 **4** 1 **5** 3

1 **2** 추첨은 선착(순)입니다.

해설 1 状(じょう) ~장 2 順(じゅん) ~순 3 現(げん) 현~ 4 界(かい) ~계

어휘 抽選(ちゅうせん) 추첨 | 先着順(せんちゃくじゅん) 선착순

2 **2** 최근 아기 옷에서도 북유럽(풍)의 스타일이 유행하고 있다.

해설 1 社(しゃ) ~사 2 風(ふう) ~풍 3 性(せい) ~성 4 感(かん) ~감

어휘 ベビー服(ふく) 아기 옷 | 北(きた)ヨーロッパ 북유럽 | 流行(はや)る 유행하다

3 **2** 새벽 2시에 전화하다니 (몰)상식하다.

해설 1 反(はん) 반~ 2 非(ひ) 비~ 3 不(ふ) 불/부~ 4 無(む) 무~

어휘 夜中(よなか) 한밤중 | 非常識(ひじょうしき) 몰상식, 비상식

4 **1** 빌딩이라고 해도 3층 (높이)의 작은 건물입니다.

해설 1 建(た)て ~층 짜리 2 連(つ)れ ~동반 3 付(つ)き ~포함 4 沿(ぞ)い ~따라

어휘 3階建(さんかいだ)て 3층 높이

5 **3** 고기는 자르지 말고 통(째로) 삶아주세요.

해설 ～ごと ~째

어휘 丸(まる)ごと 통째로 | 煮(に)る 삶다

실전시험 57 | 단어 형성 [7]

›본서2 p.168

정답 **1** 2 **2** 2 **3** 3 **4** 2 **5** 3

1 **2** 본예약을 하기 전에 우선은 (가)예약을 행해주세요.

해설 1 既(き) 이미 2 仮(かり) 가~ 3 近(きん) 근처 4 先(せん) 먼저

「仮(かり)」의 읽는 법에도 주의하자.

어휘 本予約(ほんよやく) 본예약

2 **2** 연말에는 연하(장)을 쓰는 데에 시간이 걸린다.

해설 1 書(しょ) ~서 2 状(じょう) ~장 3 集(しゅう) ~집 4 機(き) ~기

어휘 年末(ねんまつ) 연말 | 年賀状(ねんがじょう) 연하장

3 **3** 앞으로의 상황은 (현)시점에서는 단정할 수 없습니다.

해설 1 今(こん) 이번~ 2 来(らい) 내(다음)~ 3 現(げん) 현~ 4 元(もと) 전(직)~

어휘 状況(じょうきょう) 상황 | 現時点(げんじてん) 현시점 | 断定(だんてい) 단정

4 **2** 사과의 산지로 유명한 아오모리는 태풍 때문에 작년에 비해 수확(량)이 10% 줄었다.

해설 1 産(さん) ~산 2 量(りょう) ~량 3 度(ど) ~도 4 面(めん) ~면

어휘 産地(さんち) 산지 | 台風(たいふう) 태풍 | 去年(きょねん) 작년 | 比(くら)べる 비교 | 収穫(しゅうかく) 수확 | 減(へ)る 줄다

5 3 (다) 쓴 종이는 버려주세요.

해설 済(ず)み 다 ~완료한

어휘 捨(す)てる 버리다

실전시험 58 | 단어 형성 [8]

본서2 p.169

정답 **1** 3 **2** 4 **3** 1 **4** 3 **5** 3

1 3 이 곤충은 적으로부터 공격을 당하면 몸을 공 (모양)으로 둥글게 하여 몸을 지킨다.

해설 1 式(しき) ~식 2 感(かん) ~감 4 性(せい) ~성
「状(じょう)」는 접미어로 「案内状(あんないじょう) 안내장」처럼 '~장'이라는 뜻과 '~형태, 상태'의 뜻 두 가지를 가지고 있으니 꼭 구별해 두도록 하자.

어휘 昆虫(こんちゅう) 곤충 | 敵(てき)に襲(おそ)われる 적에게 공격당하다 | 丸(まる)める 둥글게 하다

2 4 이 약은 소화가 잘되지 않는다는 (부)작용이 있습니다.

해설 1 進(しん) 진~ 2 新(しん) 신~ 3 旧(きゅう) 구~ 4 副(ふく) 부~

어휘 消化(しょうか) 소화 | 悪(わる)くなる 잘되지 않다, 나빠지다 | 副作用(ふくさよう) 부작용

3 1 다카하시 씨는 연기(파) 배우로서 활약하고 있다.

해설 1 派(は) ~파 2 反(はん) 반~ 3 非(ひ) 비~ 4 流(りゅう) ~류

어휘 演技(えんぎ) 연기 | 活躍(かつやく) 활약

4 3 어린이를 (동반)하신 고객님께서는 손을 잡고 이용해 주세요.

해설 1 沿(ぞ)い ~을 따른 2 建(だ)て ~층 짜리 3 連(づ)れ ~동반 4 済(ず)み ~끝낸

어휘 お子様(こさま) 아이의 높임말, 자녀분 | お客様(きゃくさま) 손님 | 繋(つな)ぐ 잇다 | 利用(りよう) 이용

5 3 JLPT 시험까지 앞으로 한 달 남았기 때문에 매일 공부에 열중하고 있다.

해설 명사에 「漬(づ)け」가 붙어 '~에 빠져 있는, ~에 열중하는'이라는 의미를 가진다.

실전시험 59 | 단어 형성 [9]

본서2 p.170

정답 **1** 1 **2** 1 **3** 4 **4** 4 **5** 4

1 1 나도 모리 씨와 (같은) 의견입니다.

해설 1 同(どう) 동(같은)~ 2 当(とう) ~당(해당) 3 等(など) ~등

2 1 이 오렌지는 캘리포니아(산)이다.

해설 1 産(さん) ~산 2 製(せい) ~제(제품) 3 式(しき) ~식 4 観(かん) ~관

어휘 カリフォルニア 캘리포니아

3 4 정부는 새로운 도로의 개발에 관한 비용삭감의 개선(책)을 세우고 있다.

해설 1 率(りつ) ~율 2 化(か) ~화 3 集(しゅう) ~집 4 策(さく) ~책

어휘 政府(せいふ) 정부 | 道路(どうろ) 도로 | 開発(かいはつ) 개발 | 関(かん)する 관련하다 | 削減(さくげん) 삭감 | 改善(かいぜんさく) 개선책

4 4 2위 선수가 1위 선수의 (바로) 뒤에 붙어서 달리고 있다.

해설 1 初(しょ) 첫~ 2 同(どう) 동(같은)~ 3 異(い) 이(다른)~ 4 真(ま) 진짜/정말~

어휘 選手(せんしゅ) 선수 | 真後(まうし)ろ 바로 뒤 | 付(つ)いて走(はし)る 붙어서 달리다

5 4 아버지는 (반)세기에 걸쳐 근무해 온 회사를 퇴직했다.

해설 1 急(きゅう) 급~ 2 末(まつ) ~말 3 反(はん) 반(반대)~ 4 半(はん) 반(절반)~

어휘 半世紀(はんせいき) 반세기(50년) | 経営(けいえい) 경영 | 退職(たいしょく) 퇴직

실전시험 60 | 단어 형성 [10]

본서2 p.171

정답 **1** 2 **2** 1 **3** 4 **4** 4 **5** 2

1 2 이 복숭아는 단내가 나기 때문에 슬슬 먹을 (시기)입니다.

해설 「동사의 ます형 + 頃(ころ: 시기, 때, 무렵)」의 형태로 '~하기 적합한 시기' 즉, '먹기 좋은 때'를 말할 때 사용한다.

어휘 桃(もも) 복숭아 | 甘(あま)い香(かお)りがする 단 향기가 나다

2 1 그 유명 가수는 (초)고급 주택에 살고 있다.

해설 1 超(ちょう) 초~ 2 正(せい) 정~ 3 無(む) 무~ 4 再(さい) 재~

어휘 高級住宅(こうきゅうじゅうたく) 고급 주택

3 4 아침의 비즈니스 (거리)는 엄청난 인파이다.

해설 1 所(しょ) ~소 2 域(いき) ~역(지역) 3 場(じょう) ~장(장소) 4 街(がい) ~가(거리)

어휘 ビジネス街(がい) 비즈니스 가(거리) | 人(ひと)ごみ 인파

4 4 어제 술을 너무 많이 마셔서, (다음 날) 아침 숙취로 머리가 어지럽다.

해설 1 新(しん) 신(새로운)~ 2 来(らい) 래(오는)~ 3 現(げん) 현(현재)~ 4 明(あ)くる 다음~

어휘 お酒(さけ) 술 | 飲(の)み過(す)ぎる 과음하다 | 明(あ)くる朝(あさ) 다음 날 아침

5 2 호텔을 예약할 때 조식(포함)을 우선하여 선택한다.

해설 1 扱(あつか)い ~취급 2 付(つ)き ~포함 3 明(あ)け ~가 끝난 4 おき ~마다(주기적)

어휘 予約(よやく) 예약 | 朝食付(ちょうしょくつ)き 조식 포함 | 優先(ゆうせん) 우선 | 選(えら)ぶ 고르다

문제4 문맥 규정

실전시험 61 | 문맥 규정 [1]

본서2 p.194

정답 1 1 2 1 3 4 4 3 5 3 6 1 7 1

1 1 오늘은 이번 여름 중 최고 더위로 최고 기온은 40도에 (달했다).

해설 1 達(たっ)する (도)달하다 2 通(つう)じる 통하다 3 減(へ)る 줄다, 감소하다 4 沈(しず)む 가라앉다

어휘 最高気温(さいこうきおん) 최고 기온

2 1 일의 (경중)을 따지지 말고, 맡은 일은 제대로 해야 한다.

해설 1 軽重(けいちょう/けいじゅう) 경중 2 重視(じゅうし) 중시 3 重要(じゅうよう) 중요 4 大事(だいじ) 중요, 소중

어휘 任(まか)す 맡기다 | ～を問(と)わず ~을 불문하고

3 4 외국인 유학생임에도 불구하고 한자를 (척척) 쓴다.

해설 1 いらいら 안절부절 2 がっかり 낙담하는 모양 3 すっかり 완연히, 몽땅 4 すらすら 척척, 술술(막힘 없이)

어휘 留学生(りゅうがくせい) 유학생 | ～にもかかわらず ~임에도 불구하고

4 3 조 씨는 시험에 떨어져도 (태연한) 얼굴로 웃고 있었다.

해설 1 なだらかな 완만한 2 得意(とくい)な 능숙한 3 平気(へいき)な 태연한 4 真剣(しんけん)な 심각한

어휘 笑(わら)う 웃다

5 3 수험에 실패한 김 씨는 너무 낙담한 나머지 어두운 나날을 (지내고) 있다.

해설 1 贈(おく)る 선사하다, (선물을) 보내다 2 渡(わた)す 건네다 3 過(す)ごす 지내다, 보내다 4 覚(さ)ます 깨우다, 눈뜨다

어휘 受験(じゅけん) 수험 | 失敗(しっぱい) 실패 | 落(お)ち込(こ)む 낙담하다, 실망하다

6 1 텔레비전에서 소개된 가게였는데, 세간의 (평판)은 그다지 좋지 않았다.

해설 1 評判(ひょうばん) 평판 2 評論(ひょうろん) 평론 3 批判(ひはん) 비판 4 批評(ひひょう) 비평

어휘 世間(せけん) 세간

7 1 언니는 (오로지) 자신의 연구에 전념하고 있다.

해설 1 もっぱら 오로지 2 着々(ちゃくちゃく) 착착 3 多少(たしょう) 다소 4 ろくに 제대로

어휘 研究(けんきゅう) 연구 | 専念(せんねん) 전념

실전시험 62 | 문맥 규정 [2]

본서2 p.195

정답 1 4 2 1 3 1 4 3 5 4 6 1 7 4

1 4 질문의 답을 몰라서 (엉터리로) 대답했는데, 정답이었다.

해설 1 わがままに 제멋대로 3 きざきざに 삐죽삐죽 4 ごちゃごちゃに 너저분하게 5 でたらめに 엉터리로

어휘 答(こた)え 답 | 正解(せいかい) 정답

2 1 현대는 정보가 너무 (방대)해서 무엇이 옳은지 스스로 판단할 수밖에 없다.

해설 1 膨大(ぼうだい) 방대 2 大幅(おおはば) 대폭 3 増大(ぞうだい) 증대 4 巨大(きょだい) 거대

어휘 判断(はんだん) 판단

3 1 신입생 환영회에 참가하고 싶지만, 별로 좋아하지 않은 선배가 오기 때문에 마음이 (내키지 않는다).

해설 1 気(き)が進(すす)む 마음이 내키다

어휘 新入生(しんにゅうせい) 신입생 | 苦手(にがて)だ 질색이다 | 先輩(せんぱい) 선배

4 3 점심은 도서관 청소, 밤은 편의점에서 아르바이트해서 가계를 (지탱하고) 있다.

해설 1 任(まか)せる 맡기다 2 握(にぎ)る 쥐다 3 支(ささ)える 지탱하다, 지지하다 4 働(はたら)かせる 일하게 하다

어휘 掃除(そうじ) 청소

5 4 휴일에는 일에서 벗어나 몸을 쉬게 하거나 음악을 듣거나 해서 스트레스를 (해소)하고 있습니다.

해설 1 削除(さくじょ) 삭제 2 中止(ちゅうし) 중지 3 発生(はっせい) 발생 4 解消(かいしょう) 해소

어휘 離(はな)れる 떨어지다, 멀어지다

6 1 지난주는 잔업으로 바빴기 때문에 이번 주말은 집에서 (릴랙스)하고 싶다.

해설 1 リラックス 릴랙스(relax) 2 リニューアル(renewal) 리뉴얼 3 アプローチ(approach) 접근 4 シナリオ 시나리오(scenario)

7 4 시험에 떨어진 것을 (분하게 여기기)보다, 마음을 바꾸어 내일부터 또 분발해야지라고 생각한다.

해설 1 あきらめる 포기하다 2 断(ことわ)る 거절하다 3 疑(うたが)う 의심하다 4 悔(く)やむ 분하다 여기다, 억울해하다

어휘 切(き)り替(か)える 새로(달리) 바꾸다 | 頑張(がんば)る 분발하다, 열심히 하다

실전시험 63 | 문맥 규정 [3]

▸본서2 p.196

정답 1 3 2 1 3 1 4 2 5 1 6 1 7 1

1 3 부하의 실수를 (나무라는) 상사는 미움받는다.

해설 1 ほめる 칭찬하다 2 努(つと)める 힘쓰다, 노력하다 3 責(せ)める 책하다, 나무라다 4 込(こ)める 담다

어휘 上司(じょうし) 상사 | 嫌(きら)う 싫어하다

2 1 이 문제에 대해서 원인을 (적확하게) 파악해서 해결을 위해 전력을 다해야 한다.

해설 1 的確(てきかく)に 적확하게 2 正直(しょうじき)に 정직하게 3 忠実(ちゅうじつ)に 충실하게 4 率直(そっちょく)に 솔직하게

어휘 原因(げんいん) 원인 | とらえる 파악하다 | 解決(かいけつ) 해결 | 全力(ぜんりょく)を尽(つ)くす 전력을 다하다

3 1 갓 구운 빵이 따뜻하고 (폭신폭신해서) 맛있다.

해설 1 ふんわり 폭신폭신 2 すっきり 산뜻한 모양 3 ぐっすり 푹 4 ぼんやり 어렴풋이

어휘 焼(や)きたて 갓 구움 | あたたかい 따뜻하다

4 2 건널목 사고로 부상을 입은 사람의 목숨이 (위태롭다).

해설 1 険(けわ)しい 험하다, 험악하다 2 危(あや)うい 위태롭다 3 悲(かな)しい 슬프다 4 惜(お)しい 애석하다, 아쉽다

어휘 踏切(ふみきり) 건널목 | 事故(じこ) 사고 | けがをする 부상당하다, 다치다 | 命(いのち) 목숨

5 1 편의점은 24시간 영업이기 때문에 아내와 내가 (교대)로 운영하고 있다.

해설 1 交代(こうたい) 교대 2 交流(こうりゅう) 교류 3 交換(こうかん) 교환 4 郊外(こうがい) 교외

어휘 営業(えいぎょう) 영업 | 家内(かない) 아내 | 運営(うんえい) 운영

6 1 동물은 말을 (하지) 못합니다.

해설 1 発(はっ)する 발하다, 일으키다 2 関(かん)する 관계하다, 연관 있다 3 論(ろん)ずる 논하다 4 適(てき)する 적합하다

7 1 야마다 선생님은 낭비가 없는 (검소한) 생활을 하고 있다.

해설 1 質素(しっそ)な 검소한 2 ごうかな 호화로운 3 ぜいたくな 사치스런 4 貧乏(びんぼう)な 빈핍한, 가난한

어휘 無駄(むだ)づかい 낭비

실전시험 64 | 문맥 규정 [4]

▸본서2 p.197

정답 1 4 2 2 3 2 4 1 5 3 6 1 7 3

1 4 카토 씨는 (애매한) 대답을 했기 때문에 파티에 올지 어떨지 모른다.

해설 1 かすかだ 희미하다 2 地味(じみ)だ 수수하다 3 鈍感(どんかん)だ 둔감하다 4 あいまいだ 애매하다

어휘 返事(へんじ) 대답, 답장

2 2 학생 때, 숙제는 (빠듯해)지고 나서 하는 경우가 많았다.

해설 1 ばりばり 척척(일을 적극적으로 해나가는 모양), 북북(물건을 긁거나, 찢거나 할 때 나는 소리) 2 ぎりぎり 간당간당, 아슬아슬, 빠듯하게 3 じりじり 착실히, 쨍쨍 4 びりびり 드르르, 찌르르(자극이나 진동 소리 또는 그런 느낌)

3 2 병에 걸렸을 때는 영양의 (밸런스)를 생각하면서 식사를 하는 편이 좋다.

해설 1 ストレス 스트레스(stress) 2 バランス 밸런스(balance), 균형 3 チェンジ 체인지(change), 변화 4 エネルギー 에너지(energy)

어휘 栄養(えいよう) 영양

4 1 6개월 전에 없어진 개의 (행방)을 지금도 알 수 없다.

해설 1 行方(ゆくえ) 행방 2 未来(みらい) 미래 3 将来(しょうらい) 장래 4 存在(そんざい) 존재

어휘 いまだに 여지껏, 아직까지

5 3 언제나 신주쿠는 여러 음악이 너무 넘쳐나서 (요란스럽다).

해설 1 のんきだ 태평하다 2 めちゃくちゃだ 엉망진창이다 3 やかましい 요란스럽다, 시끄럽다 4 しつこい 끈질기다, 집요하다

어휘 あふれる 넘치다

6 1 배우가 드라마에서 입은 원피스의 매출이 (호조)다.

해설 1 好調(こうちょう) 호조 2 上昇(じょうしょう) 상승 3 販売(じょうばい) 판매 4 対等(たいとう) 대등

어휘 俳優(はいゆう) 배우 売(う)り上(あ)げ 매출

7 3 옆에 새로 생긴 레스토랑은 (독특)한 분위기가 있다.

해설 1 面倒(めんどう)だ 귀찮다 2 得意(とくい)だ 잘하다, 자신 있다 3 独特(どくとく)だ 독특하다 4 清潔

(せいけつ)だ 청결하다

어휘 雰囲気(ふんいき) 분위기

실전시험 65 | 문맥 규정 [5]

›본서2 p.198

정답 1 2 2 2 3 2 4 3 5 3 6 2 7 4

1 2 다음 사장으로 가장 (어울리는) 사람은 경험이 풍부한 사사키 씨겠죠.

해설 1 等(ひと)しい 동등하다 2 ふさわしい 어울리다, 적합하다 3 当(あ)たり前(まえ)だ 당연하다 4 ありがちだ 흔하다

어휘 最(もっと)も 가장 | 豊富(ほうふ)だ 풍부하다

2 2 아이에게 이해하기 쉽게 한마디 한마디 (끊어서) 천천히 이야기했다.

해설 1 別(わか)れる 헤어지다 2 区切(くぎ)る 구분 짓다, 구획 짓다, 끊다 3 外(はず)す 떼다, 분리시키다 4 割(わ)る 나누다, 쪼개다

어휘 一語一語(いちごいちご) 한마디 한마디

3 2 식품류에 관한 안전 확인 (기준)이 있어야 한다.

해설 1 標準(ひょうじゅん) 표준 2 基準(きじゅん) 기준 3 模範(もはん) 모범 4 基本(きほん) 기본

어휘 食品類(しょくひんるい) 식품류 | 確認(かくにん) 확인

4 3 샐러드에는 드레싱을 (듬뿍) 뿌려서 먹는 편이 맛있다.

해설 1 ばっさり 싹둑, 싹 3 ぼんやり 희미하게 3 たっぷり 듬뿍 4 ひっそり 조용히, 고요히

어휘 ドレッシング 드레싱, (음식에 뿌리는) 소스

5 3 신상품을 냈더니 (순식간에/금세) 다 팔려 버렸다.

해설 1 やっと 겨우 2 のんびり 한가로이 3 たちまち 금세 4 かつて 이전에, 예전에

어휘 新商品(しんしょうひん) 신상품 | 売(う)り切(き)れる 다 팔리다

6 2 오랜만에 밖에 나갔더니 태양이 (비춰) 기분 좋았다.

해설 1 映(うつ)る 반영하다, 비추다 2 照(て)る 비치다, 빛나다 3 指(さ)す 가리키다 4 数(かぞ)える (수를) 세다

어휘 太陽(たいよう) 태양

7 4 (세간)의 주목을 모았던 스즈키 선수가 돌연 은퇴를 발표한 것으로 많은 사람들이 충격을 받았다.

해설 1 世代(せだい) 세대 2 地球(ちきゅう) 지구 3 世紀(せいき) 세기 4 世間(せけん) 세간

어휘 注目(ちゅうもく)を集(あつ)める 주목을 모으다 | 突然(とつぜん) 돌연 | 引退(いんたい) 은퇴 | 発表(はっぴょう) 발표 | ショックを受(う)ける 충격을 받다

실전시험 66 | 문맥 규정 [6]

›본서2 p.199

정답 1 1 2 2 3 1 4 2 5 2 6 2 7 3

1 1 (둔탁한) 소리가 들려서 돌아봤더니 택시와 사람이 충돌했다.

해설 1 鈍(にぶ)い 둔탁하다 2 軽(かる)い 가볍다 3 あいまいだ 애매하다 4 静(しず)かだ 조용하다

어휘 振(ふ)り返(かえ)る 돌아보다 | ぶつかる 충돌하다

2 2 봉사활동은 사회에 나와서도 여러 가지 (도움이 된다)고 생각하여 신청해 봤다.

해설 2 役(やく)に立(た)つ 도움이 되다

어휘 活動(かつどう) 활동

3 1 (문명)이 진보하면 할수록 편리해지지만, 인간은 점점 기계에 의존하려 한다.

해설 1 文明(ぶんめい) 문명 2 生活(せいかつ) 생활 3 文化(ぶんか) 문화 4 習慣(しゅうかん) 습관

어휘 どんどん 점점 | 機械(きかい) 기계 | 頼(たよ)る 의존하다

4 2 하야시 씨는 옷 입는 (센스)가 있어 항상 멋진 복장을 하고 있다.

해설 1 タイミング 타이밍(timing) 2 センス 센스(sense) 3 ステップ 스텝(step) 4 ニュアンス 뉘앙스

어휘 服装(ふくそう) 복장

5 2 다음 시즌 우승을 (목표로) 매일 연습에 힘쓰고 있다.

해설 1 改(あらた)める 개정하다, 고치다 2 目指(めざ)す 지향하다, 목표로 하다 3 頑張(がんば)る 분발하다 4 試(ため)す 시험하다, 실제로 해보다

어휘 優勝(ゆうしょう) 우승 | はげむ 힘쓰다

6 2 마라톤 선수들은 출발점에서 (일제히) 뛰어나갔다.

해설 1 一切(いっさい)に 일절 2 一斉(いっせい)に 일제히 3 一回(いっかい)に 한 번에 4 一方的(いっぽうてき)に 일방적으로

어휘 出発点(しゅっぱつてん) 출발점 | 走(はし)り出(だ)す 달리기 시작하다

7 3 일본어를 (능숙하게) 말해서 일본인 같다.

해설 1 こつこつ 꾸준히 2 すっきり 깔끔하게, 완전히 3 ぺらぺら 유창하게, 줄줄 4 きらきら 반짝반짝

실전시험 67 | 문맥 규정 [7]

›본서2 p.200

정답 1 2 2 1 3 1 4 4 5 1 6 3 7 1

1 2 농약이 묻어 있을지도 모르니까 껍질을 (벗기고) 먹어 주세요.

해설 1 外(はず)す 떼어내다, 풀다 2 剥(む)く 벗기다(껍질·

가죽) 3 巻(ま)く 말다 4 消(け)す 끄다, 지우다

어휘 農薬(のうやく) 농약 | 皮(かわ)を剥(む)く 껍질을 벗기다

2 1 빚더미인 그는 (비참한) 생활을 하고 있었다.

해설 1 惨(みじ)めだ 비참하다 2 立派(りっぱ)だ 훌륭하다 3 簡単(かんたん)だ 간단하다 4 贅沢(ぜいたく)だ 호화롭다, 사치스럽다

어휘 借金(しゃっきん) 빚 | だらけ 투성이

3 1 (넓은) 회장에는 100명을 넘는 사람이 모였다.

해설 1 広 (ひろびろ)と 넓디넓은 2 軽 (かるがる)と 가뿐히 3 細 (ほそぼそ)と 가늘디가는 4 次 (つぎつぎ)と 차차, 연달아

어휘 超(こ)える 넘다

4 4 수출 호조로 인한 생산 및 투자 (개선)과 함께 경제 회복도 기대되고 있다.

해설 1 改訂(かいてい) 개정(내용이나 글자의 잘못된 부분을 고쳐 바로잡음)
2 改正(かいせい) 개정(고쳐 바르게 함)
3 改定(かいてい) 개정(법이나 규칙 등을 고쳐 다시 정함)
4 改善(かいぜん) 개선

어휘 輸出(ゆしゅつ) 수출 | 好調(こうちょう) 호조 | および 및 | 投資(とうし) 투자

5 1 가고 싶지 않은 파티에는 (타당)한 이유를 대고 거절한다.

해설 1 妥当(だとう) 타당 2 強調(きょうちょう) 강조 3 真剣(しんけん) 진지 4 妥協(だきょう) 타협

어휘 断(ことわ)る 거절하다

6 3 인기 있는 가게라 사람이 줄 서 있을 거라 생각했는데 (의외로) 한산해서 바로 들어갈 수 있었다.

해설 1 思(おも)った通(とお)り 생각했던 대로 2 やはり 역시 3 案外(あんがい) 의외로, 뜻밖에 4 単(たん)に 단순히

어휘 思(おも)いきや 생각했더니 | 空(す)く 비다

7 1 공원이 넓었기 때문에 (여기저기) 돌아다녔다.

해설 1 ほうぼう 여기저기 2 おのおの 각각 3 あれこれ 이것저것 4 たまたま 우연히

어휘 歩(ある)き回(まわ)る 돌아다니다

실전시험 68 | 문맥 규정 [8]

▶본서2 p.201

정답 1 2 2 4 3 1 4 3 5 2 6 2 7 3

1 2 과식해서 답답해졌기 때문에 벨트를 (풀었다).

해설 1 汚(よご)す 더럽히다 2 外(はず)す 풀다, 빼다 3 離(はな)す 떼다, 옮기다 4 剥(は)がす 벗기다, 떼어 내다

어휘 息苦(いきぐる)しい 답답하다

2 4 연말은 (분주한) 날들이 이어져, 결국 과로로 병원에 실려 갔다.

해설 1 ばかばかしい 어리석다 2 ずうずうしい 뻔뻔하다 3 はずかしい 부끄럽다 4 あわただしい 분주하다

어휘 過労(かろう) 과로 | 運(はこ)ぶ 운반하다

3 1 시합 중 규칙을 위반한 선수가 (퇴장) 당했다.

해설 1 退場(たいじょう) 퇴장 2 退社(たいしゃ) 퇴사 3 退勤(たいきん) 퇴근 4 退出(たいしゅつ) 퇴출

어휘 違反(いはん) 위반

4 3 10대 여자아이를 (타깃)으로 한 패션 잡지가 발매되었다.

해설 1 アプローチ 접근(approach) 2 ポイント 포인트(point) 3 ターゲット 타깃/겨냥(target) 4 リーダー 리더(leader)

어휘 発売(はつばい) 발매

5 2 복사기에 종이를 (보충)해 주세요.

해설 1 補給(ほきゅう) 보급 2 補充(ほじゅう) 보충 3 配給(はいきゅう) 배급 4 配信(はいしん) 배신(정보를 보냄)

6 2 A: 그런 말을 듣는다면 누구든 (화가 나)지.
B: 그러게 말이야. 너무했지.

해설 1 ためらう 주저하다 2 むかつく 화나다 3 かばう 감싸다 4 ほほえむ 미소 짓다

어휘 誰(だれ)だって 누구라도, 누구든지

7 3 시간이 없었기 때문에 신문 기사 타이틀만 (대강) 봐 두었다.

해설 1 きっと 반드시 2 どっと 왈칵 3 ざっと 대강, 대충 4 そっと 살짝

어휘 記事(きじ) 기사

실전시험 69 | 문맥 규정 [9]

▶본서2 p.202

정답 1 4 2 4 3 2 4 1 5 2 6 1 7 1

1 4 환경 문제로부터 인간은 (외면하고) 있는 것 아닐까?

해설 4 目(め)をそらす 외면하다, 눈을 돌리다

어휘 環境(かんきょう) 환경

2 4 (멍하게) 있는 것은 뇌를 쉬게 하는 데 효과가 있다고 한다.

해설 1 うっすら 희미하게 2 ぶつぶつ 중얼중얼 3 ぺらぺら 줄줄, 유창하게 4 ぼんやり 희미하게, 멍하니

어휘 脳(のう) 뇌 | 効果(こうか) 효과

3 2 컴퓨터가 (바이러스)에 걸려버려, 작업을 중지하지 않

을 수 없었다.

해설 1 インフレ 인플레(이션)(inflation) 2 ウイルス 바이러스(virus) 3 インフルエンザ 유행성 감기, 인플루엔자(influenza) 4 ダウン 다운(down)

어휘 作業(さぎょう) 작업 | 中止(ちゅうし) 중지

4 **1** 자료를 작성할 때는 글자 크기를 (맞추는) 편이 좋습니다.

해설 1 揃(そろ)える 갖추다, 같게 하다 2 戻(もど)す 되돌리다 3 抑(おさ)える 억제하다, 줄이다 4 緩(ゆる)める 늦추다, 완화하다

어휘 資料(しりょう) 자료 | 作成(さくせい) 작성 | 文字(もじ) 문자, 글자

5 **2** 연속 드라마 (시리즈)가 방송되어, 인기를 모으고 있다.

해설 1 シーズン 시즌(season) 2 シリーズ 시리즈(series) 3 シーン 신, 장면(scene) 4 システム 시스템(system)

어휘 連続(れんぞく) 연속 | 放送(ほうそう) 방송 | 人気(にんき)を呼(よ)ぶ 인기를 끌다

6 **1** 결혼이 문제해결이 될 것이라고 하는 (안이한) 생각은 버리는 편이 좋다.

해설 1 安易(あんい) 안이 2 簡易(かんい) 간이 3 用意(ようい) 준비 4 容易(ようい) 용이

어휘 解決(かいけつ) 해결 | 捨(す)てる 버리다

7 **1** 다음 시즌, 복귀하는 다나카 선수의 활약에 기대가 (부푼다).

해설 1 膨(ふく)らむ 부풀다 2 予想(よそう)する 예상하다 3 焦(あせ)る 초조해하다 4 頼(たよ)る 의지하다

어휘 復帰(ふっき) 복귀 | 活躍(かつやく) 활약 | 期待(きたい) 기대

실전시험 70 | 문맥 규정 [10]

본서2 p.203

정답 **1** 1 **2** 3 **3** 2 **4** 1 **5** 4 **6** 1 **7** 4

1 **1** 사춘기에 누구든 부모에게 (반항)한 시기가 있었을 거라 생각한다.

해설 1 反抗(はんこう) 반항 2 反対(はんたい) 반대 3 違反(いはん) 위반 4 反省(はんせい) 반성

어휘 思春期(ししゅんき) 사춘기 | 時期(じき) 시기

2 **3** 신칸센 예약을 (온라인)으로 할 수 있는 편리한 시대가 되었다.

해설 1 ガイドブック 가이드북(guide-book) 2 コントロール 컨트롤(control) 3 オンライン 온라인(on-line) 4 メロディー 멜로디(melody)

3 **2** 응모 마감이 (가까워)졌기 때문에 서둘러 준비하지 않으면 안 된다.

해설 1 過(す)ぎる 지내다, 보내다 2 迫(せま)る 다가오다, 육박하다 3 限(かぎ)る 한정되다 4 通(とお)る 지나다, 통과하다

어휘 応募(おうぼ) 응모 | 締(し)め切(き)り 마감

4 **1** 학교에서부터 역까지의 거리는 (기껏해야) 2킬로미터였다.

해설 1 せいぜい 기껏해야, 고작 2 ほとんど 거의 3 とりあえず 일단, 우선 4 一応(いちおう) 일단

어휘 距離(きょり) 거리

5 **4** 20대부터 고생을 거듭해 온 그는 성공을 (거두었다).

해설 1 祝(いわ)う 축하하다 2 失(うしな)う 잃다 3 与(あた)える 주다, 수여하다 4 成功(せいこう)をおさめる 성공을 거두다

어휘 苦労(くろう)を重(かさ)ねる 고생을 거듭하다

6 **1** 반대 의견이 많은 가운데, 나는 (굳이) 당신의 의견에 반대하고 싶지 않다.

해설 1 あえて 굳이 2 おのおの 각각 3 おおいに 크게, 매우 4 たいした 굉장한, 대단한

7 **4** 중국의 10년 후 인구를 여러 가지 데이터로 (예측)했다.

해설 1 予感(よかん) 예감 2 予習(よしゅう) 예습 3 予報(よほう) 예보 4 予測(よそく) 예측

어휘 様々(さまざま)な 여러 가지

실전시험 71 | 문맥 규정 [11]

본서2 p.204

정답 **1** 2 **2** 2 **3** 3 **4** 4 **5** 1 **6** 4 **7** 1

1 **2** 그는 학비를 레스토랑 아르바이트로 (벌고) 있다.

해설 1 借(か)りる 빌리다 2 稼(かせ)ぐ (돈을) 벌다 3 集(あつ)める 모으다 4 注(そそ)ぐ 흘러 들어가다, 따르다

어휘 学費(がくひ) 학비

2 **2** 물가 (상승)에 따라 국민의 생활은 어려운 상태가 되었다.

해설 1 上達(じょうたつ) 숙달 2 上昇(じょうしょう) 상승 3 増加(ぞうか) 증가 4 減少(げんしょう) 감소

어휘 物価(ぶっか) 물가 | 厳(きび)しい 심하다, 엄(격)하다 | 状態(じょうたい) 상태

3 **3** 손수 만든 케이크에 크리스마스 (장식)을 했다.

해설 1 ツリー 트리(tree) 2 キャロル 캐롤(carol) 3 デコレーション 장식, 데코레이션(decoration) 4 アクセント 악센트(accent)

어휘 手作(てづく)り 직접 만듦, 수제

4 4 도서관에는 책이 (줄줄이) 꽂혀 있었다.

해설 1 せっせと 부지런히 2 即座(そくざ)に 그 자리에서, 즉석에서 3 絶(た)えず 끊임없이 4 ずらっと 줄줄이

5 1 (순조)롭게 잘 되고 있던 일이 돌연 중지됐다.

해설 1 順調(じゅんちょう) 순조 2 好調(こうちょう) 호조 3 順番(じゅんばん) 순서 4 好評(こうひょう) 호평

어휘 突然(とつぜん) 돌연

6 4 잘못된 정보에 대해 정정 방송을 내보냈지만 (불만)과 문의가 100건 이상 들어왔다.

해설 1 愚痴(ぐち) 한탄 2 苦労(くろう) 고생 3 苦心(くしん) 고심 4 苦情(くじょう) 고충, 불만

어휘 誤(あやま)る 틀리다 I 訂正(ていせい) 정정 I 問(と)い合(あ)わせ 문의 I 寄(よ)せられる 들어오다, 몰아치다

7 1 1년 동안 5번이나 지갑을 잃어버리다니 (덜렁대는) 사람이다.

해설 1 そそっかしい 덜렁대다 2 はずかしい 부끄럽다 3 うらやましい 부럽다 4 わかわかしい 젊디젊다

실전시험 72 I 문맥 규정 [12]

본서2 p.205

정답 1 2 2 2 3 1 4 1 5 2 6 4 7 3

1 2 그는 (꾸준히) 수험 준비를 진행시키고 있었다.

해설 1 からからと 껄껄, 달그락달그락 2 こつこつと 꾸준히 3 つくづくと 곰곰이 4 しみじみと 절실히

어휘 受験(じゅけん) 수험 I 進(すす)める 진행시키다

2 2 여름방학은 (본가)에 돌아가서 가족과 보낼 겁니다.

해설 1 自宅(じたく) 자택 2 実家(じっか) 본가 3 大家(おおや) 집주인 4 帰宅(きたく) 귀가

3 1 바쁠 때는 요리를 할 수 없어 편의점에서 사 온 도시락으로 (때우는/해결하는) 경우도 있다.

해설 1 済(す)ます 끝내다, 해결하다 2 終(お)わる 끝나다 3 作(つく)る 만들다 4 しまう 넣어두다

어휘 弁当(べんとう) 도시락

4 1 뉴스에 의하면 이번 지진 피해는 (엄청나다)고 한다.

해설 1 はなはだしい 심하다, 엄청나다 2 険(けわ)しい 험(악)하다 3 深(ふか)い 깊다 4 高(たか)い 높다, 비싸다

어휘 被害(ひがい) 피해

5 2 건강진단 결과, 의사에 의하면 운동을 해서 땀을 (흘리는) 편이 좋다고 들었다.

해설 2 汗(あせ)をかく 땀을 흘리다

어휘 診断(しんだん) 진단

6 4 완성 예정일까지 별로 시간이 없는데, 그는 (대충/적당히) 일을 하고 있었다.

해설 1 適度(てきど) 적당(알맞음) 2 適切(てきせつ) 적절 3 適用(てきよう) 적용 4 適当(てきとう) 적당, (요령 있게) 대충

어휘 完成(かんせい) 완성

7 3 다른 사람의 결혼식에 깔끔한 (차림)으로 가는 것이 매너다.

해설 1 外見(がいけん) 외견 2 様子(ようす) 모습, 모양 3 格好(かっこう) 차림새 4 姿(すがた) 모습

어휘 きちんと 깔끔히, 제대로

실전시험 73 I 문맥 규정 [13]

본서2 p.206

정답 1 1 2 4 3 1 4 2 5 3 6 1 7 1

1 1 그는 자신의 공적을 자만하지 않고 (겸손하다).

해설 1 腰(こし)が低(ひく)い 겸손하다

어휘 功績(こうせき) 공적 I 自慢(じまん) 자만, 자랑

2 4 일기예보가 빗나가 갑자기 비가 내려서 옷이 (흠뻑) 젖어버렸다.

해설 1 ぴったり 딱 맞게 2 がっちり 튼튼한 모양 3 ぎっしり 빼곡한 모양 4 びっしょり 흠뻑 젖은 모양

어휘 ぬれる 젖다

3 1 누구든지 자신에게 (맞는) 일을 하고 싶다고 생각하고 있다.

해설 1 ~に適(てき)する ~에 맞다, 적합하다

4 2 아무리 서둘러도 이제 와서 전차 (시간에 맞지 않을) 거라 생각해.

해설 2 間(ま)に合(あ)う 시간에 맞다

어휘 いまさら 이제 와서

5 3 어제 시험에서 실력을 (발휘)하지 못하고 떨어져 버렸다.

해설 1 表現(ひょうげん) 표현 2 明示(めいじ) 명시 3 発揮(はっき) 발휘 4 公開(こうかい) 공개

6 1 새롭게 (채택)된 제도를 실행하는 데까지는 아직 먼일인 것 같다.

해설 1 採択(さいたく) 채택 2 引用(いんよう) 인용 3 限定(げんてい) 한정 4 決心(けっしん) 결심

어휘 制度(せいど) 제도 I 実行(じっこう) 실행 I まだ先(さき)のようだ 아직 먼일인 것 같다

7 1 이번은 특수한 (경우)이기 때문에 요금은 받지 않겠습니다.

해설 1 ケース 케이스(case), 경우 2 ミス 미스(miss), 실수 3 パターン 패턴(pattern) 4 システム 시스템(system)

어휘 特殊(とくしゅ) 특수

실전시험 74 | 문맥 규정 [14]

▶본서2 p.207

정답 1 1 2 2 3 3 4 3 5 2 6 1 7 4

1 **1** 아이를 (응석받이로) 키우는 부모가 최근 많아졌다.

해설 1 甘(あま)やかす 응석 부리게 하다, 오냐오냐하다 2 輝(かがや)かす 빛내다 3 活(い)かす (경험·전공 등을) 살리다 4 任(まか)す 맡기다

어휘 育(そだ)てる 기르다, 키우다 | 親(おや) 부모

2 **2** 물은 수소와 산소가 (결합)하여 생긴 것입니다.

해설 1 結成(けっせい) 결성 2 結合(けつごう) 결합 3 結実(けつじつ) 결실 4 完結(かんけつ) 완결

어휘 水素(すいそ) 수소 | 酸素(さんそ) 산소

3 **3** 자동차 타이어가 (펑크) 나서 사고가 날 뻔했다.

해설 1 ダウン 다운(down) 2 マイナス 마이너스(minus) 3 パンク 펑크(puncture) 4 アウト 아웃(out)

4 **3** 회의 전은 시간이 없기 때문에 필요한 자료는 (미리) 복사해 놔 주세요.

해설 1 とっくに 진작에 2 徐々(じょじょ)に 서서히 3 あらかじめ 미리 4 ほどほどに 정도껏

5 **2** 이 레몬은 얼굴이 찡그러질 정도로 (시다).

해설 1 薄(うす)い 연하다, 옅다 2 酸(す)っぱい 시다(맛) 3 甘(あま)い 달다 4 濃(こ)い 진하다

어휘 しわくちゃになる 찡그러지다

6 **1** 어제 산 옷의 허리가 (헐렁했기) 때문에 교환했다.

해설 1 緩(ゆる)い 느슨하다, 헐겁다 2 温(ぬる)い 미지근하다 3 軽(かる)い 가볍다 4 ほしい 원하다, 갖고 싶다

어휘 取(と)り替(か)える 교환하다

7 **4** 나이가 들어도 젊은 피부를 유지하기 위해서는 자외선으로부터 (지키는) 것이 중요하다.

해설 1 係(かかわ)る 관계/연관되다 2 支(ささ)える 지지/지탱하다 3 望(のぞ)む 바라다 4 守(まも)る 지키다

어휘 肌(はだ) 피부 | 維持(いじ)する 유지하다 | 紫外線(しがいせん) 자외선

실전시험 75 | 문맥 규정 [15]

▶본서2 p.208

정답 1 2 2 4 3 1 4 2 5 2 6 2 7 1

1 **2** 인기 있는 영화라고 듣고 봤지만, 객석은 (텅텅 비어) 있었다.

해설 1 ぎしぎし 꽉꽉, 꾹꾹 2 がらがら 텅텅 3 はらはら 아슬아슬 4 じめじめ 축축

어휘 客席(きゃくせき) 객석

2 **4** 새로운 기획을 위한 거래처와의 (협의) 일정이 아직 결정되지 않았다.

해설 1 待(ま)ち合(あ)わせ 만나기로 함, 약속 2 問(と)い合(あ)わせ 문의 3 組(く)み合(あ)わせ 조합 4 打(う)ち合(あ)わせ 협의

어휘 取引先(とりひきさき) 거래처 | 日程(にってい) 일정

3 **1** 아버지는 수술 후, 의사도 놀랄 정도로 (극적으로) 회복했다.

해설 1 劇的(げきてき)に 극적으로 2 格別(かくべつ)に 각별히 3 真剣(しんけん)に 진지하게 4 強大(きょうだい)に 강대하게

4 **2** 스팸 메일이 (자주) 와서 귀찮다.

해설 1 むやみに 무턱대고 2 しきりに 자주 3 実(じつ)に 실로, 참으로, 정말 4 ざっと 대충

어휘 迷惑(めいわく)メール 스팸 메일 | 面倒(めんどう)くさい 귀찮다

5 **2** 약을 먹어도 열이 (내려가지 않아서) 걱정입니다.

해설 2 熱(ねつ)が下(さ)がる 열이 내려가다

6 **2** [급식 시간에]
선생님: 식사가 끝나면 식기는 원래 자리로 (돌려) 놓으세요.
학생: 네, 알겠습니다.

해설 1 見(み)せる 보이다 2 戻(もど)す 되돌리다 3 残(のこ)す 남기다 4 渡(わた)す 건네주다

어휘 給食(きゅうしょく) 급식 | 済(す)む 끝나다 | 食器(しょっき) 식기

7 **1** 이 약의 효과는 몇 시간 (지속)됩니까?

해설 1 持続(じぞく) 지속 2 継続(けいぞく) 계속 3 満足(まんぞく) 만족 4 後続(こうぞく) 후속

어휘 効果(こうか) 효과

실전시험 76 | 문맥 규정 [16]

▶본서2 p.209

정답 1 4 2 4 3 1 4 2 5 2 6 2 7 3

1 **4** 새로운 것을 좀처럼 기억할 수 없는 것은 기억력이 (쇠약해졌기) 때문일까?

해설 1 散(ち)る (꽃·잎이) 지다, 떨어지다 2 かれる (식물이) 마르다, 시들다 3 傷(いた)む 상하다 4 衰(おとろ)える 쇠약하다, 쇠하다

어휘 なかなか 좀처럼, 꽤 | 記憶力(きおくりょく) 기억력

2 **4** 영문 논문에 틀린 게 있어서 (정정)했다.

해설 1 改定(かいてい) 개정(법·규칙) 2 変換(へんかん) 변환 3 交換(こうかん) 교환 4 訂正(ていせい) 정정

어휘 誤(あやま)り 틀림, 실수

3 **1** 주말인데 가게는 (비교적) 비어 있다.

해설 1 わりに 비교적 2 ぎっしり 빽빽하게 3 直(じか)に 직접 4 単(たん)に 단순히

4 **2** 이 기획을 성공시키기 위해서는 몇 개의 과제를 (잘 넘기지) 않으면 안 된다.

해설 1 キャンセル 캔슬(cancel), 취소 2 クリア 클리어(clear), 해결, 헤쳐나감 3 カット 컷, 자름, 절단 4 プッシュ 푸시(push), 지원, 추진

5 **2** 아직 쓸 수 있을 것 같은 냉장고를 버리다니 아까워.

해설 1 憎(にく)らしい 얄밉다 2 もったいない 아깝다 3 やかましい 요란스럽다 4 しつこい 끈질기다

어휘 冷蔵庫(れいぞうこ) 냉장고

6 **2** 애인이 없는 학생은 전체의 60%를 (차지했다).

해설 1 上(あ)がる 오르다 2 占(し)める 차지하다 3 保(たも)つ 유지하다, 보존하다 4 入(い)れる 넣다

7 **3** 유명 아이돌 그룹이 (해산)했다는 기사를 보고 놀랐다.

해설 1 解消(かいしょう) 해소 2 解体(かいたい) 해체 3 解散(かいさん) 해산 4 解答(かいとう) 해답
한국어로는 '해체'라고 하지만, 일본어로는 모여 있었던 그룹이 각각 흩어진다는 의미로 '해산'으로 표현하니 주의한다.

어휘 記事(きじ) 기사

실전시험 77 | 문맥 규정 [17]

본서2 p.210

정답 1 2 2 4 3 3 4 1 5 4 6 1 7 4

1 **2** 저 사람은 언제나 (손익)을 따지며 행동하기 때문에 모두에게 미움받고 있다.

해설 1 利益(りえき) 이익 2 損得(そんとく) 손득·손익(손해와 이득) 3 被害(ひがい) 피해 4 損害(そんがい) 손해

어휘 行動(こうどう) 행동 | 嫌(きら)われる 미움받다

2 **4** 베스트셀러 책이 재미있어서 밤새 (한번에) 읽어 버렸다.

해설 1 一方的(いっぽうてき)に 일방적으로 2 一斉(いっせい)に 일제히 3 一時(いちじ)に 일시적으로 4 一気(いっき)に 단번에, 한번에

어휘 一晩(ひとばん) 하룻밤, 밤새

3 **3** 노구치 씨는 야구를 하고 있기 때문에 탄탄한 (체격)을 가지고 있다.

해설 1 格好(かっこう) 차림새 2 容姿(ようし) 얼굴과 몸매 3 体格(たいかく) 체격 4 姿勢(しせい) 자세

4 **1** 첫 데이트라 긴장하며 많이 준비했는데 그녀는 약속을 (깨)버렸다.

해설 1 約束(やくそく)をやぶる 약속을 깨다

어휘 張(は)り切(き)る 긴장하다, 기운이 넘치다

5 **4** 논문 심사는 언제나 긴장된다. 야마다 교수의 (예리한) 지적이 무섭기 때문이다.

해설 1 鈍(にぶ)い 둔하다, 둔탁하다 2 細(ほそ)い 가늘다 3 浅(あさ)い 얕다 4 鋭(するど)い 예리하다, 날카롭다

어휘 緊張(きんちょう) 긴장 | 指摘(してき) 지적

6 **1** 몇 가지 참고 문헌을 (인용)해서 쓴 논문이 높은 평가를 받았다.

해설 1 引用(いんよう) 인용 2 移行(いこう) 이행 3 関係(かんけい) 관계 4 導入(どうにゅう) 도입

어휘 参考(さんこう) 참고 | 文献(ぶんけん) 문헌 | 得(え)る 얻다

7 **4** 매일 가계부를 쓰고 있기 때문에 물건을 구입할 때마다 (영수증)을 모으고 있습니다.

해설 1 マスコミ 매스컴(mass communication) 2 ドル 달러(dollar) 3 コンビニ 편의점(convenience + store) 4 レシート 영수증(receipt)

어휘 家計簿(かけいぼ) 가계부 | 購入(こうにゅう) 구입

실전시험 78 | 문맥 규정 [18]

본서2 p.211

정답 1 1 2 3 3 3 4 1 5 1 6 4 7 3

1 **1** 댐 건설에 반대하는 (서명) 활동을 행했다.

해설 1 署名(しょめい) 서명 2 題名(だいめい) 제목 3 日付(ひづけ) 날짜 4 宛名(あてな) 수신처

어휘 建設(けんせつ) 건설 | 行(おこな)う 행하다

2 **3** 요리책을 보면서 내 기호에 맞도록 맛 내기를 (조정)한다.

해설 1 デザイン 디자인(design) 2 コメント 코멘트(comment) 3 アレンジ 조정하다, 각색하다(arrange) 4 シェア 지분, 몫(share)

어휘 好(この)み 기호 | 味付(あじつ)け 맛 내기

3 **3** 남편이 하나뿐인 (믿음직한) 내 편이 되었으면 좋겠다.

해설 1 詳(くわ)しい 자세하다 2 ばからしい 어리석다 3 頼(たの)もしい 든든하다 4 細(こま)かい 세세하다

어휘 味方(みかた) 아군

4 **1** 학생의 숨은 재능을 (끌어내는) 것이 선생님의 역할 중 하나라고 생각합니다.

해설 1 引(ひ)き出(だ)す 끌어내다, 인출하다 2 言(い)い出(だ)す 말 꺼내다 3 見(み)つめる 바라보다, 주시하다 4 育(そだ)てる 기르다, 키우다

어휘 隠(かく)れる 숨다 | 役割(やくわり) 역할

5 1 광고는 (눈)에 띄는 곳에 게시하는 편이 좋다.

해설 1 目(め)につく 눈에 띄다

어휘 広告(こうこく) 광고 | 掲示(けいじ) 게시

6 4 약속 시간보다 일찍 도착했기 때문에, 카페에 들어가 시간을 (때웠다).

해설 4 時間(じかん)をつぶす 시간을 때우다

7 3 공란에 기입하지 않으면 수속은 (완료)할 수 없습니다.

해설 1 完成(かんせい) 완성 2 決定(けってい) 결정 3 完了(かんりょう) 완료 4 達成(たっせい) 달성

어휘 空欄(くうらん) 공란 | 手続(てつづ)き 수속

실전시험 79 | 문맥 규정 [19]

›본서2 p.212

정답 **1** 1 **2** 1 **3** 1 **4** 4 **5** 3 **6** 4 **7** 3

1 1 일이 늦어져 오늘은 밥을 짓는 것이 (귀찮기) 때문에 도시락으로 때우기로 했다.

해설 1 めんどうくさい 귀찮다 2 にくらしい 밉살스럽다, 얄밉다 3 しょうがない 어쩔 수 없다 4 だらしない 칠칠치 못하다

어휘 済(す)ます 해결하다, 때우다, 끝내다

2 1 시험이 시작되어 선생님은 시험용지를 (배부)했다.

해설 1 配布(はいふ) 배부 2 配分(はいぶん) 배분 3 配慮(はいりょ) 배려 4 配列(はいれつ) 배열

3 1 노트북 사용의 급증에 의한 제품의 생산 라인을 (정비)했다.

해설 1 整備(せいび) 정비 2 準備(じゅんび) 준비 3 警備(けいび) 경비 4 整理(せいり) 정리

어휘 急増(きゅうぞう) 급증 | 製品(せいひん) 제품 | 生産(せいさん) 생산

4 4 감동적인 책을 읽으면 가슴에 (새겨진다).

해설 4 胸(むね)に刻(きざ)まれる 가슴에 새겨진다, 가슴에 박힌다

5 3 [술집에서 첫 주문에 있어서]
손님: (우선/일단) 맥주 주세요.
점원: 네, 감사합니다.

해설 1 べつべつ 따로따로 2 はたして 과연 3 とりあえず 일단, 우선 4 ふたたび 재차, 다시

6 4 학생의 장난에 일일이 (화)를 내도 소용없다.

해설 4 腹(はら)を立(た)てる 화를 내다

7 3 텔레비전에 새로운 광고를 내서 우리 회사의 상품의 좋은 점을 소비자에게 더 (어필)하고 싶다.

해설 1 チャレンジ 도전(challenge) 2 セット 세트(set) 3 アピール 어필(appeal), 호소 4 インストール 설치, 인스톨(install)

실전시험 80 | 문맥 규정 [20]

›본서2 p.213

정답 **1** 3 **2** 3 **3** 2 **4** 1 **5** 2 **6** 1 **7** 1

1 3 엄마는 아무리 바쁘더라도 아침 운동을 (빼놓지 않는다).

해설 1 奪(うば)う 빼앗다 2 離(はな)す 떼다, 옮기다 3 欠(か)かす 빼다, 거르다 4 空(あ)く 비다

어휘 どんなに~ても(でも) 아무리 ~해도

2 3 호기심 왕성한 장남은 언제나 새로운 게임기를 (분해)해서 결국 고장 내 버리는 지경에 이른다.

해설 1 分配(ぶんぱい) 분배 2 分布(ぶんぷ) 분포 3 分解(ぶんかい) 분해 4 分析(ぶんせき) 분석

어휘 好奇心(こうきしん) 호기심 | 旺盛(おうせい)だ 왕성하다 | 故障(こしょう) 고장

3 2 예산도 스태프도 원하는 대로 했으니까 성과를 기대하겠어 라고 상사로부터 (압박)을 받았다.

해설 1 ショック 쇼크(shock), 충격 2 プレッシャー 압박, 압력(pressure) 3 ダメージ 데미지(damage), 손상, 손해 4 コンプレックス 콤플렉스(complex), 열등감

4 1 W대학을 (목표로 하여) 열심히 공부하고 있습니다.

해설 1 目指(めざ)す 지향하다, 목표로 하다 2 叶(かな)う 이루다(꿈·소망) 3 向(む)かう 향하다 4 高(たか)める 높이다

5 2 다나카 선생님의 이야기는 언제나 (장황하기) 때문에 싫어진다.

해설 2 話(はなし)がくどい 이야기가 장황하다

6 1 아침까지 무리해서 술을 마셨더니 수업 중 (꾸벅꾸벅) 졸아 버렸다.

해설 1 うとうと 꾸벅꾸벅 2 いきいき 생생한, 활기찬 3 はきはき 시원시원 4 ついつい 그만 자신도 모르게, 무의식중에

7 1 정원에 심어져 있는 꽃이나 나무 등의 (손질)을 하는 것이 일과이다.

해설 1 手入(てい)れ 손질 2 整理(せいり) 정리 3 まとめ 정리, 요약 4 予防(よぼう) 예방

어휘 庭(にわ) 정원 | 植(う)える 심다

문제5 교체 유의어

실전시험 81 | 교체 유의어 [1]

›본서2 p.222

정답 **1** 2 **2** 1 **3** 2 **4** 1 **5** 1

1 2 최근, 레저 관광이 붐(유행)으로, 많은 관광객이 바다

로 방문하고 있다.

해설 1 立派(りっぱ)だ 훌륭하다 2 盛(さか)んだ 번창하다 3 賑(にぎ)やかだ 번화하다 4 派手(はで)だ 화려하다

어휘 観光(かんこう) 관광 | 大勢(おおぜい) 많은 (사람) | 訪(おとず)れる 방문하다

2 **1** 도서관이 너무 조용해서, 나도 모르게 꾸벅꾸벅 졸아 버렸다.

해설 居眠(いねむ)り 앉아서 졺

어휘 静(しず)かだ 조용하다

3 **2** 겨울이 되어 건조해서 손이 거칠거칠하다.

해설 1 しっとりだ 촉촉하다 2 荒(あ)れる 거칠어지다 3 きれいだ 깨끗하다 4 汚(きたな)い 더럽다

어휘 乾燥(かんそう) 건조

4 **1** 이 레스토랑은 항상 사람이 줄 서 있다. 그 이유는 가게의 분위기가 좋고, 요리의 양이 많기 때문이다.

해설 量(りょう)が多(おお)い 양이 많다

어휘 並(なら)ぶ 늘어서다 | 理由(りゆう) 이유 | ボリューム 분량, 양

5 **1** 그 작가의 그림에는 독특한 맛이 있다.

해설 ユニークなところ 독특한 데

어휘 作家(さっか) 작가 | 絵(え) 그림 | 独特(どくとく) 독특

실전시험 82 | 교체 유의어 [2]

›본서2 p.223

정답 1 4 2 2 3 1 4 4 5 4

1 **4** 그 작가는 불쌍한 인생을 보냈다.

해설 1 おかしい 이상하다 2 不安(ふあん)だ 불안하다 3 退屈(たいくつ)だ 지루하다 4 かわいそうだ 불쌍하다

어휘 作家(さっか) 작가 | 人生(じんせい) 인생

2 **2** 유학 가고 싶지 않다고 말했던 딸을 억지로 보내서 후회하고 있다.

해설 1 しきりに 자주 2 無理(むり)やりに 강제로 3 おのおの 각각 4 あいにく 공교롭게도

어휘 娘(むすめ) 딸 | 後悔(こうかい) 후회 | 強(し)いて 억지로

3 **1** 박 씨의 일본어(실력)는 3개월 전보다 훨씬 레벨 업 했다.

해설 1 上達(じょうたつ) 향상 2 比較(ひかく) 비교 3 低下(ていか) 저하 4 努力(どりょく) 노력

어휘 はるかに 훨씬

4 **4** 부모는 아이에게 모범이 되는 행동을 해야 한다고 생각한다.

해설 1 試験(しけん) 시험 2 指導(しどう) 지도 3 尊敬(そんけい) 존경 4 手本(てほん) 본보기, 모범

어휘 親(おや) 부모 | 模範(もはん) 모범 | 行動(こうどう)をとる 행동을 하다(취하다)

5 **4** 외국 문화를 받아들여 우리나라의 문화를 객관적으로 생각할 필요도 있다.

해설 1 学(まな)ぶ 배우다 2 取(と)りかかる 착수하다 3 取(と)り組(く)む 싸우다, 맞붙다 4 導入(どうにゅう)する 도입하다

어휘 我(わ)が国(くに) 우리나라 | 取(と)り入(い)れる 받아들이다, 도입하다 | 客観的(きゃっかんてき) 객관적

실전시험 83 | 교체 유의어 [3]

›본서2 p.224

정답 1 4 2 2 3 4 4 3 5 1

1 **4** A : 리포트 마감이 언제였더라?
B : 내일까지인데, 나는 진작에 끝났어.

해설 ずっと前(まえ)に 훨씬 전에

어휘 締(し)め切(き)り 마감 (기한)

2 **2** 힘든 것이 사회 경험에 플러스가 되는 경우도 있다.

해설 役(やく)に立(た)つ 도움이 되다

어휘 辛(つら)い 괴롭다, 힘들다 | 経験(けいけん) 경험

3 **4** 매스컴에서 실컷(그렇게) 광고하는 데에 비해서는 일반인의 관심은 옅다.

해설 関心(かんしん)が少(すく)ない 관심이 적다

어휘 マスコミ 매스컴 | 広告(こうこく) 광고 | 一般人(いっぱんじん) 일반인 | 薄(うす)い 얇다, 적다, (색이) 연하다

4 **3** 최근에는 생산량이 과잉인 것이 문제가 되고 있다.

어휘 生産量(せいさんりょう) 생산량 | 過剰(かじょう) 과잉

5 **1** 기업은 노동자의 사정이나 노고를 헤아려야 한다.

해설 1 理解(りかい)する 이해하다 3 組(く)み立(た)てる 조립하다

어휘 企業(きぎょう) 기업 | 労働者(ろうどうしゃ) 근로자 | 苦労(くろう) 노고 | くみ取る 헤아리다, 이해하다

실전시험 84 | 교체 유의어 [4]

›본서2 p.225

정답 1 1 2 1 3 2 4 1 5 1

1 **1** 시험 전날이 되어 버둥버둥해도 소용없다.

해설 1 慌(あわ)てる 허둥지둥하다 2 緊張(きんちょう)する 긴장하다 3 心配(しんぱい)する 걱정하다 4 悩(なや)む 고민하다

어휘 前日(ぜんじつ) 전날 | じたばたする 허둥거리다, 바둥바둥하다(당황하여 안달하는 모양)

2 1 최근, 독신을 위한 고깃집 등이 유행하고 있다.

해설 シングル 독신, 싱글

어휘 単身者(たんしんしゃ) 독신 | 流行(はや)る 유행하다

3 2 경영 악화에 따라 영업 경비를 억제하자(줄이자)는 의견이 나오고 있다.

해설 2 削(けず)る 깎다(경비·비용 등), 삭감하다 3 我慢(がまん)する 참다

어휘 経営(けいえい) 경영 | 悪化(あっか) 악화 | 経費(けいひ) 경비 | 抑(おさ)える 억제하다

4 1 역 앞의 슈퍼는 넓고, 여러 가지 물건이 잘 구비되어 있어 사람들이 모인다.

어휘 品揃(しなぞろ)えがよい 물건이 골고루 잘 구비되어 있다

5 1 아무리 힘든 일이 있더라도, 냉철하게 생각해서 판단해야 한다.

해설 1 落(お)ち着(つ)く 진정하다, 침착하다 2 安定(あんてい)に 안정적으로
「冷静(れいせい)だ ≒ 落(お)ち着(つ)く 침착하다, 냉정하다」는 빈출 유의어이므로 꼭 암기해 두자.

어휘 冷静(れいせい)に 냉철하게 | 判断(はんだん) 판단

실전시험 85 | 교체 유의어 [5]

본서2 p.226

정답 **1** 3 **2** 1 **3** 1 **4** 2 **5** 4

1 3 계약의 이야기가 싹 바뀌었다.

해설 3 すっかり変(か)わった 완전히 바뀌었다 4 とうとうまとまった 드디어 정리되었다

어휘 契約(けいやく) 계약 | 一転(いってん)する 일변하다, 싹 바뀌다

2 1 초심자에게는 렌즈의 초점을 맞춰서 사진을 찍기는 어렵다.

해설 フォーカス 포커스, 초점

어휘 初心者(しょしんしゃ) 초심자, 초보자 | 焦点(しょうてん) 초점

3 1 그는 여전히 20대의 젊음을 유지하고 있다.

해설 1 前(まえ)と同(おな)じで 이전과 같이 4 まもなく 곧

어휘 相変(あいか)わらず 여전히 | 若(わか)さ 젊음 | 保(たも)つ 유지하다

4 2 잘 팔리는 상품을 만들기 위해서는 여러 고민을 하지 않으면 소비자는 만족할 수 없다.

해설 2 アイディアを出(だ)す 아이디어를 내다 3 見物(けんぶつ)する 구경하다

어휘 売(う)れる 잘 팔리다 | 工夫(くふう)する 궁리하다, 고민하다 | 消費者(しょうひしゃ) 소비자

5 4 속도가 빠른 음악이 흘러서 활기차다.

해설 速(はや)さ 속도

어휘 テンポ 템포(속도) | 流(なが)れる 흐르다 | 賑(にぎ)やかだ 활기차다, 번화하다

실전시험 86 | 교체 유의어 [6]

본서2 p.227

정답 **1** 1 **2** 1 **3** 1 **4** 1 **5** 2

1 1 고속도로에서 서서히 스피드를 내서, 차를 달렸다.

해설 1 次第(しだい)に 차차 2 やたらに 무턱대고 3 とっくに 진작에 4 大(おお)いに 대단히, 크게

어휘 高速道路(こうそくどうろ) 고속도로 | 徐々(じょじょ)に 서서히

2 1 지금 일이 맞는지 어떤지 몰라서 고민하고 있습니다.

해설 1 適(てき)する 적합하다 2 適用(てきよう)する 적용하다 3 適切(てきせつ)する 적절하다 4 適度(てきど)する 적당하다

어휘 悩(なや)む 고민하다

3 1 부장님은 언제나 웃고 계시고 온후한 성격이다.

해설 1 穏(おだ)やかだ 온화하다 2 冷(つめ)たい 차갑다 3 厳(きび)しい 엄(격)하다 4 情(なさ)けない 한심하다

어휘 温厚(おんこう)な 온후한 | 性格(せいかく) 성격

4 1 이번 계획은 생각한 것보다 순조롭게 진행되고 있어서 안심입니다.

해설 1 円滑(えんかつ)に 원활히 2 大幅(おおはば)に 대폭으로 3 大(おお)ざっぱに 대략적으로 4 真剣(しんけん)に 진지하게

어휘 スムーズに 부드럽게, 원활히 | 進(すす)む 나아가다

5 2 새로운 애플리케이션의 구조를 모르므로, 생각하길 바란다.

해설 1 こつ 방법, 요령 2 構造(こうぞう) 구조 3 効果(こうか) 효과 4 仕入(しい)れ 구입

어휘 仕組(しく)み 짜임새, 구조, 시스템

실전시험 87 | 교체 유의어 [7]

본서2 p.228

정답 **1** 1 **2** 1 **3** 4 **4** 2 **5** 1

1 1 전 서류 내용과 (겹쳐)버려서 수정하지 않으면 안 된다.

해설 1 重(かさ)なる 겹치다, 중복되다 2 整(ととの)う 정돈하다, 갖추다 3 流行(はや)る 유행하다 4 相違(そうい)する 상이하다, 다르다

어휘 書類(しょるい) 서류 | ダブる 겹치다, 중복되다 | 修正(しゅうせい) 수정

2 1 상사: 회의에 들어가기 전에 자료를 대충 봐두세요.
부하: 네, 알겠습니다.

해설 1 目を通(とお)す 대충 훑어보다 2 ご覧(らん)になる 보시다('보다'의 존경) 3 拝見(はいけん)する '보다'의 겸양 4 見(み)かける (가끔) 만나다, 보다

어휘 ざっと見(み)る 쓱 보다

3 4 몇 시간씩이나 걸친 회의에서 드디어 의견이 굳혀졌다.

해설 2 整(ととの)える 조정하다 4 まとまる 정리되다, 결정 나다

4 2 역 재건설로 소음이 계속되고 있던 중, 건설 측도 불만 감소를 위해 힘쓰고 있다.

해설 クレーム 불만, 고충(claim)

어휘 再建設(さいけんせつ) 재건설 | 騒音(そうおん) 소음 | 苦情(くじょう) 불만 | 減少(げんしょう) 감소

5 1 두 사람은 전혀 다른 의견을 말했다.

해설 1 違(ちが)う 다르다 2 類(るい)する 닮다, 비슷하다 3 似(に)る 닮다 4 同様(どうよう)だ 같다

어휘 全(まった)く 전혀 | 異(こと)なる 다르다

실전시험 88 | 교체 유의어 [8]

본서2 p.229

정답 1 3 2 2 3 1 4 4 5 1

1 3 그는 평상복보다 유니폼 쪽이 어울린다.

해설 2 レギュラー 정규의, 규칙적인 3 制服(せいふく) 제복

어휘 普段着(ふだんぎ) 평상복 | 似合(にあ)う 어울리다 | ユニフォーム 유니폼, 제복

2 2 그녀의 속삭이는 듯한 노랫소리가 귀여워서 인기가 있다.

해설 小声(こごえ)で歌(うた)う 작은 소리로 노래하다

어휘 歌声(うたごえ) 노랫소리 | ささやく 속삭이다

3 1 그는 손님에 대해 항상 방긋하게(상냥히 웃으며) 대응하기 때문에, 인기가 있다.

해설 1 笑顔(えがお)で 웃는 얼굴로 2 ぐんぐん 부쩍부쩍 3 親切(しんせつ)に 친절하게 4 丁寧(ていねい)に 정중하게

어휘 客(きゃく) 손님 | 対応(たいおう) 대응 | にこやかに 방긋하게(생글생글 웃는 모양)

4 4 이번 조사에서 얻은 결과는, 앞으로 서비스 향상에 활용하고 싶다.

해설 2 改善(かいぜん) 개선 4 活用(かつよう) 활용

어휘 調査(ちょうさ) 조사 | 得(え)る 얻다 | 結果(けっか) 결과 | 今後(こんご) 앞으로 | 向上(こうじょう) 향상 | 活(い)かす 살리다, 활용하다

5 1 선생님의 정열적인 수업 덕분에 의욕이 솟았다.

해설 1 やる気(き) 할 마음, 의욕 2 自信(じしん) 자신(감) 3 勇気(ゆうき) 용기 4 実感(じっかん) 실감

어휘 情熱的(じょうねつてき) 정열적 | 意欲(いよく)がわく 의욕이 솟다

실전시험 89 | 교체 유의어 [9]

본서2 p.230

정답 1 3 2 4 3 2 4 4 5 2

1 3 이번 개발 계획은 지금까지의 것과는 스케일이 다르다.

해설 1 指針(ししん) 지침 2 方針(ほうしん) 방침 3 規模(きぼ) 규모 4 目的(もくてき) 목적

어휘 開発(かいはつ) 개발 | 計画(けいかく) 계획 | スケール 스케일, 규모

2 4 최첨단의 기술을 도입한 전기자동차가 속속 나오고 있다.

해설 1 さっさと 빨랑빨랑, 지체 없이 2 事前(じぜん)に 사전에 3 徐(じょじょ)に 서서히 4 相次(あいつ)いで 연달아, 잇달아

어휘 最先端(さいせんたん) 최첨단 | 技術(ぎじゅつ) 기술 | 続々(ぞくぞく)と 속속, 계속해서

3 2 A: 다나카 군, 거래처와 협의 일정은 정해졌어?
B: 아뇨, 오늘 받기로 한 상대방의 메일이 아직….

해설 向(む)こう 저쪽, 반대쪽, 상대방

어휘 取引先(とりひきさき) 거래처 | 打(う)ち合(あ)わせ 협의, 미팅 | 日程(にってい) 일정 | 決(き)まる 정해지다 | 届(とど)く 닿다, (보낸 것이) 도착하다 | 先方(せんぽう) 상대

4 4 시골 출신의 내가 도시로 와서, 꿈이 부풀어 여러 가지 일을 하고 싶어졌다.

해설 2 夢(ゆめ)を見(み)る 꿈을 꾸다 4 夢(ゆめ)が大(おお)きくなる 꿈이 커지다, 꿈을 크게 갖다

어휘 田舎(いなか) 시골 | 出身(しゅっしん) 출신 | 都会(とかい) 도시 | 夢(ゆめ)が膨(ふく)らむ 꿈이 부풀다

5 2 스피치 내용이 원고와 맞는지 대조해볼 필요가 있다.

해설 2 比較(ひかく) 비교 3 組(く)み合(あ)わせる 짜 맞추다, 편성하다 4 問(と)い合(あ)わせる 문의하다

어휘 内容(ないよう) 내용 | 原稿(げんこう) 원고 | 必要(ひつよう) 필요 | 照(て)らし合(あ)わせる 대조하다, 비교하다

실전시험 90 | 교체 유의어 [10]

본서2 p.231

정답 1 3 2 3 3 4 4 1 5 1

1 3 혼다 씨가 재미있는 이야기를 해서 모두 일제히 몸을 가누지 못할 만큼 웃었다.

해설 1 ぞっと 오싹 2 さっと 휙 3 どっと (한꺼번에) 우르르, 왈칵 4 ぐっと 꿀꺽

어휘 一斉(いっせい)に 일제히 | 笑(わら)い崩(くず)れる 몸을 가누지 못할 만큼 웃다

2 3 신입 사원이라고 해도 주어진 역할을 다해야 한다.

해설 1 責任(せきにん)を持(も)つ 책임을 지다 2 仕事(しごと)に集中(しゅうちゅう)する 일에 집중하다 3 仕事(しごと)を終(お)える 일을 끝내다(다하다) 4 役(やく)を演(えん)じる 역할을 연기하다

어휘 与(あた)える 주다 | 役目(やくめ) 임무, 책임, 역할 | 果(は)たす 다하다, 달성하다

3 4 이 영화에는 연애에 관해 겁쟁이가 되어 버리는(두려워하는) 사람들에게 보내는 메시지가 담겨 있다.

해설 怖(こわ)がる 무서워하다, 두려워하다

어휘 込(こ)める 담다 | 臆病(おくびょう) 겁이 많음

4 1 이것은 결코 쉽게 생각해서는 안 될 큰 문제이다.

해설 軽視(けいし)できない 경시할 수 없는

어휘 決(けっ)して 결코 | 大問題(だいもんだい) 큰 문제

5 1 우리 집 개는 가족에게 서열을 매기고, 순위가 높은 엄마의 지시만 따른다.

해설 1 命令(めいれい) 명령 2 報告(ほうこく) 보고 3 告白(こくはく) 고백 4 指導(しどう) 지도

어휘 序列(じょれつ) 서열 | 順位(じゅんい) 순위 | 言(い)いつけ 명령, 분부, 지시 | 従(したが)う 따르다

문제6 용법

실전시험 91 | 용법 [1]

›본서2 p.240

정답 1 4 2 3 3 2 4 2 5 4

1 4 부하에게 일을 가르치는 것은 과장의 임무 중 하나이다.

해설 役目(やくめ) 임무, 직무, 책임

어휘 公演(こうえん) 공연 | 刑事(けいじ) 형사

2 3 전통 기술을 계승하는 젊은 사람은 최근 줄고 있다.

해설 受(う)け継(つ)ぐ 계승하다, 이어받다

어휘 各地(かくち) 각지 | 増(ふ)える 늘어나다 | 難民(なんみん) 난민 | 適当(てきとう) 적당 | 伝統技術(でんとうぎじゅつ) 전통 기술 | 減(へ)る 줄다 | 現状(げんじょう) 현상 | 真剣(しんけん)に 진지하게

3 2 도로가 정체하고 있어서 버스 안의 승객은 초조해하고 있다.

해설 いらいら 안달복달하는(초조한) 모양

어휘 想像(そうぞう) 상상 | 渋滞(じゅうたい) 정체 | 乗客(じょうきゃく) 승객 | 共同(きょうどう) 공동

4 2 그는 이 소문을 마치 처음 듣는 것처럼 놀랐다.

해설 あたかも 마치, 흡사

어휘 いい加減(かげん)だ 무책임하다 | 商売(しょうばい) 장사 | つぶれる 망하다 | 驚(おどろ)く 놀라다 | 悲惨(ひさん) 비참 | 直接(ちょくせつ) 직접 | 被害者(ひがいしゃ) 피해자 | 裏切(うらぎ)る 배신하다 | 謝(あやま)る 사과하다

5 4 시합의 패배의 원인은 팀워크의 문제라고 생각합니다.

해설 「敗北(はいぼく)」는 명사로, 뒤에 명사가 올 때는 「の」가 붙어서 「敗北(はいぼく)の」가 된다. 명사와 ナ형용사의 품사를 구별하는 문제가 가끔 출제되니 알아 두자.

어휘 自民党(じみんとう) 자유민주당 | 繰(く)り返(かえ)す 반복하다 | 挑戦(ちょうせん) 도전

실전시험 92 | 용법 [2]

›본서2 p.241

정답 1 1 2 3 3 3 4 1 5 4

1 1 경험이 부족한 사람이라도 의욕이 있다면 채용합니다.

해설 乏(とぼ)しい 부족하다, 풍부하지 않다, 풍족하지 않다

어휘 散歩(さんぽ) 산책 | 緑(みどり) 초록 | 恵(めぐ)まれる 혜택받다 | 腹(はら)が立(た)つ 화나다

2 3 생일에 받은 코트를 세탁기에 돌렸더니 줄어들고 말았다.

해설 縮(ちぢ)む 줄어들다, 오그라들다

어휘 鉛筆(えんぴつ) 연필 | 削(けず)る 깎다 | 見直(みなお)す 재검토하다 | 洗濯機(せんたくき) 세탁기

3 3 급여가 적기 때문에 낭비는 하지 않도록 하고 있다.

해설 無駄(むだ) 쓸데없음, 헛됨
4번의 경우에는 むだな時間(じかん)が多(おお)く~(쓸데없는 시간이 많아~)로 해석하며 ナ형용사로 활용되는 것에 주의한다.

어휘 期限(きげん) 기한 | 効率性(こうりつせい) 효율성 | 工夫(くふう) 궁리 | むだづかい 낭비

4 1 상대가 누구인지는 신경 쓰지 않고, 최대한 노력할 뿐입니다.

해설 精一杯(せいいっぱい) 힘껏, 최대한으로

어휘 迷(まよ)う 망설이다, 헤매다

5 4 이 요리는 맛, 양 등에 있어서 나에게는 타당한 금액이라고 생각한다.

해설 妥当(だとう) 타당, 여기서 '타당한 금액'은 이치에 맞게 적당한 금액을 의미한다.

어휘 遅(おく)れ気味(ぎみ) 늦은 감 | 量(りょう) 양 | 金額(きんがく) 금액

실전시험 93 | 용법 [3]

➤본서2 p.242

정답 1 4 2 1 3 1 4 1 5 4

1 4 이 밭에서는 농약을 사용하지 않고, 채소를 재배하고 있습니다.

해설 栽培(さいばい) 재배

어휘 牧場(ぼくじょう) 목장 | 観察(かんさつ) 관찰 | 畑(はたけ) 밭 | 農薬(のうやく) 농약

2 1 친구가 사용했던 냉장고를 싸게 양도해 줬다.

해설 譲(ゆず)る 양도하다, 물려주다

어휘 締(し)め切(き)り 마감

3 1 간단히 쓴 건데 유치한 문장이 돼버렸다.

해설 「幼稚(ようち)だ」는 な형용사로 뒤에 명사를 수식할 때 「幼稚(ようち)な」가 된다. 명사와 품사 구별하는 문제가 가끔 출제되니 알아 두자.

어휘 文章(ぶんしょう) 문장, 글

4 1 A: 원피스 잘 어울리네요. B: 감사합니다.

해설 似合(にあ)う 잘 맞다, 어울리다

어휘 付(つ)き合(あ)う 사귀다

5 4 앞으로는 어떤 고생(고초)에도 지지 않고 씩씩하게 살아가고 싶다.

해설 たくましい 늠름하다, 씩씩하다

어휘 効(き)く 효과 있다 | 日(ひ)ざし 햇살 | 日(ひ)がさをさす 양산을 쓰다 | 苦労(くろう) 고생 | 頼(たよ)りになる 의지가 되다

실전시험 94 | 용법 [4]

➤본서2 p.243

정답 1 4 2 2 3 1 4 1 5 3

1 4 가장 가까운 편의점까지는 걸어서 20분이다.

해설 最寄(もよ)り 가장 가까운 '거리'상 가까운 것을 말하기 때문에 답은 4번이 어울린다.

어휘 踏(ふ)む 밟다

2 2 너무 운동을 해서 다리가 저리다.

해설 しびれる 저리다, 마비되다

어휘 徹夜(てつや) 철야 | 舌(した) 혀

3 1 야구 중계를 연장하다.

해설 「延長(えんちょう) 연장」은 '시간'적으로 늘리는 것을 것을 말한다.

어휘 中継(ちゅうけい) 중계 | 海外勤務(かいがいきんむ) 해외 근무 | 見守(みまも)る 지켜보다 | 利息(りそく) 이자

4 1 A기업은 작년과 비교하여 대폭 성장하여 흑자로 전환했다.

해설 大幅(おおはば) 큰 폭, 대폭

어휘 企業(きぎょう) 기업 | 黒字(くろじ) 흑자 | 転換(てんかん)する 전환하다 | 引退(いんたい)する 은퇴하다 | 活躍(かつやく) 활약 | 塔(とう) 탑 | 珍(めずら)しい 흔치 않다, 드물다

5 3 문자 수는 500자로 정해져 있으니까 많을 경우는 줄여서(생략해서) 요점만 써주세요.

해설 略(りゃく)す 줄이다, 생략하다

어휘 合計(ごうけい) 합계 | 送料(そうりょう) (배)송료 | 要点(ようてん) 요점 | 壁(かべ) 벽 | 開放感(かいほうかん) 개방감

실전시험 95 | 용법 [5]

➤본서2 p.244

정답 1 2 2 3 3 2 4 1 5 1

1 2 눈이 쌓여서 겨울 기분을 충분히 즐겼다.

해설 積(つ)もる 쌓이다

어휘 最優秀(さいゆうしゅう) 최우선

2 3 최근에는 휴대 전화가 (보급)되었기 때문에 집에 전화를 두지 않는 가정도 있다.

해설 普及(ふきゅう) 보급(널리 일반인에게 퍼지는 것)

어휘 乾杯(かんぱい) 건배 | インフルエンザ 인플루엔자, 독감

3 2 상자와 내용물의 크기가 딱 맞습니다.

해설 ぴったり 꼭, 딱, 꽉(틈이 없이 꼭 맞는 모양)

어휘 箱(はこ) 상자 | 中身(なかみ) 내용물 | 断(ことわ)る 거절하다 | 頼(たよ)りになる 의지가 되다

4 1 도시부터 50km 떨어진 곳을 도보로 갈 수 없을 것 같습니다.

해설 離(はな)れる 떨어지다, 멀어지다 (거리)

어휘 息苦(いきぐる)しい 숨 막히다, 답답하다

5 1 직장 동료와 원만한 관계를 갖고 있다.

해설 「円満(えんまん)だ」는 な형용사이므로 명사를 수식하는 형태는 「円満(えんまん)な」가 되어야 한다. 명사와 ナ형용사의 품사 구별이 필요하다.

어휘 職場(しょくば) 직장 | 契約(けいやく) 계약 | 解決(かいけつ) 해결 | 充実(じゅうじつ) 충실

실전시험 96 | 용법 [6]

➤본서2 p.245

정답 1 4 2 1 3 2 4 1 5 1

1 4 수도관에 구멍이 생겼는지 물이 새어 나오고 있다.

해설 漏(も)れる (물·빛 등이) 새다, (비밀이) 누설되다

어휘 階段(かいだん) 계단 | 転(ころ)ぶ 구르다 | 涙(なみだ) 눈물 | 穴(あな)があく 구멍이 나다

2 1 좋은 가정을 이루어서 행복한 생활을 하고 있다.

해설 築(きず)く 구축하다, 이루다

어휘 修正(しゅうせい) 수정 | 挑戦(ちょうせん) 도전

3 2 자신의 확신에 단정하지 말고, 유연한 생각을 갖는 것으로 새로운 아이디어가 생길 것이다.

해설 「柔軟(じゅうなん)だ」는 な형용사이므로 명사를 수식하는 형태는 「柔軟(じゅうなん)な」가 되어야 하므로 1번은 답이 될 수 없다.

어휘 体操(たいそう) 체조 | 焼(や)きたて 갓 구움 | 温(あたた)める 데우다

4 1 선생님이 재미있는 이야기를 해서 학생들이 한꺼번에 웃었다.

해설 どっと 왈칵, 한꺼번에

어휘 昼寝(ひるね) 낮잠

5 1 2년간 사귄 남자 친구와의 관계에 단락을 짓다.

해설 区切(くぎ)る 구분 짓다, 단락 짓다, 끊다

어휘 髪(かみ) 머리카락 | 財産(ざいさん) 재산 | 平等(びょうどう) 평등

실전시험 97 | 용법 [7]

➤본서2 p.246

정답 1 4 2 2 3 3 4 2 5 3

1 4 구름이 하늘을 덮고 있어 금방이라도 비가 내릴 것 같다.

해설 覆(おお)う 덮다

어휘 新鮮(しんせん)だ 신선하다 | 雲(くも) 구름

2 2 노력한 만큼 오늘 시험은 성과를 느낄 수 있었다.

해설 手応(てごた)え 반응, 손맛, 보람
여기에서는 어떤 일, 노력에 대한 성과나 결과를 나타내는 뜻으로 사용되었다.

어휘 努力(どりょく) 노력 | 庭(にわ) 정원

3 3 책을 너무 사용해서 너덜너덜 해져버렸다.

해설 ぼろぼろ 너덜너덜

4 2 그의 회사가 도산해서 지금은 비참한 생활을 하고 있다.

해설 みじめだ 비참하다

어휘 低年齢化(ていねんれいか) 저연령화 | 倒産(とうさん) 도산 | 受(う)け取(と)る 받아들이다, 수취하다

5 3 이시다 시장은 시민의 안전을 제일로 생각하기 때문에 많은 지지를 모으고 있다.

해설 支持(しじ) 지지

어휘 博物館(はくぶつかん) 박물관 | 撮影(さつえい) 촬영 | 禁止(きんし) 금지 | 訪(たず)ねる 방문하다

실전시험 98 | 용법 [8]

➤본서2 p.247

정답 1 3 2 2 3 1 4 3 5 1

1 3 이번 시즌의 시합 편성을 생각해 두지 않으면 안 된다.

해설 組(く)み合(あ)わせ 조합, 편성

어휘 取引先(とりひきさき) 거래처

2 2 잔돈이 필요했기 때문에 1만 엔 지폐를 헐었다.

해설 崩(くず)す 무너뜨리다, 흩뜨리다, (큰돈을) 헐다
여기에서 「崩(くず)す」는 만 엔 지폐를 작은 돈으로 바꾸었다는 의미이다.

어휘 細(こま)かい 잘다, 미세하다 | 木造(もくぞう) 목조 | 強敵(きょうてき) 강적 | 優勝(ゆうしょう) 우승 | 手にする 손에 넣다, 자기 소유로 만들다

3 1 작물의 품종을 개량해서 수확량을 늘렸다.

해설 改良(かいりょう) 개량

어휘 作物(さくもつ) 작물 | 品種(ひんしゅ) 품종 | 収穫量(しゅうかくりょう) 수확량 | 体質(たいしつ) 체질 | 風力(ふうりょく) 풍력

4 3 후지산에 오르기 시작하여 11시간 정도 되어 드디어 정상에 도착했다.

해설 頂上(ちょうじょう) 정상

어휘 満車(まんしゃ) 만차 | 賞味期限(しょうみきげん) 유통기한

5 1 전지(배터리)가 없는지 로봇의 움직임이 느려졌다.

해설 のろい 느리다, 둔하다

어휘 指導(しどう) 지도 | 無事(ぶじ)に 무사히 | 味覚(みかく) 미각

실전시험 99 | 용법 [9]

➤본서2 p.248

정답 1 3 2 1 3 2 4 2 5 2

1 3 감기로 코가 막혀서 약을 먹었다.

해설 「詰(つ)まる」는 통로나 관 등이 통할 수 없게 되었을 때 사용하는 '막히다'의 뜻으로, 코가 막혀 숨이 통할 수 없음을 나타낸다.

어휘 種(たね) 씨 | まく 뿌리다

2 1 시끄럽게 싸우고 있었던 부부도 드디어 이성을 찾았다.

해설 冷静(れいせい)だ 냉철하다, 이성적이다

어휘 収入(しゅうにゅう) 수입 | 熱(ねつ)が下(さ)がる 열이 내려가다 | 激(はげ)しい 심하다 | すっかり 완전히, 몽땅

3 2 엄마에게 혼나고 있는 나를 아빠가 감싸주었다(비호해 주었다).

해설 かばう 감싸다, 비호하다

어휘 認(みと)める 인정하다 | 火(ひ)が通(とお)る 불이 통하다, (요리가) 익다 | 日(ひ)ざし 햇살

4 2 좋은 아이디어는 집에서 빈둥빈둥하고 있을 때에 한하여 떠오른다.

해설 思(おも)いつく 문득 생각이 떠오르다

어휘 夢(ゆめ)を叶(かな)える 꿈을 이루다 | 姿(すがた) 모습

5 2 어차피 이 계획은 예정대로는 진행되지 않아.

해설 どうせ 어차피

어휘 計画(けいかく) 계획

실전시험 100 | 용법 [10]

▶본서2 p.249

정답 1 4 2 1 3 1 4 3 5 3

1 4 매일 밤 마을 안을 서성거리는 남자가 있어 불안하다.

해설 うろうろする 서성거리다

어휘 実力(じつりょく) 실력 | 伸(の)びる 늘다, 신장하다

2 1 메일 시스템에 문제가 생겨 메일을 보낼 수 없게 되었다.

해설 生(しょう)じる 일어나다, 발생하다, 생기다
없던 것이 발생하거나 생긴다는 의미로 쓰인다.

어휘 牛乳(ぎゅうにゅう) 우유 | 2番目(ばんめ)の子(こ) 둘째 아이

3 1 새로운 세탁기는 가격도 적당하고 기능도 좋아서 잘 팔린다.

해설 手(て)ごろ 알맞음, 적당함

어휘 栄養剤(えいようざい) 영양제 | 摂取(せっしゅ) 섭취 | 購入(こうにゅう) 구입 | 折(お)り紙(がみ) 종이접기

4 3 매일 10시간 연습에 힘쓴 만큼 빛나는 성과를 거뒀다.

해설 輝(かがや)かしい 빛나다(업적·성과), 輝(かがや)く (눈부시게) 빛나다(광채·빛 등)
한자 쓰임도 같고 한국어 해석도 '빛나다'로 같으니 쓰임에 주의한다.

어휘 夜空(よぞら) 밤하늘 | 励(はげ)む 힘쓰다 | 磨(みが)く 닦다, 연마하다

5 3 공원에서 눈에 익지 않은(낯선) 얼굴의 사람이 있으면 주의하는 편이 좋다.

해설 見慣(みな)れる 보고 익숙하다(자주 봐서 익숙하다)

02 문법

문제7 문법 형식 판단

실전시험 101 | 문법 형식 판단 [1]

▶본서2 p.326

정답 1 2 2 4 3 3 4 3 5 4 6 4
7 1 8 1 9 3 10 1 11 3 12 3

1 2 스스로에게 자신이 없는 사람(일수록), 다른 사람의 험담을 하는 사람이 많다.

해설 1 くらい 정도 2 ほど ~할수록 3 さえ 조차 4 しか 밖에

어휘 他人(たにん) 다른 사람 | 悪口(わるぐち) 욕, 험담

2 4 후배: 어떻게 하면 일본어를 잘하게 되나요?
선배: 많이 말하다 보면 (머지않아) 잘하게 될 거야.

해설 1 何度(なんど)も 몇 번이나 2 さっき 아까 3 必(かなら)ずしも [+부정] 반드시 ~하는 것은 아니다 4 そのうち머지않아

어휘 うまくなる 잘하게 되다

3 3 모두가 나의 의견에 찬성인가 반대인가(를 불문하고), 나 혼자 나가야 할 길을 정했습니다.

해설 1 を中心(ちゅうしん)に ~을 중심으로 2 をきっかけに ~을 계기로 3 を問(と)わず ~을 불문하고 4 をめぐって ~을 둘러싸고

어휘 賛成(さんせい) 찬성 | 反対(はんたい) 반대

4 3 이 나라의 경제 상황은 점점 향상해 (가고 있다).

해설 1 동사 사전형 + 一方(いっぽう)だ ~하기만 하다 2 ます형 + がちだ ~하기 일쑤이다 3 ます형 + つつある 계속 ~하다 4 ます형 + がたい ~하기 힘들다
일단 ( ) 앞 동사의 접속 형태를 파악하고 의미상 적합한 것을 고른다.

어휘 経済(けいざい) 경제 | 状況(じょうきょう) 상황 | 向上(こうじょう) 향상

5 4 나는 애니메이션만 본다고 여겨지는 것 같은데, 그렇지 않다. 가끔씩은 성실하게 공부할 때(도) 있다.

해설 1 のほかにも ~외에도 2 のほうが ~하는 편이 3 なんて ~라니/따위/등 4 だって ~도

어휘 真面目(まじめ)に 성실히

6 4 사쿠라 백화점 안의 우동집 주인은, 수타면을 만드는 (것에 있어서는) 전국 최고의 기술을 갖고 있다.

해설 1 に適(てき)して ~에 적합하게 2 によっては ~에 따라서는 3 に対(たい)して (대상)에 대해서 4 にかけては ~에 있어서 만큼은 (자질·능력이 있다)

어휘 主人(しゅじん) 주인 | 手打(てう)ち 수타 | 麺(めん)づくり 제면 | 技術(ぎじゅつ) 기술

7 **1** 맛있다(고 해서) 그렇게 많이 먹으면, 몸에 좋지 않아.

해설 1 からといって ~라고 해서 2 からみると ~부터 보면 3 からして ~로 미루어 보아 4 からすると ~의 입장에서 보면

어휘 体(からだ) 몸

8 **1** 과장: 도와줘서 고맙네.
야마다: 아닙니다, 당연한 일을 했을(뿐인데요).

해설 1 にすぎない ~에 지나지 않다 2 に違(ちが)いない ~에 지나지 않는다 3 に基(もと)づいている ~에 기반하다 4 にほかならない ~임에 틀림없다
여기에서는 당연한 일을 했음에 불과하다는 의미로 1번이 정답이다.

어휘 助(たす)ける 돕다 | 当然(とうぜん) 당연

9 **3** 사원: 부장님, A사의 혼다 과장님께서 (오셨습니다). 응접실에서 기다리고 계십니다.
부장: 응. 알았어. 바로 갈게.

해설 1 伺(うかが)う 묻다(겸양) 2 参(まい)る 가다(겸양) 3 お見(み)えになる 오시다 4 承(うけたまわ)る 삼가 듣다

어휘 応接室(おうせつしつ) 응접실

10 **1** 실패의 연속으로 풀 죽어서, 다시는 도전 (같은 것 하지 않겠다)고 생각했는데, 열심히 하는 동료를 보니, 다시 마음이 움직이기 시작했다.

해설 「なんかするもんか(~같은 것 하겠는가)」는 ~따위는 다시는 하지 않겠다는 '부정 의지'를 나타낸다.

어휘 連続(れんぞく) 연속 | 落(お)ち込(こ)む 풀 죽다 | 頑張(がんば)る 힘내다, 열심히 하다 | 仲間(なかま) 동료

11 **3** 매일 철야가 계속되어, (피곤으로 몸이 나른하다).

해설 気味(きみ) 기미 / 보통형+そうだ ~라고 하다(전문) / ことになる ~하게 되다
지친 것 같아(지친 기색이어서) 나른하다는 의미이다.

어휘 徹夜(てつや) 철야, 밤새움 | 疲(つか)れる 피곤하다 | 体(からだ)がだるい 몸이 나른하다

12 **3** 태풍이 상륙해서, 바람이 이렇게 강해서는 (우산을 쓸 수 없다).

해설 「ては(A해서는 B할 수 없다)」이므로 뒤에 이어지는 표현으로 적합한 것은 3번이다.

어휘 台風(たいふう) 태풍 | 上陸(じょうりく) 상륙 | 傘(かさ)をさす 우산을 쓰다

실전시험 102 | 문법 형식 판단 [2]

▶본서2 p.328

정답 **1** 1 **2** 2 **3** 4 **4** 1 **5** 4 **6** 1
7 4 **8** 4 **9** 1 **10** 1 **11** 4 **12** 3

1 **1** 상사: 기무라 씨는 한국어를 얼마나 할 수 있어?
부하: 여행 가서 곤란하지 않을 (정도)입니다.

해설 1 ぐらい 정도 2 すら 조차 3 ほか ~밖에 4 だけ ~만/뿐, ~만큼

어휘 上司(じょうし) 상사 | 部下(ぶか) 부하 | 困(こま)る 곤란하다

2 **2** 이 문제의 심각함을 어른은 물론, 아이(라도) 안다.

해설 1 って ~래 2 だって ~도, ~라도 3 しか 밖에 4 とか ~라든지

어휘 深刻(しんこく)さ 심각함 | 大人(おとな) 어른 | 子供(こども) 아이

3 **4** 선인장은 매일 물을 주지 않아도 된다. 한 달 (걸러서) 줘도 괜찮은 것도 있다고 한다.

해설 1 동사의 원형 + たびに ~할때마다 2 なかに ~가운데 3 うちに ~동안에 4 おきに ~마다, ~걸러 (주기적)

어휘 毎日(まいにち) 매일

4 **1** 축제 분위기의 가두에 장식이 늘어서 있고, 역 앞부터 상점가(에 걸쳐서) 다채로운 이벤트가 열릴 예정이다.

해설 1 から ～にかけて ~에서 ~에 걸쳐서 2 にもかかわらず ~에도 불구하고 3 を契機(けいき)に ~을 계기로 4 に先立(さきだ)って ~에 앞서

어휘 祭(まつ)り 축제 | 街角(まちかど) 길목, 가두 | 飾(かざ)り 장식 | 並(なら)ぶ 늘어서다 | 商店街(しょうてんがい) 상점가 | 多彩(たさい)な 다채로운 | 予定(よてい) 예정 | 開(ひら)く 열리다

5 **4** 수상한 (듯한) 남자가 역 주변을 서성거리고 있다.

해설 1 っこない ~일 리가 없다 2 がちだ ~하기 일쑤이다 3 っぽい ~스럽다(~의 경향·성질을 띠다) 4 げな ~듯한
여기에서는 「げ」가 형용사 어간에 접속한다는 것을 알고 있으면 답을 찾기 쉽다.

어휘 周辺(しゅうへん) 주변 | うろつく 서성거리다

6 **1** 리포트 마감이 임박해오니, 더 시간이 있었으면 싶지만, (있었다면 있는 대로), 분명 또 놀아 버렸을 것이라고도 생각한다.

해설 たら ～で ~하면 ~것으로

어휘 締(し)め切(き)り 마감(일) | 迫(せま)る 임박하다 | 時間(じかん) 시간 | 遊(あそ)ぶ 놀다

7 **4** 어제 받은 2만 엔의 용돈을 (쓰고 싶은 만큼) 써렸더니, 500엔밖에 남지 않았다. 월말까지 어쩌지.

해설 4 だけ '~만, ~뿐'의 의미뿐만 아니라 '~만큼'의 뜻도 같이 알아 두자.

어휘 お小遣(こづか)い 용돈 | 残(のこ)る 남다 | 月末(げつまつ) 월말

8 **4** 도로 공사 중으로, 여러분께 폐를 끼쳐드립니다만, 부디 이해(해주시기) 부탁드립니다.

해설 1 召(め)し上(あ)がる 드시다 2 差(さ)し上(あ)げる

바치다 3 承(うけたまわ)る 삼가 듣다 4 いただく 받다(겸양)
공사하는 쪽이 여러분의 이해를 받고 싶다는 의미로 '받다'의 겸양 표현「いただく」를 사용한다.

어휘 道路(どうろ) 도로 | 工事(こうじ) 공사 | 迷惑(めいわく) 민폐 | 理解(りかい) 이해 | 申(もう)し上(あ)げる 말씀드리다, 드리다

9 **1** 시간적으로 무리라서, 부장님께 부탁받은 일은 거절(할 수밖에 없었다).

해설 1 ざるを得(え)ない ~하지 않을 수 없다(=어쩔 수 없이 ~할 수밖에 없다) 2 ないこともない ~하지 않는 것도 아니다 3 とは限(かぎ)らない~라고는 한(정)할 수 없다 4 なくてもいい ~하지 않아도 된다

어휘 無理(むり) 무리 | 頼(たの)む 부탁하다 | 断(ことわ)る 거절하다

10 **1** 다나카: 하야시 씨 싫어.
우에하라: 무슨 일이야?
다나카: (아무것도 모르는 주제에) 항상 잘난 척하는 태도가 마음에 안 들어.

해설 何(なに)も 아무것도 / 何(なに)か 무엇인가, 뭔가 / くせに ~인 주제에

어휘 嫌(きら)い 싫어하다 | 偉(えら)そうな 잘난 체하는 | 態度(たいど) 태도

11 **4** 내일은 지망하는 회사의 인터뷰를 하러 갈 예정이다. 절대로 지각(하지 않도록 하지 않으면 안 된다/하지 않도록 해야 한다).

해설 ～ないようにしないと (ならない가 생략된 형태) ~하지 않도록 해야만 한다

어휘 志望(しぼう) 지망 | 絶対(ぜったい)に 절대로 | 遅刻(ちこく) 지각

12 **3** 이런 작은 우산이라도 (없는 것보다는 낫지만), 그래도 너무 작아서 곤란하다.

해설 よりましだ ~보다 낫다

어휘 傘(かさ) 우산 | それにしても그렇다 해도 | 困(こま)る 곤란하다

실전시험 103 | 문법 형식 판단 [3]

▶본서2 p.330

정답 **1** 3 **2** 1 **3** 1 **4** 2 **5** 1 **6** 2
7 1 **8** 1 **9** 1 **10** 2 **11** 1 **12** 3

1 **3** 1억 엔(이나) 되는 빚을 그는 2년 만에 갚았다.

해설 も ~도(추가), ~이나(강조)

어휘 借金(しゃっきん) 빚 | 返(かえ)す 되돌리다

2 **1** 일본의 7월은 바다에 가는 사람이나 등산을 하는 사람에게는 매우 즐거운 시기입니다만, (한편으로는) 수해나 태풍 등의 자연재해가 발생하는 시기이기도 합니다.

해설 1 一方(いっぽう)で 한편으로 2 かりに 임시로, 만일 3 ろくに (+ 부정) 제대로 ~하지 않다 4 せいぜい 기껏해야

어휘 海(うみ) 바다 | 山登(やまのぼ)り 등산 | 時期(じき) 시기 | 水害(すいがい) 수해 | 台風(たいふう) 태풍 | 自然災害(しぜんさいがい) 자연재해 | 発生(はっせい) 발생

3 **1** 이 백화점은 고객의 성원(에 응답하여) 하계 개관 시간을 30분 연장하기로 했습니다.

해설 1 ～にこたえて ~에 답하여 2 ～にくわえて ~에 더하여 3 ～にかかわって ~와 관련하여 4 ～にむけて ~을 향하여

어휘 お客(きゃく)さん 손님, 고객 | 声(こえ) 목소리 | 夏季(かき) 하계 | 開館時間(かいかんじかん) 개관 시간 | 延長(えんちょう) 연장

4 **2** A: 몇 년 전부터, 결혼하지 않는 젊은이들이 점점 늘고 있대. 이게 사회 문제(로까지) 퍼지고 있다니 재미있네.
B: 그러고 보니, 우리 언니도 결혼 안 했네.

해설 1 に(~에/로) + まで(까지)

어휘 増(ふ)える 늘다 | 広(ひろ)がる 넓어지다, 퍼지다 | 姉(あね) 언니

5 **1** 음식에 관해서는 양보하지 않는 그가 식사를 거르는 일은 (거의) 없다/드물다.

해설 1 めったに ～ない 거의 ~없다(드물다) 2 さっぱり ① 산뜻한 모양 ② 전혀 (+ 부정) 3 別(べつ)に 딱히 4 二度(にど)と 두 번 다시

어휘 関(かん)する 관하다 | 譲(ゆず)る 양보하다 | 抜(ぬ)く 빼다

6 **2** 이 주변은 후지산이 잘 보이(기 때문에), '후지미쵸'라고 불리고 있다.

해설 앞 문장(이유·근거)으로부터 뒤 문장(판단·결과)되었다의「ことから」가 적합하다.

어휘 富士山(ふじさん) 후지산 | 呼(よ)ぶ 부르다

7 **1** 일본어를 할 수 있다고 해도 간단한 회화 정도를 하는 것(에 불과합니다).

해설 1 に過(す)ぎない ~에 지나지 않다 2 ほかない ~할 수밖에 없다 3 もかまわない ~도 상관없다 4 ます형 + かねない ~일지도 모른다

어휘 簡単(かんたん) 간단

8 **1** [선거 중] 저, 혼다는 이 마을의 발전을 위해 전력을 다해 (가고) 싶습니다/앞으로 전력을 다해 나가고 싶습니다.

해설 1 参(まい)る 가다, 오다(겸양) 2 伺(うかが)う 방문드

리다, 여쭙다 3 いただく 받다(겸양) 4 申(もう)し上(あ)げる 말씀드리다, 드리다

어휘 町(まち) 마을 | 発展(はってん) 발전 | 全力(ぜんりょく)を尽(つ)くす 전력을 다하다

9 1 아내: 못 입게 된 옷이나 신발이 많은데, 아까워서 (어떤 것도 버리기 힘드네).
남편: 방이 물건으로 넘쳐나니까, 조금 정리하는 게 좋지 않아?
아내: 응. 그럴게.

해설 ます형 + がたい ~하기 힘들다, 어렵다(심리적) / ます형 + にくい ~하기 어렵다, 불편하다(물리적으로, 또는 무의지 동사와 함께), どれも 어느 것도, どれにも 어느 것에도

어휘 整理(せいり) 정리

10 2 밖에서 놀았더니, 모기에 물린 것 같아 (간지러워서 참을 수가 없다).

해설 てたまらない ~해서 견딜 수 없다

어휘 外(そと) 밖 | 遊(あそ)ぶ 놀다 | 蚊(か)に刺(さ)される 모기에 물리다

11 1 (재판소에서)
"이는 극히 악질의 범죄로, 피고에게는 크게 (반성하길 바란다)"고 재판관이 말했다.

해설 피고에게 재판관이 반성하기를 바란다는 의미이므로 「~に~てほしい (상대)에게 ~하길 바란다」의 표현이 적절하다.

어휘 裁判所(さいばんしょ) 재판소 | 極(きわ)めて 극히 | 悪質(あくしつ) 악질 | 犯罪(はんざい) 범죄 | 被告(ひこく) 피고 | 裁判官(さいばんかん) 재판관

12 3 정말 죄송한데, 급히 자료를 (보낼 수 있을까요)? 내일 세미나에서 써야 해서….

해설 「~ていただけないでしょうか」는 '~해 받을 수 없을까요?, ~해주실 수 없으실까요?'의 의미로 상대방에게 정중히 부탁·의뢰할 때 사용한다.

어휘 大変(たいへん)申(もう)し訳(わけ)ございません 정말 죄송합니다 | 至急(しきゅう) 빨리, 급히 | 資料(しりょう) 자료 | 送(おく)る 보내다

실전시험 104 | 문법 형식 판단 [4]

▶본서2 p.332

정답 **1** 2 **2** 3 **3** 1 **4** 2 **5** 2 **6** 1
7 1 **8** 1 **9** 3 **10** 3 **11** 2 **12** 2

1 2 남: 반지, 예뻐서 샀는데, 줄게.
여: (이거) 프러포즈야?

해설 1 くらい 정도 2 って = は ~은/는, ~란 3 ちゃ = ては ~해서는 4 だって = (で)も ~(여)도

어휘 指輪(ゆびわ) 반지

2 3 부모님의 허락을 받아 혼자 여행을 갔으니까, 내가 좋아하는 교토의 고급 여관에서 (적어도) 하루는 묵고 싶다고 생각했다.

해설 1 せっかく 모처럼 2 大(たい)して 그다지 3 せめて 적어도, 최소한 4 一体(いったい) 도대체
「せめて」는 희망 표현과 함께 사용하므로, 뒤 문장에서 「たい」만 보고서도 바로 답을 찾을 수 있다. 본문의 '기초문법'에서 '2. 문법과 같이 잘 나오는 부사' 내용을 암기해 두자.

어휘 親(おや) 부모님 | 許可(きょか) 허가, 허락 | 一人旅(ひとりたび) 홀로 하는 여행 | 京都(きょうと) 교토 | 高級旅館(こうきゅうりょかん) 고급 여관 | 一泊(いっぱく) 1박

3 1 여: 아, 곤란하네. 또 주름이 생겨 버렸어. 나도 벌써 나이 들었나.
남: 그런 말 하지 마. 아직 20대(이면서).
*'20대인 주제에…그렇게 말하지 마'라는 의미

해설 1 くせに 주제에 2 せいで 탓으로 3 かわりに 대신에 4 たびに 때마다

어휘 困(こま)る 곤란하다 | 年(とし) 나이, 해

4 2 그럭저럭이던 수프에 소금을 넣은 것(만으로) 맛이 확 좋아졌다.

해설 だだけ(~만/뿐; 한정) + で(으로; 이유·원인)

어휘 塩(しお) 소금 | 加(くわ)える 더하다 | 味(あじ) 맛

5 2 A: 다나카 사장님, 지금이야 성공하셨지만, 젊었을 때는 실패의 연속이셨대.
B: 오, 그러셨구나.

해설 1 からこそ 이기 때문에야말로 2 でこそ ~에서야말로

어휘 成功(せいこう) 성공 | 若(わか)い 젊다 | 失敗(しっぱい) 실패 | 連続(れんぞく) 연속

6 1 일반적으로 기모노는 몇 장씩 겹쳐 입는 것(에 비해서), 유카타는 얇은 것을 한 장만 입는 형식이라고 말합니다.

해설 に対(たい)して ① (대상)에 대해서, ② ~에 대비하여(대비·비교) 여기서는 대비/비교의 의미로 쓰였다.

어휘 一般的(いっぱんてき)に 일반적으로 | 着物(きもの) 기모노 | 重(かさ)ねる 겹치다 | 着(き)る 입다 | 浴衣(ゆかた) 유카타 | 薄(うす)い 얇다 | 形式(けいしき) 형식

7 1 주가가 바닥을 쳤다는 보도가 있었는데, 예측(과 반대로) 주가는 더욱 하락하고, 큰 손실을 가져왔습니다.

해설 に反(はん)して ~와는 반대로
이미 주가가 내려갈 데까지 내려갔다고는 했지만, 보도의 예측과는 반대로 더욱더 내려갔다는 의미이다.

어휘 株価(かぶか) 주가 | 予測(よそく) 예측 | 下落(げらく) 하락 | 損失(そんしつ) 손실

8 **1** 생일에 축하 메시지를 보내 (와준) 친구가 많이 있어서, 기뻤다.

어휘 誕生日(たんじょうび) 생일 | お祝(いわ)い 축하 | 送(おく)る 보내다

9 **3** 아버지가 사고로 (돌아가시고 나서) 벌써 15년이 지났다.

해설 1 てからでないと ~하고 나서가 아니면 (~할 수 없다) 2 のか ~인지 3 てから ~하고 나서 4 てはじめて ~하고 나서 비로소

어휘 事故(じこ) 사고 | 経(た)つ (시간이) 지나다, 경과하다

10 **3** (백화점에서)

점원: 손님, 뭔가 (찾고 계시다면), 안내해 드리겠습니다만.

손님: 아, 선물용 스카프를 찾고 있는데요….

해설 「探(さが)す 찾다」의 현재 상태(～ている)를 나타내는 「お + ます형 + です」 존경 표현 찾기 문제이다.

어휘 案内(あんない) 안내

11 **2** 이 정원에 있는 연못은 너무나도 아름답고 인공적인 느낌이 (나지 않는 것도 아니지만), 전체 분위기에도 맞아서 이대로 남겨두기로 했다.

해설 感(かん)じがする 느낌이 나다 / ないでもない ~하지 않는 것도 아니다(= ~하기는 하다)

어휘 庭園(ていえん) 정원 | 池(いけ) 연못 | 人工的(じんこうてき) 인공적 | 全体(ぜんたい) 전체 | 雰囲気(ふんいき) 분위기 | 残(のこ)す 남기다

12 **2** 회사 후배가 나에게 자주 연애 상담을 하러 온다. 도대체 나에게 어떤 조언을 (바라는 걸까).

해설 여기서는 '후배가 나에게 (조언을) 바라다'라는 의미로 쓰이기 때문에 「てほしい + だろうか(추측의 의문)」이 함께 와야 한다.

어휘 後輩(こうはい) 후배 | 恋愛相談(れんあいそうだん) 연애 상담 | 助言(じょげん) 조언

실전시험 105 | 문법 형식 판단 [5]

▶본서2 p.334

정답 1 2 2 4 3 3 4 3 5 2 6 1
7 2 8 1 9 1 10 1 11 2 12 4

1 **2** 대학생의 학력 저하 문제가 이슈화되고 있는데, 간단한 한자(조차) 쓰지 못하는 대학생이 많아, 문제의 심각성을 느꼈다.

해설 1 きり ~만 2 すら ~조차 3 のみ ~뿐/만 4 こそ ~야말로

어휘 学力(がくりょく) 학력 | 低下(ていか) 저하 | 取(と)り上(あ)げる 집어 들다, 다루다, 문제시하다 | 深刻性(しんこくせい) 심각성

2 **4** 입시를 위해서 열심히 공부하기는 했지만, (과연) 합격할 수 있을까?

해설 1 どうりで 어쩐지, 그 때문에 2 まさか 설마 3 おそらく 어쩌면 4 果(は)たして 과연

어휘 入試(にゅうし) 입시 | 合格(ごうかく) 합격

3 **3** 중병에 걸리고 나서 (비로소) 건강의 중요성을 깨달았다.

해설 1 ～て以来(いらい) ~한 이래 2 ～てこそ ~해서야말로 3 ～てはじめて ~하고 나서 비로소 (깨닫다, 알게 되다) 4 ～てからでないと ~하고 나서가 아니면 (~할 수 없다)

어휘 重病(じゅうびょう) 중병 | 健康(けんこう) 건강 | 大切(たいせつ)さ 중요성

4 **3** 집에 돌아가는 (도중에) 이자카야에 가방을 두고 온 것을 깨달았다.

해설 2 うちに ~(하고 있는) 동안에, 사이에 (변화가 생김) 3 途中(とちゅう)で 도중에

어휘 居酒屋(いざかや) 이자카야 | 置(お)く 두다 | 気(き)づく 깨닫다, 눈치채다

5 **2** 인명 사고 때문에, 3시간(에 걸쳐) 전차가 멈춰 있는 상태다.

해설 1 にともない ~와 동반하여 2 にわたり ~에 걸쳐 3 につれ ~와 함께 4 にかけては ~에 있어서만큼은 (소질·자질·능력이 있다)
「にわたって」 앞에는 시간, 기간, 횟수, 범위를 나타내는 말이 온다.

어휘 人身事故(じんしんじこ) 인명 사고 | 状態(じょうたい) 상태

6 **1** 모처럼 시간을 내서 친구 집에 갔는데, (오늘에 한(정)하여/하필 오늘) 친구는 여행 중이었다.

해설 今日(きょう)に限(かぎ)って 오늘에 한(정)하여
하필 오늘 친구가 집에 없음을 아쉬워하는 뉘앙스의 문장이다.

어휘 旅行(りょこう) 여행

7 **2** 다나카 씨와는 3년 전에 친구 결혼식에서 만났던 것(뿐이다).

해설 「きりだ」는 '~한 게 끝이다(다시는 ~하지 못했다)'의 의미로 た형에 접속한다.

어휘 結婚式(けっこんしき) 결혼식

8 **1** 아무리 배가 고팠다(고 해도) 다른 사람의 물건에 손을 대서는 안 됩니다.

해설 にしたって ~라고 해도, 「にしても」와 같은 표현이다.

어휘 お腹(なか) 배 | 手(て)を出(だ)す 손을 대다

9 **1** 아이를 혼낼 때 "도깨비 온다" 같은 말을 써서 (겁주는) 것은 아이의 마음에 깊은 상처를 입혀버리는 경우도

있다고 한다.

해설 「怖(こわ)い 무섭다」+ がる(~해 하다) + 사역형 = '~무서워(해)하게 하다'로 해석할 수 있다. 즉, '겁주다'로 의역할 수 있다.

어휘 叱(しか)る 혼내다 | 深(ふか)い 깊다 | 傷(きず)をつける 상처를 입히다

10 **1** 공동으로 하는 포스터 제작에, 저도 (참가하게 해 받을 수 없을까요 = 저도 참여하게 해주실 수 있을까요?)

해설 사역형 + ていただけないでしょうか(~하게 해 받을 수 없을까요?)
「사역형 + ていただけないでしょうか」는 '제가 ~하게 해주세요'의 의미로, 겸손하고 정중한 느낌의 부탁·의뢰 표현이다.

어휘 共同(きょうどう) 공동 | 行(おこな)う 행하다 | 制作(せいさく) 제작

11 **2** A: 봄의 즐거움, 꽃놀이가 이제 곧 다가오네.
B: 응. 어서 봄이 되지 않으려나. (= 어서 봄이 왔으면 좋겠다.)

해설 「ならないかな」는 '~되지 않으려나'의 의미로, 그렇게 되었으면 좋겠다는 바람의 뉘앙스를 띤다.

어휘 楽(たの)しみ 즐거움, 낙 | 花見(はなみ) 꽃놀이

12 **4** 영화배우인 리사 씨는 "주인공의 성실한 인성 같은 것들이 느껴져 감동했습니다. 그렇지만, 그 감정에 (너무) 좌우되지 (않도록) 주의하면서 제 역할 연구에 힘썼습니다."고 말한다.

해설 「ます형 + すぎる 너무 ~하다」+「ないように ~하지 않도록」이 합쳐진 이중 문법 문제이다.

어휘 主人公(しゅじんこう) 주인공 | 誠実(せいじつ) 성실 | 人柄(ひとがら) 인격, 인성 | 感情(かんじょう) 감정 | 左右(さゆう) 좌우 | 気(き)を付(つ)ける 주의하다 | 役作(やくづく)り 역할 연구 | 夢中(むちゅう)になる 몰두하다

실전시험 106 | 문법 형식 판단 [6]

▶본서2 p.336

정답 **1** 2 **2** 2 **3** 2 **4** 1 **5** 3 **6** 1
7 1 **8** 1 **9** 3 **10** 1 **11** 3 **12** 4

1 **2** 사람들은 귀여운 반려동물을 바라보는 것(만으로) 평온해진다고 한다.

해설 だけ(~만) + で(~으로) = ~만으로 / さえ ~조차

어휘 眺(なが)める 바라보다, 조망하다 | 穏(おだ)やかだ 온화하다, 평온하다

2 **2** 의사: 밤에는 가급적 먹지 않도록 해주세요.
환자: 알고 있지만, 참지 못하고 (저도 모르게) 먹어버리고 맙니다.

해설 1 どうりで 어쩐지, 과연 2 つい (나도 모르게) 그만 3 必(かなら)ずしも 반드시 (~하는 것은 아니다) 4 万一(まんいち) 만일, 만약
「つい + てしまう 그만 ~하고 말다」이므로 뒤 문장에서「てしまう」만 찾아도 바로 답을 찾을 수 있다.

어휘 食習慣(しょくしゅうかん) 식습관 | 大事(だいじ)だ 중요하다

3 **2** 토요일과 일요일은 대기 시간이 발생할 것으로 생각되므로, 먼저 신청하신 (후에) 방문해 주십시오.

해설 「동사 た형, 명사 の + うえ(で)」는 '[앞 문장]을 우선 하고 나서 [뒤 문장]을 하다'의 의미로, 앞 문장에는 확인·절차·순서 등을 나타내는 말이 자주 온다.

어휘 土日(どにち) 토요일과 일요일 | 発生(はっせい) 발생 | お申込(もうしこ)み 신청

4 **1** 내가 실수를 한 (바람에) 회사 전체에 큰 손해를 끼치는 결과가 되어버렸다.

해설 1 ばかりに ~하는 바람에(부정적 결과 초래) 2 ~とたんに ~하자마자 3 ついでに ~하는 김에 4 末(すえ)に ~끝에

어휘 全体(ぜんたい) 전체 | 損害(そんがい) 손해 | 与(あた)える 주다 | 結果(けっか) 결과

5 **3** 이 회장의 요금은 3시간 3만 엔으로, 1시간밖에 사용하지 않는 (경우라도) 3만 엔을 지불해야만 한다.

해설 1 点(てん)でも ~점이라도 2 点(てん)には ~점에는 3 場合(ばあい)でも ~경우라도 4 場合(ばあい)には ~경우에는

어휘 会場(かいじょう) 회장

6 **1** 최소한 일주일은 (걸릴 것이라고 생각했던) 프로젝트가 모두의 협력으로 일찍 끝났다.

해설 かかる (시간 등이) 걸리다 / だろうと思(おも)う ~할 거라고 생각하다

어휘 少(すく)なくとも 적어도, 최소한 | 協力(きょうりょく) 협력

7 **1** 다무라 씨의 작품은 전통적이(면서도) 새로운 시도를 하려고 했다는 점에서 정평이 나 있다.

해설 ます형 + ながらも A하면서도 B (AB 역접)
「伝統的(でんとうてき)だ」를「である」로 동사화 해주고, ます형「あり」에「ながらも」를 붙인 격이다.

어휘 作品(さくひん) 작품 | 伝統的(でんとうてき) 전통적 | 新(あら)たな 새로운 | 試(こころ)み 시도 | 定評(ていひょう) 정평

8 **1** 제가 대강 설명을 (드린) 후, 질의응답을 받으려고 합니다.

해설 사역형 + ていただく ~하게 해 받다(내가 ~하다)

어휘 一通(ひととお)り 대강 | 説明(せつめい) 설명 | 質疑応答(しつぎおうとう) 질의응답

9 **3** (중고품 판매소에서)
손님: 이거, 흠이 너무 많은데, 조금 싸게 해 주실 수 있나요?
점원: 그건 (힘들 것 같네요).

해설 ～かねる ~하기 어렵다(상황상 그럴 수 없음을 나타내며 심리적 저항감을 표현함)

어휘 傷(きず) 흠, 상처 | ひどい 심하다 | 値引(ねび)き (값을) 깎아 줌

10 **1** 지금은 훌륭한 유명 가수가 되었지만, 처음에는 그도 고생(했을 것이 틀림없다).

해설 ～に違(ちが)いない ~임에 틀림없다

어휘 立派(りっぱ)な 훌륭한 | 最初(さいしょ) 처음 | 苦労(くろう) 고생

11 **3** 유명한 가게라고 들어서 가(봤더니) 공교롭게도 휴일이었다.

해설 たところ ~했더니

어휘 あいにく 공교롭게(도) | 休(やす)み 휴일

12 **4** A: 어, 지갑이 없어.
B: 어딘가에서 (잃어버린 거 아냐)?

해설 落(お)ちる 떨어지다 / 落(お)とす 떨어뜨리다, 잃어버리다 / ちゃう ~해 버리다 / んじゃない ~인 거 아니야?

어휘 財布(さいふ) 지갑

실전시험 107 | 문법 형식 판단 [7]

▶본서2 p.338

정답 1 2 2 2 3 3 4 2 5 1 6 1
7 4 8 4 9 1 10 1 11 1 12 1

1 **2** 초보자, 경험자를 불문하고 이 피아노 교실 선생님은 누구(에게든) 친절하게 가르쳐 준다.

해설 に(~에게) + でも(~라도, ~든지)

어휘 初心者(しょしんしゃ) 초심자, 초보자 | 経験者(けいけんしゃ) 경험자 | 問(と)う 묻다 | 丁寧(ていねい) 정중함, 친절함

2 **2** 그의 계획에는 (일절) 협력하지 않겠다고 단호히 말했다.

해설 1 必(かなら)ずしも 반드시 (~하는 것은 아니다) 2 一切(いっさい) 일절 3 どうやら 아무래도 4 まさか 설마

어휘 計画(けいかく) 계획 | 協力(きょうりょく) 협력

3 **3** 요즘 아이돌은 데뷔(에 앞서) 몇 년 동안이나 연습을 한다.

해설 1 に応(おう)じて ~에 응해서 2 に比(くら)べて ~에 비교해서 3 に先立(さきだ)って ~에 앞서서 4 につき ~이므로, ~당

어휘 練習(れんしゅう) 연습

4 **2** 오빠: 무슨 일이야? 눈이 새빨간데?
여동생: 좋아하는 배우가 나오는 연속드라마가 있어서. 아침까지 계속 봐 버렸어.
오빠: 그래서 수면 부족(이라는 거구만).

해설 ってわけか ~라고 하는 (이유)인 것이군
앞 대화 내용에 대한 이유를 알고 납득했을 때 사용한다.

어휘 真(ま)っ赤(か) 새빨갛다 | 連続(れんぞく) 연속 | 寝不足(ねぶそく) 수면 부족

5 **1** 일본 조미료는 간장·설탕·된장 (같은 것들이) 대표적이라고 생각합니다.

해설 1 ～という ~라는 / こと ~것(일·상황) / もの 것(사물)
여기서는 간장, 설탕, 된장이 '사물'이기 때문에 「もの」를 사용한다.

어휘 調味料(ちょうみりょう) 조미료 | 醤油(しょうゆ) 간장 | 砂糖(さとう) 설탕 | 味噌(みそ) 된장 | 代表的(だいひょうてき) 대표적

6 **1** 그녀는 쇼핑을 좋아해서, 세일 중인 백화점에 (가서는) 필요 없는 것까지 사 온다.

해설 1 ～ては ~해서는 2 なら ~한다면 3 たうえは ~한 이상은 4 一方(いっぽう)で ~하는 한편

어휘 要(い)る 필요하다

7 **4** 그 성실한 사람이 친구를 배신하다니 (믿기 어렵다).

해설 信(しん)じる 믿다 / ます형 + がたい ~하기 힘들다, 어렵다(심리적으로 불가능함을 나타냄)

어휘 真面目(まじめ)な 성실한 | 友人(ゆうじん) 친구 | 裏切(うらぎ)る 배신하다

8 **4** 일이 바빠지면서 헬스장에 다닐 수 없게 되어 체력이 계속 (약해져) 가기만 한다.

해설 衰(おとろ)える 쇠약해지다 / 동사의 사전형 + 一方(いっぽう)だ ~하기만 하다
접속 형태를 묻는 문제이다.

어휘 通(かよ)う 다니다 | 体力(たいりょく) 체력

9 **1** 그의 미술 재능에는 (대단한 데가 있다).

해설 ものがある ~하는 데가 있다, ~하는 면이 있다

어휘 美術(びじゅつ) 미술 | 才能(さいのう) 재능 | 素晴(すば)らしい 대단하다 | 立派(りっぱ)だ 훌륭하다

10 **1** 엄마: 요즘 저 즉석 카레 광고, TV에 자주 나오네.
딸: 응. 젊은 애들한테 인기인 것 같아.
엄마: 그래도, 채널을 (바꿀 때마다 나와)서 좀….

해설 ～たびに ~때마다 (반복적)
다만, 여기서는 시제까지 주의해야 하므로, 앞으로도 반복해서 나온다는 뉘앙스로 「出(で)てくる」형을 사용한다.

어휘 宣伝(せんでん) 선전 | 若者(わかもの) 젊은이 | 変(か)

える 바꾸다

11 **1** 그가 증세에 반대했던 것은, 이번 선거에서 이기고 싶었기 때문임에 틀림없다.

해설 이유를 나타내는「から(~기 때문에)」와「にほかならない(~임에 틀림없다)」를 합친 표현이 이 문장에 어울린다.

어휘 増税(ぞうぜい) 증세 | 選挙(せんきょ) 선거 | 勝(か)つ 이기다

12 **1** 짐의 배송에 대해서는 접수 카운터에서 (맡고 있습니다).

해설 1 承(うけたまわ)る 삼가 받다/맡다 2 いただく 받다(겸양) 3 訪(たず)ねる 찾아 뵙다 4 存(ぞん)じる 알다(겸양)
여기서는 배송에 대해서 맡아서 응하겠다는 의미로「受(う)ける」의 겸양 표현 1번이 어울린다.

어휘 配送(はいそう) 배송 | 受付(うけつけ) 접수

실전시험 108 | 문법 형식 판단 [8]

▶본서2 p.340

정답 **1** 3 **2** 1 **3** 3 **4** 1 **5** 2 **6** 1
7 1 **8** 4 **9** 4 **10** 1 **11** 3 **12** 1

1 **3** 감기 (정도)로 병원에 갈 필요는 없다.

해설 1 すら ~조차 2 のみ ~만/뿐 3 ぐらい ~정도 4 さえ ~조차

어휘 風邪(かぜ) 감기 | 病院(びょういん) 병원

2 **1** 이 마을은 대형 슈퍼마켓(도) 있는가 하면, 병원이나 도서관 등의 시설도 있어서 살기 좋다.

해설 Aも ～ば Bも A도 ~하면 B도

어휘 町(まち) 마을 | 大型(おおがた) 대형 | 施設(しせつ) 시설 | 暮(く)らす 살다

3 **3** (모처럼) 여행 왔는데, 사고로 호된 일을 겪었다.

해설 1 かりに 만약 2 かえって 오히려 3 せっかく 모처럼 4 いまにも 금방이라도

어휘 事故(じこ) 사고 | ひどい目(め)に合(あ)う 곤욕을 치르다

4 **1** 입장한 사람들이 가장 먼저 목표한 것은 10년(에 걸쳐서) 복원된 정원이었다.

해설 にわたって ~(기간·횟수·범위)에 걸쳐서

어휘 入場(にゅうじょう) 입장 | 真(ま)っ先(さき)に 맨 처음으로 | 目指(めざ)す 목표하다 | 復元(ふくげん) 복원 | 庭園(ていえん) 정원

5 **2** 이 약은 어떤 증상에 효과가 (있는지) 알고 싶다.

어휘 症状(しょうじょう) 증상 | 効果(こうか) 효과

6 **1** 전학 간 친구로부터의 메일에 '비록 멀리 (떨어져도) 우리의 우정은 변하지 않아'라고 쓰여 있었다.

해설 たとえ～ても 설령 ~라도

어휘 転校(てんこう) 전학 | 遠(とお)い 멀다 | 離(はな)れる 떨어지다 | 友情(ゆうじょう) 우정 | 変(か)わる 바뀌다, 변하다

7 **1** 전국 우승을 달성한 기무라 씨는 이번 결과(에 그치지 않고), 다음 시험을 위해서 계속 노력하고 있다.

해설 ～にとどまらず ~에 머물지 않고, ~에 그치지 않고

어휘 全国(ぜんこく) 전국 | 優勝(ゆうしょう) 우승 | 果(は)たす 달성하다

8 **4** 생일에 받은 3단 케이크는 혼자서는 도저히 (다 먹을 수 없었다).

해설 2 ～たきりだ ~한 게 끝이다(다시는 ~하지 못했다)
3 ～ずにはいられない ~하지 않고서는 있을 수 없다
4 ます형 + きれない 다 ~할 수 없다

어휘 誕生日(たんじょうび) 생일

9 **4** 몇 시간이나 걸려서 만든 카레라이스는 잘 (되었다고 생각했는데), 맛이 없었다.

해설 「たつもりだ ~했다고 생각하다, ~한 셈 치다」+「が ~이지만(역접)」이 합쳐진 형태이다.

어휘 何時間(なんじかん)もかける 몇 시간이나 걸리다 | できる 할 수 있다, 잘 되다

10 **1** 부인: 내일부터 연휴가 시작되니까, 분명 고속도로 막히겠네.
남편: 응, 엄청 일찍 출발하든지 늦게 출발하든지 (하지 않으면) 안 될지도 몰라.

해설 「しないと」는 '~하지 않으면 안 돼'의 의미로 뒤에「ならない」 대신「だめ」가 사용된 형태이다.

어휘 連休(れんきゅう) 연휴 | 高速道路(こうそくどうろ) 고속도로 | 込(こ)む 막히다, 붐비다 | 出発(しゅっぱつ) 출발

11 **3** 브레이크의 오작동으로 리콜된 자동차에 대해, XX자동차 회사는 "고객 여러분께 큰 폐를 끼쳐드린 점 깊이 (사죄드립니다.) 죄송합니다."라고 말했다.

해설 1 いただく 받다(겸양), 받잡다 2 くださる 주시다 3 お詫(わ)び申(もう)し上(あ)げます 사죄드립니다

어휘 誤作動(ごさどう) 오작동 | 対(たい)する 대하다 | 大変(たいへん) 매우 | 迷惑(めいわく) 폐 | 深(ふか)い 깊다

12 **1** 병이 점점 악화되고 있어서, 본격적으로 치료를 받을 (수밖에 없다).

해설 「ほかあるまい」는 '~할 수밖에 없다'의 뜻으로「あるまい」는 부정의「ない」를 의미한다.

어휘 病気(びょうき) 병 | 悪化(あっか) 악화 | 本格的(ほんかくてき) 본격적 | 治療(ちりょう) 치료

실전시험 109 | 문법 형식 판단 [9]

➤본서2 p.342

정답 1 1 2 4 3 2 4 1 5 1 6 1
7 2 8 4 9 2 10 2 11 1 12 4

1 **1** 이번 바이올린 콩쿠르에서 또 2위를 해버렸습니다. 이 아쉬움을 잊지 않고 이제부터 어떤 엄격한 연습(이든) 견뎌내려고 합니다.

해설 「に耐(た)える ~을 견디다」에 '~라도, ~든지'에 해당하는「だって」가 합쳐진 형태이다.

어휘 悔(くや)しさ 분함, 아쉬움 | 忘(わす)れず 잊지 않고 | 厳(きび)しい 엄격하다, 엄하다

2 **4** 1300년 전에 세워진 절이 있는 나라(奈良)는 고대사 팬(에게는) 매우 매력적인 지역입니다.

해설 1 に関(かん)する ~에 관하다 2 にわたる ~에 걸치다 3 をはじめとしては ~을 비롯해서는 4 にとっては ~에게는, ~에게 있어서는

어휘 建(た)てる 세우다 | お寺(てら) 절 | 古代(こだい) 고대 | 大変(たいへん) 매우 | 魅力的(みりょくてき) 매력적 | 地域(ちいき) 지역

3 **2** A: 여기서 작별 인사를 해야 해….
B: 이제 (다시는) 못 볼 것처럼 말하는 건 싫어.

해설 1 いつの間(ま)にか 어느새인가 2 二度(にど)と 다시는 3 どうも 아무래도 4 仮(かり)に 만약, 임시로

어휘 別(わか)れる 헤어지다 | 挨拶(あいさつ) 인사 | 嫌(いや)だ 싫다

4 **1** 콘서트는 오사카(를 시작으로) 전국 대도시에서도 행해진다.

해설 1 をはじめ ~을 시작으로 2 をめぐって ~을 둘러싸고 3 をきっかけに ~을 계기로 4 をもとに ~을 바탕으로

어휘 大阪(おおさか) 오사카 | 全国(ぜんこく) 전국 | 大都市(だいとし) 대도시 | 行(おこな)う 행하다

5 **1** 많은 고민 (끝에), 고향을 떠나 도시로 가기로 했다.

해설 1 ～末(すえ)に ~한 끝에 2 ～限(かぎ)りに ~하는 한 3 ことに ~하게도 4 わりに 비해서

어휘 悩(なや)み 고민 | ～抜(ぬ)く 끝까지 ~하다 | 地元(じもと) 고향 | 離(はな)れる 떠나다 | 都会(とかい) 도시

6 **1** 좀처럼 한자가 외워지지 않았었는데, 손으로 쓰면서 (하도록 했더니) 점점 외울 수 있게 되었다.

해설 「ようにする ~하도록 하다」+「たら ~했더니」

어휘 覚(おぼ)える 외우다

7 **2** 부하: 이번에는 (초대해주신) 데다가, 대접까지 해주셔서, 정말 감사했습니다.
상사: 아냐, 당치도 않아/별것도 아닌걸.

해설 1 お越しになる 오시다 2 お招(まね)きいただく 초대받다 3 おいでになる 오시다 4 お呼(よ)びになる 부르시다, 호명하시다

어휘 部下(ぶか) 부하 | 上司(じょうし) 상사 | 申(もう)し訳(わけ)ございませんでした 정말 죄송했습니다, 정말 감사했습니다.

8 **4** 이 과목을 들을지 말지는 선생님과 상담하지 않으면 (결정할 수 없다).

해설 Aてからでないと B A하지 않고 서는 B할 수 없다

어휘 科目(かもく) 과목 | 取(と)る 취하다, 잡다 | 相談(そうだん) 상담 | 決(き)める 정하다

9 **2** 노벨 문학상을 받은 모리 씨는 고등학교에 들어가서 문학에 친근감을 (느끼게 되어) 진로를 변경했다고 한다.

해설 동사 원형 + ようになる ~하게 되다(변화)

어휘 文学賞(ぶんがくしょう) 문학상 | 親近感(しんきんかん) 친근감 | 覚(おぼ)える 느끼다, 배우다 | 進路(しんろ) 진로 | 変更(へんこう) 변경

10 **2** [회의에서 사장의 한마디]
재정난으로 고생하고 있는 와중에, 이 상황을 극복할 수 있도록 함께 (힘을 내야 하는 것은 아닐까)?

해설 「う(よう) + ではないか」는 '~하려는 게 아니겠냐, 함께 ~하자'의 의미로 주로 의기투합할 때 사용된다.

어휘 財政難(ざいせいなん) 재정난 | 苦労(くろう) 고생 | 状況(じょうきょう) 상황 | 乗(の)り越(こ)える 극복하다 | 頑張(がんば)る 힘내다, 분발하다

11 **1** 다나카: 논문은 잘 돼가?
기무라: 아니. 마감까지 앞으로 얼마 안 남았으니까, 빨리 (써야지 라고) 생각하기는 하는데, 좀처럼 안 되네.

해설 書(か)く 쓰다 + なきゃ = なければならない(~하지 않으면 안된다)의 축약형 + って (~라고)가 결합된 표현이다.
최근 축약형에 대한 문제가 자주 출제되니 알아 두자.

어휘 論文(ろんぶん) 논문 | 上手(うま)い 잘하다 | 締(し)め切(き)り 마감 | わずかだ 얼마 안 되다

12 **4** 나는 병원이 싫다. 많이 아프면 가지만, 조금 (아픈 정도라면) 참아버린다.

해설 くらい(ぐらい)なら ~정도라면

어휘 苦手(にがて)だ 싫다, 서툴다 | 痛(いた)み 아픔 | 酷(ひど)い 심하다 | 痛(いた)い 아프다 | 我慢(がまん)する 참다

실전시험 110 | 문법 형식 판단 [10]

➤본서2 p.344

정답 1 2 2 2 3 1 4 4 5 1 6 1
7 1 8 2 9 3 10 1 11 3 12 1

1 2 집필 마감이 얼마 남지 않아서 여행 (같은 것은) 갈 수 없다.

해설 なんか ~따위, ~같은 것, ~등

어휘 執筆(しっぴつ) 집필 | 締(し)め切(き)り 마감

2 2 그 아이는 아직 어린 것(에 비해) 사고방식이 어른 같다.

해설 1 限(かぎ)りは ~하는 한은 2 わりには A치고는 B(예상 밖/기대 밖이다) 3 ことには ~하게는 4 抜(ぬ)きには ~빼고는

어휘 幼(おさな)い 어리다 | 考(かんが)え方(かた) 사고방식 | 大(おとな)人 어른 | っぽい ~같은

3 1 울 것 같은 얼굴을 하고 있는 그녀는 (아무래도) 이번 시험도 실패해버린 것 같다.

해설 2 さっぱり 깨끗이 3 めったに 좀처럼 4 せっかく 모처럼
1번의 부사 「どうやら(아무래도)」는 뒤에 추측(ようだ/らしい)의 표현을 동반한다.

어휘 泣(な)く 울다 | 今回(こんかい) 이번 | 試験(しけん) 시험 | 失敗(しっぱい) 실패

4 4 그는 생각(만으로 그치지 않고), 금방 실행에 옮기는 행동력 있는 사람이다.

해설 「だけ(~만)」라는 한정을 나타내는 조사에 「~にとどまらず(~에 그치지 않고)」가 결합된 표현이다.

어휘 考(かんが)え 생각함, 생각 | 限(かぎ)る 한하다, 한정하다 | 実行(じっこう) 실행 | 移(うつ)す 옮기다 | 行動力(こうどうりょく) 행동력

5 1 무엇을 하든 (신경 쓰지 않으)니까, 하고 싶은 것을 해 주세요.

해설 てもかまわない ~해도 상관없다

어휘 やる 하다

6 1 학생 시절로 (돌아갈 수) 있다면 돌아가서 열심히 공부하고 싶다.

해설 「~ものなら」는 앞에 동사 가능형을 수반하여 '~할 수 있다면'의 의미가 되며, 실현 불가능한 일을 희망할 때 사용한다.

어휘 学生時代 (がくせいじだい) 학생 시절, 학창 시절 | 戻(もど)る 돌아가다 | 一生懸命(いっしょうけんめい) 열심히 | 勉強(べんきょう) 공부

7 1 이 거리는 유명 배우가 태어났다고 해서 (사토미 길이라고 불리고 있다).

해설 AことからB A(근거·계기)로부터 B하다

어휘 通(とお)り 거리 | 有名俳優(ゆうめいはいゆう) 유명 배우 | 生(う)まれる 태어나다 | 呼(よ)ぶ 부르다 | できる 생기다, 할 수 있다

8 2 아이가 전철을 좋아해서 매일같이 함께 (다니는 사이에) 자신도 전철을 좋아하게 되어버린 어머니를 '마마테츠'라 한다고 한다.

해설 うちに ~하고 있는 동안에, 사이에
[앞 문장]이 진행하고 있는 사이에 [뒤 문장]에는 변화가 생겼음을 나타낸다.

어휘 子供(こども) 아이 | 毎日(まいにち) 매일 | 一緒(いっしょ)に 함께 | 鉄(てつ) '지하철·철도'의 준말

9 3 A: 최근, 인터넷 쇼핑이 유행하고 있지?
B: 응, 그런데 자신의 눈으로 확실히 확인(하고 나서 밖에) 사지 않는다는 사람한테는 그다지… / (확인해야만) 사는 사람한테는 그다지….
A: 그건 그럴 수도 있겠네.

해설 て以来(いらい) ~한 이래 계속 / てからしか + ない ~하고 나서밖에 ~하지 않다
바꿔 말해 '~하고 나서만 ~한다'로 말할 수 있다.

어휘 販売(はんばい) 판매 | 流行(はや)る 유행하다 | 確(たし)かめる 확인하다

10 1 항상 일이 (늦은 경향이 있으니까 / 늦는 감도 있으니) 이번에는 빨리 시작하자.

해설 ます형, 명사 + 気味(ぎみ)だ ~하는 느낌·경향이 있다, ~하는 낌새·기색이 있다

어휘 遅(おく)れる 늦다 | 今回(こんかい) 이번 | やり始(はじ)める 하기 시작하다

11 3 이 세탁기를 10월 중에 (구입하시는) 분께 한하여 세제를 무료로 드립니다.

해설 1 お越(こ)しになる 오시다, 행차하시다 2 ご覧(らん)になる 보시다 3 お求(もと)めになる 구입하시다 4 お見(み)えになる 오시다

어휘 洗濯機(せんたくき) 세탁기 | 方(かた) 분 | 限(かぎ)る 한하다 | 洗剤(せんざい) 세제 | 無料(むりょう) 무료 | 差(さ)し上(あ)げる 드리다

12 1 이것은 '후지산'의 사진입니다. 어디에서 봐도 같은 모양을 하고 있는 이 산은, 우리의 눈을 (즐겁게 해줍니다).

해설 「楽(たの)しむ」의 사역형 「楽(たの)しませる」와 「てくれる」가 합쳐져 '즐기게 해주다' 즉, '즐겁게 해주다'로 해석할 수 있다.

어휘 富士山(ふじさん) 후지산 | 写真(しゃしん) 사진 | 同(おな)じ 같은 | 形(かたち) 형태, 모양

문제8 문장 완성

실전시험 111 | 문장 완성 [1]

▶본서2 p.348

정답 1 4 2 2 3 2 4 1 5 2

1 4 이번에 많은 사람들이 정리해고 당했다. 실적에 따라

서 살아남을 수 있을 것인지 어떨지가 결정된다.

해설 올바른 순서는 1-2-**4**-3이다.
～次第(しだい)で ~에 따라서

어휘 今回(こんかい) 이번 | リストラ 정리 해고 | 実績(じっせき) 실적 | 生(い)き残(のこ)る 살아남다 | 決(き)まる 결정되다

2 2 (회사에서)
스즈키: 야마시타 씨, 아까 아오키상사의 다나카 씨로부터 전화가 있었어요. 협의 자료의 건으로 조속히 연락해줬으면 한다는 내용입니다.
야마시타: 네, 알겠습니다.

해설 올바른 순서는 3-1-**2**-4이다.
至急(しきゅう) 조속히, ～とのことだ ~라고 하는 것이다

어휘 先(さき)ほど 아까 | 打(う)ち合(あ)わせ 협의, 미팅 | 件(けん) 건 | 至(いた)る 이르다

3 2 건강진단에서 검사해본 한에서는 어디에도 나쁜 곳은 없다고 해서 안심했다.

해설 올바른 순서는 3-**2**-1-4이다.
限(かぎ)りでは ~하는 한해서는

어휘 健康診断(けんこうしんだん) 건강 검진 | 調(しら)べる 조사하다, 알아보다

4 1 혼다 씨는 유명한 클래식 음악을 바탕으로 성인 맞춤으로 편곡한 노래를 만들고 있습니다.

해설 올바른 순서는 4-**1**-2-3이다.
～をもとにして ~을 토대로 하여, 向(む)けに ~에게 적합하게

어휘 クラシック音楽(おんがく) 클래식 음악 | 編曲(へんきょく) 편곡 | 大人(おとな) 성인

5 2 "수고하셨습니다"라는 표현은 함께 일하고 있는 동료들에 대해 일이 끝났을 때 하는 인사입니다.

해설 올바른 순서는 3-1-**2**-4이다.
～に対(たい)して ~에 대해(서)

어휘 仲間(なかま) 동료 | 表現(ひょうげん) 표현

실전시험 112 | 문장 완성 [2]

▶본서2 p.349

정답 **1** 2 **2** 1 **3** 3 **4** 3 **5** 1

1 2 이 마을에는, 버스도 전차도 다니지 않기 때문에, 걸을 수밖에 없다.

해설 올바른 순서는 3-4-**2**-1이다.
～よりほかない ~수밖에 없다

어휘 町(まち) 마을 | 通(とお)る 지나가다

2 1 희귀종의 동물이 있어서 사진을 찍고 싶었는데, 가방에서 카메라를 꺼내려고 하는 사이에 날아가 버렸다.

해설 올바른 순서는 4-2-**1**-3이다.
(う·よう형) + とする ~하려고 하다, ～ているうちに ~하는 사이에

어휘 動物(どうぶつ) 동물 | 飛(と)ぶ 날다 | 取(と)り出(だ)す 꺼내다

3 3 A: 있잖아, 다음 주까지 (끝내야 하는) 리포트, 잘돼가?
B: 나는 이제 문제없어. 어차피 해야 하는 것이면 빨리 해버리자고 생각해서, 저번 주부터 바로 시작했거든.

해설 올바른 순서는 2-1-**3**-4이다.
～なきゃいけない ~하지 않으면 안된다, ~해야 한다

어휘 ばっちり 빈틈이나 과실 없이 확실한 모습 | 早(はや)めに 빨리, 진작에

4 3 출발 시각 1시간 전에 공항에 도착하는 버스가 마침 와서 타려고 했는데 만원으로 타지 못하고 결국 비행기 시간을 맞추지 못했다.

해설 올바른 순서는 2-4-**3**-1이다.
～ず ~하지 않고

어휘 出発(しゅっぱつ) 출발 | 時刻(じこく) 시각 | 間(ま)に合(あ)う 시간을 맞추다 | 満員(まんいん) 만원

5 1 요즘 시대의 아이들은 남녀평등이 당연한 것으로 알고 자랐다. 그런데도 집에 돌아가면 집안일이나 육아 담당은 어머니뿐이라는 것이 현실이다.

해설 올바른 순서는 4-2-**1**-3이다.
～や ~랑, ~와(나열·열거)

어휘 男女平等(だんじょびょうどう) 남녀평등 | 当然(とうぜん) 당연 | 育(そだ)つ 자라다 | 子育(こそだ)て 육아 | 現状(げんじょう) 현상(현실, 현황) | 子育(こそだ)て 육아 | 負担(ふたん) 부담 | 家事(かじ) 가사, 집안일 | 母親(ははおや) 어머니

실전시험 113 | 문장 완성 [3]

▶본서2 p.350

정답 **1** 4 **2** 4 **3** 3 **4** 3 **5** 2

1 4 휴대 전화 버튼이 눌러지지 않게 되어버렸다. 여러 가지 시도해봤지만 잘 되지 않아 이래서는 수리를 맡기는 수밖에 없다.

해설 올바른 순서는 1-2-**4**-3이다.
～ほかない ~하는 수밖에 없다

어휘 携帯(けいたい) 휴대 전화 | 押(お)す 누르다 | 試(ため)す 시험하다 | 修理(しゅうり)に出(だ)す 수리를 맡기다

2 4 A: 오늘은 고마웠어. 재밌었어. 저녁도 맛있었고.
B: 벌써 가? 아직 7시야. 모처럼 온 거니까 차라도 마시고 좀 더 놀다 가면 좋을 텐데.

해설 올바른 순서는 1-3-**4**-2이다.

せっかく～だから 모처럼 ~하는 거니까

어휘 夕飯(ゆうはん) 저녁밥 | ゆっくり 푹

3 **3** 전성기 때는 지점을 20점포나 가지고 있었지만 지금은 2점포밖에 남지 않게 되어버렸다.

해설 올바른 순서는 4-2-**3**-1이다.

어휘 最盛期(さいせいき) 전성기 | 店舗(てんぽ) 점포 | 支店(してん) 지점

4 **3** 그는 1980년대에 활약한 야구 선수로, 이 사람 없이는 일본 야구는 이야기할 수 없을 정도로 큰 존재였다.

해설 올바른 순서는 **3**-4-1-2이다.

어휘 活躍(かつやく)する 활약하다 | 抜(ぬ)きには ~없이는, ~빼고는 | 語(かた)る 이야기하다, 말하다

5 **2** 일본에서는 저출산과 고령화가 더욱더 진행될 것이라는 신문 기사를 읽었다.

해설 올바른 순서는 4-1-**2**-3이다.

어휘 少子化(しょうしか) 저출산 | さらに 게다가, 더욱이 | 高齢化(こうれいか) 고령화 | 記事(きじ) 기사

실전시험 114 | 문장 완성 [4]

본서2 p.351

정답 1 3 2 3 3 3 4 4 5 4

1 **3** 스페인의 수도 마드리드에서는 기온이 40도를 넘는다는, 7월 기온으로서는 관측 사상 최고를 기록했다고 발표했다.

해설 올바른 순서는 2-1-**3**-4이다.
～としては ~로서는

어휘 首都(しゅと) 수도 | 気温(きおん) 기온 | 記録(きろく) 기록 | 超(こ)える 넘다 | 観測(かんそく) 관측 | 史上(しじょう) 사상

2 **3** 소비자의 의견을 토대로 하여 신제품을 만들기 위한 회의가 열렸다.

해설 올바른 순서는 4-2-**3**-1이다.
～をもとにして ~을 토대로 하여

어휘 消費者(しょうひしゃ) 소비자 | 意見(いけん) 의견 | 新製品(しんせいひん) 신제품

3 **3** 정보 기술의 발전과 함께 커뮤니케이션의 수단은 다양화되고 있다.

해설 올바른 순서는 1-**3**-2-4
にともなって ~와 동반하여, ~와 함께

어휘 情報技術(じょうほうぎじゅつ) 정보 기술 | 発展(はってん) 발전 | 手段(しゅだん) 수단 | 多様化(たようか) 다양화

4 **4** 어제까지 즐거운 골든위크였는데, 연휴 다음날인 오늘은 출근하던 중에 지갑을 잃어버리는 등 힘든 하루였다.

해설 올바른 순서는 **4**-1-3-2이다.
連休明(れんきゅうあ)け 연휴 다음날

어휘 出勤(しゅっきん) 출근 | 財布(さいふ)を落(お)とす 지갑을 잃어버리다

5 **4** 이번에 졸업하는 학생들의 취업률은 2008년 세계 금융 위기를 동반한 경기 후퇴와 엔고 등의 영향을 받아 '빙하기의 재도래'라고 불리고 있다.

해설 올바른 순서는 2-1-**4**-3이다.
～に伴(ともな)う ~을 동반하다

어휘 新卒(しんそつ) 새로 졸업한 사람 | 就職率(しゅうしょくりつ) 취업률 | 金融危機(きんゆうきき) 금융 위기 | 再来(さいらい) 재래, 다시 옴 | 影響(えいきょう) 영향

실전시험 115 | 문장 완성 [5]

본서2 p.352

정답 1 1 2 2 3 1 4 3 5 1

1 **1** 인기 있는 가게에는 이유가 있다. 어떤 가게에서는 계절마다 제철 식재료를 사용한 요리에 더해 다양하게 날마다 바뀌는 메뉴로 비즈니스맨의 발걸음을 옮기게 하고 있다고 한다.

해설 올바른 순서는 2-**1**-3-4이다.
～に加(くわ)えて ~에 더해

어휘 理由(りゆう) 이유 | 季節(きせつ) 계절 | 加(くわ)える 더하다 | 旬(じゅん)の素材(そざい) 제철 음식(재료) | 多様(たよう)な 다양한 | 日替(ひが)わり 매일 바뀜 | 足(あし)を運(はこ)ぶ 발걸음을 옮기다

2 **2** A: 있잖아, '셀카'가 뭐야?
B: 셀프카메라를 줄여서 '셀카'라고 하는데, 요즘 그것 때문에 사망 사고가 늘어서 사회 문제까지 되고 있대.

해설 올바른 순서는 3-**2**-1-4이다.
～によって ~에 의해서, 따라서

어휘 略(りゃく)する 줄이다 | 死亡(しぼう) 사망 | 事故(じこ) 사고 | 増(ふ)える 늘다 | 社会問題(しゃかいもんだい) 사회 문제

3 **1** 생강을 홍차에 넣어서 하루에 5~6잔 마시면 살이 빠진다는 다이어트 책이 잘 팔리면서 생강 붐은 앞으로도 계속 이어질 것 같다.

해설 올바른 순서는 2-3-**1**-4이다.
ます형 + そうだ ~일 것 같다

어휘 ショウガ 생강 | 紅茶(こうちゃ) 홍차 | 杯(はい) 잔 | やせる 살이 빠지다 | 続(つづ)く 이어지다

4 **3** 힘든 취업난 속, 대학을 졸업할 시기가 되어도 일자리를 찾지 못한 학생들을 대상으로 하여 본인이 희망하면 특별히 '유급'을 인정하는 제도를 시작하고 있다.

해설 올바른 순서는 4-1-**3**-2이다.

～に対(たい)して (대상)에 대해서

어휘 厳(きび)しい 엄격하다 | 就職難(しゅうしょくなん) 취업난 | 就職先(しゅうしょくさき) 일자리 | 見(み)つかる 발견하다 | 希望(きぼう) 희망 | 認(みと)める 인정하다 | 制度(せいど) 제도

5 **1** 언제나 냉철한 하야시 씨라서 그런 발언을 했을 리 없다고 생각했는데….

해설 올바른 순서는 3-2-**1**-4이다.
～に限(かぎ)って～ない ~에 한하여 ~하지 않다, ~만은 ~하지 않다

어휘 冷静(れいせい)な 냉철한, 이성적인

실전시험 116 | 문장 완성 [6]

› 본서2 p.353

정답 **1** 2 **2** 1 **3** 1 **4** 2 **5** 4

1 **2** 이 잡지는 아기의 연령이나 시기에 맞춘 육아 정보를 비롯해 병에 관한 지식이나 중고품 교환 등의 정보도 제공합니다.

해설 올바른 순서는 3-1-**2**-4이다.
～や ~나 / ～や否(いな)や ~하자마자

어휘 雑誌(ざっし) 잡지 | 年齢(ねんれい) 연령 | 育児(いくじ) 육아 | 情報(じょうほう) 정보 | 知識(ちしき) 지식 | 中古品(ちゅうこひん) 중고품 | 交換(こうかん) 교환 | 提供(ていきょう) 제공

2 **1** 그는 반드시 돌아오겠다고 약속했음에도 불구하고 다시는 여기에 돌아오지 않았다.

해설 올바른 순서는 2-3-**1**-4이다.
～にもかかわらず ~에도 불구하고

어휘 必(かなら)ず 반드시 | 戻(もど)る 돌아오다

3 **1** 주변 사람들의 협력이 없었다면 좋은 결과는 없었을 것이라 생각한다.

해설 올바른 순서는 3-2-**1**-4이다.
～を抜(ぬ)きにして ~을 제외하고, ~을 빼고

어휘 周(まわ)り 주변 | 抜(ぬ)く 빼다 | 協力(きょうりょく) 협력

4 **2** 5살짜리 딸은 나와 같은 경찰관이 되고 싶다고 말한다. 정말 장래에 되든 아니든 상관없이 그런 것을 말해준 것에 감동했다.

해설 올바른 순서는 4-1-**2**-3
～は別(べつ)として ~은 상관없이, ~은 제쳐두고

어휘 警察官(けいさつかん) 경찰관 | 将来(しょうらい) 장래 | 感激(かんげき)する 감격하다

5 **4** (여행 회사에서)
A: 손님께서 불만 사항이 있었다던데.
B: 네. 손님의 정보를 잘못 입력해버려서 비행기에 타지 못하고 취소되어버렸습니다. 죄송합니다.
A: 저런! 이제부터는 주의하도록 해요.

해설 올바른 순서는 2-1-3-**4**이다.
～ずに ~하지 않고

어휘 苦情(くじょう) 불만 | 入力(にゅうりょく) 입력 | 間違(まちが)う 틀리다 | 注意(ちゅうい) 주의

실전시험 117 | 문장 완성 [7]

› 본서2 p.354

정답 **1** 2 **2** 1 **3** 1 **4** 3 **5** 4

1 **2** 이번 전략이 유효한지 어떨지는 아직 결과가 나오지 않은 현시점에서는 판단하기 어렵다.

해설 올바른 순서는 4-**2**-3-1이다.
ます형 + かねる ~할 수 없다, ~하기 어렵다

어휘 戦略(せんりゃく) 전략 | 有効(ゆうこう) 유효 | 結果(けっか) 결과 | 現時点(げんじてん) 현시점 | 判断(はんだん)する 판단하다

2 **1** 그 의사는 많은 환자의 뇌수술을 성공시킨 것으로 신의 손을 가진 의사라고 불리고 있다.

해설 올바른 순서는 3-2-4-**1**이다.
ことから (이유·근거)로부터 (판단·결과)

어휘 患者(かんじゃ) 환자 | 脳(のう) 뇌 | 手術(しゅじゅつ) 수술 | 神(かみ) 신

3 **1** 매일 요리를 만들고 있다고 해도 전자레인지를 사용해 만들 수 있는 간단한 것뿐이다.

해설 올바른 순서는 2-3-**1**-4이다.
といっても ~라고 해도

어휘 簡単(かんたん)だ 간단하다

4 **3** 선물을 할 때는 내 멋대로의 확신만으로 물건을 고르면 민폐를 끼치는 경우도 있기 때문에 기뻐할지 어떨지 상대의 취미와 상황을 잘 생각해서 정합시다.

해설 올바른 순서는 **3**-2-1-4이다.

어휘 勝手(かって)だ 제멋대로다 | 思(おも)い込(こ)み 확신 | 品物(しなもの) 물건, 물품 | 迷惑(めいわく)をかける 민폐를 끼치다 | 喜(よろこ)ぶ 기뻐하다 | 相手(あいて) 상대 | 趣味(しゅみ) 취미 | 都合(つごう) 상황, 형편

5 **4** 말을 몰라 불안을 느끼는 외국인 여행자의 입장에서 여행지에서 만난 사람의 웃는 얼굴은 그 불안을 없애 주는 것일지도 모른다.

해설 올바른 순서는 1-3-**4**-2이다.
にとって ~에게 있어서

어휘 旅先(たびさき) 여행지 | 顔(えがお) 웃는 얼굴 | 取(と)り去(さ)る 없애다, 제거하다

실전시험 118 | 문장 완성 [8]

› 본서2 p.355

정답 **1** 2 **2** 1 **3** 2 **4** 4 **5** 4

1 **2** 베트남과 하와이에서의 성공을 계기로 그 회사는 세계진출을 목표로 하고 있다.

해설 올바른 순서는 4-**2**-3-1이다.
を契機(けいき)に ~을 계기로

어휘 世界進出(せかいしんしゅつ) 세계 진출 | 目指(めざ)す 목표로 하다

2 **1** 외국어로 스피치라니 나로서는 도저히 할 수 없다.

해설 올바른 순서는 2-4-3-**1**이다.
とても + [부정] 도저히 ~할 수 없다

3 **2** 내일 9시부터 면접을 (진행)하겠습니다. 지금부터 나눠드리는 자료를 잘 읽고 나서 와 주세요.

해설 올바른 순서는 3-1-**2**-4이다.
た上(うえ)で ~한 후에, ~하고 나서

어휘 面接(めんせつ) 면접 | お越(こ)しください 오세요

4 **4** 필기시험은 합격했는데, 건강 진단에서 떨어지다니 억울해서 견딜 수 없다.

해설 올바른 순서는 3-1-**4**-2이다.
てたまらない ~해서 견딜 수 없다

어휘 筆記試験(ひっきしけん) 필기시험 | 健康診断(けんこうしんだん) 건강 진단 | 悔(くや)しい 분하다, 억울하다

5 **4** 전쟁의 비참함은 충분히 알고 있음에도 불구하고 인류는 그것을 반복해 왔다.

해설 올바른 순서는 3-**4**-2-1이다.
にもかかわらず ~에도 불구하고

어휘 戦争(せんそう) 전쟁 | 悲惨(ひさん)さ 비참함 | 十分(じゅうぶん) 충분(히) | 人類(じんるい) 인류 | 繰(く)り返(かえ)す 반복하다

실전시험 119 | 문장 완성 [9]

➤본서2 p.356

정답 1 1 2 1 3 3 4 3 5 3

1 **1** 오늘은 추워질 거라는 예보였지만, 춥기는커녕 더워서 땀을 흘렸다.

해설 올바른 순서는 3-4-**1**-2이다.
どころか ~(는)커녕

어휘 汗(あせ)をかく 땀을 흘리다

2 **1** 이 가게의 자루소바는 유명해서 많은 사람이 줄을 서서 기다리고 있지만 나는 줄을 서서까지 먹을 생각은 없다.

해설 올바른 순서는 **1**-3-4-2이다.
てまで ~해서까지 / (よ)うとは思(おも)わない ~하려고 하지 않는다

어휘 大勢(おおぜい) 많은 사람

3 **3** 인기 있는 이벤트가 열릴 때, 이 주변 길은 복잡해서 서둘러 걸으려고 해도 걸으려고 해도 걸을 수가 없다.

해설 올바른 순서는 2-**3**-1-4이다.
(よ)うにも〜ない ~하려고 해도 ~할 수 없다

어휘 辺(あた)り 주변

4 **3** 이런 비 오는 날이라도 손님이 오지 않는다고 단정할 수 없으니까 준비해 두자.

해설 올바른 순서는 4-1-**3**-2이다.
とも限(かぎ)らない ~라고도 단정할 수 없다

어휘 用意(ようい)する 준비하다

5 **3** 소중한 자연을 파괴해서라도 얻고 싶었던 편리한 생활에 모두 만족하고 있는 것일까.

해설 올바른 순서는 2-**3**-4-1이다.
てでも ~해서라도

어휘 壊(こわ)す 망가뜨리다 | 手(て)に入(い)れる 손에 넣다, 얻다 | 満足(まんぞく) 만족

실전시험 120 | 문장 완성 [10]

➤본서2 p.357

정답 1 2 2 1 3 2 4 4 5 2

1 **2** 우주 개발의 진보로 인해 인류가 우주 공간에서 생활한다는 꿈이 현실화되어가고 있다.

해설 올바른 순서는 3-4-**2**-1이다.
ます형 + つつある 계속 ~하고 있다

어휘 宇宙開発(うちゅうかいはつ) 우주 개발 | 進展(しんてん) 진전, 진보 | 夢(ゆめ) 꿈 | 現実化(げんじつか)する 실현하다, 현실화되다

2 **1** 우리 집 근처에 있는 슈퍼는 밤 12시까지 영업하고 있기 때문에, 일이 끝나고 나서도 갈 수 있어서 편리하다.

해설 올바른 순서는 2-**1**-3-4이다.
てからでも ~하고 나서도

어휘 営業(えいぎょう) 영업

3 **2** 아무리 운동해도 불규칙적인 생활을 하고 있는 한, 건강한 몸이 되지 않는다.

해설 올바른 순서는 3-4-**2**-1이다.
限(かぎ)り ~하는 한

어휘 不規則(ふきそく)だ 불규칙하다

4 **4** 그런 것도 몰라서는 대학생이라고는 할 수 없다고 말하지 않고는 배길 수 없었다.

해설 올바른 순서는 1-**4**-2-3이다.
ようでは ~해서는 / とは言(い)えない ~라고는 말할 수 없다 / ずにはいられない ~하지 않고서는 배길 수 없다

5 **2** 젊을 때 노력해서 목표를 성취한 경험은 자신감이 생겨 반드시 장래 도움이 될 거라고 생각한다.

해설 올바른 순서는 1-4-**2**-3이다.

어휘 努力(どりょく) 노력 | 目標(もくひょう) 목표 | 達成

(たっせい)する 달성하다 | 将来(しょうらい) 장래 | 役(やく)に立(た)つ 도움이 되다

문제9 글의 문법

실전시험 121 | 글의 문법 [1]

본서2 p.360

정답 **1** 2 **2** 1 **3** 4 **4** 2

해석

이하는 '일본의 식탁'이라는 잡지에 게재된 칼럼이다.

[1]원래는 인도 요리지만, 지금은 완전히 일본의 가정 요리가 된 '카레라이스'. 일본의 국민 음식이라고도 불려지며 어른부터 아이까지 폭넓은 인기가 있어, 현대 가정 요리에서는 빼놓을 수 없는 요리입니다. 가정[2]뿐만 아니라 학생 식당이나 사원 식당 등에서도 인기가 높아, 학교 급식에서는 아이들에게 가장 인기 있는 메뉴가 카레라이스입니다.

일본에 카레라이스가 들어온 것은 메이지 시대(1868년~1912년)로 영국의 요리[3]로서 전 해졌습니다. 일본에서 독자적으로 진화해, 걸쭉한 카레 국물을 밥에 얹어 먹는 요리로 정착되었습니다.

일본 가정에서 카레라이스를 만들 때 자주 사용되는 것이 고형의 즉석 카레 가루입니다. 채소나 고기와 함께 끓이기만 하면 간단하게 맛있는 카레를 만들 수 있기 때문에 어머니의 손맛을 느낄 수 있는 요리임과 동시에 '쉽게 만들 수 있는 요리'[4]라고 하는 경우도 있을 정도입니다.

슈퍼마켓의 선반에는 각종 즉석 카레가 진열되어 있습니다.

(주) 어머니의 맛: 어머니의 맛

어휘 国民食(こくみんしょく) 국민 음식 | 幅広(はばひろ)い 폭넓다 | 欠(か)かす 빠뜨리다, 거르다 | 給食(きゅうしょく) 급식 | 最(もっと)も 가장 | 独自(どくじ) 독자 | 進化(しんか) 진화 | 汁(しる) 즙, 국물 | 落(お)ち着(つ)く 안정되다, 정착하다 | 固形(こけい) 고형 | 即席(そくせき) 즉석 | 煮(に)る 찌다, 삶다 | 出来上(できあ)がる 완성되다 | 手抜(てぬ)き 손을 덞, 손이 덜 감 | 棚(たな) 선반

1 2

해설 1 以前(いぜん)は 이전에는 2 もともとは 원래는 3 あとは 나중에는, 앞으로는 4 実(じつ)は 실은

2 1

해설 1 だけではなく ~뿐만 아니라 2 わけではなく ~한 것이 아니라 3 こともなく ~할 것도 없이 4 ものでもなく ~하지 않는 것도 아니라

3 4

해설 1 でも ~라도 2 にとって ~에게 있어서 3 によって ~에 따라, ~에 의해서 4 として ~로서

4 2

해설 1 と言(い)えるでしょうか ~라고 말할 수 있을까요

2 と言われることもあるほどです ~라고 말하는 경우도 있을 정도입니다

3 と言われたでしょうか ~라고 전해졌을까요

4 と言えないとも限(かぎ)りません ~라고 할 수 없다고도 단정할 수 없습니다

실전시험 122 | 글의 문법 [2]

본서2 p.362

정답 **1** 2 **2** 1 **3** 3 **4** 4 **5** 3

해석

다음은 신문 기사입니다.

어느 조사에서, 책을 읽는 빈도에 따라서 학력이 어떻게 변화하는지를 조사했습니다. 분명한 차이가 나타난 것은 소설과 신문. 소설을 읽는 어린이는 독해력의 평균 점수가 높고, 신문을 보는 어린이는 문과[1]뿐만 아니라 이과의 학력도 높아지는 것 같습니다.

[2]한편 어린이들이 즐겨 읽는 만화는 학력과는 그다지 관련이 없습니다. 독해력에 관해서는 만화책을 거의 읽지 않는 어린이들 쪽이 일주일에 여러 번 읽는 어린이보다 평균 점수가 낮은 경향마저 볼 수 있었습니다.

따라서 '만화 같은 것은 읽지 말아야 한다'는 것은 극단적인 말일 뿐입니다. 그림을 넣어 이야기를 독자에게 이해하기 쉽게 전하는 만화는 [3]일본이 자랑해야 할 문화입니다. 그런 만화 속에도 활자는 있습니다. 그림을 즐기면서 이야기를 쫓아가는 것은 양은 [4]적기는 하지만, 활자를 읽어 나가는 것과 같습니다. 국어 교사 중에서도 "만화라도 좋으니까 읽어"라고 말씀하시는 선생님도 때때로 있습니다.

옛날 만화는 한자에 읽는 법이 붙어 있지 않았습니다. 이야기의 전개를 쫓아가고 싶은 나머지, 읽는 법을 부모에게 묻거나 해서, 위의 학년에서 배우는 한자를 먼저 익혀 외웁니다. 그런 경우도 많았습니다. 이렇게 생각하면 만화의 힘은 [5]무시할 수 없습니다.

(주) 빈도: 일이 반복해서 일어나는 정도

어휘 記事(きじ) 기사 | 調査(ちょうさ) 조사 | 頻度(ひんど) 빈도 | 応(おう)じる 응하다 | 学力(がくりょく) 학력 | 変化(へんか) 변화 | 調(しら)べる 조사하다 | はっきりと 확실히 | 差(さ) 차이 | 現(あらわ)れる 나타나다 | 小説(しょうせつ) 소설 | 読解力(どっかいりょく) 독해력 | 平均点(へいきんてん) 평균 점수 | 文系(ぶんけい) 문과 | 理系(りけい) 이과 | 好(この)む 좋아하다 | 関連(かんれん) 관련 | 傾向(けいこう) 경향 | したがって 따라서 | 極論(きょくろん) 극론, 극단적인 말 | 活字(かつじ) 활자 | 国語教師(こくごきょうし) 국어 교

사 | 展開(てんかい) 전개 | 追(お)う 쫓다 | 親(おや) 부모 | 先取(さきど)りする 선취하다, 앞지르다

1 2

해설 1 だけでは ~것만으로는 2 だけでなく ~뿐만 아니라 3 とは別(べつ)として ~와는 별도로 하여 4 に比(くら)べ ~와 비교하여

2 1

해설 1 一方(いっぽう)で ~한편 2 いわゆる 이른바 3 それなりに 그 나름(대로) 4 さらに 게다가, 더욱이

3 3

해설 1 日本(にほん)が誇(ほこ)らしい 일본이 자랑스러운

2 日本を誇る 일본을 자랑하는

3 日本の誇るべき 일본이 자랑해야만 할

4 日本に誇れる 일본에게 자랑스러워할 수 있는

4 4

해설 1 少(すく)ないとは限(かぎ)らず 적다고는 한정할 수 없는

2 少ないとは言(い)えず 적다고는 말할 수 없는

3 少ないというより 적다고 하기보다

4 少ないとはいえ 적다고는 해도

5 3

해설 1 ばからしいのです 어리석은 것입니다

2 ばからしいのではないでしょうか 어리석은 것은 아닐까요?

3 ばかにできません 무시할 수 없습니다 (*ばかにする 깔보다, 무시하다)

4 ばかにするのではないでしょうか 무시하는 것은 아닐까요?

실전시험 123 | 글의 문법 [3]

➤본서2 p.364

정답 **1** 1 **2** 4 **3** 3 **4** 4 **5** 2

해석

다음은 웹 사이트의 칼럼이다.

드라마나 만화 등에서, 주인공이 '단골 술집'에 가는 장면이 자주 나옵니다. "나도 이런 가게가 있으면 좋겠다."고 [1]동경하는 사람들도 많지 않을까요?

단골 가게는 자신과의 궁합이 가장 중요한 포인트가 됩니다. 궁합이 맞는 가게는 혼자 가도 편안하고, 침울한 기분을 리셋할 수 있는 귀중한 장소가 됩니다. [2]그럼 어떻게 자신에게 맞는 가게를 찾을 수 있을까요?

우선은 가게 찾기. 소박하고, 옛날부터 개인이 경영하는 가게를 추천합니다. 지역은, 역에서 가까운 생활권 안이 베스트. 술 마시는 것에 익숙하지 않은 사람의 경우, 매일 [3]눈치채지 못한 채 지나가는 가게가 있을지도 모르니, 우선은 그런 가게부터 들러 봅시다.

가게에 가기 전에는, 사전 조사 겸 미식 사이트를 보고 싶어지겠지만, 확인하는 것은 가격대 정도로 하고, 평가는 그다지 [4]신경 쓰지 않도록 합시다. 단골이란 자기와 궁합이 맞는 가게이므로, 판단 기준은 어디까지나 자기 자신입니다.

가게에 방문한 후에는 좋아하는 것을 주문해서, 또 술에 대해서 질문이 있으면 계속 물어봅시다. 자신의 가게에 흥미를 갖고 있다고 느끼면, 점원도 신경 써줄 것입니다. [5-a]한편, 손님들이 온화하게 교류하는 가게부터 혼자 조용히 마시는 가게까지, 분위기는 가게마다 [5-b]가지각색이니, 그 자리의 분위기를 흐트러뜨리지 않는 것도 중요합니다. 하나의 가게에서는 한 시간 정도 즐기고, 여러 가게에 도전합시다.

어휘 漫画(まんが) 만화 | 主人公(しゅじんこう) 주인공 | 行(い)きつけの飲(の)み屋(や) 단골 술집 | 相性(あいしょう) 궁합 | 沈(しず)む 가라앉다 | リセットする 리셋하다, 되돌리다 | 貴重(きちょう) 귀중 | 見(み)つける 발견하다 | 探(さが)す 찾다 | 素朴(そぼく) 소박 | 個人経営店(こじんけいえいてん) 개인 영업점 | 生活圏内(せいかつけんない) 생활권 내 | 場合(ばあい) 경우 | 通(とお)り過(す)ぎる 지나치다 | 立(た)ち寄(よ)る 들르다 | 入店(にゅうてん) 입점, 가게에 들어가다 | 事前(じぜん)リサーチ 사전 조사 | 兼(か)ねる 겸하다 | 確認(かくにん) 확인 | 価格帯(かかくたい) 가격대 | 評価(ひょうか) 평가 | 判断基準(はんだんきじゅん) 판단 기준 | 興味(きょうみ) 흥미 | 気(き)にかける 걱정하다, 마음에 두다 | 客同士(きゃくどうし) 손님들 | 穏(おだ)やかだ 온화하다 | 交流(こうりゅう) 교류 | 静(しず)かだ 조용하다 | 雰囲気(ふんいき) 분위기 | 空気(くうき) 공기, 분위기 | 乱(みだ)す 흐트러뜨리다

1 1

해설 1 あこがれている 동경하고 있는

2 怒(おこ)っている 화내고 있는

3 待(ま)っている 기다리고 있는

4 喜(よろこ)んでいる 기뻐하고 있는

2 4

해설 1 なのに ~인데(도 불구하고) 2 だから 때문에 3 かつ 또한, 한편 4 では 그럼(화제 전환)

3 3

해설 1 気(き)づいたとたん 알아차리자마자

2 気づいたばかりに 알아차리는 바람에

3 気づかないまま 알아차리지 못한 채

4 気づかないからこそ 알아차리지 못하기 때문에야말로

4 4

해설 1 気(き)になりません 신경 쓰이지 않습니다

2 気にならないでしょう 신경 쓰이지 않겠죠

3 気にするようにしましょう 신경 쓰도록 합시다

4 気にしないようにしましょう 신경 쓰지 않도록 합시다

5 2

해설 一方(いっぽう)で 한편 / 同(おな)じ 같은 / ついに 드디어, 결국 / さまざま 여러 가지, 가지각색

실전시험 124 | 글의 문법 [4]

▶본서2 p.366

정답 1 3 2 2 3 1 4 4 5 3

해석

다음은 신문의 칼럼이다.

건강을 위해서 몸을 움직이고 싶지만, 힘든 운동은 잘 못한다…. [1]그런 사람들에게 추천하고 싶은 것이 '슬로우 조깅'. 숨아 차지 않는 페이스로 천천히 달리는 조깅 방법으로, 지나가는 사람들끼리 웃는 얼굴로 대화할 수 있는 속도가 기준이다.

기본은, 발가락 관절부터 착지하는 [2]것. 그렇게 하면, 발뒤꿈치부터 착지하는 것과 비교했을 때 충격이 3분의 1이 되고, 몸에 가는 부담이 적어진다고 한다. 동시에, 슬로우 조깅은 짧은 보폭으로 달리는 주법이 특징이다. 우선은 20~30㎝의 보폭으로 달리는 연습을 한다. 단, 머리로는 알고 있어도 익숙해지지 않으면 자신도 모르게 사이 보폭이 커지면서 속도가 나버리기 [3-a]때문에 주의가 [3-b]필요하다.

체력을 키우고, 체중 감량을 목표로 한다면 하루에 30~60분이 기준. 초보자의 경우는, 슬로우 조깅의 사이에 걷기를 끼워 넣는 [4]것도 좋은 방법이라고 한다. 계속하면, 노화와 함께 근육량이 줄어드는 것을 억제하는 효과도 있다.

40대 중반으로 살이 찐 것 같다고 느낀 A씨는, 느린 조깅에 도전했다. 그 결과, 3개월 정도로 10kg 감량에 성공. 전문가에 따르면, "슬로우 조깅의 소비 에너지는 평소 걷는 것의 약 2배. 워킹에 비교해서 많은 근육을 쓴다"는 것. 앞으로, 슬로우 조깅 인구가 [5]늘어갈 것으로 보인다.

(주1) 기준: 대략적인 기준, 표준

(주2) 잔걸음 주법: 짧은 보폭으로 달리는 방법

어휘 健康(けんこう) 건강 | 苦手(にがて)だ 서툴다 | お勧(すす)めする 추천하다 | 息切(いきぎ)れ 숨이 참 | すれ違(ちが)う 스치듯 지나가, 엇갈리다 | 人同士(ひとどうし) 사람들(끼리) | 笑顔(えがお) 웃는 얼굴 | 速度(そくど) 속도 | 目安(めやす) 기준, 표준, 목표 | 基本(きほん) 기본 | 足(あし)の指(ゆび) 발가락 | 着地(ちゃくち) 착지 | かかと 발뒤꿈치 | 比(くら)べる 비교하다 | 衝撃(しょうげき) 충격 | 負担(ふたん) 부담 | 小刻(こきざ)みな走(はし)り方(かた) 보폭이 작은 주법 | 刻(きざ)む 새기다 | 特徴(とくちょう) 특징 | 歩幅(ほはば) 보폭 | 慣(な)れる 익숙해지다 | 減量(げんりょう) 감량 | 目指(めざ)す 목표하다 | 初心者(しょしんしゃ) 초보자, 초심자 | 合間(あいま) 틈새, 짬, 사이 | 挟(はさ)む 끼우다 | 筋肉量(きんにくりょう) 근육량 | 減(へ)る 줄다 | 抑(おさ)える 억제하다 | 効果(こうか) 효과 | 半(なか)ば 절반 | ~気味(ぎみ) 기미 | 取(と)り組(く)む 맞서다, 임하다 | 成功(せいこう) 성공 | 専門家(せんもんか) 전문가 | 消費(しょうひ) 소비 | 通常(つうじょう) 통상 | ~倍(ばい) ~배 | 人口(じんこう) 인구

1 3

해설 1 それぞれに 각각 2 お互(たが)いに 서로 3 そんな人(ひと)に 그런 사람에게 4 どんな人(ひと)に 어떤 사람에게

2 2

해설 1 もの 것(사물) 2 こと 것(일/상황) 3 つもり 생각, 작정 4 くらい 정도

3 1

해설 1 a ので ~이기 때문에 / b 必要(ひつよう)だ 필요하다 2 a せいで 탓으로 / b を求(もと)めたい ~을 바라고 싶다 3 a ため ~이기 때문에 / b が一般的(いっぱんてき)だ ~이 일반적이다 4 a ことで 것으로 / b しにくい ~하기 어렵다, 힘들다

4 4

해설 1 ことさえ ~것조차 2 ことすら ~것조차 3 までも ~까지도 4 のも~ 것도

5 3

해설 1 増(ふ)えるようだ 증가하는 듯하다

2 増えつつあります 계속 증가하고 있습니다

3 増えそうだ 증가할 것 같다

4 増えてきた 증가해 왔다

「今後(こんご) 앞으로」에서 힌트를 얻어 미래 시제를 포함하고 있는 「そうだ ~것 같다」가 어울리겠다.

실전시험 125 | 글의 문법 [5]

▶본서2 p.368

정답 1 3 2 3 3 1 4 4 5 3

해석

이하는 잡지의 칼럼이다.

최근 샴푸를 사용하지 않고 '뜨거운 물만으로 머리를 감는' 방법이 은밀히 퍼지고 있는 것 같습니다. 뜨거운 물로 머리를 감는 것을 '물샴푸'라고 [1]부르는 듯한데, 이 방법은 샴푸를 사용하지 않아 두피에 강한 자극이 없고, 피지를 과하게 제거할 염려도 없다는 것입니다.

일반적으로 샤워로 머리를 감는 것만으로도 더러움의 70~80%는 헹궈진다고 합니다. 그런데도 머리를 감는 데에 샴푸를 사용하는 것은, '더러움을 [2]제대로 씻어내지 않으면 안 된다'는 생각 외에 '산뜻해서 기분이 좋다', '끈적끈적 달라붙어 기분이 나쁘다', '머리카락 냄새가 신경 쓰인다' 등이 주된 이유인 듯합니다.

[3]그러나 '물샴푸'로도 때는 헹궈지고, 피부를 지키기 위해 피지 속에 존재하는 세균의 작용에 의해 냄새를 줄일 수 있다고 합니다. '물샴푸'의 목적은 샴푸로 인해 상처 입은 두피와, 피지가 피부를 지키는 기능을 회복시키는 데 있다는 것. 연예계 등에서도 그 실천자가 [4]계속 늘어 가고 있는 듯합니다.

참고로 한 베스트셀러 작가는 한 달에 한 번밖에 머리를 감지 않는 것으로 유명합니다. 이 정도까지 가면 레벨이 너무 높아서 당장 실천할 수 없을 것 같은 영역이지만, 비(非)샴푸파의 사상은 천천히 세상에 [5]퍼져갈 것 같습니다.

(주) 세발: 머리를 감는 것

어휘 お湯(ゆ) 따뜻한 물, 목욕물 ㅣ 髪(かみ) 머리카락 ㅣ ひそかに 은밀히 ㅣ 広(ひろ)まる 퍼져가다, 넓어지다 ㅣ 呼(よ)ぶ 부르다 ㅣ 方法(ほうほう) 방법 ㅣ 頭皮(とうひ) 두피 ㅣ 刺激(しげき) 자격 ㅣ 皮脂(ひし) 피지 ㅣ 一般的(いっぱんてき) 일반적 ㅣ 汚(よご)れ 더러움, 오염 ㅣ 洗髪(せんぱつ) 머리 감기 ㅣ 思(おも)い込(こ)む 확신하다, 굳게 결심하다, 믿다 ㅣ さっぱり 산뜻한 모양 ㅣ ベタベタ 끈적끈적 ㅣ 髪(かみ)の毛(け) 머리카락 ㅣ 主(おも)な 주된 ㅣ 皮膚(ひふ) 피부 ㅣ 守(まも)る 지키다 ㅣ 細菌(さいきん) 세균 ㅣ 傷(いた)む 상처 입다 ㅣ 肌(はだ) 피부 ㅣ 回復(かいふく) 회복 ㅣ 芸能界(げいのうかい) 연예계 ㅣ 実践(じっせん) 실천 ㅣ 増(ふ)える 늘다 ㅣ 作家(さっか) 작가 ㅣ 領域(りょういき) 영역 ㅣ 思想(しそう) 사상 ㅣ 世(よ)の中(なか) 세상

1 3

해설 1 呼(よ)ばせる 부르게 하다 2 呼んだ 불렀다 3 呼ぶ 부르다 4 呼ばれた 불렸다

2 3

해설 1 すっかり 완전히, 몽땅 2 ぐっすり 푹(깊이 잠든 모양) 3 しっかり 제대로, 확실히 4 ばっさり 싹둑

3 1

해설 1 しかし 그러나 2 つまり 즉, 결국 3 おまけに 덤으로, 게다가 4 なぜなら 왜냐하면

4 4

해설 1 ます형 + ながら ~하면서 2 ます형 + 得(え)る ~할 수 있다 3 ます형 + 次第(しだい) ~하는 대로(즉시) 4 ます형 + つつある 계속 ~하다

5 3

해설 1 広(ひろ)まるというのでしょうか 널리 알려진다는 것일까요?

2 広まるのではないでしょう 널리 알려지는 것은 아니겠죠

3 広まりそうです 널리 알려질 것 같습니다

4 広まりそうにないです 널리 알려질 것 같지 않습니다

03 독해

문제10 내용 이해 : 단문

실전시험 126 | 내용 이해 : 단문 [1]

▶본서2 p.384

정답 **1** 2 **2** 1 **3** 3 **4** 1 **5** 4

(1) **해석**

전화가 보급함에 따라서 편지라고 하는 형태의 통신의 필요성도 대폭 감소했다. 특히, 개인적인 편지를 쓰는 기회는 눈에 띄게 줄었다. 쓰지 않고 있으면 차차 편지의 작법을 잊어버리고 만다. 제대로 된 편지를 좀처럼 쓸 수 없기 때문에, 편지를 쓰는 것 자체가 귀찮아진다. 귀찮아하며 쓰지 않는 동안에 점점 쓸 수 없게 된다. 그런 악순환에 빠져 있는 듯하다. 이윽고는 편지의 작법 같은 건 처음부터 배우려고 하지 않게 될지도 모른다.

(주1) 작법: 정해져 있는 만드는 법

(주2) 빠지다: 그러한 상태가 되다

어휘 普及(ふきゅう) 보급 | 形(かたち) 형태 | 通信(つうしん) 통신 | 必要性(ひつようせい) 필요성 | 大幅(おおはば)に 큰 폭으로 | 減少(げんしょう) 감소 | プライベートな 개인적인 | めっきり 눈에 띄게, 현저히 | 作法(さほう) 작법 | 面倒(めんどう)くさい 귀찮다 | ますます 점점 | 悪循環(あくじゅんかん) 악순환 | 陥(おちい)る (상태·환경에) 빠지다, 떨어지다 | やがて 이윽고

1 그런 악순환이라고 하는 것은 무엇입니까?

1 귀찮아하며 편지를 쓰지 않고 있으면 편지의 필요성을 잊어버리는 것.

2 오랫동안 편지를 쓰지 않으면 차차 편지 쓰는 법을 잊어버리는 것.

3 편지만 쓰고 있으면 점점 쓰는 것이 귀찮아져 버리는 것.

4 계속 편지를 쓰지 않고 있으면, 전화 쪽이 간단하다고 생각해 버리는 것.

해설 쓰지 않으면 작법을 잊어버리고 쓰는 것 자체가 귀찮아지면서 점점 쓸 수 없는 상태가 되어 가는 악순환을 말한다.

(2) **해석**

어느 날 이상한 일본어를 보았습니다. 깨끗한 소바집이었는데, 벽에 '아이는 사양하게 해 받겠습니다'라고 있다. 저는 이 '~하게 해 받겠습니다'가 상당히 불유쾌한데, 이때도 웃어버리고 말았습니다. 손님이 '사양하게 해 받겠습니다(사양하겠습니다)'라고 말하는 것이 옳은 것이고 소바집은 본래 '삼가주세요'라고 말해야 하는 것입니다. 이래서는 그저 (자신만이) 정중하다고 생각한 말을 흩뿌리고 있을 뿐입니다. 그 의미를 생각해 보려고도 하지 않는 더할 나위 없이 둔감한 형식주의라고 생각했습니다.

어휘 形式主義(けいしきしゅぎ) 형식주의 | 受(う)け入(い)れる 수용하다 | 頑固(がんこ)な 완고한

2 필자는, 소바집 벽에 있던 말을 어떻게 받아들이고 있는가?

1 말의 사용법도 틀리고, 형식만의 정중함밖에 생각하지 않았다.

2 말은 정중하지만, 손님의 마음 따위 하나도 생각하지 않는다.

3 아이 손님은 받아들이려고 하지 않는 완고한 태도다.

4 말투가 너무 정중해서 손님이 불유쾌해진다.

해설 '삼가주세요'라고 하는 표현의 부정확함을 지적하고 의미를 생각하지 않은 형식주의라고 말하고 있는 것으로 보아 답은 1번이 되겠다.

(3) **해석**

'차분하게 책을 읽을 수 있다'라는 건 어떤 것일까. 그것은 주위가 신경 쓰이지 않는 것이라고 나는 생각한다. 그럼, 그 '주위'라고 하는 것은 무엇일까. 주위에 있는 사람을 말하는 것일까? 여러 잡음을 말하는 것일까? 아마도 그렇지 않다.

책을 읽는 우리에게 가장 시끄러운 것은 자기 몸이다. 때문에 보통, 자신의 몸이 신경 쓰이지 않을 듯한 자세를 갖추고 나서 우리는 책을 읽는다. 책에 열중하고 있을 때는 자신의 몸을 느끼지 않는다. 몸이 근질거려지거나 한다면, 독서에 열중할 수 없다. 독서에는 몸은 방해물인 것이다.

(주) 근질거리다: 자극을 받아 가렵다

어휘 落(お)ち着(つ)く 안정되다, 침착하다 | 周(まわ)り 주변 | 様々(さまざま) 여러 가지 | 雑音(ざつおん) 잡음 | おそらく 아마도 | 姿勢(しせい) 자세 | 整(ととの)える 갖추다, 정돈하다, 조정하다 | 熱中(ねっちゅう)する 열중하다 | くすぐったい 근지럽다, 간지럽다 | 刺激(しげき) 자극 | かゆい 가렵다 | 周囲(しゅうい) 주위 | さわがしさ 소란스러움 | 気(き)を取(と)られる 정신이 팔리다 | 発(はっ)する 발하다, 일으키다, 시작하다 | 要求(ようきゅう)する 요구하다

3 독서에 몸이 방해가 되지 않도록 하기 위해서는 어떻게 하면 좋을까?

1 주위를 신경 쓰지 않고 차분하게 책을 읽는다.

2 주위의 시끄러움에 정신이 팔리지 않도록 책을 읽는다.

3 몸이 내보내는 잡음이 신경 쓰이지 않는 환경에서 책을 읽는다.

4 자신이 신경 쓰이는 환경을 정비하고 나서 책을 읽는다.

해설 몸은 책을 읽는 데에 가장 시끄러우며 방해물이 된다고 말하고 있다. 때문에 방해가 되는 몸을 정비하고 책을 읽으라고 하고 있다.

(4) **해석**

이하는 어느 회사가 거래처에 보낸 문서이다.

근계(삼가 아뢰 옵니다)

귀사의 날로 번영함에 경사 말씀 아뢰옵니다.

그런데, 지난 10월 1일 날짜로 주문받았던 '원터치 배게 커버'의 건에 대해서 말입니다만, 10월 말일까지의 발송 약속이었습니다만, 이번 기일 연기는 완전히 당사의 책임으로 사죄 말씀드립니다. 완성 공정에서 갑작스러운 기계 고장 때문에 귀사에 폐를 끼치는 사태가 되었지만, 현재로는 기계도 복구하고, 연일 야근을 겸하여 풀 생산 체제로 증산하고 있으니, 다음 달 12일까지는 반드시 발송할 예정입니다.

폐를 끼치게 되어 매우 죄송합니다만, 아무쪼록 이해해 주시도록 부탁 말씀드립니다.

경구(마지막 인사말)

(주1) 귀사: 상대방의 회사

(주2) 날로 번영함에 경사 말씀 아뢰옵니다: 상대의 건강과 발전을 축하하는 인사

(주3) 복구: 고쳐지는 것

어휘 取引先(とりひきさき) 거래처 | 拝啓(はいけい) 근계(삼가 아뢰옵니다[편지 형식]) | 貴社(きしゃ) 귀사 | ますますご清栄(せいえい)のこととお慶(よろこ)び申(もう)し上(あ)げます 날로 번영하심을 경하 말씀 드립니다 | さて 그런데, 다름이 아니라 | 去(さ)る 떠나다, 지나가다 | 枕(まくら) 배게 | カバー 커버 | 期日(きじつ) 기일 | 延期(えんき) 연기 | 全(まった)く 전혀 | 責任(せきにん) 책임 | お詫(わ)び申(もう)し上(あ)げる 사과 말씀 드리다 | 仕上(しあ)げ 완성 | 工程(こうてい) 공정 | 突然(とつぜん) 돌연, 갑자기 | 機械(きかい) 기계 | 故障(こしょう) 고장 | 事態(じたい) 사태 | 復旧(ふっきゅう) 복구 | 重(かさ)ねる 거듭하다, 중복하다 | 体制(たいせい) 체제 | 迷惑(めいわく)をかける 민폐를 끼치다 | 大変(たいへん)申(もう)し訳(わけ)ございません 대단히 죄송합니다 | なにとぞ 아무쪼록 | 敬具(けいぐ) 경구(*~올림)

4 필자가 가장 전하고 싶은 것은 무엇인가?

1 상품의 발송이 늦어지는 것을 용서하길 바란다.

2 상품 발송이 불가능하다는 것의 알림이다.

3 상품을 만드는 기계가 망가진 것은 자신의 탓이라고 반성하고 있다.

4 상품의 발송을 10월 12일까지 기다리길 바란다.

해설 10월 말까지 발송 예정이었지만, 기일 연장으로 사죄의 말을 하고 있는 상황이다.

(5) **해석**

나는 '치유'라고 하는 말을 이전부터 적극적으로 사용해 왔다. 필요가 있을 때는, 제대로 고민하는 것이 진짜 치유로 이어진다고 생각하기 때문이다. 현실이라고 하는 넘기 힘든 큰 벽에 부딪혔을 때, 사람은 종종 병에 걸린다. 그럴 때, '제대로' 병이 되는 것, 그것이 오히려 치유를 가져오는 것은 아닐까?

'고민'과 '병'은 자신이 자신에게 보내는 적신호이다. '고민'과 '병'을 단순한 부정적인 것으로서 (여겨) 바로 제거해 버리려고 하는 자세는 인생을 다시 보는 계기와 모처럼의 성장의 기회를 놓치게 될지도 모른다.

(주) 치유: 피곤함이나 고민이 해소되고 온화해지는 것

어휘 癒(いや)し 치유 | 積極的(せっきょくてき) 적극적 | 悩(なや)み苦(くる)しむ 고뇌(번민)하다 | つながる 연결되다, 이어지다 | 越(こ)える 넘다 | 壁(かべ) 벽 | しばしば 종종 | もたらす 가져오다, 초래하다 | 悩(なや)み 고민 | 赤信号(あかしんごう) 적신호 | 単(たん)なる 단순한 | ネガティブ 부정적 | 取(と)り除(のぞ)く 제거하다 | 姿勢(しせい) 자세 | 見直(みなお)す 다시 보다, 재검토하다 | きっかけ 계기 | せっかく 모처럼, 애써 | 逃(のが)す 놓치다 解消(かいしょう) 해소 | 穏(おだ)やかだ 온화하다 | 向(む)き合(あ)う 마주하다

5 필자는 어떻게 하면 '치유'를 얻을 수 있다고 생각하고 있는가?

1 '고민'과 '병'을 바로 제거한다.

2 '고민'과 '병'에 대해서 제대로 공부한다.

3 '치유'라고 하는 말을 적극적으로 사용한다.

4 '고민'이나 '병'과 정면에서 마주한다.

해설 필요할 때 '제대로' 고민하고, 병에 걸릴 때 '제대로' 병이 되는 것 즉, 정면으로 마주하는 게 치유를 가져올 수 있다고 말하고 있다.

실전시험 127 | 내용 이해 : 단문 [2]

▶본서2 p.388

정답 **1** 4 **2** 3 **3** 4 **4** 3 **5** 2

(1) **해석**

요즘 젊은이들은 「역겹다(むかつく)」라는 표현을 자주 쓴다. 원래 「역겹다」라는 것은 토할 것처럼 신체적인 불쾌감을 느꼈을 때 사용하는 말이다. 그렇지만 요즘은, 예전

에 '화가 나다(腹が立つ)'라든가 '기분 나빠지다(頭にくる)' 등으로 표현하고 있었던 정신 상태에 대해서 이 말을 사용하게 되었다. 이 같은 사용법이 확대된 것은 따돌림이 사회 문제가 된 1980년대 중반이었다. 이것은 따돌림 문제의 고조와 「역겨운」 사람들의 증가가 같은 뿌리로부터 생겨난 현상인 것을 나타내고 있다.

어휘 若者(わかもの) 젊은이 | むかつく 역겹다, 메슥거리다, 화나다 | 表現(ひょうげん) 표현 | もともと 원래, 본래 | 吐(は)き気(け) 토할 것 같은 기분, 구역질 | 身体的(しんたいてき)な 신체적인 | 不快感(ふかいかん) 불쾌감 | かつて 일찍이, 예전부터 | 腹(はら)が立(た)つ 화가 나다 | 頭(あたま)にくる 기분 나빠지다 | 精神(せいしん) 정신 | 状態(じょうたい) 상태 | 用(もち)いる 이용하다 | いじめ 따돌림 | 半(なか)ば 절반 | 高(たか)まり 고조 | 増加(ぞうか) 증가 | 根(ね) 근본, 뿌리 | 現象(げんしょう) 현상 | 示(しめ)す 나타내다 | 一方的(いっぽうてき)な 일방적인 | 主張(しゅちょう)주장 | 途中(とちゅう) 도중 | 胃(い) 위

1 본래의 「역겹다」의 사용법으로서 바른 것은 어느 것인가?

1 친구의 일방적인 주장을 듣고 있었더니 역겨워졌다.

2 자기밖에 생각하지 않는 사람은 함께 있는 사람을 역겹게 느끼게 한다.

3 발이 말을 듣지 않아 마라톤 도중에 역겨워졌다.

4 단것을 너무 많이 먹어서 위가 역겨워지기 시작했다.

해설 「역겹다(むかつく)」의 원래 의미는 '토할 것 같은 신체적 불쾌감'을 말하고, 요즘은 '화가 나다, 기분이 나빠지다'의 의미로 쓰인다. 여기서는 원래의 의미를 묻고 있기 때문에 신체적 불쾌감을 나타내는 4번이 답이 된다.

(2) **해석**

이것은 개인으로서의 생각이지만, 나는 인간은 두 번 죽는다고 생각하고 있다. 첫 번째는 심장이 멈추고 소생할 수 없는 뇌사라고 판정된, 생물체로서 죽었을 때. 두 번째는 그 사람에 대한 추억과 기억이 아직 살아 있는 사람들로부터 전부 사라져 버렸을 때.

죽은 자가, 아직 살아있는 사람들의 깨어 있는 동안의 마음속에, 잠들어 있는 동안의 꿈속에, 때때로라도 다시 살아날 때가 있는 동안은, 그 고인은 부분적으로, 하지만 끝나지 않고 계속 살아있다고 말할 수 있는 것은 아닐까?

(주1) 소생: 다시 살아 돌아오는 것

(주2) 환생하다: 여기에서는 다시 나타나는 것

어휘 個人(こじん) 개인 | として ~로서 | 心臓(しんぞう) 심장 | 止(と)まる 멈추다, 서다 | 蘇生(そせい) 소생 | ありえない 있을 수 없다 | 脳死(のうし) 뇌사 | 判定(はんてい)する 판정하다 | 生物体(せいぶつたい) 생물체 | 思(おも)い出(で) 추억 | 記憶(きおく) 기억 | 生(い)きる 살다 | 全(すべ)て 모든 | 消(き)える 사라지다 | 死者(ししゃ) 죽은 자 | 目覚(めざ)める 눈뜨다, 깨어나다 | 眠(ねむ)る 잠들다 | 蘇(よみがえ)る 되살아나다, 환생하다 | 故人(こじん) 고인 | 思(おも)い起(お)こす 상기하다

2 필자가, 죽은 자가 사후에도 계속 살아 있다고 말할 수 있다고 생각하는 이유는 무엇인가?

1 때때로, 아직 살아있는 것은 아닐까라고 여겨지기 때문에.

2 추억과 기억은 언제라도 상기되어지기 때문에.

3 죽은 후에도 사람들의 마음속에 남아 있기 때문에.

4 두 번 죽지 않으면 살아 있는 것과 같기 때문에.

해설 마음속이나 꿈속에 되살아날 때가 있는 동안은 계속 살아 있는 것이라고 말할 수 있겠다는 부분에서 답은 3번으로 선택할 수 있겠다.

(3) **해석**

이하는 어느 헌책방에 게시된 있던 안내이다.

손님 각위

항상 우리 가게(당점)를 이용해 주셔서 감사합니다.

당점에서는, 당점에서 구매한 책을 다시 가져오시면 반액으로 인수하는 시스템을 채용하고 있습니다. 인수 금액은 현금이 아니라 당점에서 사용할 수 있는 상품권으로 대신하여 드리고 있습니다.

또한, 신규회원 등록을 하시면 다음번 구입할 때 사용하실 수 있는 500엔의 할인권을 드리고 있습니다.

자세한 것은 가까운 점원에게 문의해 주세요.

어휘 張(は)り出(だ)す 게시하다, 내걸다 | 各位(かくい) 각위, 여러분 | 当店(とうてん) 당점 | 再度(さいど) 다시 | 半額(はんがく) 반값 | 引(ひ)き取(と)る 인수하다, 거두다 | 採用(さいよう) 채용 | 商品券(しょうひんけん) 상품권 | 換(か)える 바꾸다, 대신하다 | 渡(わた)す 건네다 | さらに 게다가, 더욱이 | 新規会員登録(しんきかいいんとうろく) 신규 회원 등록 | 購入(こうにゅう) 구입 | 割引券(わりびきけん) 할인권 | 差(さ)し上(あ)げる 드리다('주다'의 겸양) | 詳(くわ)しい 자세하다 | たずねる 묻다

3 이 가게의 시스템에 대해서 바른 것은 어느 것인가?

1 다른 가게에서 산 책을 가져오면, 500엔 비싼 가격으로 인수해 받을 수 있다.

2 다른 가게에서 산 책을 가져오면, 반액으로 인수해 받을 수 있다.

3 첫 손님이 회원이 되면, 처음에 살 때만 반액으로 살 수 있다.

4 첫 손님이 회원이 되면, 다음에 가게에 올 때 500엔 싸게 책을 살 수 있다.

해설 신규 회원 등록으로 500엔 할인권을 이용해 책을 싸게 살 수 있다.

(4) **해석**

꽃이라고 하면 일본인이 떠올리는 것은 '벚꽃'일 것이다. 그러나, 문화와 민족, 시대가 다르면 이 상식은 통용되지 않는다. 서양인이라면, 꽃이라고 들으면 '장미'를 떠올리는 사람이 많을 것이다. 같은 문화나 민족이라도 시대나 지역이 다르면 이것과 비슷한 차이가 생겨난다.

사사로운 일로 송구하지만, '꽃=벚꽃'이라는 암묵의 이해를 처음 알았을 때의 놀라움은 지금도 기억에 선명하다. 그것은 분명, 중학교인가 고등학교의 '고문(古文)' 수업 중이었다. 당시, 일본 문학과 문화에는 흥미를 가지지 않고 오로지 서양의 번역 소설만 읽고 있었던 문학 소년이었던 나에게는, 그 암묵의 이해가 역컬쳐쇼크였다.

(노우치 료조 「우연을 사는 사상」에 의한)

(주1) 암묵의 이해: 말로 하지 않아도 모두가 알고 있는 것

어휘 思(おも)い浮(う)かぶ (생각 등이) 떠오르다 | 桜(さくら) 벚꽃 | 民族(みんぞく) 민족 | 常識(じょうしき) 상식 | 通用(つうよう) 통용 | 西洋(せいよう) 서양 | 地域(ちいき) 지역 | 異(こと)なる 다르다, 상이하다 | 似(に)る 닮다 | 生(しょう)じる 생기다 | 梅(うめ) 매화 | 代表(だいひょう) 대표 | 私事(しじ) 사삿일 | 恐縮(きょうしゅく) 황송함, 황공함 | 暗黙(あんもく) 암묵 | 了解(りょうかい) 양해, 이해 | 驚(おどろ)き 놀라움 | 鮮(あざ)やかだ 선명하다 | 翻訳(ほんやく) 번역 | 逆(ぎゃく)カルチャーショック 역컬쳐쇼크(역문화 충격)

4 필자가 역컬쳐쇼크를 느낀 이유는 무엇인가?

1 일본인에게 있어서의 꽃은 벚꽃이지만, 서양인에게 있어서의 꽃은 장미를 의미하기 때문에.

2 일본에서는 꽃이라고 하면 벚꽃이지만, 전에는 매화가 꽃의 대표였다고 알았기 때문에.

3 일본에서는 꽃이라고 하면 벚꽃이라고 하는 사실을 처음 깨달았기 때문에.

4 '꽃=벚꽃'이라고 하는 당연한 사실을, 반에서 자신만 몰랐기 때문에.

해설 오로지 서양의 번역 소설만 읽고 있었던 나에게 일본의 꽃이라고 하면 '벚꽃'이라는 암묵의 이해(말을 하지 않아도 모두가 알고 있는 것)를 알게 된 순간 쇼크였다는 내용이다.

(5) **해석**

관용구 중에는 반드시 바른 의미로 이해되고 있다고는 말할 수 없는 것도 있습니다. 예를 들면, 「무간하다(気が置けない)」라고 하는 관용구는 '상대에게 배려를 하거나 삼가지 않아도 되는 것'이라고 하는 의미입니다. 그러나 어느 조사에서는 반수 가까운 사람이 '상대에게 배려와 삼가지 않아서는 안 되는 것'이라고 반대 의미로 받아들이고 있다는 결과가 나왔습니다. 지금은, 이 관용구를 몇 가지 국어사전으로 찾아보면 틀린 의미로 사용하고 있는 것에 대해서도 설명되어 있는 것이 현황입니다.

(주1) 관용구: 정해진 형태의 말투나 문구

(주2) 배려: 마음을 쓰는 것

어휘 慣用句(かんようく) 관용구 | 気(き)が置(お)けない 무간하다, 허물없이 친하다 | 気配(きくば)り 배려 | 遠慮(えんりょ) 삼가, 사양 | 国語辞典(こくごじてん) 국어사전 | 現状(げんじょう) 현상 | 気(き)を使(つか)う 배려하다, 마음을 쓰다 | 疑(うたが)う 의심하다

5 「무간하다(気が置けない)」라는 관용구를 틀린 의미로 사용하고 있는 사람은 어떠한 의미로 사용하고 있습니까?

1 상대를 신용하고 무엇이든 말해도 되는 것

2 상대에게 신경을 써야 한다는 것

3 상대를 의심해서는 안 되는 것

4 상대로부터만 배려받는 것

해설 '상대에게 배려와 삼가지 않아서는 안 되는 것'으로 반수 가까운 사람이 틀린 의미로 이해하고 있다. 즉 상대에게 배려하고 삼가야 한다(신경을 써야 한다)는 말로 다수가 이해하고 있다.

문제11 내용 이해 : 중문

실전시험 128 | 내용 이해 : 중문 [1]

▶본서2 p.396

정답 (1) 1 2 2 4 3 2 (2) 1 4 2 3 3 3

(3) 1 4 2 2 3 3

(1) **해석**

정보화 사회를 맞이하여, 기회를 잡거나 성공하기 위해서는 얼마나 많은 정보를 얻을 수 있는지가 열쇠가 됩니다. 이만큼 정보량이 늘게 되면, 지금까지처럼 평범하게 문자를 읽는 것만으로는 충분하지 않게 되었습니다. 1 거기에서 등장한 것이 속독술입니다. 성공한 샐러리맨, 경영자, 정보 기업가, 컨설턴트 사이에서는 속독은 하물며 상식이 되어 있습니다.

그러나, 문학서 등은 속독을 하지 않고 천천히 시간을

들여서 성의 있게 읽는 편이 좋겠죠. 왜냐하면, 사람이 감동하기 위해서는 시간이 필요하기 때문입니다. 예를 들면, 빨간 석양이 가라앉는 것을 20분쯤 걸쳐서 바라보면 즐겁고 기쁘겠지만, 그 석양이 단 3초 만에 가라앉아 버리면 어떤 재미도 없겠죠. 행복감을 즐길 거라면, 감동을 맛보고 싶다면 시간이 있는 편이 좋습니다.②

속독은, 유감스럽지만, 여운을 즐기는 것은 아닙니다. 어디까지나, 비즈니스맨이 정보를 짧은 시간에 수집하기 위한 수단입니다. 회사에서 자료를 읽을 때와, 시험공부를 할 때는 크게 도움이 됩니다. 속독을 사용하면 자유로운 시간을 손에 넣을 수 있습니다. 시간은, 어떤 의미에서는 돈보다도 소중한 것입니다. 이 시간이 손에 들어오면 당신은 '돈 부자'가 아닌 '시간 부자'가 될 수 있습니다.③

(주1) 여운: 어떤 일이 생긴 후에 남는 감각과 감정

어휘 情報化(じょうほうか) 정보화 | 迎(むか)える 맞이하다 | つかむ 잡다 | 鍵(かぎ) 열쇠 | 増(ふ)える 늘다, 증가하다 | 間(ま)に合(あ)う 제시간에 맞다 | 登場(とうじょう) 등장 | 速読術(そくどくじゅつ) 속독법, 속독술 | 経営者(けいえいしゃ) 경영자 | 情報起業家(じょうほうきぎょうか) 정보 기업가 | 常識(じょうしき) 상식 | 丁寧(ていねい)に 정중하게, 성의 있게 | 夕陽(ゆうひ) 석양 | 沈(しず)む 가라앉다 | 眺(なが)める 바라보다 | 幸福感(こうふくかん) 행복감 | 味(あじ)わう 맛보다 | 速読(そくどく) 속독 | 余韻(よいん) 여운 | あくまで 어디까지나 | 収集(しゅうしゅう)する 수집하다 | 手段(しゅだん) 수단 | 役立(やくだ)つ 도움 되다 | 手(て)に入(い)れる 손에 넣다 | 言(い)い換(か)える 바꾸어 말하다 | 与(あた)える 주다 | 逃(のが)す 놓치다 | 旅先(たびさき) 여행지 | 新種(しんしゅ) 신종 | 重(かさ)ねる 거듭하다, 겹치다 | 公演(こうえん) 공연 | 分(わ)け合(あ)う 서로 나누다 | 足(あし)を止(と)める 발을 멈추다 | じっくり 차분히, 곰곰이 | 処理(しょり)する 처리하다 | コツ 요령, 방법 | 有効(ゆうこう)に 유효하게 | 不可欠(ふかけつ) 불가결 | 稼(かせ)ぐ (돈을) 벌다 | 活躍(かつやく)する 활약하다

1 거기에서를 바꾸어 말한 것은 다음 중 어느 것인가?

1 정보화 사회를 거슬러서

2 많은 정보를 소화하기 위해서

3 주어진 기회를 놓치지 않기 위해서

4 비즈니스로 성공을 하기 위해서

해설 정보화 사회에서 얼마나 많은 정보를 가지고 있느냐가 열쇠가 되기 때문이다.

2 필자에 의하면 감동하는 것은 다음 중 어떠한 경우인가?

1 여행지에서 우연히 신종의 생물을 발견했을 때

2 몇 번이나 연습을 거듭한 댄스 공연을 볼 때

3 요리를 모두가 나누어서 먹을 때

4 한 장의 그림 앞에서 발을 멈추고 곰곰이 볼 때

해설 '행복감과 감동을 맛보고 싶다면 시간이 필요하다'는 말에서 알 수 있듯이 4번의 '한 장의 그림 앞에서 발을 멈추고 천천히 볼 때'라고 할 수 있겠다.

3 필자는 속독이라고 하는 것은 어떠한 것이라고 말하고 있는가?

1 많은 정보를 처리하는 요령을 가르쳐 주는 것

2 정해진 시간을 유효하게 사용하는 정보화 사회에서 성공하기 위해서는 불가결한 것

3 돈을 벌기 위해서 무엇보다 필요한 '자유로운 시간'을 주는 것

4 사회에서 활약하는 인간에게 있어서는 시간보다 중요한 것

해설 속독은 정보를 짧은 시간 안에 얻기 위한 수단이라고 볼 수 있으며 돈보다 중요한 것이 시간이라고 하고 있다. '시간 부자'가 될 수 있다는 말에서 이해할 수 있듯이 시간의 유용성에 있어서는 속독이 필요하다고 말하는 것이다.

(2) **해석**

정신 병원의 욕실에서 어떤 환자가 욕조에 낚싯줄을 늘어뜨리고 있었습니다. 거기를 지나가던 의사가 환자에게 말을 걸었습니다. "어때요? 잡힙니까?" 환자는 이렇게 대답했습니다. "낚일 리가 없겠죠. 여기는 목욕탕이에요." 이것은 프랑스의 작가, 까뮤가 만든 이야기입니다. 이 이야기의 전제에 있는 것은 정신병 환자는 이상한 사고방식을 가지고 있다는 우리의 확신입니다.

우리에게는 낚싯줄을 늘어뜨리는 것은 물고기를 잡기 위함이지만, 그렇다고 해서 그 논리가 바른 것은 아닙니다. 오히려, 정말로 낚시를 즐기는 사람은 물고기가 잡히든 잡히지 않든 괜찮은 것입니다. 그렇다면, ①우리 같은 어른의 사고방식이 이상한 것은 아닐까. 물고기를 낚기 위해서 낚시를 하고 대학에 합격하기 위해서 수험 공부를 하고, 생활을 위해서 일을 한다고 하는 목적의식이 전제에 있기 때문입니다. 그리고 그 목적이 달성되지 않으면 시시하게 생각합니다.①

옛날에 터키로 여행 갔을 때의 이야기입니다. 가게에서 기념품을 사려고 두 시간에 걸쳐서 가격을 깎았는데, 결국, 내가 바라는 가격이 되지 않았다. 그 사이, 커피를 대접받기도 했는데 아무것도 사지 않고 돌아오는 것이 상대의 시간을 헛되게 했다 싶어, "미안했습니다"라고 사과했습니다. 그러자 그는 "당치 않아요. 덕분에 일본인과의 즐거운 시간을 보낼 수 있었습니다. 나는 밝고 즐거운 나날을 보내기 위해 장사를 하고 있는 거예요.② 팔리고 안 팔리고는 그 다음 문제입니다"라고 말했습니다.

목적의식이 있으면, 우리는 그 목적을 달성하는 것에만 사로잡혀, 매일 ②잿빛의 생활을 하게 됩니다. 우리가 인

간답게 살아가기 위해서는 목적의식이라고 하는 것이 방해가 될지도 모릅니다. 3

(주1) 가격을 깎다: 가격을 싸게 하다

(주2) 잿빛: 회색

어휘 精神病院(せいしんびょういん) 정신 병원 | 浴室(よくしつ) 욕실 | 患者(かんじゃ) 환자 | 浴槽(よくそう) 욕조 | 釣(つ)り糸(いと) 낚싯줄 | たれる 늘어뜨리다 | 通(とお)りがかる 지나가다 | 医師(いし) 의사 | 釣(つり) 낚시 | 風呂場(ふろば) 목욕탕 | 前提(ぜんてい) 전제 | 思(おも)い込(こ)み 확신, 믿음 | 論理(ろんり) 논리 | いやらしい 비루하다 | 受験(じゅけん) 수험 | 達成(たっせい)する 달성하다, 성취하다 | つまらない 재미없다, 시시하다 | 値切(ねぎ)る 값을 깎다 | 望(のぞ)む 바라다, 희망하다 | 値段(ねだん) 가격 | むだにする 낭비하다, 헛되게 하다 | 商売(しょうばい) 장사 | 二(に)の次(つぎ) 나중 문제 그다음 일 | 灰色(はいいろ) 잿빛, 회색 | 邪魔(じゃま) 방해 | 希望(きぼう) 희망 | 満(み)ちる 차다, 그득 차다 | 貧(まず)しい 가난하다 | 活気(かっき) 활기 | こだわる 구애받다, 고집하다

1 ①우리 같은 어른의 사고방식이라고 하는 것은 무엇인가?

1 결과를 신경 쓰지 않는 사고방식

2 과정을 즐긴다는 사고방식

3 논리적으로 맞는 사고방식

4 목적이 있는 것이 당연하다는 사고방식

해설 본문 안에 목적의식을 전제로 하고 있기 때문이라고 했기 때문에 답은 4번이다.

2 위 글에서 ②잿빛 생활이라고 하는 것은 어떤 생활이라고 생각할 수 있는가?

1 희망에 찬 생활

2 가난하고 괴로운 생활

3 어둡고 활기가 없는 생활

4 돈을 신경 쓰지 않는 생활

해설 터키 여행에서 목적의식 없이 '밝고 즐거운 나날을 보내기 위해 장사를 한다'고 하는 가게 주인의 말과 대조되는 '잿빛 생활'은 그와는 반대되는 '어둡고 활기 없는 생활'로 유추해 볼 수 있겠다.

3 위 글에서 필자가 가장 말하고 싶은 것은 무엇인가?

1 목적 달성에 구애받아서는 매일의 시간을 낭비해 버린다.

2 목표를 달성할 수 없으면, 인생은 재미없는 것이 되어 버린다.

3 목적을 달성하는 것보다, 인간답게 즐겁게 사는 것이 중요하다.

4 목적을 가지는 것이 좋다고 하는 생각은 어른에 한정된 사고방식이다.

해설 문제 1, 2의 내용을 종합하면 목적의식에 사로잡히면 인간답게 살아가는데 방해가 된다는 생각으로, 부정적으로 말하고 있다는 것을 알 수 있다.

(3) **해석**

우리 주변에 있는 많은 공업 제품은 그 수명이 수년 정도라고 하는 경우가 많다. **승용차, 가전제품 등이 그 대표로 10년 이상 사용하는 것을 흔치 않게 생각하기도 한다. 게다가 이들 제품은 자주 모델을 바꿔서 성능과 패션의 관점에서 오래된 것의 가치를 떨어뜨리고 만다.** 1 ①결과적으로 실제로 사용할 수 있는 수명은 본래의 반 이하로 되고 만 것이다.

이는 일상적으로 일어나기 때문에 그다지 의심을 가지지 않고 받아들이고 있지만, 잘 생각해 보면 ②이상하다. 고대 이집트의 피라미드와 중세의 교회 건축 등을 보면 알겠지만, 인간은 원래 불변이라고 하는 것을 동경하고, 어떻게든 길게 유지시키는 데 중점을 두고 있었다. 그렇지만 지금, 우리들의 자동차는 5년, 패션 등은 기껏해야 2년의 수명이라고 말할 수 있다. **피라미드로부터 현대의 자동차까지 수천 년이라는 얼마 안 되는 기간에 제품 수명을 수천 분의 일로 해버렸다는 것은 놀랄 만한 일이다.** 2 게다가 그것은 인류가 원래 가지고 있었던 꿈, 영원성을 거스르고 있다는 점이 특징이다.

영원성의 꿈을 버리고까지 인류가 원했던 것은 생활을 풍족하게 하는 기능성과 편리성임에 틀림없다. 진보를 계속하기 위해서는, 제품의 짧은 수명은 없어서는 안 되는 것이었을지도 모른다. 그렇지만, 거기엔 하나의 의문이 생긴다. 왜냐하면 **짧은 수명은 결국, 연이어 만들고 연달아 버리는 것임에 틀림없고, 자원과 에너지, 게다가 쓰레기 문제에까지 크게 영향을 끼치기 때문이다.** 3

(주1) 영원성: 영원히 존재하는 것

(주2) 편리성: 편리한 것

어휘 周辺(しゅうへん) 주변 | 工業製品(こうぎょうせいひん) 공업 제품 | 寿命(じゅみょう) 수명 | 数年(すうねん) 수년 | 程度(ていど) 정도 | 乗用車(じょうようしゃ) 승용차 | 家電製品(かでんせいひん) 가전제품 | 代表(だいひょう) 대표 | 珍(めずら)しい 흔치 않다, 진귀하다 | たびたび 종종 | 性能(せいのう) 성능 | 観点(かんてん) 관점 | 価値(かち) 가치 | 半分(はんぶん) 반 | 以下(いか) 이하 | 日常的(にちじょうてき) 일상적 | 疑(うたが)い 의심 | 不思議(ふしぎ)だ 이상하다 | 古代(こだい) 고대 | 教会(きょうかい) 교회 | 建築(けんちく) 건축 不変(ふへん) 불변 | 憧(あこが)れる 동경하다 | 維持(いじ) 유지 | 重点(じゅうてん) 중점 | せいぜい 기껏해야 | 驚(おどろ)く 놀라다 | 夢(ゆめ) 꿈 | 豊(ゆた)かだ 풍부하다, 풍족하다

1 ①결과적으로 실제로 사용할 수 있는 수명은 본래의 반 이하로 되고 만 것은 왜인가?

1 신제품이 나오면, 소비자는 다시 사는 것을 권유받기 때문에

2 신제품이 나오면, 소비자의 반이 새로운 것으로 다시 사버리기 때문에

3 신제품이 나오면, 오래된 제품의 사용법을 잊어버리기 때문에

4 신제품이 나오면, 오래된 제품은 아직 사용할 수 있어도 가치나 매력을 잃어버리기 때문에

해설 제품을 오래 사용하는 것이 드물다는 생각과 함께, 자주 모델을 바꿔서 성능과 패션의 관점에서 오래된 것의 가치를 떨어뜨리고 만다고 하는 말에서 답을 유추할 수 있다.

2 ②이상하다고 했는데, 어떠한 점이 이상한 것인가?

1 높은 기술을 이용한 현대 제품 쪽이 기능성에 있어서 고대의 제품보다 뒤떨어져 있는 점

2 제품의 긴 수명을 바라고 있었던 인간이 단기간으로 제품의 수명을 너무나 짧게 한(줄인) 점

3 고대에 만들어진 제품도 현대에 만들어진 제품도, 수명은 별로 바뀌지 않는다는 점

4 모델을 바꿀 때마다, 소비자가 일제히 새 상품을 사는 점

해설 고대 인간은 불변을 동경하고 길게 유지시키는데 중점을 두었는데, 지금은 제품의 수명을 짧게 했다는 점에서 답을 찾을 수 있다.

3 필자의 생각에 맞는 것은 어느 것인가?

1 현대 공업 제품을 만드는 방법은 고대인의 지혜를 이어받은 것이다.

2 현대 사회가 진보하기 위해서는 제품의 수명을 줄이는 것이 무엇보다 중요했다.

3 현대의 공업 제품이 짧은 수명이 된 것은 자연환경에 악영향을 미친다.

4 현대인은 성능과 외관(겉모양)으로 제품을 고르며 생활을 풍족하게 해왔다.

해설 짧은 수명은 결국 환경문제에 큰 영향을 끼친다는 내용으로 마무리되고 있다.

실전시험 129 | 내용 이해 : 중문 [2]

▶본서2 p.402

정답 (1) 1 2 2 1 3 4 (2) 1 3 2 2 3 1
(3) 1 1 2 2 3 3

(1) **해석**

식재료의 제철이라는 것은 그것을 가장 많이 수확할 수 있는 시기를 말합니다. 시장에 많이 나돌기 때문에 가격도 저렴해지고, 가장 맛있는 시기입니다. 하지만, 그것뿐만은 아닙니다. 제철 시기에는 영양가도 가장 높아지는 것입니다. 예를 들면, 시금치의 제철은 겨울입니다. 시금치의 비타민C 양을 보면, 여름의 시금치는 겨울에 수확되는 시금치의 1/3밖에 포함되어 있지 않습니다. 겨울의 토마토는 여름 토마토의 1/2밖에 비타민C가 포함되어 있지 않습니다.[1]

한편, 철이 지난 채소를 기르기 위해서는 온도 등을 조절하는 에너지가 필요하게 됩니다. 예를 들면, 토마토 1개를 만드는 데, 하우스 재배에서는 일반적으로 재배할 때의 10배나 되는 에너지가 필요하다고 합니다. 이것들은 자신들이 생활하고 있는 토지의 것 그리고 제철의 것을 먹고 있으면, 사용하지 않고 해결되는 에너지입니다.[2]

게다가, 자신들이 사는 지역에서 생산된 것을 먹자는 목소리도 서서히 확대되고 있습니다. 이것은 경제적인 이유뿐만 아니라 다음 세대의 아이들에게 남길 지구에 부담을 주지 않겠다고 하는 큰 시점에 선 사고방식입니다. 근처를 걷고 있을 때 밭이 있다면 거기서 무엇이 만들어지고 있는지를 보세요. 그리고 장을 보러 갈 때 그 채소가 없는지 꼭 찾아보세요. 가능한 한 가까운 지역에서 딴 제철 식재료. 그것이 사람의 몸에 있어서도 지구에 있어서도, 은혜로운 음식이라고 말할 수 있는 것은 아닐까요?[3]

(주) 재배: 기르는 것

어휘 食材(しょくざい) 식재(료) | 旬(しゅん) 제철, 적기 | 最(もっと)も 가장 | 収穫(しゅうかく) 수확 | 市場(いちば) 시장 | 出回(でまわ)る 나돌다, 돌아다니다 | 価格(かかく) 가격 | 栄養価(えいようか) 영양가 | ホウレンソウ 시금치 | 含(ふく)む 포함하다 | 季節(きせつ)はずれ 철 지남, 계절에 맞지 않음 | 育(そだ)てる 기르다, 키우다 | 温度(おんど) 온도 | 調節(ちょうせつ)する 조절하다 | 栽培(さいばい) 재배 | 暮(く)らす 생활하다 | 土地(とち) 토지 | ～ずに済(す)む ~하지 않고 끝나다, 해결되다 | 地域(ちいき) 지역 | 生産(せいさん) 생산 | 徐々(じょじょ)に 서서히 | 広(ひろ)まる 확대되다 | 次世代(じせだい) 차세대, 다음 세대 | 残(のこ)す 남기다 | 負担(ふたん) 부담 | 視点(してん) 시점 | 畑(はたけ) 밭 | 探(さが)す 찾다 | 身近(みぢか)な 가까운, 친근한, 주변의 | 恵(めぐ)み 혜택, 은혜 | 地元(じもと) 그 고장, 그 지방

1 채소의 영양가에 대해서 바르게 서술하고 있는 것은 어느 것인가?

1 제철 채소 쪽이 그렇지 않은 채소보다 영양가가 낮다

2 제철 채소 쪽이 그렇지 않은 채소보다 영양가가 높다

3 시금치 쪽이 토마토보다 영양가가 있다

4 토마토에는 시금치의 1/3밖에 영양가가 없다

해설 제철 시기에 영양가가 가장 높다고 말하고, 시금치의 비타민C 양을 예를 들어 말하는 부분에서도 알 수 있을 것이다.

2 이것들이라고 하는 것은 무엇인가?

1 제철이 아닌 채소를 기르는 데 필요한 에너지

2 토마토를 만드는 데 필요한 에너지

3 높은 온도에서 자라는 채소에 필요한 에너지

4 제철이 짧은 야채를 만드는 데 필요한 에너지

해설 밑줄 친 앞뒤 문장에서도 알 수 있듯이, 제철일 때 먹게 되면 사용하지 않아도 될 에너지를 쓰고 있다는 점으로 미루어 보아 답은 1번이 되겠다.

3 위 글에서 필자가 가장 말하고 싶은 것은 무엇인가?

1 아이들에게는 근처에서 딴 제철 채소를 먹게 하는 것이 중요하다.

2 지구 환경을 생각하면 하우스 재배를 그만둬야만 한다.

3 장 보러 갈 때는 지역에서 딴 제철 식재료를 찾는 것이 경제적이다.

4 그 고장에서 딴 제철 채소를 먹는 것은 인간에게도 지구에게도 좋다.

해설 가능한 한 가까운 곳에서 재배한 식재료야말로 은혜로운 재료라고 필자는 생각하고 있다.

(2) **해석**

우리들 인간은 자신들이 다른 동물보다 머리가 좋다고 생각하는 듯하다. 인간은, 날다람쥐처럼 어둠 속을 날뛰어 다닐 수도 없으며 치타처럼 맹스피드로 달릴 수도 없다. 그래도, 이만큼의 문명을 발달시켜 왔다고 하는 사실을 보면,[1] 확실히 조금은 머리가 좋을지도 모르겠다.

그럼, 인간 머리의 명석함은 무엇에서 유래하는 것인가. 계산을 빠르게, 정확히 실행하는 것만이라면, 이제 컴퓨터 쪽이 훨씬 우수하다. 룰이 정해진 게임이라면 컴퓨터는 체스의 세계 챔피언을 쉽게 지게 할 수도 있다.

대체, 인간 머리의 명석함의 특징이라고 하는 것은 무엇인가. 많은 연구자가 인간 지성의 본질은 그 사회성에 있다고 생각한다. 어느 연구자는 "교양이라는 것은 타인의 마음을 알 수 있는 것이다"라고 말한다. 타인과 마음을 서로 통하게 하고 협력하여 사회를 만드는 것이 인간 머리의 명석함의 본질이다. 현대 뇌 과학에서는 머리의 명석함은 결국, 타인과 잘 해나갈 수 있는 것이라고 생각하는 것이다.[2]

타인의 마음을 읽어 내는 능력을 전문 용어로 '마음의 이론'이라고 말한다. 컴퓨터는, 아무리 계산을 빠르게 할 수 있다 하더라도, 마음의 이론을 갖추고 있지는 않다. 타인의 마음을 읽고 처음 대면하는 사람과도 활발한 교류를 할 수 있다는 '커뮤니케이션' 능력에 있어서는, 인간은 컴퓨터보다도 아직 우수한 것이다.

커뮤니케이션을 통해서 타자를 받아들이고 공생하는 것이, 머리가 좋아지는 것으로 이어진다.[3] 그런 과학의 이론에는 현대를 살아가는 인간이 귀를 기울여야 하는 메시지가 숨어 있다.

어휘 ムササビ 날다람쥐 | 暗闇(くらやみ) 어둠 | 飛(と)び回(まわ)る 날뛰어 돌아다니다 | 文明(ぶんめい) 문명 | 発達(はったつ)する 발달하다 | 由来(ゆらい)する 유래하다 | 計算(けいさん) 계산 | 正確(せいかく)に 정확히 | 実行(じっこう)する 실행하다 | 優(すぐ)れる 우수하다, 뛰어나다 | 一体(いったい) 대체 | 特徴(とくちょう) 특징 | 知性(ちせい) 지성 | 本質(ほんしつ) 본질 | 教養(きょうよう) 교양 | 協力(きょうりょく) 협력 | 脳科学(のうかがく) 뇌 과학 | 読(よ)み取(と)る 읽고 이해하다 | 専門用語(せんもんようご) 전문 용어 | 理論(りろん) 이론 | 備(そな)える 갖추다, 겸비하다 | 初対面(しょたいめん) 첫 대면 | 生(い)き生(い)き 생생한, 활발한 | 優(すぐ)れる 우수하다, 뛰어나다 | 受(う)け入(い)れる 수용하다, 받아들이다 | 共生(きょうせい)する 공생하다 | 耳(みみ)を傾(かた)むける 귀를 기울이다 | 潜(ひそ)む 잠재하다, 숨어 있다 | 頭脳(ずのう) 두뇌 | ためらう 주저하다 | いちはやく 재빨리 | 望(のぞ)ましい 바람직하다 | 従(したが)う 따르다 | 行動(こうどう) 행동 | 配慮(はいりょ) 배려 | 読(よ)み解(と)く 읽고 이해하다, 해독하다

1 필자가 인간에 대해서 조금은 머리가 좋을지도 모르겠다고 말하는 이유는 무엇인가?

1 동물에게 지지 않는 두뇌를 가지고 있기 때문에

2 나는 것도 빨리 달리는 것도 할 수 없기 때문에

3 지금 있는 문명을 발전시켜 왔기 때문에

4 우수한 신체 능력을 가지고 있기 때문에

해설 밑줄 친 바로 앞의 문장에서 언급하고 있듯이 '문명을 발달시켜 왔다고 하는 사실을 보면'에서 힌트를 얻을 수 있다.

2 인간의 뇌가 좋아진 이유는 무엇인가?

1 사회를 살아가는 데 있어서 필요한 지식을 습득해 왔기 때문에

2 자신 외의 타인과 마음을 통하게(소통) 할 수 있기 때문에

3 처음 만나는 사람이라도 주저하는 것 없이 받아들일 수 있기 때문에

4 '마음의 이론'을 재빨리 발견했기 때문에

해설 인간의 뇌가 좋아진 이유를 설명하면서 인간 머리의 명석함의 본질을, 마음을 서로 통하게 하고 협력하여 사회를 만드는 일이라고 설명하고 있다.

3 필자는 이 글을 통해서, 어떠한 인간관계가 바람직하다고 생각하고 있는가?

1 서로의 존재를 인정하고 상대의 마음을 읽어낼 줄 아

는 인간관계

2 서로 힘을 합쳐서 머리를 좋게 하는 환경을 만들 수 있는 인간관계

3 룰에 따른 행동을 하고 상대의 마음을 배려할 줄 아는 인간관계

4 최신 과학이 보내는 메시지를 함께 읽어 낼 수 있는 인간관계

해설 본문에서 말하고 있는 '마음의 이론', '커뮤니케이션 능력'이 주요 키워드가 되며, 이것들을 이용한 공생 관계의 중요성에 대해 말하고 있으므로 답은 1번이다.

(3) **해석**

젊은 사람들에게는 이 일을 하면 돌아오는 보답이 이 정도까지라는 것이 먼저 보이고 만다.[1] 그렇기 때문에, ①그런 것에 자신을 내거는 것은 어리석다고 생각한다. 또는, 회사에 근무하거나 학교에 가서도 거기에 있는 것이 자신이 아니면 안 되는 이유를 발견하기 어렵다. 자기가 있든 없든 무엇이 바뀔 것인가, 자기 대신에 일할 사람은 얼마든지 있겠지 등, 자신이 존재한다는 것에 과연 의미가 있는 것인가라는 물음에 사로잡히기 쉽다.

때문에 ②젊은 사람은, 연애를 동경한다. 연애는 '당신이 아니면 싫다'라고 하는 말을 선사해 주기 때문이다.[2] 회사에서도 학교에서도 '당신이 아니어도 된다'라는 무언의 압력이 있다. 그러나 연애는 유일하게 '당신이 아니면 안 된다', '당신이 없으면 살아갈 수 없다'라는 세계이며, '이런 나라도 살아있을 의미가 있다'고 느끼게 해준다. 그래서 연애를 동경하는 것이다.

사는 것의 의미, 늙는 것의 의미, 자신이 여기에 있는 것의 의미, 이전에는 철학적이라고 말해지던 그런 물음을, 현대는 많은 사람이 떠안고 있다. 여기에, 사물의 근본부터 생각한다는 철학적인 사고가 요구된다. 답이 나오지 않는 물음일지도 모르지만, 그런 물음과 상관없이는 살아갈 수 없는 것이 우리들 현대인인 것이다.[3]

(주1) 보답받다: 노력과 성과가 나오다

(주2) 자신을 (내)걸다: 모든 힘을 쏟아붓다

(주3) 자기가 있든 없든: 자기가 있어도 없어도

(주4) 근본: 여기에서는 기본

어휘 報(むく)われる 보답받다 | 程度(ていど) 정도 | 賭(か)ける (내기 등을) 걸다 | ばかばかしい 어리석다 | 勤(つと)める 근무하다 | 果(は)たして 과연 | 憧(あこが)れる 동경하다 | 贈(おく)る 보내다, 증정하다, 선사하다 | 無言(むごん) 무언 | 圧力(あつりょく) 압력 | 唯一(ゆいいつ) 유일 | 哲学的(てつがくてき) 철학적 | 抱(かか)える (떠)안다 | ものごと 사물 | 根本(こんぽん) 근본 | 注(そそ)ぐ 붓다, 따르다 | 応援(おうえん) 응원 | 実感(じっかん) 실감 | 入(はい)り込(こ)む 파고들다, 빠져들다 | 難問(なんもん) 난문, 어려운 문제 | 共(とも)に 함께

1 ①그런 것이라는 것은 무엇인가?

1 결과를 어느 정도 알고 있는 일

2 좋은 결과가 나올 것 같지 않은 일

3 돈을 걸 정도는 아닌 일

4 결과를 예상할 수 없는 일

해설 어느 정도의 보답이 돌아올지 보이고 만다는 것은 결과가 어느 정도 돌아올지를 예상할 수 있다는 말로 이해할 수 있다.

2 ②젊은 사람은, 연애를 동경한다고 하는데 그건 왜인가?

1 자신밖에 할 수 없는 일이라고 응원해 주기 때문에

2 자신을 대신하는 이는 없다고 실감하게 해주기 때문에

3 사회로부터 주어진 압박을 잊게 해주기 때문에

4 자신과 상대의 세계에 빠져들어갈 수 있기 때문에

해설 밑줄 친 부분의 바로 뒤에 이유가 이어진다.

3 위 글에서 필자가 말하고 싶은 것은 어느 것인가?

1 현대는 철학적 사고가 충분하고, 모두가 '살아가는 의미'만을 생각하고 있다.

2 현대는 철학적 사고가 충분하고, 모두가 '살아가는 의미'를 탐구하고 있다.

3 현대는 철학적 사고를 필요로 하고, 사람은 '살아가는 의미'라는 난문과 함께 살아가고 있다.

4 현대는 철학적 사고를 필요로 하고, 사람은 '살아가는 의미'를 가지지 못하고 있다.

해설 철학적 사고와 물음이 요구되며 답이 없는 어려운 것이지만, 그런 물음과 상관없이 살아가고 있는 것이 현대인이라고 설명하고 있다.

문제12 통합 이해

실전시험 130 | 통합 이해 [1]

▶본서2 p.412

정답 **1** 4 **2** 1

해석

A

관광버스의 장점은 버스에 앉아 있으면 아무것도 걱정할 것 없이 목적지에 갔다가 돌아올 수 있다는 것이다. 여행자 개인이 모든 것을 하게 되면 시간도 비용도 한층 더 들고,[1] 설명도 가이드북만이 된다(설명도 가이드북에만 의지해야 한다). 게다가 그것을 자신이 읽지 않아서는 안 된다. 그러나, 관광버스를 이용하면, 이동의 문제, 설명의 문제(가이드에 의한 설명)가 해소되고, 손님은 보러 가고

싶은 곳에 대해서만 생각하면 된다.

즉, 관광에 집중할 수 있다. 단점은 집단 행동이기 때문에 '나는 여기서 시간을 좀 더 갖고 싶다'라는 요구에는 대응할 수 없다는 점[2]이다. 각 관광 플랜의 특징을 잘 보며 비교해보고, 상품을 고르면 된다.

B

관광버스에 빼놓을 수 없는 것이 프로 운전수이다. 프로만의 기술로 길을 선택하고 훌륭히 도착 예정 시각을 지켜준다. 또, 버스 투어는 압도적으로 가격이 싸다. 같은 여행을 개인이 하면 2배 이상의 가격이 되는 경우도 있다고 한다.[1]

반대로 단점으로서는 우선 단체 행동을 꼽을 수가 있을 것이다. 휴식 시간과 집합 시간의 엄수는 물론, 시간을 지키지 않는 사람이 있었을 때의 스트레스는 심하다. 때로는 바라지 않은 장소에 동행하게도 되지만, 그것이 역으로 새로운 발견으로도 이어지기 때문에, 결점이라고 단언할 수는 없을 것이다.[2]

어휘 観光(かんこう) 관광 ㅣ 長所(ちょうしょ) 장점 ㅣ 旅行者(りょこうしゃ) 여행자 ㅣ 個人(こじん) 개인 ㅣ 費用(ひよう) 비용 ㅣ のみ ~만/뿐 ㅣ 移動(いどう) 이동 ㅣ 解消(かいしょう) 해소 ㅣ つまり 즉 ㅣ 短所(たんしょ) 단점 ㅣ 団体(だんたい) 단체 ㅣ 行動(こうどう) 행동 ㅣ 対応(たいおう) 대응 ㅣ 特徴(とくちょう) 특징 ㅣ 見比(みくら)べる 보며 비교하다 ㅣ 欠(か)く 부족하다, 빠뜨리다 ㅣ ならでは ~만의(~밖에 할 수 없는) ㅣ 選択(せんたく) 선택 ㅣ 見事(みごと)に 훌륭하게 ㅣ 到着(とうちゃく) 도착 ㅣ 時刻(じこく) 시각 ㅣ 圧倒的(あっとうてき) 압도적 ㅣ 値段(ねだん) 가격 ㅣ デメリット 결점, 단점 ㅣ 休憩(きゅうけい) 휴식 ㅣ 集合(しゅうごう) 집합 ㅣ 厳守(げんしゅ) 엄수 ㅣ 望(のぞ)む 바라다 ㅣ 同行(どうこう)する 동행하다 ㅣ 逆(ぎゃく)に 역으로, 반대로 ㅣ つながる 이어지다 ㅣ 欠点(けってん) 결점 ㅣ 言(い)い切(き)る 단언하다 ㅣ 共通(きょうつう) 공통 ㅣ 迷(まよ)う 헤매다 ㅣ 事前(じぜん)に 사전에 ㅣ 新鮮(しんせん)な 신선한 ㅣ 刺激(しげき) 자극 ㅣ 述(の)べる 서술하다

1 관광버스의 장점에 대해서 A와 B에 공통하는 의견은 무엇인가?

1 단체 행동이 가능하다.

2 버스 가이드 설명이 있다.

3 관광지를 사전에 조사할 필요가 없다.

4 시간과 비용면에서 안심할 수 있다.

해설 각각 AB에서 공통적으로 이동 시간과 비용 면에서의 장점에 대해 이야기하고 있다.

2 A와 B는, 관광버스를 이용할 때의 단체 행동에 대해서 어떻게 서술하고 있는가?

1 AB 둘 다 어디에 가든 단체 행동이므로 개인의 의견은 통하지 않지만, B는 때로는 생각지도 못한 발견도 있다고 서술하고 있다.

2 AB 둘 다 단체 행동을 지키지 않는 사람이 있으면 스트레스가 되지만, B는 그것이 신선한 자극이 될 때도 있다고 서술하고 있다.

3 AB 둘 다 기본적으로는 모두 단체 행동이지만, A는 개인적으로 가고 싶은 장소가 있으면 의견을 말할 수 있다고 서술하고 있다.

4 AB 둘 다 가고 싶지 않은 장소에까지 함께 가야 하지만, A는 그것이 스트레스가 되지 않는다고 서술하고 있다.

해설 B에서, 바라지 않은 장소에 동행이, 반대로 새로운 발견으로 이어진다고 추가로 말하고 있다.

실전시험 131 | 통합 이해 [2]

▶본서2 p.414

정답 **1** 4 **2** 1

해석

A

일과 가사, 육아가 바빠서 스트레스를 느낄 때는 가사 대행 서비스를 이용하는 방법도 있다. 요즘에는 저렴한 가격으로 손쉽게 이용할 수 있는 서비스가 많아져서, 이용자도 늘고 있다.[1] 단, 사생활과 관련된 것 등으로 문제로 발전하는 경우도 그중에는 있다. 주의해야 할 점은 무엇인가?

우선은 업자 선택을 신중히 행할 것. 실제로 전화를 해 보고 접객 태도부터 신뢰할 수 있는 상대인가 어떤가 판단할 필요가 있다. 다음으로, 뭐니 뭐니 해도 모르는 사람을 불러서 가사를 부탁하는 것이기 때문에 방범 대책을 제대로 행할 것.[2] 귀중품 종류는 눈에 띄지 않는 장소에 간수해 두거나, 금고에 넣거나 해두면 안심이다.

B

가사 대행 서비스는 바쁜 현대인에게 있어서 상당히 편리한 서비스이다. 그렇지만, 가사 대행 서비스를 부탁할 때도 주의해야 할 점이 있다. 그중에도 가장 주의할 점은 사생활과 관련된 점이다. 가사 대행 서비스는 기본적으로 의뢰자의 집 안에서 작업하기 때문에 자신의 삶의 모습을 스텝이 알게 된다.

또, 작업 중에 물건을 부서뜨리거나, 개인정보 유출이나 도난 등의 피해를 당하지 않는다고 단정할 수 없다. 이 같은 사태를 막기 위해서는 신경 쓰이는 점은 미리 가사 대행업자에게 확인하거나, 귀중품을 미리 안전한 장소로 옮겨 두는 등 의뢰주 자신이 신경 쓸 필요가 있다.[2]

(주) 대행: 대신에 그 일을 행하는 것

어휘 家事(かじ) 가사 | 育児(いくじ) 육아 | 代行(だいこう) 대행 | 手(て) 손, 방법 | 低価格(ていかかく) 저가, 저렴한 가격 | 気軽(きがる)に 가볍게, 손쉽게 | プライバシー 사생활 | ~に関(かか)わる ~와 관련되다 | 発展(はってん)する 발전하다 | 業者選(ぎょうしゃえら)び 업자 선택 | 慎重(しんちょう)に 신중하게 | 接客態度(せっきゃくたいど) 접객 태도 | 信頼(しんらい) 신뢰 | 判断(はんだん)する 판단하다 | 何(なん)といっても 뭐라 해도, 뭐니 뭐니 해도 | 招(まね)く 초대하다, 부르다 | 頼(たの)む 부탁하다, 의뢰하다 | 防犯対策(ぼうはんたいさく) 방범 대책 | きちんと 제대로 | 貴重品(きちょうひん) 귀중품 | 金庫(きんこ) 금고 | 非常(ひじょう)に 상당히 | 際(さい)にも ~할 때도 | 壊(こわ)す 망가뜨리다 | 個人情報(こじんじょうほう) 개인정보 | 流出(りゅうしゅつ) 유출 | 盗難(とうなん) 도난 | 被害(ひがい)にあう 피해를 입다 | 言(い)い切(き)る 단언하다 | 防(ふせ)ぐ 막다, 방지하다 | 前(まえ)もって 미리, 사전에 | 確認(かくにん) 확인 | あらかじめ 미리

1 A가 말하는 가사 대행 서비스의 장점은 무엇인가?

1 가사만을 부탁하면 상당히 저렴하다.

2 가사뿐만 아니라 회사 일도 도움받을 수 있다.

3 바쁠 때 바로 올 수 있다.

4 바쁠 때 저렴한 가격으로 손쉽게 이용할 수 있다.

해설 A 지문에서, 요즘에는 저렴한 가격으로 손쉽게 이용할 수 있는 서비스가 많아져서 이용자도 늘고 있다고 말하고 있는 점으로 보아, 가사 대행 서비스의 장점에 대해 말하고 있음을 알 수 있다.

2 A와 B는, 가사 대행 서비스를 이용할 때의 주의점은 무엇이라고 서술하고 있는가?

1 A도 B도, 도난 등의 방범 대책을 사전에 해두어야 한다고 말하고 있다.

2 A도 B도, 경험이 많은 업자를 선택하는 것이 중요하다고 말하고 있다.

3 A는 사생활을 보이지 않는 것, B는 개인정보를 감출 필요가 있다고 말하고 있다.

4 A는 업자 측이 의뢰자의 개인적인 것을 지켜줘야 한다고 생각하고, B는 의뢰자 측이 주의해야만 한다고 말하고 있다.

해설 AB 지문 둘 다에서 프라이버시와 관련된 점에서 주의가 필요하다고 말하고 있으며, 특히 도난 등과 같은 방범 대책의 필요성에 대해 공통적으로 서술하고 있다.

실전시험 132 | 통합 이해 [3]

▸본서2 p.416

정답 **1** 2 **2** 3

해석

A

로봇 청소기의 하나인 '룸바'도 지금은 완전히 인지도가 올라갔다. 룸바의 애용자는 30~40대가 중심인데, 60대 이상의 고령자도 꽤 많다. 구입 이유로서, 30~40대는 '방을 청소할 시간이 없다'라는 게 주된 이유이다.[2]

특히 맞벌이 부부 등은 청소를 할 수 없기 때문에 방이 더러워지고, 그 탓에 싸움이 생기는 일도 있다고 한다. 룸바의 구입자들은 '부부싸움이 줄었다'라는 목소리를 실제로 보내오기도 한다. 한편, 고령자의 구입 이유는 뜻밖에도 '청소기 콘센트를 꽂지 않아도 된다'는 것이다. 한번 무릎을 꿇고 콘센트를 꽂고 일어서는 동작은 고령자에게 있어서 부담이 큰데, 룸바라면 그 수고가 들지 않는다는 것이다.[1], [2]

B

로봇 청소기 중에서도, '룸바'가 사랑받는 이유는 무엇일까? 룸바 자체는 어디까지나 기계적인 움직임일 텐데 '예쁘다', '펫 같다'고 하는 목소리가 속출하고 있다.[2] '자신을 위해 열심히 하고 있다'고 느껴져 사랑하지 않고선 배길 수 없는 듯하다.

또, 실제의 펫과 룸바가 노는 모습이 귀엽다고 하는 목소리도 크다. 마치 펫끼리 사이좋게 놀고 있는 듯한 광경에 감격하는 듯하다. 대부분의 사용자가 룸바에게 이름을 붙이는 데다가 펫에게 옷을 입히듯이 룸바를 몸치장해 준다고 하니까 룸바는 이미 가족의 일원이라고도 말할 수 있는 존재가 되었는지도 모른다.[2]

어휘 掃除機(そうじき) 청소기 | すっかり 완연히, 전부, 모조리 | 認知度(にんちど) 인지도 | 愛用者(あいようしゃ) 애용자 | 高齢者(こうれいしゃ) 고령자 | 購入(こうにゅう) 구입 | 共働(ともばたら)き 맞벌이 | 汚(きたな)い 더럽다 | 減(へ)る 줄다, 감소하다 | 寄(よ)せる 밀려오다, 보내오다 | しゃがむ 쭈그리다, 웅크려 앉다 | 立(た)ち上(あ)がる 일어서다 | 負働 (ふたん) 부담 | 手間(てま)がかかる 수고·품이 들다 | 機械的(きかいてき) 기계적 | 続出(ぞくしゅつ) 속출 | 様子(ようす) 모습 | 同士(どうし) 동지, 끼리 | 仲良(なかよ)く 사이 좋게 | 光景(こうけい) 광경 | 感激(かんげき) 감격 | ユーザー 유저, 사용자 | 着飾(きかざ)る 몸치장하다 | 過程(かてい) 과정 | 述(の)べる 서술하다, 말하다

1 A에 의하면, 고령자의 구입 이유로서 바른 것은 어느 것인가?

1 룸바의 인지도가 올라갔기 때문에

2 고령자에게 있어서 사용하기 편하기 때문에

3 맞벌이 부부는 청소를 할 수 없기 때문에

4 혼자 사는 사람이 늘었기 때문에

해설 고령자의 구입 이유에 대해 '청소기 콘센트를 꽂지 않아도 된다'라고 설명하는 것에서 알 수 있듯이, 사용의 편리함 때문이라는 2번이 정답이 되겠다.

2 A와 B의 필자는 '룸바'의 무엇에 대해서 서술하고 있는가?

1 A도 B도, '룸바'가 진화하는 과정에 대해서 서술하고 있다.

2 A도 B도, '룸바'를 사용하는 이유에 대해서 서술하고 있다.

3 A는 '룸바'를 구입하는 이유, B는 '룸바'의 펫화에 대해서 서술하고 있다.

4 A는 '룸바'가 청소하는 모습. B는 '룸바'가 노는 모습에 대해서 서술하고 있다.

해설 A에서는 '방을 청소할 시간이 없다'는 것이 30~40대의 구입 이유로 들고 있고, 고령자는 '청소기를 콘센트에 꽂지 않아도 된다'고 하며 주로 구입 이유에 대해 서술하고 있다. 그리고 B에서는 펫(pet) 같다는 목소리가 속출하고 있으며, 펫처럼 옷을 입히거나 몸치장을 해준다는 내용과 이미 가족의 일원으로서의 존재라고 말하는 부분에서 3번이 답이라는 것을 알 수 있다.

실전시험 133 | 통합 이해 [4]

➤본서2 p.418

정답 **1** 3 **2** 3

해석

A

올해 주목해야 한다고 전해지는 항염증 음식. 항산화 작용이 있어, 장내 환경을 조절하는 음식을 말하는데, 다분히 다이어트에 도움이 된다고 한다. 구체적으로는 생강과 꿀, 채소·과일, 해조류를 들 수 있다. 그럼, 그것이 다이어트에 도움이 되는 이유는 어디에 있는 걸까?

신체가 산화하면 체내의 노화가 진행되고, 대사가 나빠진다. 그런 점에서, 항염증 음식은 체내의 산화를 억제하고, 개개의 세포 활성을 높이는 것으로, 다이어트로 이어진다고 생각할 수 있다.[1],[2] 개개의 세포 대사가 활성화하면, 체내에 받아들인 에너지가 소비되기 쉽고, 지방이 타기 쉬워지거나, 근육이 붙기 쉬워지기 때문이다.

평소부터 식재료를 고를 때, 의식해보면 좋을지도 모르겠다.

B

올해는 건강한 몸으로 다시 태어날 수 있는 식재(료)에 주목이 모아질 것이다. 그중에서도 항염증 음식은 체크가 필요하다. 항염증 음식이란 목의 통증, 피부 트러블, 알레르기 등 만성적인 염증을 억제하는 효과를 기대할 수 있는 식재(료)를 말한다.

항염증 음식은 세포 단계에서 병을 막음과 동시에 건강하고 슬림한 체질 만들기에도 효과를 기대할 수 있다고 해서, 미국에서도 화제가 되고 있다.[1] 단 마르기만 하거나 체중을 줄이기만 하는 다이어트가 아니라, 근육량을 제대로 늘리고 지방을 줄이는 것이 생명력을 높이는 것으로 이어진다. 그러기 위해서는 식이 조절도 중요하다. 영양에 균형이 잡힌 식사와 적절한 운동이 강한 생명력으로 이어지기 때문이다.[2]

(주1) 항염증: 자극을 받아 몸에 일어나는 증상을 억제하는 것

(주2) 대사: 오래된 것과 새로운 것이 바뀌는 것

(주3) 만성적: 증상이 낫기 힘들고 오래 가는

어휘 抗炎症(こうえんしょう) 항염증 | 抗酸化(こうさんか) 항산화 | 作用(さよう) 작용 | 腸内(ちょうない) 장내(장 속) | 整(ととの)える 정돈·조정하다 | どうやら 다분히, 아무래도 | 役立(やくだ)つ 도움되다 | 具体的(ぐたいてき) 구체적 | ショウガ 생강 | ハチミツ 벌꿀, 꿀 | 海藻類(かいそうるい) 해조류 | 酸化(さんか)する 산화하다 | 老化(ろうか) 노화 | 代謝(たいしゃ) 대사 | 抑(おさ)える 억제하다, 줄이다 | 細胞(さいぼう) 세포 | 活性(かっせい) 활성 | 取(と)り入(い)れる 도입하다, 채택하다 | 消費(しょうひ) 소비 | 脂肪(しぼう) 지방 | 燃(も)える 타다 | 筋肉(きんにく) 근육 | 普段(ふだん) 보통, 일반 | 生(う)まれ変(か)わる 다시 태어나다 | 肌(はだ) 피부 | 慢性的(まんせいてき) 만성적 | 炎症(えんしょう) 염증 | 抑制(よくせい)する 억제하다 | 効果(こうか) 효과 | 期待(きたい) 기대 | 防(ふせ)ぐ 막다, 방지하다 | スリム 슬림(slim) | 体質(たいしつ) 체질 | 期待(きたい) 기대 | 脂肪(しぼう) 지방 | 減(へ)らす 줄이다 | 生命力(せいめいりょく) 생명력 | 栄養(えいよう) 영양 | バランス 밸런스, 균형 | 適度(てきど)な 적절한 | 刺激(しげき) 자극 | 症状(しょうじょう) 증상 | 入(い)れ替(か)わる 바뀌다, 교체하다 | 長引(ながび)く 오래 끌다, 연장하다 | 触(ふ)れる 접촉하다, 다루다 | つながる 이어지다, 연결되다

1 A와 B 어느 쪽의 글에서도 다루어지고 있는 점은 무엇인가?

1 몸에 좋은 음식의 예

2 다이어트의 중요성

3 항염증 음식의 효과

4 건강한 몸 만드는 법

해설 두 글의 공통점 찾기 문제이다. A에서는 항염증 음식에 대해 체내 산화 억제, 개개의 세포 활성을 높여 다이어트로 이어진다는 효과를, B에서는 병을 막음과 동시에 건강하고 슬림한 체질 만들기에 효과가 있다고 말하고 있어, 공통적으로 항염증 음식의 효과를 다루고 있다.

2 A와 B는 항염증 음식의 다이어트 효과에 대해서 어떻게 서술하고 있는가?

1 A도 B도, 항염증 음식을 먹으면 지방이 줄고, 근육이 늘 거라고 서술하고 있다.

2 A도 B도, 운동으로 체중을 줄이기 위해서는 항염증 음식은 효과적이라고 서술하고 있다.

3 A는 항염증 음식은 다이어트에 효과적이라고 서술하고, B는 더 나아가 항염증 음식의 건강 면에의 영향에 대해서 서술하고 있다.

4 A는 항염증 음식을 일상적으로 먹으면 다이어트에 도움이 된다고 서술하고, B는 더 나아가 항염증 음식은 장수로 이어진다고 서술하고 있다.

해설 A는 항염증 음식의 효과로서 다이어트에 도움이 된다고 하고, B는 근육량을 제대로 늘리고 지방을 줄이는 것이 생명력을 높이는 것으로 이어진다는 말에서, 다이어트뿐만 아니라 건강 면에 대해서도 말하고 있음을 알 수 있다.

실전시험 134 | 통합 이해 [5]

▶본서2 p.420

정답 **1** 4 **2** 3

해석

A

꽃구경 시즌이 되면, 공원 등에서 먹고 마시는 것으로 매년 문제가 되는 게 쓰레기 문제이다.[1] 고가네이 공원에서는 3일간 4톤이나 되는 쓰레기가 나왔는데, 어떤 방법으로 90% 줄이기에 성공했다. 그 방법이란 쓰레기통의 철거이다. 쓰레기는 꽃구경 손님에게 가지고 돌아가도록 하고 노점에서 사 온 물건에 따라오는 용기와 젓가락은 구입한 가게에 반납하는 방법을 취하는 것만으로 쓰레기가 격감했다고 한다.

규칙을 어기는 사람에게 돈을 지불하게 하자는 목소리도 있었던 듯한데, 쓰레기통을 철거하는 것만으로 개개인이 쓰레기를 가지고 돌아가지 않으면 안 된다는 의식이 생겨 쓰레기 양을 줄일 수 있었다며 성과를 느끼고 있다고 말한다.[2]

B

후쿠오카시에서는 쓰레기 감량 작전을 시행하고 있다. 벚꽃의 명소인 텐진 중앙공원에서는 '꽃구경 장소 신고제'를 취하는 것으로 쓰레기 양이 70% 줄었다.[1] 이 신고는 인터넷이나 전화가 아니라 사무소에서 대면해서 신청하게 되어 있다. 대면하는 것으로 그 구획을 누가 사용하고 있는지를 담당자가 알고 있기 때문에 쓰레기를 놓고 돌아가는 사람도 줄고 있다고 한다.

이전보다 쓰레기 양이 줄은 것은 좋은 일이지만, 대면해서 신청하는 것 치고는 쓰레기 양이 70%밖에 줄지 않았다는 것은 조금 유감스럽기도 하다.[2] '집에 돌아가는 것까지가 꽃구경'. 자신이 가지고 온 것은 깔끔하게 가지고 돌아간다는 매너는 지켜 주길 바란다.

(주) 철거: 없애는 것

정답 花見(はなみ) 꽃구경 | シーズン 시즌 | 飲食(いんしょく) 음식 | 撤去(てっきょ) 철거 | 花見客(はなみきゃく) 꽃구경객 | 出店(しゅってん) 가게를 냄 | 容器(ようき) 용기 | 箸(はし) 젓가락 | 購入(こうにゅう) 구입 | 返却(へんきゃく) 반납 | 激減(げきげん) 격감 | 破(やぶ)る 깨다, 부수다 | 作戦(さくせん) 작전 | 桜(さくら) 벚꽃 | 届(とど)け 신고 | 事務所(じむしょ) 사무소 | 対面(たいめん) 대면 | 区画(くかく) 구획 | きちんと 제대로, 꼬박꼬박 | マナー 매너 | 施設(しせつ) 시설 | 割合(わりあい) 비율 | 急増(きゅうぞう) 급증 | 減少(げんしょう) 감소 | 満足(まんぞく) 만족

1 A와 B에 공통된 화제는 무엇인가?

1 공공시설의 이용 안내

2 쓰레기통에 대한 사람들의 관심

3 쓰레기가 환경에 주는 영향

4 꽃구경 시즌의 쓰레기 문제

해설 A는 꽃구경 시즌의 쓰레기 문제를 다루고, B는 후쿠오카시의 벚꽃 명소의 쓰레기 문제를 예로 들어 말하고 있는 것으로 보아 공통적으로 꽃구경 시즌의 쓰레기 문제에 대해 서술하고 있다는 것을 알 수 있다.

2 각각 세운 대책에 따라서 A와 B는 어떤 결과가 되었는가?

1 A도 B도, 예상대로의 비율로 쓰레기를 가지고 돌아가는 사람이 급증했다.

2 A도 B도, 쓰레기는 감소했으나, 사람들의 의식에는 별로 변화를 볼 수 없다.

3 A는 쓰레기 감소량에 만족하고 있지만, B는 대책의 효과에 그다지 만족하고 있지 않다.

4 A는 현재 방법을 유지할 생각이지만, B는 앞으로 다른 방법을 도입하는 것도 생각하고 있다.

해설 A는 쓰레기를 가지고 돌아가야 한다는 의식이 생겨 쓰레기 양을 줄일 수 있었다며 성과를 느낀 것에 반해, B는 기대보다는 쓰레기 양이 줄지 않은 것에 대한 유감을 말하고 있다.

실전시험 135 | 통합 이해 [6]

▶본서2 p.422

정답 **1** 1 **2** 2

해석

A

병의 원인은, 선천적인 것을 제외하면, 대부분의 경우가 스트레스는 아닌가라는 생각이 든다. 스트레스라고 하

는 것은 육체적인 것이 아니라 정신적인 것이 원인이 되지만, 현대사회에서는 스트레스 없이 살아가기는 상당히 어렵다. 직장과 가정, 부모 형제와의 불화나 이웃과의 문제는 많이 있다. 가계나 빚 등의 경제적인 문제 또한 정신적인 스트레스가 된다.

정신적인 스트레스를 받으면 신경까지도 손상을 입고, 그 사람의 약한 부위에 증상이 나올 때가 있다.2 몸을 치료해도 그 원인인 스트레스를 경감하지 않으면 근본적인 개선은 되지 않는다. 그 사람에게 알맞은, 스트레스를 받지 않을 사고방식과 삶의 방식을 찾는 것이 중요한 것이다.1

B

마음과 몸에 스트레스를 느끼면, 체내의 밸런스가 흐트러지고 마음과 몸의 균형이 잘 맞지 않게 된다. 그러면 몸의 여기저기에서 이상이 나타나고 모든 병으로 연결되어 상당히 위험하다.2 또 스트레스를 일시적으로 해소하려고 해서, 그만 과식해버리거나 마시는 술의 양이 늘고 말아버리는 일도 있는데, 식생활의 혼란은 여러 가지 생활습관병을 일으킬지도 모른다.

그럼, 스트레스를 줄이기 위해서는 어떻게 하면 좋을까? 우선 웃는 것. 그리고 좋아하는 일을 하거나 긴장을 풀 수 있는 시간을 만드는 것이다. 자신에 대한 포상을 정해 그것을 목표로 일주일간을 분발하면 평일의 스트레스도 성취감으로서 좋은 효과를 발휘한다. 또 스트레칭과 조깅 등 몸을 움직이는 것도 추천이다.1

(주1) 불화: 사이가 나쁜 것

(주2) 조화/균형: 밸런스

(주3) 포상: 칭찬하여 주는 금품

어휘 原因(げんいん) 원인 I 先天的(せんてんてき) 선천적 I 除(のぞ)く 제외하다 I ほとんど 거의 I 肉体的(にくたいてき) 육체적 I 精神的(せいしんてき) 신체적 I 生(い)きる 살다 I 非常(ひじょう)に 상당히 I 職場(しょくば) 직장 I 親兄弟(おやきょうだい) 부모 형제 I 不和(ふわ) 불화 I 多々(たた) 많이 I 家計(かけい) 가계 I ローン 대부, 신용 거래(loan) I 経済的(けいざいてき) 경제적 I 神経(しんけい) 신경 I ダメージ 손상(damage) I 部位(ぶい) 부위 I 症状(しょうじょう) 증상 I 治療(ちりょう) 치료 I 軽減(けいげん) 경감 I 根本的(こんぽんてき) 근본적 I 改善(かいぜん) 개선 I 見合(みあ)う 균형이 잡히다 I 乱(みだ)れる 흐트러지다, 혼란스러워지다 I 釣(つ)り合(あ)い 균형, 조화 I 異常(いじょう) 이상 I あらゆる 모든, 여러 I 一時的(いちじてき) 일시적 I 解消(かいしょう) 해소 I 引(ひ)き起(お)こす 일으키다 I 笑(わら)う 웃다 I リラックス 긴장을 풀다, 릴랙스(relax) I 褒美(ほうび) 포상 I 達成感(たっせいかん) 성취감 I 発揮(はっき) 발휘 I ストレッチ 스트레칭 I ジョギング 조깅(jogging) I おすすめ 추천 I 金品(きんぴん) 금품 I 予防(よぼう) 예방 I 治療(ちりょう) 치료 I なるべく 될 수 있는 한 I 楽天的(らくてんてき) 낙천적 I 日常(にちじょう) 일상 I 及(およ)ぼす 끼치다, 미치다

1 A와 B에서 의견이 일치하고 있는 것은 어느 것인가?

1 병의 예방과 치료에는 가능한 스트레스가 없는 생활을 보내는 것이 중요하다.

2 육체적인 요인도 정신적인 요인도 스트레스의 원인이 될 수 있다.

3 스트레스는 낙천적인 사고방식과 스포츠를 통해서 줄일 수 있다.

4 현대인은 일상생활 속에서 항상 스트레스를 느끼고 있다.

해설 A는 스트레스를 받지 않을 사고방식과 삶의 방식을 찾는 것이 중요하다고, B는 스트레스를 느끼면 모든 병으로 연결되어 위험하다고 말하고 있다. 즉, 두 글은 모두 가능한 스트레스가 없이 생활하는 것에 대한 중요성을 강조하고 있다.

2 A와 B는 스트레스와 병의 관계에 대해서 어떻게 서술하고 있는가?

1 A도 B도 마음이 약한 사람이 스트레스를 받으면 병으로 이어지기 쉽다(고 서술하고 있다).

2 A도 B도 스트레스는 육체에 악영향을 끼치고 여러 가지 병을 가져온다(고 서술하고 있다).

3 A는 스트레스를 받지 않는 것, B는 스트레스를 해소하는 것이 중요하다(고 서술하고 있다).

4 A는 정신적인 스트레스를 B는 신체적인 스트레스를 줄이는 것이 중요하다(고 서술하고 있다).

해설 A는 스트레스로 인해 약한 부위에 증상이 나온다고 하고, B는 스트레스가 모든 병으로 연결되는 등의 위험성에 대해 말하고 있으므로 답은 2번이라고 할 수 있다.

문제13 내용 이해 : 장문

실전시험 136 I 내용 이해 : 장문 [1]

본서2 p.428

정답 1 2 2 2 3 3

해석

일본에서는 지금까지 많은 사람들이 '물과 안전은 무료'라고 믿어 온 것은 아닐까? 그렇지만 이 몇 년 사이에 그것이 틀린 생각이었다는 것을 많은 사람들이 깨달았을 것이다. 특히, 안전에 대해서는 딱 잘라 ①'무료는 아니다!'라고 말하고 싶다.

나는 일 관계로 식품 제조 업체의 제조 현장을 견학하는

일이 많다. 그때 느낀 것은 어디든 급속하게 위생 문제에 신경 쓰고 있다는 것이다.1

예를 들면 식품 제조 업체에서는 입실하기 전에 유니폼으로 갈아입고 옷의 먼지를 털어내고, 그래도 남아 있는 작은 먼지를 공기로 불어 날리고 양손을 소독하고 마침내 방에 들어갈 수 있는 것이 보통이다.2

또, 재료 준비, 조리, 그것을 포장하는 단계 등, 모든 단계가 방으로 구분되어, 서로의 방에 출입할 수 없는 시설도 많다. 그렇지만, 거기에는 방대한 비용이 들고 있는 것은 말할 것도 없다.2

왜 ②이렇게까지 하는가 하면, 그것은 역시 소비자에 대한 대응을 생각하고 있기 때문이다. 이물(질)이 섞여 있거나 부패되어 있다는 불만이 급증하고, 사건으로서 크게 다뤄지게 되었기 때문에 돈을 들여 안전 대책을 하지 않으면 기업으로서 살아남지 못하게 되었기 때문이다.

그렇지만, 이런 안전 대책이 증가하고 있는 것은 소비자들을 위함이 아닐 가능성이 높다. 썩지 않도록 보존료를 넣거나 소재의 맛과 향기가 없어져 버릴 만큼 가열하는 탓에 조미료를 대량으로 사용한다던가…. 생산자도 소비자도 그런 식품은 좋아하지 않을 테지만, 부패되어 클레임이 나오는 것보다는 낫다고 사업자들은 생각해 버리고 만다.

그렇지만 중요한 것은 사회에 있어서 최적의 안전 대책이란 무엇인가를 냉철하게 생각하는 것이다. 그렇지 않으면 위생 관리에 한없이 돈을 써버리고 결과적으로 그 비용은 소비자에게 돌아온다. 그러면 아무도 행복해질 수 없다.3

(주1) 이물: 거기에 있으면 안 되는 물건

(주2) 부패되다: 음식이 상하거나 썩는 것

어휘 気付(きづ)く 알아차리다, 깨닫다 | 製造(せいぞう) 제조 | 現場(げんば) 현장 | 衛星(えいせい) 위생 | 気(き)を配(くば)る 배려하다, 주의하다, 신경 쓰다 | ユニフォーム 유니폼, 제복 | 着替(きが)える 갈아입다 | ほこり 먼지 | 残(のこ)る 남다 | 吹(ふ)き飛(と)ばす 불어 날리다 | 両手(りょうて) 양쪽 손 | 消毒(しょうどく) 소독 | パッケージする 패키지하다, 싸다 | 段階(だんかい) 단계 | 区切(くぎ)る 구획 짓다 | お互(たが)い 서로 | 出入(でい)り 출입 | 施設(しせつ) 시설 | 膨大(ぼうだい)な 방대한 | 費用(ひよう) 비용 | 対応(たいおう) 대응 | 異物(いぶつ) 이물 | 混(ま)じる 섞다 | 傷(いた)む 아프다, 상하다 | クレーム 클레임, 불만 | 急増(きゅうぞう)する 급증하다 | 扱(あつか)う 취급하다 | 対策(たいさく) 대책 | 企業(きぎょう) 기업 | 生(い)き残(のこ)る 살아남다 | エスカレートする 단계적으로 확대되다 | 消費者(しょうひしゃ) 소비자 | 保存料(ほぞんりょう) 보존료 | 素材(そざい) 소재 | 香(かお)り 향기 | 消(き)える 없어지다, 사라지다 | 加熱(かねつ)する 가열하다 | 大量(たいりょう) 대량 | 生産者(せいさんしゃ) 생산자 | 事業者(じぎょうしゃ) 사업자 | 最適(さいてき)な 최적인, 가장 적합한 | 冷静(れいせい)に 냉정하게, 냉철하게 | 管理(かんり) 관리 | 果(は)てしなく 한없이 | 返(かえ)る 되돌아오다 | 幸(しあわ)せ 행복 | 傷(きず)つく 상처받다, 다치다 | 腐(くさ)る 썩다, 부패하다 | 多額(たがく) 다액, 많은 금액 | 有料(ゆうりょう) 유료 | 具体的(ぐたいてき) 구체적 | 製造(せいぞう) 제조 | 高級(こうきゅう)な 고급스러운 | 徹底(てってい)する 철저하다 | 第一(だいいち) 제일 | 利益(りえき) 이익 | つねに 항상 | 耳(みみ)をかたむける 귀를 기울이다 | 反映(はんえい) 반영 | 損(そん)をする 손해를 보다 | もたらす (결과·이익 등을) 가져오다

1 필자는 왜, 안전은 무료는 아니다라고 생각하는 것인가?

1 '물과 안전은 무료'라고 믿을 수 없게 되었기 때문에

2 안전에 많은 비용이 드는 것을 알고 있기 때문에

3 옛날에는 무료였던 물도 지금은 유료이기 때문에

4 돈만 내면 안전을 살 수 있는 시대이기 때문에

해설 예를 통해 방대한 비용이 드는 것에 대해 강조하고 있다.

2 이렇게까지 한다는 것은 구체적으로 어떤 것인가?

1 식품을 제조할 때 고급스러운 재료를 사용하는 것

2 식품을 제조할 때 철저한 위생 관리를 행하는 것

3 소비자의 행복을 제일로 생각하는 것

4 사업자의 이익을 최우선으로 생각하는 것

해설 식품 제조 업체의 제조 현장을 견학할 때 보면 위생 문제에 굉장히 신경 쓰고 있는 것을 알 수 있다.

3 글에서 필자가 말하고 싶은 것은 무엇인가?

1 소비자는 식품의 안전에 대해서 생산자보다 신경을 쓰지 않으면 안 된다.

2 생산자는 항상 소비자의 목소리에 귀를 기울이고 의견을 반영시키는 것이 중요하다.

3 식품의 안전에 관해서는 잘 생각하는 편이, 생산자와 소비자 모두 손해를 보지 않는다.

4 안전 대책은 많으면 많을수록 생산자와 소비자에게 행복한 결과를 가져온다.

해설 최적의 안전 대책을 냉철하게 생각하지 않으면 아무도 행복해질 수 없다고 말하는 부분에서 힌트를 얻을 수 있다.

실전시험 137 | 내용 이해 : 장문 [2]

▶본서2 p.430

정답 1 2 2 4 3 4

해석

예전에, 서점에 근무한 적이 있다. 매장에 서면 아침부터 밤까지 '어서 오세요', '감사합니다'를 반복한다. 어느

날, 휴식을 마친 여자 아르바이트생이 키득키득 웃으면서 돌아왔다. 이유를 묻자, 도시락 뚜껑을 열고 '잘 먹겠습니다'라고 말하려 했는데 '어서 오세요'라고 말하며 머리를 숙였다고 한다.

'감사합니다'도 버릇이 된다. 쇼핑을 할 때 또는 택시에서 내릴 때, 잔돈을 받으면서 극히 자연스레 '감사합니다'라고 말해 버린다. 받은 서비스에 대한 예의이다. 나쁜 일도 아니고 상대에게 이상한 느낌을 주는 일도 아니지만 무표정인 채 잔돈을 내미는 점원과 운전수를 만나면 왜 나만 예의를 표하는가 싶어[1] ①쓴웃음을 짓는다.

장사라는 것은 훌륭한 시스템이다. 속이는 것 없이 납득한 후의 공평한 거래라면 서로 기쁠 수 있으니까. 파는 쪽은 '우리 가게에서 사 주셔서 감사하다'라고 감사는 해도 딱히, 사는 쪽이 대단한 것은 아니다.

'아니, 손님은 대단하다. 살 때의 손님은 왕이다'라는 생각도 있을 것이다. 예전에 나도 그렇게 생각했다. 그렇지만 어느 날 그것을 바꾸는 사건이 있었다.

막 중학생이 된 여름 방학에 나는 부모님 고향에 놀러가 어떤 광경을 보았다. 가게 앞에 모자를 쓴 아저씨가 서서 안쪽을 보고 있었다. 50대 정도의 사람으로 일행은 없었다. 식사가 끝나고 가게를 나오려고 했던 듯 하다. 아저씨는 지갑을 한쪽 손에 들고 말했다.

"잘 먹었습니다."

매우 뜻밖의 말이었다. 대금을 지불하려고 해서 점원의 모습이 보이지 않을 경우, 우선 '저기요'라고 부르는 것이라고 생각했었다. 그런데 이 아저씨는 무료로 대접받은 것처럼 '잘 먹었습니다'라고 말하는 것이다.[2] ②위화감을 느낀 것은 한순간뿐 다음 순간 내 안에 변화가 일어났다.

자신을 위해서 서비스해 주었기 때문에, 손님으로서 돈을 지불한다 해도 감사의 마음을 말하는 것이 예의이다. 생각지도 못했는데 그건 그렇다고 납득하고 손님은 대단한 것은 아니라는 것을 알게 된 것이다.[3]

후일, 식당에서 식사를 하고 가게를 나올 때, 나는 작은 소리로 '잘 먹었습니다'라고 말해 보았다. 그러자, 그것뿐인데, 내가 어른으로 한 발짝 다가선 것처럼 느껴졌다. 이후, 가게 쪽이 불친절하지 않은 한 '잘 먹었습니다'를 말하도록 하고 있다. 그 아저씨에게는 지금도 감사하고 있다.

(주1) 쓴웃음: 불쾌감이나 당혹감을 느끼면서도 어쩔 수 없이 웃는 것

(주2) 대접하다: 손님의 시중을 들다.

어휘 お互(たが)いに 서로 | 喜(よろこ)ぶ 기뻐하다 | かつて 예전부터, 전에 | 勤(つと)める 근무하다 | 晩(ばん) 저녁 | 休憩(きゅうけい) 휴식 | 終(お)える 끝내다, 마치다 | くすくす 낄낄, 킥킥 | 笑(わら)う 웃다 | 戻(もど)る 돌아오다 | 弁当箱(べんとうばこ) 도시락통 | ふた 뚜껑 | 頭(あたま)を下(さ)げる 머리를 숙이다 | 癖(くせ) 버릇 | あるいは 또는 | おつり 잔돈 | 受(う)け取(と)る 수취하다, 받다 | ごく 극히 | お礼(れい) 사의, 사례, 답례 | 相手(あいて) 상대 | 不思議(ふしぎ)に 이상하게 | 無表情(むひょうじょう) 무표정 | 差(さ)し出(だ)す 내밀다 | 苦笑(くしょう) 쓴웃음 | 商売(しょうばい) 장사 | ごまかし 속임 | 納得(なっとく)する 납득하다 | 公平(こうへい) 공평 | 取引(とりひき) 하다 | 感謝(かんしゃ)する 감사하다 | 別(べつ)に 딱히, 별로 | 買(か)い手(て) 사는 사람, 사는 쪽 | 偉(えら)い 훌륭하다, 대단하다, 지위·신분이 높다 | 王様(おうさま) 왕 | 出来事(できごと) 사건, 일 | 故郷(こきょう) 고향 | 光景(こうけい) 광경 | 店先(みせさき) 가게 앞 | 帽子(ぼうし) 모자 | かぶる 쓰다, 뒤집어쓰다 | 奥(おく) 안쪽 | 連(つ)れ 동반 | 財布(さいふ) 지갑 | 片手(かたて) 양손 | 意外(いがい) 의외 | 言葉(ことば) 말, 단어 | 代金(だいきん) 대금 | 払(はら)う 지불하다, 돈 내다 | 姿(すがた) 모습 | とりあえず 우선, 일단 | 呼(よ)びかける 부르다, 설득하다, 호소하다 | もてなす 대접하다 | 違和感(いわかん) 위화감 | 一瞬(いっしゅん) 한순간, 일순 | 礼儀(れいぎ) 예의 | すると 그러자 | 後日(ごじつ) 후일 | 一歩(いっぽ) 한 발짝 | 近付(ちかづ)く 다가가다 | 不親切(ふしんせつ) 불친절 | 謝(あやま)る 사과하다 | 気付(きづ)く 알아차리다, 깨닫다 | 味(あじ)わう 맛보다

1 ①쓴웃음을 지어버린다는 것은 왜인가?

1 손님이 사의를 표하면 서비스를 하는 쪽이 손님에게 감사하기 때문에

2 손님이 사의를 표하고 있는데 서비스를 하는 쪽이 손님에게 감사하지 않기 때문에

3 손님에게 사의를 표하지 않으면 이상하게 생각하는 택시 운전수가 있기 때문에

4 손님이 사의를 표해 당연하다고 생각하는 택시 운전수가 있기 때문에

해설 정작 인사를 해야 할 점원과 운전수는 예의를 표하지 않고, 내 쪽에서만 받은 서비스에 대해 예의를 표하기 때문이라고 말하고 있다.

2 필자는 무엇에 ②위화감을 느낀 것인가?

1 대금을 지불하지 않은 아저씨가 '죄송합니다'라고 사과한 것

2 아저씨가 대금을 지불하려고 하는데 점원이 없었던 것

3 아저씨가 대금을 공짜로 해 받으려고 한 것

4 대금을 지불하는 쪽의 아저씨가 '잘 먹었습니다'라고 말한 것

해설 대금을 지불하려고 할 때 점원이 없을 경우 당연히 필자는 '저기요'라고 부를 거라고 생각했는데 '잘 먹었습니다'라고 말했기 때문이다.

3 필자는 왜 지금도 아저씨에게 감사하고 있는 것인가?

1 예의를 지키는 어른은 대단한 것이라고 깨닫게 해 주었기 때문에

2 식당에선 '잘 먹었습니다'라고 말하는 예의를 가르쳐 주었기 때문에

3 작은 일이지만 어른의 세계를 맛보게 해주었기 때문에

4 손님이 대단한 것은 아니란 것을 가르쳐 주었기 때문에

해설 자신을 위해 서비스를 해준 데에 대한 감사의 표현을 하는 예의와, 손님 쪽이 더 대단한 것은 아니라는 것을 깨닫게 해주었기 때문이다.

실전시험 138 | 내용 이해 : 장문 [3]

▶본서2 p.432

정답 1 3 2 2 3 2

해석

'남녀 7세 부동석'. 옛날 사람들은 낡은 말을 했다. 그러나, 옛날이기 때문에 낡았음에 당연하다. 교육을 생각할 때, 예를 들면 남자와 여자라는 구체적인 문제가 나온다. 남자는 남자답게, 여자는 여자답게. 그런 것을 현대에서 주장한다면, '낡았다'라는 한마디로 끝날 것이다.

대학에서 학생을 가르치고 있을 때, 눈에 띄는 것은 여자는 활발하고 남자는 활발하지 않다는 것이다. 거리로 나와 레스토랑에 점심을 먹으러 가면, 손님의 대부분은 여성이다. 기운차고 활발하고 멋쟁이이고, 예쁜 것은 여성이다. 남자는 안 된다. 어두운색의 수트로 몸을 감싸고, 의미를 알 수 없는 모양의 넥타이로 목을 매고 있다. 어른이 그런 상태이기 때문에 학생도 남자는 기운이 없다. 강의에서 앞쪽에 앉는 것은 대부분 여자 학생이다.

페미니즘이라고 하는 것은 한때 번성했다. ①이것 때문에 곤란했다. 나는 실은 페미니스트이다. 다름 아닌 모자 가정에서 자라고, 어머니가 (돈을) 벌고 있었기 때문에, 집에서 가장 지위가 높은 것은 어머니였다. 여자 없이는 아무것도 시작되지 않았던 것이다.[1]

고등학교 때, 집에서 원숭이를 기르고 있었다. 어머니가 마음대로 기르겠다고 정해버렸다. 그러나 보살피는 것은 나였고, 이 원숭이가 잘 알고 있었다. 정원에서 원숭이를 보살피고 있으면, 역시 나에게는 붙임성 있게 대한다. 그렇지만 갑자기 태도가 확 바뀌기도 한다. 주변 사람에게 짖기도 한다. 왜 갑자기 태도가 바뀌었나 하고 주변을 살피면 2층 창문으로 어머니의 얼굴이 보인다. 보스가 얼굴을 보였기 때문에 갑자기 태도를 바꾼 것이다. 원숭이의 보살핌 같은 건 일절 하지 않는 어머니를 원숭이 쪽은 보스라고 생각하고 있기 때문이다.

여자아이가 기운차고 활발하고 남자아이가 얌전하고 신경질적(이고), 이를 보고 있으면 옛날 사람이 말한 것을 잘 이해할 수 있다. '여자는 여자답게 조용하고 우아하게', '남자는 남자답게 기운차고 활발하게'라고, 즉, 그것이 교육인 것이다. 방치해 둔다면 어떻게 될까. 지금처럼 되는 것이다. 남자가 얌전하게, 여자가 활발하게. 방치해 두면 자연스럽게 그렇게 되는 것을 교육할 필요는 없다. 교육으로 그것을 '바꾸고', 어떻게든 남녀 각각이 세상에 도움이 되도록 한다. 그것이 교육이란 것이 아닐까?[2] [3] 그것을 한마디로 '낡았다'고 결정지어 버리면, 그 책임을 누가 진다는 것일까?

(주1) 남녀 7세 부동석: 7세가 되면 남녀의 구별을 확실하게 시켜야만 한다

(주2) 페미니즘: 여기에서는 여성 존중 주의

(주3) 붙임성: 여기에서는 태도

어휘 具体的(ぐたいてき) 구체적 | 現代(げんだい) 현대 | 主張(しゅちょう) 주장 | 目立(めだ)つ 눈에 띄다 | 活発(かっぱつ) 활발 | 身(み)を包(つつ)む 몸을 감싸다 | 模様(もよう) 모양 | 首(くび) 목 | しめる 메다 | 一時(いちじ) 일시, 한때 | 盛(さか)んだ 한창이다, 번성하다 | フェミニズム 페미니즘(feminism) | 母子(ぼし) 모자(엄마와 아이) | 稼(かせ)ぐ (돈을) 벌다 | 偉(えら)い 대단하다, 지위·신분이 높다 | 母親(ははおや) 모친, 어머니 | サル 원숭이 | 飼(か)う 기르다 | 勝手(かって)に 제멋대로 | 世話(せわ)をする 보살피다 | 庭(にわ) 정원 | 面倒(めんどう)を見(み)る 돌봐주다 | さすがに 과연 | 愛想(あいそう) 붙임성 | 突然(とつぜん) 돌연, 갑자기 | 態度(たいど) 태도 | がらりと 싹(갑자기 변하는 모양) | ほえる 짖다 | 見回(みまわ)す 둘러보다 | ボス 보스(boss) | 静(しず)かだ 조용하다 | 上品(じょうひん)だ 고상하다, 우아하다 | 放(ほう)る 던지다, 내버려 두다 | 責任(せきにん) 책임 | 尊重(そんちょう) 존중 | 主義(しゅぎ) 주의 | 同意(どうい) 동의 | 育(そだ)つ 자라다, 크다 | うんざり 진절머리 남, 지긋지긋 | 意志(いし) 의지 | 積極的(せっきょくてき) 적극적 | 消極的(しょうきょくてき) 소극적 | 長所(ちょうしょ)장점 | 足(た)りる 족하다, 충분하다 | 補(おぎな)う 보충하다 | 平等(びょうどう) 평등 | 与(あた)える 주다 | 区別(くべつ) 구별 | 改(あらた)める 개정하다, 고치다

1 ①이것 때문에는 곤란했다는 것은 왜인가?

1 남자보다 여자를 존중하는 사고방식에 전혀 동의 할 수 없었기 때문에

2 동물조차도 남자보다 여자를 존중하는 사회에 질렸기 때문에

3 남자보다 여자의 지위가 높고, 여자 중심의 가정에서 자랐기 때문에

4 여자의 의지가 강하고, 남자의 의견을 무시하는 가정에서 자랐기 때문에

해설 실은 페미니스트로 여자가 없이는 아무것도 시작할 수

없고 집에서도 지위가 가장 높은 것은 어머니인 모자 가정에서 자랐기 때문이라고 본문에서 설명하고 있다.

2 필자는, 교육을 하지 않고 방치해 두면, 남녀가 어떻게 된다고 말하고 있는가?

1 남자는 적극적이고, 여자는 소극적이 된다.

2 남자는 기가 약하고, 여자는 기운차게 된다.

3 남자는 몸이 약하고, 여자는 기운차게 된다

4 남자는 남자다워지고, 여자는 여자다워진다.

해설 방치해 둔다면 지금처럼 남자가 얌전하게, 여자가 활발하게 될 거라고 말하고 있다.

3 필자는 남녀문제에 대해서 어떻게 교육해야만 한다고 생각하고 있는가?

1 남녀는 각각 다른 장점이 있고, 교육을 통해서 그것을 길러야만 한다.

2 남녀의 각각에게 부족한 부분을 교육을 통해서 채워야만 한다.

3 남녀를 성별로 나눌 것이 아니라, 평등한 교육을 주어야만 한다.

4 남녀를 구별하는 것이 낡았다는 사고방식을, 교육을 통해서 고치게 해야만 한다.

해설 교육으로 그것을 바꾸고 어떻게든 세상에 도움이 된다는 말에서 유추해 볼 수 있는데 이는 서로의 부족한 부분을 교육을 통해서 채워준다는 말로 이해할 수 있다.

문제14 정보 검색

실전시험 139 | 정보 검색 [1]

▶본서2 p.438

정답 **1** 4 **2** 2

해석

오른쪽 페이지는 캠프장의 이용 안내이다.

시민 캠프장 이용 안내

시민 캠프장은 이용 기간 중이면 누구라도 이용할 수 있는 시설입니다.

가족과 그룹이 대자연 속에서 아웃도어 라이프를 만끽하세요.

◇이용 기간

• 4월 1일~1월 30일

◇이용 시간

• 당일 이용 시간: 10:00~16:00

• 숙박 이용 시간: 16:30~다음날 9:30

◇텐트 사이트(약 50㎡) 이용 요금

당일치기 (10~16시)	평일	500엔	주: 휴일 전의 숙박은 주말/공휴일 요금이 적용됩니다.
	토 일/공휴일	750엔	
숙박[1] (16:30~익일9:30)	평일	1,000엔	
	토 일/공휴일	1,500엔	
샤워 이용료[1]	1회	300엔	숙박자만 이용 가능

◇주의 사항[2]

1. 화기 사용에 대해서

• 지정된 장소 이외에서는 불을 사용하지 말 것.

• 담배는 소정의 장소에서 피워 주세요

• 기상 상황에 따라 화기 사용을 제한할 수 있습니다.

2. 쓰레기 등의 처리에 대해서

• 가져온 쓰레기는 가지고 돌아가 주세요.

※주변에 떨어져 있는 나무, 나뭇가지 등은 태우지 말아 주세요.

※시설 사용 후에는 다음 이용자를 위해서 완전히 정리를 해주세요.

어휘 職場(しょくば) 직장 | 同僚(どうりょう) 동료 | 費用(ひよう) 비용 | 調(しら)べる 조사하다 | 日時(にちじ) 일시 | 人数(にんずう) 인원수 | 男女(だんじょ) 남녀 | ともに 함께, 동시에 | 施設(しせつ) 시설 | 際(さい)に ~때에 | 指定(してい) 지정 | 吸(す)う 피우다 | 捨(す)てる 버리다 | 折(お)る 꺾다, 접다 | 満喫(まんきつ) 만끽 | 日帰(ひがえ)り 당일치기 | 宿泊(しゅくはく) 숙박 | 適用(てきよう) 적용 | 注意(ちゅうい) 주의 | 事項(じこう) 사항 | 火気(かき) 화기 | 所定(しょてい) 소정 | 気象(きしょう) 기상 | 状況(じょうきょう) 상황 | 制限(せいげん) 제한 | 等(など) ~등 | 処理(しょり) 처리 | 周辺(しゅうへん) 주변 | 燃(も)やす 태우다 | 片(かた)づけ 정리

1 야마다 씨는 직장 동료와 캠프에 가게 되었다. 비용을 알아보기 위해, 일시와 인원수 등을 묻고 메모했다. 비용은 한 사람당 얼마 드는가?

<야마다 씨의 메모>

• **1월 28일 (토) 5시 ~ 다음날 9시**[1]
• **여성은 샤워**[1]를 사용하고 싶음

1 남녀 모두 1,500엔

2 남녀 모두 1,800엔

3 남성은 750엔, 여성은 1,050엔

4 남성은 1,500엔, 여성은 1,800엔

해설 야마다 씨의 메모에서 알 수 있는 정보는 '토요일 숙박'과 '여성은 샤워를 원한다'라는 것이다.

본문의 표에서 메모의 내용과 일치하는 부분을 찾아보

면 토요일 숙박 1,500엔, 샤워 이용료는 300엔이다. 남자는 숙박료만 1,500엔씩 지불하고 여성은 숙박비 (1,500엔) + 샤워 이용료(300엔) = 총 1,800엔이므로 답은 4번이다.

2 이 시설을 이용할 때 주의해야 하는 것은 다음 중 어느 것인가?

1 캠프장 내에서 불을 사용해서는 안 된다.

2 담배는 정해진 장소 이외에서 피워서는 안 된다.

3 쓰레기는 정해진 장소에 버리지 않으면 안 된다.

4 나무와 나뭇가지를 꺾어서는 안 된다.

해설 본문의 주의사항을 읽어 보면 담배는 소정의 장소에서 피워 달라고 했기 때문에, 정해진 이외에서는 피워서는 안 된다는 말이 된다.

실전시험 140 | 정보 검색 [2]

➤본서2 p.440

정답 1 4 2 2

해석

오른쪽 페이지는 불꽃 축제의 봉사 모집 안내이다.

> **불꽃 축제 봉사 모집**
>
> 1. 대회 당일 봉사[1]
>
> 8월 6일 (토) 14:00~2:00경까지 (접수 13:00 정각)
>
> ◇내용◇
>
> 관람객 중에 부상자나 환자가 발생한 경우에 환자를 텐트까지 옮기거나, 관람객 중에 미아가 나왔을 경우 미아자의 대응과 미아 안내 등을 하는 것이 주된 업무입니다.
>
> ◇대상◇[1]
>
> • 만 18~40세까지 (남녀 불문)
>
> • 봉사 경험이 있는 분은 신청할 때 전해주세요
>
> • 단, 사전에 열리는 강습회(7월 30일 오후 3시부터 2시간 정도)에 참가하실 수 있는 분에 한합니다.
>
> 2. 익일 청소 봉사[2]
>
> 8월 7일 (일) 8:00~10:30 (접수 7:00~8:00)
>
> 불꽃 축제 종료 후에는 대량의 쓰레기가 떨어져 있습니다. 불꽃 축제를 친환경적인 축제로 바꾸지 않겠습니까? 참가 기다리고 있겠습니다.
>
> ◇주의 사항◇[2]
>
> • 모자와 타월을 반드시 지참해 주세요.
>
> • 쓰레기 주울 때에 사용할 빗자루, 쓰레받기, 쓰레기봉투, 장갑은 이쪽에서 마련해 두었습니다.
>
> ◇신청 기간◇
>
> 7월 1일~7월 25일
>
> *단, 익일 청소 봉사는 당일 참가도 가능.
>
> ◇신청 방법◇
>
> 웹사이트에서 신청하시거나 홈페이지에 있는 참가신청서에 필요 사항을 기입 후, 팩스 또는 메일로 보내주세요.

어휘 募集(ぼしゅう) 모집 | 当日(とうじつ) 당일 | 参加(さんか) 참가 | 講習会(こうしゅうかい) 강습회 | 事前(じぜん)に 사전에 | 清掃(せいそう) 청소 | 申(もう)し込(こ)む 신청하다 | 現場(げんば) 현장 | 委員会(いいんかい) 위원회 | 掃除(そうじ) 청소 | 道具(どうぐ) 도구 | 受付(うけつけ) 접수 | 定刻(ていこく) 정각 | 見物客(けんぶつきゃく) 구경객, 관람객 | 病人(びょうにん) 환자 | 発生(はっせい) 발생 | 患者(かんじゃ) 환자 | テント 텐트(tent) | 運(はこ)ぶ 옮기다, 운반하다 | 迷子(まいご) 미아 | 対応(たいおう) 대응 | 業務(ぎょうむ) 업무 | 対象(たいしょう) 대상 | 程度(ていど) 정도 | 翌日(よくじつ) 익일, 다음날 | 大量(たいりょう) 대량 | エコ (친)환경(eco) | 注意事項(ちゅういじこう) 주의 사항 | 持参(じさん) 지참 | ほうき 빗자루 | ちりとり 쓰레받기

1 대회 당일 봉사에 참가 가능한 사람은 다음 중 누구인가?

1 7월 30일 강습회에 나갈 수 있는 중학생인 야마다 씨

2 7월 30일 강습회에 나갈 수 있는 50세인 요시다 씨

3 봉사 경험이 있고, 7월 30일 강습회에 나갈 수 없는 마쓰모토 씨

4 봉사 경험이 있고, 7월 30일 강습회에 나갈 수 있는 스즈키 씨

해설 질문에서 요구하는 내용을 본문에서 찾아보면 대회 당일 봉사자의 대상 부분을 잘 읽어보면 되겠다. 7월 30일 강습회에 참가할 수 있는 자에 한하며 만 18~40세이기 때문에 이 조건에 맞는 답은 4번이 되겠다.

2 스즈키 씨는 사전에 청소 봉사에 신청했는데, 당일 해야만 하는 것은 무엇인가?

1 8월 6일의 13시까지 모자와 타월을 가지고 현장에 간다.

2 8월 7일 8시까지 모자와 타월을 가지고 현장에 간다.

3 8월 6일 13시까지 가서, 모자와 타월을 위원회로부터 빌린다.

4 8월 7일 8시까지 모자와 타월과 청소 도구를 가지고 간다.

해설 신청을 한 상태이기 때문에 신청 기간이나 접수는 볼 필요는 없으며, 청소 봉사 당일은 8월 7일 8시이다. 본인이 지참해야 할 것인 모자와 타월만 가져가면 된다.

실전시험 141 | 정보 검색 [3]

➤본서2 p.442

정답 1 2 2 1

해석

오른쪽 페이지는 렌털 전문점 이용 안내이다.

대여 서비스 이용 안내

◇처음인 분에게

당점에서의 대여 이용에는 회원 등록이 반드시 필요하게 됩니다.[1] 대여 이용 등록을 해주시면 전용 카드가 발행되고, DVD, CD, 만화 대여가 가능하게 됩니다.

◇대여 및 판매 이용 방법

전용 카드를 대여 이용 시에 제시해 주시면, 이용액에 따른 포인트가 적립됩니다. 또, 중고 판매 시에 제시해 주시면 인수 금액이 그대로 포인트로서 가산됩니다.[1]

◇등록에 필요한 것

- 운전면허증이나 건강보험증 등 본인임을 확인할 수 있는 서류
- 1년에 한 번 갱신할 때는 기존에 소지 중이던 전용 카드

◇등록 순서

스텝 1: 본인임을 확인할 수 있는 서류를 준비해 주세요.

스텝 2: 점원에게 등록하고 싶다는 의사를 전해주세요.

스텝 3: 응모(신청) 용지에 기입해 주세요.

스텝 4: 기입해 주신 신청 용지를 본인임을 확인할 수 있는 서류와 함께 점원에게 건네주세요.

스텝 5: 카드를 그 자리에서 발행합니다. 카드는 그날부터 이용 가능합니다.

<새로운 서비스 알림>

가게 앞에 없는 대여 상품은 주문 가능합니다!

검색기를 사용하는 경우	→ 네	1. 희망하는 작품을 검색으로 찾아, 주문 버튼을 선택하세요.	→	2. 필요 사항을 입력하세요. 신청 완료 후에 출력되는 영수증을 받아(보관해)주세요.
↓ 아니요				
스태프(직원)에게 묻는 경우[2]	→	1. 희망하는 작품을 스태프(직원)에게 문의하세요.	→	2. 필요 사항을 신청 용지에 기입하고 카운터에서 절차를 밟으세요.

어휘 専門店(せんもんてん) 전문점 | 登録(とうろく) 등록 | 手順(てじゅん) 순서 | 店舗(てんぽ) 점포 | 探索機(たんさくき) 탐색기 | たずねる 묻다 | 取(と)り寄(よ)せる 주문하다, 가져오게 하다 | 保管(ほかん)する 보관하다 | 専用(せんよう) 전용 | 発行(はっこう) 발행 | および 및 | 提示(ていじ) 제시 | 加算(かさん) 가산 | 運転免許証(うんてんめんきょしょう) 운전면허증 | 健康保険証(けんこうほけんしょう) 건강보험증 | 更新(こうしん) 갱신 | 店頭(てんとう) 점두, 가게 앞

1 A 씨는 이 가게를 처음 이용한다. 중고 CD를 팔러 갈 때, 이용 방법으로서 바른 것은 어느 것인가?

1 회원 등록을 해서, 현금으로 받는다.

2 회원 등록을 해서, 포인트로 적립 받는다.

3 회원 등록을 하지 않고 현금이나 포인트를 선택한다.

4 회원 등록을 하지 않고 현금과 포인트로 나누어 받을 수 있다.

해설 먼저 회원 등록이 필요하며, 회원 등록을 후 전용 카드를 이용해 중고 판매 시에 제시해야 한다. 그리고 인수 금액은 그대로 포인트로 가산되어 받을 수 있다.

2 B는 방문했던 점포에 없는 상품을 주문하고 싶다. 검색기를 사용하지 않고 주문하기 위해서는 어떻게 하면 되겠는가?

1 스태프에게 물어보는 것이 가능하고, 기입한 주문 용지를 카운터에 가지고 간다.

2 스태프에게 물어보는 것이 가능하고, 필요 사항을 입력하고 영수증을 받아(보관해)둔다.

3 검색기를 사용할 필요가 있고, 영수증을 보관할 필요가 있다.

4 검색기를 사용할 필요가 있고, 모르면 스탭에게 물어본다.

해설 검색기를 사용하지 않을 경우라고 했으니, 스태프에게 물어볼 경우로 스타트하면 되겠다. 화살표의 순서대로 가면 필요 사항을 주문 용지에 기입하고 카운터에서 절차를 밟으라고 했기 때문에 답은 1번이 된다.

실전시험 142 | 정보 검색 [4]

▶본서2 p.444

정답 **1** 1 **2** 3

해석

오른쪽 페이지는 일본에 유학하는 학생을 대상으로 만들어진 주거의 예입니다.

<학생회관, 학생 기숙사>

- 식사 포함이 많고 호스트가 보살펴 줍니다.
- 자유롭게 생활하면서 공부할 수 있는 환경이 갖춰집니다.
- 통금 시간 등의 규칙을 제대로 지키지 않으면 안 됩니다.

<민간 임대 주거>

	주택형식	비고
아파트	·목조 또는 조립식 집합 주택. ·맨션보다 집세가 싸다.	·부엌, 화장실은 공동(사용)의 경우도 있고, 욕조는 없는 곳도 있다.
맨션[2]	·콘크리트 등으로 만들어진 집합 주택. ·높은 층의 방일수록 집세도 비싸다.	·방 외에 부엌, 화장실, 욕조가 있다.

하숙	·주인과 같은 건물의 일부를 빌리는 형식.	·식사와 택배 수취, 방범 면 등 자취 생활의 불안함이 없다. 1
홈스테이	·일본인의 가정에 가족의 일원으로서 체재하는 형식. ·일본 문화와 관습을 알기 위한 희망자가 많다.	·일본인 가족과의 식사와 생활 체험이 가능1 ·단, 수용해 줄 가정의 수가 적다.
룸셰어2	·한 방을 여러 명이 빌려서 사는 형식 ·비교적 저렴한 부담액으로 넓은 방에 살 수 있다.	·공동 생활.(원룸이 아닌 2개 이상의 방을 빌리는 경우가 많다.)

* 계약 시에 필요한 기본 비용
- 집세: 1개월 방세.
- 시키킹(보증금): 집주인에게 맡기는 돈.
- 레이킹/사례금(권리금): 집주인에게 지불하는 돈.

(注) 통금 시간: 외출해서 돌아오지 않으면 안 되는 시각

어휘 環境(かんきょう) 환경 I 整(ととの)う 갖추다, 정돈되다 I 規則(きそく) 규칙 I 民間(みんかん) 민간 I 賃貸(ちんたい) 임대 I 住居(じゅうきょ) 주거 I 木造(もくぞう) 목조 I 組(く)み立(た)て式(しき) 조립식 I 集合住宅(しゅうごうじゅうたく) 집합 주택 I 台所(だいどころ) 부엌 I 共同(きょうどう) 공동 I 風呂(ふろ) 욕탕 I 下宿(げしゅく) 하숙 I 宅配便(たくはいびん) 택배 편 I 受(う)け取(と)り 수취 I 防犯面(ぼうはんめん) 방범 면 I 滞在(たいざい)する 체재하다 I 習慣(しゅうかん) 습관, 관습 I 希望者(きぼうしゃ) 희망자 I 受(う)け入(い)れる 수용하다 I 複数人(ふくすうにん) 여러 명 I 比較的(ひかくてき) 비교적 I 契約(けいやく) 계약

1 A 씨는 식사 등의 도움을 받고 싶은데, 통금 시간 등의 규칙은 없는 편이 좋다고 생각한다. 어느 타입의 주거를 고르면 좋을까?

1 하숙이나 홈스테이를 한다.

2 학생회관 또는 학생 기숙사에 들어간다.

3 아파트를 빌린다.

4 그런 조건의 숙소는 없다.

해설 식사 제공이 되고 통금 시간의 규칙이 없는 것을 고르면 하숙과 홈스테이라는 것을 알 수 있다.

2 B 씨는 맨션에 살거나 룸셰어를 하고 싶다. 두 가지 숙소에 대해서 바른 설명은 무엇인가?

1 맨션도 룸셰어도 보증금이나 권리금 등의 기본 비용은 들지 않는다.

2 맨션도 룸쉐어도 비교적 싼 집세로 빌릴 수 있다.

3 맨션과 비교하면 룸셰어는 비용 부담이 적다.

4 맨션과 비교하면 룸셰어 쪽이 인기가 있다.

해설 맨션은 높은 층일수록 비싸지고 룸셰어의 경우 비용 부담이 가장 적다.

실전시험 143 I 정보 검색 [5]

▶본서2 p.446

정답 **1** 2 **2** 3

해석

오른쪽 페이지는 어느 시의 주차장 이용 안내이다.

<2023년 시모카와역 주변 주차장 정기 이용 안내>

2023년 4월부터 2024년 3월까지 시모카와역 주차장 정기 이용 신청을 받습니다.

주차장		연간 정기 이용 요금				설비
		시민분		시민 이외의 분		
		일반	고등학생 이하	일반	고등학생 이하	
A2	시모카와역 동쪽 주차장	6,000엔	4,000엔	8,000엔	5,000엔	지붕 있음 관리인 없음
B	시모카와역 서쪽 주차장	5,500엔	3,500엔	7,500엔	4,500엔	지붕 있음 관리인 없음
C1	타니야마로 주차장	7,000엔	5,000엔	9,000엔	6,000엔	지붕 있음 관리인 있음
D1	동쪽 마을 주차장	7,000엔	5,000엔	5,000엔	6,000엔	지붕 있음 관리인 있음
E	이케나카 주차장	5,500엔	3,500엔	7,500엔	4,500엔	지붕 없음 관리인 있음

(注) 시민은 이하의 ①~③ 중 어느 하나에 해당하는 분입니다. ① 시모카와시에 거주하시는 분 ② 시모카와시에 근무하시는 분 ③ 시모카와시에 통학하시는 분

【신청 기간】계속해서 이용하시는 분: 2023년 2월 1일부터 2월 28일까지2

처음 이용하시는 분: 2023년 3월 1일부터 3월 14일까지

【신청 창구】A, B: 주차장 센터 [시모카와역] (접수: 오전 8시~오후 6시)2

C~E: 각 주차장 관리인실 (접수: 오전 7시~오후 9시)

【신청 방법】
- 지정 신청 창구에서 신청서를 제출해 주세요. 제출할 때는 신분증명서(고등학생 이하의 분은 학생증)를 제출해 주세요.2
- 현재, 정기 이용 중으로, 내년에도 계속해서 신청하실 분은 등록증을 갱신하므로 현재 이용 중의 등록증을 가져오세요.2

【지불】3월 20일까지 지정 금융 기관에서 이용 요금을 지

불해 주세요.

시모카와 시청 교통과 전화 03-55-0889
http://www.city.sitakawa.lg.jp

어휘 定期利用(ていきりよう) 정기 이용 | 申請(しんせい) 신청 | 屋根(やね) 지붕 | 管理人(かんりにん) 관리인 | 希望(きぼう)に合(あ)う 희망에 맞다 | 駐車場(ちゅうしゃじょう) 주차장 | 継続(けいぞく)する 계속하다 | 提出(ていしゅつ)する 제출하다 | 提示(ていじ)する 제시하다 | 申請書(しんせいしょ) 신청서 | 登録証(とうろくしょう) 등록증 | 身分証明書(みぶんしょうめいしょ) 신분증명서(신분증) | 設備(せつび) 설비 | 一般(いっぱん) 일반 | お住(す)まい 사는 곳 | 窓口(まどぐち) 창구 | 指定(してい) 지정 | 金融機関(きんゆうきかん) 금융기관

1 시모카와시에 있는 회사에 근무하고 있는 아라 씨는 주차장 정기 이용을 신청하고 싶다. 지붕이 있고 관리인이 있는 주차장이 좋다. 아라 씨의 희망에 맞는 주차장은 어느 것이고, 지불하게 될 요금은 얼마인가?

1 B의 5,500엔이나, C나 D의 7,000엔

2 C나 D의 7,000엔

3 C나 D의 9,000엔

4 C나 D의 9,000엔이나, E의 7,500엔

해설 지붕과 관리인이 있는 곳은 C, D이며 아라 씨는 시모카와시의 회사에 근무하고 있으므로 일반 요금에 해당한다. 따라서 C, D둘다 7,000엔이다.

2 켄 씨는 현재 '시모카와 동쪽 주차장'을 정기 이용하고 있다. 2023년 4월부터 계속해서 이용하고 싶은 경우는 어떻게 신청해야만 하는가?

1 2월 1일부터 2월 28일 사이에 시모카와 동쪽 주차장 관리인실에 가서 신청서를 제출하고 신분증명서를 제시한다.

2 3월 1일부터 3월 14일 사이에 시모카와 동쪽 주차장 관리인실에 가서 신청서, 등록서를 제출하고 신분증명서를 제시한다.

3 2월 1일부터 2월 28일 사이에 주차장 센터에 가서 신청서, 등록서를 제출하고 신분증명서를 제시한다.

4 3월 1일부터 3월 14일 사이에 주차장 센터에 가서 신청서, 등록서를 제출하고 신분증명서를 제시한다.

해설 계속해서 이용하는 경우이므로 신청 기간, 신청 창구, 신청 방법에서 그에 해당하는 내용을 찾으면, '2월 1일부터 2월 28일 사이에 시모카와역 주차장 센터에 가서 신청서, 등록서를 제출하고 신분증명서를 제시한다'가 정답이 된다.

04 청해

문제1 과제 이해

기본 음원

1.2배속 음원

실전시험 144 | 과제 이해 [1]

➤본서2 p.464

정답 **1** 3 **2** 2 **3** 4 **4** 4 **5** 1

스크립트 및 해석 1ばん

弁当屋で女の店員と店長が話しています。女の店員は何をしなければなりませんか。

女：おはようございます。店長、先ほど、田中様からお電話をいただいて、急なんですが追加注文されたいそうなんですが…。30個追加されたいそうです。

男：田中様だったら、明日のお届けじゃない？うーん。いつもご利用してくださるから、お断りはしたくないんだけど…。明日、出勤するのは井上くんと森川さんと私の3人だよね？明日午前の注文が他にもあるし…。

女：私でよければ、明日少し早めに出勤しますけど。

男：本当？大丈夫？助かるよ。それだったら2時間だけ早く来てもらえるかな？どうにかなりそうだね。

女：そうですね。

男：じゃあ、田中様にお電話お願いできるかな。私はシフトの変更をしておきますね。

女：わかりました。井上さんと森川さんにも伝えておきます。

女の店員は何をしなければなりませんか。

1 他の従業員にシフトを変更する

2 他の従業員に電話の内容を伝える

3 お客さんに追加注文が可能だと電話をかける

4 お客さんに追加注文の断りの連絡を入れる

도시락 가게에서 여자 점원과 점장이 이야기하고 있습니다. 여자 점원은 무엇을 해야 합니까?

여: 안녕하세요. 점장님, 조금 전에 다나카 님에게 전화를 받아서요, 갑작스럽지만 추가 주문하고 싶다고 합니다

만…. 30개 추가하시겠다고 합니다.

남: 다나카 님이라면 내일 배달이잖아? 음~ 항상 이용해 주셔서 거절은 하고 싶지 않은데…. 내일 출근하는 사람이 이노우에 군과, 모리카와 씨, 그리고 나, 3명이지? 내일 오전 주문이 그거 말고도 있는데….

여: 제가 도움이 되면 내일 조금 일찌감치 출근하겠습니다.

남: 정말? 괜찮겠어? 살았다. 그러면 2시간만 일찍 와 줄 수 있을까? 어떻게든 될 것 같아.

여: 그렇네요.

남: 그러면 다나카 님에게 전화 좀 해줄 수 있을까? 나는 시프트(근무 시간)를 변경해 놓을게요.

여: 알겠습니다. 이노우에 씨와 모리카와 씨에게도 전해 놓겠습니다.

여자 점원은 무엇을 해야 합니까?

1 다른 종업원에게 시프트를 변경한다

2 다른 종업원에게 전화 내용을 전한다

3 손님에게 추가 주문이 가능하다고 전화를 건다

4 손님에게 추가 주문 거절 연락을 한다

1 **3**

해설 추가 주문이 가능하다고 다나카 손님에게 전화를 해야 하고, 그다음 다른 직원들에게 연락해야 한다.

어휘 先(さき)ほど 조금 전 | 追加(ついか) 추가 | 届(とど)く 도착하다 | 断(ことわ)る 거절하다

스크립트 및 해석 2ばん

川田課長からの留守番電話のメッセージを聞いています。課長からのメッセージを聞いた後、まず何をしなければなりませんか。

男：あっ、もしもし。川田です。会社に電話したら、まだ出勤していないとのことだったので、携帯の方に連絡しました。今、広島に向かってるんだけど、会議で使う資料を忘れちゃって、すまないんだけど、私のデスクの上にある茶色い封筒の中の資料、出勤したらFAXで送ってくれるかな。スミレホテルをインターネットで検索したら、FAX番号が出てくると思うから、調べてそこに送ってください。FAXで送り次第すぐ私に電話してもらえると助かります。悪いけど、頼んだよ。

課長からのメッセージを聞いた後、まず何をしなければなりませんか。

1 課長に電話をかける

2 FAX番号を調べる

3 資料を送る

4 ホテルに電話する

가와다 과장님에게 온 부재중 전화 메시지를 듣고 있습니다. 과장님의 메시지를 들은 후에 먼저 무엇을 해야 합니까?

남: 여보세요. 가와다입니다. 회사에 전화했더니 아직 출근 전이라고 해서 핸드폰으로 연락했습니다. 지금 히로시마에 가고 있는데, 회의에서 사용할 자료를 깜박하고 놓고 와 버려서, 미안한데 내 책상 위에 있는 갈색 봉투 안의 자료를 출근하면 팩스로 보내줄 수 있을까? 인터넷에서 스미레 호텔을 검색하면 팩스 번호가 나올 것 같으니 조사해서(찾아서) 거기로 보내 주세요. 팩스로 보내는 대로 바로 나에게 전화주면 좋겠어요. 미안하지만 부탁할게요.

과장님의 메시지를 들은 후에 먼저 무엇을 해야 합니까?

1 과장님에게 전화를 건다

2 팩스 번호를 알아본다

3 자료를 보낸다

4 호텔에 전화한다

2 **2**

해설 스미레 호텔의 팩스 번호를 인터넷을 통해 검색한 후 과장님에게 전화해줘야 하기 때문에 제일 먼저 해야 할 일은 팩스 번호를 알아보는 것이다.

어휘 茶色(ちゃいろ)い 갈색이다 | 封筒(ふうとう) 봉투 | ます형 + 次第(しだい) ~하는 대로(즉시) | 助(たす)かる 도움이 되다 | 頼(たの)む 부탁하다

스크립트 및 해석 3ばん

ガーデニング教室の授業について担当の講師が説明しています。ガーデニング教室の授業を受ける人は来週何を持ってこなければなりませんか。

男：初めまして、こんにちは。今回、ガーデニング教室を担当いたします上田です。この授業は3ヶ月コースで毎週2回、計24回開催いたします。スケジュールについては、配ったプリントを参照してください。ガーデニングの際に使う道具は、こちらが準備いたします。ただし、毎回、手袋は各自でご用意ください。今週は簡単にご自宅の庭で作れるハーブ菜園をご提案するつもりです。どんなハーブを育てたいのか、あらかじめプリントを見て決めておいてください。それから、来週は野外授業を行います。野外授業の場合、ぼうし、タオルは必ずご持参ください。スコップとはさみは毎回使うことになりますが、こちらでご用意しております。では、みなさんよろしくお願いいたします。

ガーデニング教室の授業を受ける人は来週何を持ってこなければなりませんか。

1 アイウ　　2 アウオ

3 イエオ　　4 ウエオ

가드닝 교실 수업에 대해서 담당 강사가 설명하고 있습니다. 가드닝 교실 수업을 받는 사람은 다음 주에 무엇을 가져와야 합니까?

남: 처음 뵙겠습니다. 안녕하세요. 이번에 가드닝 교실을 담담하게 된 우에다입니다. 이 수업은 3개월 코스로 매주 2회, 총 24회 개최합니다. 스케줄에 대해서는 나눠드린 프린트를 참조해 주세요. 가드닝할 때에 사용할 도구는 저희가 준비하겠습니다. 단, 매번 장갑은 각자 준비해 주세요. 이번 주에는 간단히 자택 정원에서 만들 수 있는 허브 텃밭을 제안할 생각입니다. 어떤 허브를 키우고 싶은지 미리 프린트를 보고 결정해 놓으세요. 그리고 다음 주에는 야외 수업을 합니다. 야외 수업의 경우, 모자, 수건은 반드시 지참해 주세요. 삽과 가위는 매번 사용하게 되는데, 저희 쪽에서 준비해 두었습니다. 그럼, 여러분 잘 부탁드립니다.

가드닝 교실 수업을 받는 사람은 다음 주에 무엇을 가져와야 합니까?

1 허브, 삽, 모자　　2 허브, 모자, 타월

3 삽, 장갑, 타월　　4 모자, 장갑, 타월

3　4

해설 매번 장갑을 각자 준비하고 야외 수업의 경우에는 모자, 수건은 반드시 지참하도록 말하고 있다.

어휘 配(くば)る 나눠 주다, 배부하다 | 菜園(さいえん) 텃밭 | 育(そだ)てる 기르다, 키우다 | 用意(ようい)する 준비하다

스크립트 및 해석 4ばん

会社で男の人と女の人が話しています。女の人はこの後まず、何をしますか。

女：今年の社員旅行の旅館ですが、予定通りの数で、部屋の予約を済ませました。

男：どうも、どうも、ご苦労様。バスの出発場所に変更があったことはもう連絡済みだよね？

女：あ、はい。先日、うかがいました。これは参加者の名簿です。

男：そういえば、部長だけど、出張の日程が延びたから、旅行に参加なさることになったって知ってるよね？

女：そうなんですか。

男：部長の出張のスケジュール、確認するようにお願いしてたはずだけど。

女：申し訳ありません。あのー、旅館の部屋数なんですが、部長の分、入れてませんでした。

男：じゃ、まずそれからやっちゃって。出発場所の変更については私から伝えておくから。

女：はい、わかりました。

女の人はこの後まず、何をしますか。

1 参加者のめいぼの修正

2 出張スケジュールの確認

3 出発場所変更の報告

4 部屋の追加予約

회사에서 남자와 여자가 말하고 있습니다. 여자는 이후에 먼저 무엇을 합니까?

여: 올해 사원 여행을 갈 료칸 말인데요, 예정대로 인원수에 맞게 방 예약을 마쳤습니다.

남: 정말 고마워. 고생했어. 버스 출발 장소에 변경이 있었다는 건 이미 연락해 놨지?

여: 아, 네. 며칠 전에 말씀 들었습니다. 이건 참가자 명단입니다.

남: 그러고 보니 부장님 말인데, 출장 일정이 연기되어서 여행에 참가하시게 되었다는 거 알고 있지?

여: 그렇습니까?

남: 부장님의 출장 스케줄, 확인해 달라고 얘기했을 텐데?

여: 죄송합니다. 그런데요, 료칸 방 수말인데요, 부장님을 포함시키지 않았습니다.

남: 그럼 먼저 그것부터 해결해. 출발 장소 변경에 대해선 내가 전해둘 테니까.

여: 네, 알겠습니다.

여자는 이후에 먼저 무엇을 합니까?

1 참가자 명단 수정

2 출장 스케줄 확인

3 출발 장소 변경 보고
4 방 추가 예약

4 4

해설 남자의 말에서 '그것부터 해결해'라는 것은 부장님을 포함해 료칸의 방 예약을 다시 하라는 말이기 때문에 답은 4번이 되겠다.

어휘 済(す)ませる 끝내다, 해결하다 ㅣ なさる 하시다 ㅣ うかがう 여쭙다, 삼가 듣다, 찾아뵙다

스크립트 및 해석 5ばん

会社で女の社員と上司が新商品の開発について話しています。女の社員はこの後、何をしますか。

女：こちらが6月発売予定の傘です。雨傘と日傘が兼用になっております。今回は、最近人気の折り畳み傘の形にしました。

男：お、軽くていいね。それに小さいからかばんに入れても邪魔にならない。手元のところ、持ちやすい形になってるんだね。これはいい。それで、色のバリエーションは？

女：4色、揃えました。白、オレンジ、ピンク、水色の全4色です。ところで今迷っているのは開け閉めをワンタッチにするか、手動にするかなんですけど。今流行りのワンタッチにすると重量がちょっと。

男：そうだね、どうしても重くなっちゃうよね。雨傘ならいいけど、日傘は毎日さすものだからね。とりあえず、2つのタイプで試作品をいくつか作ってみよう。その後、モニター募集を出して、実際に使ってもらうのはどうかな。1週間後にわが社に招いて、直接話を聞いてみよう。

女：そうですね。そうしてみます。

女の社員はこの後、何をしますか。

1 開け閉めが手動と自動のかさを試しに作る
2 消費者の意見を聞くため、モニター募集をかける
3 会社に消費者を招待し、使用体験談を聞く
4 女性に人気の色を調べる

회사에서 여자 사원과 상사가 신제품 개발에 대해서 이야기하고 있습니다. 여자 사원은 이후에 무엇을 합니까?

여: 이것이 6월에 발매 예정인 우산입니다. 우산으로도 양산으로도 사용할 수 있습니다. 이번에는 최근 인기인 접이식 우산 형태로 했습니다.

남: 가볍고 좋네. 게다가 작으니까, 가방에 넣어도 방해되지 않아. 손잡이 부분이 들기 편한 형태로 되어 있네. 이거 좋군. 그런데 색 배리에이션은?

여: 4색으로 갖추었습니다. 흰색, 오렌지, 핑크, 하늘색 총 4색입니다. 그런데 지금 망설여지는 건 폈다 접었다 하는 것을 원터치로 할지 수동으로 할지입니다. 지금 유행하는 원터치로 하면 무게가 좀.

남: 그렇군. 아무래도 무거워져 버리지. 우산이면 괜찮을 텐데, 양산은 매일 쓰는 거니까. 우선 두 가지 타입으로 시작품(시제품)을 몇 개 정도 만들어 보자. 그 후에 모니터 모집을 내서 실제로 사용해 보도록 하는 건 어떤가? 일주일 후에 회사에 초대해서 직접 이야기를 들어 보자고.

여: 네, 그렇게 해보겠습니다.

여자 사원은 이후에 무엇을 합니까?

1 폈다 접었다 하는 것이 수동과 자동인 우산을 시험 삼아 만든다
2 소비자 의견을 듣기 위해 모니터 모집을 내건다
3 회사에 소비자를 초대해서 사용 체험담을 듣는다
4 여성에게 인기인 색을 조사한다

5 1

해설 현재 망설이고 있는 부분은 폈다 접었다 하는 것을 원터치(자동)로 할지 수동으로 할지이며, 남자가 우선 그 두 가지 타입으로 시작품을 만들어 보자고 말했다.

어휘 邪魔(じゃま)になる 방해가 되다 ㅣ バリエーション 다양성, 변화 ㅣ 手元(てもと) 손잡이 ㅣ 重量(じゅうりょう) 중량 ㅣ 迷(まよ)う 망설이다, 헤매다 ㅣ 招(まね)く 부르다, 초대하다

기본 음원

1.2배속 음원

실전시험 145 ㅣ 과제 이해 [2]

➤본서2 p.466

정답 **1** 3 **2** 3 **3** 4 **4** 4 **5** 1

스크립트 및 해석 1ばん

男の人と女の人がコンピューターを見ながら飛行機の席を選んでいます。男の人はどの席を選ぶことにしますか。男の人です。

女：この白いのが空いている席ってことですよね。

男：あー。そうだね。窓側がゆっくりできるからいいんだけど、並んで座れるところあるかな。できれ

ば打ち合わせもしたいし。

女：そうですね。窓側で、しかも並べるところですと、一番後ろになりますね。

男：でも、一番後ろって、座席が倒せないから、苦しんだよね。

女：あ！窓側だと、ここが一つ空いてますね。

男：うん。

女：私はその斜め前の席にしますよ。もしかしたら、私の隣の人が課長の席と変わってくれるかもしれないですから。

男：そうだね。そうしたら並べるか。じゃ、そうしよう。

男の人はどの席を選ぶことにしますか。男の人です。

1 ア　　2 イ　　3 ウ　　4 エ

남자와 여자가 컴퓨터를 보면서 비행기 좌석을 고르고 있습니다. 남자는 어느 좌석을 선택하기로 했습니까? 남자입니다.

여: 이 하얀 것이 비어 있는 좌석이죠?

남: 아, 맞아요. 창가 쪽이 푹 쉴 수 있는데, 같은 줄로 앉을 수 있는 곳이 있으려나. 가능하면 회의도 하고 싶고….

여: 글쎄요. 창가 쪽이고 게다가 같은 줄이면, 가장 뒤쪽이 되겠네요.

남: 그렇지만 가장 뒤쪽은 좌석을 뒤로 넘어뜨릴 수가 없어 불편해.

여: 아! 창가 쪽이라면 여기 한 곳 비어 있네요.

남: 응.

여: 저는 그 대각선 앞자리로 하겠습니다. 혹시, 제 옆 사람이 과장님 자리와 바꿔줄 수도 있으니까요.

남: 그래. 그렇다면 같은 줄에 앉을 수 있으려나. 그럼, 그렇게 합시다.

남자는 어느 좌석을 선택하기로 했습니까? 남자입니다.

1 ア　　2 イ　　3 ウ　　4 エ

1　**3**

해설 남자는 창가 쪽을 원하는데 ア, ウ 자리가 창가 쪽이나 맨 뒷줄의 ア 창가 쪽 자리는 뒤로 의자를 눕히기 어려워 ウ 창가 쪽 자리로 결국은 선택한다.

어휘 打(う)ち合(あ)わせ 협의, 회의 ㅣ 苦(くる)しむ 애먹다, 괴로워하다 ㅣ 斜(なな)め 경사짐, 기울어짐

스크립트 및 해석 2ばん

部長と新入社員が話しています。新入社員はこの後、何をしなければなりませんか。

男1：山田くん、歓迎会でのあいさつの原稿だけどね。

男2：はい、いかがでしたか。

男1：やる気がよく伝わってとてもよかったよ。去年の流行語を引用したところもよかった。

男2：ありがとうございます。

男1：でも確かあいさつの時間は5分だったよね。

男2：はい。

男1：ちょっとこれだと短すぎるんじゃないかな。どれだけゆっくり話しても。

男2：では、もう少し付け加えてみます。内容をもっと硬くしたほうがいいですか。

男1：内容はだいたいこれでいいと思うよ。硬い表現より、わかりやすいほうが受けはいいだろうから。

新入社員はこの後、何をしなければなりませんか。

1 内容を短くする

2 流行語をいんようする

3 文章を追加する

4 かたい表現を使って話す

부장님과 신입 사원이 이야기하고 있습니다. 신입 사원은 이후에 무엇을 해야 합니까?

남1: 야마다 군, 환영회 때 사용할 인사 원고 말인데.

남2: 네, 어떠셨습니까?

남1: 하고자 하는 마음이 잘 전해져서 좋았어. 작년 유행어를 인용한 점도 좋았네.

남2: 감사합니다.

남1: 근데 분명 인사할 시간이 5분이었지?

남2: 네.

남1: 이 정도는 좀 너무 짧지 않나? 어느 정도 천천히 말하더라도 말이야.

남2: 네, 더 추가해 보겠습니다. 내용을 좀 더 딱딱하게 하는 게 좋을까요?

남1: 내용은 대체로 이 정도면 괜찮을 것 같아. 딱딱한 표현보다 이해하기 쉬운 쪽이 평은 좋을 테니까.

신입사원은 이후에 무엇을 해야 합니까?

1 내용을 짧게 한다

2 유행어를 인용한다
3 문장을 추가한다
4 딱딱한 표현을 사용해서 이야기한다

2 **3**

해설 내용이 짧다는 것을 부장이 지적했더니 부하가 좀 더 추가한다고 하여 답은 3번이다.

어휘 付(つ)け加(くわ)える 첨가해 붙이다 | 受(う)ける 받다 (여기서는 '반응이 있다'라는 의미)

스크립트 및 해석 3ばん

子ども番組で専門家が話をしています。子どもに野菜を食べさせるためにはどうすればいいですか。

男：野菜が苦手な子どもたちが多いですが、野菜には私たちに必要な栄養素がたくさん入っていますよね。子どもたちの成長の手助けにもなりますし。しかし、野菜嫌いな子どもに頭を悩ませているお母さんが多いのではないでしょうか。

女：はい、どうすれば好き嫌いをなくしてたくさん食べてくれるでしょうか。

男：そうですね。食べやすくするために、子供の好きな料理に加えたり、小さく刻んで見えないようにする方法はもうすでに使っていると思います。それも効果的ですが、普段のご両親の行動が重要になります。

女：行動というのは？

男：好きなもの、そうでないもの関係なく、ごはんを全部食べたらとにかくほめてあげましょう。そうすることで、またほめられたくて偏食せず食べてくれるんです。

女：あー、それなら好き嫌い関係なく全部食べることに集中しますね。

男：そうなんです。それを続けることで自然に好き嫌いがなくなっていくんです。

子どもに野菜を食べさせるためにはどうすればいいですか。

1 小さく切って見えないようにする
2 子どもが好きな食べ物に加えて食べさせる
3 両親が全部食べることに集中する
4 子どもが全部食べたらほめてあげる

어린이 방송에서 전문가가 말하고 있습니다. 아이들에게 채소를 먹게 하기 위해서는 어떻게 하면 됩니까?

남: 채소를 싫어하는 아이들이 많습니다만, 채소에는 우리에게 필요한 영양소가 많이 들어있습니다. 아이들의 성장에 도움이 되기도 하고요. 그러나 채소를 싫어하는 아이들로 골치를 앓고 있는 어머니가 많은 것은 아닐까요?

여: 네, 어떻게 하면 편식을 없애고 많이 먹어 줄까요?

남: 글쎄요. 쉽게 먹게 하기 위해서 아이가 좋아하는 요리에 넣거나 작게 다져서 보이지 않게 하는 방법은 이미 사용하고 있을 거라 생각합니다. 그것도 효과적이지만 평소 부모님의 행동이 중요합니다.

여: 행동이라면?

남: 좋아하는 것, 그렇지 않은 것 관계없이 밥을 전부 먹으면 어쨌든 칭찬해 줍시다. 그렇게 함으로써 또 칭찬받고 싶어서 편식하지 않고 먹어 줄 겁니다.

여: 아, 그거라면 호불호 관계없이 모두 먹는 것에 집중하겠네요.

남: 그렇습니다. 그걸 계속하면 자연스럽게 편식을 하지 않게 됩니다.

아이에게 채소를 먹게 하기 위해서 어떻게 하면 됩니까?

1 작게 다져서 보이지 않게 한다
2 아이가 좋아하는 음식에 넣어서 먹게 한다
3 부모님이 전부 먹는 것에 집중한다
4 아이가 전부 먹으면 칭찬해 준다

3 **4**

해설 밥을 전부 먹으면 칭찬을 해주고, 칭찬을 또 받고 싶어서 편식을 하지 않는다고 했기 때문에 답은 4번이다.

어휘 苦手(にがて)だ 질색이다, 싫어하다 | 頭(あたま)を悩(なや)ませる 골치를 썩이다 | 好(す)き嫌(きら)い 호불호, 좋고 싫음 | 偏食(へんしょく) 편식

스크립트 및 해석 4ばん

大学で男の学生と女の学生が話しています。女の学生はこれからまず何をしますか。

男：じゃあ、そろそろ帰るね。今からスポーツ用品店に行くんだ。

女：そうなの？何買うの？

男：最近、テニス始めたんだけど、やってみるとおもしろくてさ。ずっとラケットを借りてたんだけど自分のがほしくなっちゃって。

女：そうなんだ。実は私、気になってたんだよね。最近、大学生の間でも流行ってるみたいだし。

男：そうそう。最近、習ってる人多いよね。そういえば、ちょっと前までドラマもあったし。その影響かもね。興味あるなら、見学に来たら？女：いいの？一度見てみたかったんだ。

男：見学は自由だよ。そうだ、夕方、テニス教室に行くけど一緒に行く？

女：いいの？じゃあ、行ってみようかな。だったら、お店も一緒に行っていい？

男：いいよ。

女の学生はこれからまず何をしますか。

1 ドラマのさつえいの見学に行く

2 テニス教室を見学に行く

3 スポーツ用品店にラケットを買いに行く

4 スポーツ用品店について行く

대학교에서 남학생과 여학생이 이야기하고 있습니다. 여학생은 앞으로 무엇을 합니까?

남: 그럼 슬슬 집에 돌아갈게. 지금부터 스포츠용품 가게에 가려고 하거든.

여: 그래? 뭐 살 거야?

남: 최근에 테니스를 시작했는데 해 보니까 재미있어서 말이야. 계속 라켓을 빌려왔었는데 내 라켓을 갖고 싶어서.

여: 그렇구나. 실은 계속 궁금했는데. 요즘 대학생 사이에서도 유행하는 것 같고 말이야.

남: 맞아, 맞아. 최근 배우는 사람이 많지. 하기는 좀 전까지 드라마도 했었고. 그 영향일지도 몰라. 관심 있으면 견학 올래?

여: 그래도 돼? 한번 보고 싶었거든.

남: 견학은 자유야. 맞다, 저녁에 테니스 교실에 갈 건데 같이 갈래?

여: 정말? 그럼, 한번 가 볼까? 그렇다면 가게도 같이 가도 돼?

남: 그래.

여학생은 이제부터 무엇을 합니까?

1 드라마 촬영하는 데 견학하러 간다

2 테니스 교실을 견학하러 간다

3 스포츠용품 가게에 라켓을 사러 간다

4 스포츠용품 가게에 따라간다

4 4

해설 처음에 남자는 스포츠용품 가게에 가고 저녁에 테니스 교실에 갈 예정이라고 했다. 여자도 둘 다 따라간다고 했고 질문은 지금부터 우선해야 하는 것을 찾아야 하기 때문에 스포츠용품 가게에 따라가는 것이다.

어휘 借(か)りる 빌리다 | 流行(はや)る 유행하다

스크립트 및 해석 5ばん

旅行会社の社員と女性客が話しています。どのホテルへ案内しますか。

男：こちらのスターホテルが最近人気ですよ。駅から近いだけじゃなく、部屋から海がご覧になれて、おすすめです。

女：うーん。駅から近いのは便利そうですけど、予算を超しちゃうのでちょっと。部屋からの景色がきれいなのはいいですけど。

男：そうですか。では、こちらはいかがでしょうか。駅から歩いて行けますし、近くにコンビニもあります。お客様の予算内ですし。それに朝食までついております。

女：ああ、ここいいかもしれません。禁煙ルームですか。

男：申し訳ございませんが、禁煙ルームは人気のお部屋ですので…。今残っているのは喫煙ルームだけですね。でも、匂いの心配はあまりなさそうですよ。

女：うーん。でも、ちょっと無理です。

男：じゃあ、ここはどうでしょう。駅から少し歩きますが、禁煙ルームが残っております。宿泊費も予算内ですし。ただ、こちらは朝食がついておりません。

女：でもやっぱり、朝ご飯ついてると楽ですよね。匂いが少し心配ですけど、やっぱりさっきのにしてください。

どのホテルに案内しますか。

1 きつえんルームの朝食付きのホテル

2 きつえんルームのコンビニがあるホテル

3 きんえんルームの朝食付きのホテル

4 きんえんルームのコンビニがあるホテル

여행사 사원과 여성 손님이 이야기하고 있습니다. 어느 호텔로 안내합니까?

남: 여기 스타호텔이 요즘 인기입니다. 역에서 가까울 뿐만 아니라 방에서 바다를 보실 수 있어서 추천합니다.

여: 음~. 역에서 가까운 건 편리할 것 같은데, 예산을 초과해 버리니까 좀…. 방에서 보이는 경치가 예쁜 건 괜찮은데.

여: 음~. 역에서 가까운 건 편리할 것 같은데, 예산을 초과해 버리니까 좀…. 방에서 보이는 경치가 예쁜 건 괜찮은데.

남: 그렇습니까? 그러면 이쪽은 어떠신가요? 역에서 걸어서 갈 수도 있고 근처에 편의점도 있습니다. 손님의 예산 내이고 게다가 조식까지 포함입니다.

여: 아, 여기 괜찮겠네요. 금연방인가요?

남: 죄송하지만 금연방은 찾으시는 분이 많아서요…. 지금 남아 있는 것은 흡연방뿐이네요. 하지만 냄새 걱정은 하지 않아도 될 것 같습니다.

여: 음~. 하지만 좀 무리네요.

남: 그러면 이것은 어떨까요? 역에서 조금 걷긴 하지만 금연실이 남아 있습니다. 숙박비도 예산 내이고요. 다만 이쪽은 조식이 포함되어 있지 않습니다.

여: 근데 역시 아침 식사가 포함되면 편하겠네요. 냄새가 좀 걱정되긴 하지만 역시 조금 전 걸로 해 주세요.

어느 호텔로 안내합니까?

1 흡연방에 조식이 포함된 호텔

2 흡연방에 편의점이 있는 호텔

3 금연방에 조식이 포함된 호텔

4 금연방에 편의점이 있는 호텔

5 1

해설 냄새 걱정이 되는 건 흡연방을 말하는 것이고, 아침 식사가 포함되면 편할 것 같다고 했으므로 1번의 흡연방에 조식이 포함된 호텔을 선택한 것이다.

어휘 ご覧(らん)になる 보시다 ｜ 予算(よさん)を超(こ)す 예산을 초과하다 ｜ 残(のこ)る 남다 ｜ 申(もう)し訳(わけ)ございません 드릴 말씀이 없습니다, 죄송합니다

기본 음원

1.2배속 음원

실전시험 146 ｜ 과제 이해 [3]

➤본서2 p.468

정답 **1** 2 **2** 2 **3** 4 **4** 2 **5** 2

스크립트 및 해석 1ばん

大学で先生と学生がスピーチの原稿について話しています。学生はまず原稿のどこを直しますか。

女：先生、昨日スピーチの原稿を送らせていただいたんですが。

男：あー、はい、見ましたよ。

女：いかがでしょうか。全体の構成があまりよくないんじゃないかと思うんですが。

男：うん、構成は悪くないと思いますよ。わかりやすく書けていますし。ただ、導入の部分詳しく書いてあっていいんですが、全体の長さを考えると、もう少し簡潔にしたほうがいいですね。

女：あ、長いですか。真ん中の私の経験を書いた部分ももう少し短くしたほうがいいでしょうか。

男：うん、具体的な経験が書いてある部分は大事なところなので、このままでいいと思いますよ。

女：そうですか。最後のまとめの部分はどうでしょうか。

男：自分の意見をまとめてあって、よく書けてますよ。ここはもう少し長くてもいいような気がしますが、全体がこれ以上長くなるとよくないので、とりあえず、このままにしましょう。

女：はい、わかりました。じゃ、すぐ直します。ありがとうございました。

学生はまず原稿のどこを直しますか。

1 全体のこうせい

2 どうにゅうの部分

3 経験を書いた部分

4 まとめの部分

대학교에서 선생님과 학생이 스피치 원고에 대해서 이야기하고 있습니다. 학생은 우선 원고의 어디를 수정합니까?

여: 선생님, 어제 스피치 원고를 보냈는데요.

남: 아. 네, 봤어요.

여: 어땠나요? 전체 구성이 별로 좋지 않은 게 아닌가 해서요.

남: 음, 구성은 나쁘지 않다고 생각해요. 이해하기 쉽게 썼고. 다만 도입 부분이 자세하게 쓰여 있어서 좋긴 하지만 전체 길이를 생각하면 좀 더 간결하게 하는 편이 좋겠어요.

여: 아, 길군요. 중간에 제 경험을 쓴 부분도 조금 줄이는 편이 좋을까요?

남: 음, 구체적인 경험이 쓰여 있는 부분은 중요한 거니까 이대로 괜찮을 것 같아요.

여: 그래요? 마지막 정리 부분은 어떠세요?

남: 자신의 의견이 정리되어 있어 잘 쓰여 있어요. 여기는 조금 길어도 될 것 같은데, 전체가 이 이상 길어지면 좋지 않을 것 같으니 우선 이대로 합시다.

여: 네 알겠습니다. 그럼, 바로 고치겠습니다. 감사합니다.

학생은 우선 원고의 어디를 수정합니까?

1 전체 구성 2 도입 부분

3 경험을 쓴 부분 4 정리 부분

1 2

해설 선생님은 도입 부분이 길어서 좀 더 간결하게 수정하기를 권유하고 있다.

어휘 構成(こうせい) 구성 | 簡潔(かんけつ)に 간결하게

스크립트 및 해석 2ばん

男の人と女の人が明日会議をする予定の会議室で話しています。男の人はまず何をしなければなりませんか。

男：結構、広くていい部屋ですね。いすも硬くなくて座りやすいし。いすは余分にありますね。

女：そうね。ちょうどいい広さでよかった。明日は30分前に、ここに来てくれれば大丈夫よ。

男：わかりました。それと、明日用意するものを確認していただけますか。

女：そうだったわね。まず…、飲み物は、ペットボトルのお茶と紙コップ。それぞれ、一つずつ置いてね。これは重いから、他の人がここまで運んでくれるって。それと、ホワイトボードの近くに、黒のペンを三本、赤と青は二本ずつお願いね。

男：分かりました。参加者のリストはどうしましょうか。

女：それはいいわ。私がするから。あ、それから明日は暑いみたいだから来たら、エアコンの温度を20度の設定で入れておいてね。

男：はい、わかりました。

男の人はこれからまず何をしなければなりませんか。

1 飲み物を運ぶ

2 3色のペンを用意する

3 エアコンの温度を設定する

4 参加者のリストを作る

남자와 여자가 내일 회의를 할 예정인 회의실에서 이야기하고 있습니다. 남자는 먼저 무엇을 해야 합니까?

남: 꽤 넓고 좋은 방이네요. 의자도 딱딱하지 않아 앉기 편하고요. 의자는 여분이 더 있어요.

여: 그렇네. 딱 적당한 크기라서 좋네. 내일은 30분 전에 여기에 와주면 될 것 같아.

남: 알겠습니다. 그리고 내일 준비할 것을 확인해 주실 수 있나요?

여: 맞다. 우선…, 음료는 페트병 차와 종이컵. 각각 하나씩 놔 줘. 이건 무거워서 다른 사람이 여기까지 가져다 준대. 그리고 화이트보드 가까이에 검은색 펜을 3개, 빨간색이랑 파란색 펜은 2개씩 부탁해.

남: 알겠습니다. 참가자 리스트는 어떻게 할까요?

여: 그건 됐어. 내가 할 테니까. 아, 그리고 내일은 더운 것 같으니까 오면 에어컨 온도는 20도로 설정해 놔줘.

남: 네, 알겠습니다.

남자는 이제부터 먼저 무엇을 해야 합니까?

1 음료수를 옮긴다

2 세 가지 색 펜을 준비한다

3 에어컨 온도를 설정한다

4 참가자 리스트를 만든다

2 2

해설 1번은 다른 사람이 해준다고 했고 3번은 내일 할 일이며 4번은 여자가 한다고 했으므로 답 2번이 남자가 우선 해야 할 일이 되겠다.

어휘 運(はこ)ぶ 운반하다 | 用意(ようい)する 준비하다

스크립트 및 해석 3ばん

日本語のクラスで先生が留学生に話しています。留学生は主に商店街の何についてインタビューのプランを立てますか。

女：来週の授業では、ミナト商店街に行ってグループごとに2軒ずつ古くから続く商店を回って、お店の人にインタビューをします。ええ、ミナト商店街は最近ではワサビ味ののりなどの人気商品で知られ、新しいことに次々とチャレンジしていますが、県内で最も長く続いている商店街なんです。そこで商店街全体がこれまでどのように困難を乗り越え、変化、発展してきたのか、話を伺います。今日はこのテーマに基づいてグループごとにインタビューのプランを立てましょう。今から、各グループに店のリストを配ります。

04 청해

留学生は主に商店街の何についてインタビューのプランを立てますか。

1 最近人気のある商品

2 これからのチャレンジ

3 店が困っていること

4 発展のれきし

일본어 클래스에서 선생님이 유학생에게 이야기하고 있습니다. 유학생은 주로 상점가의 무엇에 대해서 인터뷰 계획을 세웁니까?

여: 다음 주 수업에서는 미나토 상점가에 가서 그룹마다 두 채씩 오래전부터 이어져 온 상점을 돌고, 가게 사람에게 인터뷰를 하겠습니다. 음, 미나토 상점가는 최근에는 와사비맛 김 등의 인기 상품으로 알려져, 새로운 것에 잇달아 도전하고 있습니다만, 현 내에서 가장 오래 이어지고 있는 상점가입니다. 그래서 상점가 전체가 지금까지 어떻게 곤란을 극복해 변화, 발전해 왔는지 이야기를 여쭙겠습니다. 오늘은 이 테마에 근거하여 그룹마다 인터뷰 계획을 세웁시다. 지금부터 각 그룹에 가게 리스트를 배부하겠습니다.

유학생은 주로 상점가의 무엇에 대해서 인터뷰 계획을 세웁니까?

1 최근 인기 있는 상품

2 앞으로의 도전

3 가게가 곤란한 점

4 발전의 역사

3 4

해설 상점가 전체가 지금까지 어떻게 곤란을 극복해 변화, 발전해 왔는지에 대한 이야기는 즉, 지금까지의 발전 역사를 말하며 그것을 근거로 그룹마다 인터뷰 계획을 세우자고 말하고 있으므로 정답은 4번이다.

어휘 困難(こんなん) 곤란, 역경 | 乗り越(こ)える 극복하다 | に基(もと)づいて ~에 근거하여

스크립트 및 해석 4ばん

会社で男の人と上司が商品の広告について話しています。男の人はこの後、何をしなければなりませんか。

女：ちょっと、イマイチかな。商品のインパクトが弱すぎると思うけど。

男：昔からのヒット商品ですので、インパクトより、懐かしい雰囲気を出した方がイメージにあっていると思いまして。

女：だめだめ。インパクトがなきゃ。それじゃいつもと同じよ。そんなことじゃ若い世代にこの栄養ドリンクを広めることができないんじゃない。今回の広告をきっかけに若者にも身近に感じてほしいんだから。

男：そうですね。若い人たちを引き付けるようなものが必要ですね。

女：簡単じゃないけど、これまで50代から60代の飲み物だと思われてきた栄養ドリンクの常識を変えていかなきゃ。

男：頑張ります。再度、各社員が一つずつアイディアを出し合うよう話します。明日の午後までにご報告に参ります。

男の人はこの後、何をしなければなりませんか。

1 これまでにないような栄養ドリンクを作る

2 若者向けの広告を各社員に考えてもらう

3 自分の上司に会議の結果を報告しに行く

4 50代から60代に身近に感じてもらえる商品を考える

회사에서 남자와 상사가 상품 광고에 대해서 이야기하고 있습니다. 남자는 이후에 무엇을 해야 합니까?

여: 좀 그저 그런데(좀 뭔가 부족한데). 상품의 임팩트가 너무 약하다는 생각이 들어.

남: 예전부터 히트 상품이라서 임팩트보다 그리운 분위기를 끌어내는 것이 이미지에 맞는다고 생각해서요.

여: 안 돼, 안 돼. 임팩트가 없으면 안 돼. 그러면 평소와 똑같잖아. 그렇게 되면 젊은 사람들에게 이 에너지 음료를 선전할 수 없게 되잖아. 이번 광고를 계기로 젊은 사람들도 친근하게 생각해 주었으면 하거든.

남: 그렇네요. 젊은 사람들의 마음을 끌 수 있을 만한 것이 필요하겠네요.

여: 쉽지는 않겠지만, 지금까지는 50대에서 60대가 마시는 음료라고 여겨져 온 에너지 음료의 상식을 바꿔야 해.

남: 열심히 해 보겠습니다. 다시 한번 각 사원이 하나씩 아이디어를 내놓도록 말하겠습니다. 내일 오후까지 보고드리러 가겠습니다.

남자는 이후에 무엇을 해야 합니까?

1 이제까지 없던 영양 음료를 만든다

2 젊은 사람을 대상으로 한 광고를 각 사원에게 생각하게 한다

3 자신의 상사에게 회의 결과를 보고하러 간다

4 50대부터 60대가 친근하게 느낄 수 있는 상품을 생각한다

4 2

해설 젊은 사람들에게 어필할 수 있어야 하는 광고가 필요하며, 그것에 대한 아이디어를 각 사원에게서 모아보기로 했으므로 답은 2번이다.

어휘 イマイチ 조금 모자란 모양 I 懐(なつ)かしい 그립다 I 引(ひ)き付(つ)ける 끌어당기다, (마음을) 끌다 I 参(まい)る 찾아 뵙다('가다'의 겸양)

스크립트 및 해석 5ばん

図書館で職員がボランティアの人たちに話しています。ボランティアの人はこれから何をしますか。

男：本の整理のお手伝い、ありがとうございます。こちらの箱に図書館に新しく入った本が入れてありますので、本に貼ってあるラベルの番号を見て、同じ番号の棚に入れる作業をみなさんにお願いします。

ラベルの番号は本の分野などを表しています。さきほどお配りした紙に番号の見方が書いてありますので、参考にしてください。

それで、実はまだデータ入力が済んでいない本がありまして、いまパソコンで作業中です。

終わった分からまた箱に追加していきます。よろしくお願いします。

ボランティアの人はこれから何をしますか。

1 本にラベルをつける
2 本を図書館のたなに入れる
3 本のデータを入力する
4 本を箱に入れる

도서관에서 직원이 자원봉사자들에게 이야기하고 있습니다. 봉사자는 앞으로 무엇을 합니까?

남: 책 정리를 도와주셔서 감사합니다. 이쪽 상자에 도서관에 새롭게 들어온 책이 들어 있으니, 책에 붙어 있는 라벨 번호를 보고 같은 번호의 책장에 넣는 작업을 여러분에게 부탁드리겠습니다.

라벨 번호는 책의 분야 등을 나타내고 있습니다. 아까 나눠드린 종이에 번호 보는 법이 쓰여 있으니 참고해 주세요.

그리고 실은 아직 데이터 입력이 끝나지 않은 책이 있어 지금 컴퓨터로 작업 중입니다.

끝난 부분부터 또 상자에 추가해 가겠습니다. 잘 부탁드립니다.

자원봉사자는 앞으로 무엇을 합니까?

1 책에 라벨을 붙인다
2 책을 도서관 책장에 넣는다
3 책의 데이터를 입력한다
4 책을 상자에 넣는다

5 2

해설 '책에 붙어 있는 라벨 번호를 보고 같은 번호의 책장에 넣는 작업을 여러분에게 부탁드리겠습니다'에서 알 수 있듯이 남자가 자원봉사자들에게 책을 도서관 책장에 넣는 작업을 부탁하고 있다.

어휘 整理(せいり) 정리 I 貼(は)る 붙이다 I 済(す)む 끝내다, 해결하다 I 追加(ついか)する 추가하다

문제2 포인트 이해

기본 음원

1.2배속 음원

실전시험 147 I 포인트 이해 [1]

본서2 p.474

정답 1 1 2 3 3 3 4 2 5 4 6 1

스크립트 및 해석 1ばん

男の人が教科書について話しています。教科書にアニメ風のキャラクターを起用した理由は何ですか。

男：今年4月に採用された教科書の中で英語の教科書が話題になっている。この教科書に出てくるジェシカ先生がまるでアニメの主人公のように可愛かったことから、日本だけでなく世界でもSNSを中心に爆発的な話題となった。

出版社によれば、「できるだけ多くの生徒に学習意欲を持ってほしい」と生徒に関心が高いアニメ風のイラストにしたという。親しみやすいキャラクターだけではなくストーリー展開もあり、英語や異文化に興味を持てるような工夫がなされているそうだ。

ネットでは、「こんな教科書だったらもっと英語が好きになっていたのに」という声も上がっている。英語教育の改革となるだろうか。

教科書にアニメ風のキャラクターを起用した理由は何ですか。

1　学生に勉強への興味を持たせるため

2　教科書に出てくる先生がかわいかったから

3　ストーリーの展開がおもしろいから

4　大きな話題になったから

남자가 교과서에 관해서 이야기하고 있습니다. 교과서에 애니메이션풍의 캐릭터를 기용한 이유는 무엇입니까?

남: 올해 4월에 채용된 교과서 중에서 영어 교과서가 화제가 되고 있다. 이 교과서에 나오는 제시카 선생님이 마치 애니메이션의 주인공처럼 귀여워서 일본뿐만이 아니라 다른 나라에서도 SNS를 중심으로 폭발적인 화제가 됐다.

출판사에 따르면 "가능한 한 많은 학생이 학습 의욕을 갖길 바란다"고 학생들의 관심이 높은 애니메이션풍의 일러스트로 했다고 한다. 쉽게 친해질 수 있는 캐릭터만이 아니라 스토리 전개도 있어 영어나 다른 문화에 대해 흥미를 가질 수 있는 구성으로 고안했다고 한다.

인터넷에서는 "이런 교과서라면 좀 더 영어를 좋아하게 되었을 텐데"라는 소리도 높아지고 있다. 영어 교육의 개혁이 될 것인가?

교과서에 애니메이션풍의 캐릭터를 기용한 이유는 무엇입니까?

1 학생들이 공부에 대한 흥미를 가지게 하기 위해서

2 교과서에 나오는 선생님이 귀여웠기 때문에

3 스토리 전개가 재미있기 때문에

4 큰 화제가 되었기 때문에

1　**1**

해설　출판사에 따르면 '가능한 한 많은 학생이 학습 의욕을 갖길 바란다'고 학생들에게 관심이 높은 애니메이션풍의 일러스트로 했다고 한다.

어휘　工夫(くふう) 궁리, 생각, 아이디어 Ｉ 上(あ)がる 오르다, 올라가다 Ｉ 改革(かいかく) 개혁

스크립트 및 해석 2ばん

男の人と女の人が話しています。女の人はどうして、友達の家に行きたくないのですか。

男：来週のたこ焼きパーティー行くよね？

女：あ、私は…。ごめん、その日はちょっと。

男：え？行けないの？用事でもあるの？それとも、まだレポート終わってないの？

女：ううん。そうじゃなくて、私、ねこアレルギーなの。みさきの家、ねこいるから。

男：え？この前、遊びに行ってなかった？

女：うん。薬飲めば大丈夫なんだけど。今回はお酒飲むでしょ？

男：あー。薬を飲んだ後で、お酒を飲んじゃだめだから？

女：う、うん。だから、今回アルコールはやめとこうと思ったんだけど、みんなが飲むのに一人我慢するのも辛いから。

男：まあ、それもそうだよね。お酒を飲むと薬も効かなくなるよね。でも、来なかったらつまんないよ。じゃあ、今回は、お酒抜きにしようか。

女：ごめん、気を使わせて。

男：そんなことない。

女の人はどうして、友達の家に行きたくないのですか。

1　まだレポートが終わっていないから

2　ねこアレルギーがまだ治っていないから

3　アレルギー薬を飲むとお酒が飲めないから

4　お酒を飲むと薬が効かなくなるから

남자와 여자가 이야기하고 있습니다. 여자는 왜 친구 집에 가고 싶지 않은 것입니까?

남: 다음 주 다코야끼 파티에 갈 거지?

여: 어, 난…. 미안, 그날은 좀….

남: 어? 못 가? 무슨 일이라도 있어? 아니면 아직 리포트 다 못 끝낸 거야?

여: 아니, 그게 아니라, 나 고양이 알레르기가 있거든. 미사키 집에 고양이 있으니까.

남: 어? 전에 놀러 가지 않았어?

여: 응. 약 먹으면 되는데. 이번에는 술도 마시잖아?

남: 아~ 약을 먹은 다음에 술 마시면 안 되니까?

여: 응. 그래서 이번에 술은 안 마시려고 생각도 했는데 다들 마시는데 혼자 참고 있는 것도 힘드니까.

남: 뭐, 그건 그렇네. 술을 마시면 약 효과도 떨어지지? 근데 (네가) 안 오면 재미없어. 그러면 이번엔 술 빼고 할까?

여: 미안해. 신경 쓰이게 해서.

남: 괜찮아.

여자는 왜 친구 집에 가고 싶지 않은 것입니까?

1 아직 리포트가 끝나지 않았기 때문에

2 고양이 알레르기가 아직 낫지 않았기 때문에

3 알레르기 약을 먹으면 술을 마실 수 없기 때문에

4 술을 마시면 약 효과가 떨어지기 때문에

2 **3**

해설 약을 먹고 술을 마시면 안 되는데, 다들 마시는 상황에서 혼자 술을 참는 것이 힘들기 때문이라고 말하고 있다.

어휘 我慢(がまん)する 참다 | 抜(ぬ)き ~을 빼고/제외하고 | 気(き)を使(つか)わせる 신경쓰게 하다

스크립트 및 해석 3ばん

男の人と女の人が話しています。男の人が部屋を選ぶ時に、重要だと考えていることは何ですか。

女：どう？部屋は決まった？

男：いや、まだ探してる。まさみちゃん一人暮らしだよね？ひかり町に住んでるっけ？

女：うん、そうだよ。私のところ、駅から近いわりには、安くていいよ。

男：そっかー。それはいいね。でも、ぼくは自転車乗るから、それはあまり気にしてないんだ。

女：そうなの？だったら、いくらでもいい部屋ありそうだけど。それに、一年とか二年ぐらい住むつもりなんでしょ？

男：そのつもりでいるよ。なんで？

女：じゃあ、心配いらないね。短期だと契約難しくなるから。

男：そうなんだけどさあ、初めての一人暮らしだから何から何まで買わなきゃなんなくて。面倒だから、家具や家電がついてる部屋がいいんだよね。

女：あー、最近そういう部屋多いよね。でも、そういう物件って少し値段が上がるよ。

男：そうなんだよね。だから迷ってるんだけど、やっぱり面倒だからそこは我慢しようかな。

男の人が部屋を選ぶ時に、重要だと考えていることは何ですか。

1 自転車でも通学しやすいところ

2 短期間でも住めるところ

3 家具家電がついているところ

4 家賃が高すぎないところ

남자와 여자가 이야기하고 있습니다. 남자가 방을 고를 때 중요하다고 생각하는 것은 무엇입니까?

여: 어때? 방은 정했어?

남: 아니, 아직 찾고 있어. 마사미, 혼자 살지? 히카리 마을에 살던가?

여: 응, 맞아. 우리 집, 역에서 가까운 것에 비해 싸고 좋아.

남: 그래? 그건 좋네. 하지만 난 자전거 타고 다닐 거니까 그런 건 괜찮아.

여: 그래? 그러면 얼마든지 좋은 방 있을 것 같은데. 게다가 1년 아니면 2년 정도 살 거지?

남: 그럴 생각인데, 왜?

여: 그럼 걱정할 필요 없겠네. 기간이 짧으면 계약하기 어려워.

남: **그런데 말이야. 첫 자취생활이라서 처음부터 끝까지 다 사야 해서. 번거로우니까, 가구나 가전이 다 있는 방이 좋은데.**

여: 아, 요즘엔 그런 방 많아. 근데 그런 물건(방)은 가격이 조금 올라가.

남: 그렇지? 그래서 고민 중인데, 역시 번거로우니까 그건 (방세가 올라가는 것은) 참아야겠지.

남자가 방을 고를 때 중요하다고 생각하는 것은 무엇입니까?

1 자전거로도 통학하기 편한 곳

2 단기간이라도 살 수 있는 곳

3 가구 및 가전이 다 있는 곳

4 집세가 너무 비싸지 않은 곳

3 **3**

해설 첫 자취라 가전과 가구가 다 있는 방을 우선적으로 생각하고 있다.

어휘 探(さが)す 찾다 | わりには ~치고는, ~에 비해 | 迷(まよ)う 망설이다 | 面倒(めんどう)だ 귀찮다

스크립트 및 해석 4ばん

テレビドラマの予告を見ながら男の人と女の人が話しています。男の人はドラマが注目をあびている理由を何だと考えていますか。

女：この春の新ドラマさあ、タイトルが印象的だよね。タイトルと内容のギャップもすごいし。

男：そうそう、初めてタイトル聞いた時、ホラーとか怖い内容のものだと思ったよ。

女：私もそう思ったけど、ホラーじゃなくて青春ドラマなのよね。そのインパクトが大きくて今注目をあびてるのかな。

男：それもなくはないだろうけど、やっぱりキャストが有名人ばかりなところじゃない。だって、このドラマのキャスト、みんな一流俳優や注目俳優ばっかりだよ。

女：そうね。主役はトップスターで、その友人役は今、旬の俳優たちが演じるみたいね。歌も大物歌手が担当してるし、制作費もかかってるみたい。

男：とりあえず、初回は見てみようかな。

男の人はドラマが注目を浴びている理由を何だと考えていますか。

1 ドラマの題名のインパクトが強いから
2 出演者たちが有名で人気があるから
3 主題歌を人気歌手が歌っているから
4 制作費をたくさんかけているから

TV 드라마 예고를 보면서 남자와 여자가 이야기하고 있습니다. 남자는 드라마가 주목받는 이유를 무엇이라고 생각합니까?

여: 올봄 새로 시작한 드라마 말인데, 타이틀이 인상적이지 않아? 타이틀이랑 내용의 갭도 굉장하고.

남: 맞아, 처음 타이틀을 들었을 때, 공포나 무서운 내용의 드라마인 줄 알았어.

여: 나도 그럴 줄 알았는데 공포가 아니라 청춘 드라마잖아. 그 임팩트가 커서 지금 주목받는 건가?

남: 그것도 없지 않겠지만, 역시 배역이 다 유명 배우라는 점이 아닐까? 그럴 것이 이 드라마 배역 모두 일류 배우나 주목받는 배우들뿐이야.

여: 그러네. 주연은 톱스타이고 주연 친구는 지금 전성기인 배우들이 연기하는 것 같아. 노래도 거물급 가수가 맡았고, 제작비도 꽤 들이고 있는 것 같아.

남: 우선 첫 회는 봐야지.

남자는 드라마가 주목받는 이유를 뭐라고 생각합니까?

1 드라마 제목의 임팩트가 강하기 때문에
2 출연자들이 유명하고 인기가 있기 때문에
3 주제가를 인기 가수가 부르고 있기 때문에
4 제작비를 많이 들이고 있기 때문에

4 **2**

해설 유명 배우와 주목받고 있는 배우들이 출연하여 드라마가 주목받고 있다고 설명하고 있다.

어휘 注目(ちゅうもく)をあびる 주목을 받다 | 演(えん)じる 연기하다 | 旬(しゅん)の俳優(はいゆう)たち 전성기 배우들

스크립트 및 해석 5ばん

火事の現場でアナウンサーが話しています。火事の原因は何ですか。

アナウンサー：こちら、昨夜火事がありました現場です。台所の窓が黒く焦げて、2階の部屋のガラスも割れています。この家には子供二人と両親の4人が住んでいました。逃げる時に母親が軽いやけどを負い、近くの病院で手当てを受けています。現在火事の原因を調査中ですが、1階の居間と台所が一番ひどく燃えています。居間に置いてあったストーブにカーテンが触れ、火がつき、燃えたものと思われます。

火事の原因は何ですか。

1 2階の部屋でストーブの火が燃え出したこと
2 台所でストーブの火が燃え出したこと
3 台所のカーテンにストーブの火が燃え移ったこと
4 居間のカーテンにストーブの火が燃え移ったこと

화재 현장에서 아나운서가 이야기하고 있습니다. 화재의 원인은 무엇입니까?

아나운서: 이쪽은 어젯밤 화재가 있었던 현장입니다. 부엌 창문이 검게 타고 2층 방 창문도 깨져 있습니다. 이 집에는 아이 둘과 부모, 네 식구가 살고 있었습니다. 도망칠 때 모친이 가벼운 화상을 입어 근처 병원에서 치료를 받고 있습니다. 현재 화재의 원인을 조사 중인데, 1층의 거실과 부엌이 가장 심하게 탔습니다. 거실에 놓여 있던 난로에 커튼이 닿아 불이 붙어 탄 것으로 여겨집니다.

화재의 원인은 무엇입니까?

1 2층 방에서 난롯불이 타기 시작한 것
2 부엌에서 난롯불이 타기 시작한 것
3 부엌 커튼에 난롯불이 옮겨 탄 것
4 거실 커튼에 난롯불이 옮겨 탄 것

5 **4**

해설 거실에 놓여 있던 난로에 커튼이 닿아 탄 것 즉, 거실 커튼에 난롯불이 옮겨붙어 탄 것이므로 정답은 4번이 된다.

어휘 焦(こ)げる (검게 그을리듯) 타다 | 手当(てあ)てを受(う)ける 처치를 받다 | やけどを負(お)う 화상을 입다 | 燃(も)える 타다, 불길이 일다 | 触(ふ)れる 닿다, 접촉하다

스크립트 및 해석 6ばん

男の人と女の人が話しています。どうして、男の人はデートで黙っていましたか。

女：山田君。昨日のデートどうだった？初デートだったから、緊張した？

男：う～ん。緊張はしなかったけど、なんかあんまり…。彼女がずっと一人で話してたよ。

女：え～、そうだったんだ。彼女、見た目と全然、違うね。

男：そうそう。大人しそうな人だと思ってたから、前日に頑張って色んな話題を準備してたんだけど。

女：残念。無駄になったね。でも、一緒に話せばよかったのに。

男：それがね。彼女、ずっと趣味の釣りの話をしてて。

女：え？釣り？なんかイメージと全然違うんだけど。私の勝手なイメージでは、茶道とか生け花とかしてそうだけど。

男：それなんだよ。ギャップがありすぎて、びっくりしちゃって…。なかなか自分から話せなかった。

女：ふうん。せっかく準備したのにね。でも、おもしろそうな人だね。

どうして、男の人はデートで黙っていましたか。

1 想像と違っていて、おどろいてしまったから
2 彼女と彼のしゅみが合わなかったから
3 彼女が一人でしゃべりすぎていやになったから
4 初めてのデートで緊張しすぎたから

남자와 여자가 이야기하고 있습니다. 왜 남자는 데이트에서 말을 하지 않았습니까?

여: 야마다 군, 어제 데이트 어땠어? 첫 데이트라서 긴장했어?

남: 음, 긴장은 하지 않았는데, 왠지 별로…. 그녀가 혼자서 계속 말하는 거야.

여: 어? 그랬구나. 그 여자분 보기와는 전혀 다르네.

남: 응. 얌전해 보여서 전날에 열심히 여러 가지 화젯거리를 준비했는데 말이야.

여: 아쉽네. 쓸모없어졌구나. 그래도 같이 얘기했으면 좋았을 텐데.

남: 그게 말이야. 그 여자, 계속 취미인 낚시 이야기를 해서.

여: 어? 낚시? 뭔가 이미지와 전혀 달라. 내 맘대로 생각한 이미지로는 다도라든지 꽃꽂이 같은 거 할 것 같았는데.

남: 그거지. 갭이 너무 커서 놀라버렸지 뭐야. 좀처럼 내가 말을 할 수 없었어.

여: 음, 모처럼 준비했는데. 근데 재미있을 것 같은 사람이네.

왜 남자는 데이트에서 말을 하지 않았습니까?

1 상상했던 것과 달라서 놀라버렸기 때문에
2 그녀와 그의 취미가 맞지 않았기 때문에
3 그녀가 혼자서 너무 떠들어서 싫어졌기 때문에
4 첫 데이트에서 너무 긴장했기 때문에

6 1

해설 이미지와는 다른 취미를 가지고 있어 생각했던 것과는 갭이 크다는 것이 이유이다. 본문에서는 이미지라고 표현했지만, 선택지에서는 상상이라는 말로 바꿔 말할 수도 있겠다.

어휘 勝手(かって)だ 제멋대로, 맘대로 | 茶道(さどう) 다도 | 生(い)け花(ばな) 꽃꽂이 | ギャップ 갭, 차이

기본 음원

1,2배속 음원

실전시험 148 | 포인트 이해 [2]

▶본서2 p.476

정답 **1** 2 **2** 4 **3** 3 **4** 2 **5** 4 **6** 3

스크립트 및 해석 1ばん

男の学生と女の学生が話しています。男の学生はどうして昨日マンションの管理人に怒られたと言っていますか。

男：昨日マンションの管理人に怒られちゃったんだよ。

女：え、どうして？遅い時間に洗濯機でも回したの？

男：いや。そうじゃなくて。ゴミをね。昨日水曜日だと勘違いして燃えないゴミを出したんだよ。

女：あら。

男：前にも、同じ間違いをして隣の人が注意されてるのを見て、僕も注意してたんだけど。

女：最近ゴミのルールは厳しいからね。缶やビンの分別とかね。

男：それはしっかりしてたのに。

女：ま、そんなこともあるわよ。これからも注意しなきゃね。

男：うん。

男の学生はどうして昨日マンションの管理人に怒られたと言っていますか。

1　ゴミの分別をしなかったから

2　ゴミを出す曜日を間違えたから

3　夜遅くに洗濯機を回したから

4　前にも同じミスをしたから

남학생과 여학생이 이야기하고 있습니다. 남학생은 왜 어제 아파트 관리인에게 혼났다고 말하고 있습니까?

남: 어제 아파트 관리인에게 혼났어.

여: 어? 왜? 집에서 늦은 시간에 세탁기라도 돌렸어?

남: 아니, 그게 아니라 쓰레기를 말이야. 어제 수요일이라고 착각해서 타지 않는 쓰레기를 내놨거든.

여: 이런.

남: 전에도, 같은 실수를 해서 옆집 사람이 주의를 받는 걸 보고 나도 신경 썼는데.

여: 요즘 쓰레기 배출 규칙이 엄격하니까. 캔이나 병 분류라든지.

남: 그건 확실히 했는데….

여: 그런 일도 있지 뭐. 앞으로도 주의하면 돼.

남: 응.

남학생은 왜 어제 아파트 관리인에게 혼났다고 말하고 있습니까?

1 쓰레기 분류를 하지 않았기 때문에

2 쓰레기 배출 요일을 틀렸기 때문에

3 밤늦게 세탁기를 돌렸기 때문에

4 전에도 같은 실수를 했기 때문에

1　**2**

해설　수요일이라고 착각해서 타지 않는 쓰레기를 내놨다고 하는 것은 요일을 잘못 알고 내놓았기 때문이다.

어휘　勘違(かんちが)いする 착각하다 ｜ 燃(も)える 타다

스크립트 및 해석 2ばん

男の人と女の人が話しています。2人はどうして、新しいお店に客が少ないと思っていますか。

男：新しくできたあの店、いつもガラガラじゃない？

女：そうですね。立地はいいのに、味がイマイチなんでしょうかね。

男：どうだろう。あの店は支店なんだけど。本店が成功したから、ここに支店ができたって聞いたよ。だから、味は大丈夫そうなんだけどな。

女：そうでしたね。それにグルメ雑誌で見たような気がします。じゃあ、どうしてでしょうね。

男：うーん。ただ、この近くにもう一軒イタリアンの店があるよね。やっぱりあの店に流れちゃうのかな。

女：それもあるかもしれませんね。あっちに行き慣れてる人が多いでしょうしね。

男：あの店おいしいだけじゃなくて、値段も悪くないしね。

女：そうなんですよ、サービスまでいいから客が離れないんでしょうね。

2人はどうして、新しいお店に客が少ないと思っていますか。

1　本店じゃなくて支店だから

2　場所がよくないし、おいしくないから

3　サービスが悪いし、値段も高いから

4　近くにある店が人気だから

남자와 여자가 이야기하고 있습니다. 두 사람은 왜 새로운 가게에 손님이 적다고 생각하고 있습니까?

남: 새로 생긴 저 가게, 항상 텅 비어 있지?

여: 그러네요. 입지는 좋은데 맛이 그저 그런가요?

남: 글쎄. 저긴 지점인데. 본점이 성공해서 여기에 지점이 생겼다고 들었어. 그래서 맛은 괜찮을 것 같은데 말이야.

여: 맞아요. 게다가 맛집 잡지에서 본 것 같아요. 그러면 왜 그런 걸까요?

남: 음~. 다만, 이 근처에 이탈리안 가게가 하나 더 있지? 역시 그 가게에 몰리는 건 아닐까?

여: 그런 것일 수도 있겠네요. 그 가게에 익숙해져 있는 사람이 많을 테고요.

남: 그 가게 맛도 있고 가격도 나쁘지 않고 말이야.

여: 맞아요. 서비스까지 좋으니까 손님이 떠나지 않는 거겠죠.

두 사람은 왜 새로운 가게에 손님이 적다고 생각하고 있습니까?

1 본점이 아니라 지점이기 때문에

2 장소가 좋지 않고 맛있지 않기 때문에

3 서비스가 나쁘고 가격도 비싸기 때문에

4 근처 가게가 인기가 많기 때문에

2 **4**

해설 근처에 있는 이탈리안 가게에 손님이 몰리는 게 이유라고 생각하고 있다.

어휘 ような気(き)がする ~한 것 같다, ~인듯한 기분이 들다 I 慣(な)れる 익숙해지다, 적응되다 I 離(はな)れる 떨어지다, 멀어지다

스크립트 및 해석 3ばん

映画の試写会で司会者が監督にインタビューをしています。どうして、監督は主人公に新人俳優を選んだと言っていますか。

女：監督、主人公の松岡おさむ役に、新人俳優の上田たつやさんをキャスティングした理由について、お話をしていただけますか。

男：そうですね。上田のような新人俳優をキャスティングする理由はいくつかあると思いますが。ひとつは新しい才能の発掘だと思います。ダイヤモンドの原石を探すみたいに、これからスターになれそうな人を見つけ、私たちがそれを磨くということ。これからの人材を探すのも私たちの役割だと思っていますから。ただ、今回はそれではなく、新人の場合はその役者へのイメージがないという点がいいと思ったんです。普通、役者には前の役や、ヒット作で演じた役のイメージが残っていますからね。新しい作品を作る時、それが邪魔してしまうこともあるんですよ。

女：なるほど、そのような理由が背景にあったんですね。

監督はどうして、新人俳優の上田たつやさんを選んだと言っていますか。

1 才能のある人材だから

2 演技がうまいと思ったから

3 きそんのイメージが作品に影響しないから

4 作品の役に合うイメージだから

영화 시사회에서 사회자가 감독에게 인터뷰를 하고 있습니다. 왜 감독은 주인공으로 신인 배우를 선택했다고 말하고 있습니까?

여: 감독님, 주인공 마츠오카 오사무 역에 신인 배우 우에다 타츠야 씨를 캐스팅한 이유에 대해서 이야기해 주실 수 있으십니까?

남: 글쎄요. 우에다와 같은 신인 배우를 캐스팅하는 이유는 몇 가지 있는데요. 첫째는 새로운 재능 발굴이라고 생각합니다. 다이아몬드의 원석을 찾는 것처럼 앞으로 스타가 될 가능성이 있는 사람을 발견해서 우리가 그걸 닦아 주는 것. 앞으로의 인재를 찾는 것도 우리의 역할이라고 생각하기 때문입니다. **다만, 이번에는 그런 이유가 아니라, 신인의 경우에는 그 배우에 대한 이미지가 없다는 점이 좋을 것 같았어요.** 보통, 배우에게는 전에 맡았던 역이나 히트작에서 연기한 배역의 이미지가 남아 있기 때문입니다. 새 작품을 만들 때, 그것이 방해 요소가 되는 경우가 있어요.

여: 과연, 그런 이유가 배경에 있었군요.

감독은 왜 신인 배우 우에다 타츠야 씨를 선택했다고 말하고 있습니까?

1 재능이 있는 인재이기 때문에

2 연기가 좋다고(연기를 잘한다고) 생각했기 때문에

3 기존 이미지가 작품에 영향을 주지 않기 때문에

4 작품 역에 맞는 이미지이기 때문에

3 **3**

해설 새 작품을 만들 때 기존 연기한 배역의 이미지가 남아 있으면 방해 요소가 되는데, 신인인 우에다의 경우에는 그런 부분이 없어 좋다고 했기 때문에 답은 3번이다.

어휘 磨(みが)く 닦다, 연마하다 I 演(えん)じる 연기하다 I 邪魔(じゃま)する 방해하다

스크립트 및 해석 4ばん

夫婦が話しています。どうして、妻は夫にスポーツジムに行くようにすすめていますか。

女：ねえ、これ見て。あなたによさそうじゃない？

男：うん？これは、新しくできたジムのチラシ？

女：そう。ここ、新しいから施設もよさそうだし。通ってみたら？

男：うーん。運動にはあんまり興味がないんだけど。仕事帰りに行くの疲れそうだし。

女：無理しない程度に通えばいいんじゃない？前、健康診断で言われたじゃない。少しでもいいから、運動した方がいいって。

男：うん。そうだけど。全然運動してこなかったのに、急にジムに通うってのも…。ハードルが高い気がして。

女：ウォーキングも、ジョギングもすぐ諦めたじゃない。雨だから、暑いからとか言って続かなかったでしょう。ここだと、お金も払うからそう簡単にはやめないと思うんだけど。何より、体を大事にしなきゃ。

男：うーん。それもそうだね。見学にでも行ってこようかな。

女：約束ね。

男：うん。わかった。

どうして、妻は夫にスポーツジムに行くようにすすめていますか。

1 新しくできたスポーツジムだから
2 医者に健康について注意されたから
3 無理しないで運動ができるから
4 楽しそうなプログラムがたくさんあるから

부부가 이야기하고 있습니다. 왜 아내는 남편에게 스포츠 센터에 가도록 권유하고 있습니까?

여: 이거 좀 봐봐. 당신에게 좋을 것 같지 않아?

남: 어? 이건 새로 생긴 스포츠 센터 광고지잖아?

여: 그래. 여기 새로 생겨서 시설도 좋을 것 같아. 다녀 보는 건 어때?

남: 음~. 운동에는 별로 흥미가 없는데. 일 끝나고 가는 것도 피곤할 것 같고.

여: 무리하지 않을 정도로만 하면 괜찮지 않을까? 전에, **건강 진단에서, 조금이라도 좋으니까 운동하는 게 좋다고 했잖아.**

남: 응. 그렇지만. 여태까지 운동 안 했는데 갑자기 스포츠 센터에 다니는 것도…. 기준(진입 장벽)이 높은 것 같아서. (나한테 너무 무리일 것 같은데….)

여: 워킹도 조깅도 금방 그만뒀잖아. 비 오니까, 더우니까 라는 이유로 계속하지 않았잖아. 여기라면 돈도 내니까 그리 쉽게 그만두지는 않을 것 같은데. 무엇보다 몸을 소중히 해야 해.

남: 음~. 그것도 그렇네. 견학이라도 다녀올까?

여: 약속이야.

남: 응, 알았어.

왜 아내는 남편에게 스포츠 센터에 가도록 권유하고 있습니까?

1 새로 생긴 스포츠 센터이기 때문에
2 의사에게 건강에 대해서 주의를 받았기 때문에
3 무리하지 않고 운동을 할 수 있기 때문에
4 재미있어 보이는 프로그램이 많이 있기 때문에

4 **2**

해설 전에 받은 건강 진단에서, 조금이라도 좋으니까 운동하는 좋다고 했다는 것은 의사에게 건강에 대해 주의를 받았다는 의미이며, 아내는 그러한 이유로 운동을 권유하고 있다.

어휘 ハードルが高(たか)い 허들(장해)가 높다, 기준이 높다 | 続(つづ)く 계속되다

스크립트 및 해석 5ばん

郵便局で女の人が荷物を送ろうとしています。荷物はいつ届く予定ですか。

女：これ明日までに届きますか。

男：ちょっとお待ちください。ああ、明日は無理ですね。

女：じゃあ、あさってになるのか。食べ物なんですけど、困ったなあ。仕方がないわね。

男：すみません。あの、時間の指定はどうされますか。一番早いのは午前中ですけど。

女：じゃあ、早いほうがいいんで、それでお願いします。

男：はい。午前中ですね。

女：あ、待って。留守にしているかもしれないし、やっぱり夜8時以降で。

男：はい。

荷物はいつ届く予定ですか。

1 あしたの午前中
2 あしたの夜
3 あさっての午前中
4 あさっての夜

우체국에서 여자가 짐을 보내려고 하고 있습니다. 짐은 언제 도착할 예정입니까?

여: 이거 내일까지 도착할까요?

남: 잠시 기다려 주세요. 아, 내일은 무리네요.

여: 그럼 모레가 되는 건가…. 먹을 것인데 곤란하네…. 어쩔 수 없네요.

남: 죄송합니다. 저… 시간 지정은 어떻게 하시겠습니까? 가장 이른 것은 오전 중입니다만.

여: 그럼 빠른 쪽이 좋으니까 그걸로 하겠습니다.

남: 네. 오전 중 맞으시죠?

여: 아, 잠시만요. 집을 비울 수도 있으니 역시 밤 8시 이후로 (할게요).

남: 네.

짐은 언제 도착할 예정입니까?

1 내일 오전 중

2 내일 밤

3 모레 오전 중

4 모레 밤

5 **4**

해설 우선 남자가 내일은 무리라고 했으므로 모레가 된다. 처음엔 가장 빠른 게 좋다고 했으나, 집을 비울 수도 있어서 나중에 밤 8시로 변경했다는 것에 헷갈리지 않도록 주의해야 한다.

어휘 留守(るす)にする 집을 비우다

스크립트 및 해석 6ばん

会社で男の人と女の人が話しています。女の人が出張の日程を変えたい理由は何ですか。

女：部長、今度の出張のことでお話があるんですが。お時間よろしいでしょうか。

男：ああ、どうしたの？何か問題でもあった？

女：問題はないんですが、出張の期間を一日だけ延ばしていただけないでしょうか。今回は東京に出張ですが、できれば静岡の方にも足を運びたいんです。

男：ん？静岡？

女：はい。先月転勤になった上田課長のところに寄れたらいいなと思いまして。転勤前にきちんと引き継ぎは受けたんですが、まだいくつか質問したいことがありまして。

男：そうか。静岡なら行けない距離じゃないな。まあ、君は長年お世話になったから顔を出すのもいいだろう。

女：ありがとうございます。では、出張は木曜日までということでよろしいでしょうか。

男：うん。そうだな。

女の人が出張の日程を変えたい理由は何ですか。

1　他の支社にあいさつしに行きたいから

2　スケジュールによゆうがないから

3　以前の上司に聞きたいことがあるから

4　取引先の人に会いに行きたいから

회사에서 남자와 여자가 이야기하고 있습니다. 여자가 출장 일정을 변경하고 싶은 이유는 무엇입니까?

여: 부장님, 이번 출장 건으로 말씀드릴 것이 있는데, 시간 괜찮으세요?

남: 아, 무슨 일이야? 뭔가 문제라도 있나?

여: 문제는 없는데, 출장 기간을 하루만 더 연장시켜 주시면 안 될까요? 이번엔 도쿄 출장인데, 가능하면 시즈오카 쪽에도 다녀오고 싶어 서요.

남: 뭐? 시즈오카?

여: 네. 지난달 전근 간 우에다 과장님에게 다녀오면 좋을 것 같아서요. 전근 가기 전에 인수인계는 제대로 받았는데 아직 몇 개 더 물어보고 싶은 게 있어요.

남: 그래? 시즈오카라면 갈 수 없는 거리도 아니지. 뭐, 자네는 오랫동안 신세도 졌으니까 얼굴 비치는 것도 좋을 것 같네.

여: 감사합니다. 그러면 출장은 목요일까지로 하면 괜찮을까요?

남: 응. 그래.

여자가 출장 일정을 바꾸고 싶은 이유는 무엇입니까?

1 다른 지사에 인사하러 가고 싶기 때문에

2 스케줄에 여유가 없기 때문에

3 이전 상사에게 묻고 싶은 것이 있기 때문에

4 거래처 사람을 만나러 가고 싶기 때문에

6 **3**

해설 지난달 전근 간 우에다 과장님에게 전근 가기 전에 인수인계는 받았지만, 몇 개 더 물어보고 싶은 게 있어서 시즈오카에도 다녀오고 싶다고 말하고 있다.

어휘 足(あし)を運(はこ)ぶ 발(걸음)을 옮기다 | 引(ひ)き継(つ)ぎ 인수, 받아 이어서 함 | 取引先(とりひきさき) 거래처

기본 음원

1.2배속 음원

실전시험 149 | 포인트 이해 [3]

▶본서2 p.478

정답 1 2　2 1　3 4　4 1　5 2　6 3

스크립트 및 해석 1ばん

男の学生と女の学生が生徒会長選挙の立候補者について話しています。女の人は誰に投票すると話していますか。

男：明日の生徒会長選挙、誰に入れるか決めた？

女：う～ん。何か誰が生徒会長になっても、別に何も変わらない気がする。みんな真面目そうだから、誰になっても大丈夫そう。

男：そんなことないよ。昨日の演説会、ちゃんと聞いてた？鈴木さんは「新しい自習室の設置」って話してたし、佐藤さんは「売店の取扱商品を増やす」、それと井上さんは「ボランティア活動の活性化」だったよ。

女：う一ん。なんか、どれも悪くないけど本当に実行できるのかな。まあ、まだわからないけどね。ちゃんと実行に移してくれる人がいいな。

男：で、誰に一票入れるの？誰がよさそう？生徒としてちゃんと投票しなきゃ。

女：誰でもいいんだけど。あえてしてほしいことと言えば、毎日同じパンとお菓子ばかりで飽きてきたことかな。

男：それだよ。ちゃんと意志があるじゃん。

女の人は誰に投票すると話していますか。

1 鈴木さん

2 佐藤さん

3 井上さん

4 投票しない

남학생과 여학생이 학생회장 선거 입후보자에 대해서 이야기하고 있습니다. 여자는 누구에게 투표하겠다고 말하고 있습니까?

남: 내일 학생회장 선거, 누구 찍을지 정했어?

여: 음~. 왠지 누가 학생회장이 되든 별로 안 바뀔 것 같아. 모두 성실해 보이니까 누가 돼도 괜찮을 것 같아.

남: 그렇지 않아. 어제 연설회 제대로 들은 거야? 스즈키 씨는 '새로운 자습실 설치', 사토 씨는 '매점의 취급 상품을 늘리겠다', 그리고 이노우에 씨는 '봉사 활동의 활성화'라고 말했어.

여: 음~. 뭔가 다 나쁘지는 않은데, 정말 실행할 수 있을까? 뭐, 아직 모르는 거겠지만. 제대로 실행으로 옮겨 줄 사람이 좋아.

남: 그래서 누구에게 투표할 건데? 누가 좋을 것 같아? 학생으로서 제대로 한 표 행사해야지.

여: 누가 돼도 괜찮아. 굳이 투표한다면 매일 똑같은 빵이랑 과자만 먹어서 질렸다는 것이려나?

남: 바로 그거야. 제대로 투표할 의지가 있잖아.

여자는 누구에게 투표하겠다고 말하고 있습니까?

1 스즈키 씨

2 사토 씨

3 이노우에 씨

4 투표하지 않는다

1 **2**

해설 굳이 투표한다면 똑같은 빵이랑 과자만 먹어서 질렸다고 했기 때문에, '매점 취급 상품을 늘리겠다'라고 했던 사토 씨에게 투표할 마음이 있다는 것으로 볼 수 있다.

어휘 増(ふ)やす 늘리다, 증가시키다 | 実行(じっこう)に移(うつ)す 실행으로 옮기다 | あえて 굳이 | 飽(あ)きる 질리다

스크립트 및 해석 2ばん

大学で先生が話しています。先生は農業を行う若者たちが増えた理由は何だと言っていますか。

男：農業といえば、以前は大変な仕事と思われ、農業をする人が減っていました。ところが、最近は農業に就く若者が増えています。これは土に触れ、自分の作ったものを食べる生活に都会では味わえない、精神的豊かさがあるからです。このような若者の中には、農業の経験がない人も見られ、各自治体は彼らを支援する制度や農業指導体制を検討し始めています。

先生は農業を行う若者たちが増えた理由は何だと言っていますか。

1 せいしんてきな豊かさを味わえるから

2 農業の経験がなくても始められるから

3 じちたいの支援制度があるから

4 農業指導が受けられるから

대학교에서 선생님이 이야기하고 있습니다. 선생님은 농업을 하는 젊은이들이 늘어난 이유는 무엇이라고 말하고 있습니까?

남: 농업이라고 하면, 전에는 힘든 일이라고 여겨져 농업을 하는 사람이 줄었습니다. 그렇지만, 최근에는 농업에 종사하는 젊은이들이 늘고 있습니다. 이것은 흙을 직접 만지고 자신이 만든 것을 먹는 생활에, 도시에서

는 맛볼 수 없는 정신적인 풍족함이 있기 때문입니다. 이 같은 젊은이 중에는 농업의 경험이 없는 사람도 보여, 각 자치제는 그들을 지원하는 제도와 농업 지도 체제를 검토하기 시작했습니다.

선생님은 농업을 하는 젊은이들이 늘어난 이유는 무엇이라고 말하고 있습니까?

1 정신적인 풍족함을 맛볼 수 있기 때문에

2 농업 경험이 없어도 시작할 수 있기 때문에

3 자치체의 지원 제도가 있기 때문에

4 농업 지도를 받을 수 있기 때문에

2 **1**

해설 최근 농업에 종사하는 젊은이들이 늘고 있다고 말하고, 바로 이어서 도시에서는 맛볼 수 없는 정신적인 풍족함이 있기 때문이라고 이유를 서술했으므로, 답은 1번이다.

어휘 農業(のうぎょう) 농업 I に就(つ)く ~에 취직하다, 종사하다 I 味(あじ)わう 맛보다 I 精神的(せいしんてき) 정신적 I 豊(ゆた)かさ 풍족함 I 自治体(じちたい) 자치단체(지자체) I 支援(しえん)する 지원하다 I 制度(せいど) 제도

스크립트 및 해석 3ばん

男の人と女の人が話しています。どうして、男の人は早く帰ることにしましたか。

男：はあ～。もうだめだ…。帰ります。

女：えっ？もう作り終わったんですか？資料、明日までに仕上げなきゃいけないって言ってませんでしたか？

男：一応、大体は終わったんですけど、まだ少し残っています。

女：まあ、眠い時は早く帰って、寝た方がよさそうですね。明日の朝、早く起きればいいですし。

男：昨日ぐっすり寝られたから、それは大丈夫なんですけど。なんか、うまくいかないっていうか、ピンとくるアイディアが出てこなくて。焦っちゃってます。

女：そういうときは、お風呂にでも入って気分を変えた方がよさそうですね。場所とか気分が変わるといいものが出てきそうですし。

男：そう思って、帰ることにしました。とりあえず、帰ってご飯を食べてお風呂にでも入ります。木村さん、無理しないでくださいね。じゃあ、お先に失礼します。

どうして、男の人は早く帰ることにしましたか。

1 仕事が多く、すいみんぶそくだから

2 翌朝に仕事をするから

3 気分がよくならないから

4 いい発想が浮かばないから

남자와 여자가 이야기하고 있습니다. 왜 남자는 일찍 돌아가기로 했습니까?

남: 아~ 이제 안 되겠다…. 집에 갈게요.

여: 어? 벌써 다 만든 거예요? 자료, 내일까지 끝내야 한다고 하지 않았나요?

남: 일단 대강은 끝났는데, 아직 조금 남았어요.

여: 뭐, 졸릴 때는 일찍 돌아가서 자는 게 좋을 것 같아요. 내일 아침에 일찍 일어나면 되니까요.

남: 어제는 푹 잘 수 있어서 그건 괜찮은데 뭔가 잘 풀리지 않는 느낌이랄까, 딱 떠오르는 아이디어가 나오지 않아서 초조해지네요.

여: 그럴 때는 목욕이라도 해서 기분 전환하는 것이 좋을 듯하네요. 장소나 기분이 바뀌면 좋은 아이디어가 떠오를지도 모르니까요.

남: 그런 생각이 들어서 돌아가기로 했어요. 우선 가서 밥을 먹고 목욕이라도 하려고요. 기무라 씨도 무리하지 마세요. 그럼, 먼저 실례하겠습니다.

왜 남자는 일찍 돌아가기로 했습니까?

1 일이 많아서 수면 부족이기 때문에

2 다음 날 아침에 일을 하기 때문에

3 기분이 좋아지지 않기 때문에

4 좋은 발상이 떠오르지 않기 때문에

3 **4**

해설 남자가 떠오르는 아이디어가 없어 초조해진다고 했고, 여자가 장소나 기분을 바꾸면 좋은 아이디어가 떠오를지도 모른다고 말하니 동의하면서 돌아가기로 했다.

어휘 ピンとくる 즉각 머릿속에 떠오르다, 단박에 생각나다 I 焦(あせ)る 초조하다 I 浮(う)かぶ 떠오르다

스크립트 및 해석 4ばん

男の学生と女の学生が話しています。男の人はどうして、天体観測サークルに入ることにしましたか。

男：昨日、ネットで色々探してたんだけど、いろんな集まりがあるんだね。

女：私も聞いたことあるよ。最近、知らない人同士が共通の趣味や好きなことを通じて集まるのって人気よね。何か、いいものあった？

男：うん。天体観測サークルってのがあって。いいなって思ったんだ。みんなで集まって星について色々勉強するんだって。そして、定期的に星を見に行くんだって。楽しそうじゃない？

女：へえ～。そういうのに興味があったの？私はてっきりスポーツの方の集まりに行きたがると思ったけど。

男：もちろん、運動もいいんだけど、これまでたくさんしてきたから。それに何よりこの集まりって会費もあまり高くないし、第二、第四土曜日だけってのもいいなと思って。

女：そうなんだ。それはいいかもね。でも、そもそも星に興味あるの？

男：それがさ、最近テレビでたまたま見て、気になってたんだ。

女：あ、そうなの？なんかロマンチックでいいね。

男の人はどうして、天体観測サークルに入ることにしましたか。

1　会費や日程に無理がないから

2　最近、運動にあきてきたから

3　テレビをきっかけに関心がわいたから

4　星を見に行くことがロマンチックだから

남학생과 여학생이 이야기하고 있습니다. 남자는 왜 천체 관측 동아리에 들어가기로 했습니까?

남: 어제 인터넷에서 이것저것 찾아봤는데 다양한 모임이 있더라고.

여: 나도 들었어. 요즘 모르는 사람끼리 공통의 취미나 좋아하는 것을 통해서 모이는 게 인기 있네. 뭐 좋은 동아리 있어?

남: 응. 천체 관측 동아리라는 게 있어. 괜찮을 것 같아. 다 같이 모여서 별에 관해 여러 가지 공부한대. 그리고 정기적으로 별을 보러 간대. 재미있을 것 같지 않아?

여: 아~ 그런 것에 흥미가 있었어? 난 틀림없이 스포츠 모임에 더 가고 싶어 할 거라고 생각했는데.

남: 물론 운동도 좋은데, 이제까지 많이 했으니까. 게다가 무엇보다 이 모임은 회비도 별로 비싸지 않고 둘째 주, 넷째 주 토요일만 모인다는 것도 괜찮고 해서.

여: 그렇구나. 그건 좋네. 근데 애초에 별에 관심이 있었어?

남: 그게 말이야, 최근에 TV에서 우연히 보고, 좀 궁금해졌거든.

여: 아, 그래? 뭔가 로맨틱해서 좋네.

남자는 왜 천체 관측 동아리에 들어가기로 했습니까?

1 회비와 일정에 무리가 없기 때문에

2 최근 운동에 질렸기 때문에

3 TV를 계기로 관심이 생겨났기 때문에

4 별을 보러 가는 것이 로맨틱하기 때문에

4 **1**

해설 다른 이유보다도 이 모임은 회비도 별로 비싸지 않고, 한 달에 두 번만 하는 것이 괜찮다고 했기 때문에 회비와 일정에 무리가 없다는 선택지 1번이 답이 되겠다.

어휘 天体観測(てんたいかんそく) 천체 관측 l を通(つう)じて ~을 통해서 l てっきり 생각대로, 아니나 다를까 l たまたま 우연히

스크립트 및 해석 5ばん

ラジオでアナウンサーが店の紹介をしています。この店で売っている箱には何が入っていますか。

男：ええ、今日は最近話題になっているお店に来ています。お店に入りますと、まるでカフェのような落ち着いた雰囲気です。店内には、プレゼント用の箱が並んでいます。お菓子が入っていそうな箱や、宝石箱のようなものもあります。私もまさかこの箱にメロンが入っているとは思いませんでした。カフェのようなお店ですし、箱にはコーヒーが入っていると思われる方も多いそうです。

この店で売っている箱には何が入っていますか。

1　コーヒー　　2　くだもの

3　おかし　　4　ほうせき

라디오에서 아나운서가 가게 소개를 하고 있습니다. 이 가게에서 팔고 있는 상자에는 무엇이 들어 있습니까?

남: 음, 오늘은 최근 화제가 되고 있는 가게에 와 있습니다. 가게에 들어오면, 마치 카페 같은 편안한 분위기입니다. 가게 안에는 선물용 상자가 진열되어 있습니다. 과자가 들어 있을 것 같은 상자와 보석함 같은 것도 있습니다. 저도 설마 이 상자에 멜론이 들어 있을 거라고는 생각지 못했습니다. 카페 같은 가게이기도 하고 상자에는 커피가 들어 있을 거라고 생각하는 분도 많다고 합니다.

이 가게에서 팔고 있는 상자에는 무엇이 들어 있습니까?

1 커피　　2 과일　　3 과자　　4 보석

5 **2**

해설 선택지의 단어들이 지문 속에 등장하여 헷갈릴 수 있지만, 끝까지 주의해서 들어보면, 카페 같은 분위기의 이 가게에 있는 상자 안에는 생각지도 못한 멜론이 들어있다는 것을 알 수 있기 때문에 정답은 2번 과일이 된다.

어휘 落(お)ち着(つ)く 안정되다, 침착하다 l まさか 설마

스크립트 및 해석 6ばん

友達2人が話しています。女の子はどうして、ゼミの合宿に行きたくないのですか。

女1：今日、ためいきばかりついてるね。どうしたの？誰かに何か言われたの？

女2：いや。そうじゃないんだけど。来月のゼミの合宿のこと考えると…。

女1：どうして？毎年、恒例のゼミ合宿でしょ？去年も参加してたよね？4回目だから、飽きてきたの？

女2：いや、そうじゃなくて。毎年参加してて、去年までは楽しかったんだけど。今年は4年生だから、楽しめないと思うんだよね。4年生は、論文の計画発表をしなきゃいけないでしょう。私、人前で話すのが本当に苦手だし、緊張しすぎて何も話せなくなりそうで。

女1：え？そんなこと心配してたの？そんなの発表の準備さえすれば大丈夫だよ。

女2：でもね。今年は、いつもより後輩の数が多いからなおさら心配なの。

女の子はどうしてゼミの合宿に行きたくないのですか。

1　だれかに何か言われたから
2　毎年参加してあきてしまったから
3　人前で発表するのが苦手だから
4　去年より後輩の人数が多いから

친구 두 명이 이야기하고 있습니다. 여자아이는 왜 세미나 합숙에 가고 싶지 않은 것입니까?

여1: 오늘 계속 한숨만 쉬네. 무슨 일이야? 누군가에게 무슨 말이라도 들었어?

여2: 아니. 그런 건 아닌데. 다음 달 세미나 합숙을 생각하면….

여1: 왜? 매년 늘 가는 세미나 합숙이잖아? 작년에도 참가했지? 네 번째라서 싫증 난 거야?

여2: 아니, 그게 아니고. 매년 참가했어도 작년까지는 즐거웠는데. 올해는 4학년이니까 즐길 수 없을 것 같아. 4학년은 논문 계획 발표를 꼭 해야 하잖아. 나, 사람 앞에서 말하는 거 정말 못하고, 너무 긴장해서 아무 말도 못 하게 될 것 같아서.

여1: 뭐? 그런 거 걱정했던 거야? 그거 발표 준비만 하면 되잖아.

여2: 근데 올해는 지난번보다 후배들 수가 많으니까 더욱 더 걱정돼.

여자는 왜 세미나 합숙에 가고 싶지 않은 것입니까?

1 누군가에게 무슨 말을 들었기 때문에
2 매년 참가해서 싫증 나버렸기 때문에
3 다른 사람 앞에서 발표하는 것이 서툴기 때문에
4 작년보다 후배들의 수가 많기 때문에

6 **3**

해설 이번 합숙은 즐길 수 없을 것 같다고 말한 것은 논문 계획(서) 발표를 앞두고 긴장된다는 것이 가장 큰 일차적인 이유이므로, 답은 3번이 적절하다. 4번과 헷갈릴 수 있는데, '후배들의 수가 많다'는 것은 합숙에 가고 싶지 않은 이유가 아니라, 논문 계획 발표에 있어서 더욱더 긴장되게 하는 요인에 해당하므로, 질문의 답이 될 수 없다.

어휘 恒例(こうれい) 항례, 관례 l 飽(あ)きる 질리다 l なおさら 더욱더 l 苦手(にがて)だ 질색이다, 잘 못하다

문제3 개요 이해

기본 음원

1.2배속 음원

실전시험 150 | 개요 이해 [1]

▶본서2 p.484

정답 **1** 3　**2** 3　**3** 3　**4** 1　**5** 3

스크립트 및 해석 1ばん

ラジオでアナウンサーが作文コンクールについて話しています。

男：さくら新聞が毎年行っている留学生作文コンクールが今年も行われました。今年のテーマは日本生活です。多数の応募があり、その中から日本人との交流を書いた東日本語学校のアラさんの作文が最優秀賞に輝きました。日本人の友だちと交わした会話や、一緒に遊んだときの様子が、目に浮かぶように鮮やかに描かれ、日本生活がどうだったかがよくわかると評価されました。作品はさくら新聞のホームページに掲載されていますので、ぜひご覧ください。

アナウンサーはこの作文コンクールの何について話していますか。

1 開催している目的
2 受賞者のコメント
3 最優秀賞に選ばれた作品
4 次回の応募方法

라디오에서 아나운서가 작문 콩쿠르에 관해서 이야기하고 있습니다.

남: 사쿠라 신문이 매년 시행하고 있는 유학생 작문 콩쿠르가 올해도 열렸습니다. 올해 주제는 일본 생활입니다. 응모자가 많았는데 그중에서 일본인과의 교류를 쓴 히가시 일본어 학교의 아라 씨의 작문이 최우수상에 빛났습니다. 일본인 친구와 나눈 대화와 함께 놀던 때의 모습이 눈에 선하게 선명히 그려져 일본 생활이 어땠는지를 잘 알 수 있었다고 평가되었습니다. 작품은 사쿠라 신문 홈페이지에 게재되어 있으니 꼭 보시기 바랍니다.

아나운서는 이 작문 콩쿠르의 무엇에 관해서 이야기하고 있습니까?

1 개최하고 있는 목적
2 수상자의 코멘트
3 최우수상에 선발된 작품
4 다음 회의 응모 방법

1 3

해설 선발된 최우수상의 작품의 내용에 대해 주로 언급하고 있기 때문에 정답은 3번이다.

어휘 輝(かがや)く (명예 등이) 빛나다, 반짝이다 | 交(か)わす (대화 등을) 나누다, 주고받다 | 鮮(あざ)やかだ 선명하다 | 掲載(けいさい) 게재 | ご覧(らん)ください 봐주세요

스크립트 및 해석 2ばん

男の人と女の人がご飯の食べ残しに関するテレビを見ながら話しています。

男：へえ、日本って、食べ残しがとても多い国なんだね。一日、136グラム、お茶碗一杯分を国民一人が残していることになるのか。

女：そうなんだ。よく考えると、お店に行って食べてみたいメニューがあると、量が多いかなって思っても、ついつい頼んじゃうよね。それで、結局全部は食べられないんだよね。それに、家庭でも料理を作りすぎて、結局捨てることになる食べ物ってあるでしょ。

男：うん。あるある。これからは、頑張って全部食べるようにしなきゃいけないね。

女：う～ん、それも問題じゃない？無理にたくさん食べるのは健康によくないよ。それより、食べ切れる分の料理だけ作ることから始めるとか、お店で大量に料理を注文しないとかから始めた方がよさそうじゃない。

男：つまり、身近なことから始めるんだね。それが一番かも。

女の人は食べ残しを増やさないために、何をした方がいいと話していますか。

1 料理を残さないで全部食べた方がいい
2 食べ残しが多いことを理解した方がいい
3 すぐに実行できることから始めた方がいい
4 店が提供する食べ物の量を減らした方がいい

남자와 여자가 음식물 쓰레기에 관한 TV를 보면서 이야기하고 있습니다.

남: 와, 일본은 음식물 쓰레기가 매우 많은 나라구나. 하루에 136그램, 밥 한 공기를 국민 한 사람이 남기는 꼴인가?

여: 그러게. 잘 생각하면 가게에 가서 먹어보고 싶은 게 있으면 양이 많다는 생각이 들어도 결국 주문하게 돼. 그래서 결국 다 못 먹잖아. 게다가 가정에서도 요리를 너무 많이 만들어서 결국 버려지는 것도 있지?

남: 응. 있지, 있지. 이제부터는 노력해서 전부 먹도록 해야겠다.

여: 음~ 그것도 문제 아닌가? 무리하게 많이 먹는 건 건강에 좋지 않아. 그보다 다 먹을 수 있을 만큼의 요리만 만드는 것부터 시작한다든가 가게에서 많은 양의 요리를 주문하지 않는 것부터 시작하는 편이 좋을 것 같지 않아?

남: 그러니까, 일상에서부터 시작하자는 거네. 그게 제일일지도 모르겠군.

여자는 음식물 쓰레기를 늘리지 않기 위해서 무엇을 하는 것이 좋다고 말하고 있습니까?

1 요리를 남기지 말고 전부 먹는 편이 좋다

2 음식물 쓰레기가 많다는 것을 이해하는 편이 좋다

3 바로 실행할 수 있는 것부터 시작하는 편이 좋다

4 가게가 제공하는 음식의 양을 줄이는 편이 좋다

2 3

해설 음식물 쓰레기를 줄이기 위해서 해야 할 일 중 우선은, 일상에서부터(바로 실행할 수 있는 것부터) 시작해야 한다는 것이 여자의 의견이다.

어휘 捨(す)てる 버리다 | 食(た)べ切(き)れる 다 먹다 | 身近(みぢか)な 주변의, 가까운

스크립트 및 해석 3ばん

テレビで男の人が話しています。

男：以前は代表的なペットと言えば、犬でしたが、最近発表されたペットに関する調査によると犬を飼う人が減ってきているそうです。これには家庭環境の変化や経済事情が関わっているみたいです。共働きの家庭が増えて、散歩に連れていく時間が取りにくいとか、医療費などお金がかかるといったことから、飼いたくても飼えないという人が増えているんだそうです。私自身も可愛い小型の犬を飼いたいと思うこともありますが、一人暮らしで出張が多いことを考えると、なかなか決心がつきません。

男の人は何について話していますか。

1 人気があるペットの種類

2 ペットの健康の維持

3 犬を飼う人が減っている理由

4 一人暮らしの人が飼いやすい犬

TV에서 남자가 말하고 있습니다.

남: 예전에는 대표적인 펫이라고 하면 개였는데, 최근 발표된 펫에 관한 조사에 의하면 개를 기르는 사람이 줄고 있다고 합니다. 이것은 가정 환경의 변화나 경제 사정이 관련된 것 같습니다. 맞벌이 가정이 늘어 산책하려 데려갈 시간을 내기가 어렵다든가, 의료비 등 돈이 든다는 이유로 기르고 싶어도 기를 수 없다는 사람이 늘고 있다고 합니다. 저 자신도 귀여운 소형견을 기르고 싶다고 생각한 적이 있는데, 혼자 살고 있고 출장이 많다는 것을 생각하면 좀처럼 결심이 서지 않습니다.

남자는 무엇에 대해 말하고 있습니까?

1 인기가 있는 펫의 종류

2 펫의 건강 유지

3 개를 기르는 사람이 줄고 있는 이유

4 혼자 생활하는 사람이 기르기 쉬운 개

3 3

해설 가정 환경의 변화나 경제 사정, 그리고 구체적으로는 산책이나 의료비 등을 예로 들면서 개를 기르는 사람이 줄고 있는 이유에 대해 설명하고 있다.

어휘 飼(か)う 기르다 | 共働(ともばたら)き 맞벌이 | 小型(こがた) 소형 | 決心(けっしん)がつく 결심이 서다

스크립트 및 해석 4ばん

男の人がトマトについて話しています。

男：トマトは、日光と、昼と夜の温度差、乾燥した気候を好みます。そして、意外かもしれませんが、甘いトマトを作るためには水分を抑えるのがポイントです。水をたくさん与えるより、乾燥気味に育てた方がおいしいトマトができます。また、トマトの生育には強い光が必要であり、光が不足すると実が落ちる可能性も高くなります。そのため、日当たりのいい場所で栽培するようにしてください。意外とおいしいトマトを作るのが難しいので、最初は、丈夫で作りやすいミニトマトから作ってみるのはどうでしょうか。

トマトの何について話していますか。

1 トマトの栽培の特徴

2 トマトと水分の関係

3 トマトの栽培の期間

4 トマトの効能と効果

남자가 토마토에 대해서 말하고 있습니다.

남: 토마토는 일광과 낮과 밤의 온도 차, 건조한 기후를 좋아합니다. 그리고 의외로 당도가 높은 토마토를 재배하기 위해서는 수분을 억제하는 것이 포인트입니다. 물을 많이 주기보다 건조한 듯한 환경에서 키우는 것이 맛있는 토마토를 만들 수 있습니다. 또 토마토 생육에는 강한 빛이 필요하고 빛이 부족하면 열매가 떨어질 가능성도 높아집니다. 그 때문에 햇빛이 잘 드는 장소에서 재배하도록 해주세요. 의외로 맛있는 토마토를 만드는 것이 어려우니까 처음에는 튼튼하고 재배하기 쉬운 미니 토마토부터 키워보는 것은 어떨까요?

토마토의 무엇에 대해서 말하고 있습니까?

1 토마토 재배의 특징

2 토마토와 수분의 관계

3 토마토의 재배 기간

4 토마토의 효능과 효과

4 1

해설 온도 차, 기후, 잘 자랄 수 있는 환경에 관해 이야기하고 있으며, 수분 억제와 빛의 중요성을 강조하면서 재배할 때의 특징에 대해서 이야기하고 있음을 알 수 있다.

어휘 日光(にっこう) 일광, 빛 | 乾燥(かんそう) 건조 | 好(この)む 좋아하다, 선호하다 | 抑(おさ)える 억제하다 | 気味(ぎみ) ~기미, 낌새, 느낌 | 実(み) 열매 | 栽培(さいばい) 재배

스크립트 및 해석 5ばん

友達2人が家選びについて話しています。

男：どの家もよく見えるんだけど、やっぱり大金を出すわけだから簡単に決められなくて。

女：高い買い物だから、慎重になるわよね。私たちの場合は、もうずっとここに住むって決めてたから、20年後30年後のことまで考えて購入したの。

男：5年とか10年じゃなくて？例えば何を基準にしたの？

女：子供たちがこれから大きくなったら、結局は家を出ていくと思ったし、これから私たちが年を取った時も住みやすいのか考えたよ。子供の成長につれて、家族の形が変わるからそれを考えて家を選ぶことって大事だと思ったの。

男：そうか。子供なんて20年後には家にいないよね。確かに、そのときの生活までイメージするのって大事だね。ずっと住むわけだから。

女：私ね、この家に帰るとすごく安心するの。だから、後悔してないわ。いい家を選ばなきゃね。

女の人は結局、どんな家がいいと話していますか。

1 家族が安心できる家

2 子供の部屋が多い家

3 将来、住みやすい家

4 大金を出して買える家

친구 둘이 집 선택에 대해서 이야기하고 있습니다

남: 집들이 다 좋아 보이는데, 역시 거액을 들이는 거니까 쉽게 결정할 수 없어서.

여: 비싼 구매이니까 신중해질 수밖에 없지. 우리 같은 경우엔 이제 계속 여기에서 살기로 정하고 20년 후, 30년 후까지 생각해서 구입했거든.

남: 5년이나 10년이 아니고? 예를 들면 뭘 기준으로 했어?

여: 아이들이 앞으로 크게 되면 결국은 집을 떠날 거고 앞으로 우리가 늙어서도 살기 편한가를 생각했지. 아이의 성장에 따라서 가족의 형태도 바뀌니까 그걸 생각해서 집을 선택하는 게 중요하다고 생각했거든.

남: 그런가? 애들은 20년 후에는 집에 없잖아. 확실히 그 후의 생활까지 상상하는 게 중요하구나. 계속 살 거니까.

여: 난 이 집에 돌아오면 바로 안심이 돼. 그래서 후회하지 않아. 좋은 집을 골라야 해.

여자는 결국, 어떤 집이 좋다고 이야기하고 있습니까?

1 가족이 안심할 수 있는 집

2 아이 방이 많은 집

3 미래에 살기 편한 집

4 거액을 들여 살 수 있는 집

5 3

해설 집을 고르는 데 있어서 여자의 기준은 20, 30년 후까지 가족의 형태까지 생각해서 집을 구했다는 점에서 미래에 살기 편한 집이라고 할 수 있겠다.

어휘 慎重(しんちょう)に 신중히 | 購入(こうにゅう) 구입

기본 음원

1.2배속 음원

실전시험 151 | 개요 이해 [2]

➤본서2 p.485

정답 **1** 3 **2** 4 **3** 2 **4** 4 **5** 4

스크립트 및 해석 1ばん

電気屋で店員が話しています。

男：最近、パソコンの普及で一緒に揃えるのがこのマウスです。USBのボードに差し込んで使えるケーブル式の有線のものや光学式のワイヤレスなどいろんな機種が店に並んでいます。クリック音を抑えた静かなスイッチ仕様で会議中やカフェなどでも周囲を気にせずに使えます。形や色も豊富で、左右どちらの手でも快適に使える両手用設計を採用しているものもあります。どんな機能のものが本当に必要なのかをよく考えて、選んでみてはいかがでしょうか。

店員は主に何について話していますか。

1 マウスのデザイン

2 パソコンとマウスの関係

3 マウスの多様なタイプ

4 マウスの使い方

전기 가게에서 점원이 이야기하고 있습니다.

남: 최근 컴퓨터의 보급으로 함께 구매하는 것이 이 마우스입니다. USB 보드에 꽂아서 사용할 수 있는 케이블식의 유선 마우스나 광학식 무선 마우스 등 다양한 기종이 가게에 진열되어 있습니다. 클릭음을 줄인 조용한 스위치 사양으로 회의 중이나 카페 등에서도 주위를 신경 쓰지 않고 사용할 수 있습니다. 형태나 색도 다양하고 좌우 어느 쪽 손으로도 쾌적하게 사용할 수 있는 양손용 설계를 채택하고 있는 것도 있습니다. 자신이 가지고 있는 컴퓨터나 정말 필요한 것은 무엇인가를 잘 생각해서 선택해 보는 건 어떠신가요?

점원은 주로 무엇에 대해서 이야기하고 있습니까?

1 마우스 디자인

2 컴퓨터와 마우스의 관계

3 마우스의 다양한 타입(유형)

4 마우스의 사용 방법

1 3

해설 소음 절감 기능, 형태나 색의 다양성, 양손용 설계 등 같은 마우스의 다양한 유형에 관해 이야기하고 있다.

어휘 揃(そろ)える 갖추다 | 差(さ)し込(こ)む 꽂아 넣다

스크립트 및 해석 2ばん

スポーツトレーナーと男の人がジムで話しています。

女：ジムに来たら、まずこのマットの上に靴を脱いであがってください。それから準備運動を始めてください。急に激しい運動をしてしまうとけがをしてしまう恐れがありますので、準備運動を忘れないでください。

男：はい、わかりました。ところで、どんな準備運動をすればいいですか。

女：全身と、首、手首、足首を中心に柔らかくしてください。ただし、準備運動のしすぎには注意してください。8分～12分が理想的で効果的ですよ。

男：わかりました。しすぎると、運動する時、力がなくなっちゃいますよね。体を温める程度ということですか。

女：そうです。疲れては逆効果ですし、反対にけがをしてしまうかもしれませんから。必ず守ってください。

トレーナーは主に準備運動の何について話していますか。

1 準備運動とけがとの関係

2 準備運動の場所と方法

3 準備運動の重要性

4 適切な準備運動の時間

스포츠 트레이너와 남자가 피트니스 센터에서 이야기하고 있습니다.

여: 헬스장에 오면 먼저 이 매트 위에 신발을 벗고 들어오세요. 그리고 준비운동을 시작해 주세요. 갑자기 격한 운동을 하면 다칠 염려가 있으니까, 준비운동을 잊지 말아 주세요.

남: 네, 알겠습니다. 그런데 어떤 준비운동을 하면 되나요?

여: 전신과 목, 손목, 발목을 중심으로 부드럽게 풀어주세요. 단, 준비운동을 너무 오래 하지 않도록 주의해 주세요. 8분~12분이 이상적이고 효과적입니다.

남: 알겠습니다. 지나치게 하면 운동할 때 힘이 빠져버려요. 몸을 따뜻하게 할 정도만이죠?

여: 그렇습니다. 지치면 역효과가 나고 반대로 다칠지도 모르니까요. 반드시 지켜주세요.

트레이너는 주로 준비운동의 무엇에 대해서 이야기하고 있습니까?

1 준비운동과 부상과의 관계

2 준비운동의 장소와 방법

3 준비운동의 중요성

4 적절한 준비운동 시간

2 4

해설 준비운동의 부위에 관해 이야기하면서 특히 적절한 운동 시간이 너무 길지 않게 할 것을 당부하고 있다.

어휘 恐(おそ)れがある ~할 우려가 있다 | 温(あたた)める 데우다, 따뜻하게 하다

스크립트 및 해석 3ばん

先生が今日の授業について話しています。

女：暑いというより、日差しが痛いといった日が続いていますね。7月は夏祭りやお盆など、各地で色々な季節の行事もありますが、実は人口について考えるべき月でもあるんです。今からおよそ30年前、国連人口基金は7月11日を「世界人口デー」としました。さらには、今年6月に国連から発表された資料によりますと、2100年には世界人口が112億人にまで達すると書かれています。ただでさえ暑くて快適に過ごしにくい季節。人がもっとたくさん増えるなんて、考えただけで……と言わずに、地球の将来について、今日は考えてみましょう。

先は、今からどのような授業をしますか。

1 日本の人権
2 人口増加
3 伝統行事
4 異常気象

선생님이 오늘 수업에 관해서 이야기하고 있습니다.

여: 더운 것보다 햇살이 따갑다고 할 날이 계속되고 있습니다. 7월엔 여름의 마쓰리(축제)나 오봉(추석) 등 각지에서 다양한 계절 행사도 있지만, 사실은 인구에 대해서 생각해야 하는 달이기도 합니다. 지금부터 약 30년 전에 국제연합인구기금은 7월 11일을 '세계 인구의 날'로 정했습니다. 게다가 올해 6월에 국제연합에서 발표한 자료에 의하면 2100년에는 세계 인구가 112억 명에까지 달할 거라고 쓰여 있습니다. 그렇지 않아도 덥고 쾌적하게 생활하기 어려운 계절. 사람이 더 많이 늘어난다니 생각만으로도… 라고 말하지 말고 지구의 미래에 대해서 오늘은 생각해 봅시다.

선생님은 지금부터 어떤 수업을 합니까?

1 일본 인권
2 인구 증가
3 전통 행사
4 이상 기상(기후)

3 **2**

해설 세계 인구에 대해 언급하며 앞으로 2100년 인구 증가에 대해서 생각해 보자고 말하고 있다.

어휘 およそ 약, 대략 | 達(たっ)する 달하다

스크립트 및 해석 4ばん

男の人と女の人が話しています。

男：日本人の健康食として大昔から納豆が食べられてきました。そして、何よりご飯によく合う食材なので、毎日食べている人も多いかと思います。

女：私も健康のために、毎朝欠かさず食べています。毎日食べても飽きないんですよね。

男：では、みなさんは納豆についてよく知った上で召し上がっていますか。

女：う～ん。そう言われると。知っているようで知らないですね。

男：簡単に一言で言いますと、私たちに必要な栄養がバランスよく含まれているんです。それが、腸の調子をよくしてくれるし、お肌を健康にしてくれ、疲労回復までさせてくれる本当に素晴らしい食材なのです。

女：腸にお肌に疲労回復まで。本当に万能な食材ですね。

2人は何について話していますか。

1 ご飯によく合う食材
2 知られていない納豆の秘密
3 納豆に含まれている栄養
4 納豆の効能

남자와 여자가 이야기하고 있습니다.

남: 일본인의 건강식으로서 먼 옛날부터 낫토를 먹어 왔습니다. 그리고 무엇보다 밥에 잘 맞는 식재료이기 때문에 매일 먹는 사람도 많을 거라 생각합니다.

여: 저도 건강을 위해서 매일 아침 빠뜨리지 않고 먹고 있습니다. 매일 먹어도 질리지 않아요.

남: 그러면 여러분은 낫토에 대해서 잘 알고 드시나요?

여: 음, 그렇게 말하니, 알고 있는 것 같으면서도 모르겠네요.

남: 간단히 한마디로 말하면 우리에게 필요한 영양이 균형 있게 포함되어 있습니다. 그것이 장의 상태를 좋게 해주고 피부를 건강히 해주며 피로회복까지 시켜주는 정말로 훌륭한 식재료입니다.

여: 장에, 피부에, 피로회복까지. 정말로 만능 식재료네요.

두 사람은 무엇에 대해서 이야기하고 있습니까?

1 밥에 잘 맞는 식재료
2 알려지지 않은 낫토의 비밀

3 낫토에 포함되어 있는 영양
4 낫토의 효능

4 4

해설 필요한 영양이 균형 있게 포함되어 있다는 말과 함께 피부 건강과 피로 회복 등의 낫토의 효능에 대해서 말하고 있기 때문에 답은 4번이 된다.

어휘 召(め)し上(あ)がる 드시다 | 含(ふく)む 포함하다

스크립트 및 해석 5ばん

男の人が話しています。

男：忙しそうにしているウエイターから「しばらくお待ちください」と言われました。みなさんは、その「しばらく」はどのぐらいだと考えますか。人によっては「しばらく」を、1分と考える人もいれば、5分、10分と考える人もいます。この時「しばらく」という言葉の代わりに「5分ほどお待ちください」と具体的に言ってはどうでしょうか。そうすると、誤解が減るのです。5分という時間は、人によって変わることはないですから。具体的な数字で表現することで、スッと理解ができます。もちろん、具的な時間が分からない時もあるでしょう。そんな時は「今、お待ちのお客様が3名いらっしゃいます」という表現でいいのです。待機している人の数で、どのくらい待たされるのかという状況が読めてきますから。相手にきちんと理解させられる人は自然にこれができているのです。

男の人がいちばん言いたいことは何ですか。

1 時間の感じ方が人によって違う
2 「しばらく」が持つ本当の意味
3 店員と客との誤解の減らし方
4 説明が上手な人は具体的に表現をする

남자가 말하고 있습니다.

남: 바빠 보이는 웨이터에게서 '잠시만 기다려 주세요'라는 말을 들었습니다. 여러분은 그 '잠시만'을 어느 정도라고 생각합니까? 사람에 따라서는 '잠시만'을 1분이라고 생각하는 사람도 있는가 하면 5분, 10분이라고 생각하는 사람도 있습니다. 이때 '잠시만'이라는 말 대신에 '5분 정도 기다려 주세요'라고 구체적으로 말하면 어떨까요? 그렇게 하면, 오해가 줄게 됩니다. 5분이라는 시간은 사람에 따라서 바뀌는 일은 없으니까요. 구체적인 숫자로 표현하는 것으로 속 시원하게 이해를 할 수 있습니다. 물론 구체적인 시간을 모를 때도 있겠지요. 그럴 때는 '지금 기다리시는 손님이 세 분 계십니다'라는 표현이면 됩니다. 대기하고 있는 사람의 수로 어느 정도 기다려야 하는지 상황을 파악할 수 있으니까요. 상대에게 제대로 이해시킬 수 있는 사람은 자연스럽게 이것이 가능합니다.

남자가 가장 말하고 싶은 것은 무엇입니까?

1 시간을 느끼는 방법이 사람에 따라서 다르다
2 '잠시만'이 갖는 진짜 의미
3 점원과 손님과의 오해를 줄이는 방법
4 설명이 능숙한 사람은 구체적으로 표현을 한다

5 4

해설 '잠시만'이라는 말은 사람에 따라서 생각하는 기준이 다르기 때문에, 구체적으로 말하는 것이 오해를 줄이고 상대를 제대로 이해시킬 수 있다고 이야기하고 있다.

어휘 しばらく 잠시, 당분간 | 誤解(ごかい) 오해 | スッと 불쑥, 재빨리 | 待機(たいき)する 대기하다

기본 음원

1.2배속 음원

실전시험 152 | 개요 이해 [3]

▶본서2 p.486

정답 **1** 4 **2** 2 **3** 4 **4** 4 **5** 4

스크립트 및 해석 1ばん

ラジオで男の人が話しています。

男：実はクールビズが誕生したのは2005年なんです。最近できたと思っている人も多いでしょうが、意外にも、もう10年以上前から実施されているんですよ。夏のクーラー使用による電気の使いすぎや、二酸化炭素の排出による環境問題が深刻になり、地球温暖化を防止しなければならないと指摘され始めました。この対策として生まれたのが一番大きな理由です。クーラーの温度を高めに設定できるように夏はジャケットやネクタイの着用をやめるなどして、服装から改善しはじめクールビズがスタートしたのです。

男の人は何について話していますか。

1 クールビスの歴史
2 環境問題の対策

3　クールビスの期間

4　クールビスの実施目的

라디오에서 남자가 말하고 있습니다.

남: 사실은 쿨비즈가 탄생하게 된 것은 2005년입니다. 최근에 생겼다고 생각하는 사람도 많겠지만, 의외로 벌써 10년 이상 전부터 실시되고 있는 것입니다. 여름 에어컨 사용에 의한 전기 과다 사용이나 이산화탄소 배출에 의한 환경문제가 심각해져, 지구 온난화를 방지해야 한다고 지적되기 시작했습니다. 이 대책으로서 탄생된 것이 가장 큰 이유입니다. 에어컨 온도를 좀 높게 설정할 수 있도록 여름에는 재킷이나 넥타이를 착용하지 않는 등, 복장부터 개선하기 시작해서 쿨비즈가 시작된 것입니다.

남자는 무엇에 대해서 말하고 있습니까?

1 쿨비즈 역사

2 환경문제 대책

3 쿨비즈 기간

4 쿨비즈 실시목적

1 4

해설 주로 이야기의 초점이 되는 것을 중심으로 전체적으로 듣도록 한다. 쿨비즈의 역사에 대한 얘기도 나왔지만, 지구 온난화의 대책으로 실시하게 된 이유와 그에 따른 복장의 개선을 시작한 것이 계기라는 게 주된 내용이다.

어휘 クールビズ 쿨비즈(cool + biz(business의 준말)가 합쳐진 말로, 여름철 에너지 절약을 위해 간편한 차림을 하는 것) ㅣ 二酸化炭素(にさんかたんそ) 이산화탄소 ㅣ 排出(はいしゅつ) 배출 ㅣ 防止(ぼうし) 방지 ㅣ 改善(かいぜん) 개선

스크립트 및 해석 2ばん

テレビでアナウンサーと宇宙飛行士が話しています。

女：今日は宇宙飛行士の山田さんとお話ししたいと思います。

男：これまで宇宙開発が行われてきながら、宇宙にたくさんの人工衛星やロケットを打ち上げてきました。しかし、それと同時に使われなくなった人工衛星やロケットの破片が飛び回っていると言います。それらを宇宙ごみと言います。

女：それは危険じゃないんですか。人工衛星を飛ばす時に、激突してしまうことはないんでしょうか。

男：実はこれまで何度もぶつかってしまいそうなことがありました。それで現在は除去するための活動を行っている宇宙飛行士もいます。

宇宙飛行士は何について話していますか。

1　宇宙開発の重要性

2　宇宙ごみの深刻性

3　ロケットを飛ばす時の危険性

4　宇宙ごみを除去する活動

TV에서 아나운서와 우주 비행사가 이야기하고 있습니다.

여: 오늘은 우주 비행사인 야마다 씨와 이야기 나누려고 합니다.

남: 이제까지 우주 개발이 행해지면서 우주에 많은 인공위성이나 로켓을 쏘아 올렸습니다. 그러나 그것과 동시에 쓸모없어진 인공위성이나 로켓의 파편이 날아다니고 있다고 합니다. 그것들을 우주 쓰레기라고 합니다.

여: 그건 위험하지 않습니까? 인공위성을 날릴 때, 격돌하는 경우는 없나요?

남: 실은 이제까지 몇 번이나 부딪힐 뻔한 적이 있었습니다. 그래서 현재는 제거하기 위한 활동을 하는 우주 비행사도 있습니다.

우주 비행사는 무엇에 대해서 말하고 있습니까?

1 우주 개발의 중요성

2 우주 쓰레기의 심각성

3 로켓을 쏘아 올릴 때의 위험성

4 우주 쓰레기를 제거하는 활동

2 2

해설 인공위성과 격돌할 가능성도 있다는 우주 쓰레기의 심각성에 대해 주로 이야기하고 있으며, 제거하는 활동을 하는 우주 비행사도 있다는 것을 추가로 말하고 있다.

어휘 打(う)ち上(あ)げる 쏘아 올리다 ㅣ 飛(と)び回(まわ)る 날아 돌아다니다 ㅣ ぶつかる 부딪히다 ㅣ 飛(と)ばす 날리다

스크립트 및 해석 3ばん

テレビで女のアナウンサーと動物学者がある鳥について話しています。

女：本日は、鳥の研究がご専門の佐々木先生にお越しいただきました。

男：よろしくお願いします。

女：先生、ペットとして飼われている鳥の中には「おはよう」と言うと「おはよう」と返してくるような鳥がいますよね。

男：ええ、それは話しているように聞こえるんですが、話しているわけではないんですよ。

女：そうなんですか。

男：それらの鳥のメスは、自分と似た声のオスとカップルになろうとするため、オスはメスの声を真似して相手にアピールするんです。

女：ああ。

男：そしてカップルになった後も愛情関係を深めるために、さらに似た声で鳴くようになります。ペットの鳥の行動についても、これと同じように考えられます。飼い主に愛情を示しているのだと思います。

動物学者はこの鳥の何について話していますか。

1　人の言葉を理解する能力

2　記憶力の良さ

3　飼い主との共通点

4　人の言葉をマネする理由

TV에서 여자 아나운서와 동물학자가 어느 새에 대해서 이야기하고 있습니다.

여: 오늘은 새 연구가 전문인 사사키 선생님을 모셨습니다.

남: 잘 부탁드립니다.

여: 선생님 반려동물로서 길러지고 있는 새 중에는 '안녕'이라고 하면 '안녕'이라고 대답하는 새가 있다고 하더군요.

남: 음, 그것은 말하고 있는 것처럼 들리지만, 말하고 있는 것은 아닙니다.

여: 그래요?

남: 그것들의 암컷 새들은 자신과 닮은 목소리의 수컷과 커플이 되려고 하기 때문에 수컷은 암컷의 목소리를 흉내 내어 상대에게 어필하고 있는 거예요.

여: 아~.

남: 그리고 커플이 된 후에도 애정 관계를 깊게 하기 위해, 더욱더 비슷한 소리로 울게 되는 것입니다. 반려 새의 행동에 대해서도 이것과 똑같이 여겨집니다. 새 주인에게 애정을 표시하는 것이라고 생각할 수 있습니다.

동물학자는 이 새의 무엇에 대해서 말하고 있습니까?

1 사람의 말을 이해하는 능력

2 좋은 기억력

3 주인과의 공통점

4 사람의 말을 따라 하는 이유

3 4

해설 주인에게 애정 표시를 하기 위해 새가 인간의 말을 따라 하는 것이라고 설명하고 있다.

어휘 オス 수컷 | メス 암컷 | 真似(まね)する 따라 하다, 흉내 내다 | アピールする 어필하다, 호소하다 | 飼(か)い主(ぬし) (반려동물을) 기르는 사람, 주인 | 示(しめ)す 나타내다

스크립트 및 해석 4ばん

学校で担当教師が親たちに説明をしています。

女：おはようございます。朝から集まっていただき、ありがとうございます。早速ですが、皆さんには、5つのグループに分かれて担当の位置へ移動してもらいます。みなさんには信号の 前に立っていただき、信号が青になったことを確認した後、子供たちを誘導してもらいます。その際、走って渡ろうとする子供がいた場合、子供たちが安全に通学できるようにしてください。交通事故が起こらないように、そして正確な交通ルールを身に着けさせるようにするのがこの活動の目的です。では、みなさんよろしくお願いいたします。

何についての説明ですか。

1　前日のスケジュールと内容

2　交通ルールを身につけさせること

3　子供への交通教育

4　交通誘導員への当日の指示

학교에서 담당 교사가 부모들에게 설명하고 있습니다.

여: 안녕하세요. 아침부터 모여 주셔서 감사합니다. 본론으로 바로 들어가자면, 여러분은 5개의 그룹으로 나뉘어 각각 담당 위치로 이동해 주세요. 여러분께서는 신호 앞에 서서 신호가 파랑으로 바뀐 것을 확인한 후에 아이들을 유도해 주세요. 그때 뛰어서 건너려 하는 아이가 있을 경우에는 안전하게 통학할 수 있도록 해 주세요. 교통사고가 일어나지 않도록 그리고 정확한 교통 규칙을 몸에 익히게 하는 것이 이 활동의 목적입니다. 그럼, 여러분 잘 부탁드리겠습니다.

무엇에 대한 설명입니까?

1 전날 스케줄과 내용

2 교통 규칙을 몸에 익히게 하는 것

3 아이들을 위한 교통 교육

4 교통 유도원들을 위한 당일 지시

4 4

해설 통학하는 아이들을 위해 교통 유도원들이 해야 할 일을 담당 교사가 부모들에게 설명·지시하는 내용이다.

어휘 渡(わた)る 건너다 | 身(み)に着(つ)ける 몸에 익히다, 습득하다

스크립트 및 해석 5ばん

ファッション会社の男性社員がマーケティングについてプレゼンテーションをしています。

男：このところ海外のファッションブランドが次々と日本に上陸し、成功を収めています。一昔前は、日本製品が丈夫で安心だなんて口をそろえて言っていましたが、今は必ずしもそうではありません。かと言って、以前より非常に日本製品が劣っているというわけでもありません。しかし、わが社の売り上げが伸び悩んでいるのは何か原因があるはずです。わが社の場合、マーケティング方法に改善が必要ではないかと思います。もちろん、広告費が以前の2.5倍ほどかかってしまうと思いますが、それ以上の利益が見込めるはずです。

このプレゼンテーションで男の人が言いたいことは何ですか。

1 海外ブランドが日本に進出する理由

2 メディアと広告の関係

3 広告費の削減

4 売り上げ不調の理由

패션 회사의 남자 사원이 마케팅에 대해서 프레젠테이션을 하고 있습니다.

남: 요즘 해외 패션 브랜드가 잇달아 일본에 상륙해 성공을 거두고 있습니다. 옛날에는 일본 제품이 튼튼하고 안심할 수 있다고 입을 모아 말했지만, 지금은 반드시 그렇지만은 않습니다. 그렇다고 해서 이전보다 상당히 일본 제품이 뒤떨어져 있다는 것은 아닙니다. 그러나 우리 회사의 매출이 늘지 않고 제자리걸음인 데에는 뭔가 원인이 있을 것입니다. 우리 회사의 경우, 마케팅 방법에 개선이 필요하지 않을까 생각합니다. 물론 광고비가 이전의 2.5배 정도 들 것 같지만, 그 이상의 이익을 전망할 수 있을 것입니다.

이 프레젠테이션에서 남자가 말하고 싶은 것은 무엇입니까?

1 해외 브랜드가 일본에 진출하는 이유

2 미디어와 광고의 관계

3 광고비 삭감

4 매출 부진의 이유

5 4

해설 마케팅 방법 개선의 필요성을 들며, 매출 부진의 이유에 대해 말하고 있음을 알 수 있다.

어휘 成功(せいこう)を収(おさ)める 성공을 거두다 | 口(くち)をそろえる 입을 맞추다, 입을 모으다 | 伸(の)び悩(なや)む 상승·향상·등이 여의찮다(침체 상태에 빠지다) | 見込(みこ)める 전망하다, 예상하다 | 不調(ふちょう) 부진

문제4 즉시 응답

기본 음원

1.2배속 음원

실전시험 153 | 즉시 응답 [1]

▶본서2 p.490

정답 1 2 / 2 1 / 3 3 / 4 1 / 5 1 / 6 2 / 7 2 / 8 2 / 9 1 / 10 1 / 11 1 / 12 2

스크립트 및 해석 1ばん

女：さっき見たミュージカル、いまいちだったね。

男：1 もう一回見たいってこと？

2 本当、期待してたのにね。

3 最近では一番よかったね。

여: 아까 본 뮤지컬 그냥 그랬어.

남: 1 한 번 더 보고 싶다는 거야?

2 정말, 기대했었는데….

3 최근(본 것 중)에서는 가장 좋았지.

1 2

해설 관람한 뮤지컬에 대해 여자가 별로였다고 반응하자, 남자가 기대했었는데 그렇지 못했다는 뉘앙스로 대답하고 있다.

어휘 いまいちだ 별로다, 조금 아쉽다

스크립트 및 해석 2ばん

男：さっきの映画、最後の音楽がすべてを台無しにしたと思わない？

女：1 最後があの音楽じゃ、ちょっとね。

2 音楽のおかげで、最後まで映画が楽しめたね。

3 最後の音楽だけはよかったよね。

남: 아까 영화, 마지막 음악이 전부를 망쳤다고 생각하지 않아?
여: 1 마지막이 그 음악이면 좀….
2 음악 덕분에 마지막까지 영화를 즐길 수 있었어.
3 마지막 음악만은 좋았지.

2 **1**

해설 마지막 음악으로 인해 영화의 모든 것이 망쳐졌다는 뜻으로, 음악에 대해 부정적인 반응을 보인 1번이 정답이다.

어휘 台無(だいな)しにする 망치다

스크립트 및 해석 3ばん

男： 今回は、お客様のご希望にそえることができないかと…。
女： 1　いつも、どうもありがとうございます。
2　じゃあ、明日また来るのでお願いします。
3　そうですか。それは仕方がないですね。

남: 이번에는 손님의 요구에 따를 수 없을 거라…(생각됩니다).
여: 1 늘 정말 감사합니다.
2 그럼, 내일 또 올 테니까 부탁드립니다.
3 그래요? 그건 어쩔 수 없네요.

3 **3**

해설 남자의 말이 부정적인 내용으로 끝나고 있으므로, 1번과 2번은 바로 소거할 수 있으며 「仕方(しかた)がない」 표현이 들어가면 '어쩔 수 없지만 수긍하겠다'는 의미가 되므로 답은 3번이 되겠다.

어휘 希望(きぼう) 희망 Ι にそえる ~에 더하다, 곁들이다, 거들다

스크립트 및 해석 4ばん

女： 台風が近づいてるから、野球の試合は延期せざるをえないね。
男： 1　危険ですから、そうするしかなさそうですね。
2　遠くに行ってしまえば、いいですね。
3　それなら、延期しなくてもよさそうですね。

여: 태풍이 근접하고 있어서 야구 시합은 연기할 수밖에 없어.
남: 1 위험하니까, 그럴 수밖에 없을 것 같아요.
2 멀리 가 버리면 좋겠네요.
3 그렇다면 연기하지 않아도 될 것 같아요.

4 **1**

해설 여자의 말에서 들린 「延期(えんき)」라는 단어 때문에 3번 선택지와 헷갈릴 수 있는데, 똑같은 단어가 나오는 것은 함정 문제인 경우도 있으므로 주의해서 들어야 한다.

어휘 近(ちか)づく 접근하다, 다가오다 Ι ない형 + ざるをえない ~하지 않을 수 없다

스크립트 및 해석 5ばん

男： 二次会から山田さんが来たんだって。僕ってついてないなあ。
女： 1　早く帰らなければよかったね。
2　それなら、つけてあげようか。
3　会議がなかなか終わらなかったよ。

남: 2차 모임부터 야마다 씨가 왔다며. 난 운이 안 좋아.
여: 1 집에 일찍 안 갔으면 좋았을 텐데.
2 그렇다면 켜 줄까?
3 회의가 좀처럼 끝나지 않았어

5 **1**

해설 2차부터 참석한 야마다 씨를 못 만나고 일찍 집에 돌아간 것에 대해 후회하고 있으므로 답은 1번이다.

어휘 ついていない 운이 좋지 않다

스크립트 및 해석 6ばん

女： 木村さん、今度のスピーチ大会、学校の代表に選ばれたからには、がんばってくださいね。
男： 1　次は選ばれるようにがんばります。
2　精一杯やろうと思います。
3　選ばれるかどうかわかりませんが。

여: 기무라 씨, 이번 스피치 대회, 학교 대표로 선발된 이상 열심히 해주세요.
남: 1 다음에는 선발되도록 분발하겠습니다.
2 최대한 해보려고 합니다.
3 선발될지 어떨지 모르겠습니다만.

6 **2**

해설 이미 선발된 상태에서 응원하고 있는 상황이니, 시제에 주의하도록 한다.

어휘 からには ~하기로 한 이상 Ι 精一杯(せいいっぱい) 최대한, (있는) 힘껏

스크립트 및 해석 7ばん

女：あれほど、言(い)ったのに。クーラーつけっぱなしで、でかけたでしょ。

男：1　がっかりしたよ。ちゃんと切(き)ってね。

2　うっかりしちゃった。気(き)をつけます。

3　えっ、ちゃんと入(い)れたはずだよ。

여: 그만큼 얘기했는데. 에어컨을 켜 놓은 채로 나갔지?

남: 1 실망했어. 제대로 꺼줘.

2 깜빡했어. 조심할게.

3 어? 확실히 켰을 텐데.

7 **2**

해설 에어컨을 켜 놓고 나간 것에 대한 꾸짖음을 들은 남자의 대답으로, 앞으로 조심하겠다는 2번이 적절하다.

어휘 ます형 + っぱなし ~한 상태로, ~한 채 | がっかりする 실망하다 | うっかりする 깜빡하다

스크립트 및 해석 8ばん

女：忙(いそが)しい中(なか)、足(あし)を運(はこ)んでいただき誠(まこと)にありがとうございます。

男：1　いえいえ。今日(きょう)は暇(ひま)だったので大丈夫(だいじょうぶ)ですよ。

2　いえいえ。こちらこそご招待(しょうたい)いただき光栄(こうえい)です。

3　いえいえ。運動(うんどう)は健康(けんこう)にいいですから。

여: 바쁜 와중에 와 주셔서 진심으로 감사드립니다.

남: 1 아닙니다. 오늘은 한가했기 때문에 괜찮아요.

2 아닙니다. 저야말로 초대해 주셔서 영광입니다.

3. 아닙니다. 운동은 건강에 좋으니까요.

8 **2**

해설 참석해준 것에 대한 감사의 말에, 초대해 주셔서 영광이라는 격식 차린 표현으로 대답하고 있다.

어휘 足(あし)を運(はこ)ぶ 발(걸음)을 옮기다 | 誠(まこと)に 진심으로

스크립트 및 해석 9ばん

男：せっかくのピクニックなのにあいにくのお天気(てんき)で…。

女：1　そうですね。残念(ざんねん)。

2　天気(てんき)がよかったですか。

3　ピクニックは楽(たの)しかったですか。

남: 모처럼의 피크닉인데 공교로운 날씨라서….

여: 1 그렇네요. 안타깝네요.

2 날씨가 좋았습니까?

3 피크닉은 즐거웠습니까?

9 **1**

해설 「あいにく」의 의미에는 상황이나 형편이 나쁘게 되었다는 뉘앙스가 있기 때문에, 대답으로는 1번이 적절하다.

어휘 せっかく 모처럼 | あいにく 공교롭게도

스크립트 및 해석 10ばん

女：私(わたし)が言(い)う通(とお)りにしてくださいね。守(まも)らないとけがしちゃいますから。

男：1　わかりました。指示(しじ)をお願(ねが)いします。

2　守(まも)らなかったから、けがしたんでしょう。

3　はい、病院(びょういん)に行(い)ってきますね。

여: 내가 말하는 대로 해 주세요. 지키지 않으면 다쳐요.

남: 1 알겠습니다. 지시를 부탁드립니다.

2 지키지 않았기 때문에 다쳤잖아요?

3 네, 병원에 다녀올게요.

10 **1**

해설 「言(い)う通(とお)り」와 「指示(しじ)」를 패러프레이징하여 연결할 줄 알아야 한다. 「けが」라는 단어 때문에 2, 3번 선택지와 헷갈리지 않도록 시제를 잘 파악해야 한다.

어휘 通(とお)りに ~대로(그대로)

스크립트 및 해석 11ばん

男：明日(あした)の3時(じ)までに提出(ていしゅつ)なの？一人(ひとり)で作(つく)れっこないよ。

女：1　まだ時間(じかん)あるから、私(わたし)が手伝(てつだ)おうか。

2　じゃあ、よかったね。提出(ていしゅつ)できて。

3　少(すこ)しおおいけど、食(た)べられるはずだよ。

남: 내일 3시까지 제출하는 거야? 혼자서 만들 수 있을 리가 없어.

여: 1 아직 시간 있으니까 내가 도와줄까?

2 그럼 다행이네. 제출할 수 있어서.

3 조금 많지만 먹을 수 있을 거야.

11 1

해설 남자가 혼자서 만들 수 없을 것 같다고 말했으므로, 도와주겠다는 1번이 대답으로서 적절하다.

어휘 手伝(てつだ)う 돕다

스크립트 및 해석 12ばん

女：先ほど、東京商事の鈴木さまがお見えになりました。

男：1　よく見えないんだけど、あれ何？

2　どこにいらっしゃるんですか。

3　鈴木さんって目いいの？

여: 조금 전, 도쿄상사의 스즈키 님이 오셨습니다.

남: 1 잘 보이지 않는데, 저거 뭐야?

2 어디에 계십니까?

3 스즈키 씨는 눈이 좋아?

12 2

해설 「お見えになる」는 경어 표현으로 '오시다'의 의미가 있다. 동사「見える(보이다)」와 헷갈리지 않도록 한다.

어휘 お見(み)えになる 오시다

기본 음원

1.2배속 음원

실전시험 154 | 즉시 응답 [2]

▶본서2 p.491

정답 **1** 2 **2** 1 **3** 3 **4** 1 **5** 3 **6** 1
7 2 **8** 1 **9** 3 **10** 1 **11** 2 **12** 1

스크립트 및 해석 1ばん

男：彼女は利口なところが魅力だね。

女：1　何を利用するんですか。

2　賢いですもんね。

3　何か不便ですか。

남: 그녀는 똑똑한 게 매력이야.

여: 1 무엇을 이용합니까?

2 영리하죠.

3 뭔가 불편합니까?

1 2

해설 비슷한 표현 고르기 문제이다.

어휘 利口(りこう)だ 영리하다 | 賢(かしこ)い 현명하다

스크립트 및 해석 2ばん

女：いくら朝が苦手って言っても、田中さん、さすがにもう起きてるはずだよ。

男：1　そうだよね。じゃあ、連絡してみるね。

2　夜遅いから、もっと寝させてあげよう。

3　ごめん。これからは遅刻しないようにするよ。

여: 아무리 아침에 잘 못 일어난다고 해도, 다나카 씨 역시 벌써 일어나 있을 거야.

남: 1 그렇구나. 그럼 연락해 볼게.

2 밤이 늦었으니, 더 자게 해 줄게.

3 미안, 지금부터는 지각하지 않도록 할게.

2 1

해설 이미 일어나 있을 다나카 씨에게 연락해 보겠다는 1번이 정답이다.

어휘 苦手(にがて)だ 질색이다, 잘 못하다

스크립트 및 해석 3ばん

男：こちらのセール品は、本日に限り半額です。

女：1　それなら、明日までに買わなきゃ。

2　セール期間はいつまでですか。

3　じゃあ、今日買った方がいいね。

남: 이쪽 세일 상품은 오늘만 반값입니다.

여: 1 그렇다면 내일까지 사야겠네.

2 세일 기간은 언제까지입니까?

3 그럼, 오늘 사는 게 좋겠네.

3 3

해설 「本日(ほんじつ)に限(かぎ)り」라는 포인트를 캐치하면 대답은 3번으로 바로 연결된다.

어휘 に限(かぎ)り ~에 한하여

스크립트 및 해석 4ばん

男：漢字のテスト、明日なのに、まだ全然覚えてないよ。テスト、来週になったらいいのに。

女：1　来週にはならないよ。

2 テストの日、来週に変わるの？

3 来週になってよかったよね。

남: 한자 시험 내일인데, 아직 하나도 못 외웠어. 시험 다음 주면 좋을 텐데.

여: 1 다음 주로는 되지 않아.

2 시험일 다음 주로 바뀌었어?

3 다음 주로 되어서 다행이네.

4 **1**

해설 남자는 시험 준비가 안 되어 다음 주로 (연기)되었으면 하는 희망을 나타내고 있으나, 그렇게는 되지 않는다고 말하는 1번이 여자의 답변으로 적절하다.

어휘 たらいいのに ~하면 좋을 텐데

스크립트 및 해석 5ばん

男：悪いけど、これすぐ計算して部長に報告してくれる？

女：1　はい、反省しておきます。

2　はい、あとで計算しておきますね。

3　はい、今からすぐ計算します。

남: 미안한데, 이거 바로 계산해서 부장님에게 보고해 줄래?

여: 1 네, 반성해 두겠습니다.

2 네, 나중에 계산해 놓을게요.

3 네, 지금 바로 계산하겠습니다.

5 **3**

해설 '즉시, 바로'를 의미하는「すぐ」가 답을 고르기 위한 핵심 포인트가 된다.

어휘 反省(はんせい) 반성

스크립트 및 해석 6ばん

女：今日の発表, 恥ずかしくて、顔から火が出そうでしたよ。

男：1　そうなんですか。堂々と話していましたよ。

2　火の用心しておかなきゃいけませんね。

3　緊張しないでください。うまくいきますよ。

여: 오늘 발표, 부끄러워서 얼굴이 화끈거리는 것 같았어요.

남: 1 그렇습니까? 당당히 얘기했어요.

2 불조심하지 않으면 안 됩니다.

3 긴장하지 마세요. 잘될 거예요.

6 **1**

해설 1번과 3번 선택지가 연관되어 있는데, 시제가 다르다. 여자가 과거형으로 말했으므로, 발표가 이미 끝났음을 알 수 있고, 답은 1번이 된다.

어휘 堂々(どうどう)と 당당히 | 用心(ようじん) 주의, 조심 | 顔(かお)から火(ひ)が出(で)る 얼굴에서 불이 나오다 (얼굴이 화끈거리다)

스크립트 및 해석 7ばん

女：ねえ、パソコンの文字が打てないんだけど、見てくれる？

男：1　いいね！完璧！

2　まかせて。あとで直すよ。

3　ありがとう。とてもうまくできたね。

여: 있잖아, 컴퓨터에서 글자를 못 치겠는데 봐줄래?

남: 1 좋네. 완벽해.

2 맡겨줘. 나중에 고칠게.

3 고마워. 아주 잘했어.

7 **2**

해설 컴퓨터에 문제가 있어 봐달라고 했으므로, 남자의 대답으로 2번이 적절하다.

어휘 打(う)つ 치다 | 任(まか)せる 맡기다

스크립트 및 해석 8ばん

男：春が来たといっても、朝はやっぱり寒いね。

女：1　上着持ってきてよかったですね。

2　肌にいいクリーム使ってください。

3　そうですね。冬の方が好きです。

남: 봄이 왔다고는 해도 아침에는 역시 춥네.

여: 1 윗옷 가져오길 잘했네요.

2 피부에 좋은 크림을 사용해 주세요.

3 글쎄요. 겨울 쪽이 좋습니다.

8 **1**

해설 봄이지만 아침엔 춥다는 남자의 말에, 위에 걸칠 옷을 가져오길 잘했다는 대답이 적절하다. 계절에 해당하는 단어「春(はる)」,「冬(ふゆ)」로 인해 혼동하지 않도록 한다.

어휘 といっても ~라고 해도

스크립트 및 해석 9ばん

男：お話があるので、山田部長につないでいただけますか。

女：1　大丈夫ですよ。今日はお時間がございます。

2　ただいま混雑しております。おかけ直しください。

3　かしこまりました。少々、お待ちください。

남: 드릴 말씀이 있는데 야마다 부장님에게 연결해 주실 수 있습니까?

여: 1 괜찮습니다. 오늘은 시간이 있습니다.

2 현재 혼잡합니다. 다시 걸어 주세요.

3 알겠습니다. 잠시만 기다려 주세요.

9 3

해설 비즈니스 상황의 대화이다. 3번처럼 자주 쓰이는 경어 표현을 알아두면 좋다.

어휘 つなぐ 연결하다, 잇다 Ι 混雑(こんざつ) 혼잡

스크립트 및 해석 10ばん

女：駅前にできた新しいそば屋、値段が安いわりにはなかなかだったよ。

男：1　じゃ、私も行ってみようかな。

2　安いからしかたない。

3　そば好きだから、行ってみたら？

여: 역 앞에 생긴 새로운 메밀국수 가게, 가격이 싼 것치고 제법이었어.

남: 1 그러면 나도 가 볼까?

2 싸니까 어쩔 수 없어.

3 메밀국수 좋아하니까, 가 보는 게 어때?

10 1

해설 이미 메밀국수 집에 다녀온 사람은 여자이므로, 남자의 대답으로 3번은 어색하고, 1번이 적절하다.

어휘 わりには ~치고는

스크립트 및 해석 11ばん

女：先生は宿題もしてこない山田さんにいつも甘いね。

男：1　私も甘いものはあんまり。

2　そうかな。私はそう思わないけど。

3　山田さんって甘いものばかり食べてるね。

여: 선생님은 숙제도 해 오지 않는 야마다 씨에게 언제나 관대해.

남: 1 나도 단 것은 별로.

2 그런가? 난 그렇게 생각하지 않는데.

3 야마다 씨는 단것만 먹네.

11 2

해설 「甘(あま)い」의 다양한 의미를 알고 있어야 정답을 고를 수 있는 문제이다.

어휘 甘(あま)い 달다, 관대하다, 무르다

스크립트 및 해석 12ばん

男：うちの社の新しいケイタイ、発売日から予想を上回る売れ行きらしいよ。

女：1　好評でよかったね。

2　残念。いい商品なのにね。

3　売れなかったらどうしよう。

남: 우리 회사의 새로운 핸드폰, 발매일부터 예상을 웃도는 매출인 것 같아.

여: 1 호평이라서 다행이네.

2 유감이네. 좋은 상품인데 말이야.

3 안 팔리면 어떡하지?

12 1

해설 「上回(うわまわ)る」, 「下回(したまわ)る」는 독해 및 청해에서 경제 관련 주제에 자주 나오는 표현이다. 발매되자마자 예상을 웃도는 매출에서 알 수 있듯이, 호평을 받아 다행이라는 긍정적 반응이 나와야 한다.

어휘 上回(うわまわ)る 상회하다, 웃돌다 Ι 好評(こうひょう) 호평

기본 음원

1.2배속 음원

실전시험 155 Ι 즉시 응답 [3]

➤본서2 p.492

정답 **1** 2 **2** 1 **3** 2 **4** 3 **5** 3 **6** 2 **7** 2 **8** 2 **9** 1 **10** 1 **11** 2 **12** 2

스크립트 및 해석 1ばん

男：一人っきりにしてくれないか。

女：1　わかった、みんな呼んでくるね。

2　わかった。今日(きょう)は帰(かえ)るね。

3　2人(ふたり)きりでどっか行(い)きたいの？

남: 혼자 있게 해주지 않을래?

여: 1 알았어, 모두 불러올게.

2 알았어. 오늘은 돌아갈게.

3 둘이서 어딘가 가고 싶어?

1 2

해설 「きり」는 명사와 접속하여 '~만, ~뿐'이라는 의미로 범위를 한정하는 표현이다.

어휘 2人(ふたり)きり 둘이서만

스크립트 및 해석 2ばん

男：あとのことは俺(おれ)がなんとかしとくから。

女：1　頼(たよ)りになるわ。

2　あとのことは心配(しんぱい)なさらないでください。

3　今何(いまなに)してるんですか。

남: 뒷일은 내가 어떻게든 해 놓을 테니까 (걱정마).

여: 1 의지가 되는군요.

2 앞으로의 일은 걱정하지 마세요.

3 지금 뭐 하는 거예요?

2 1

해설 남자가 뒷일은 본인이 처리할 테니 걱정하지 말라는 뜻으로 말했으므로, 여자의 대답으로는 1번이 적절하다.

어휘 頼(たよ)りになる 의지가 되다

스크립트 및 해석 3ばん

男：木村(きむら)さんにあげるお土産(みやげ)買(か)ってくるけど、値段(ねだん)は少(すこ)し高(たか)くたっていいでしょう。

女：1　そうだね。じゃ、安(やす)いのにしよう。

2　そうだね。せっかくだし。いいと思(おも)うよ。

3　そうだね。少(すこ)し高(たか)かったね。

남: 기무라 씨에게 줄 (여행 기념) 선물 살 건데, 가격은 조금 비싸도 괜찮지요?

여: 1 그렇네. 그럼, 싼 걸로 하자.

2 글쎄. 모처럼 (선물)하는 거니. 괜찮을 것 같아

3 맞아. 조금 비쌌어.

3 2

해설 가격이 비싸도 괜찮은지 동의/허락을 구하고 있으므로, 「いいと思(おも)うよ」로 대답하는 것이 어울린다. 「高(たか)くたって」는 「高(たか)くて 비싸도」와 같은 의미이므로 해석에 주의한다.

스크립트 및 해석 4ばん

男：次(つぎ)の営業成績次第(えいぎょうせいせきしだい)で昇進(しょうしん)もありますよ。

女：1　じゃあ、試験勉強(しけんべんきょう)がんばらなきゃ。

2　次第(しだい)に上(あ)がっていくんですね。

3　よし、バリバリがんばるぞ。

남: 다음 영업 성적에 따라서 승진도 (달려) 있어요.

여: 1 그럼, 시험공부 열심히 해야겠네.

2 차례대로 올라가는 거군요.

3 좋았어. 기를 쓰고 열심히 해야겠다.

4 3

해설 「成績(せいせき)」라는 단어로 인해 1번 「試験(しけん)」과 연결하지 않도록 주의한다. 「次第(しだい)」는 뒤에 「～に」가 붙어 부사적으로 '점점, 차츰'의 의미로도 쓰인다.

어휘 次第(しだい)で ~대로(~하는 것에 달려 있다) | バリバリ 척척(일을 열심히 하는 모양)

스크립트 및 해석 5ばん

男：最近寂(さいきんさび)しくてたまらないんです。

女：1　たくさんたまりましたね。

2　恥(は)ずかしいですね。

3　ホームシックですか。

남: 요즘 쓸쓸해서 견딜 수가 없어요.

여: 1 많이 쌓였어요.

2 창피하네요.

3 향수병이에요?

5 3

해설 「溜まる(모이다, 쌓이다)」와 「堪る(견디다, 참다)」는 둘 다 「たまる」라고 발음한다. 동음이의어에 주의한다.

어휘 てたまらない ~해서 견딜 수 없다

스크립트 및 해석 6ばん

男：田中先生(たなかせんせい)の授業(じゅぎょう)は大変(たいへん)ためになったよ。

女：1　だめなの？

2　私(わたし)もそう思(おも)った。

3　そんなに大変なの？

남: 다나카 선생님의 수업은 정말 좋았어(도움이 됐어).
여: 1 영~ 아냐?
2 나도 그렇게 생각했어.
3 그렇게 힘들어?

6 **2**

해설 청음「ため」와 탁음「だめ」의 구별에 주의하도록 한다.

어휘 ためになる 도움이 되다 l だめだ 틀려먹다, 그르다

스크립트 및 해석 7ばん

男：もう夏かのような暑さだね。
女：1　もう夏だね。
2　うん、まだ春なのに。
3　夏かもしれないね。

남: 벌써 여름 같은 더위야.
여: 1 벌써 여름이네.
2 응, 아직 봄인데 말이야.
3 여름일지도 몰라.

7 **2**

해설 「かのような」는 '(마치) ~인 것 같은'의 의미로, 실제로는 아니지만, 그런 것 같다는 뉘앙스를 가진다. 따라서 지금이 여름이라는 답변보다는 사실은 아직 봄이라는 내용으로 맞장구치는 2번이 대답으로 적절하다.

스크립트 및 해석 8ばん

男：おいしくて、ほっぺたが落ちそうですよ。
女：1　それは大変。大丈夫ですか。
2　お上手ですね。どんどん食べてください。
3　すみません。料理が得意じゃなくて。

남: 맛있어서 뺨이 떨어질 것 같아요.
여: 1 그건 큰일이네요. 괜찮아요?
2 (말씀을) 잘하시네요. 많이 드세요.
3 죄송해요. 요리를 잘 못해서.

8 **2**

해설 「ほっぺたが落(お)ちる」는 '뺨이 떨어진다'는 뜻이 아니고 '몹시 맛있다'는 의미의 관용구이다. 음식이 맛있다는 표현에, 말씀을 잘하신다며 칭찬하고 많이 드시라고 권하는 2번이 정답이다.

어휘 どんどん 자꾸자꾸, 계속해서

스크립트 및 해석 9ばん

女：お目にかかれてうれしいです。
男：1　私も嬉しいかぎりです。
2　そちらは人気のメガネです。
3　おかけになってください。

여: 만나 뵐 수 있어서 기쁩니다.
남: 1 저도 매우 기쁠 따름입니다.
2 그쪽은 인기 있는 안경입니다.
3 앉아 주세요.

9 **1**

해설 1번 선택지에서「嬉(うれ)しい」와 '한없이 ~하다, ~하기 그지없다, 매우 ~하다'를 뜻하는「かぎり」가 접속하여 '매우 기쁘다'는 표현으로 쓰였다.

어휘 お目(め)にかかる 만나 뵙다 l おかけになる 앉으시다

스크립트 및 해석 10ばん

男：副リーダーは君の予定だったけど、森さんに代わってもらってくれないかな。
女：1　はい、森さんに頼んでおきます。
2　はい、代わりを探したほうがいいと思います。
3　え？ 私でいいんですか。ありがとうございます。

남: 서브리더는 자네로 (선정될) 예정이었는데, 모리 씨가 대신해 주는 건 어떨까?
여: 1 네, 모리 씨에게 부탁해 놓겠습니다.
2 네, 교대자를 찾는 게 좋을 것 같습니다.
3 네? 저라도 괜찮겠습니까? 감사합니다.

10 **1**

해설 교대할 사람으로 이미 모리 씨를 언급했으므로, 답은 1번이 된다.

스크립트 및 해석 11ばん

男：うっかりしてた。打ち合わせの時間変わったの話してなかった。
女：1　どうして変わったんですか。
2　私が伝えておきましたよ。
3　打ち合わせは何時からしたんですか。

남: 깜빡했다. 회의(협의) 시간 바뀐 거 말 안 했어.
여: 1 왜 바뀐 겁니까?
2 제가 전해 두었습니다.
3 회의는 몇 시부터 한 겁니까?

11 2

해설 남자는 깜빡하고 회의 시간이 변경된 걸 말하지 않았다는 걸 떠올리고 당황하고 있다. 이때, 깜빡한 남자를 대신하여 여자가 전해두었다는 대답으로 2번이 적절하다.

어휘 打(う)ち合(あ)わせ 협의

스크립트 및 해석 12ばん

男：音楽祭での僕たちのイベント、加藤先輩のアドバイスなしには成功しなかったよね。
女：1 加藤先輩はアドバイスしてくれたよ。
2 本当、加藤先輩に感謝しなくちゃね。
3 だから成功しなかったんだね。

남: 음악제에서 했던 우리 이벤트, 카토 선배의 조언 없이는 성공할 수 없었을 거야.
여: 1 카토 선배는 조언해 주었어.
2 정말, 카토 선배에게 감사하지 않으면 안 되겠네.
3 그래서 성공하지 못했구나.

12 2

해설 「なしには」라는 문법 표현을 잘 이해하고 풀어야 하는 문제이다. A 없이는 B할 수 없다는 즉, A가 있어 B할 수 있었다는 의미로 해석한다. 카토 선배의 조언이 있어 성공했기 때문에 2번이 정답이다.

어휘 なしには ~없이는 (~할 수 없다)

문제5 통합 이해

기본 음원

1.2배속 음원

실전시험 156 | 통합 이해 [1]

▶ 본서2 p.502

정답 **1** 4 **2** (1) 2 (2) 3

스크립트 및 해석 1ばん

チョコレートの店で店長と店員2人が話しています。

店長：新商品のチョコレートセット、もうちょっと売り上げを伸ばせる商品かなと思ってるんです。お店に来たお客さんに買ってもらえるように、何かいい案はないですか。

男店員：そうですね。2月に入ってバレンタインデーのプレゼントを探しに来るお客様が増えてきているので、そのような方の目を引くために、店内に「バレンタインデーのプレゼントにどうぞ」って貼紙をしてみてはどうでしょうか。

店長：確かに。そういう時期ですね。貼紙ならすぐにできそうですし。

女店員：あのう、商品自体をもっと目立たせたら、2月だけじゃなく、その後も効果があると思います。包装をかわいいデザインのものに変えて成功したチョコレートの店もありますよ。そういうのはどうでしょうか。

店長：そうですね。でも包装を変えるのはお金がかかりますね。

男店員：目の前の2月の時期に選んでもらうことを考えたほうがいいと思います。近所の家のポストにチラシを配るという手もありますよ。

店長：それができたらいいですね。ただ、忙しい時期だからチラシ作ったり配ったりするのは大変ですね。

女店員：あとは商品をもっと目立つ場所に置けたらいいと思いますが。

店長：んー。今置いている場所が一番いい場所だと思うから、お金と手間をかけずにできることをやりましょう。

新商品がもっと売れるように、どうすることにしましたか。

1 もっと目立つ場所に置く
2 包装のデザインを変える
3 近所の家にチラシを配る
4 店内に宣伝の貼紙を貼る

초콜릿 가게에서 점장과 두 명의 점원이 이야기하고 있습니다.

점장: 신제품 초콜릿 세트, 좀 더 매상을 올릴 수 있는 상품이지 않을까 싶어요. 가게에 온 손님이 살 수 있도록 뭔가 좋은 아이디어 없나요?

남자 점원: 그렇군요. 2월 들어 밸런타인데이 선물을 찾으러 오는 손님들이 늘고 있으니, 그러한 분들의

눈길을 끌기 위해 가게 안에 '밸런타인데이 선물로 하세요'라고 벽보를 붙이는 건 어떨까요?

점장: 확실히. 그런 시기네요. 벽보라면 바로 할 수 있을 것 같기도 하고.

여자 점원: 저… 상품 자체를 좀 더 눈에 띄게 한다면, 2월뿐만 아니라 그 후에도 효과가 있을 거라고 생각합니다. 포장을 예쁜 디자인으로 바꿔서 성공한 초콜릿 가게도 있고요. 그런 건 어떨까요?

점장: 글쎄요. 그렇지만, 포장을 바꾸는 것은 돈이 들지요.

남자 점원: 눈앞에(머지않은) 2월 시기에 선택할 수 있는 것을 생각하는 편이 좋을 거라고 생각합니다. 근처 집들의 우체통에 전단지를 배부하는 방법도 있어요.

점장: 그게 가능하면 좋겠군요. 다만, 바쁜 시기이기 때문에 전단지를 만들거나 배부하거나 하는 것은 힘들어요.

여자 점원: 그리고 상품을 좀 더 눈에 띄는 장소에 두면 좋을 것 같습니다만.

점장: 음~. 지금 놓여져 있는 장소가 가장 좋은 곳이라고 생각하니까, 돈과 수고를 들이지 않고 가능한 것으로 합시다.

신상품이 더 팔리도록 어떻게 하기로 했습니까?

1 더 눈에 띄는 장소에 둔다

2 포장 디자인을 바꾼다

3 근처 집에 전단지를 배부한다

4 가게 안에 선전 벽보를 붙인다

1 **4**

해설 점원들의 여러 안건을 들은 후, 마지막 점장의 말에서 '돈과 수고를 들이지 않는 바로 실행할 수 있는 방법으로 하자'는 것이 결론임을 알 수 있다.

어휘 売(う)り上(あ)げを伸(の)ばす 매상을 늘리다 ㅣ 目(め)を引(ひ)く 눈길을 끌다(관심을 끌다) ㅣ 目(め)の前(まえ) 눈앞, 목전 ㅣ 目立(めだ)つ 눈에 띄다 ㅣ 手間(てま) 공, 수고

스크립트 및 해석 2ばん

男の人と女の人が通信販売の番組を見て話しています。

女1：みなさん。こんにちは。今日は今話題のあの洗剤をご紹介いたします。この洗剤、本当にどんなしつこい汚れでも、きれいに落としてくれるんです。今回は4種類の洗剤を販売いたします。1番の洗剤は、キッチン周りの油汚れや電子レンジの中の汚れを落としてくれます。この洗剤は、万が一口に入ったとしても体に害はございません。安心してお使いください。2番の洗剤は、衣服用です。シャツのえりやそでの汚れって落ちにくいですよね。でも、これ一本あれば大丈夫。普段お使いの洗濯洗剤と一緒にご使用可能です。シャツを真っ白にしてくれますよ。3番は、床の掃除にお使いください。こちらの洗剤を床にかけて、タオルでふくだけです。フローリングもたたみもどちらにもご使用できます。いやな臭いもございません。4番は車を洗うときにお使いください。こちらは、汚れを落とすのはもちろん、ワックス効果も入っております。これを使えば、きれいになってぴかぴかにもなります。

女2：これ、前から、気になってたんだ。広告で使用前、使用後の写真を見てほしいと思ってたの。

男：僕も気になってたよ。広告でワイシャツの汚れが、全部落ちてるの見て、びっくりしたよ。落ちにくいのに、本当に真っ白になってたし。

女2：私、最近キッチン洗剤買ったばかりなんだけど、あまりよくなかったから試してみようかな。

男：全部使ってからにしたら？

女2：う～ん、まあ、それもそうね。じゃあ、毎日の洗濯に役立てたいから、あの洗剤にしようかな。

男：車のやつはワックスの効果もあるから、気にはなるけど。来月、うちの大掃除があるからさ、たたみ掃除の時に使ってみるか。じゃあ、あれにする。

女2：届くのが楽しみ。

女の人はどれを注文しますか。

1　1番の洗剤

2　2番の洗剤

3　3番の洗剤

4　4番の洗剤

男の人はどれを注文しますか。

1　1番の洗剤

2　2番の洗剤

3　3番の洗剤

4　4番の洗剤

남자와 여자가 방송을 보고 이야기하고 있습니다.

여1: 여러분, 안녕하세요. 오늘은 지금 화제의 그 세제를 소개해 드리겠습니다. 이 세제는 정말 어떤 찌든 때라도 깨끗이 없애 줍니다. 이번에는 4종류의 세제를 판매하겠습니다. 1번 세제는 주방의 기름때나 전자레인지 속의 때를 없애 줍니다. 이 세제는 만일에 입에 들어가도 몸에 해롭지 않습니다. 안심하고 사용해 주세요. 2번은 의류용 세제입니다. 셔츠의 깃이나 소매의 때는 없애기 어렵지요? 하지만, 이것 하나만 있으면 괜찮습니다. 평소 사용하는 세탁용 세제와 함께 사용할 수 있습니다. 셔츠를 새하얗게 해 줍니다. 3번은 바닥 청소에 사용해 주세요. 이 세제를 마룻바닥에 뿌리고 타월로 닦아만 주세요. 거실 바닥(플로링)이나 다다미에도 모두 사용할 수 있습니다. 역한 냄새도 없습니다. 4번은 차를 닦을 때 사용해 주세요. 이것은 때를 없애는 것은 물론 왁스 효과(기능)도 들어 있습니다. 이걸 사용하면 깨끗해지고 반짝반짝 광도 납니다.

여2: 이거, 전부터 궁금했어. 광고에서 사용 전과 사용 후의 사진을 보고 싶다고 생각했거든.

남: 나도 궁금했는데. 광고에서 와이셔츠 때가 전부 없어지는 거 보고 깜짝 놀랐어. 잘 안 지는데 진짜 새하얘져서.

여2: 난 요즘 주방 세제 구입한 지 얼마 안 되었는데, 별로 안 좋아서, (이걸로) 사서 시험해 볼까?

남: (쓰던 것) 다 쓰고 나서 사는 건 어때?

여2: 음~ 뭐, 그것도 그렇네. 그러면 매일 세탁하는 데 요긴하게 쓰고 싶으니까, 저 세제로 할까?

남: 차 닦는 건 왁스까지 가능해서 궁금하긴 한데. 다음 달에 우리 대청소 해야 하니까, 다다미 청소할 때 사용해 볼까? 그럼, 이걸로 할래.

여2: 빨리 왔으면 좋겠다. 기대돼.

여자는 어느 것을 주문합니까?

1 1번 세제	2 2번 세제
3 3번 세제	4 4번 세제

남자는 어느 것을 주문합니까?

1 1번 세제	2 2번 세제
3 3번 세제	4 4번 세제

2 (1) **2** (2) **3**

해설 여자는 세탁용이 필요하다고 했기 때문에 2번의 의류용 세제를, 남자는 대청소 때 필요한 3번의 바닥용 세제를 선택했다.

어휘 油汚(あぶらよご)れ 기름때 | 害(がい) 해 | ぴかぴかになる 반짝반짝해지다

기본 음원

1.2배속 음원

실전시험 157 | 통합 이해 [2]

▶본서2 p.504

정답 **1** 2 **2** 3 **3** (1) 2 (2) 4

스크립트 및 해석 1ばん

居酒屋の店員と飲み会の幹事の女の人が話しています。

男：メニューお決まりでしたらどうぞ。

女：あの、コースってどんなものがありますか。

男：最近、鍋コースが人気ですよ。1番はキムチ鍋コースです。こちらは飲み放題がセットになっておりまして、お一人様3,500円とお安くなっております。2番はもつ鍋コースです。こちらも飲み放題セットですが、お値段は4,000円となっております。

女：飲み放題付きじゃないコースありますか。そんなにたくさんは飲まないので。

男：それだったら3番と4番のコースになりますね。3番の豚しゃぶコースはお一人様4,000円で、4番の牛しゃぶコースはこちらも同様に飲み放題が含まれておりません。お値段はお一人様5,000円となっております。

女：う～ん。飲み放題付きがお得ですね。でも、辛いのは苦手だからキムチはちょっと。決めた。じゃ、これを5人分お願いします。

女の人はどのコースを注文しましたか。

1　キムチ鍋コース

2　もつ鍋コース

3　豚しゃぶコース

4　牛しゃぶコース

선술집 점원과 회식 간사(총무)인 여자가 이야기하고 있습니다.

남: 메뉴 결정하시면 말씀해 주세요.

여: 저, 코스는 어떤 것이 있나요?

남: 요즘 나베(전골) 코스가 인기입니다. 1번은 김치 나

베 코스입니다. 이쪽은 음료 무한리필이고 한 사람당 3,500엔으로 저렴합니다. 2번은 모츠 나베 코스입니다. 이쪽도 음료 무한리필이지만 가격은 4,000엔입니다.

여: 음료 무한리필이 포함 안 된 코스 있나요? 그리 많이 마시지 않아서요.

남: 그렇다면 3번과 4번 코스가 되겠습니다. 3번의 돼지고기 샤브 코스는 한 사람당 4,000엔이고, 4번 소고기 샤브 코스는 이쪽도 마찬가지로 음료 무한리필이 포함되어 있지 않습니다. 가격은 한 사람당 5,000엔입니다.

여: 음~. 음료 무한리필이 이득이네요. 그렇지만, 매운 건 못 먹으니까 김치는 좀…. 정했다. 그럼, 이걸로 5인분 부탁합니다.

여자는 어느 코스를 주문했습니까?

1 김치 나베 코스

2 모츠 나베 코스

3 돼지고기 샤브 코스

4 소고기 샤브 코스

1 2

해설 처음엔 음료 무한리필이 포함되지 않은 코스를 물어봤지만, 가격을 듣고 나서는 음료 무한리필이 포함된 코스가 이득이라고 생각했다. 따라서, 음료 리필이 포함된 두 가지 김치 나베, 모츠 나베 코스가 해당되고, 매운 김치는 못 먹는다고 했으므로, 결국 답은 2번이 된다.

어휘 もつ鍋(なべ) 일본식 곱창전골(돼지나 소의 내장을 이용한 전골 요리) | 飲(の)み放題(ほうだい) 정해진 시간 내에 음료나 술을 마음껏 마실 수 있는 것 | 含(ふく)む 포함하다

스크립트 및 해석 2ばん

両親と娘が話しています。

娘：お母さん、私ピアノ習いたいんだけど。習ってもいい？

母：ピアノ？何でまた急に？

娘：ゆみちゃんが習い始めたんだけど、私も一緒にピアノ教室に行きたいの。

母：ゆみちゃんの真似しなくていいの。

娘：えー。でも、私、前から楽器が習いたいって話してたよ。他の楽器も考えたけど、ピアノが一番興味があるから。

母：そういえば話してたわね。お父さんには話したの？

娘：まだだけど。あ、お父さん、私ピアノ習ってもいいでしょ？

父：なんだ急に。前はバレエが習いたいって話してたじゃないか。そんなにコロコロ変わるのに誰がいいと言うんだ。

娘：バレエは習わせてくれなかったじゃない。家から教室が遠すぎるって言って。ピアノ教室は学校からの帰り道にあるの。いいでしょ。

父：本当に習いたいのか？

娘：うん！

母：どうしましょうか。じゃあ、一か月後にもう一度きいてみるのはどうですか。

父：それがいいな。じゃあ、一か月後にももう一度きいてみるから、その時も心変わりがなければいいぞ。

お父さんとお母さんはどうすることにしましたか。

1 娘にバレエもピアノ教室も通わせない。

2 娘と友達を違うピアノ教室に通わせる。

3 来月も気持ちに変化がなければピアノ教室に通わせる。

4 ピアノ教室が家から近ければ通わせる。

부모와 딸이 이야기하고 있습니다

딸: 엄마, 나 피아노 배우고 싶은데, 배워도 돼?

엄마: 피아노? 갑자기 또 왜?

딸: 유미가 배우기 시작했는데 나도 같이 피아노 교실에 다니고 싶어.

엄마: 유미 따라 하지 않아도 돼.

딸: 어? 하지만 나, 전부터 악기 배우고 싶다고 얘기했잖아. 다른 악기도 생각했는데 피아노가 가장 끌려.

엄마: 그러고 보니 얘기했었네. 아빠한테는 얘기한 거야?

딸: 아직 안 했는데. 아빠, 나 피아노 배워도 되죠?

아빠: 뭐야? 갑자기. 전에는 발레가 배우고 싶다고 했잖아? 그렇게 수시로 바뀌는데 누가 좋다고 하겠니?

딸: 발레는 안 시켜줬잖아. 집에서 교실이 너무 멀다고. 피아노 교실은 학교에서 돌아오는 길에 있거든. 괜찮지?

아빠: 진짜 배우고 싶은 거니?

딸: 응!

엄마: 어떻게 할까요? 그러면 한 달 후에 한 번 더 물어보는 건 어때요?

아빠:그게 좋겠네. 그러면 한 달 후에도 또 같은 질문을 할 테니까 그때도 마음이 바뀌지 않는다면 허락할게.

아빠와 엄마는 어떻게 하기로 했습니까?

1 딸에게 발레도 피아노 교실도 다니게 하지 않는다.

2 딸과 친구를 다른 피아노 교실에 다니게 한다.

3 다음 달에도 마음에 변화가 없으면 피아노 교실에 다니게 한다.

4 피아노 교실이 집에서 가까우면 다니게 한다.

2 **3**

해설 전에도 이것저것 배우고 싶다는 것이 자주 바뀌었다는 것을 이유로, 이번에는 한 달 후에도 똑같은 질문을 해도 같은 마음이라면 배우게 하겠다는 조건을 내건 허락이므로 3번이 정답이다.

어휘 コロコロ変(か)わる 자주 바뀜(차례차례 행해지는 모양)

스크립트 및 해석 3ばん

結婚式場の従業員の話を聞いて、男の人と女の人が話しています。

従業員：こちらの式場までは、地下鉄、バス、シャトルバス、お車を利用するなどの四つの方法で、お越しいただくことができます。地下鉄をご利用ですと、地下鉄の駅からこちらまで10分ほど歩くことになりますが、本数が多いですので待つ心配はございません。バスですと、式場のすぐ前にバス停がございますので、とても便利でございます。お車ですと、式場の隣に駐車場がございますので、そちらの駐車場をお使いください。シャトルバスもございますが、シャトルバスの場合、台数と出発場所が決まっておりますのでお電話でのご予約が必要になります。バスは、太田ビルの前、駒井駅の前からご乗車できます。午前9時に一本、午後2時に一本出ております。

男：そうだなあ、その日雨みたいだから、車の方が楽かな。

女：車がある人はいいわね。私の家からは駅もバス停も両方利用できるけど、その日、ハイヒール履いてるからあんまり歩かなくていい方にしたいわ。私はこれにする。

男：僕は車がいいけど、やっぱりお酒は飲むことになるだろうなあ。太田ビルまで遠くないから、これにする。

女：免許取ったばかりで運転にはまってるって言ってたから、車にするだろうと思ったけど。

女性はどうやって式場まで行きますか。

1 地下鉄

2 バス

3 車

4 シャトルバス

男性はどうやって式場まで行きますか。

1 地下鉄

2 バス

3 車

4 シャトルバス

결혼식장 종업원의 이야기를 듣고 남자와 여자가 이야기하고 있습니다.

종업원: 여기 식장까지는 지하철, 버스, 셔틀버스, 승용차를 이용하는 등의 네 가지 방법으로 오실 수 있습니다. 지하철을 이용하시면 지하철역에서 여기까지 10분 정도 걷게 되지만 여러 대가 다니므로 기다릴 염려는 없습니다. 버스라면, 식장 바로 앞에 버스 정류장이 있어서 매우 편리합니다. 차의 경우는 식장 옆에 주차장이 있으니까 그쪽 주차장을 사용해 주십시오. 셔틀버스도 있지만 셔틀버스의 경우 운행 횟수와 출발 장소가 정해져 있어서 전화로 예약이 필요합니다. 버스는 오오타 건물 앞, 코마이역 앞에서 승차하실 수 있습니다. 오전 9시, 오후 2시에 각각 출발합니다.

남: 글쎄, 그날 비 올 것 같으니까 차가 편할까?

여: 차 있는 사람은 좋겠네. 우리 집에서는 역도 버스 정류장도 둘 다 이용할 수 있지만, 그날 하이힐 신을 거니까 많이 걷지 않는 쪽으로 하고 싶네. 나는 이걸로 할래.

남: 나는 차가 좋은데, 역시 술은 마시겠지? 오오타 건물까지 멀지 않으니까 이걸로 할래.

여: 면허 딴 지 얼마 안 돼서 운전에 빠져 있다길래, 차 가지고 갈 줄 알았는데.

여자는 어떻게 식장까지 갑니까?

1 지하철

2 버스

3 차

4 셔틀버스

남자는 어떻게 식장까지 갑니까?

1 지하철

2 버스

3 차

4 셔틀버스

3 (1) **2** (2) **4**

해설 여자는 그날 하이힐을 신을 거라서 불편하기 때문에 많이 걷지 않는 버스를 선택했고, 남자는 술을 마실 예정이라서 차 대신 가까운 오오타 건물 앞에서 탈 수 있는 셔틀버스를 선택했다.

어휘 お越(こ)しいただく 와 주시다 | 履(は)く 신다

기본 음원

1.2배속 음원

실전시험 158 | 통합 이해 [3]

➤본서2 p.506

정답 **1** 4 **2** 2 **3** (1) 1 (2) 4

스크립트 및 해석 1ばん

時計売り場で女の販売員と男の人が話しています。

男：うわー、どれもかっこいい時計ばかりですね。どれがいいか迷うな。

女：まず、デジタルの時計からお見せいたします。この1番のは大きくて時間が確認しやすいです。それと防水機能が付いていますので運動される方に人気ですよ。ただ、ベルトの部分がカラフルでカジュアルなので、会社にされて行くのはちょっと。2番は数字の部分が少し小さくて見にくいかもしれませんが、軽量でいいですよ。バンドの部分が革になっておりますので、会社にもしていけます。

男：どちらもいいですね。アナログ時計も見せていただけますか。

女：はい。こちらの3番のものは数字が大きくて時間が見やすいですよ。4番は時計自体が小さいので、少し時間が見にくいかもしれませんが、電池が自分で替えられるタイプですので楽ですよ。どちらも、会社にしていけるデザインです。

男：どれもいいですけど、やっぱりアナログがよさそうですね。電池が切れてわざわざお店に来なくてもいいから、これでお願いします。

男の人はどんな時計を買いますか。

1　1番の時計

2　2番の時計

3　3番の時計

4　4番の時計

시계 매장에서 여자 판매원과 남자가 이야기하고 있습니다.

남: 와, 전부 멋진 시계뿐이네요. 어느 게 좋을지 고민되네.

여: 우선 디지털시계부터 보여드리겠습니다. 이 1번 시계는 크기가 커서 시간을 확인하기 편합니다. 그리고 방수 기능도 갖춰져 있어서 운동하시는 분들에게 인기예요. 단, 벨트 부분이 컬러풀하고 캐주얼하기 때문에 회사에 차고 가시는 건 좀… (곤란하실 수 있습니다). 2번은 숫자 부분이 좀 작아서 보기 불편할 수도 있지만, 가벼워서 좋습니다. 밴드 부분이 가죽이기 때문에 회사에도 차고 갈 수 있습니다.

남: 다 좋네요. 아날로그 시계도 보여주실 수 있나요?

여: 네. 이쪽 3번 시계는 숫자가 커서 시간을 보기가 편합니다. 4번은 시계 자체가 작기 때문에 시간을 보기에 좀 불편할 수도 있지만, 건전지를 본인이 교체할 수 있는 타입이라서 편합니다. 둘 다 회사에 차고 갈 수 있는 (무난한) 디자인입니다.

남: 둘 다 괜찮은데 역시 아날로그가 좋을 것 같아요. 건전지가 닳게 되어도 가게에 굳이 오지 않아도 되니까, 이걸로 부탁합니다.

남자는 어떤 시계를 삽니까?

1 1번 시계

2 2번 시계

3 3번 시계

4 4번 시계

1 **4**

해설 디지털시계보다는 아날로그 시계를 원했고, 아날로그 시계인 3, 4번 중 건전지가 닳아도 본인이 교체할 수 있는 것을 선호하기 때문에 4번을 선택했다.

어휘 替(か)える 바꾸다, 교체하다 | 電池(でんち)が切(き)れる 전지가 닳다

스크립트 및 해석 2ばん

カフェの店長と従業員2人が話しています。

店長：来月、バレンタインだから去年のように何かイベントをしようと思ってるんだけど。

女1： 今年はどんなものを考えているんですか。確か去年はカップルで来店したら、ドリンク10パーセント割引でしたよね。

店長：そうだったね。でもイマイチ、お客様が集まらなかったんだよね。何かいいアイディアないかな。

女2： だったら、カフェの庭のインテリアをバレンタインデーバージョンに変えませんか。そこで写真を撮ったら、2人は永遠に結ばれるみたいなアピールをSNSで広めて。そしたら人、集まりそうじゃないですか。

店長：最近の人たちは写真を撮るのが好きだからいいかもしれないけど、若い人しか喜ばないだろうね。30代や40代の人にも喜ばれそうなものないかな。

女1： 大人のカップルだったら、チョコレートを入れたお酒の販売とかはどうですか。最近、チョコレートを使ったお酒人気じゃないですか。って、これだと大人のカップルだけの対象になりますね。

女2： それとも、以前メニューにあったチョコレートピザを期間限定でメニューに入れるのはどうですか。確か3年ぐらい前までメニューがあったと聞きましたけど。以前、あったものだから準備に時間かからないんじゃないんですか。

店長：あれね、あれは売れれば売れるほど、赤字になっちゃうからすぐやめたんだよ。今回はさっき話した若者をターゲットにしたイベントにしようか。

バレンタインのために何をすることにしましたか。

1 来店したカップルの飲み物を値引きする
2 庭に写真を撮る場所を作る
3 チョコレートを使ったお酒を提供する
4 以前あったメニューをまた入れる

카페 점장과 두 명의 종업원이 이야기하고 있습니다

점장:다음 달, 밸런타인(데이)이니까, 작년처럼 뭔가 이벤트를 하려고 생각 중인데.

여1: 올해는 어떤 걸 생각하고 있나요? 분명 작년에는 커플끼리 가게에 오면 음료를 10% 할인해 줬잖아요?

점장:그랬지. 하지만 손님이 별로 오지 않았어. 뭔가 좋은 아이디어 없을까?

여2: 그렇다면 카페 정원 인테리어를 밸런타인데이 버전으로 바꾸지 않을래요? 거기서 사진을 찍으면 두 사람이 영원히 이어질 거라고 SNS에 어필해서 퍼뜨리면. 그러면 사람들이 올 것 같지 않아요?

점장:요즘 사람들은 사진 찍는 것을 좋아하니까 괜찮을 것 같은데, 젊은 사람들밖에 좋아하지 않겠지? 30대나 40대도 좋아할 만한 건 없을까?

여1: 성인 커플이라면 초콜릿을 넣은 술을 판매하는 건 어떨까요? 요즘 초콜릿을 사용한 술이 인기잖아요? 이러면 성인 커플만 대상이 되겠네요.

여2: 아니면 예전 메뉴에 있었던 초콜릿 피자를 기간 한정으로 메뉴에 넣는 건 어떨까요? 분명 3년 정도 전까지 이 메뉴가 있었다고 들었는데요. 전에 있었던 거라서 준비하는 데 시간이 얼마 안 걸리지 않을까요?

점장:그거 말이야, 그건 팔리면 팔릴수록 적자가 나서 바로 그만뒀어. 이번에는 아까 얘기한 젊은 사람을 타깃으로 한 이벤트로 할까?

밸런타인(데이)을 위해서 무엇을 하기로 했습니까?

1 가게에 온 커플의 음료를(음료값을) 깎아 준다
2 정원에 사진 찍을 장소를 만든다
3 초콜릿을 사용한 술을 제공한다
4 예전에 있었던 메뉴를 또 넣는다

2 2

해설 카페 정원에 인테리어를 바꿔서 사진 찍기 좋은 포토 스팟을 마련해서 SNS에 퍼뜨리자는 아이디어가 나오자, 젊은 사람들이 사진 찍는 것을 좋아하기 때문에 호응이 있을 거라고 했다. 따라서, 마지막 점장이 얘기한 '젊은 사람을 타깃으로' 한다는 내용으로 보아, 답은 2번이다.

어휘 結(むす)ぶ 묶다, 체결하다, 맺다 | 喜(よろこ)ぶ 기뻐하다 | 値引(ねび)きする (가격을) 깎아 주다

스크립트 및 해석 3ばん

男の人と女の人がカフェで話しています。

男： すみません。おすすめのメニューってどれですか。

店員：おすすめですか。おすすめでしたら、こちらのメニューでございます。1番はブルーベリースムージーです。ヨーグルトも入っておりますので、甘くて飲みやすくなっております。目の疲れが気になる方におすすめです。2番はマンゴースムージーです。こちらも甘くて飲みやすいですよ。最近、肌の調子がよくないという方におすすめしております。3番はトマトジュースです。あまり甘くないですので、甘いものが苦手な方におすすめです。疲れやストレスが溜まっている方に飲んでいただきたいです。4番はバナナと野菜のミックスジュースです。野菜が入っていますが、バナナの甘さで飲みやすくなっております。バナナですので、ボリュームもあって食事の代わりにもなりますよ。

女：　う～ん。私、朝ご飯食べてこなかったから、食事の代わりになるのにしようかな。

男：　僕は甘いのが飲みたいな。それに最近、パソコン使いすぎて目が痛いからこれにする。

女：　おいしそうだし、いいわね。私、最近、肌のトラブルも気になるんだけど、普段あまり食べない野菜が入ってるのも気になるなあ。どうしようかな。野菜入ってても、甘い方にしようっと。

男：　じゃあ、決まり。すみません、注文いいですか。

男の人はどの飲み物にしますか。

1　ブルーベリースムージー

2　マンゴースムージー

3　トマトジュース

4　ミックスジュース

女の人はどの飲み物にしますか。

1　ブルーベリースムージー

2　マンゴースムージー

3　トマトジュース

4　ミックスジュース

남자와 여자가 카페에서 이야기하고 있습니다.

남: 실례합니다. 추천 메뉴는 어떤 건가요?

점원: 추천 메뉴요? 추천 메뉴라면 이쪽 메뉴입니다. 1번은 블루베리 스무디입니다. 요구르트도 들어 있어서 달고 마시기 쉬워요. 눈의 피로가 걱정되는 분에게 추천 드립니다. 2번은 망고 스무디입니다. 이쪽도 달달해서 마시기 쉽습니다. 요즘 피부 상태가 좋지 않다고 하는 분에게 추천 드립니다. 3번은 토마토 주스입니다. 별로 달지 않아서 단것을 꺼리시는 분에게 추천 드립니다. 피로나 스트레스가 쌓여 있는 분이 마셔주셨으면 하는 음료입니다. 4번은 바나나와 채소 혼합 주스입니다. 채소가 들어있지만 바나나의 단맛으로 마시기 쉽습니다. 바나나이기 때문에 포만감도 있어 식사 대용으로도 가능합니다.

여: 음~. 난 아침밥 안 먹고 왔으니까 식사 대신 마실 수 있는 걸로 할까?

남: 난 단것이 마시고 싶어. 게다가 요즘 컴퓨터를 너무 사용해서 눈이 아프니까 이걸로 할래.

여: 맛있어 보이고 좋네. 난 요즘 피부 트러블도 걱정되는데, 평소에 별로 먹지 않는 채소가 들어있는 것도 궁금하네. 어떻게 하지? 채소가 들어있어도 달달한 이걸로 해야지.

남: 그럼, 결정! 저기요, 주문해도 될까요?

남자는 어느 음료로 합니까?

1 블루베리 스무디

2 망고 스무디

3 토마토 주스

4 혼합 주스

여자는 어느 음료로 합니까?

1 블루베리 스무디

2 망고 스무디

3 토마토 주스

4 혼합 주스

3　(1) **1**　(2) **4**

해설 남자는 눈의 피로가 걱정되어 1번 블루베리 스무디를 선택했고, 여자는 채소가 들어있어도 단것을 먹는다고 했기 때문에 바나나와 채소가 혼합된 주스 4번을 선택했다.

어휘 溜(た)まる 쌓이다, 고이다, 모이다 ｜ ボリューム 볼륨, 양 (여기서는 '양'을 의미함)

N2

실전 모의고사 1~2회 해설은 QR코드를 스캔해 주세요.
바로보기가 가능합니다.
추가 제공 2회분인 실전 모의고사 3~4회의 문제지와 해설은
파고다북스 홈페이지에서 다운로드 받으실 수 있습니다.
www.pagodabook.com

모의고사 1회

모의고사 2회

모의고사 추가 2회분
및 해설 다운로드

차례

실전 모의고사 1회

	유형	시험 시간
1교시	**언어지식** (문자・어휘・문법)	105분
	독해	
2교시	**청해**	50분

日本語能力試験 解答用紙 실전 모의고사 1회

N2 言語知識（文字・語彙・文法）・読解

受験番号 Examinee Registration Number	

名前 Name	

〈ちゅうい Notes〉

1. くろいえんぴつ（HB、No.2）でかいてください。
   Use a black medium soft (HB or No.2) pencil.
   （ペンやボールペンではかかないでください。）
   (Do not use any kind of pen.)
2. かきなおすときは、けしゴムできれいにけしてください。
   Erase any unintended marks completely.
3. きたなくしたり、おったりしないでください。
   Do not soil or bend this sheet.
4. マークれい Marking Examples

よいれい Correct Example	わるいれい Incorrect Examples
●	⊗ ◯ ◎ ⦶ ⊘ ◐ ●

問題 1				
1	①	②	③	④
2	①	②	③	④
3	①	②	③	④
4	①	②	③	④
5	①	②	③	④
問題 2				
6	①	②	③	④
7	①	②	③	④
8	①	②	③	④
9	①	②	③	④
10	①	②	③	④
問題 3				
11	①	②	③	④
12	①	②	③	④
13	①	②	③	④
14	①	②	③	④
15	①	②	③	④
問題 4				
16	①	②	③	④
17	①	②	③	④
18	①	②	③	④
19	①	②	③	④
20	①	②	③	④
21	①	②	③	④
22	①	②	③	④

問題 5				
23	①	②	③	④
24	①	②	③	④
25	①	②	③	④
26	①	②	③	④
27	①	②	③	④
問題 6				
28	①	②	③	④
29	①	②	③	④
30	①	②	③	④
31	①	②	③	④
32	①	②	③	④
問題 7				
33	①	②	③	④
34	①	②	③	④
35	①	②	③	④
36	①	②	③	④
37	①	②	③	④
38	①	②	③	④
39	①	②	③	④
40	①	②	③	④
41	①	②	③	④
42	①	②	③	④
43	①	②	③	④
44	①	②	③	④

問題 8				
45	①	②	③	④
46	①	②	③	④
47	①	②	③	④
48	①	②	③	④
49	①	②	③	④
問題 9				
50	①	②	③	④
51	①	②	③	④
52	①	②	③	④
53	①	②	③	④
54	①	②	③	④
問題 10				
55	①	②	③	④
56	①	②	③	④
57	①	②	③	④
58	①	②	③	④
59	①	②	③	④

問題 11				
60	①	②	③	④
61	①	②	③	④
62	①	②	③	④
63	①	②	③	④
64	①	②	③	④
65	①	②	③	④
66	①	②	③	④
67	①	②	③	④
68	①	②	③	④
問題 12				
69	①	②	③	④
70	①	②	③	④
問題 13				
71	①	②	③	④
72	①	②	③	④
73	①	②	③	④
問題 14				
74	①	②	③	④
75	①	②	③	④

日本語能力試験 解答用紙 실전 모의고사 1회

N2 聴解

受験番号 Examinee Registration Number	

名前 Name	

〈ちゅうい Notes〉

1. くろいえんぴつ（HB、No.2）でかいてください。
   Use a black medium soft (HB or No.2) pencil.
   （ペンやボールペンではかかないでください。）
   (Do not use any kind of pen.)
2. かきなおすときは、けしゴムできれいにけしてください。
   Erase any unintended marks completely.
3. きたなくしたり、おったりしないでください。
   Do not soil or bend this sheet.
4. マークれい Marking Examples

よいれい Correct Example	わるいれい Incorrect Examples
●	⊗ ○ ○ ⓪ ⊖ ◐ ◉

問題1				
例	①	②	●	④
1	①	②	③	④
2	①	②	③	④
3	①	②	③	④
4	①	②	③	④
5	①	②	③	④

問題2				
例	①	●	③	④
1	①	②	③	④
2	①	②	③	④
3	①	②	③	④
4	①	②	③	④
5	①	②	③	④
6	①	②	③	④

問題3				
例	①	②	③	●
1	①	②	③	④
2	①	②	③	④
3	①	②	③	④
4	①	②	③	④
5	①	②	③	④

問題4			
例	●	②	③
1	①	②	③
2	①	②	③
3	①	②	③
4	①	②	③
5	①	②	③
6	①	②	③
7	①	②	③
8	①	②	③
9	①	②	③
10	①	②	③
11	①	②	③
12	①	②	③

問題5					
1		①	②	③	④
2		①	②	③	④
3	(1)	①	②	③	④
	(2)	①	②	③	④

Language Knowledge (Vocabulary/Grammar) •Reading

問題用紙

N2

言語知識(文字・語彙・文法)・読解

(105分)

注　意
Notes

1. 試験が始まるまで、この問題用紙を開けないでください。
Do not open this question booklet until the test begins.

2. この問題用紙を持って帰ることはできません。
Do not take this question booklet with you after the test.

3. 受験番号と名前を下の欄(らん)に、受験票と同じように書いてください。
Write your examinee registration number and name clearly in each box below as written on your test voucher.

4. この問題用紙は、全部で33ページあります。
This question booklet has 33 pages.

5. 問題には解答番号の 1 、 2 、 3 … が付いています。解答は、解答用紙にある同じ番号のところにマークしてください。
One of the row numbers 1 , 2 , 3 … is given for each question. Mark your answer in the same row of the answer sheet.

受験番号 Examinee Registration Number	
名　前 Name	

問題1 ＿＿＿の言葉の読み方として最もよいものを、1・2・3・4から一つ選びなさい。

1 この線に対して垂直な線を引きなさい。

1 すいじき　2 すいちょく　3 ついじき　4 ついちょく

2 ホテルのシャトルバスは5分間隔で運行されています。

1 かんけき　2 かんげき　3 かんかく　4 かんがく

3 なかなか決められなかった研究テーマをやっと絞ることができた。

1 けずる　2 さぐる　3 かかえる　4 しぼる

4 木村（きむら）さんってちょっと幼いところがあるよね。

1 ずるい　2 おさない　3 くどい　4 わかい

5 きれいに整えた髪が乱れてしまった。

1 くずれて　2 あばれて　3 みだれて　4 つぶれて

問題2 ＿＿＿の言葉を漢字で書くとき、最もよいものを1・2・3・4から一つ選びなさい。

6 急な依頼にもかかわらず、川田(かわだ)さんはこころよく応じてくれた。

1 敬く　2 快く　3 希く　4 決く

7 さわがせてしまってすみません。

1 騒がせて　2 怖がせて　3 焦がせて　4 驚がせて

8 打ち合わせの内容は、日程をふくめて、今日中にお知らせします。

1 定めて　2 固めて　3 狭めて　4 含めて

9 50代の人たちはコンピュータの知識がとぼしいように思います。

1 貧しい　2 詳しい　3 惜しい　4 乏しい

10 小さなことでもゆだんしてはいけません。

1 抽断　2 抽継　3 油継　4 油断

問題3 （　　　）に入れるのに最もよいものを、1・2・3・4から一つ選びなさい。

11 この建物は歴史的な価値が高く、国の管理（　　　）に置かれている。

1 付　　2 属　　3 室　　4 下

12 最近、国際結婚などで外国人が増えつつあり、（　　　）文化に触れる機会が多くなった。

1 異　　2 主　　3 差　　4 違

13 （　　　）使用の物は交換いたしますので、お送りください。

1 完　　2 全　　3 未　　4 非

14 日本は（　　　）外国から資源を輸入している。

1 諸　　2 種　　3 多　　4 複

15 パン屋の前を通りすぎたら、焼き（　　　）のパンのにおいが鼻(はな)を刺激した。

1 連れ　　2 済み　　3 ごと　　4 たて

問題4 （　　　）に入れるのに最もよいものを、1・2・3・4から一つ選びなさい。

16 入場する前に入場券を（　　　）してください。

1 掲示　2 表示　3 指示　4 提示

17 失恋して髪の毛を（　　　）切った。

1 ばっさり　2 ぴったり　3 たっぷり　4 しっかり

18 Aチームと B チームは永遠の（　　　）として、今回もすばらしい競技を見せてくれた。

1 ライバル　2 リーダー　3 ファン　4 ルール

19 A：明日ゼミの勉強会があるので、とりあえず教室から（　　　）してくれる？

B：はい、わかりました。

1 確保　2 作成　3 保存　4 制作

20 高校のとき、日本語の先生が好きだったのが（　　　）となって、日本語の勉強を始めました。

1 始発　2 先端　3 契機　4 最初

21 日本について何でも知っている山田さんは日本の歴史にも（　　　）。

1 親しい　2 悔しい　3 頼もしい　4 詳しい

22 新型インフルエンザは人に（　　　）する可能性が高いと言う。

1 伝染　2 移動　3 検査　4 活動

問題5 ＿＿＿の言葉に意味が最も近いものを、1・2・3・4から一つ選びなさい。

23 息子は新しいゲームが出るとやたらに買ってしまう。

1 何も考えずに　2 思い切って　3 じかに　4 突然

24 高橋(たかはし)さんは、かつて京都(きょうと)に住んでいた。

1 しばらく　2 以前　3 すでに　4 ずっと

25 朝晩は涼しくなったけど、昼間はまだ日差しが強い。

1 日中　2 夜　3 夕方　4 真ん中

26 彼の文章には独特なところがあって読者の目を引く。

1 ユニークな　2 簡単な　3 おかしい　4 ルーズな

27 彼女は賢くて実行力もあるので、リーダーとしてふさわしいと思う。

1 面白くて　2 利口で　3 真面目で　4 強くて

問題6　次の言葉の使い方として最もよいものを、1・2・3・4から一つ選びなさい。

28　焦(あせ)る

1　30日までの締め切りが焦(あせ)ってきた。

2　初めて試合に出場するので、緊張や焦(あせ)りでいっぱいだ。

3　この仕事は私に焦(あせ)らせていただけませんか。

4　何回もほめるうちに焦(あせ)ってきてしまった。

29　ねらい

1　この橋は今年までの完成をねらいにしている。

2　最優勝という大きなねらいに向かってがんばる。

3　私のねらいは世界的なモデルになることです。

4　このスーツのねらいは40代の中年です。

30　ひそひそ

1　さっきからずっと女の子二人がひそひそと話している。

2　あやしい男がこっちを見ながらひそひそ呼んでいる。

3　授業中、学生がひそひそと答えた。

4　田中さんは自分が好きなことをしているとき一番ひそひそしている。

31　ひきょう

1　危険なとき自分一人で逃げ出す彼はとてもひきょうだ。

2　くどい話をずっと聞かなければならないのはひきょうだ。

3　ひきょうな内容で構成されたこの本は人気が高い。

4　並んでいるところに割り込んでくるひきょうの態度はだめだ。

32　手軽(てがる)

1　今日の試合は、手軽(てがる)に優勝すると思ったのに、意外に苦戦した。

2　自宅で手軽(てがる)にできる運動用具が人気があるらしい。

3　清掃(せいそう)ボランティアは手軽(てがる)な服装で参加したほうがいい。

4　緊張のあまり、論文発表は手軽(てがる)に終わった。

問題7　次の文の（　　　）に入れるのに最もよいものを、1・2・3・4から一つ選びなさい。

33　買ってきたおかずを食べた（　　　）食中毒を起こしました。

1　こと　　2　わけ　　3　ところ　　4　はず

34　さすが一流の和食店だ。食器（　　　）高級なものがそろえてある。

1　からこそ　　2　からして　　3　までに　　4　わりに

35　最初、この仕事が好きで選んだわけじゃないから大変だったが、自分で選んだ（　　　）、がんばっていきたいと思う。

1　かのように　　2　とたん　　3　上は　　4　すえに

36　真面目で親切な彼が人殺しの容疑者だなんてとても信じ（　　　）。

1　やすい　　2　がたい　　3　がちだ　　4　気味だ

37　考え（　　　）あげく、最初に決めた企画にすることにした。

1　ぬく　　2　ぬいた　　3　ぬき　　4　ぬいて

38　最近はコンビニ（　　　）カフェも24時間営業するところが増えている。

1　に限って　　2　に限りでは　　3　に限らず　　4　でない限り

39　日本のラーメン博物館ではラーメンの歴史についての詳しい説明（　　　）中国の麺（めん）料理から「日本のラーメン」に変容していく過程もよくわかる。

1　はともかく　　2　はもとより

3　をもとにして　　4　として

40 【おもちゃ屋で】

店員：お客様、何か（　　　）、ご案内いたしますが。

客：あ、7歳の息子に頼まれた新しいおもちゃを探しているんです。

1　お探ししましたら　　　　2　お探しでしたら

3　探してくださいましたら　　　　4　探させていただきました

41 私の会社では、節電のため、廊下(ろうか)の蛍光灯(けいこうとう)が一つ（　　　）外してある。

1　に対し　　2　につき　　3　おきに　　4　ぶりに

42 自分の将来について真剣に考えたことがない。なのに親に無理やり（　　　）ことになって困る。

1　考えさせる　　　　2　考えされる

3　考えさせられる　　　　4　考える

43 試験まであと3日なのにまだ勉強を始めていないのなら、いまさら（　　　）。

1　心配して当然だ　　　　2　心配してもしかたない

3　心配してならない　　　　4　心配してもかまわない

44 A：今日、暑いね。

B：ほんと。36度もあるんだよ。

A：会社の中にいる間はいいんだけどね。（　　　）汗が出るくらいだよ。

1　出てから　　　　2　出た後は

3　出て以来　　　　4　出たとたん

問題8　次の文の＿★＿に入る最もよいものを、1・2・3・4から一つ選びなさい。

（問題例）

あそこで＿＿＿　＿＿＿　＿★＿　＿＿＿は山田（やまだ）さんです。

1　テレビ　　2　見ている　　3　を　　4　人

（解答のしかた）

1.　正しい文はこうです。

あそこで＿＿＿　＿＿＿　＿★＿　＿＿＿は山田（やまだ）さんです。 1 テレビ　3 を　2 見ている　4 人

2.　＿★＿に入る番号を解答用紙にマークします。

（解答用紙）　| （例） | ①❷③④ |

45　彼女は、あたかも自分が＿＿＿　＿＿＿　＿★＿　＿＿＿が、実は全く違います。

1　被害者で　　2　かのように

3　ある　　4　言っています

46　日本人＿＿＿　＿＿＿　＿★＿　＿＿＿すると理解しがたいこともたくさんある。

1　当たり前　　2　のことが

3　にしたら　　4　外国人から

47 新聞やインターネットで「世界大学ランキング」という話題が＿＿＿　＿＿＿　＿★＿　＿＿＿ようだ。

1 優れた研究　　2 目につくが

3 順位付けをしている　　4 に基づいて

48 A「かばんにそんなにアクセサリーつけて重くない？まあ、＿＿＿　＿＿＿　＿★＿　＿＿＿。」

B：これでいいのよ。最近、流行っているから。

1 かわいいけど　　2 そんなにたくさんつけることも

3 かわいいことは　　4 ないんじゃない？

49 今日は寒くなるという予報＿＿＿　＿★＿　＿＿＿　＿＿＿汗をかいた。

1 どころか　　2 暑くて

3 寒い　　4 だったが

問題9 次の文章を読んで、文章全体の内容を考えて、50 から 54 のの中に入る最もよいものを、1・2・3・4から一つ選びなさい。

以下はお金を貯めることについて雑誌に掲載されたコラムである。

お金を貯めるにはどうすればよいか。色々なコツがあるが、その 50 が、財布に入れるレシートやクーポンを必要最小限に留めることだ。

「家計簿(かけいぼ)をつけるから」と財布にレシートを入れている人がいるが、これはNG。レシートを財布に入れっぱなしにしていると、お札がいくら入っているのかが分かりづらく、所持金以上にお金を持っていると脳が錯覚(さっかく)してしまい、使いすぎ 51 おそれがある。

52 、クーポンはもともと、買い物を勧(すす)めるために売り手側が導入したもの。お得だから、便利だから、とたくさん持ち歩いている人は多いが、財布を開くたびになんだか買い物に 53 。欲しいものがあるときにクーポンを使えるとラッキーだが、クーポンがあるから買い物をするのは順序が逆だ。

先日、知り合いが「本当はパスタが食べたかったのに、財布にハンバーガーセットのクーポンがあるのを見つけて、そちらを食べた」と言っていた。そこで、聞いてみると、クーポンを使った料金の方が、食べたかったパスタの料金よりやや高かった。使ったお金だけ見れば、決して得はしていない。

お金を貯めるには、これらのアイテムは必要な時にだけ財布に入れて 54 。

50

1 結果　　2 理由　　3 一つ　　4 すべて

51

1 をつなげる　　2 をつなぐ　　3 につなげる　　4 につながる

52

1 例えば　　2 また　　3 ところで　　4 しかし

53

1 行きたくならない　　2 行きたくならないだろうか

3 行きたくなった　　4 行きたくならないだろう

54

1 持ち歩くと言える　　2 持ち歩くと思われる

3 持ち歩きやすい　　4 持ち歩こう

問題10　次の (1) から (5) の文章を読んで、後の問いに対する答えとして最もよいものを、1・2・3・4から一つ選びなさい。

(1)

食品の期限表示には、賞味期限と消費期限の二種類があるということを、ご存知だろうか。どう違うのかというと、賞味期限は、その日付けまでに食べないと味が落ちるということ。つまり、期限を少々過ぎても食中毒をおこす危険はないらしい。

一方、消費期限は、その期限を過ぎて食べた場合、お腹を壊しても責任は持ちませんよという意味だ。肉や魚、牛乳などのパッケージを見ると良い。

55　賞味期限と消費期限について、正しいことを言っているのはどれか。

1　賞味期限より消費期限の方が短い。

2　賞味期限より消費期限を守った方がおいしく食べられる。

3　賞味期限より消費期限の方が基準がきびしい。

4　賞味期限より消費期限に気を付けなければならない。

(2)

日本には「人情」という言葉がある。この言葉は、欧米(おうべい)的な観点からすれば、あいまいで、ひどく感情的なものと受け取られやすい。主に庶民(しょみん)(注1)の世界で通用してきた、ごく日本人的な感情として、嫌(いや)がられることもある。

しかし、私はこれまでの国際交流の中で、特にヨーロッパやアメリカの先進諸国の芸術家、あるいは優れた文化人たちと接するようなときにも、最後に通じ合えるのは、お互いの人間性によってである、ということを感じさせられてきた。そういう場合の人間性は、人情という言葉と置き換えて(注2)も、そう間違ってはいないのではないかと思っている。

(菅茶山『筆のすさび』による)

(注1) 庶民(しょみん):一般的な人

(注2) 置き換える:交換すること

56 筆者が、そう間違ってはいないのではないかと思っているのはなぜか。

1 どんな交流も、最終的には人間性が関わってくるから

2 どんなに身分の高い人でも、人情を持っているから

3 「人間性」と「人情」は、海外では同じ意味を持つから

4 日本人も外国人も、人間であることは同じだから

(3)

私は読書の出発点において、何に向かって読んでいたのだろうか。たぶん、自分自身を探しに出かけるというモチーフで読みはじめたのだと思う。当時の私は、自分の思い悩んでいることを代弁(だいべん)(注1)してくれていて、しかも、自分に似た仲間のようなものを見つけ出したいという願望でいっぱいだった。すると書物のなかに、あるときは登場人物として、またあるときは書き手として、自分にそっくりの仲間がたくさんいたのである。

(吉本隆明『読書の方法　なにを、どう読むか』による)

(注1) 代弁(だいべん)：本人の代わりに行うこと

57 筆者が読書を始めた理由は何か。

1 本に反映された筆者の悩みが、あらゆる読者と同じだと気付いたから

2 本の中に、自分と同じ悩みをもつ、同じ種類の存在を探したかったから

3 本の中には、自分と同じような人に会いたいと望む人々が登場するから

4 本の中の登場人物とだけ、自分の悩みを共有できるから

(4)

オークションというのは、慣れてくると自分でも物を売ってみたくなる。そして家の中で使わないものを売り終えると、さらにお金になるものはないかと考え始める。時には、思いもよらないものが売れることがある。たとえば映画のチラシなどは、本人はただで手に入れたにもかかわらず、出演俳優のファンなどが高額で買ってくれる。さらに、イラストや英会話など自分の才能を売る人もいる。アイディア次第で、チャンスはいくらでも広がりそうだ。

58 筆者はオークションの可能性についてどのようにとらえているか。

1 高く買った物のほうが、高く売れやすい。

2 ただでもらったものは、絶対に売れない。

3 考え方によって、売れる物の幅は広がる。

4 中古品のほうが、売れる可能性が高い。

(5)

『黄昏(たそがれ)に燃(も)えて』という映画は実にいい作品だと思う。でも、なぜか映画に入り込めない。助演のトム・ウェイツはともかく、主演のジャック・ニコルソンとメリル・ストリープが両腕をいっぱいに広げて入口をふさいでいるみたいで、作品の中に入れないのだ。二人の演技はうまいと思うが、そのうまさばかりが目立って、俳優の存在感だけがやけに印象に残る。ああ、目の前にいるのはニコルソンとストリープという二人の俳優なのだ、という思いが、映画を見ている間、ずっと頭を離れなかった。こういうことは、おそらく、映画にとっては失敗なのではないだろうか。

(青山南『翻訳家という楽天家たち』による)

59 筆者が、失敗なのではないだろうかと思うのはどんな映画か。

1 俳優の存在感が大きすぎて、作品に集中できない映画

2 俳優の動作が大きすぎて、背景がよく見えない映画

3 主人公だけが目立って、他の俳優が目立たない映画

4 有名な俳優を使っているが、演技が下手な映画

問題11 次の (1) から (3) の文章を読んで、後の問いに対する答えとして最もよいものを、1・2・3・4から一つ選びなさい。

(1)

日本人は家について、内と外をはっきりと区別する。それが最も分かりやすく現れているのが、家の中に入るときにはくつを脱ぐという習慣だ。

マンションにイスとテーブルという生活になってからも、まずほとんどの日本人はこの風習を守り続けている。もちろん西欧(注1)社会でも、家に帰れば内履き(注2)にはきかえる場合もよくあるが、それはプライベートな環境で自分がくつろぐためであって、たとえばお客を迎える際はきちんとくつをはくし、客がくつのまま家の中に入っても少しも怪しまない。だが日本では、お客に対してもくつを脱ぐことを当然のように要求するので、不慣れな外国人は多少驚かされる。

また、目に見えない形での内と外の区別もある。共通の理解を持った集団や共同体が日本人にとって「身内」であり「仲間」であって、その外にいる者は「よそ者(注3)」になる。たとえば、日本ではしばしば家のことを「うち」と呼ぶように、家族は「身内」の代表的なものであるが、時と場合によっては、それは地域社会であったり職場の組織であったりする。サラリーマンが「うちの会社」と言うときは、その会社全体を「身内」と考えている。

つまり、「身内」は、それぞれの関係性の中で成立するものであり、そのことが、外国人に日本人の行動のパターンを分かりにくくさせていると言える。関係性は時によって変わるものだからである。

(高階秀爾「西洋の眼　日本の眼」による)

(注1) 西欧：西洋

(注2) 内履き：スリッパなどの、屋内ではくはき物

(注3) よそ者：外部の人

60 不慣れな外国人は多少驚かされるのはなぜか。

1 洋式の生活に変わってからも、家族だけは家の中で必ずくつを脱ぐから

2 家に入っても、内履きにはきかえる習慣がないから

3 客がくつのまま家に入るのを、当たり前のように受け入れるから

4 室内ではくつを脱ぐという自分たちの習慣を、客に対しても要求するから

61 日本人の内と外の区別として、正しい例はどれか。

1 血のつながった部下だけを「うちの部下」と呼ぶ。

2 自分より年下の社員なら「うちの部下」と呼ぶ。

3 会社の部下を、取引先で「うちの部下」と呼ぶ。

4 外国人の前では、会社の部下を「うちの部下」と呼ぶ。

62 上の文章の内容と合っているものはどれか。

1 日本人にとっての身内は家族だけである。

2 日本人にとっての身内は場合によって変わる。

3 日本人にとって外国人はよそ者である。

4 日本人にとっては外国人も仲間である。

(2)

「情け(注1)は人のためならず」ということわざがある。近ごろはその意味を「他人に情けをかけてはならない。その人の自立心を失わせ、その人のためにならない。」と理解する人が少なくないらしい。まるで現代社会を反映しているかのようだ。けれども、その本来の意味は、実はコウモリでも知っている。アメリカの動物行動学者ウイルキンソンは、南米にすむコウモリの行動を研究するうちに、そのことを発見した。

ウイルキンソンはコウモリたちの行動を追ううちに、えさを手に入れたものがそれを分けてやるのは、子ども以外に、過去に自分があぶれた(注2)ときにえさを分けてもらった仲間たちであることを発見した。コウモリたちは互いに仲間を識別するだけでなく、過去の行為を記憶していて、きちんと「義理」を返す(注3)のだ。人間の社会はコウモリの社会より複雑だから、「情けを人にかけておけば、結局いつか他の誰かから返ってくる」ことになる。これが、「情けは人のためならず」の本来の意味である。

コウモリに限らず、群れをつくって暮らす動物の中には、こういった、お互いに助け合うような行動がよく見られる。このような他者のための行動は、群れを作り維持するのに必要だ。そして、群れを形成することによって、彼らは敵から身を守ったり、えさを探したりと大きなメリットを得ている。

(柳澤嘉一郎の文章による)

(注1) 情け：他人を思いやる心
(注2) あぶれる：ここではえさがない状態
(注3) 義理を返す：恩を返す

63 そのこととは何か。

1 「情けは人のためならず」ということわざの本来の意味を知っている人が少ないこと

2 「情けは人のためならず」ということわざの本来の意味を、コウモリが知っていること

3 「情けは人のためならず」ということわざの意味が、間違って広まっていること

4 「情けは人のためならず」とはコウモリの研究から生まれたことわざであること

64 人間とコウモリに共通していることは何か。

1 互いに助け合うことが、自分たちの社会の中で様々な効果を生んでいる。

2 敵と仲間を区別せず、困っている相手がいれば助けてやる。

3 成長して群れを外れた子どもは、二度と群れに戻ってこない。

4 自分の子どもより先に、昔、自分が助けてもらった相手に義理を返す。

65 この文によると「情けは人のためならず」ということわざの意味は何か。

1 困っている人を助けてあげることは、その人のためになる。

2 人に助けてもらっても、結局は自分のためにならない。

3 人が困っているとき助けてあげると、いつかは自分も助けてもらえる。

4 人を助けてあげることは、その人を困らせることにつながる。

(3)

戦後、共通語の拡大(かくだい)によって、方言はどんどん使われなくなった。現代の方言は、共通語とは違った役割を果たしている。共通語が公的な場面で使われるとすれば、方言は私的で日常的な場面で使われると言えるだろう。

さらに考えてみると、方言を使う相手は、仲間同士の関係、あるいはそうなることを望んでいる関係であることに気がつく。方言は、言ってみれば、「内」の世界の言葉であり、「外」の世界との交渉(こうしょう)(注1)に用いる共通語とは役割が異なることが分かる。方言を使うことで、互いが同じ地域社会に属(ぞく)する仲間同士であることを確認できる。話し手が属する特定の集団を他から区別することで、仲間意識をもつことができるのだ。①<u>この点</u>で、現代の方言は一種の集団語としての性格を備えている。

生き残る方言に共通するのは、どれも相手の感情に訴える性質をもっているという点だ。方言を使うことで、「私はあなたと本音で親しく話したい」「形にこだわらず、気楽に話しましょう」という意思表示ができる。共通語が相手との間に壁をつくるのに比べ、方言はお互いの心の距離を短くする役目を果たすのである。

こうしてみると、現代の方言は、会話の雰囲気づくりのために、共通語のあいだにある要素にすぎない。そのような方言を、私は、②<u>アクセサリーとしての方言</u>と呼ぶ。あえて付ける必要のないものを付けることには、積極的な意味がある。それは方言が、親しい仲間同士の会話を楽しむ潤滑油(じゅんかつゆ)(注2)として、その価値を認められているからにほかならない。

(小林隆『現代方言の正体』による)

(注1) 交渉(こうしょう)：やり取り
(注2) 潤滑油(じゅんかつゆ)：ここでは、物事の運びを助けるもの

66 ①この点とは何か。

1 特定の集団の中では方言だけを使うという点

2 自分たちの集団と他の集団を分けるという点

3 方言を使えば仲間として認めるという点

4 公的な場面で進んで方言を使うという点

67 ②アクセサリーとしての方言の例として適当なものはどれか。

1 親しくなりたい人には、その人の出身地の方言で話す。

2 話を面白くするために、様々な地域の方言を使う。

3 新しい友人が同じ大阪の出身であることが分かり、大阪の方言を混ぜて話す。

4 互いに東京で生まれ育った夫婦でも、会話にときどき大阪の方言を混ぜる。

68 この文で、筆者の意見と合っているものはどれか。

1 現代の方言は、内容を伝えるより、コミュニケーションをスムーズにするために使われる。

2 方言には、相手がどんな立場の人でも、その心を開かせる効果がある。

3 戦後、方言は、共通語が広まるにつれてますます発達した。

4 共通語の間に方言を混ぜて話すと、相手の感情を傷つけることがある。

問題12 **次のAとBの文章を読んで、後の問いに対する答えとして最も良いものを、1・2・3・4から一つ選びなさい。**

A

子供を育てるときは、悪いところをしかるのではなく、よいところをほめるほうがいいと思います。こどもは素直(すなお)ですから、ほめられたことをそのまま受け入れ、行動や態度に自信を持つことができます。そしてそれが成長につながっていくのです。ただし、ほめるときにも注意が必要です。「いい成績をとって、偉いね。」と結果だけをほめるのは好(この)ましくありません。そうではなく、「毎日漢字の練習をしてがんばったから、いい成績がとれたんだね。すごいね。」とか「今日の試合は負けてしまったけど、いいプレーをしていたね。練習の成果が見られたよ。」というように、それまでの取り組みをほめるようにすると、子供のやる気を引き出すことができます。

B

よく「子供はほめて育てよう」と言われるが、実行するのはなかなか難しい。特別なことができたらほめようと思っていると、そうしてもほめる機会が少なくなってしまう。それに、大人にとってはできるのが当たり前だということでも、成長過程にある子供にとってはそうではないこともおおい。だから、子供が普段からしていることでも、よいと思ったことや長所はどんどんほめるようにしたほうがいい。誰でもほめられるとうれしいし、ほめられたことは続けていこうと思うものだ。親として伸ばしてあげたいと思うことは、どんな小さいことでも積極的にほめることが大切だ。

69 子どものほめ方について、AとBはどのように述べているか。

1 AもBも、結果がよければ積極的にほめたほうがいいと述べている。

2 AもBも、当たり前のことではなく特別なことができたらほめたほうがいいと述べている。

3 Aはどんな場合でもほめたほうがいいと述べ、Bはよいと思ったことは積極的にほめたほうがいいと述べている。

4 Aは結果だけではなく努力もほめたほうがいいと述べ、Bは普段からしていることでもほめたほうがいいと述べている。

70 AとBは、ほめることで子どもはどのようになると述べているか。

1 AもBも、親の愛情を感じるようになると述べている。

2 AもBも、努力の大切さを理解できるようになると述べている。

3 Aは自信を持つようになると述べ、Bはほめられたことを続けようとすると述べている。

4 Aはすなおに親の言うことを受け入れるようになると述べ、Bは積極的に物事に取り組むようになると述べている。

問題13 次の文章を読んで、後の問いに対する答えとして最もよいものを、1・2・3・4から一つ選びなさい。

若い人の中に、①あいさつをしない人、あるいはあいさつの仕方を知らない人が多くなったように思う。形式的なものや伝統的なものに価値を置かず、自由にやりたいという立場もあるだろうが、人とのつきあい方、心の通い方という面で、基本的に重要な問題を見すごしているのではないかという気がしてならない。

世界中にはいろんな民族がおり、多様な習慣があるが、あいさつを持たない民族はない。あいさつは、人の結びつきを強め、攻撃性(こうげきせい)を抑えるのに②大きな役割を果たしている。あいさつをしない人々は、人類の文化の歴史において新種と言える。あいさつは、知人や友人、あるいは親しみを持とうとする人同士の間で交わされる。人々は群衆(ぐんしゅう)(注1)の中ではあいさつを交わさないし、する必要もない。あいさつを忘れた若者は、常に自分を群衆の中の一人として位置付けているのだろうか。

あいさつは、人類だけでなく、高等な動物にも見られる。チンパンジーは、握手、おじぎ(注2)、肩をたたく、キスなど、人間が行う基本的なあいさつのほとんどを持っている。チンパンジーになぜあいさつが発達したのか。その理由は、特殊な社会構造にあると考えられる。チンパンジーは、他のサルの群れとは違い、集団の中で行動の自由の幅が大きい。若いサルなら一週間ほど旅をして帰ってくることもある。そんな時、あいさつが交わされる。それによって、以前の関係をとり戻すのである。

動物は、本能(ほんのう)として攻撃性をもっていることが明らかになっている。動物が空間的、あるいは時間的に離れた状態にあると、次に出会ったとき、攻撃本能を抑えるための何かが必要である。あいさつは、その機能を果たすための行動なのだ。人間でも、親しい者の間でさえ、長い間離れていると、その関係を再生するために、ちょっとしたあいさつが必要である。

あいさつというのは、このように、個と個の関係をつなぐ重要なコミュニケーションとして機能していることが分かる。このような機能は、子どもの頃にマナーとしてしっかり身に付ける必要があることは言うまでもない。そして、人間を結びつけるきずな(注3)は、豊かな心の中でのみ育っていくということを忘れてはならない。

(河合雅雄『サルの目　ヒトの目』による)

（注1）群衆（ぐんしゅう）：集まった人々

（注2）おじぎ：頭を下げて礼をすること

（注3）きずな：固いつながり

71 ①あいさつをしない人、あるいはあいさつの仕方を知らない人が多くなったように思う理由は何か。

1 昔とは違う価値観を持ち、自己を個人としてとらえていないから

2 古い価値にしばられないことが、新しい人類だと考えるから

3 親しい人同士の間では、あいさつの必要性を感じないから

4 知っている人同士では、自己と他人の区別をしないから

72 ②大きな役割とは何か。

1 あいさつは知っている人と知らない人を区別する。

2 あいさつはたくさんの人の中で、親しい人に気付いてもらえる。

3 あいさつは人と人のつながりを深くし、攻撃性をなくす。

4 あいさつは特定の人と親しくなりたいときのきっかけとなる。

73 あいさつについて、筆者の意見と一致するのは次のどれか。

1 あいさつは人間のみが行う親しみの表現だ。

2 あいさつは相手の攻撃を避けるために発達した。

3 あいさつは大人になってからでも学ぶことができる。

4 あいさつは社会生活をする上で重要なコミュニケーションだ。

問題14 右のページは愛犬撮影会の参加案内である。下の問いの対する答えとして最もよいものを1・2・3・4から一つ選びなさい。

74 Aさんはカメラマンの吉田(よしだ)さんに愛犬の撮影をお願いしたい。また、写真を30枚注文する予定だが、ミニ写真集をもらうことは可能か。

1 吉田さんだけに撮影を頼むことができるが、ミニ写真集はもらえない。

2 吉田さんだけに撮影を頼むことができ、ミニ写真集は別途注文できる。

3 吉田さんだけに撮影を頼むことは不可能で、ミニ写真集ももらえない。

4 吉田さんだけに撮影を頼むことは不可能だが、ミニ写真集はプレゼントでもらえる。

75 写真はどのように購入することができるか。

1 撮影後に撮影料を支払い、後日ホームページ上でデータを購入する。

2 撮影後にホームページ上で、データを無料ダウンロードする。

3 撮影から数日後に、ホームページ上で欲しい写真のデータを購入する。

4 撮影から数日後にホームページ上で注文し、プリントされた写真を送ってもらう。

3000株(かぶ)のバラと一緒に愛犬撮影会

【撮影方法】

・撮影はＤＭＬ所属のドッグフォトグラファーの吉田(よしだ)と斉藤(さいとう)が担当します。

・カメラマンをご指定することはできません。

【購入方法】

・撮影終了後、ＤＭＬフォトストアにてダウンロード販売

・撮影会当日に画像をご覧いただくことはできません。撮影終了後、販売開始まで3～5日ほどかかります。

・データ販売のみとなり、プリントのお渡しはございません。

【料金】

撮影料は無料です。撮影したお写真は後日ホームページでご覧いただき、その中からお好きな写真をお好きなだけお選びいただけます。

・2000円/データ1枚

【特典】

・10枚以上のご購入で写真代が半額

・20枚以上のご購入で中型木製(もくせい)パネルをプレゼント

・30枚以上のご購入で中型・大型木製(もくせい)パネルをプレゼント

・40枚以上のご購入で中型・大型木製(もくせい)パネルとミニ写真集をプレゼント

Listening

問題用紙

N2

聴解

(50分)

注　意

Notes

1. 試験が始まるまで、この問題用紙を開けないでください。
Do not open this question booklet until the test begins.

2. この問題用紙を持って帰ることはできません。
Do not take this question booklet with you after the test.

3. 受験番号と名前を下の欄(らん)に、受験票と同じように書いてください。
Write your examinee registration number and name clearly in each box below as written on your test voucher.

4. この問題用紙は、全部で13ページあります。
This question booklet has 13 pages.

5. この問題用紙にメモをとってもかまいません。
You may make notes in this question booklet.

受験番号 Examinee Registration Number	
名　前 Name	

問題1

問題1では、まず質問を聞いてください。それから話を聞いて、問題用紙の1から4の中から、最もよいものを一つ選んでください。

例

1　先生にメールで聞く

2　友達にメールで聞く

3　研究室の前のけいじを見る

4　りょうの前のけいじを見る

모의고사 1회

고사장 버전

1.2배속

1番(ばん)

1 訪問先への訪問時間を変更(へんこう)する

2 帰りの飛行機の時間を変更(へんこう)する

3 出張のスケジュール内容を変更(へんこう)する

4 出張中の宿泊場所を変更(へんこう)する

2番(ばん)

1 身分証(みぶんしょう)と350円

2 申込書(もうしこみしょ)と350円

3 申込書(もうしこみしょ)と身分証(みぶんしょう)のコピー

4 申込書(もうしこみしょ)と身分証(みぶんしょう)のコピーと350円

3番(ばん)

1　店に行き、名前を書いて順番を待つ

2　ほかの店を探して連絡する

3　ピザの店に客が多いかどうか確認し、連絡をする

4　ピザの店の中に入って、友達が来るのを待つ

4番(ばん)

1　会議場所と時間の変更についてメールを送る

2　先生に変更があったことを伝える

3　定例(ていれい)ミーティングができる教室を探す

4　部活動(ぶかつどう)紹介の時間変更について、連絡をする

5番

1　銀行に行って、未払いの代金を送金する

2　担当者に新規の口座番号を教える

3　インターネットで料金を支払う

4　支払い先変更の書類に記入する

もんだい
問題2

問題2では、まず質問を聞いてください。そのあと、問題用紙のせんたくしを読んでください。読む時間があります。それから話を聞いて、問題用紙の1から4の中から、最も良いものを一つ選んでください。

れい
例

1 友達とけんかしたから

2 かみがたが気に入らないから

3 試験があるから

4 頭が痛いから

1番

1 いろいろな国から来た人がいるから

2 初めて会う人とすごすのが苦手だから

3 友だちと一緒に使う部屋は無理だから

4 高いホテルが好きだから

2番

1 自分の考えが不足していること

2 アンケートを実施した方がいいということ

3 信頼性のあるデータが必要だということ

4 データの結果をよく分析していないこと

3番

1　お腹が痛い

2　熱がある

3　さむけがする

4　せきがする

4番

1　以前に比べ、使用料金が高いから

2　スマホよりパソコンの方が便利だから

3　ケータイ中毒になる人が多いから

4　多くの機能をきちんと使いこなせないから

5番

1 作品のストーリーがよかった

2 予想できないような結末がよかった

3 ベテラン俳優の歌や演技がよかった

4 新人を出演させたので、新鮮だったこと

6番

1 子供の頃から本が好きだったから

2 周りがいい評価をしてくれたから

3 つまに書くことをすすめられたから

4 仕事が楽しくなかったから

問題3

問題3では、問題用紙に何もいんさつされていません。この問題は、全体としてどんな内容かを聞く問題です。話の前に質問はありません。まず話を聞いてください。それから、質問とせんたくしを聞いて、1から4の中から、最もよいものを一つ選んでください。

— メモ —

もんだい
問題4

問題4では、問題用紙に何もいんさつされていません。まず文を聞いてください。それから、それに対する返事を聞いて、1から3の中から、最もよいものを一つ選んでください。

— メモ —

問題5

問題5では、長めの話を聞きます。この問題には練習はありません。

問題用紙にメモをとってもかまいません。

1番、2番

問題用紙に何もいんさつされていません。まず話を聞いてください。それから、質問とせんたくしを聞いて、1から4の中から、最もよいものを一つ選んでください。

— メモ —

3番

まず話を聞いてください。それから、二つの質問を聞いて、それぞれ問題用紙の1から4の中から、最もよいものを一つ選んでください。

質問1

1　1番

2　2番

3　3番

4　4番

質問2

1　1番

2　2番

3　3番

4　4番

실전 모의고사 2회

	유형	시험 시간
1교시	**언어지식** (문자・어휘・문법)	105분
	독해	
2교시	**청해**	50분

日本語能力試験 解答用紙 실전 모의고사 2회

N2 言語知識（文字・語彙・文法）・読解

受験番号 Examinee Registration Number		名前 Name	

〈ちゅうい Notes〉
1. くろいえんぴつ（HB、No.2）でかいてください。
Use a black medium soft (HB or No.2) pencil.
（ペンやボールペンではかかないでください。）
(Do not use any kind of pen.)
2. かきなおすときは、けしゴムできれいにけしてください。
Erase any unintended marks completely.
3. きたなくしたり、おったりしないでください。
Do not soil or bend this sheet.
4. マークれい Marking Examples

よいれい Correct Example	わるいれい Incorrect Examples
●	⊗ ◯ ◎ ⓪ ⊖ ◐ ◍

問題 1				
1	①	②	③	④
2	①	②	③	④
3	①	②	③	④
4	①	②	③	④
5	①	②	③	④
問題 2				
6	①	②	③	④
7	①	②	③	④
8	①	②	③	④
9	①	②	③	④
10	①	②	③	④
問題 3				
11	①	②	③	④
12	①	②	③	④
13	①	②	③	④
14	①	②	③	④
15	①	②	③	④
問題 4				
16	①	②	③	④
17	①	②	③	④
18	①	②	③	④
19	①	②	③	④
20	①	②	③	④
21	①	②	③	④
22	①	②	③	④

問題 5				
23	①	②	③	④
24	①	②	③	④
25	①	②	③	④
26	①	②	③	④
27	①	②	③	④
問題 6				
28	①	②	③	④
29	①	②	③	④
30	①	②	③	④
31	①	②	③	④
32	①	②	③	④
問題 7				
33	①	②	③	④
34	①	②	③	④
35	①	②	③	④
36	①	②	③	④
37	①	②	③	④
38	①	②	③	④
39	①	②	③	④
40	①	②	③	④
41	①	②	③	④
42	①	②	③	④
43	①	②	③	④
44	①	②	③	④

問題 8				
45	①	②	③	④
46	①	②	③	④
47	①	②	③	④
48	①	②	③	④
49	①	②	③	④
問題 9				
50	①	②	③	④
51	①	②	③	④
52	①	②	③	④
53	①	②	③	④
54	①	②	③	④
問題 10				
55	①	②	③	④
56	①	②	③	④
57	①	②	③	④
58	①	②	③	④
59	①	②	③	④

問題 11				
60	①	②	③	④
61	①	②	③	④
62	①	②	③	④
63	①	②	③	④
64	①	②	③	④
65	①	②	③	④
66	①	②	③	④
67	①	②	③	④
68	①	②	③	④
問題 12				
69	①	②	③	④
70	①	②	③	④
問題 13				
71	①	②	③	④
72	①	②	③	④
73	①	②	③	④
問題 14				
74	①	②	③	④
75	①	②	③	④

日本語能力試験 解答用紙 실전 모의고사 2회

N2 聴解

受験番号 Examinee Registration Number	

名前 Name	

〈ちゅうい Notes〉

1. くろいえんぴつ（HB、No.2）でかいてください。
Use a black medium soft (HB or No.2) pencil.
（ペンやボールペンではかかないでください。）
(Do not use any kind of pen.)
2. かきなおすときは、けしゴムできれいにけしてください。
Erase any unintended marks completely.
3. きたなくしたり、おったりしないでください。
Do not soil or bend this sheet.
4. マークれい Marking Examples

よいれい Correct Example	わるいれい Incorrect Examples
●	⊗ ○ ◎ ⦶ ⊜ ◐ ●

問題 1				
例	①	②	●	④
1	①	②	③	④
2	①	②	③	④
3	①	②	③	④
4	①	②	③	④
5	①	②	③	④

問題 2				
例	①	●	③	④
1	①	②	③	④
2	①	②	③	④
3	①	②	③	④
4	①	②	③	④
5	①	②	③	④
6	①	②	③	④

問題 3				
例	①	②	③	●
1	①	②	③	④
2	①	②	③	④
3	①	②	③	④
4	①	②	③	④
5	①	②	③	④

問題 4			
例	●	②	③
1	①	②	③
2	①	②	③
3	①	②	③
4	①	②	③
5	①	②	③
6	①	②	③
7	①	②	③
8	①	②	③
9	①	②	③
10	①	②	③
11	①	②	③
12	①	②	③

問題 5					
1		①	②	③	④
2		①	②	③	④
3	(1)	①	②	③	④
	(2)	①	②	③	④

Language Knowledge (Vocabulary/Grammar) •Reading　**問題用紙**

N2

言語知識（文字・語彙・文法）・読解

（105分）

注　意
Notes

1. 試験が始まるまで、この問題用紙を開けないでください。
   Do not open this question booklet until the test begins.
2. この問題用紙を持って帰ることはできません。
   Do not take this question booklet with you after the test.
3. 受験番号と名前を下の欄（らん）に、受験票と同じように書いてください。
   Write your examinee registration number and name clearly in each box below as written on your test voucher.
4. この問題用紙は、全部で33ページあります。
   This question booklet has 33 pages.
5. 問題には解答番号の 1 、2 、3 … が付いています。解答は、解答用紙にある同じ番号のところにマークしてください。
   One of the row numbers 1, 2, 3 … is given for each question. Mark your answer in the same row of the answer sheet.

受験番号 Examinee Registration Number	
名　前 Name	

問題1 ＿＿＿の言葉の読み方として最もよいものを、1・2・3・4から一つ選びなさい。

1 お年寄りはいつも敬うべきだ。

1 かなう　2 やしなう　3 うやまう　4 さからう

2 子供の教育問題が夫婦げんかの種になった。

1 しゅ　2 たね　3 たば　4 すな

3 だれでも法のもとに平等であるべきだ。

1 へいとう　2 びょうどう　3 へいどう　4 びょうとう

4 バスの中ではつり革(かわ)をしっかり握ってください。

1 こすって　2 ほって　3 にぎって　4 さぼって

5 彼は険しい顔をして、会議室に入った。

1 あやしい　2 はずかしい　3 まぶしい　4 けわしい

問題2 ＿＿＿の言葉を漢字で書くとき、最もよいものを1・2・3・4から一つ選びなさい。

6 今月の雑誌に新しい映画のひひょうが掲載された。

1 批評　2 比評　3 批平　4 比平

7 文章はかんけつに書いてください。

1 簡潔　2 完潔　3 簡決　4 完決

8 強火で焼いたら魚がこげてしまった。

1 煙げて　2 焼げて　3 熱げて　4 焦げて

9 機内でお酒を飲んであばれることは犯罪になる。

1 暮れる　2 爆れる　3 暴れる　4 募れる

10 空気が入らないようにきちんとみっぺいしてください。

1 密閉　2 密開　3 必閉　4 必開

問題3 (　　)に入れるのに最もよいものを、1・2・3・4から一つ選びなさい。

11 50年前に建てられたマンションの(　　)開発が始まった。

1 改　　2 再　　3 重　　4 副

12 時代の流れとともに若者の結婚(　　)も違ってくる。

1 考　　2 感　　3 観　　4 念

13 今年、公務員試験の合格を目指しているので、勉強(　　)の毎日だ。

1 漬け　　2 浸し　　3 満ち　　4 かけ

14 もう春になるのに、今日の寒さはまるで(　　)冬に戻ったかのようで暖房をつけた家も多かったらしい。

1 重　　2 苦　　3 真　　4 当

15 妹：ここに置いてあったケーキ、姉さんが食べちゃったでしょう。

姉：私は知らないんだから、犯人(　　)しないでよ。

1 沿い　　2 済み　　3 付き　　4 扱い

問題4 （　　　）に入れるのに最もよいものを、1・2・3・4から一つ選びなさい。

16 ローンを組んで家を購入したので、毎月借りたお金を（　　　）しなければならない。

1 返品　2 返信　3 返却　4 返済

17 本棚に本が（　　　）と並べてあって、取りにくかった。

1 ぐっすり　2 はっきり　3 さっぱり　4 ぎっしり

18 洗濯機の故障で何回ボタンを押しても（　　　）になってしまう。

1 アウト　2 ダウン　3 エラー　4 セット

19 大手企業が収益(しゅうえき)の一部を貧しい国へ（　　　）する動きが最近盛んになっている。

1 選出(せんしゅつ)　2 提供(ていきょう)　3 寄付(きふ)　4 返金(へんきん)

20 いろいろな状況からいって殺人の疑いが（　　　）。

1 薄暗い(うすぐら)　2 濃厚だ(のうこう)　3 深刻だ(しんこく)　4 正確だ(せいかく)

21 （　　　）坂だったので、自転車でも無理ではなかった。

1 おだやかな　2 ずうずうしい

3 わかわかしい　4 なだらかな

22 長さも内容もいいですが、もう少し考察を（　　　）方がいいと先生に言われた。

1 付け加えた　2 割り込んだ

3 持ち込んだ　4 思いついた

問題5 ＿＿＿の言葉に意味が最も近いものを、1・2・3・4から一つ選びなさい。

23 働きすぎで疲れ気味なので、少し息抜きしたほうがいいと思った。

1 休んだ　2 やめた　3 働いた　4 急いだ

24 田中(たなか)先輩は学校の行事についていちいち口を出す。

1 最初から　2 基礎から　3 細かく　4 おのおの

25 火の用心に対する認識が浅い人が意外と多い。

1 不十分な　2 かなりある

3 考えられない　4 全然ない

26 今度のプロジェクトは君に任せるから、せいぜい頑張ってほしい。

1 めいめい　2 ほどほど　3 精いっぱい　4 じっくり

27 その発言がうそだという明確な証拠があります。

1 あきらかな　2 新しい　3 別の　4 本当の

問題6 次の言葉の使い方として最もよいものを、1・2・3・4から一つ選びなさい。

28 大げさ

1 頑張った結果、実力が大げさに伸びて、監督にほめられた。

2 小さなことも大げさに言う田中(たなか)さんの話は信頼できない。

3 ニュースによると、例年より大げさに物価が上がるらしい。

4 友だちにあげるクッキーを作りすぎて、大げさに余ってしまった。

29 きつい

1 このアルバイトは思ったよりきつい。

2 よく聞こえないのできつく言ってください。

3 ハイヒールが高くて歩ききつい。

4 いいアイデアがあったらきつく言ってください。

30 反省

1 幼いとき、親に逆らって反省したのを今も後悔している。

2 自分の過ちを認めて反省するどころか、怒っている。

3 賛成する人が過半数を超え、反省する人は半分以下だ。

4 新入社員にコピー機の使い方を教えられるよう、もう一度反省しておこう。

31 取り組む

1 工事が長引くと住民に迷惑になるので、早く取り組むことにした。

2 マスコミに取り組まれている事件に国民の注目が集まった。

3 イタリアは難民を取り組むことができないと言い、港を閉鎖(へいさ)した。

4 取り組み、至急ご連絡お願いします。

32 具合

1 景気の具合がよくないと国民は不安になる。

2 頭の具合がよくないといいアイデアが浮かばない。

3 洗濯機の具合がよくないせいか変な音がする。

4 今週の週末の具合はどうですか。

問題7　次の文の（　　　）に入れるのに最もよいものを、1・2・3・4から一つ選びなさい。

33　留学3年目のスジさんは漢字（　　　）ひらがなも書けない。

1　ばかりに　　2　どころか　　3　こそ　　4　ほど

34　さっき教えた（　　　）、すぐ忘れてまた同じ質問をする。

1　あとというのに　　2　ばかりというのに
3　あとのことだが　　4　ばかりのことだが

35　世界的に有名な歌手「セイ」は2曲目もヒットした。次の曲への期待も高まる（　　）。

1　一方だ　　2　ことだ　　3　ものか　　4　ことか

36　彼は親の反対（　　　）、私立大学に志望した。

1　をめぐって　　2　にもかかわらず
3　のもとに　　4　に一方で

37　（留学説明会で）

留学のためにはその国の言葉を覚えることが大切です。行きたいと思っても、言葉が（　　　）何も進みません。まずは外国語の勉強から始めましょう。

1　通じないことには　　2　通じてもかまわない
3　通じるといい　　4　通じるのではなく

38　新幹線（しんかんせん）の開通（　　　）通勤がだいぶ楽になった人もいるそうだ。

1　において　　2　にこたえて　　3　にあたって　　4　にともなって

39 法のもとではだれでも平等でなければならない。学歴や職業で人を(　　　)。

1　判断すべきだ　　2　判断しかねる

3　判断すべきではない　　4　判断しかねない

40 (試合後、監督が選手たちに)

監督「今日、みんながいい試合を見せてくれた。この調子で来週の決勝戦も頑張ろう。うちのチームが勝って世間を(　　　)じゃないか。」

1　驚いてもらおう　　2　驚こう

3　驚かせてやろう　　4　驚かせてもらおう

41 むすこ「お父さん、パソコンちょっと使っていい？」

母「いいけど、使い終わったら電源は必ず(　　　)。電気の節約のためにね。」

むすこ「わかった。」

1　消さなきゃならなくて　　2　消したつもりでいて

3　消しといて　　4　消さないで

42 しめきりに間に合わなくて、一時は(　　　)かけたが、何とか提出できてよかった。

1　あきらめて　　2　あきらめた　　3　あきらめる　　4　あきらめ

43 節電のため、室内温度は20度以下に設定する(　　　)、使用していない電源は切るようにしてください。

1　とともに　　2　にかけては　　3　つつも　　4　一方で

44 この農園は、春はイチゴ、夏はスイカ、秋はりんご、冬はみかん(　　　)、1年中おいしい果物を味わうことができます。

1　のことかと　　2　かのように　　3　ということと　　4　というように

問題8 次の文の ＿★＿ に入る最もよいものを、1・2・3・4から一つ選びなさい。

（問題例）

あそこで＿＿＿ ＿＿＿ ＿★＿ ＿＿＿は山田（やまだ）さんです。

1 テレビ　　2 見ている　　3 を　　4 人

（解答のしかた）

1. 正しい文はこうです。

あそこで＿＿＿ ＿＿＿ ＿★＿ ＿＿＿は山田（やまだ）さんです。 1 テレビ　3 を　2 見ている　4 人

2. ＿★＿ に入る番号を解答用紙にマークします。

（解答用紙）

（例）	①❷③④

---

45 暖かい季節になると、＿＿＿ ＿＿＿ ＿★＿ ＿＿＿お弁当用品が並びます。

1 などでも　　2 スーパーマーケット

3 春の行楽シーズンを意識して　　4 たくさんの

46 （広告で）

今、売れている人気の商品をご紹介します。「女優ぼうし」というたった＿＿＿ ＿＿＿ ＿★＿ ＿＿＿持ち歩きに便利なところです。

1 ぼうしで　　2 一番の特徴は

3 1000円で買える　　4 折りたたみで

47 先輩に＿＿＿ ＿＿＿ ＿★＿ ＿＿＿意外と楽しくて、自分に向いているんだなあと思った。

1 頼まれて　　2 引き受けた仕事だったが

3 無理やり　　4 実際やってみたら

48 日本に来てもう一年半。日常生活では何の＿＿＿ ＿＿＿ ＿★＿ ＿＿＿、お医者さんが言う専門用語を聞き取るのはまだ難しい。

1 説明したり　　2 問題もなく、コミュニケーションが

3 とれていたけど　　4 病院で自分の症状を

49 高校生同士はデートでは＿＿＿ ＿★＿ ＿＿＿ ＿＿＿固定観念はないみたいだ。

1 ある方が出す　　2 割り勘(わりかん)かお金が

3 のが普通で　　4 「男だから多く払う」という

問題9 次の文章を読んで、文章全体の内容を考えて、50から54のの中に入る最もよいものを、1・2・3・4から一つ選びなさい。

以下は、外国人が日本で家を借りることについて書いた作文である。

日本での家探し

日本の家主(やぬし)(注)は外国人に家を貸すことについて否定的である。また、不動産屋も外国人を[50]。筆者もその経験者の一人で、ペットを飼ってはいけないこと、友だちを呼んでパーティーをしないこと、部屋をきれいに使うこと、家賃を払わず自分の国へ逃(に)げたりしないこと、[51]、タバコでたたみを焦(こ)がさないことなどのいろいろな厳しい条件付きで部屋を借りることができた。こういったことを約束して不動産屋と家主に貸してもらえるように説得するのがいかに難しいかよく分かる。

東京当局の調査によると、「日本人ではないために家を貸すことを[52]ことについてどう考えるか」という質問に対し、家主には誰に部屋を貸すかを決める権利があるという意見は、住民の40%を占めている。30%は外国人を拒否することによって「不要な迷惑」が避けられるというものだ。やはり日本人にとって外国人に家を貸すことはなるべく避けたいことらしい。

[53]、部屋や家を借りるときは日本語を磨き、ちゃんとした格好をした上で、それから、不動産屋に渡す学生証や名刺(めいし)などしっかりと身分確認ができるものを用意しておくといい。信頼できるような何かを用意していくと不動産屋さんとの話が[54]。

(注) 家主(やぬし)：家の持(も)ち主(ぬし)/大家(おおや)

50

1 敬遠(けいえん)しかねない
2 敬遠(けいえん)しがたい
3 敬遠(けいえん)しがちだ
4 敬遠(けいえん)しようがない

51

1 また
2 それで
3 例えば
4 すなわち

52

1 拒否させる
2 拒否する
3 拒否させられる
4 拒否される

53

1 それだけで
2 というわけで
3 そんなに
4 とはいえ

54

1 うまくいってもいい
2 うまくいかないと思う
3 うまくいくかもしれない
4 うまくいかないはずだ

問題10 次の (1) から (5) の文章を読んで、後の問いに対する答えとして最もよいものを、1・2・3・4から一つ選びなさい。

(1)

現代はグローバル化の時代を迎え、様々な境界がなくなり、特に先進国では、各人の日常生活全体に違いがなくなってきている。なるほど、現代は個性の時代と言われている。しかし、この個性的な生き方ということ自体が、現代では、すでに企画され、画一(かくいつ)(注)化されたものになっており、個性的であることは難しい。現代では、ビジネス、消費活動、レジャー、日常生活、そのすべてが互いに特色のないものになっているのである。

（小林道憲「不安な時代、そして文明の衰退」による）

（注）画一(かくいつ)：何もかもそろえること

55 筆者は、現代をどのような時代ととらえているか。

1 壁のない平等な時代

2 個々の違いがない時代

3 個性より豊かさが目立つ時代

4 日常生活が大切な時代

(2)

校庭の隅(すみ)にあるりんごの木に、今年も実がなりました。文化祭にお越しの際には、ぜひお持ち帰りください。

このりんごは直径(ちょっけい)5センチほどで、これ以上大きくなりません。くっきりとした赤色で、表面に光沢(こうたく)があり、見た目もとてもかわいらしいりんごです。食べてみると、甘味が強く、ほどよい酸味(さんみ)もあり、すっきりとしています。欠点は、小さすぎて皮をむくのが大変なことです。そのまま皮ごとお召し上がりください。

56 このりんごの宣伝文句として適当なものはどれか。

1 おいしいのは、大きくならないりんごです。

2 学校が心をこめて育てた、大きなりんごです。

3 皮をむく必要なし、環境にやさしいりんごです。

4 むかずに食べられる、赤ちゃんりんごです。

(3)

貴社におきましてはますますご清栄のこととお慶び申し上げます。(注) 平素よりたいへんお世話になっております。

さて、この度弊社では7月から8月にかけて、新製品の展示会を開催させていただくことになりました。つきましては、ご多忙中に恐縮ではございますが、ぜひともご来場いただきたくお願い申し上げます。

なお、本件に関するお問い合わせは営業部の安田までお願いいたします。

（注）ますますご清栄のこととお慶び申し上げます。：相手の健康や発展を祝うあいさつ

57 このメールの件名として最も適当なものはどれか。

1 新製品のご案内

2 新製品のご説明

3 展示会の取り消し

4 展示会のお知らせ

(4)

松尾芭蕉や小林一茶の句を、心の中で、自分の声で読んでみる。どちらも、ごく一瞬のあいだに通り過ぎていってしまう感覚をうまくとらえていて、楽しいような、さびしいような、嬉しいような、切ないような感じになる。決して「喜怒哀楽」だけでは表現できない複雑な「感じ」が、自分の中に生まれる。私自身は、日常の中で俳句(注)をつくるわけではない。しかし俳句は、読者や時代を選ばず、作者が感じたことを読者にそのまま伝えてくれる。

(茂木健一郎・黛まどか「俳句脳―発送、ひらめき、美意識」による)

(注) 俳句:5・7・5の17音からなる日本の定型詩

58 筆者は俳句を読むとどのような感じを受けると言っているか。

1 一瞬で通り過ぎてしまう感じ

2 自分が作ったような感じ

3 一つの感情では言い表せない感じ

4 「喜怒哀楽」以外の感じ

(5)

近ごろの映画館では、「最初から最後まできちんと観る」という習慣が定着していて、休憩時間にしか場内に入らせないというところも多い。以前はもっと緩やかで、繰り返し映画が上映される間、客はいつでも入れる、という映画館がほとんどだった。

映画を途中から観はじめて、二回目で前後をつなぐ。昔の映画館に行っていた人なら、誰もが経験していることではないだろうか。だが、作品としての映画をきちんと楽しもうと思ったら、やはり最初から鑑賞すべきだ。ずいぶんいい加減(注)な時代もあったものだと思う。

(茂木健一郎『それでも脳はたくらむ』による)

(注) いい加減：おおざっぱ

59 筆者が、ずいぶんいい加減な時代もあったものだと思うのはなぜか。

1 映画を、最初から最後まできちんと観せてくれるから

2 同じ映画を、何度でも繰り返し観ることができたから

3 入退場が自由なせいで、せっかくの作品を十分に楽しめないから

4 上映の途中でいつでも入れて、観客に自分でストーリーを理解させるから

問題11 次の(1)から(3)の文章を読んで、後の問いに対する答えとして最もよいものを、1・2・3・4から一つ選びなさい。

(1)

なぜ人を殺(ころ)してはいけないのか、なぜ生き物を殺してはいけないのか。

数年前、ブータンに旅行に行ったときのことです。ブータンは仏教国(ぶっきょうこく)で、いまでもその教えが非常に強く残っています。そのブータンの食堂に入ると、上に何もかけていないテーブルが、①水玉模様(もよう)でした。私が席に座ると、急に水玉が飛んで消えてしまう。水玉もようの正体は、テーブルに群(むら)がって(注1)いたハエだったのです。

その食堂で、地元の人が飲んでいるビールに、ハエが飛び込んだ。日本人ならば大騒ぎしていたでしょうが、彼は平気な顔で②そのハエをそっとつまんで逃がしてやり、またビールを飲み続けました。その様子をじっと見ていた私に、「お前のじいさんだったかもしれないからな」と、彼は笑いながら言いました。今はハエの姿をしていても、実は私の祖先が生まれ変わったのかもしれない、というのです。だから、ハエですらも簡単に殺してはならない。生き物の生命はつながっているという考えとも言えるでしょう。

ハエを殺すには、ハエ叩(たた)きが一本あればいい。じゃあ、そうしてハエ叩きでつぶしたハエを、われわれは元通(もとどお)り(注2)に戻せるでしょうか。「なぜ殺してはいけないのか」という問いに、昔のお坊(ぼう)さん(注3)ならこう答えるでしょう。「そんなもの、殺したら、二度と作れないでしょう」と。ハエだって、どういうわけか知らないが、現にここにいる。自分で元通りにできないものをむやみに殺してはならないということなのです。

(注1) 群(むら)がる：寄(よ)り集まる
(注2) 元通(もとどお)り：元(もと)の状態(じょうたい)
(注3) お坊(ぼう)さん：お寺(てら)の人

60 テーブルが①水玉模様（もよう）だった理由は何か。

1 テーブルの模様が水玉だったから

2 テーブルの上に水滴（すいてき）が落ちていたから

3 ハエが一匹だけいたから

4 たくさんのハエがいたから

61 ブータンの人が②そのハエをそっとつまんで逃がしてやったのはなぜか。

1 そのハエが、彼のおじいさんの生まれ変わりだったから

2 そのハエが、自分はおじいさんの生まれ変わりだと言ったから

3 そのハエが、かつては筆者の家族だったかもしれないから

4 そのハエが、次は人間に生まれ変わるかもしれないから

62 上の文章で筆者がもっとも言いたいことは何か。

1 元通り生き返らせることができないのなら、命を簡単に扱ってはならない。

2 ハエは人間の生まれ変わりかもしれないから、理由なく殺してはいけない。

3 お坊さんがハエを殺さないのは、ハエと人間は平等だからである。

4 全ての命はつながっているから、たとえ死んでもどこかで生まれ変わる。

(2)

「痛み」といったきわめて主観的な感覚ですら、人間は他者とのコミュニケーションを通じて学ぶということが明らかになっている。さらに、人間の感じる痛みとは、人間以外の動物の感じる痛みとは質的に大きく異なっている。

もし、ペットを飼っていたことのある人なら、犬や猫などがある朝、何の前ぶれ(注1)もなく死んでいたという出来事を目の当たりにしたことがあるだろう。原因を調べてみると、重病であったり大けがをしていたことが分かった。しかし昨日まで、どう見ても①そんな気配はなかった、というのが普通である。

これはどうしてなのか。けがや病気による痛みは、人間にも人間以外の動物にも共通している。だが人間には、それを心理的に増幅する(注2)機能が備わっている。だから私たちは、たんに体の苦痛にとどまらず、体が痛むことを心が悲しんだうえで、痛いと訴えるのである。

ただし、人間は、②この感覚を、生まれた時から体験できるわけではない。成長の過程で学習しなければならないのである。その証拠に、たとえば一才くらいの子供が転んで血を流しても、本人は平気な顔をしている。ところが周囲が「大変だ」と大騒ぎし始めると、初めて「痛い痛い！」と激しく泣き始める。つまり、周りの様子からことの重大さを感じ取って、そのとたん、本当に体の痛みを激しく感じるのである。

（正高信夫『ウェブ人間退化論』による）

（注1）前ぶれ：何かを予感させる印

（注2）増幅する：大きくする

63 ①そんな気配とはどのようなものか。

1 痛みなど感じてない様子

2 痛みを隠している様子

3 痛がるふりをする様子

4 痛がって辛そうな様子

64 ②この感覚とはどんな感覚か。

1 体が痛みを感じると、心が悲しみを感じる感覚

2 体よりも心の方が、痛みに弱いという感覚

3 心が体の痛みをとらえて、痛みをより強く感じる感覚

4 心は体を通じてのみ、痛みを感じるという感覚

65 筆者の意見と合っているものはどれか。

1 人間と動物の「痛み」は、成長の過程で学習するという点で共通している。

2 人間も動物も、周囲の反応によって「痛み」の大きさが変わってくる。

3 人間は「痛み」を他人の反応の大小で自分の痛みに反映させる。

4 人間の「痛み」は主観的なもので、他人がその痛みを知ることはできない。

(3)

ある家のお嫁さん(注1)が魚を焼くと、いつもうまく焼けない。焼き網に身がくっついて(注2)、形が崩れてしまう。おしゅうとさん(注3)はそれが不満だが、へたに口に出してはいけないと思い我慢している。それでも、大体の見当はついていた。返すのが早すぎるのだ。一度それとなく言ってみたが、癖みたいなものがあって、ちょっと注意されたくらいでは変えられない。おしゅうとさんはあきらめた。

あるとき、友人がおしゅうとさんを訪ねてきた。久しぶりに一杯やろうということになったが、食卓に出された焼き魚は、いつものように体中傷だらけの焼き魚である。おしゅうとさんは恥ずかしくなり、友人に「どうも魚の焼き方というのは難しいものだね」と言った。すると友人は、「いや、うちの嫁は餅を焼かせると焦がしてばかりでね。もっと早くひっくり返すんだと言ったら、長い間、口をきかなかった。年寄りは黙っていたほうがいいね」と言った。

そこへもう一人の友人がやってきた。二人の話を聞くと、彼は「いいことわざがある」と言って次のことわざを紹介した。「『餅は乞食(注4)に焼かせろ、魚は大名(注5)に焼かせろ』。餅はいつも腹がへっている乞食に焼かせれば、早く食べたくて度々ひっくり返す。反対に魚は豊かな暮らしをしている大名に焼かせれば、よく焼けるまで放っておくというわけ」

二人のおしゅうとさんは、それぞれのお嫁さんにその話をした。二人のお嫁さんは、それまでは「年寄りの小言」と聞き流していたが、ことわざになっていると聞くと、魚を焼き、餅を焼くにもルールがあるのだと知り、謙虚な気持ちになれた。ことわざの持つ普遍性(注6)が耳を傾けさせたのだ。

(外山滋比古『ことわざの論理』による)

(注1) お嫁さん：息子の妻

(注2) くっつく：ぴたりと付いて離れないこと

(注3) おしゅうとさん：夫の父

(注4) 乞食：ここでは貧しい人

(注5) 大名：ここではお金持ち

(注6) 普遍性：一般的なこと

66 二人のおしゅうとさんは、それぞれのお嫁さんに対してどのような不満があるか。

1 一人のお嫁さんは魚の焼き方がわからず、もう一人のお嫁さんは餅を食べすぎる。

2 一人のお嫁さんは魚を焼くとき返すのが早く、もう一人のお嫁さんは餅を焼くとき返すのが遅い。

3 一人のお嫁さんが焼いた魚は見た目が悪く、もう一人のお嫁さんが焼いた餅は硬い。

4 一人のお嫁さんは注意すると出て行き、もう一人のお嫁さんは注意しても聞かない。

67 その話とは何か。

1 友人にお嫁さんについての不満を話したこと

2 友人から聞いたことわざとその意味

3 友人と久しぶりに食事をしたこと

4 友人も魚や餅の焼き方に悩んでいること

68 筆者が考えることわざの効果とは何か。

1 自分以外にも同じようなミスをする人がいるのだと知ることで、安心できる。

2 ことわざを使ったほうが言葉の伝わり方が優しくなる。

3 個人的に叱られるより、一般的な言い方で言われると、素直に受け入れられる。

4 日々の生活に役立つことを分かりやすい言葉で教えてくれる。

問題12　次のAとBの文章を読んで、後の問いに対する答えとして最もよいものを、1・2・3・4から一つ選びなさい。

A

電子書籍のいい所というと、場所をとらないとか、安いという点が挙げられる。確かにメリットと言えばメリットだが、たとえば電子書籍でなくても、本を一冊くらい持ち歩いたところで、大して邪魔にならないし、値段も中古本と比べればさほど変わらない。だが、そんな否定派の人間から見た、電子書籍のメリットをいくつか紹介しよう。まず、暗がりで読めること、そして24時間読みたいと思ったときに購入できること。中でも一番のメリットは、海外や旅先などの場所を問わず、ほしい本が手に入るということだ。こういった面で、電子書籍は物理的にも時間的にも有利だと言えよう。

B

なかなか本を読まない人は、「本屋に行く時間がない」「本は荷物になる」「本は高い」などといった言い訳をする。そんな方には、ぜひ電子書籍をおすすめしたい。その理由として、電子書籍は端末を選べるということがある。スマートフォンでも自宅のパソコンでも、端末は自由に選べる。さらに、本がいつでも買える、場所をとらない、荷物にならない、紙の本より安いなどの利点がある。気をつけるべきことは、手軽に買えて場所をとらないため、つい買いすぎてしまうこと。気がついたら支払いが大変なことになっている…なんてことにならないよう自制が必要だ。

69 AとBに共通している話題は何か。

1 電子書籍の多様化

2 電子書籍の世界化

3 電子書籍の弱点

4 電子書籍のメリット

70 AとBは電子書籍に関してどのような立場から述べているか。

1 AもBも、電子書籍を肯定する人の立場から述べている。

2 AもBも、紙の本と電子書籍にはそれぞれ異なる長所があるという立場から述べている。

3 Aは電子書籍のメリットがよく分からない人の立場から、Bは本が身近でない人に電子書籍をすすめる人の立場から述べている。

4 Aは電子書籍が嫌いな人の立場から、Bは電子書籍を全面的に肯定する人の立場から述べている。

問題13 次の文章を読んで、後の問いに対する答えとして最もよいものを、1・2・3・4から一つ選びなさい。

電車の中で携帯電話で話している人がいる。乗客たちは不快に思っていても、その人に注意する人は誰もいない。暴力を加えられる恐れや人前で目立つことへの恐れから、公共のルールを破っていることを①黙認し(もくにん)(注1)、目をそらせている。そういうふうにするのが世間で利口に生きる知恵なのだ、と考える人たちも多い。

そうでなくても狭い歩道に、自動車が入ってきて違法駐車している。そこに自転車まで勝手に止まっている。こうなると、歩道は人が安心して歩くための空間であるはずなのに、神経質になって通らなければならない。時には、歩行者が車や自転車のために歩道を通れなくなり、不安に感じながら車道に出て歩かされることになる。

だが、公共のルールや法律の決まりが破られているのに、それに抗議する(こうぎ)(注2)人はない。公共のルールやマナーなどは「一応のもの」であって、守る必要などないということだろうか。公共性とは何であるかが、社会の中にしっかりした形で存在していないようである。

公共性が破られていても、人々はなぜ黙って見ているのか。なぜ反対しないのか。公共性を破った者を注意する権利をもつのは公共の人々だが、実際は誰も抗議しない。ということは、人々にとって公共性は自分のものではないということになる。駐車違反を注意できるのは、警察官くらいだ。自分は警察官でもないのだから、注意などできない。注意する資格がない。警察官のみが公的な存在であると感じられているのではないだろうか。

迷惑を受けている本人たちは、自分は私的な存在なので、違反を注意することはできないと考えてしまっている。そもそも、②公共は誰のものなのか。駐車違反という法規は、もともと、それによって迷惑や被害を受ける人々のために作られたもので、その人々にこそ守られる権利があるはずだ。だが現実は、被害を受ける人々たちが公共性を主張することはまずない。

それは、公共性が、社会の一部の人々のものとなってしまっているからだ。一般の人々は公共性を、自分の手の届かないところにあるものだと感じている。つまり、現代社会で言われている公共とは、国や行政機関という狭い意味でとらえられている。

だが、私たち市民は、言ってみれば「生活の専門家」である。その立場から発言できることは多いはずだと、私は考えるのである。

（平子義雄「公共性のパラドックス」による）

（注1）黙認（もくにん）する：見て見ないふりをする
（注2）抗議（こうぎ）する：反対する

71 ①黙認し（注1）、目をそらせているという理由は何か。

1 他人が何をしても、黙っているのが正しい生き方だから
2 自分だけが注意しても、相手がそれを受け入れてくれるとは限らないから
3 暴力を加えられたり、周囲の人々の注目を集めるのが嫌だから
4 相手が暴力をふるって、周りの人々にまで迷惑をかけるのが嫌だから

72 ②公共は誰のものなのかとあるが、筆者は公共を誰のものと考えているか。

1 公共性を破る人のせいで、不快になったり被害を受けている人
2 公共性を破る人のせいで、私的な生活を邪魔（じゃま）されている人
3 国家や警察など、公的機関の人
4 公共は誰のものでもない。

73 筆者が言う現代社会における公共性の問題とは何か。

1 公共性が破られたとき、一般の人々は注意する資格がないこと
2 公共性は公的機関のみが主張でき、一般の人々は遠いものと感じていること
3 公共性は公的機関にのみ与えられ、簡単に手に入れられないこと
4 公共性は公的機関の人々にのみ与えられるべきであること

問題14 右のページは自転車の利用についての紹介である。下の問いの対する答えとして最もよいものを1・2・3・4から一つ選びなさい。

74 田中（たなか）さんは友人から使わない自転車をもらった。これに乗るにはどんな手続きが必要か。

1 警察署で譲渡（じょうと）証明書を書いてもらう。

2 警察署で自分の名前で登録して使用する。

3 友人に譲渡（じょうと）証明書を書いてもらい、警察署で防犯登録の変更をしてもらう。

4 友人に警察署に行ってもらい、防犯登録の変更をしてもらう。

75 幼稚園に通っている子どもが日曜日に自転車教室に通いたいと思っている。どんな条件なら可能か。

1 毎月第2土曜日と第4日曜日に、小学生以上の人と一緒に参加できる。

2 小学生になってから参加可能なため、まだ参加できない。

3 保護者と一緒なら参加できるが、毎週土曜日なら無料で参加できる。

4 保護者と一緒なら無料で参加できるが、第4日曜日に限って可能である。

自転車は便利な生活アイテムですが、乗るためには正しい手続きが必要です。

◆放置されている自転車を拾ってはいけません。

・自転車は盗まれるのを防ぐために登録制になっています。警察官に調べられた時、拾った自転車であることが分かると、「自転車どろぼう」になってしまいます。

◆自転車を買ったら防犯登録・もらったら登録変更をしましょう。

・自転車を買った時は、そのお店で防犯登録をしましょう。
・友人などから中古の自転車をもらった時は、防犯登録がしてあるか確認し、登録済みなら、登録した人に譲渡(じょうと)(注)証明書を書いてもらいます。
・譲渡(じょうと)証明書を持って警察署の登録先に行き、防犯登録の変更をしてもらいます。

◆自転車の交通規則を守りましょう。

・自転車の二人乗りや、夜間にライトを消して走ることは交通規則違反になります。

＊＊＊ 自転車教室のご案内 ＊＊＊

子供からお年寄りまでを対象に、自転車教室を開いています。

・毎月第2土曜日・第4日曜日　午後1時から午後3時まで
・無料で参加できます。
・小学生以下のお子様は、保護者と一緒に参加してください。

（注）譲渡(じょうと)：譲(ゆず)り渡すこと

Listening

問題用紙

N2

聴解

(50分)

注　意
Notes

1. 試験が始まるまで、この問題用紙を開けないでください。
Do not open this question booklet until the test begins.

2. この問題用紙を持って帰ることはできません。
Do not take this question booklet with you after the test.

3. 受験番号と名前を下の欄(らん)に、受験票と同じように書いてください。
Write your examinee registration number and name clearly in each box below as written on your test voucher.

4. この問題用紙は、全部で13ページあります。
This question booklet has 13 pages.

5. この問題用紙にメモをとってもかまいません。
You may make notes in this question booklet.

受験番号 Examinee Registration Number	

名　前 Name	

問題1

問題1では、まず質問を聞いてください。それから話を聞いて、問題用紙の1から4の中から、最もよいものを一つ選んでください。

例

1 先生にメールで聞く

2 友達にメールで聞く

3 研究室の前のけいじを見る

4 りょうの前のけいじを見る

1番(ばん)

1　ケータイ番号をさくじょする

2　名前を並(なら)び替(か)える

3　出演しない名前をさくじょする

4　出演者をさがす

2番(ばん)

1　登山(とざん)やゴルフで使う用品を買うために出かける

2　温泉旅行に行かせるためにお金をためる

3　両親のために温泉について調べる

4　父親に何がほしいのかを聞く

3番

1　課長が会社に戻ってくるまで待機する

2　みなみ商事の佐藤さんに今の状況を報告する

3　事務室で田中課長からの連絡を待つ

4　しごと関連の書類や資料を準備しておく

4番

1　本を決める

2　ゼミの仲間に予定を聞く

3　本を注文する

4　場所を確保する

5番

1　一般の航空便で送るための用紙を職員にわたす

2　スピード郵便でにもつを送るため重さを確認する

3　にもつの重さを測定してもらい、郵便方法を決める

4　にもつを職員にあずけ、所定の用紙に記入をする

問題2

問題2では、まず質問を聞いてください。そのあと、問題用紙のせんたくしを読んでください。読む時間があります。それから話を聞いて、問題用紙の1から4の中から、最もよいものを一つ選んでください。

例

1 友達とけんかしたから

2 かみがたが気に入らないから

3 試験があるから

4 頭が痛いから

1番

1 他の社員にメールで聞く

2 部長に電話する

3 ロビーのモニターで確認する

4 ホールの1階で電話する

2番

1 テストで悪い点をとったから

2 みんなでゲームをするのがいやだから

3 えんそくでリーダーになったから

4 中学最後のえんそくでさびしいから

3番(ばん)

1 講演会(こうえんかい)の準備をしなければならないから

2 むすこの結婚式があるから

3 せいとの結婚式があるから

4 新入生歓迎会(かんげいかい)に行く気がない

4番(ばん)

1 お金で時間を買わないようにする

2 カードで買い物をしないようにする

3 家計簿(かけいぼ)にお金の使い先をきろくする

4 ほしいものを少しがまんしてみる

5番

1 高齢ドライバーの事故を減らすため

2 いろんな特典がもらえるから

3 運転が可能なお年寄りが増えたから

4 有名なタレントも運転免許を返したから

6番

1 酔っ払いの世話すること

2 工事をして駅を新しくすること

3 車いすの方のてつだいをすること

4 外国人にのりかえ案内すること

問題3

問題3では、問題用紙に何もいんさつされていません。この問題は、全体としてどんな内容かを聞く問題です。話の前に質問はありません。まず話を聞いてください。それから、質問とせんたくしを聞いて、1から4の中から、最もよいものを一つ選んでください。

— メモ —

もんだい
問題4

問題4では、問題用紙に何もいんさつされていません。まず文を聞いてください。それから、それに対する返事を聞いて、1から3の中から、最もよいものを一つ選んでください。

― メモ ―

問題5

問題5では、長めの話を聞きます。この問題には練習はありません。

問題用紙にメモをとってもかまいません。

1番、2番

問題用紙に何もいんさつされていません。まず話を聞いてください。それから、質問とせんたくしを聞いて、1から4の中から、最もよいものを一つ選んでください。

— メモ —

3番

まず話を聞いてください。それから、二つの質問を聞いて、それぞれ問題用紙の1から4の中から、最もよいものを一つ選んでください。

質問1

1　1番

2　2番

3　3番

4　4番

質問2

1　1番

2　2番

3　3番

4　4番

최신 개정판

박은정 | 저

파고다 JLPT

N2

일본어능력시험

기반 다지기 및 실전문제

PAGODA Books

최신 개정판

파고다 JLPT

N2

일본어능력시험

기반 다지기 및 실전문제

PAGODA Books

파고다 JLPT N2 활용법

유형별 실전 문제 최다 수록!

» 1교시 학습법

1 기반 다지기 암기 (기출 단어 필수 체크 & 확인 문제로 정리)

2 실전 시험 학습 후, 저자 해설 확인

3 앱을 이용해서 단어 · 표현 복습

4 단어시험지 자동생성기를 이용해 최종 점검

» 2교시 학습법

1 기반 다지기 암기 (빈출 표현 · 질문 · 어휘 숙지)

2 실전 시험 학습 후, 스크립트 및 저자 해설 확인

3 기본 음원 외 1.2배속/고사장 버전 음원으로 복습 (청해 귀 트이기)

4 받아쓰기 연습으로 청해력 제고

| 부가 자료 | www.pagodabook.com

단어암기 앱
(클래스카드) DB 지원

단어시험지
자동생성기

청해 받아쓰기 연습
(PDF+MP3)

3가지 버전
청해 MP3

차례

* 01 문자·어휘는 각 유형 안에 '기반 다지기'를 나누어 수록했습니다

1교시

언어지식
(문자 · 어휘 · 문법)

독해

시험 시간	105분

01

문자 · 어휘

문제 1	한자 읽기
문제 2	한자 표기
문제 3	단어 형성
문제 4	문맥 규정
문제 5	교체 유의어
문제 6	용법

문제 1 한자 읽기

» 유형 소개

한자 읽기 (5문항)

한자로 쓰여진 단어의 읽는 법을 묻는다.

예

問題 1 ＿＿＿＿の言葉の読み方として最もよいものを、1・2・3・4から一つ選びなさい。

1 ずっと好調だったのに、最後の試合で敗れてしまった。

1 たおれて　　2 やぶれて　　3 みだれて　　4 つぶれて

1	①❷③④

해석 계속 호조였는데 마지막 시합에서 패하고 말았다.

» 해답 스킬

신속하게 풀기 위해서는 일단 밑줄 친 부분의 한자만 보고 답을 고른다. 잘 모르겠으면 전체 문장을 읽고 유추해 보는 방법도 있다.

» 학습 대책

1. 문제 1 한자 읽기와 문제 2 한자 표기는 한자를 포함한 어휘를 얼마나 알고 있느냐를 물어보는 것이기 때문에 부지런히 어휘량을 늘리는 게 중요하겠다.
2. 한자를 제대로 읽을 수 있는지를 묻기 때문에 평소 암기할 때 정확한 발음으로 암기하는 것이 중요하다.
3. 문제는 주로 장·단음 / 청음, 탁음, 반탁음 / 예외음 / 음의 변화 / 음독, 훈독한자의 구별을 물어본다. 유형 소개에 이어 따로 정리되어 있으니 참고하길 바란다.

문제 1 기반 다지기

1 필수 동사

2 필수 형용사

3 필수 명사

① 음독 명사

② 훈독 명사

③ 혼합 명사

- 히라가나가 붙는 명사
- 한 글자 한자 명사
- 음독이 여러 개인 한자

필수 동사

あ행

	☐ 相次ぐ	あいつ	☐ 相次ぐ	잇따르다
	☐ 揚げる	あ	☐ 揚げる	높이 올리다
	☐ 上げる	あ	☐ 上げる	들다, 쳐들다, 올리다
	☐ 挙げる	あ	☐ 挙げる	떨치다(명성), 들다(손·예문 등), 올리다(결혼식 등)
	☐ 憧れる	あこが	☐ 憧れる	동경하다
	☐ 味わう	あじ	☐ 味わう	맛보다, 겪다
기출	☐ 焦る	あせ	☐ 焦る	초조해하다
기출	☐ 与える	あた	☐ 与える	주다, 끼치다
기출	☐ 扱う	あつか	☐ 扱う	취급하다
	☐ 当てる	あ	☐ 当てる	맞히다, 대다, 시키다
	☐ 侮る	あなど	☐ 侮る	경시하다, 깔보다
	☐ 浴びる	あ	☐ 浴びる	쬐다, 뒤집어쓰다(햇볕·먼지 등)
기출	☐ 甘やかす	あま	☐ 甘やかす	응석 부리게 하다, 오냐오냐하다
	☐ 荒れる	あ	☐ 荒れる	거칠어지다, 황폐해지다, (피부가) 트다
	☐ 合わせる	あ	☐ 合わせる	맞추다(기준·가락·보조 등), 합치다
	☐ 慌てる	あわ	☐ 慌てる	허둥지둥하다, 당황하다
	☐ 危ぶむ	あや	☐ 危ぶむ	의심하다, 걱정하다, 위태로워하다
	☐ 言い出す	い だ	☐ 言い出す	말 꺼내다
	☐ 生きる	い	☐ 生きる	살다(생존)

	☐ 致す	いた	☐ 致す	하다, [する]의 겸양
기출	☐ 至る	いた	☐ 至る	이르다, 다다르다
	☐ 居眠りする	い ねむ	☐ 居眠りする	졸다
기출	☐ 祈る	いの	☐ 祈る	빌다, 기도·기원하다
	☐ 嫌がる	いや	☐ 嫌がる	싫어하다
	☐ 祝う	いわ	☐ 祝う	축하하다
	☐ 植える	う	☐ 植える	심다
	☐ 伺う	うかが	☐ 伺う	여쭙다, [聞く]의 겸양, 찾아뵙다
	☐ 浮かぶ	う	☐ 浮かぶ	(물·공중에) 뜨다, 떠오르다
	☐ 浮かべる	う	☐ 浮かべる	띄우다, 들뜨게 하다, 뜨도록 하다
	☐ 浮く	う	☐ 浮く	(마음이) 들뜨다, 뜨다
	☐ 受け継ぐ	う つ	☐ 受け継ぐ	계승하다, 이어받다
	☐ 失う	うしな	☐ 失う	잃다, 놓치다
	☐ 薄める	うす	☐ 薄める	묽게 하다, 엷게 하다
	☐ 訴える	うった	☐ 訴える	호소하다, 고소하다
	☐ 移る	うつ	☐ 移る	(자리·마음·행동으로) 옮아가다, (병·빛깔·냄새가) 옮다
기출	☐ 映る	うつ	☐ 映る	(눈·영상으로) 비치다
	☐ 写る	うつ	☐ 写る	비치다, (사진에) 찍히다
	☐ 奪う	うば	☐ 奪う	빼앗다
	☐ 生まれる	う	☐ 生まれる	태어나다, 생기다
	☐ 埋める	う	☐ 埋める	묻다, (땅·손해·부족을) 메우다

기출	단어	읽기	뜻
	裏返す	うらがえ	뒤집다
	裏切る	うらぎ	배신하다
	占う	うらな	점치다
	恨む	うら	원망하다
	上回る	うわまわ	웃돌다, 상회하다
	描く	えが	그리다, 묘사하다
기출	得る	え	얻다
기출	覆う	おお	덮다, 씌우다, 가리다
	犯す	おか	(죄를) 범하다, (법을) 어기다
	贈る	おく	선물하다, (감사·축복·격려를) 보내다
	怒る	おこ	화내다
	抑える	おさ	억누르다, 억제하다
기출	納める	おさ	납부·납입하다
	治める	おさ	수습하다, 다스리다
	押し込む	お こ	빽빽이 넣다, 밀어 넣다
	恐れる	おそ	두려워하다, 무서워하다
기출	落ち着く	お つ	안정되다, (마음·날씨가) 가라앉다, 평온해지다
기출	劣る	おと	뒤떨어지다, 열등하다
기출	衰える	おとろ	쇠약하다, 쇠퇴하다
기출	驚く	おどろ	놀라다
	及ぼす	およ	(영향·해를) 끼치다, 미치다
	折れる	お	접히다, 꺾어지다

か행

기출	단어	읽기	뜻
	飼う	か	(동물을) 기르다, 사육하다
	返す	かえ	반납하다, 되돌려주다, (돈을) 갚다
	返る	かえ	(원상태로) 되돌아가다, 되돌아오다
	変える	か	바꾸다, 변경하다
	替える	か	바꿔 넣다, (다른 것으로) 교체하다
	代える	か	(대신하여) 바꿔 넣다, 갈다
	換える	か	(새로) 바꾸다, 갈다, 교환하다
기출	欠かす	か	빠뜨리다, 거르다
	輝く	かがや	빛나다, 반짝이다
	嗅ぐ	か	(냄새·낌새를) 맡다
기출	隠す	かく	숨기다
	隠れる	かく	숨다
기출	囲む	かこ	둘러싸다, 에워싸다
	飾る	かざ	꾸미다, 장식하다
	稼ぐ	かせ	(돈을) 벌다
	片付ける	かた づ	정리·정돈하다
	固まる	かた	굳어지다, 확실해지다
	片寄る	かた よ	(방향·진로가) 기울다, (한군데로) 쏠리다, 치우치다
기출	偏る	かたよ	치우치다, 편중되다(불공평·불균형)
기출	叶う	かな	(꿈·염원을) 이루다
	被る	かぶ	(머리·얼굴에) 쓰다, (책임을) 뒤집어쓰다

	☐ 噛む	☐ 噛(か)む 씹다
	☐ 絡む	☐ 絡(から)む 엉키다
	☐ 枯れる	☐ 枯(か)れる (식물이) 마르다, 시들다
	☐ 消える	☐ 消(き)える 꺼지다, 사라지다
	☐ 着替える	☐ 着(き)替(が)える 환복하다, 갈아입다
기출	☐ 刻む	☐ 刻(きざ)む 새기다, 조각하다
	☐ 嫌う	☐ 嫌(きら)う 싫어하다, 미워하다
	☐ 区切る	☐ 区(く)切(ぎ)る (문장·사물을) 구분하다, 구획 짓다
	☐ 崩す	☐ 崩(くず)す 무너뜨리다, 흩뜨리다, (큰돈을) 헐다
	☐ 崩れる	☐ 崩(くず)れる 무너지다, 쓰러지다
	☐ 下る	☐ 下(くだ)る (낮은 곳으로) 내리다, (명령·판결·결론) 내리다, 나다
	☐ 配る	☐ 配(くば)る 나눠주다, 배부하다
	☐ 曇る	☐ 曇(くも)る 흐리다, 흐려지다
기출	☐ 悔やむ	☐ 悔(く)やむ 후회하다, 애석하게 여기다
	☐ 繰り返す	☐ 繰(く)り返(かえ)す 반복하다
	☐ 苦しめる	☐ 苦(くる)しめる 괴롭히다, 고통을 주다
	☐ 蹴る	☐ 蹴(け)る (발로) 차다
	☐ 超える	☐ 超(こ)える (수량·기준·한도를) 초과하다
	☐ 越える	☐ 越(こ)える 넘다(장소·시간·점)
기출	☐ 凍る	☐ 凍(こお)る 얼다
	☐ 焦がす	☐ 焦(こ)がす 태우다
기출	☐ 焦げる	☐ 焦(こ)げる 타다, 눋다, (햇볕에) 그을리다
	☐ 心掛ける	☐ 心(こころ)掛(が)ける 유념하다, 명심하다
	☐ 志す	☐ 志(こころざ)す 뜻을 두다, 지향하다
	☐ 凝る	☐ 凝(こ)る 응고하다, 열중하다
	☐ 転がる	☐ 転(ころ)がる 구르다, 넘어지다
	☐ 壊れる	☐ 壊(こわ)れる 부서지다, 파손되다

さ행

	☐ 裂く	☐ 裂(さ)く 찢다, 쪼개다
기출	☐ 逆らう	☐ 逆(さか)らう 거역하다, 거스르다
	☐ 叫ぶ	☐ 叫(さけ)ぶ 외치다, 강하게 주장하다
	☐ 裂ける	☐ 裂(さ)ける 찢어지다, 갈라지다
	☐ 避ける	☐ 避(さ)ける 피하다, 꺼리다
	☐ 下げる	☐ 下(さ)げる (위치·값 등을) 내리다
	☐ 差し引く	☐ 差(さ)し引(ひ)く 빼다, 공제하다
	☐ 差す	☐ 差(さ)す (우산을) 쓰다
	☐ 刺す	☐ 刺(さ)す 찌르다
	☐ 挿す	☐ 挿(さ)す 꽂다, 삽입하다
	☐ 注す	☐ 注(さ)す 붓다(액체)
기출	☐ 誘う	☐ 誘(さそ)う 권유하다, 유혹하다
	☐ 定まる	☐ 定(さだ)まる 정해지다, 확정되다
	☐ 覚ます	☐ 覚(さ)ます 깨우치다, 깨우다
	☐ 妨げる	☐ 妨(さまた)げる 방해하다
	☐ 覚める	☐ 覚(さ)める 깨다, 눈이 뜨이다
	☐ 騒ぐ	☐ 騒(さわ)ぐ 떠들다, 소란 피우다
	☐ 障る	☐ 障(さわ)る 방해되다, 지장이 있다
기출	☐ 仕上げる	☐ 仕(し)上(あ)げる 일을 끝내다, 완성하다

	단어	읽기·뜻
기출	□ 従う	□ 従う(したが) 따르다
	□ 親しむ	□ 親しむ(した) 친하게 지내다
	□ 縛る	□ 縛る(しば) 묶다, 매다
기출	□ 絞る	□ 絞る(しぼ) ① 짜다, ② (여러 개를) 하나로 정리하다, 좁히다, 압축하다
	□ 染みる	□ 染みる(し) 스며들다, 번지다
기출	□ 占める	□ 占める(し) 차지하다, 점유하다
기출	□ 締め切る	□ 締め切る(し・き) 완전히 닫다, 마감하다
기출	□ 生じる	□ 生じる(しょう) 나다(초목), 일어나다(사건·상황·문제)
	□ 調べる	□ 調べる(しら) 조사하다, 연구하다
기출	□ 信じる	□ 信じる(しん) 믿다
	□ 進む	□ 進む(すす) 나아가다, 전진하다
	□ 進める	□ 進める(すす) 앞으로 나아가게 하다
	□ 勧める	□ 勧める(すす) 권장하다
	□ 刷る	□ 刷る(す) 인쇄하다, 찍다
	□ 捨てる	□ 捨てる(す) 버리다
	□ 接する	□ 接する(せっ) 접하다
기출	□ 迫る	□ 迫る(せま) 다가오다, 육박하다
기출	□ 属する	□ 属する(ぞく) 속하다 (집단·부류·종류·범위)
기출	□ 備える	□ 備える(そな) 갖추다, 구비하다
	□ 染まる	□ 染まる(そ) 물들다
	□ 染める	□ 染める(そ) 물들이다, 염색하다
	□ 揃う	□ 揃う(そろ) 갖추어지다
	□ 揃える	□ 揃える(そろ) 갖추다, 정돈하다

チェックアップ!
확인문제

		ⓐ	ⓑ
1	味わう	ⓐ あじわう	ⓑ みあう
2	扱う	ⓐ あつかう	ⓑ かなう
3	慌てる	ⓐ すてる	ⓑ あわてる
4	劣る	ⓐ かえる	ⓑ おとる
5	刻む	ⓐ かさむ	ⓑ きざむ
6	揃える	ⓐ そろえる	ⓑ かなえる
7	覆う	ⓐ あおう	ⓑ おおう
8	囲む	ⓐ くやむ	ⓑ かこむ

정답 1 ⓐ 2 ⓐ 3 ⓑ 4 ⓑ 5 ⓑ 6 ⓐ 7 ⓑ 8 ⓑ

た행

기출	단어	읽기·뜻
	□ 倒す	□ 倒(たお)す 쓰러뜨리다
	□ 高める	□ 高(たか)める 높이다
기출	□ 蓄える	□ 蓄(たくわ)える 비축하다, (만일을) 대비하다
	□ 助かる	□ 助(たす)かる 살아남다, (위험을) 면하다
	□ 助ける	□ 助(たす)ける 살리다, 구조하다
	□ 叩く	□ 叩(たた)く 두드리다, 때리다
기출	□ 畳む	□ 畳(たた)む 접다, 개다
	□ 立ち止まる	□ 立(た)ち止(ど)まる 멈추어 서다
	□ 立ち寄る	□ 立(た)ち寄(よ)る 다가서다, 들르다
	□ 発つ	□ 発(た)つ 출발하다
기출	□ 達する	□ 達(たっ)する (도)달하다
	□ 立てる	□ 立(た)てる 세우다
	□ 建てる	□ 建(た)てる (건물을) 세우다
	□ 例える	□ 例(たと)える 비유하다
	□ 頼む	□ 頼(たの)む 부탁하다, 의뢰하다
	□ 溜まる	□ 溜(た)まる (물 등이) 괴다, 쌓이다
	□ 黙る	□ 黙(だま)る 말을 하지 않다, 잠자코 있다
	□ 頼る	□ 頼(たよ)る 의지하다
	□ 足りる	□ 足(た)りる 충분하다
	□ 誓う	□ 誓(ちか)う 맹세하다
	□ 近づく	□ 近(ちか)づく 다가오다
	□ 近づける	□ 近(ちか)づける 가까이하다
	□ 近寄る	□ 近(ちか)寄(よ)る 접근하다, 가까이하다
	□ 縮まる	□ 縮(ちぢ)まる 줄어들다, (시간·거리 등이) 짧아지다
기출	□ 縮む	□ 縮(ちぢ)む 주름이 지다, 줄어들다
기출	□ 縮める	□ 縮(ちぢ)める 줄이다, 단축하다
	□ 縮れる	□ 縮(ちぢ)れる 주름이 지다, 곱슬곱슬해지다
기출	□ 散らかる	□ 散(ち)らかる 흩어지다, 어질러지다
	□ 散らす	□ 散(ち)らす 흩뜨리다, 어지르다
	□ 費やす	□ 費(つい)やす 다 소비하다, 낭비하다
기출	□ 尽きる	□ 尽(つ)きる (운·힘·목숨이) 다하다, 떨어지다, (이야기가) 끝나다
	□ 尽くす	□ 尽(つ)くす 다하다, 진력하다
	□ 付ける	□ 付(つ)ける 붙이다, 달다(부착)
	□ 着ける	□ 着(つ)ける 대다, 닿게 하다
	□ 点ける	□ 点(つ)ける (불을) 붙이다
	□ 漬ける	□ 漬(つ)ける (채소 등을) 절이다, 담그다
	□ 浸ける	□ 浸(つ)ける (물에) 담그다, 축이다
	□ 続く	□ 続(つづ)く (시간·공간) 계속하다, 연달다
	□ 突っ込む	□ 突(つ)っ込(こ)む 돌입하다, 처박다, (잘못 등을) 추궁하다
	□ 突っ張る	□ 突(つ)っ張(ぱ)る 버티다, 떠받치다
	□ 包む	□ 包(つつ)む 포장하다, 감추다, 에워싸다
기출	□ 詰まる	□ 詰(つ)まる 막히다, 가득 차다, 메다
	□ 積む	□ 積(つ)む 쌓다, (차·배 등에) 싣다
	□ 詰める	□ 詰(つ)める (빈 곳을) 채워 넣다
	□ 積もる	□ 積(つ)もる 쌓이다
	□ 釣る	□ 釣(つ)る 낚다, 잡다

	단어	읽기	뜻
	□ 適する	□ 適(てき)する	적당하다
	□ 出迎える	□ 出迎(でむか)える	마중 나가다
	□ 照らす	□ 照(て)らす	비추다, 대조하다
	□ 通り過ぎる	□ 通(とお)り過(す)ぎる	지나가다
	□ 溶け込む	□ 溶(と)け込(こ)む	용해하다
	□ 溶ける	□ 溶(と)ける	녹다, 용해되다
	□ 解ける	□ 解(と)ける	풀리다, 해제되다
	□ 届く	□ 届(とど)く	(보낸 것이) 닿다, 도착하다
	□ 届ける	□ 届(とど)ける	보내어 주다, 배달하다, (관청 등에) 신고하다
	□ 留まる	□ 留(とど)まる	한곳에 머물다, 체재하다
	□ 留める	□ 留(とど)める	멈추다
	□ 怒鳴る	□ 怒鳴(どな)る	고함치다
	□ 飛ばす	□ 飛(と)ばす	날리다
	□ 止まる	□ 止(と)まる	멈추다, 서다, 멎다
	□ 泊まる	□ 泊(と)まる	숙박하다
	□ 留まる	□ 留(とど)まる	한곳에 머물다, 정체하다
기출	□ 伴う	□ 伴(ともな)う	동반하다
	□ 取り扱う	□ 取(と)り扱(あつか)う	다루다, 취급하다
	□ 取る	□ 取(と)る	쥐다, 잡다, 훔치다
	□ 撮る	□ 撮(と)る	(사진을) 찍다

な행

	단어	읽기	뜻
	□ 直る	□ 直(なお)る	고쳐지다(수리)
	□ 治る	□ 治(なお)る	낫다, 고쳐지다(병)
	□ 長引く	□ 長引(ながび)く	지연되다
	□ 眺める	□ 眺(なが)める	조망하다, 응시하다
	□ 慰める	□ 慰(なぐさ)める	달래다, 위로하다
	□ 嘆く	□ 嘆(なげ)く	한탄하다
	□ 投げる	□ 投(な)げる	던지다
	□ 悩む	□ 悩(なや)む	고민하다
	□ 鳴らす	□ 鳴(な)らす	소리를 내다
	□ 慣れる	□ 慣(な)れる	익숙해지다
기출	□ 似合う	□ 似合(にあ)う	어울리다
기출	□ 握る	□ 握(にぎ)る	쥐다, 잡다
	□ 賑わう	□ 賑(にぎ)わう	번성하다
기출	□ 憎む	□ 憎(にく)む	증오하다
기출	□ 濁る	□ 濁(にご)る	탁해지다
	□ 煮る	□ 煮(に)る	삶다
	□ 似る	□ 似(に)る	닮다
	□ 縫う	□ 縫(ぬ)う	꿰매다
	□ 抜く	□ 抜(ぬ)く	빼내다, 뽑다
	□ 抜ける	□ 抜(ぬ)ける	빠지다
	□ 濡らす	□ 濡(ぬ)らす	적시다
	□ 塗る	□ 塗(ぬ)る	칠하다
	□ 濡れる	□ 濡(ぬ)れる	젖다
	□ 熱する	□ 熱(ねっ)する	가열하다
	□ 眠る	□ 眠(ねむ)る	자다, 영면하다
	□ 狙う	□ 狙(ねら)う	노리다, 겨냥하다
	□ 逃す	□ 逃(のが)す	놓치다

	단어	읽기	뜻
	☐ 残す	☐ 残す (のこす)	남기다
	☐ 載せる	☐ 載せる (の)	얹다, 게재하다
	☐ 乗せる	☐ 乗せる (の)	싣다, 태우다
	☐ 覗く	☐ 覗く (のぞ)	엿보다

は행

	단어	읽기	뜻
	☐ 生える	☐ 生える (は)	(잡초 등이) 나다
	☐ 映える	☐ 映える (は)	(빛을 받아) 빛나다
	☐ 剥がす	☐ 剥がす (は)	떼다
	☐ 剥ぐ	☐ 剥ぐ (は)	벗기다
	☐ 励む	☐ 励む (はげ)	힘쓰다
	☐ 挟まる	☐ 挟まる (はさ)	(틈에) 끼이다
	☐ 挟む	☐ 挟む (はさ)	끼우다
	☐ 外す	☐ 外す (はず)	떼다, 풀다, 빼다
	☐ 外れる	☐ 外れる (はず)	벗겨지다, 제외되다
기출	☐ 果たす	☐ 果たす (は)	완수하다
	☐ 発する	☐ 発する (はっ)	발하다, 일으키다
	☐ 離す	☐ 離す (はな)	떼다
	☐ 放す	☐ 放す (はな)	(풀어)놓다, 놓아주다
	☐ 離れる	☐ 離れる (はな)	떨어지다
	☐ 放れる	☐ 放れる (はな)	놓이다
	☐ 跳ねる	☐ 跳ねる (は)	뛰어오르다
	☐ 払い込む	☐ 払い込む (はら, こ)	납입하다
	☐ 払戻す	☐ 払戻す (はらいもど)	환불하다
	☐ 払う	☐ 払う (はら)	지불하다
	☐ 貼る	☐ 貼る (は)	붙이다
	☐ 張る	☐ 張る (は)	뻗다
	☐ 引き起こす	☐ 引き起こす (ひ, お)	일으키다, 발생시키다
	☐ 引き分ける	☐ 引き分ける (ひ, わ)	갈라놓다, 비기다
	☐ 引っかける	☐ 引っかける (ひ)	걸다
	☐ 響く	☐ 響く (ひび)	울려 퍼지다
기출	☐ 拾う	☐ 拾う (ひろ)	줍다
	☐ 広がる	☐ 広がる (ひろ)	퍼지다
	☐ 広げる	☐ 広げる (ひろ)	확장하다
	☐ 深まる	☐ 深まる (ふか)	깊어지다
	☐ 深める	☐ 深める (ふか)	깊게 하다
기출	☐ 含む	☐ 含む (ふく)	포함하다
	☐ 含める	☐ 含める (ふく)	포함시키다
	☐ 膨らむ	☐ 膨らむ (ふく)	부풀다
	☐ 踏む	☐ 踏む (ふ)	밟다
	☐ 震える	☐ 震える (ふる)	흔들리다
기출	☐ 触れる	☐ 触れる (ふ)	닿다, 접촉하다
	☐ 隔たる	☐ 隔たる (へだ)	(공간이) 떨어지다, (세월이) 경과하다
기출	☐ 隔てる	☐ 隔てる (へだ)	사이에 두다, 가로막다
	☐ 減らす	☐ 減らす (へ)	줄이다
	☐ 誇る	☐ 誇る (ほこ)	자랑하다
	☐ 干す	☐ 干す (ほ)	말리다, 널다
	☐ 微笑む	☐ 微笑む (ほほ え)	미소 짓다

ま행

	단어	읽기·뜻
	□ 曲がる	□ 曲(ま)がる 구부러지다, 방향을 바꾸다
	□ 巻く	□ 巻(ま)く 말다
	□ 負ける	□ 負(ま)ける 패하다
	□ 待ち合わせる	□ 待(ま)ち合(あ)わせる 만나기로 약속하다
	□ 間違う	□ 間違(まちが)う 틀리다
	□ 間違える	□ 間違(まちが)える 실수하다
	□ 祭る	□ 祭(まつ)る 제사 지내다
	□ 間に合う	□ 間(ま)に合(あ)う 시간에 대다
	□ 真似る	□ 真似(まね)る 흉내 내다, 모방하다
	□ 丸める	□ 丸(まる)める 둥근 모양으로 하다, 머리를 깎다
	□ 磨く	□ 磨(みが)く 닦다, 연마하다
	□ 満たす	□ 満(み)たす 채우다, 만족시키다
	□ 認める	□ 認(みと)める 인정하다
	□ 見逃す	□ 見逃(みのが)す 못 보고 빠뜨리다, 묵인하다
	□ 見舞う	□ 見舞(みま)う 병문안하다, (바라지 않은 것이) 닥쳐오다
	□ 見渡す	□ 見渡(みわた)す 전망하다
	□ 剥く	□ 剥(む)く (껍질·겉면을) 벗기다
	□ 結び付ける	□ 結(むす)び付(つ)ける 결부하다
	□ 群がる	□ 群(むら)がる 군집하다
기출	□ 恵まれる	□ 恵(めぐ)まれる 혜택 받다, 풍족하다
기출	□ 目指す	□ 目指(めざ)す 지향하다, 목표로 하다
	□ 目覚める	□ 目覚(めざ)める 눈뜨다, 자각하다
	□ 目立つ	□ 目立(めだ)つ 두드러지다, 눈에 띄다
기출	□ 面する	□ 面(めん)する (당)면하다, 인접하다, 향하다
	□ 申し出る	□ 申(もう)し出(で)る (의견·희망 사항을) 스스로 말하다
	□ 申す	□ 申(もう)す 말하다([言う, 語る]의 겸양)
	□ 潜る	□ 潜(もぐ)る 잠수하다, 잠입하다
기출	□ 戻す	□ 戻(もど)す 되돌리다
	□ 基づく	□ 基(もと)づく 의거하다, 기초로 두다, 기반하다
	□ 物語る	□ 物語(ものがた)る 이야기하다
	□ 催す	□ 催(もよお)す 개최하다
	□ 盛り上がる	□ 盛(も)り上(あ)がる (분위기가) 고조되다, 솟아오르다

や행

	단어	읽기·뜻
기출	□ 養う	□ 養(やしな)う 양육하다, 기르다
기출	□ 破れる	□ 破(やぶ)れる 찢어지다
	□ 譲る	□ 譲(ゆず)る 양도하다, 양보하다
	□ 横切る	□ 横切(よこぎ)る 횡단하다
	□ 喜ぶ	□ 喜(よろこ)ぶ 기뻐하다
	□ 弱まる	□ 弱(よわ)まる 약해지다
	□ 弱める	□ 弱(よわ)める 약하게 하다

ら행

기출	□ 略す	□ 略(りゃく)す 간단히 하다, 생략하다
	□ 渡る	□ 渡(わた)る (강·다리를) 건너다
	□ 渡す	□ 渡(わた)す 건네주다, 건너가게 하다
	□ 詫びる	□ 詫(わ)びる 사죄하다
	□ 割る	□ 割(わ)る 나누다, 쪼개다
	□ 割れる	□ 割(わ)れる 갈라지다, 분열되다

チェックアップ!
확인문제

1	頼る	ⓐ たてる	ⓑ たよる
2	溶ける	ⓐ とける	ⓑ つける
3	悩む	ⓐ はげむ	ⓑ なやむ
4	濡れる	ⓐ もれる	ⓑ ぬれる
5	含む	ⓐ あむ	ⓑ ふくむ
6	養う	ⓐ ちかう	ⓑ やしなう
7	割れる	ⓐ われる	ⓑ はれる
8	催す	ⓐ もよおす	ⓑ もうす

정답 1 ⓑ 2 ⓐ 3 ⓑ 4 ⓑ 5 ⓑ 6 ⓑ 7 ⓐ 8 ⓐ

2 필수 형용사

い형용사

- 浅(あさ)い 얕다
- 暖(あたた)かい 따뜻하다(기후·날씨)
- 温(あたた)かい 따뜻하다(온도)
- 厚(あつ)かましい 뻔뻔하다
- 危(あや)うい 위태롭다, 아슬아슬하다
- 기출 怪(あや)しい 수상하다
- 기출 荒(あら)い 거칠다(언행 등), 사납다, 난폭하다
- 粗(あら)い 엉성하다, 꺼칠꺼칠하다, 성기다, 조잡하다
- 기출 慌(あわ)ただしい 어수선하다, 분주하다
- 기출 勇(いさ)ましい 용감하다, 용맹스럽다
- 기출 著(いちじる)しい 현저하다, 두드러지다
- 薄(うす)い (색·농도가) 연하다, 옅다, (맛이) 싱겁다
- 薄暗(うすぐら)い 어슴푸레하다, 어둑어둑하다
- 기출 偉(えら)い 위대하다, 기특하다, 장하다
- 기출 幼(おさな)い 어리다
- 惜(お)しい 애석하다, 아깝다, 아쉽다
- 恐(おそ)ろしい 두렵다, 무섭다
- 大人(おとな)しい 얌전하다
- 思(おも)いがけない 의외이다, 뜻밖이다
- 重(おも)たい 무겁다, 묵직하다
- 기출 輝(かがや)かしい 빛나다, 훌륭하다
- 賢(かしこ)い 현명하다, 똑똑하다
- 固(かた)い 딱딱하다, 단단하다, 굳다
- 기출 辛(から)い 맵다
- 汚(きたな)い 더럽다
- 厳(きび)しい 엄하다, 엄격하다
- 臭(くさ)い (고약한) 냄새가 나다, 구리다
- 기출 悔(くや)しい 억울하다, 분하다
- 苦(くる)しい 괴롭다
- 기출 詳(くわ)しい 자세하다, 상세하다
- 煙(けむ)い (연기 등으로 인해) 맵다
- 기출 険(けわ)しい 험하다, 험악하다
- 기출 濃(こ)い (농도·색·맛이) 진하다, 짙다
- 恋(こい)しい 그립다
- 기출 心強(こころづよ)い 마음 든든하다
- 心細(こころぼそ)い 허전하다, 마음이 안 놓이다
- 기출 快(こころよ)い 유쾌/상쾌하다, 기분 좋다
- 細(こま)かい 세세하다
- 기출 怖(こわ)い 무섭다
- 騒(さわ)がしい 시끄럽다, 소란하다, 떠들썩하다
- 塩辛(しおから)い 짜다
- 四角(しかく)い 네모지다, 네모나다
- 親(した)しい 친하다
- 渋(しぶ)い (맛이) 떫다, (표정이) 떨떠름하다, 수수하다
- 酸(す)っぱい (맛이) 시다

- ☐ 素晴(すば)らしい 훌륭하다
- 기출 ☐ 鋭(するど)い 날카롭다, 예리하다
- ☐ 切(せつ)ない 애달프다, 애틋하다
- 기출 ☐ 騒々(そうぞう)しい 시끄럽다, 떠들썩하다
- ☐ 大事(だいじ)だ 중요하다, 소중하다
- 기출 ☐ 逞(たくま)しい 늠름하다, 씩씩하다
- ☐ 正(ただ)しい 바르다
- 기출 ☐ 頼(たの)もしい 든든하다
- ☐ 力強(ちからづよ)い 마음 든든하다, 힘차다
- 기출 ☐ 辛(つら)い 괴롭다, 고통스럽다
- 기출 ☐ 乏(とぼ)しい 모자라다, 가난하다, 부족하다
- ☐ 情(なさ)けない 한심하다
- ☐ 名高(なだか)い 유명하다
- ☐ 懐(なつ)かしい 그립다
- ☐ 生臭(なまぐさ)い 비린내가 나다
- ☐ 苦(にが)い (맛이) 쓰다
- 기출 ☐ 憎(にく)い 밉다, 얄밉다
- ☐ 憎(にく)らしい 얄밉다, 밉살스럽다
- ☐ 鈍(にぶ)い 둔하다, 둔탁하다
- ☐ 温(ぬる)い 미지근하다
- ☐ 眠(ねむ)い 졸리다
- ☐ 眠(ねむ)たい 졸리다
- ☐ 望(のぞ)ましい 바람직하다
- ☐ 激(はげ)しい 심하다, 격하다
- ☐ 恥(は)ずかしい 부끄럽다
- 기출 ☐ 等(ひと)しい 같다, 동일하다
- ☐ 分厚(ぶあつ)い 두툼하다, 두껍다
- ☐ 太(ふと)い 굵다
- ☐ 細(ほそ)い 가늘다
- ☐ 貧(まず)しい 가늘다, 빈약하다
- ☐ 眩(まぶ)しい 눈부시다
- ☐ 丸(まる)い 둥글다, 원만하다
- ☐ 蒸(む)し暑(あつ)い 무덥다
- ☐ 空(むな)しい 허무하다
- ☐ 珍(めずら)しい 진귀하다, 흔치 않다
- ☐ 目覚(めざ)ましい 눈부시다
- ☐ 申(もう)し訳(わけ)ない 죄송하다, 면목 없다
- 기출 ☐ 物足(ものた)りない 부족하다
- ☐ 柔(やわ)らかい 부드럽다, 유연하다
- ☐ 緩(ゆる)い 완만하다, 느리다
- ☐ 若々(わかわか)しい 젊디젊다

な형용사

- 기출 ☐ あいまいだ 애매하다
- ☐ 明(あき)らかだ 명백하다
- 기출 ☐ 鮮(あざ)やかだ 선명하다
- ☐ あやふやだ 애매하다
- ☐ 新(あら)ただ 새롭다
- 기출 ☐ 安易(あんい)だ 안이하다
- 기출 ☐ いい加減(かげん)だ 적당히 하다, 무책임하다

- 意地悪だ(いじわる) 심술궂다, 고약하다
- 기출 旺盛だ(おうせい) 왕성하다
- 기출 大げさだ(おお) 과장되다
- 大ざっぱだ(おお) 대략적이다, 대충이다
- 기출 大幅だ(おおはば) 대폭적이다
- 大まかだ(おお) 대강이다, 대충이다
- 기출 穏やかだ(おだ) 온화하다
- 기출 温厚だ(おんこう) 온후하다, 차분하다
- 格別だ(かくべつ) 각별하다
- 기출 勝手だ(かって) 제멋대로이다
- 기출 簡潔だ(かんけつ) 간결하다
- 기출 頑丈だ(がんじょう) 튼튼하다, 옹골차다
- 気軽だ(きがる) 선뜻하다, 소탈하다
- 気の毒だ(き どく) 딱하다, 가엽다
- 기출 奇妙だ(きみょう) 기묘하다
- 強大だ(きょうだい) 강대하다
- 器用だ(きよう) 손재주가 있다
- 気楽だ(きらく) 마음이 편하다
- 기출 劇的だ(げきてき) 극적이다
- 厳重だ(げんじゅう) 엄중하다
- 強引だ(ごういん) 억지로 하다
- 기출 好調だ(こうちょう) 호조다, 잘되어 가다
- 幸いだ(さいわ) 다행이다, 운이 좋다
- 様々だ(さまざま) 가지가지다, 여러 가지다
- 爽やかだ(さわ) 상쾌하다
- 質素だ(しっそ) 검소하다
- 地味だ(じみ) 수수하다
- 기출 真剣だ(しんけん) 진지하다
- 기출 柔軟だ(じゅうなん) 유연하다
- 기출 順調だ(じゅんちょう) 순조롭다
- 素敵だ(すてき) 멋지다
- 正確だ(せいかく) 정확하다
- 기출 清潔だ(せいけつ) 청결하다
- 기출 贅沢だ(ぜいたく) 사치스럽다, 호화스럽다
- 기출 率直だ(そっちょく) 솔직하다
- 粗末だ(そまつ) 허술하다
- 平らだ(たい) 평평하다
- 確かだ(たし) 확실하다, 틀림없다
- 妥当だ(だとう) 타당하다
- 単純だ(たんじゅん) 단순하다
- 退屈だ(たいくつ) 지루하다
- 駄目だ(だめ) 소용없다, 안 되다
- 強気だ(つよき) 강경하다
- 丁寧だ(ていねい) 정중하다, 주의 깊고 신중하다
- 기출 手軽だ(てがる) 손쉽다, 간단하다
- 的確だ(てきかく) 적확하다, 꼭 들어맞다
- 기출 適度だ(てきど) 알맞다, 적당하다
- 手頃だ(てごろ) (자기 조건·능력에) 적당하다, 알맞다
- 得意だ(とくい) 잘하다, 자신 있다
- 同様だ(どうよう) 마찬가지다, 같다

- □ 和(なご)やかだ 온화하다, 부드럽다
- □ 斜(なな)めだ 비스듬하다
- □ 生意気(なまいき)だ 건방지다
- □ 苦手(にがて)だ 잘 못하다, 질색이다
- □ 賑(にぎ)やかだ 번화하다, 번잡하다
- □ 莫大(ばくだい)だ 막대하다
- □ 派手(はで)だ 화려하다
- □ 微妙(びみょう)だ 미묘하다
- □ 不規則(ふきそく)だ 불규칙하다
- □ 不思議(ふしぎ)だ 신기롭다, 이상하다
- □ 不自由(ふじゆう)だ 부자유하다, 불편하다
- □ 無事(ぶじ)だ 무사하다
- □ 物騒(ぶっそう)だ 어수선하다, 뒤숭숭하다
- □ 平気(へいき)だ 태연하다, 아무렇지 않다
- □ 平凡(へいぼん)だ 평범하다
- □ 膨大(ぼうだい)だ 방대하다
- 기출 □ 豊富(ほうふ)だ 풍부하다
- □ 朗(ほが)らかだ 명랑하다
- □ 稀(まれ)だ 드물다, 희귀하다
- □ 見事(みごと)だ 대단하다, 훌륭하다
- □ 惨(みじ)めだ 비참하다
- 기출 □ 密接(みっせつ)だ 밀접하다
- □ 妙(みょう)だ 묘하다
- □ 無邪気(むじゃき)だ 천진난만하다, 악의가 없다
- □ 無駄(むだ)だ 쓸데없다, 허비하다
- 기출 □ 面倒(めんどう)だ 귀찮다
- □ 豊(ゆた)かだ 풍부하다, 풍족하다
- □ 陽気(ようき)だ 밝다
- 기출 □ 幼稚(ようち)だ 유치하다
- □ 欲張(よくば)りだ 욕심쟁이다
- □ 余計(よけい)だ 쓸데없다, 지나치다
- □ 楽(らく)だ 편하다
- □ 利口(りこう)だ 영리하다
- □ 立派(りっぱ)だ 훌륭하다
- 기출 □ 冷静(れいせい)だ 냉철하다

チェックアップ!
확인문제

1	勇ましい	ⓐ たくましい	ⓑ いさましい	5	奇妙だ	ⓐ びみょうだ	ⓑ きみょうだ
2	幼い	ⓐ おさない	ⓑ きたない	6	豊かだ	ⓐ ゆたかだ	ⓑ にぎやかだ
3	賢い	ⓐ かしこい	ⓑ つらい	7	粗末だ	ⓐ そまつだ	ⓑ しまつだ
4	鮮やかだ	ⓐ あざやかだ	ⓑ おだやかだ	8	稀だ	ⓐ らくだ	ⓑ まれだ

정답 1ⓑ 2ⓐ 3ⓐ 4ⓐ 5ⓑ 6ⓐ 7ⓐ 8ⓑ

필수 명사

① 음독 명사

あ행

기출	한자	읽기	뜻
	愛情	あいじょう	愛情 애정
	愛想	あいそ, あいそう	愛想 붙임성, 정나미, 대접
	握手	あくしゅ	握手 악수
	圧縮	あっしゅく	圧縮 압축
기출	圧勝	あっしょう	圧勝 압승
	圧倒	あっとう	圧倒 압도
	暗殺	あんさつ	暗殺 암살
	育児	いくじ	育児 육아
	育成	いくせい	育成 육성
	以後	いご	以後 이후(이제부터)
	以降	いこう	以降 이후(일정한 때로부터 뒤)
	意志	いし	意志 의지
	意思	いし	意思 의사
	維持	いじ	維持 유지
	意識	いしき	意識 의식
	遺跡	いせき	遺跡 유적
	依存	いぞん/いそん	依存 의존
	一流	いちりゅう	一流 일류
	一種	いっしゅ	一種 일종
	一瞬	いっしゅん	一瞬 일순, 한순간
	一生	いっしょう	一生 일생
	一致	いっち	一致 일치
	移転	いてん	移転 이전
	緯度	いど	緯度 위도
기출	違反	いはん	違反 위반
	衣服	いふく	衣服 의복
기출	意欲	いよく	意欲 의욕
	以来	いらい	以来 이래
	依頼	いらい	依頼 의뢰
	医療	いりょう	医療 의료
	印刷	いんさつ	印刷 인쇄
	引力	いんりょく	引力 인력
	有無	うむ	有無 유무
기출	永久	えいきゅう	永久 영구
	影響	えいきょう	影響 영향
	衛星	えいせい	衛星 위성
	衛生	えいせい	衛生 위생
	栄養	えいよう	栄養 영양
	液体	えきたい	液体 액체
기출	演技	えんぎ	演技 연기
	演劇	えんげき	演劇 연극
기출	演説	えんぜつ	演説 연설

□ 演奏	えんそう	□ 演奏(えんそう) 연주
□ 遠足	えんそく	□ 遠足(えんそく) 소풍
□ 応援	おうえん	□ 応援(おうえん) 응원
□ 応接	おうせつ	□ 応接(おうせつ) 응접
□ 応対	おうたい	□ 応対(おうたい) 응대
□ 横断	おうだん	□ 横断(おうだん) 횡단
□ 欧米	おうべい	□ 欧米(おうべい) 구미, 유럽과 미국
□ 汚染	おせん	□ 汚染(おせん) 오염
□ 御中	おんちゅう	□ 御中(おんちゅう) 귀중(우편물에서 수신자가 단체, 회사 등일 경우 이름 아래 붙이는 말)

か행

□ 絵画	かいが	□ 絵画(かいが) 회화
□ 開会	かいかい	□ 開会(かいかい) 개회
□ 海岸	かいがん	□ 海岸(かいがん) 해안
□ 解決	かいけつ	□ 解決(かいけつ) 해결
기출 □ 会見	かいけん	□ 会見(かいけん) 회견
기출 □ 外見	がいけん	□ 外見(がいけん) 외견, 겉모습
□ 会合	かいごう	□ 会合(かいごう) 회합, 모임
□ 外交	がいこう	□ 外交(がいこう) 외교
기출 □ 開催	かいさい	□ 開催(かいさい) 개최
□ 改札	かいさつ	□ 改札(かいさつ) 개찰
기출 □ 解散	かいさん	□ 解散(かいさん) 해산
□ 開始	かいし	□ 開始(かいし) 개시
□ 解釈	かいしゃく	□ 解釈(かいしゃく) 해석
□ 回収	かいしゅう	□ 回収(かいしゅう) 회수
□ 改修	かいしゅう	□ 改修(かいしゅう) 개수, 수리
□ 解説	かいせつ	□ 解説(かいせつ) 해설
기출 □ 改善	かいぜん	□ 改善(かいぜん) 개선
□ 改造	かいぞう	□ 改造(かいぞう) 개조
□ 会談	かいだん	□ 会談(かいだん) 회담
□ 開通	かいつう	□ 開通(かいつう) 개통
□ 改定	かいてい	□ 改定(かいてい) 개정(이미 정했던 것을 고쳐 다시 정함)
□ 改訂	かいてい	□ 改訂(かいてい) 개정(글자나 내용의 틀린 곳을 고쳐 바로잡음)
□ 快適	かいてき	□ 快適(かいてき) 쾌적
□ 回答	かいとう	□ 回答(かいとう) 회답, 회신
□ 解答	かいとう	□ 解答(かいとう) 해답
□ 該当	がいとう	□ 該当(がいとう) 해당
□ 解放	かいほう	□ 解放(かいほう) 해방
□ 開放	かいほう	□ 開放(かいほう) 개방
□ 改良	かいりょう	□ 改良(かいりょう) 개량
기출 □ 解約	かいやく	□ 解約(かいやく) 해약
□ 価格	かかく	□ 価格(かかく) 가격
□ 家具	かぐ	□ 家具(かぐ) 가구
□ 覚悟	かくご	□ 覚悟(かくご) 각오
□ 各自	かくじ	□ 各自(かくじ) 각자
□ 確実	かくじつ	□ 確実(かくじつ) 확실

기출	拡充	かくじゅう	拡充(かくじゅう) 확충
	学術	がくじゅつ	学術(がくじゅつ) 학술
	拡張	かくちょう	拡張(かくちょう) 확장
	確定	かくてい	確定(かくてい) 확정
	獲得	かくとく	獲得(かくとく) 획득
	格別	かくべつ	格別(かくべつ) 각별
	確保	かくほ	確保(かくほ) 확보
	革命	かくめい	革命(かくめい) 혁명
	学問	がくもん	学問(がくもん) 학문
	学力	がくりょく	学力(がくりょく) 학력
	火山	かざん	火山(かざん) 화산
	過失	かしつ	過失(かしつ) 과실(잘못)
	箇所	かしょ	箇所(かしょ) 개소, ~군데
	価値	かち	価値(かち) 가치
기출	活気	かっき	活気(かっき) 활기
	楽器	がっき	楽器(がっき) 악기
	学期	がっき	学期(がっき) 학기
기출	格好	かっこう	格好(かっこう) 모습, 꼴, 차림새
	活字	かつじ	活字(かつじ) 활자
	活躍	かつやく	活躍(かつやく) 활약
	活力	かつりょく	活力(かつりょく) 활력
	過程	かてい	過程(かてい) 과정(process)
	課程	かてい	課程(かてい) 과정(course)
	我慢	がまん	我慢(がまん) 참음, 자제
	貨物	かもつ	貨物(かもつ) 화물, 물품
	間隔	かんかく	間隔(かんかく) 간격
	換気	かんき	換気(かんき) 환기
	観客	かんきゃく	観客(かんきゃく) 관객
	環境	かんきょう	環境(かんきょう) 환경
	歓迎	かんげい	歓迎(かんげい) 환영
	感激	かんげき	感激(かんげき) 감격
기출	簡潔	かんけつ	簡潔(かんけつ) 간결
	看護	かんご	看護(かんご) 간호
	観光	かんこう	観光(かんこう) 관광
	観察	かんさつ	観察(かんさつ) 관찰
	鑑賞	かんしょう	鑑賞(かんしょう) 감상(예술작품 등을 봄)
	勘定	かんじょう	勘定(かんじょう) 계산
	感染	かんせん	感染(かんせん) 감염
	観測	かんそく	観測(かんそく) 관측
	観点	かんてん	観点(かんてん) 관점
	監督	かんとく	監督(かんとく) 감독
	観念	かんねん	観念(かんねん) 관념
	乾杯	かんぱい	乾杯(かんぱい) 건배
기출	勧誘	かんゆう	勧誘(かんゆう) 권유
	関与	かんよ	関与(かんよ) 관여
	慣用	かんよう	慣用(かんよう) 관용
	観覧	かんらん	観覧(かんらん) 관람
기출	管理	かんり	管理(かんり) 관리
기출	完了	かんりょう	完了(かんりょう) 완료

	☐ 議案	ぎあん	☐ 議案(ぎあん) 의안
	☐ 議員	ぎいん	☐ 議員(ぎいん) 의원
기출	☐ 記憶	きおく	☐ 記憶(きおく) 기억
	☐ 機械	きかい	☐ 機械(きかい) 기계
	☐ 機会	きかい	☐ 機会(きかい) 기회
	☐ 規格	きかく	☐ 規格(きかく) 규격
	☐ 機関	きかん	☐ 機関(きかん) 기관
	☐ 企業	きぎょう	☐ 企業(きぎょう) 기업
	☐ 器具	きぐ	☐ 器具(きぐ) 기구
	☐ 危険	きけん	☐ 危険(きけん) 위험
	☐ 気候	きこう	☐ 気候(きこう) 기후
	☐ 記事	きじ	☐ 記事(きじ) 기사
	☐ 儀式	ぎしき	☐ 儀式(ぎしき) 의식
	☐ 技術	ぎじゅつ	☐ 技術(ぎじゅつ) 기술
	☐ 奇数	きすう	☐ 奇数(きすう) 홀수
	☐ 基礎	きそ	☐ 基礎(きそ) 기초
	☐ 規則	きそく	☐ 規則(きそく) 규칙
	☐ 帰宅	きたく	☐ 帰宅(きたく) 귀가
	☐ 基地	きち	☐ 基地(きち) 기지
기출	☐ 機能	きのう	☐ 機能(きのう) 기능
	☐ 基盤	きばん	☐ 基盤(きばん) 기반
	☐ 義務	ぎむ	☐ 義務(ぎむ) 의무
	☐ 客席	きゃくせき	☐ 客席(きゃくせき) 관객
	☐ 業績	ぎょうせき	☐ 業績(ぎょうせき) 업적
	☐ 共存	きょうぞん/きょうそん	☐ 共存(きょうぞん) 공존
	☐ 協調	きょうちょう	☐ 協調(きょうちょう) 협조
	☐ 強調	きょうちょう	☐ 強調(きょうちょう) 강조
	☐ 共通	きょうつう	☐ 共通(きょうつう) 공통
	☐ 共同	きょうどう	☐ 共同(きょうどう) 공동
	☐ 恐怖	きょうふ	☐ 恐怖(きょうふ) 공포
	☐ 業務	ぎょうむ	☐ 業務(ぎょうむ) 업무
	☐ 強烈	きょうれつ	☐ 強烈(きょうれつ) 강렬
	☐ 曲線	きょくせん	☐ 曲線(きょくせん) 곡선
기출	☐ 極端	きょくたん	☐ 極端(きょくたん) 극단
기출	☐ 拒否	きょひ	☐ 拒否(きょひ) 거부
기출	☐ 距離	きょり	☐ 距離(きょり) 거리
	☐ 規律	きりつ	☐ 規律(きりつ) 규율
	☐ 記録	きろく	☐ 記録(きろく) 기록
	☐ 議論	ぎろん	☐ 議論(ぎろん) 의논
	☐ 疑惑	ぎわく	☐ 疑惑(ぎわく) 의혹
	☐ 金額	きんがく	☐ 金額(きんがく) 금액
	☐ 金魚	きんぎょ	☐ 金魚(きんぎょ) 금붕어
	☐ 金庫	きんこ	☐ 金庫(きんこ) 금고
	☐ 禁止	きんし	☐ 禁止(きんし) 금지
	☐ 金属	きんぞく	☐ 金属(きんぞく) 금속
	☐ 近代	きんだい	☐ 近代(きんだい) 근대
	☐ 緊張	きんちょう	☐ 緊張(きんちょう) 긴장
	☐ 筋肉	きんにく	☐ 筋肉(きんにく) 근육
	☐ 勤務	きんむ	☐ 勤務(きんむ) 근무
	☐ 金融	きんゆう	☐ 金融(きんゆう) 금융

기출	단어	읽기	단어	뜻
	区域	くいき	区域(くいき)	구역
	偶数	ぐうすう	偶数(ぐうすう)	짝수
	空想	くうそう	空想(くうそう)	공상
	空中	くうちゅう	空中(くうちゅう)	공중
	空腹	くうふく	空腹(くうふく)	공복
기출	苦情	くじょう	苦情(くじょう)	고충, 불평
	苦心	くしん	苦心(くしん)	고심, 애씀
	愚痴	ぐち	愚痴(ぐち)	푸념
	苦痛	くつう	苦痛(くつう)	고통
	工夫	くふう	工夫(くふう)	궁리함, 고안함
	区分	くぶん	区分(くぶん)	구분
	区別	くべつ	区別(くべつ)	구별
	群衆	ぐんしゅう	群衆(ぐんしゅう)	군중
	訓練	くんれん	訓練(くんれん)	훈련
	敬意	けいい	敬意(けいい)	경의
	経緯	けいい	経緯(けいい)	경위
	警戒	けいかい	警戒(けいかい)	경계
	警官	けいかん	警官(けいかん)	경관
기출	契機	けいき	契機(けいき)	계기
	警告	けいこく	警告(けいこく)	경고
	掲載	けいさい	掲載(けいさい)	게재
	芸術	げいじゅつ	芸術(げいじゅつ)	예술
기출	軽傷	けいしょう	軽傷(けいしょう)	경상(가벼운 부상)
기출	継続	けいぞく	継続(けいぞく)	계속
	経度	けいど	経度(けいど)	경도

기출	단어	읽기	단어	뜻
기출	警備	けいび	警備(けいび)	경비
	契約	けいやく	契約(けいやく)	계약
	経歴	けいれき	経歴(けいれき)	경력
	怪我	けが	怪我(けが)	부상, 다침
	血圧	けつあつ	血圧(けつあつ)	혈압
	血液	けつえき	血液(けつえき)	혈액
	結果	けっか	結果(けっか)	결과
	欠陥	けっかん	欠陥(けっかん)	결함
	決行	けっこう	決行(けっこう)	결행
	決算	けっさん	決算(けっさん)	결산
	決勝	けっしょう	決勝(けっしょう)	결승
	決心	けっしん	決心(けっしん)	결심
	結成	けっせい	結成(けっせい)	결성
	決断	けつだん	決断(けつだん)	결단
	決定	けってい	決定(けってい)	결정
	結論	けつろん	結論(けつろん)	결론
	権威	けんい	権威(けんい)	권위
	見解	けんかい	見解(けんかい)	견해
	玄関	げんかん	玄関(げんかん)	현관
	言語	げんご	言語(げんご)	언어
	現行	げんこう	現行(げんこう)	현행
	検査	けんさ	検査(けんさ)	검사
	現在	げんざい	現在(げんざい)	현재
	原作	げんさく	原作(げんさく)	원작
	原産	げんさん	原産(げんさん)	원산

	□ 検事	けんじ	□ 検事(けんじ) 검사
	□ 原始	げんし	□ 原始(げんし) 원시
	□ 研修	けんしゅう	□ 研修(けんしゅう) 연수
	□ 原書	げんしょ	□ 原書(げんしょ) 원서
	□ 現象	げんしょう	□ 現象(げんしょう) 현상(사물의 모양과 상태)
	□ 減少	げんしょう	□ 減少(げんしょう) 감소
	□ 現状	げんじょう	□ 現状(げんじょう) 현상(현재의 상태)
	□ 建設	けんせつ	□ 建設(けんせつ) 건설
	□ 健全	けんぜん	□ 健全(けんぜん) 건전
	□ 現像	げんぞう	□ 現像(げんぞう) 현상(사진 현상)
	□ 謙遜	けんそん	□ 謙遜(けんそん) 겸손
	□ 現代	げんだい	□ 現代(げんだい) 현대
	□ 建築	けんちく	□ 建築(けんちく) 건축
	□ 原点	げんてん	□ 原点(げんてん) 원점
	□ 限度	げんど	□ 限度(げんど) 한도
기출	□ 見当	けんとう	□ 見当(けんとう) 목표, 예측, 짐작, 가늠
	□ 検討	けんとう	□ 検討(けんとう) 검토
	□ 憲法	けんぽう	□ 憲法(けんぽう) 헌법
	□ 権利	けんり	□ 権利(けんり) 권리
	□ 原料	げんりょう	□ 原料(げんりょう) 원료
	□ 高価	こうか	□ 高価(こうか) 고가
기출	□ 硬貨	こうか	□ 硬貨(こうか) 경화, 금속 화폐, 주화
	□ 後悔	こうかい	□ 後悔(こうかい) 후회
	□ 公開	こうかい	□ 公開(こうかい) 공개
	□ 郊外	こうがい	□ 郊外(こうがい) 교외
	□ 公害	こうがい	□ 公害(こうがい) 공해
	□ 交換	こうかん	□ 交換(こうかん) 교환
	□ 抗議	こうぎ	□ 抗議(こうぎ) 항의
	□ 公共	こうきょう	□ 公共(こうきょう) 공공
기출	□ 交渉	こうしょう	□ 交渉(こうしょう) 교섭, 협상
기출	□ 合同	ごうどう	□ 合同(ごうどう) 합동
	□ 鉱物	こうぶつ	□ 鉱物(こうぶつ) 광물
	□ 公平	こうへい	□ 公平(こうへい) 공평
	□ 効力	こうりょく	□ 効力(こうりょく) 효력

チェックアップ!
확인문제

1 根本	ⓐ こんほん	ⓑ こんぽん		5 警告	ⓐ けいこく	ⓑ けいこ
2 簡潔	ⓐ せいけつ	ⓑ かんけつ		6 確保	ⓐ かくほ	ⓑ かくほう
3 間隔	ⓐ かんかく	ⓑ かんこく		7 故障	ⓐ こしょう	ⓑ こうしょう
4 血圧	ⓐ けつあつ	ⓑ ちあつ		8 骨折	ⓐ こつせつ	ⓑ こっせつ

정답 1ⓑ 2ⓑ 3ⓐ 4ⓐ 5ⓐ 6ⓐ 7ⓐ 8ⓑ

語学	ごがく	語学(ごがく) 어학
呼吸	こきゅう	呼吸(こきゅう) 호흡
故郷	こきょう	故郷(こきょう) 고향
国際	こくさい	国際(こくさい) 국제
国籍	こくせき	国籍(こくせき) 국적
克服	こくふく	克服(こくふく) 극복
国立	こくりつ	国立(こくりつ) 국립
故障	こしょう	故障(こしょう) 고장
個体	こたい	個体(こたい) 고체
古代	こだい	古代(こだい) 고대
国境	こっきょう	国境(こっきょう) 국경
骨折	こっせつ	骨折(こっせつ) 골절
古典	こてん	古典(こてん) 고전
孤独	こどく	孤独(こどく) 고독
孤立	こりつ	孤立(こりつ) 고립
根拠	こんきょ	根拠(こんきょ) 근거
混合	こんごう	混合(こんごう) 혼합
根本	こんぽん	根本(こんぽん) 근본

さ행

細菌	さいきん	細菌(さいきん) 세균
再建	さいけん	再建(さいけん) 재건
再現	さいげん	再現(さいげん) 재현
再三	さいさん	再三(さいさん) 재삼, 두세 번
財産	ざいさん	財産(ざいさん) 재산
財政	ざいせい	財政(ざいせい) 재정
기출 在籍	ざいせき	在籍(ざいせき) 재적
最善	さいぜん	最善(さいぜん) 최선
기출 催促	さいそく	催促(さいそく) 재촉
災難	さいなん	災難(さいなん) 재난
栽培	さいばい	栽培(さいばい) 재배
細胞	さいぼう	細胞(さいぼう) 세포
材木	ざいもく	材木(ざいもく) 재목, 목재
材料	ざいりょう	材料(ざいりょう) 재료
作業	さぎょう	作業(さぎょう) 작업
作者	さくしゃ	作者(さくしゃ) 작자
削除	さくじょ	削除(さくじょ) 삭제
座席	ざせき	座席(ざせき) 좌석
기출 撮影	さつえい	撮影(さつえい) 촬영
雑音	ざつおん	雑音(ざつおん) 잡음
雑貨	ざっか	雑貨(ざっか) 잡화
錯覚	さっかく	錯覚(さっかく) 착각
殺人	さつじん	殺人(さつじん) 살인
差別	さべつ	差別(さべつ) 차별
左右	さゆう	左右(さゆう) 좌우
作用	さよう	作用(さよう) 작용
参加	さんか	参加(さんか) 참가
産業	さんぎょう	産業(さんぎょう) 산업
参考	さんこう	参考(さんこう) 참고
賛成	さんせい	賛成(さんせい) 찬성

	단어	읽기	단어	뜻
	□ 酸性	さんせい	□ 酸性(さんせい)	산성
기출	□ 参照	さんしょう	□ 参照(さんしょう)	참조
	□ 酸素	さんそ	□ 酸素(さんそ)	산소
	□ 残念	ざんねん	□ 残念(ざんねん)	유감
	□ 散歩	さんぽ	□ 散歩(さんぽ)	산책
	□ 山脈	さんみゃく	□ 山脈(さんみゃく)	산맥
	□ 司会	しかい	□ 司会(しかい)	사회
	□ 資格	しかく	□ 資格(しかく)	자격
	□ 視覚	しかく	□ 視覚(しかく)	시각
	□ 自覚	じかく	□ 自覚(じかく)	자각
	□ 四季	しき	□ 四季(しき)	사계
	□ 指揮	しき	□ 指揮(しき)	지휘
	□ 支給	しきゅう	□ 支給(しきゅう)	지급
	□ 資金	しきん	□ 資金(しきん)	자금
기출	□ 刺激	しげき	□ 刺激(しげき)	자극
	□ 思考	しこう	□ 思考(しこう)	사고(생각)
	□ 志向	しこう	□ 志向(しこう)	지향
	□ 試行	しこう	□ 試行(しこう)	시행
	□ 自殺	じさつ	□ 自殺(じさつ)	자살
	□ 資産	しさん	□ 資産(しさん)	자산
	□ 持参	じさん	□ 持参(じさん)	지참
	□ 指示	しじ	□ 指示(しじ)	지시
기출	□ 支持	しじ	□ 支持(しじ)	지지
	□ 事実	じじつ	□ 事実(じじつ)	사실
	□ 自習	じしゅう	□ 自習(じしゅう)	자습
	□ 支出	ししゅつ	□ 支出(ししゅつ)	지출
	□ 市場	しじょう	□ 市場(しじょう)	시장, 장(경제)
	□ 事情	じじょう	□ 事情(じじょう)	사정
	□ 姿勢	しせい	□ 姿勢(しせい)	자세
	□ 自然	しぜん	□ 自然(しぜん)	자연
	□ 思想	しそう	□ 思想(しそう)	사상
	□ 持続	じぞく	□ 持続(じぞく)	지속
	□ 自尊心	じそんしん	□ 自尊心(じそんしん)	자존심
	□ 事態	じたい	□ 事態(じたい)	사태
기출	□ 辞退	じたい	□ 辞退(じたい)	사퇴
	□ 自治	じち	□ 自治(じち)	자치
	□ 実家	じっか	□ 実家(じっか)	본가, 생가, 친정
	□ 失格	しっかく	□ 失格(しっかく)	실격
	□ 失業	しつぎょう	□ 失業(しつぎょう)	실업
	□ 実験	じっけん	□ 実験(じっけん)	실험
	□ 実現	じつげん	□ 実現(じつげん)	실현
	□ 実行	じっこう	□ 実行(じっこう)	실행
	□ 実際	じっさい	□ 実際(じっさい)	실제
	□ 実施	じっし	□ 実施(じっし)	실시
	□ 実習	じっしゅう	□ 実習(じっしゅう)	실습
	□ 実践	じっせん	□ 実践(じっせん)	실천
	□ 実態	じったい	□ 実態(じったい)	실태
	□ 実物	じつぶつ	□ 実物(じつぶつ)	실물
	□ 実用	じつよう	□ 実用(じつよう)	실용
	□ 実力	じつりょく	□ 実力(じつりょく)	실력

	한자	읽기	뜻
	失恋	しつれん	失恋(しつれん) 실연
	指定	してい	指定(してい) 지정
	支店	してん	支店(してん) 지점
	視点	してん	視点(してん) 시점
	児童	じどう	児童(じどう) 아동
	始発	しはつ	始発(しはつ) 첫차
	耳鼻科	じびか	耳鼻科(じびか) 이비인후과
	死亡	しぼう	死亡(しぼう) 사망
	脂肪	しぼう	脂肪(しぼう) 지방
	志望	しぼう	志望(しぼう) 지망
	資本	しほん	資本(しほん) 자본
기출	視野	しや	視野(しや) 시야
	弱点	じゃくてん	弱点(じゃくてん) 약점
	謝罪	しゃざい	謝罪(しゃざい) 사죄
	借金	しゃっきん	借金(しゃっきん) 빚
기출	邪魔	じゃま	邪魔(じゃま) 방해
	車輪	しゃりん	車輪(しゃりん) 차륜, 차의 바퀴
	周囲	しゅうい	周囲(しゅうい) 주의
	収益	しゅうえき	収益(しゅうえき) 수익
	集会	しゅうかい	集会(しゅうかい) 집회
	修学	しゅうがく	修学(しゅうがく) 수학(학업을 닦음)
	周期	しゅうき	周期(しゅうき) 주기
기출	住居	じゅうきょ	住居(じゅうきょ) 주거
	宗教	しゅうきょう	宗教(しゅうきょう) 종교
	集金	しゅうきん	集金(しゅうきん) 집금, 수금
	集合	しゅうごう	集合(しゅうごう) 집합
	重視	じゅうし	重視(じゅうし) 중시
	充実	じゅうじつ	充実(じゅうじつ) 충실
	収集	しゅうしゅう	収集(しゅうしゅう) 수집
	修飾	しゅうしょく	修飾(しゅうしょく) 수식
	修正	しゅうせい	修正(しゅうせい) 수정
	修繕	しゅうぜん	修繕(しゅうぜん) 수선
	重体	じゅうたい	重体(じゅうたい) 중태
	渋滞	じゅうたい	渋滞(じゅうたい) 정체
	住宅	じゅうたく	住宅(じゅうたく) 주택
	集団	しゅうだん	集団(しゅうだん) 집단
	収入	しゅうにゅう	収入(しゅうにゅう) 수입
	就任	しゅうにん	就任(しゅうにん) 취임
	周辺	しゅうへん	周辺(しゅうへん) 주변
	重役	じゅうやく	重役(じゅうやく) 중역
	収容	しゅうよう	収容(しゅうよう) 수용
	終了	しゅうりょう	終了(しゅうりょう) 종료
	重力	じゅうりょく	重力(じゅうりょく) 중력
	修行	しゅぎょう	修行(しゅぎょう) 수행
	祝日	しゅくじつ	祝日(しゅくじつ) 경축일
	縮小	しゅくしょう	縮小(しゅくしょう) 축소
	宿泊	しゅくはく	宿泊(しゅくはく) 숙박
	宿命	しゅくめい	宿命(しゅくめい) 숙명
	主権	しゅけん	主権(しゅけん) 주권
	受験	じゅけん	受験(じゅけん) 수험

	단어	읽기	뜻
	主催	しゅさい	主催(しゅさい) 주최
기출	取材	しゅざい	取材(しゅざい) 취재
	趣旨	しゅし	趣旨(しゅし) 취지
	手術	しゅじゅつ	手術(しゅじゅつ) 수술
	首相	しゅしょう	首相(しゅしょう) 수상(내각의 최고 책임자)
	主体	しゅたい	主体(しゅたい) 주체
	主題	しゅだい	主題(しゅだい) 주제
	手段	しゅだん	手段(しゅだん) 수단
	主張	しゅちょう	主張(しゅちょう) 주장
	出演	しゅつえん	出演(しゅつえん) 출연
기출	出世	しゅっせ	出世(しゅっせ) 출세
기출	趣味	しゅみ	趣味(しゅみ) 취미
	消去	しょうきょ	消去(しょうきょ) 소거
	商業	しょうぎょう	商業(しょうぎょう) 상업
	上京	じょうきょう	上京(じょうきょう) 상경
	状況	じょうきょう	状況(じょうきょう) 상황
	賞金	しょうきん	賞金(しょうきん) 상금
	条件	じょうけん	条件(じょうけん) 조건
	照合	しょうごう	照合(しょうごう) 조합
	詳細	しょうさい	詳細(しょうさい) 상세
	乗車	じょうしゃ	乗車(じょうしゃ) 승차
	症状	しょうじょう	症状(しょうじょう) 증상
기출	上昇	じょうしょう	上昇(じょうしょう) 상승
	昇進	しょうしん	昇進(しょうしん) 승진
	情勢	じょうせい	情勢(じょうせい) 정세
	招待	しょうたい	招待(しょうたい) 초대
	状態	じょうたい	状態(じょうたい) 상태
	上達	じょうたつ	上達(じょうたつ) 향상됨, 숙달
	冗談	じょうだん	冗談(じょうだん) 농담
	承知	しょうち	承知(しょうち) 알아들음, 동의, 용서
	商店	しょうてん	商店(しょうてん) 상점
기출	焦点	しょうてん	焦点(しょうてん) 초점
	上等	じょうとう	上等(じょうとう) 고급, 훌륭함
	小児科	しょうにか	小児科(しょうにか) 소아과
	情熱	じょうねつ	情熱(じょうねつ) 정열
	商売	しょうばい	商売(しょうばい) 장사
	商品	しょうひん	商品(しょうひん) 상품
	上品	じょうひん	上品(じょうひん) 고상함, 품위 있음
	勝負	しょうぶ	勝負(しょうぶ) 승부
	情報	じょうほう	情報(じょうほう) 정보
	証明	しょうめい	証明(しょうめい) 증명
	照明	しょうめい	照明(しょうめい) 조명
	消耗	しょうもう	消耗(しょうもう) 소모
	条約	じょうやく	条約(じょうやく) 조약
	将来	しょうらい	将来(しょうらい) 장래
	初級	しょきゅう	初級(しょきゅう) 초급
	職業	しょくぎょう	職業(しょくぎょう) 직업
	食卓	しょくたく	食卓(しょくたく) 식탁

□ 職人	しょくにん	□ 職人(しょくにん) 직인, 직공(장인)
□ 職場	しょくば	□ 職場(しょくば) 직장
□ 植物	しょくぶつ	□ 植物(しょくぶつ) 식물
□ 食物	しょくもつ	□ 食物(しょくもつ) 먹을 것
□ 食欲	しょくよく	□ 食欲(しょくよく) 식욕
□ 助言	じょげん	□ 助言(じょげん) 조언
□ 所在	しょざい	□ 所在(しょざい) 소재
□ 所持	しょじ	□ 所持(しょじ) 소지
□ 助手	じょしゅ	□ 助手(じょしゅ) 조수
□ 書籍	しょせき	□ 書籍(しょせき) 서적
□ 所属	しょぞく	□ 所属(しょぞく) 소속
□ 処置	しょち	□ 処置(しょち) 처치
□ 食器	しょっき	□ 食器(しょっき) 식기
□ 所得	しょとく	□ 所得(しょとく) 소득
□ 初版	しょはん	□ 初版(しょはん) 초판
□ 処分	しょぶん	□ 処分(しょぶん) 처분
기출 □ 初歩	しょほ	□ 初歩(しょほ) 초보
□ 署名	しょめい	□ 署名(しょめい) 서명
□ 女優	じょゆう	□ 女優(じょゆう) 여배우
□ 処理	しょり	□ 処理(しょり) 처리
□ 資料	しりょう	□ 資料(しりょう) 자료
□ 進化	しんか	□ 進化(しんか) 진화
□ 進学	しんがく	□ 進学(しんがく) 진학
□ 人格	じんかく	□ 人格(じんかく) 인격
□ 神経	しんけい	□ 神経(しんけい) 신경
□ 進行	しんこう	□ 進行(しんこう) 진행
□ 信号	しんごう	□ 信号(しんごう) 신호
□ 人口	じんこう	□ 人口(じんこう) 인구
□ 人工	じんこう	□ 人工(じんこう) 인공
기출 □ 深刻	しんこく	□ 深刻(しんこく) 심각
□ 審査	しんさ	□ 審査(しんさ) 심사
□ 診察	しんさつ	□ 診察(しんさつ) 진찰
□ 人種	じんしゅ	□ 人種(じんしゅ) 인종
□ 進出	しんしゅつ	□ 進出(しんしゅつ) 진출
□ 心情	しんじょう	□ 心情(しんじょう) 심정
□ 申請	しんせい	□ 申請(しんせい) 신청
□ 親戚	しんせき	□ 親戚(しんせき) 친척
□ 新鮮	しんせん	□ 新鮮(しんせん) 신선
□ 親善	しんぜん	□ 親善(しんぜん) 친선
□ 真相	しんそう	□ 真相(しんそう) 진상
□ 心臓	しんぞう	□ 心臓(しんぞう) 심장
□ 診断	しんだん	□ 診断(しんだん) 진단
□ 新築	しんちく	□ 新築(しんちく) 신축
□ 進展	しんてん	□ 進展(しんてん) 진전
□ 進度	しんど	□ 進度(しんど) 진도
□ 振動	しんどう	□ 振動(しんどう) 진동
□ 侵入	しんにゅう	□ 侵入(しんにゅう) 침입
□ 神秘	しんぴ	□ 神秘(しんぴ) 신비
□ 人物	じんぶつ	□ 人物(じんぶつ) 인물
□ 進歩	しんぽ	□ 進歩(しんぽ) 진보

- □ 深夜 しんや □ 深夜(しんや) 심야
- □ 親友 しんゆう □ 親友(しんゆう) 친한 친구
- □ 信用 しんよう □ 信用(しんよう) 신용
- □ 信頼 しんらい □ 信頼(しんらい) 신뢰
- □ 心理 しんり □ 心理(しんり) 심리
- □ 侵略 しんりゃく □ 侵略(しんりゃく) 침략
- □ 診療 しんりょう □ 診療(しんりょう) 진료
- □ 森林 しんりん □ 森林(しんりん) 삼림
- □ 親類 しんるい □ 親類(しんるい) 친척, 일가
- □ 人類 じんるい □ 人類(じんるい) 인류
- □ 進路 しんろ □ 進路(しんろ) 진로
- □ 神話 しんわ □ 神話(しんわ) 신화
- □ 水産 すいさん □ 水産(すいさん) 수산
- □ 水準 すいじゅん □ 水準(すいじゅん) 수준
- □ 推進 すいしん □ 推進(すいしん) 추진
- □ 推測 すいそく □ 推測(すいそく) 추측
- 기출 □ 垂直 すいちょく □ 垂直(すいちょく) 수직
- □ 推定 すいてい □ 推定(すいてい) 추정
- □ 頭痛 ずつう □ 頭痛(ずつう) 두통
- □ 頭脳 ずのう □ 頭脳(ずのう) 두뇌
- □ 正解 せいかい □ 正解(せいかい) 정답
- □ 性格 せいかく □ 性格(せいかく) 성격
- □ 税関 ぜいかん □ 税関(ぜいかん) 세관
- □ 世紀 せいき □ 世紀(せいき) 세기
- □ 正規 せいき □ 正規(せいき) 정규

- □ 請求 せいきゅう □ 請求(せいきゅう) 청구
- □ 税金 ぜいきん □ 税金(ぜいきん) 세금
- □ 設計 せっけい □ 設計(せっけい) 설계
- □ 清潔 せいけつ □ 清潔(せいけつ) 청결
- □ 政権 せいけん □ 政権(せいけん) 정권
- □ 制限 せいげん □ 制限(せいげん) 제한
- □ 成功 せいこう □ 成功(せいこう) 성공
- □ 政策 せいさく □ 政策(せいさく) 정책
- □ 制作 せいさく □ 制作(せいさく) 제작(창작물)
- □ 製作 せいさく □ 製作(せいさく) 제작(물건)
- □ 生産 せいさん □ 生産(せいさん) 생산
- □ 清算 せいさん □ 清算(せいさん) 청산
- □ 正式 せいしき □ 正式(せいしき) 정식
- □ 性質 せいしつ □ 性質(せいしつ) 성질
- □ 誠実 せいじつ □ 誠実(せいじつ) 성실
- □ 成熟 せいじゅく □ 成熟(せいじゅく) 성숙
- □ 青春 せいしゅん □ 青春(せいしゅん) 청춘
- □ 清純 せいじゅん □ 清純(せいじゅん) 청순
- □ 清掃 せいそう □ 清掃(せいそう) 청소
- 기출 □ 製造 せいぞう □ 製造(せいぞう) 제조
- □ 贅沢 ぜいたく □ 贅沢(ぜいたく) 사치, 호화스러움
- 기출 □ 成長 せいちょう □ 成長(せいちょう) 성장
- □ 生長 せいちょう □ 生長(せいちょう) 생장
- □ 生徒 せいと □ 生徒(せいと) 학생, 생도 (중·고등학생)

制度　せいど　制度 제도
政党　せいとう　政党 정당
青年　せいねん　青年 청년
成年　せいねん　成年 성년
性能　せいのう　性能 성능
整備　せいび　整備 정비
製品　せいひん　製品 제품
政府　せいふ　政府 정부
制服　せいふく　制服 제복
生物　せいぶつ　生物 생물
成分　せいぶん　成分 성분
性別　せいべつ　性別 성별
生命　せいめい　生命 생명
正門　せいもん　正門 정문
制約　せいやく　制約 제약
成立　せいりつ　成立 성립
勢力　せいりょく　勢力 세력
責任　せきにん　責任 책임
責務　せきむ　責務 책무
石油　せきゆ　石油 석유
기출 世間　せけん　世間 세간, 세상
世帯　せたい　世帯 세대(주거, 가구)
世代　せだい　世代 세대(연령층)
接近　せっきん　接近 접근
設計　せっけい　設計 설계

接触　せっしょく　接触 접촉
기출 接続　せつぞく　接続 접속
設置　せっち　設置 설치
設定　せってい　設定 설정
説得　せっとく　説得 설득
設備　せつび　設備 설비
기출 節約　せつやく　節約 절약
設立　せつりつ　設立 설립
世話　せわ　世話 신세, 보살핌
選挙　せんきょ　選挙 선거
前後　ぜんご　前後 전후
選考　せんこう　選考 선고, 전형
先行　せんこう　先行 선행, 앞서감
専攻　せんこう　専攻 전공
洗剤　せんざい　洗剤 세제
先日　せんじつ　先日 지난번, 요전 날
前者　ぜんしゃ　前者 전자
選手　せんしゅ　選手 선수
全集　ぜんしゅう　全集 전집
全身　ぜんしん　全身 전신
前進　ぜんしん　前進 전진
戦争　せんそう　戦争 전쟁
選択　せんたく　選択 선택
先端　せんたん　先端 첨단
先着　せんちゃく　先着 선착

	단어	읽기	뜻
	□ 先頭	せんとう	□ 先頭(せんとう) 선두
	□ 戦闘	せんとう	□ 戦闘(せんとう) 전투
	□ 潜入	せんにゅう	□ 潜入(せんにゅう) 잠입
기출	□ 専念	せんねん	□ 専念(せんねん) 전념
	□ 全般	ぜんぱん	□ 全般(ぜんぱん) 전반
	□ 洗面	せんめん	□ 洗面(せんめん) 세면
	□ 専門	せんもん	□ 専門(せんもん) 전문
	□ 全力	ぜんりょく	□ 全力(ぜんりょく) 전력
	□ 線路	せんろ	□ 線路(せんろ) 선로
	□ 騒音	そうおん	□ 騒音(そうおん) 잡음
기출	□ 総額	そうがく	□ 総額(そうがく) 총액
	□ 創刊	そうかん	□ 創刊(そうかん) 창간
기출	□ 相互	そうご	□ 相互(そうご) 상호
	□ 造船	ぞうせん	□ 造船(ぞうせん) 조선(배를 만듦)
	□ 創造	そうぞう	□ 創造(そうぞう) 창조
	□ 相続	そうぞく	□ 相続(そうぞく) 상속
	□ 増大	ぞうだい	□ 増大(ぞうだい) 증대
	□ 送別	そうべつ	□ 送別(そうべつ) 송별
	□ 送料	そうりょう	□ 送料(そうりょう) (배)송료
	□ 速達	そくたつ	□ 速達(そくたつ) 속달(우편)
	□ 測定	そくてい	□ 測定(そくてい) 측정
	□ 速度	そくど	□ 速度(そくど) 속도
	□ 側面	そくめん	□ 側面(そくめん) 측면
	□ 測量	そくりょう	□ 測量(そくりょう) 측량
	□ 速力	そくりょく	□ 速力(そくりょく) 속력
	□ 素質	そしつ	□ 素質(そしつ) 소질
	□ 祖先	そせん	□ 祖先(そせん) 선조
	□ 存在	そんざい	□ 存在(そんざい) 존재
	□ 損失	そんしつ	□ 損失(そんしつ) 손실
	□ 存続	そんぞく	□ 存続(そんぞく) 존속
	□ 損得	そんとく	□ 損得(そんとく) 손득(손해와 이득)

チェックアップ!
확인문제

		ⓐ	ⓑ
1	世間	ⓐ せかん	ⓑ せけん
2	支給	ⓐ しきゅ	ⓑ しきゅう
3	責任	ⓐ せきにん	ⓑ せきむ
4	縮小	ⓐ しゅくしょ	ⓑ しゅくしょう
5	取材	ⓐ しゅざい	ⓑ しゅうざい
6	処分	ⓐ しょうぶん	ⓑ しょぶん
7	垂直	ⓐ すいちょく	ⓑ すいじき
8	世代	ⓐ せたい	ⓑ せだい

정답 1ⓑ 2ⓑ 3ⓐ 4ⓑ 5ⓐ 6ⓑ 7ⓐ 8ⓑ

た행

□ 体格	たいかく	□ 体格 체격
□ 退学	たいがく	□ 退学 퇴학
□ 大工	だいく	□ 大工 목수, 목공
□ 対決	たいけつ	□ 対決 대결
□ 滞在	たいざい	□ 滞在 체재, 체류
□ 対策	たいさく	□ 対策 대책
□ 体重	たいじゅう	□ 体重 체중
□ 対処	たいしょ	□ 対処 대처
□ 対照	たいしょう	□ 対照 대조
□ 大臣	だいじん	□ 大臣 대신, 장관
□ 体制	たいせい	□ 体制 체제
□ 態度	たいど	□ 態度 태도
□ 対等	たいとう	□ 対等 대등
□ 代表	だいひょう	□ 代表 대표
□ 大木	たいぼく	□ 大木 거목, 큰 나무
□ 題名	だいめい	□ 題名 제목
□ 対面	たいめん	□ 対面 대면
□ 太陽	たいよう	□ 太陽 태양
□ 代用	だいよう	□ 代用 대용
□ 代理	だいり	□ 代理 대리
□ 対立	たいりつ	□ 対立 대립
□ 打撃	だげき	□ 打撃 타격
□ 脱出	だっしゅつ	□ 脱出 탈출
□ 達成	たっせい	□ 達成 달성
□ 脱線	だっせん	□ 脱線 탈선
□ 脱退	だったい	□ 脱退 탈퇴
기출 □ 妥当	だとう	□ 妥当 타당
□ 他人	たにん	□ 他人 타인
□ 多様	たよう	□ 多様 다양
□ 単位	たんい	□ 単位 단위
□ 段階	だんかい	□ 段階 단계
□ 短期	たんき	□ 短期 단기
□ 短気	たんき	□ 短気 성질이 급함
□ 団結	だんけつ	□ 団結 단결
□ 探検	たんけん	□ 探検 탐험
□ 炭鉱	たんこう	□ 炭鉱 탄광
□ 短縮	たんしゅく	□ 短縮 단축
□ 単純	たんじゅん	□ 単純 단순
□ 短所	たんしょ	□ 短所 단점
□ 炭素	たんそ	□ 炭素 탄소
□ 団体	だんたい	□ 団体 단체
□ 団地	だんち	□ 団地 단지
□ 担当	たんとう	□ 担当 담당
□ 単独	たんどく	□ 単独 단독
□ 短編	たんぺん	□ 短編 단편
□ 暖房	だんぼう	□ 暖房 난방
□ 断面	だんめん	□ 断面 단면
□ 弾力	だんりょく	□ 弾力 탄력
□ 治安	ちあん	□ 治安 치안

	단어	읽기	뜻
	□ 知恵	ちえ	□ 知恵 지혜
	□ 地球	ちきゅう	□ 地球 지구(행성)
	□ 地区	ちく	□ 地区 지구(구획, 구역)
	□ 蓄積	ちくせき	□ 蓄積 축적
	□ 地形	ちけい	□ 地形 지형
	□ 遅刻	ちこく	□ 遅刻 지각
	□ 知識	ちしき	□ 知識 지식
	□ 地質	ちしつ	□ 地質 지질
	□ 知人	ちじん	□ 知人 지인
	□ 地帯	ちたい	□ 地帯 지대
	□ 秩序	ちつじょ	□ 秩序 질서
	□ 知的	ちてき	□ 知的 지적
	□ 地点	ちてん	□ 地点 지점
	□ 知能	ちのう	□ 知能 지능
	□ 着色	ちゃくしょく	□ 着色 착색
	□ 着席	ちゃくせき	□ 着席 착석
	□ 中間	ちゅうかん	□ 中間 중간
기출	□ 中継	ちゅうけい	□ 中継 중계
	□ 中古	ちゅうこ	□ 中古 중고
	□ 忠告	ちゅうこく	□ 忠告 충고
	□ 忠実	ちゅうじつ	□ 忠実 충실
기출	□ 抽選	ちゅうせん	□ 抽選 추첨
기출	□ 中断	ちゅうだん	□ 中断 중단
	□ 中毒	ちゅうどく	□ 中毒 중독
기출	□ 注目	ちゅうもく	□ 注目 주목
	□ 超過	ちょうか	□ 超過 초과
	□ 聴覚	ちょうかく	□ 聴覚 청각
	□ 朝刊	ちょうかん	□ 朝刊 조간
	□ 長期	ちょうき	□ 長期 장기
	□ 聴講	ちょうこう	□ 聴講 청강
	□ 彫刻	ちょうこく	□ 彫刻 조각
	□ 調子	ちょうし	□ 調子 상태
	□ 徴収	ちょうしゅう	□ 徴収 징수
	□ 長所	ちょうしょ	□ 長所 장점
	□ 頂上	ちょうじょう	□ 頂上 정상
	□ 調整	ちょうせい	□ 調整 조정
기출	□ 調節	ちょうせつ	□ 調節 조절
	□ 重複	ちょうふく/じゅうふく	□ 重複 중복
	□ 調理	ちょうり	□ 調理 조리
	□ 調和	ちょうわ	□ 調和 조화
	□ 貯金	ちょきん	□ 貯金 저금
	□ 直後	ちょくご	□ 直後 직후
	□ 直接	ちょくせつ	□ 直接 직접
	□ 直前	ちょくぜん	□ 直前 직전
	□ 直通	ちょくつう	□ 直通 직통
	□ 直面	ちょくめん	□ 直面 직면
	□ 著者	ちょしゃ	□ 著者 저자
	□ 貯蔵	ちょぞう	□ 貯蔵 저장
	□ 貯蓄	ちょちく	□ 貯蓄 저축

	한자	읽기	한자	뜻
	直角	ちょっかく	直角	직각
	著名	ちょめい	著名	저명, 유명
	治療	ちりょう	治療	치료
	賃金	ちんぎん	賃金	임금
	追加	ついか	追加	추가
	追及	ついきゅう	追及	추궁
	追放	ついほう	追放	추방
	通貨	つうか	通貨	통화
	通過	つうか	通過	통과
	通行	つうこう	通行	통행
	通常	つうじょう	通常	통상
	通信	つうしん	通信	통신
	痛切	つうせつ	痛切	통절
	通知	つうち	通知	통지
	通帳	つうちょう	通帳	통장
	通訳	つうやく	通訳	통역
	通用	つうよう	通用	통용
	通路	つうろ	通路	통로
	都合	つごう	都合	상황, 형편
	提案	ていあん	提案	제안
	定員	ていいん	定員	정원
	定価	ていか	定価	정가
	低下	ていか	低下	저하
기출	提供	ていきょう	提供	제공
	提携	ていけい	提携	제휴
기출	抵抗	ていこう	抵抗	저항
	停車	ていしゃ	停車	정차
	提出	ていしゅつ	提出	제출
기출	訂正	ていせい	訂正	정정
	停滞	ていたい	停滞	정체
	停電	ていでん	停電	정전
	程度	ていど	程度	정도
	適性	てきせい	適性	적성
	適切	てきせつ	適切	적절
	適当	てきとう	適当	적당
	適用	てきよう	適用	적용
	哲学	てつがく	哲学	철학
	徹底	てってい	徹底	철저
	展開	てんかい	展開	전개
	転換	てんかん	転換	전환
	転勤	てんきん	転勤	전근
	典型	てんけい	典型	전형
	点検	てんけん	点検	점검
	天候	てんこう	天候	기후, 날씨
	伝説	でんせつ	伝説	전설
	伝染	でんせん	伝染	전염
	伝達	でんたつ	伝達	전달
	電波	でんぱ	電波	전파
	展望	てんぼう	展望	전망
	電報	でんぽう	電報	전보

☐ 展覧 てんらん ☐ 展覧 전람

☐ 電流 でんりゅう ☐ 電流 전류

☐ 答案 とうあん ☐ 答案 답안

☐ 統一 とういつ ☐ 統一 통일

☐ 道具 どうぐ ☐ 道具 도구

☐ 動向 どうこう ☐ 動向 동향

☐ 投資 とうし ☐ 投資 투자

☐ 同士 どうし ☐ 同士 동지, 끼리

☐ 投書 とうしょ ☐ 投書 투서

☐ 同情 どうじょう ☐ 同情 동정

☐ 当選 とうせん ☐ 当選 당선

☐ 当然 とうぜん ☐ 当然 당연

☐ 到達 とうたつ ☐ 到達 도달

☐ 到着 とうちゃく ☐ 到着 도착

☐ 道徳 どうとく ☐ 道徳 도덕

☐ 盗難 とうなん ☐ 盗難 도난

☐ 投入 とうにゅう ☐ 投入 투입

☐ 導入 どうにゅう ☐ 導入 도입

☐ 当番 とうばん ☐ 当番 당번

☐ 同盟 どうめい ☐ 同盟 동맹

☐ 動揺 どうよう ☐ 動揺 동요(흔들림)

☐ 童謡 どうよう ☐ 童謡 동요(아동 노래)

☐ 同僚 どうりょう ☐ 同僚 동료

☐ 道路 どうろ ☐ 道路 도로

기출 ☐ 登録 とうろく ☐ 登録 등록

기출 ☐ 討論 とうろん ☐ 討論 토론

☐ 童話 どうわ ☐ 童話 동화

☐ 特技 とくぎ ☐ 特技 특기

☐ 独裁 どくさい ☐ 独裁 독재

☐ 特産 とくさん ☐ 特産 특산

☐ 独自 どくじ ☐ 独自 독자(자기 혼자)

☐ 読者 どくしゃ ☐ 読者 독자(출판물을 읽는 사람)

☐ 特殊 とくしゅ ☐ 特殊 특수

☐ 特集 とくしゅう ☐ 特集 특집

☐ 読書 どくしょ ☐ 読書 독서

기출 ☐ 特色 とくしょく ☐ 特色 특색

☐ 独身 どくしん ☐ 独身 독신

☐ 独占 どくせん ☐ 独占 독점

☐ 特徴 とくちょう ☐ 特徴 특징

☐ 特長 とくちょう ☐ 特長 특장, 특별한 장점

☐ 特定 とくてい ☐ 特定 특정

☐ 得点 とくてん ☐ 得点 득점

기출 ☐ 独特 どくとく ☐ 独特 독특

☐ 特別 とくべつ ☐ 特別 특별

☐ 独立 どくりつ ☐ 独立 독립

☐ 登山 とざん ☐ 登山 등산

☐ 特許 とっきょ ☐ 特許 특허

☐ 徒歩 とほ ☐ 徒歩 도보

な행

内緒	ないしょ	内緒(ないしょ) 비밀
内線	ないせん	内線(ないせん) 내선
内臓	ないぞう	内臓(ないぞう) 내장
納得	なっとく	納得(なっとく) 납득
南極	なんきょく	南極(なんきょく) 남극
南米	なんべい	南米(なんべい) 남미(남아메리카)
南北	なんぼく	南北(なんぼく) 남북
日光	にっこう	日光(にっこう) 일광, 햇볕
기출 日中	にっちゅう	日中(にっちゅう) 낮(해가 떠 있는 동안)
日程	にってい	日程(にってい) 일정
入手	にゅうしゅ	入手(にゅうしゅ) 입수
女房	にょうぼう	女房(にょうぼう) 아내, 마누라
人情	にんじょう	人情(にんじょう) 인정
妊娠	にんしん	妊娠(にんしん) 임신
任務	にんむ	任務(にんむ) 임무
任命	にんめい	任命(にんめい) 임명
熱心	ねっしん	熱心(ねっしん) 열심
熱中	ねっちゅう	熱中(ねっちゅう) 열중
念願	ねんがん	念願(ねんがん) 염원
年月	ねんげつ	年月(ねんげつ) 연월, 세월
年度	ねんど	年度(ねんど) 연도
年齢	ねんれい	年齢(ねんれい) 연령
農家	のうか	農家(のうか) 농가
農産物	のうさんぶつ	農産物(のうさんぶつ) 농산물
農地	のうち	農地(のうち) 농지
能率	のうりつ	能率(のうりつ) 능률

チェックアップ! 확인문제

		ⓐ	ⓑ
1	暖房	ⓐ たんぼう	ⓑ だんぼう
2	短編	ⓐ たんへん	ⓑ たんぺん
3	超過	ⓐ ちょうか	ⓑ ちょか
4	伝染	ⓐ でんせん	ⓑ てんせん
5	日中	ⓐ にちじゅう	ⓑ にっちゅう
6	独身	ⓐ とくしん	ⓑ どくしん
7	納得	ⓐ なつとく	ⓑ なっとく
8	能率	ⓐ のうりつ	ⓑ のうそつ

정답 1ⓑ 2ⓑ 3ⓐ 4ⓐ 5ⓑ 6ⓑ 7ⓑ 8ⓐ

は행

기출	□ 把握	はあく	□ 把握(はあく) 파악
	□ 配給	はいきゅう	□ 配給(はいきゅう) 배급
	□ 拝啓	はいけい	□ 拝啓(はいけい) 삼가 아뢰옴
	□ 背景	はいけい	□ 背景(はいけい) 배경
	□ 拝見	はいけん	□ 拝見(はいけん) 배견, 삼가 봄
	□ 背後	はいご	□ 背後(はいご) 배후
기출	□ 廃止	はいし	□ 廃止(はいし) 폐지
	□ 拝借	はいしゃく	□ 拝借(はいしゃく) 배차('빌려 씀'의 겸사말)
	□ 排水	はいすい	□ 排水(はいすい) 배수
	□ 敗戦	はいせん	□ 敗戦(はいせん) 패전
	□ 配達	はいたつ	□ 配達(はいたつ) 배달
	□ 配置	はいち	□ 配置(はいち) 배치
	□ 売店	ばいてん	□ 売店(ばいてん) 매점
	□ 売買	ばいばい	□ 売買(ばいばい) 매매
	□ 配布	はいふ	□ 配布(はいふ) 배포
	□ 配分	はいぶん	□ 配分(はいぶん) 배분
	□ 敗北	はいぼく	□ 敗北(はいぼく) 패배
	□ 俳優	はいゆう	□ 俳優(はいゆう) 배우
	□ 配慮	はいりょ	□ 配慮(はいりょ) 배려
	□ 配列	はいれつ	□ 配列(はいれつ) 배열
	□ 博士	はかせ	□ 博士(はかせ) 박사
	□ 拍手	はくしゅ	□ 拍手(はくしゅ) 박수
	□ 漠然	ばくぜん	□ 漠然(ばくぜん) 막연
	□ 莫大	ばくだい	□ 莫大(ばくだい) 막대
	□ 博物館	はくぶつかん	□ 博物館(はくぶつかん) 박물관
	□ 派遣	はけん	□ 派遣(はけん) 파견
기출	□ 破産	はさん	□ 破産(はさん) 파산
	□ 破損	はそん	□ 破損(はそん) 파손
	□ 発見	はっけん	□ 発見(はっけん) 발견
	□ 発言	はつげん	□ 発言(はつげん) 발언
	□ 発行	はっこう	□ 発行(はっこう) 발행
	□ 発射	はっしゃ	□ 発射(はっしゃ) 발사
	□ 発車	はっしゃ	□ 発車(はっしゃ) 발차, 출발
	□ 発生	はっせい	□ 発生(はっせい) 발생
기출	□ 発達	はったつ	□ 発達(はったつ) 발달
	□ 発展	はってん	□ 発展(はってん) 발전(전개)
	□ 発電	はつでん	□ 発電(はつでん) 발전(전기를 일으킴)
	□ 発売	はつばい	□ 発売(はつばい) 발매
	□ 発病	はつびょう	□ 発病(はつびょう) 발병
	□ 発表	はっぴょう	□ 発表(はっぴょう) 발표
	□ 発明	はつめい	□ 発明(はつめい) 발명
	□ 破裂	はれつ	□ 破裂(はれつ) 파열
기출	□ 範囲	はんい	□ 範囲(はんい) 범위
기출	□ 反映	はんえい	□ 反映(はんえい) 반영
	□ 繁栄	はんえい	□ 繁栄(はんえい) 번영
	□ 反感	はんかん	□ 反感(はんかん) 반감
	□ 半径	はんけい	□ 半径(はんけい) 반경

	反撃	はんげき	反撃 반격
	判決	はんけつ	判決 판결
	反抗	はんこう	反抗 반항
	犯罪	はんざい	犯罪 범죄
	判事	はんじ	判事 판사
	反射	はんしゃ	反射 반사
	判定	はんてい	判定 판정
	犯人	はんにん	犯人 범인
	反応	はんのう	反応 반응
	万能	ばんのう	万能 만능
	反発	はんぱつ	反発 반발
	反乱	はんらん	反乱 반란
기출	比較	ひかく	比較 비교
	悲観	ひかん	悲観 비관
	悲劇	ひげき	悲劇 비극
	秘訣	ひけつ	秘訣 비결
	否決	ひけつ	否決 부결
	飛行	ひこう	飛行 비행(공중으로 날아감)
	非行	ひこう	非行 비행(잘못되거나 그릇된 행위)
	悲惨	ひさん	悲惨 비참
	筆記	ひっき	筆記 필기
	筆者	ひっしゃ	筆者 필자
	必修	ひっしゅう	必修 필수
	必要	ひつよう	必要 필요

	否定	ひてい	否定 부정
	避難	ひなん	避難 피난
	非難	ひなん	非難 비난
기출	批判	ひはん	批判 비판
	批評	ひひょう	批評 비평
	秘密	ひみつ	秘密 비밀
	費用	ひよう	費用 비용
기출	評価	ひょうか	評価 평가
	表現	ひょうげん	表現 표현
	表紙	ひょうし	表紙 표지
	標識	ひょうしき	標識 표식
	標準	ひょうじゅん	標準 표준
	表情	ひょうじょう	表情 표정
	平等	びょうどう	平等 평등
	評判	ひょうばん	評判 평판
	標本	ひょうほん	標本 표본
	表面	ひょうめん	表面 표면
	評論	ひょうろん	評論 평론
기출	比例	ひれい	比例 비례
	疲労	ひろう	疲労 피로
	貧血	ひんけつ	貧血 빈혈
	貧困	ひんこん	貧困 빈곤
	品質	ひんしつ	品質 품질
	品種	ひんしゅ	品種 품종
	風景	ふうけい	風景 풍경

	□ 風船	ふうせん	□ 風船(ふうせん) 풍선
	□ 封筒	ふうとう	□ 封筒(ふうとう) 봉투
기출	□ 普及	ふきゅう	□ 普及(ふきゅう) 보급
	□ 不況	ふきょう	□ 不況(ふきょう) 불황
	□ 複合	ふくごう	□ 複合(ふくごう) 복합
	□ 複雑	ふくざつ	□ 複雑(ふくざつ) 복잡
기출	□ 福祉	ふくし	□ 福祉(ふくし) 복지
	□ 複写	ふくしゃ	□ 複写(ふくしゃ) 복사
	□ 複数	ふくすう	□ 複数(ふくすう) 복수
	□ 服装	ふくそう	□ 服装(ふくそう) 복장
	□ 不潔	ふけつ	□ 不潔(ふけつ) 불결
	□ 不幸	ふこう	□ 不幸(ふこう) 불행
	□ 夫妻	ふさい	□ 夫妻(ふさい) 부부
	□ 負債	ふさい	□ 負債(ふさい) 부채, 빚
	□ 不在	ふざい	□ 不在(ふざい) 부재
	□ 不審	ふしん	□ 不審(ふしん) 불심, 의심스러움, 자세히 알지 못함
	□ 不振	ふしん	□ 不振(ふしん) 부진
	□ 不足	ふそく	□ 不足(ふそく) 부족
	□ 付属	ふぞく	□ 付属(ふぞく) 부속
	□ 舞台	ぶたい	□ 舞台(ぶたい) 무대
	□ 負担	ふたん	□ 負担(ふたん) 부담
	□ 普段	ふだん	□ 普段(ふだん) 평상시, 항상
	□ 普通	ふつう	□ 普通(ふつう) 보통
	□ 復活	ふっかつ	□ 復活(ふっかつ) 부활
	□ 復興	ふっこう	□ 復興(ふっこう) 부흥
	□ 物資	ぶっし	□ 物資(ぶっし) 물자
	□ 物理	ぶつり	□ 物理(ぶつり) 물리
	□ 不当	ふとう	□ 不当(ふとう) 부당
	□ 布団	ふとん	□ 布団(ふとん) 이불
	□ 無難	ぶなん	□ 無難(ぶなん) 무난
	□ 不評	ふひょう	□ 不評(ふひょう) 나쁜 평판, 악평
	□ 部品	ぶひん	□ 部品(ぶひん) 부품
	□ 部分	ぶぶん	□ 部分(ぶぶん) 부분
	□ 不平	ふへい	□ 不平(ふへい) 불평
	□ 不満	ふまん	□ 不満(ふまん) 불만, 불평
	□ 不明	ふめい	□ 不明(ふめい) 불명(불분명함)
	□ 不利	ふり	□ 不利(ふり) 불리
	□ 不良	ふりょう	□ 不良(ふりょう) 불량
	□ 無礼	ぶれい	□ 無礼(ぶれい) 무례
	□ 付録	ふろく	□ 付録(ふろく) 부록
기출	□ 分解	ぶんかい	□ 分解(ぶんかい) 분해
	□ 分業	ぶんぎょう	□ 分業(ぶんぎょう) 분업
	□ 文献	ぶんけん	□ 文献(ぶんけん) 문헌
	□ 分散	ぶんさん	□ 分散(ぶんさん) 분산
	□ 紛失	ふんしつ	□ 紛失(ふんしつ) 분실
기출	□ 分析	ぶんせき	□ 分析(ぶんせき) 분석
	□ 分配	ぶんぱい	□ 分配(ぶんぱい) 분배
	□ 分布	ぶんぷ	□ 分布(ぶんぷ) 분포
	□ 文脈	ぶんみゃく	□ 文脈(ぶんみゃく) 문맥

	☐ 文明	ぶんめい	☐ 文明(ぶんめい)	문명
기출	☐ 分野	ぶんや	☐ 分野(ぶんや)	분야
	☐ 分量	ぶんりょう	☐ 分量(ぶんりょう)	분량
	☐ 分類	ぶんるい	☐ 分類(ぶんるい)	분류
	☐ 分裂	ぶんれつ	☐ 分裂(ぶんれつ)	분열
	☐ 閉会	へいかい	☐ 閉会(へいかい)	폐회
	☐ 平均	へいきん	☐ 平均(へいきん)	평균
	☐ 平行	へいこう	☐ 平行(へいこう)	평행
	☐ 並列	へいれつ	☐ 並列(へいれつ)	병행
	☐ 平和	へいわ	☐ 平和(へいわ)	평화
	☐ 別居	べっきょ	☐ 別居(べっきょ)	별거
	☐ 別荘	べっそう	☐ 別荘(べっそう)	별장
	☐ 弁解	べんかい	☐ 弁解(べんかい)	변명
	☐ 偏見	へんけん	☐ 偏見(へんけん)	편견
기출	☐ 変更	へんこう	☐ 変更(へんこう)	변경
	☐ 編集	へんしゅう	☐ 編集(へんしゅう)	편집
	☐ 返答	へんとう	☐ 返答(へんとう)	회답, 응답
	☐ 便利	べんり	☐ 便利(べんり)	편리
	☐ 法案	ほうあん	☐ 法案(ほうあん)	법안
	☐ 防衛	ぼうえい	☐ 防衛(ぼうえい)	방위
기출	☐ 貿易	ぼうえき	☐ 貿易(ぼうえき)	무역
	☐ 防火	ぼうか	☐ 防火(ぼうか)	방화
	☐ 崩壊	ほうかい	☐ 崩壊(ほうかい)	붕괴
	☐ 方言	ほうげん	☐ 方言(ほうげん)	방언
	☐ 報告	ほうこく	☐ 報告(ほうこく)	보고
	☐ 豊作	ほうさく	☐ 豊作(ほうさく)	풍작
	☐ 方策	ほうさく	☐ 方策(ほうさく)	방책
	☐ 奉仕	ほうし	☐ 奉仕(ほうし)	봉사
	☐ 防止	ぼうし	☐ 防止(ぼうし)	방지
	☐ 放射能	ほうしゃのう	☐ 放射能(ほうしゃのう)	방사능
	☐ 報酬	ほうしゅう	☐ 報酬(ほうしゅう)	보수
	☐ 放出	ほうしゅつ	☐ 放出(ほうしゅつ)	방출
기출	☐ 方針	ほうしん	☐ 方針(ほうしん)	방침
	☐ 宝石	ほうせき	☐ 宝石(ほうせき)	보석
	☐ 放送	ほうそう	☐ 放送(ほうそう)	방송
	☐ 包装	ほうそう	☐ 包装(ほうそう)	포장
	☐ 法則	ほうそく	☐ 法則(ほうそく)	법칙
	☐ 放置	ほうち	☐ 放置(ほうち)	방치
	☐ 報道	ほうどう	☐ 報道(ほうどう)	보도
	☐ 暴動	ぼうどう	☐ 暴動(ぼうどう)	폭동
	☐ 防犯	ぼうはん	☐ 防犯(ぼうはん)	방범
	☐ 訪問	ほうもん	☐ 訪問(ほうもん)	방문
	☐ 法律	ほうりつ	☐ 法律(ほうりつ)	법률
	☐ 暴力	ぼうりょく	☐ 暴力(ぼうりょく)	폭력
	☐ 保温	ほおん	☐ 保温(ほおん)	보온
	☐ 保管	ほかん	☐ 保管(ほかん)	보관
	☐ 補給	ほきゅう	☐ 補給(ほきゅう)	보급
	☐ 補強	ほきょう	☐ 補強(ほきょう)	보강
	☐ 募金	ぼきん	☐ 募金(ぼきん)	모금
	☐ 保険	ほけん	☐ 保険(ほけん)	보험

□ 保健	ほけん	□ 保健(ほけん) 보건
□ 保護	ほご	□ 保護(ほご) 보호
□ 保守	ほしゅ	□ 保守(ほしゅ) 보수
□ 募集	ぼしゅう	□ 募集(ぼしゅう) 모집
□ 補助	ほじょ	□ 補助(ほじょ) 보조
기출 □ 保証	ほしょう	□ 保証(ほしょう) 보증
□ 保障	ほしょう	□ 保障(ほしょう) 보장
□ 補償	ほしょう	□ 補償(ほしょう) 보상
□ 保存	ほぞん	□ 保存(ほぞん) 보존
□ 北極	ほっきょく	□ 北極(ほっきょく) 북극
□ 発足	ほっそく	□ 発足(ほっそく) 발족
□ 歩道	ほどう	□ 歩道(ほどう) 보도
□ 保養	ほよう	□ 保養(ほよう) 보양
□ 本館	ほんかん	□ 本館(ほんかん) 본관
□ 本気	ほんき	□ 本気(ほんき) 본심, 진심(진지)
□ 本質	ほんしつ	□ 本質(ほんしつ) 본질
□ 本体	ほんたい	□ 本体(ほんたい) 본체
□ 本能	ほんのう	□ 本能(ほんのう) 본능
□ 翻訳	ほんやく	□ 翻訳(ほんやく) 번역

ま행

□ 埋蔵	まいぞう	□ 埋蔵(まいぞう) 매장
□ 満員	まんいん	□ 満員(まんいん) 만원
□ 漫画	まんが	□ 漫画(まんが) 만화
□ 満足	まんぞく	□ 満足(まんぞく) 만족
□ 満点	まんてん	□ 満点(まんてん) 만점
□ 味覚	みかく	□ 味覚(みかく) 미각
□ 未熟	みじゅく	□ 未熟(みじゅく) 미숙
□ 未知	みち	□ 未知(みち) 미지
기출 □ 密接	みっせつ	□ 密接(みっせつ) 밀접
□ 密度	みつど	□ 密度(みつど) 밀도
기출 □ 密閉	みっぺい	□ 密閉(みっぺい) 밀폐
□ 未定	みてい	□ 未定(みてい) 미정
□ 魅力	みりょく	□ 魅力(みりょく) 매력
□ 未練	みれん	□ 未練(みれん) 미련
□ 民宿	みんしゅく	□ 民宿(みんしゅく) 민박
□ 民族	みんぞく	□ 民族(みんぞく) 민족
□ 無限	むげん	□ 無限(むげん) 무한
□ 無効	むこう	□ 無効(むこう) 무효
□ 無言	むごん	□ 無言(むごん) 무언
□ 無地	むじ	□ 無地(むじ) 무지(무늬가 없음)
기출 □ 矛盾	むじゅん	□ 矛盾(むじゅん) 모순
□ 無駄	むだ	□ 無駄(むだ) 낭비, 헛됨
□ 無知	むち	□ 無知(むち) 무지
기출 □ 夢中	むちゅう	□ 夢中(むちゅう) 열중
□ 無念	むねん	□ 無念(むねん) 무념
□ 無能	むのう	□ 無能(むのう) 무능
□ 明確	めいかく	□ 明確(めいかく) 명확
□ 名作	めいさく	□ 名作(めいさく) 명작
□ 名産	めいさん	□ 名産(めいさん) 명산

	단어	읽기	뜻
기출	名所	めいしょ	名所 명소
	名物	めいぶつ	名物 명물
	名簿	めいぼ	名簿 명부
	名誉	めいよ	名誉 명예
	明瞭	めいりょう	明瞭 명료
	命令	めいれい	命令 명령
	迷惑	めいわく	迷惑 민폐
	面会	めんかい	面会 면회
	免許	めんきょ	免許 면허
	面積	めんせき	面積 면적
	面接	めんせつ	面接 면접
	目標	もくひょう	目標목표
	模様	もよう	模様 모양

や행

	단어	읽기	뜻
	役者	やくしゃ	役者 배우
	役所	やくしょ	役所 관청, 관공서
	夜行	やこう	夜行 야행
	家賃	やちん	家賃 집세
	有益	ゆうえき	有益 유익
	夕刊	ゆうかん	夕刊 석간
	勇気	ゆうき	勇気 용기
기출	有効	ゆうこう	有効 유효
	友好	ゆうこう	友好 우호
	友情	ゆうじょう	友情 우정
	融通	ゆうずう	融通 융통
	優勢	ゆうせい	優勢 우세
기출	優先	ゆうせん	優先 우선
	誘導	ゆうどう	誘導 유도
	有能	ゆうのう	有能 유능
	有望	ゆうぼう	有望 유망
	有力	ゆうりょく	有力 유력
	誘惑	ゆうわく	誘惑 유혹
	輸出	ゆしゅつ	輸出 수출
	輸送	ゆそう	輸送 수송
	油断	ゆだん	油断 방심
	輸入	ゆにゅう	輸入 수입
	用意	ようい	用意 준비
	容易	ようい	容易 용이
	要因	よういん	要因 요인
	溶液	ようえき	溶液 용액
	容器	ようき	容器 용기
기출	要求	ようきゅう	要求 요구
	用件	ようけん	用件 용건
	要旨	ようし	要旨 요지
	幼児	ようじ	幼児 유아
	様式	ようしき	様式 양식
	様子	ようす	様子 모습, 상태
	要請	ようせい	要請 요청
	養成	ようせい	養成 양성

容積	ようせき	容積(ようせき) 용적
要素	ようそ	要素(ようそ) 요소
幼稚園	ようちえん	幼稚園(ようちえん) 유치원
要点	ようてん	要点(ようてん) 요점
기출 用途	ようと	用途(ようと) 용도
用品	ようひん	用品(ようひん) 용품
洋風	ようふう	洋風(ようふう) 서양풍
洋服	ようふく	洋服(ようふく) 옷, 양복
養分	ようぶん	養分(ようぶん) 양분
用法	ようほう	用法(ようほう) 용법
要望	ようぼう	要望(ようぼう) 요망
要領	ようりょう	要領(ようりょう) 요령
予感	よかん	予感(よかん) 예감
予期	よき	予期(よき) 예기
預金	よきん	預金(よきん) 예금
抑制	よくせい	抑制(よくせい) 억제
予算	よさん	予算(よさん) 예산
予想	よそう	予想(よそう) 예상
기출 予測	よそく	予測(よそく) 예측
余地	よち	余地(よち) 여지
予定	よてい	予定(よてい) 예정
予備	よび	予備(よび) 예비
予報	よほう	予報(よほう) 예보
予防	よぼう	予防(よぼう) 예방
余裕	よゆう	余裕(よゆう) 여유

ら행

楽観	らっかん	楽観(らっかん) 낙관
乱雑	らんざつ	乱雑(らんざつ) 난잡
기출 利益	りえき	利益(りえき) 이익
利害	りがい	利害(りがい) 이해(이익과 손해)
理屈	りくつ	理屈(りくつ) 도리, 이치
離婚	りこん	離婚(りこん) 이혼
利子	りし	利子(りし) 이자(금리)
理性	りせい	理性(りせい) 이성
利息	りそく	利息(りそく) 이자(금리)
立体	りったい	立体(りったい) 입체
利点	りてん	利点(りてん) 이점
略語	りゃくご	略語(りゃくご) 약어, 준말
流通	りゅうつう	流通(りゅうつう) 유통
流域	りゅういき	流域(りゅういき) 유역(강물이 흐르는 언저리)
了解	りょうかい	了解(りょうかい) 이해
領収	りょうしゅう	領収(りょうしゅう) 영수
良心	りょうしん	良心(りょうしん) 양심
領地	りょうち	領地(りょうち) 영지
領土	りょうど	領土(りょうど) 영토
両立	りょうりつ	両立(りょうりつ) 양립
履歴	りれき	履歴(りれき) 이력
理論	りろん	理論(りろん) 이론
倫理	りんり	倫理(りんり) 윤리

□ 礼儀	れいぎ	□ 礼儀(れいぎ) 예의
□ 冷蔵	れいぞう	□ 冷蔵(れいぞう) 냉장
□ 連合	れんごう	□ 連合(れんごう) 연합
□ 連想	れんそう	□ 連想(れんそう) 연상
□ 連続	れんぞく	□ 連続(れんぞく) 연속
□ 連帯	れんたい	□ 連帯(れんたい) 연대
□ 連絡	れんらく	□ 連絡(れんらく) 연락
□ 老人	ろうじん	□ 老人(ろうじん) 노인
□ 労働	ろうどう	□ 労働(ろうどう) 노동
□ 労力	ろうりょく	□ 労力(ろうりょく) 노력, 수고
□ 録音	ろくおん	□ 録音(ろくおん) 녹음
□ 論文	ろんぶん	□ 論文(ろんぶん) 논문
□ 論理	ろんり	□ 論理(ろんり) 논리

チェックアップ!
확인문제

1	油断	ⓐ ゆだん	ⓑ ゆうだん
2	予備	ⓐ よひ	ⓑ よび
3	連想	ⓐ れんしょう	ⓑ れんそう
4	保険	ⓐ ほうけん	ⓑ ほけん
5	乱雑	ⓐ らんざつ	ⓑ らんしゅう
6	廃止	ⓐ へいし	ⓑ はいし
7	範囲	ⓐ ほんい	ⓑ はんい
8	復活	ⓐ ふくかつ	ⓑ ふっかつ

정답 1 ⓐ 2 ⓑ 3 ⓑ 4 ⓑ 5 ⓐ 6 ⓑ 7 ⓑ 8 ⓑ

② 훈독 명사

あ행

☐ 相手	あいて	☐ 相手(あいて) 상대
☐ 合間	あいま	☐ 合間(あいま) 틈, 짬
☐ 足跡	あしあと	☐ 足跡(あしあと) 발자취, 발자국
☐ 足元	あしもと	☐ 足元(あしもと) 발밑
☐ 宛名	あてな	☐ 宛名(あてな) 수신인
☐ 甘口	あまくち	☐ 甘口(あまくち) 단맛
☐ 市場	いちば	☐ 市場(いちば) 시장
☐ 居間	いま	☐ 居間(いま) 거실
☐ 受付	うけつけ	☐ 受付(うけつけ) 접수
☐ 植木	うえき	☐ 植木(うえき) 정원수
☐ 裏口	うらぐち	☐ 裏口(うらぐち) 뒷문, 부정한 수단
☐ 笑顔	えがお	☐ 笑顔(えがお) 웃는 얼굴
☐ 大家	おおや	☐ 大家(おおや) 집주인
☐ 奥様	おくさま	☐ 奥様(おくさま) 부인, 사모님

か행

☐ 貸出	かしだし	☐ 貸出(かしだし) 대출, 대여
☐ 片道	かたみち	☐ 片道(かたみち) 편도
☐ 為替	かわせ	☐ 為替(かわせ) 환(경제), 환율
☐ 口癖	くちぐせ	☐ 口癖(くちぐせ) 입버릇
☐ 組合	くみあい	☐ 組合(くみあい) 조합
☐ 黒字	くろじ	☐ 黒字(くろじ) 흑자
☐ 小柄	こがら	☐ 小柄(こがら) 작은 무늬, 몸집이 작음
☐ 心地	ここち	☐ 心地(ここち) 기분, 마음, 느낌
☐ 小包	こづつみ	☐ 小包(こづつみ) 소포
☐ 事柄	ことがら	☐ 事柄(ことがら) 사항, 일, 사정, 형편
☐ 小麦	こむぎ	☐ 小麦(こむぎ) 밀
☐ 小屋	こや	☐ 小屋(こや) 오두막집, 임시 건물

さ행

☐ 酒場	さかば	☐ 酒場(さかば) 술집, 바
☐ 刺身	さしみ	☐ 刺身(さしみ) 회
☐ 下心	したごころ	☐ 下心(したごころ) 속셈, 본심, 음모
☐ 下町	したまち	☐ 下町(したまち) 서민 동네, 상업 지역의 번화가
☐ 品物	しなもの	☐ 品物(しなもの) 물건
☐ 芝居	しばい	☐ 芝居(しばい) 연극, 연기
☐ 芝生	しばふ	☐ 芝生(しばふ) 잔디
☐ 隙間	すきま	☐ 隙間(すきま) 틈새
☐ 背中	せなか	☐ 背中(せなか) 등

た행

☐ 立場	たちば	☐ 立場(たちば) 입장
☐ 近頃	ちかごろ	☐ 近頃(ちかごろ) 최근, 요사이, 근래
☐ 父親	ちちおや	☐ 父親(ちちおや) 부친
기출 ☐ 強火	つよび	☐ 強火(つよび) 센 불

出来事	できごと	出来事 (우발적) 생긴 일, 상황
手際	てぎわ	手際 수법, 솜씨
凸凹	でこぼこ	凸凹 울퉁불퉁
手首	てくび	手首 손목
手品	てじな	手品 마술
手間	てま	手間 품, 노력, 수고
手元	てもと	手元 손이 미치는 범위, 자기 주위, 바로 옆
年寄	としより	年寄 노인
取引	とりひき	取引 거래

な행

仲間	なかま	仲間 동료
中身/中味	なかみ	中身/中味 속, 알맹이, 내용
名札	なふだ	名札 명찰

は행

初耳	はつみみ	初耳 초문, 처음 듣는 일
花火	はなび	花火 불꽃놀이
花嫁	はなよめ	花嫁 신부, 새색시
日頃	ひごろ	日頃 평상, 평상시, 늘
日付	ひづけ	日付 날짜
一言	ひとこと	一言 한마디
広場	ひろば	広場 광장

ま행

真心	まごころ	真心 진심
街角	まちかど	街角 길목, 길모퉁이
窓口	まどぐち	窓口 창구
見方	みかた	見方 견해, 생각
水着	みずぎ	水着 수영복
身近	みぢか	身近 신변, 자기 몸에 가까운 곳
土産	みやげ	土産 선물, 기념품, 토산품
虫歯	むしば	虫歯 충치
目上	めうえ	目上 윗사람
目下	めした	目下 아랫사람
目安	めやす	目安 목표, 표준, 기준
物置	ものおき	物置 광, 곳간
物語	ものがたり	物語 이야기
物事	ものごと	物事 만사, 물건과 일, 일체의 사물

や、ら、わ행

矢印	やじるし	矢印 화살표
家主	やぬし	家主 집주인
屋根	やね	屋根 지붕
夕立	ゆうだち	夕立 소나기
夕日	ゆうひ	夕日 석양
기출 行方	ゆくえ	行方 행방

□ 夜中	よなか	□ 夜中(よなか) 한밤중
□ 弱火	よわび	□ 弱火(よわび) 약한 불
□ 割合	わりあい	□ 割合(わりあい) 비율
□ 割引	わりびき	□ 割引(わりびき) 할인
□ 悪口	わるぐち	□ 悪口(わるぐち) 욕, 험담

チェックアップ!
확인문제

1 足跡	ⓐ あしあと	ⓑ あしせき	
2 小柄	ⓐ しょうがら	ⓑ こがら	
3 強火	ⓐ きょうひ	ⓑ つよび	
4 品物	ⓐ ひんぶつ	ⓑ しなもの	
5 目安	ⓐ めあん	ⓑ めやす	
6 片道	ⓐ へんどう	ⓑ かたみち	
7 日頃	ⓐ ひころ	ⓑ ひごろ	
8 手間	ⓐ てま	ⓑ てかん	

정답 1 ⓐ 2 ⓑ 3 ⓑ 4 ⓑ 5 ⓑ 6 ⓑ 7 ⓑ 8 ⓐ

③ 혼합 명사 (음독 + 훈독, 훈독 + 음독)

あ행

기출 □ 合図 あいず □ 合図(あいず) 신호, 사인

□ 赤字 あかじ □ 赤字(あかじ) 적자

□ 油絵 あぶらえ □ 油絵(あぶらえ) 유화

か행

□ 株式 かぶしき □ 株式(かぶしき) 주식

□ 缶詰 かんづめ □ 缶詰(かんづめ) 통조림

□ 現場 げんば □ 現場(げんば) 현장

□ 献立 こんだて □ 献立(こんだて) 메뉴, 식단

□ 生地 きじ □ 生地(きじ) 옷감, 천, 본바탕

さ행

□ 指図 さしず □ 指図(さしず) 지시

□ 寒気 さむけ □ 寒気(さむけ) 한기, 추운 느낌

□ 残高 ざんだか □ 残高(ざんだか) 잔고

□ 敷地 しきち □ 敷地(しきち) 부지, 대지

□ 下地 したじ □ 下地(したじ) 밑바탕, 준비, 기초

□ 地元 じもと □ 地元(じもと) 그 고장, 자기가 살고 있는 지역, 고향

□ 蛇口 じゃぐち □ 蛇口(じゃぐち) 수도꼭지

□ 職場 しょくば □ 職場(しょくば) 직장

□ 素直 すなお □ 素直(すなお) 고분고분함, 순수하고 솔직함

た행

□ 単一 たんいつ □ 単一(たんいつ) 단일

□ 手数 てすう □ 手数(てすう) 수고, 귀찮음, 폐

□ 手配 てはい □ 手配(てはい) 분배, 준비, (범인) 수배

□ 泥棒 どろぼう □ 泥棒(どろぼう) 도둑

な행

□ 値段 ねだん □ 値段(ねだん) 가격

□ 荷物 にもつ □ 荷物(にもつ) 짐

□ 寝坊 ねぼう □ 寝坊(ねぼう) 늦잠

は행

기출 □ 場面 ばめん □ 場面(ばめん) 장면

□ 番組 ばんぐみ □ 番組(ばんぐみ) 프로그램

□ 判子 はんこ □ 判子(はんこ) 도장, 인감

□ 皮肉 ひにく □ 皮肉(ひにく) 비꼼

□ 船便 ふなびん □ 船便(ふなびん) 배편

□ 本場 ほんば □ 本場(ほんば) 본고장

□ 本音 ほんね □ 本音(ほんね) 본심(속마음)

□ 本物 ほんもの □ 本物(ほんもの) 진짜, 실물, (기예 등이) 본격적임

ま행

□ 迷子	まいご	□ 迷子(まいご) 미아
□ 味方	みかた	□ 味方(みかた) 자기편, 아군
□ 道順	みちじゅん	□ 道順(みちじゅん) 길의 순서, 코스, 순로
□ 身分	みぶん	□ 身分(みぶん) 신분
□ 見本	みほん	□ 見本(みほん) 견본
기출 □ 目上	めうえ	□ 目上(めうえ) 윗사람
기출 □ 目先	めさき	□ 目先(めさき) 눈앞, 현재, 바로 앞

や、ら、わ행

기출 □ 役目	やくめ	□ 役目(やくめ) 임무, 책임, 직분
□ 役割	やくわり	□ 役割(やくわり) 역할
□ 湯気	ゆげ	□ 湯気(ゆげ) 김, 수증기
□ 両替	りょうがえ	□ 両替(りょうがえ) 환전
□ 両側	りょうがわ	□ 両側(りょうがわ) 양쪽, 양측

チェックアップ!
확인문제

1	値段	ⓐ ねだん	ⓑ かかく
2	合図	ⓐ あいど	ⓑ あいず
3	現場	ⓐ げんじょう	ⓑ げんば
4	役目	ⓐ えきめ	ⓑ やくめ
5	指図	ⓐ しず	ⓑ さしず
6	本場	ⓐ ほんば	ⓑ ほんじょう
7	身分	ⓐ みぶん	ⓑ しんぶん
8	地元	ⓐ じもと	ⓑ ちもと

정답 1 ⓐ 2 ⓑ 3 ⓑ 4 ⓑ 5 ⓑ 6 ⓐ 7 ⓐ 8 ⓐ

히라가나가 붙는 명사

あ행

- □ 明(あ)かり 빛
- □ 空(あ)き 비어 있음
- □ 辺(あた)り 근처, 부근, 주변
- □ 余(あま)り 여분
- □ 編(あ)み物(もの) 뜨개질, 편직물
- □ 過(あやま)ち 잘못, 실수, 오류
- □ 誤(あやま)り 오류, 실수
- □ 謝(あやま)り 사과
- 기출 □ 言(い)い訳(わけ) 변명
- □ 怒(いか)り 화, 분노
- □ 生(い)き物(もの) 생물
- 기출 □ 勢(いきお)い 여세, 기세
- □ 居眠(いねむ)り 졸음
- □ 祝(いわ)い 축하
- □ 恨(うら)み 원한
- □ お代(か)わり 리필, 추가
- □ 贈(おく)り物(もの) 선물
- □ 押入(おしい)れ 벽장, 옷장
- □ 恐(おそ)れ 우려
- □ 踊(おど)り 춤
- □ お参(まい)り 찾아뵘, 참배

か행

- □ 香(かお)り 향기
- □ 係(かか)り 관계자, 담당
- □ 限(かぎ)り 한계, 마지막
- □ 飾(かざ)り 장식
- □ 貸(か)し 대여, 빌려줌
- □ 勝(か)ち 승리, 이김
- □ 切(き)れ目(め) 끊어진 자국, 절단면, 칼집
- □ 逆戻(ぎゃくもど)り 퇴보, 제자리로 돌아감
- □ 下(くだ)り 하행
- □ 暮(く)らし 생활
- □ 心当(こころあ)たり 짐작, 짚이는 데
- □ 小遣(こづか)い 용돈
- □ 好(この)み 기호, 취향

さ행

- □ 逆(さか)さ 거꾸로 됨, 반대임
- □ 騒(さわ)ぎ 소동
- □ 仕組(しく)み 조직, 구성
- □ 支払(しはら)い 지불
- 기출 □ 締(し)め切(き)り 마감
- □ 知(し)らせ 알림, 소식
- □ 好(す)き嫌(きら)い 좋고 싫음, 호불호

- □ 住(す)まい 주거, 주소, 사는 곳

た행

- □ 台無(だいな)し 망그러짐, 엉망이 됨
- □ 頼(たの)み 부탁, 의뢰
- □ ため息(いき) 한숨
- 기출 □ 頼(たよ)り 의지
- □ 便(たよ)り 편의, 편리, 기회, 소식, 편지, 연줄
- □ 違(ちが)い 차이, 다름
- □ 疲(つか)れ 피로
- □ 続(つづ)き 계속
- □ 包(つつ)み 포장
- 기출 □ 強(つよ)み 강점
- □ 釣(つ)り 낚시
- □ 手遅(ておく)れ 때를 놓침, 때늦음
- □ 手応(てごた)え 반응, 보람 있음
- □ 手続(てつづ)き 수속, 절차
- □ 戸惑(とまど)い 당혹스러움, 어리둥절함

な행

- □ 仲直(なかなお)り 화해
- □ 半(なか)ば 절반, 중간, 중앙
- □ 無(な)し 없음
- □ 斜(なな)め 경사, 비스듬함
- □ 荷造(にづく)り 짐 꾸리기
- □ 値打(ねう)ち 가치, 값어치
- □ 値引(ねび)き 할인
- □ 望(のぞ)み 소망, 바람
- □ 上(のぼ)り 상행

は행

- □ 吐(は)き気(け) 토할 것 같은 기분
- □ 働(はたら)き 기능, 작용
- □ 日当(ひあ)たり 볕이 듦
- □ 日帰(ひがえ)り 당일치기
- □ 響(ひび)き 울림, 영향
- □ 人込(ひとご)み 인파, 북적임, 붐빔
- □ 独(ひと)り言(ごと) 혼잣말
- □ 誇(ほこ)り 자랑

ま행

- □ 前売(まえう)り 예매
- □ 負(ま)け 패배
- □ 間違(まちが)い 틀림, 잘못, 실수
- □ 祭(まつ)り 행사, 축제
- □ 周(まわ)り 주변
- □ 回(まわ)り道(みち) 길을 돌아서 감
- □ 見合(みあ)い 맞선

- □ 見出し(みだし) 표제, 색인
- □ 見積もり(みつもり) 견적
- □ 見通し(みとおし) 전망, 장래의 예측, 내다봄
- □ 身の回り(みのまわり) 신변, 생활 속의 잡다한 일
- □ 群れ(むれ) 떼, 무리
- □ 物差し(ものさし) 기준, 척도
- 기출 □ 催し(もよおし) 개최, 행사
- 기출 □ 最寄り(もより) 가장 가까움, 근처

や、ら、わ행

- □ 行き(ゆき) ~행
- 기출 □ 世の中(よのなか) 세상
- □ 夜明け(よあけ) 새벽
- □ 喜び(よろこび) 기쁨
- □ 笑い(わらい) 웃음

チェックアップ! 확인문제

		ⓐ	ⓑ			ⓐ	ⓑ
1	過ち	ⓐ あやまち	ⓑ たちまち	5	最寄り	ⓐ さより	ⓑ もより
2	勢い	ⓐ いきおい	ⓑ いこい	6	斜め	ⓐ ななめ	ⓑ すすめ
3	好み	ⓐ すきみ	ⓑ このみ	7	世の中	ⓐ せのなか	ⓑ よのなか
4	頼り	ⓐ たより	ⓑ かおり	8	喜び	ⓐ よろこび	ⓑ ふたたび

정답 1 ⓐ 2 ⓐ 3 ⓑ 4 ⓐ 5 ⓑ 6 ⓐ 7 ⓑ 8 ⓐ

한 글자 한자 명사

- 汗(あせ) 땀
- 穴(あな) 구멍
- 網(あみ) 그물, 망
- 油(あぶら) 기름
- 嵐(あらし) 폭풍우
- 息(いき) 숨, 호흡
- 泉(いずみ) 샘, 샘물
- 板(いた) 판자
- 기출 腕(うで) 팔
- 裏(うら) 뒤, 뒤쪽, 안감
- 餌(えさ) 먹이
- 枝(えだ) 나뭇가지
- 帯(おび) 띠
- 表(おもて) 표면, 겉
- 蚊(か) 모기
- 鍵(かぎ) 열쇠
- 기출 肩(かた) 어깨
- 雷(かみなり) 천둥, 벼락
- 空(から) 비어 있음, 공, 허공
- 皮(かわ) 가죽, 껍질, 껍데기
- 革(かわ) 가죽
- 岸(きし) 벼랑, 낭떠러지
- 霧(きり) 안개
- 釘(くぎ) 못
- 癖(くせ) 버릇
- 煙(けむり) 연기
- 粉(こな) 가루
- 坂(さか) 언덕
- 境(さかい) 경계
- 塩(しお) 소금
- 汁(しる) 즙, 국(물)
- 印(しるし) 표시, 표지
- 姿(すがた) 모습
- 砂(すな) 모래
- 隅(すみ) 모퉁이, 구석
- 咳(せき) 기침
- 栓(せん) 마개, 꼭지
- 袖(そで) 소매
- 기출 損(そん) 손해, 불리함
- 縦(たて) 세로
- 種(たね) 씨
- 束(たば) 다발, 뭉치, 묶음
- 旅(たび) 여행
- 粒(つぶ) 알, 낱알
- 罪(つみ) 죄
- 毒(どく) 독

기출	隣(となり)	옆, 이웃
	泥(どろ)	진흙
	波(なみ)	파도
	布(ぬの)	천
	沼(ぬま)	늪
	葉(は)	잎
	歯(は)	치아
	墓(はか)	묘
기출	恥(はじ)	부끄러움, 수치
	旗(はた)	깃발
	肌(はだ)	피부
	裸(はだか)	나체
	畑(はたけ)	밭
	幅(はば)	폭
기출	針(はり)	침, 바늘
	紐(ひも)	끈
	筆(ふで)	붓
	骨(ほね)	뼈
	湖(みずうみ)	호수
	都(みやこ)	수도
	横(よこ)	가로
	訳(わけ)	이유, 변명

チェックアップ!
확인문제

		ⓐ	ⓑ
1	息	ⓐ いき	ⓑ そく
2	皮	ⓐ かわ	ⓑ なみ
3	塩	ⓐ しお	ⓑ えん
4	姿	ⓐ すがた	ⓑ おもて
5	損	ⓐ がい	ⓑ そん
6	幅	ⓐ はは	ⓑ はば
7	畑	ⓐ はたけ	ⓑ はだか
8	岸	ⓐ きし	ⓑ きり

정답 1ⓐ 2ⓐ 3ⓐ 4ⓐ 5ⓑ 6ⓑ 7ⓐ 8ⓐ

음독이 여러 개인 한자

한자	음독	어휘
仮 거짓 **가**	か	仮定(かてい) 가정 仮想(かそう) 가상 仮説(かせつ) 가설
	け	仮病(けびょう) 꾀병
強 강할 **강**	きょう	強制(きょうせい) 강제 強弱(きょうじゃく) 강약 強力(きょうりょく) 강력 強硬だ(きょうこう) 강경하다
	ごう	強盗(ごうとう) 강도 強引に(ごういん) 강제로
拠 근거 **거**	きょ	根拠(こんきょ) 근거
	こ	証拠(しょうこ) 증거
気 기운 **기**	き	雰囲気(ふんいき) 분위기 蒸気(じょうき) 증기 気配り(きくば) 배려
	ぎ	悪気(わるぎ) 악의
	け	[기출] 気配(けはい) 낌새, 분위기 寒気(さむけ) 한기 吐き気(はけ) 구역질
	げ	湯気(ゆげ) 수증기
	く	意気地なし(いくじ) 패기 없음
納 들일 **납**	のう	滞納(たいのう) 체납 納入(のうにゅう) 납입 納期(のうき) 납기
	なっ	納得(なっとく) 납득 納豆(なっとう) 낫또(콩 발효 식품)
	とう	出納(すいとう) 출납
大 큰 **대**	だい	大事だ(だいじ) 중요하다 大臣(だいじん) 장관 大胆(だいたん) 대담 大工(だいく) 목수 [기출] 巨大(きょだい) 거대 偉大(いだい) 위대 [기출] 拡大(かくだい) 확대 盛大だ(せいだい) 성대하다
	たい	大陸(たいりく) 대륙 大衆(たいしゅう) 대중 大切だ(たいせつ) 소중하다
代 대신할 **대**	だい	代理(だいり) 대리 代金(だいきん) 대금 代行(だいこう) 대행 [기출] 世代(せだい) 세대
	たい	[기출] 交代(こうたい) 교대

図 그림 **도**	と	意図(いと) 의도　図書館(としょかん) 도서관
	ず	合図(あいず) 신호　図形(ずけい) 도형　図表(ずひょう) 도표　図案(ずあん) 도안
命 목숨 **명**	めい	命令(めいれい) 명령　使命感(しめいかん) 사명감　宿命(しゅくめい) 숙명　運命(うんめい) 운명
	みょう	寿命(じゅみょう) 수명
模 본뜰 **모**	も	[기출] 模範(もはん) 모범　模倣(もほう) 모방　模擬(もぎ) 모의　模索(もさく) 모색　模型(もけい) 모형
	ぼ	[기출] 規模(きぼ) 규모
物 물건 **물**	ぶつ	遺物(いぶつ) 유품, 유물　好物(こうぶつ) 좋아하는 것　物価(ぶっか) 물가　物質(ぶっしつ) 물질
	もつ	穀物(こくもつ) 곡물　作物(さくもつ) 농작물　書物(しょもつ) 서책, 책, 도서　禁物(きんもつ) 금물　食物(しょくもつ) 음식물
迷 미혹할 **미**	めい	迷路(めいろ) 미로　迷惑(めいわく) 민폐　迷信(めいしん) 미신
	まい	迷子(まいご) 미아
発 필 **발**/쏠 **발**	はつ	挑発(ちょうはつ) 도발　誘発(ゆうはつ) 유발　発掘(はっくつ) 발굴　発想(はっそう) 발상　[기출] 発揮(はっき) 발휘　頻発(ひんぱつ) 빈발　[기출] 活発(かっぱつ) 활발
	ほつ	発作(ほっさ) 발작　発端(ほったん) 발단　発足(ほっそく) 발족
装 꾸밀 **장**	そう	服装(ふくそう) 복장　装飾(そうしょく) 장식　[기출] 装置(そうち) 장치
	しょう	衣装(いしょう) 의상
省 살필 **성**/덜 **생**	しょう	[기출] 省略(しょうりゃく) 생략　外務省(がいむしょう) 외무성
	せい	[기출] 反省(はんせい) 반성　自省(じせい) 자기반성　[기출] 帰省(きせい) 귀성
色 빛 **색**	しき	[기출] 景色(けしき) 경치　色彩(しきさい) 색채　彩色(さいしき) 채색(= さいしょく)
	しょく	発色(はっしょく) 발색　無色(むしょく) 무색　[기출] 異色(いしょく) 이색

素 본디 **소**/흴 **소**	そ	기출 質素(しっそ) 질소, 검소　素朴(そぼく)だ 소박하다　要素(ようそ) 요소　기출 素材(そざい) 소재
	す	素直(すなお)だ 솔직하다　素顔(すがお) 맨 얼굴, 있는 그대로의 모습
所 바 **소**	しょ	所得(しょとく) 소득　所定(しょてい) 소정　高所(こうしょ) 고소, 높은 곳　短所(たんしょ) 단점
	じょ	造船所(ぞうせんじょ) 조선소　洗面所(せんめんじょ) 세면소, 화장실　近所(きんじょ) 근처
率 거느릴 **솔**/비율 **률(율)**	そつ	引率(いんそつ) 인솔　統率(とうそつ) 통솔　기출 率直(そっちょく) 솔직
	りつ	確率(かくりつ) 확률　比率(ひりつ) 비율　失業率(しつぎょうりつ) 실업률
心 마음 **심**	しん	心境(しんきょう) 심경　虚栄心(きょえいしん) 허영심
	じん	用心(ようじん) 조심, 주의　肝心(かんじん)だ 중요하다
悪 악할 **악**/미워할 **오**	あく	悪意(あくい) 악의　悪化(あっか) 악화
	お	憎悪(ぞうお) 증오　嫌悪(けんお) 혐오
言 말씀 **언**	げん	宣言(せんげん) 선언　断言(だんげん) 단언　言動(げんどう) 언행
	ごん	伝言(でんごん) 전언　過言(かごん) 과언　無言(むごん) 무언
遺 남길 **유**	い	遺跡(いせき) 유적　遺産(いさん) 유산　遺物(いぶつ) 유물　遺書(いしょ) 유서
	ゆい	遺言(ゆいごん) 유언
由 말미암을 **유**	ゆう	自由(じゆう) 자유　理由(りゆう) 이유
	ゆ	기출 経由(けいゆ) 경유　由来(ゆらい) 유래
作 지을 **작**	さく	創作(そうさく) 창작　기출 作成(さくせい) 작성　作家(さっか) 작가　作曲(さっきょく) 작곡
	さ	発作(ほっさ) 발작　操作(そうさ) 조작　動作(どうさ) 동작
正 바를 **정**/정월 **정**	せい	訂正(ていせい) 정정　正規(せいき) 정규　正社員(せいしゃいん) 정사원　正確(せいかく)だ 정확하다
	しょう	正面(しょうめん) 정면　正月(しょうがつ) 정월　正体(しょうたい) 정체

定 정할 **정**	てい	鑑定(かんてい) 감정　規定(きてい) 규정　定義(ていぎ) 정의　測定(そくてい) 측정　否定(ひてい) 부정
	じょう	[기출] 勘定(かんじょう) 계산　[기출] 案の定(あんのじょう) 예측대로, 아니나 다를까　定規(じょうぎ) 자, 잣대, 모범, 본보기
重 무거울 **중**	じゅう	厳重だ(げんじゅう) 엄중하다　重大だ(じゅうだい) 중대하다　重点(じゅうてん) 중점　重視(じゅうし) 중시
	ちょう	偏重(へんちょう) 편중　[기출] 尊重(そんちょう) 존중　慎重だ(しんちょう) 신중하다　[기출] 貴重だ(きちょう) 귀중하다
地 땅 **지**	ち	地帯(ちたい) 지대　耕地(こうち) 경작지　農地(のうち) 농지　奥地(おくち) 오지, 벽지
	じ	[기출] 地元(じもと) 내 고장, 고향　地盤(じばん) 지반　地味だ(じみ) 수수하다　地獄(じごく) 지옥　生地(きじ) 본바탕, 천
直 곧을 **직**	ちょく	直撃(ちょくげき) 직격　直接的(ちょくせつてき) 직접적　直径(ちょっけい) 직경　直行(ちょっこう) 직행
	じき	正直だ(しょうじき) 정직하다
執 잡을 **집**	しつ	執拗(しつよう) 집요　執筆(しっぴつ) 집필
	しゅう	執念(しゅうねん) 집념　執着(しゅうちゃく) 집착
治 다스릴 **치**	ち	[기출] 治療(ちりょう) 치료　治安(ちあん) 치안
	じ	政治(せいじ) 정치
判 판단할 **판**	はん	判断(はんだん) 판단　[기출] 批判(ひはん) 비판　判決(はんけつ) 판결　審判(しんぱん) 심판
	ばん	[기출] 評判(ひょうばん) 평판　裁判(さいばん) 재판
平 평평할 **평**	へい	平凡だ(へいぼん) 평범하다　平気だ(へいき) 태연하다　平均(へいきん) 평균　不公平(ふこうへい) 불공평
	びょう	平等(びょうどう) 평등
下 아래 **하**	か	下半身(かはんしん) 하반신　以下(いか) 이하　[기출] 却下(きゃっか) 각하　[기출] 下降(かこう) 하강
	げ	上下(じょうげ) 상하　下品だ(げひん) 품위 없다　[기출] 下旬(げじゅん) 하순　下落(げらく) 하락　下車(げしゃ) 하차　下宿(げしゅく) 하숙
行 다닐 **행**	こう	行為(こうい) 행위　行動(こうどう) 행동　実行(じっこう) 실행
	ぎょう	[기출] 行事(ぎょうじ) 행사　行儀(ぎょうぎ) 예의범절　行列(ぎょうれつ) 행렬　行政(ぎょうせい) 행정　修行(しゅぎょう) 수행

後 뒤 후	こう	後悔(こうかい) 후회　後半(こうはん) 후반
	ご	以後(いご) 이후(이제부터)

興 일 흥	きょう	興味(きょうみ) 흥미
	こう	興奮(こうふん) 흥분　復興(ふっこう) 부흥　興行(こうぎょう) 흥행

チェックアップ!
확인문제

		ⓐ	ⓑ
1	規模	ⓐ きぼ	ⓑ もぼ
2	盛大だ	ⓐ せいだいだ	ⓑ せいたいだ
3	物価	ⓐ ぶつか	ⓑ ぶっか
4	確率	ⓐ かくそつ	ⓑ かくりつ
5	発掘	ⓐ はっくつ	ⓑ はつくつ
6	省略	ⓐ せいりゃく	ⓑ しょうりゃく
7	宣言	ⓐ せんごん	ⓑ せんげん
8	批判	ⓐ ひはん	ⓑ ひばん

정답 1 ⓐ 2 ⓐ 3 ⓑ 4 ⓑ 5 ⓐ 6 ⓑ 7 ⓑ 8 ⓐ

Memo

1 실전 시험 한자 읽기 [1]

(　　/5) 제한 시간 : 1분

정답 및 해설 <본서1> p.20

問題1 ＿＿＿＿の言葉の読み方として最もよいものを、1・2・3・4から一つ選びなさい。

1　今ごろになって焦ってもしかたない。

1　あせっても　　2　しかっても　　3　まよっても　　4　いのっても

2　W大学は優秀な学生が多い。

1　ゆしゅ　　2　ゆうしゅう　　3　ゆしゅう　　4　ゆうしょう

3　新しい規律を定めて施行することにした。

1　さだめて　　2　きわめて　　3　たしかめて　　4　みとめて

4　焼酎(しょうちゅう)は水で割って薄めて飲むとおいしい。

1　うすめて　　2　せめて　　3　おさめて　　4　しめて

5　彼女はお金持ちで珍しいダイヤモンドをいくつか持っている。

1　めずらしい　　2　むなしい　　3　まぶしい　　4　まずしい

2 실전 시험 한자 읽기 [2]

(　　/5) 제한 시간 : 1분

정답 및 해설 <본서1> p.20

問題 1 ＿＿＿＿の言葉の読み方として最もよいものを、1・2・3・4から一つ選びなさい。

1 彼女の強さは圧倒的だ。

1　あっとうてき　　2　おつとうてき　　3　あつどうてき　　4　おつどうてき

2 学生が教師を暴行した事件は世間に衝撃(しょうげき)を与えた。

1　ほうぎょう　　2　ほうこう　　3　ぼうぎょう　　4　ぼうこう

3 このバラは鮮やかな赤色だ。

1　さわやかな　　2　おだやかな　　3　にぎやかな　　4　あざやかな

4 寒くて震えるくらいの天気だったが、最後まで祭りを見た。

1　かんがえる　　2　かかえる　　3　とらえる　　4　ふるえる

5 山田(やまだ)容疑者は自分の罪(つみ)をすんなり認めた。

1　みとめた　　2　つとめた　　3　あたためた　　4　かためた

3 실전 시험 한자 읽기 [3]

(/5) 제한 시간 : 1분

▶정답 및 해설 <본서1> p.20

問題 1 ＿＿＿＿の言葉の読み方として最もよいものを、1・2・3・4から一つ選びなさい。

1 会社のイメージを変えようと、いろんなイベントを催した。

1 よごした　2 わたした　3 もどした　4 もよおした

2 失敗して恥をかいたが、先輩の優しい一言に慰(なぐさ)められた。

1 はり　2 はず　3 はし　4 はじ

3 先生は教室に入ったとたん、みんなに怒鳴り始めた。

1 どなり　2 いかり　3 けずり　4 さわり

4 親の保護のもとに育てられた私たちはいつも感謝の気持ちを忘れてはいけない。

1 ほうご　2 ほうこ　3 ほご　4 ほこ

5 10才の子供がこの難しい問題を解くなんて正に天才というものだ。

1 まさに　2 しょうに　3 ただに　4 せいに

4 실전 시험 한자 읽기 [4]

(　　/6) 제한 시간 : 1분

정답 및 해설 <본서1> p.21

問題 1 ＿＿＿＿の言葉の読み方として最もよいものを、1・2・3・4から一つ選びなさい。

1 先生として誠実に授業の準備をする姿勢が<u>望ましい</u>。

1 めざましい　2 のぞましい　3 やかましい　4 たくましい

2 美しい<u>情景</u>が目に浮かんだ。

1 じょうけい　2 じょけい　3 じょうえい　4 じょえい

3 彼女は<u>用心</u>深い人だ。

1 ようこころ　2 ようしん　3 ようじん　4 ようごころ

4 ゴールの前でA選手とB選手が<u>争って</u>いる。

1 ととのって　2 あらそって　3 たたかって　4 おそわって

5 貧しい国は豊かな国からの<u>援助</u>を受けている。

1 ほじょ　2 ほじょう　3 えんじょ　4 えんじょう

5 실전 시험 한자 읽기 [5]

(　/5) 제한 시간 : 1분

▸정답 및 해설 <본서1> p.21

問題1 ＿＿＿＿の言葉の読み方として最もよいものを、1・2・3・4から一つ選びなさい。

1 あと一歩で優勝するところだったのに準優勝で終わってしまい悔しくてたまらない。

1 あやしくて　2 くわしくて　3 くやしくて　4 はげしくて

2 会社の倒産によって株が下落した。

1 からく　2 げらく　3 かおち　4 げおち

3 これは特別な素材で作られているそうだ。

1 そうざい　2 すさい　3 そざい　4 すうざい

4 彼はじゃがいもの代わりにさつまいもを耕すことにした。

1 たがやす　2 こす　3 かくす　4 ひやす

5 彼のミスは半ば私の責任だと思う。

1 はんば　2 なかば　3 はば　4 ほんば

6 실전 시험 한자 읽기 [6]

(/5) 제한 시간 : 1분

정답 및 해설 <본서1> p.21

問題 1 ＿＿＿＿の言葉の読み方として最もよいものを、1・2・3・4から一つ選びなさい。

1 彼の指摘はいつも鋭い。

1 にぶい　2 しぶい　3 にがい　4 するどい

2 A市とB市の境に川が流れている。

1 さか　2 きょう　3 さかい　4 けい

3 店の利益のために営業方針を変えた。

1 りいき　2 りえき　3 いいき　4 いえき

4 山田(やまだ)さんはやさしくて素直な性格だ。

1 すちょく　2 すじき　3 すなお　4 そなお

5 異文化に触れたのがきっかけでこの仕事を始めた。

1 ふれた　2 なれた　3 めぐまれた　4 あこがれた

7 실전 시험 한자 읽기 [7]

▶정답 및 해설 <본서1> p.22

問題 1 ＿＿＿＿の言葉の読み方として最もよいものを、1・2・3・4から一つ選びなさい。

1 毎朝、7時くらいに目が<u>覚めます</u>。

1 おさめます　　2 そめます　　3 さめます　　4 ほめます

2 皆(みな)さんの<u>率直</u>な意見を聞かせてください。

1 そつちょく　　2 そっちょく　　3 りつちょく　　4 りっちょく

3 今の制度でみんなが満足していると<u>断言</u>することはできるのか。

1 たんげん　　2 だんげん　　3 たんごん　　4 だんごん

4 近年、科学技術は<u>著しい</u>進歩を見せている。

1 かやがかしい　　2 かがやかしい　　3 いちじるしい　　4 いちるじしい

5 変な<u>匂い</u>がして外に出てみたら、火事で隣(となり)の家が燃(も)えていた。

1 かおい　　2 かない　　3 におい　　4 きよい

8 실전 시험 한자 읽기 [8]

(　　/5) 제한 시간 : 1분

정답 및 해설 <본서1> p.22

問題 1 ＿＿＿＿の言葉の読み方として最もよいものを、1・2・3・4から一つ選びなさい。

1 この国はまだ豊かな自然が残されている。

1 おろかな　2 ゆたかな　3 あざやかな　4 すこやかな

2 子どもは親の言動にとても影響を受けやすい。

1 げんどう　2 けんどう　3 ごんどう　4 こんどう

3 研修生を受け入れるためには、住居を確保する必要がある。

1 じゅきょう　2 じゅぎょ　3 じゅうぎょ　4 じゅうきょ

4 このカメラは小型だが、通常のモデルに比べて性能が劣っているわけではない。

1 はらって　2 もぐって　3 おとって　4 のぼって

5 自分の心の痛みにさえ鈍感になっている人は後でストレスに耐(た)えられなくなる。

1 とんかん　2 どんかん　3 じゅんかん　4 しゅんかん

9 실전 시험 한자 읽기 [9]

(/5) 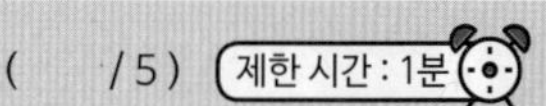

▶정답 및 해설 <본서1> p.22

問題 1 ＿＿＿＿の言葉の読み方として最もよいものを、1・2・3・4から一つ選びなさい。

1 二人で飲み始めていつの間にか5本のビンは<u>空</u>になっていた。

1 そら　　2 くう　　3 こう　　4 から

2 おじいさんの<u>遺言</u>どおり全財産を社会に寄付した。

1 ゆこん　　2 ゆいごん　　3 ゆごん　　4 ゆいこん

3 このバスに乗れば目的地まで<u>直行</u>で行けます。

1 ちょくこう　　2 ちょくぎょう　　3 ちょっこう　　4 ちょっぎょう

4 操作ミスで船が海の中に<u>沈んで</u>しまい、300人の死亡者が出た。

1 しずんで　　2 たのんで　　3 からんで　　4 まなんで

5 <u>早速</u>ですが、大井(おおい)さんは週末はいつも何をしていますか。

1 さっそく　　2 そうそく　　3 そうはや　　4 さくはや

10 실전 시험 한자 읽기 [10]

(/5) 제한 시간 : 1분

▸정답 및 해설 <본서1> p.23

問題1 ＿＿＿＿の言葉の読み方として最もよいものを、1・2・3・4から一つ選びなさい。

1 先日のパーティーでは私と同じ世代の人がたくさんいて、話が盛り上がった。

1 せたい　2 せだい　3 せいたい　4 せいだい

2 有名人が住んでいる高級住宅の警備は厳重だ。

1 けんちょう　2 げんちょう　3 けんじゅう　4 げんじゅう

3 水をやるのをうっかり忘れて花が枯れてしまった。

1 ゆれて　2 ふれて　3 かれて　4 くずれて

4 手術後だから彼には激しい運動をしないでほしい。

1 はげしい　2 とぼしい　3 そうぞうしい　4 ずうずうしい

5 事故にあってしまったが、幸いに軽いけがで済んだ。

1 しあわいに　2 こういに　3 さいわいに　4 からいに

11 실전 시험 한자 읽기 [11]

(　　/5) 제한 시간 : 1분

정답 및 해설 <본서1> p.23

問題1 ＿＿＿＿の言葉の読み方として最もよいものを、1・2・3・4から一つ選びなさい。

1 ボランティアでお年寄りの介護をしている。

1 かいごう　　2 かんごう　　3 かいご　　4 かんご

2 野球試合の結果に興奮が冷めなかった。

1 きょうふん　　2 こうふん　　3 きょぶん　　4 こふん

3 私は恋愛では彼に尽くすタイプです。

1 つくす　　2 かくす　　3 なくす　　4 りゃくす

4 人間はすべて平等であるべきなので、人種による差別があってはならない。

1 びょうとう　　2 びょうどう　　3 へいとう　　4 へいどう

5 有名歌手の不倫(ふりん)スキャンダルで世間(せけん)が騒々しい。

1 そうぞうしい　　2 ずうずうしい　　3 わかわかしい　　4 ばかばかしい

12 실전 시험 한자 읽기 [12]

(　　/5) 제한 시간 : 1분

정답 및 해설 <본서1> p.24

問題 1 ＿＿＿＿の言葉の読み方として最もよいものを、1・2・3・4から一つ選びなさい。

1 乳製品(にゅうせいひん)は冷蔵庫の中に保存してください。

1　ほうぞん　　2　ほそん　　3　ほうそん　　4　ほぞん

2 娘(むすめ)の学校の行事のため、今日は休ませていただきます。

1　こうじ　　2　こうこと　　3　ぎょうじ　　4　ぎょうこと

3 彼は医学界ではかなり知られている名高い学者である。

1　めいこうい　　2　なだかい　　3　なたかい　　4　めいだかい

4 人によって好みはさまざまだ。

1　すきみ　　2　このみ　　3　こうみ　　4　かなみ

5 今日に限(かぎ)って全品半額セール。ただし、食器類は除く。

1　のぞく　　2　おどろく　　3　たたく　　4　ちかづく

13 실전 시험 한자 읽기 [13]

(　　/5) 제한 시간 : 1분

정답 및 해설 <본서1> p.24

問題 1 ＿＿＿＿の言葉の読み方として最もよいものを、1・2・3・4から一つ選びなさい。

1 女性団体の連合は今週、女性の人権のためにキャンペーンをする予定だ。

1 れんこう　　2 つれこう　　3 れんごう　　4 つれごう

2 男ばかりの部活に女性メンバーが加わり、雰囲気(ふんいき)が和やかになった。

1 さわやかに　　2 あざやかに　　3 おだやかに　　4 なごやかに

3 上の子より下の子のほうが利口だ。

1 りく　　2 りこう　　3 りくち　　4 りぐち

4 80歳の高齢にもかかわらず、マラソンに挑戦することは見習うべきです。

1 どうせんする　　2 とうせんする　　3 ちょうせんする　　4 ちょせんする

5 うちの娘(むすめ)は正直で真面目な子です。

1 せいじき　　2 しょうじき　　3 せいちょく　　4 しょうちょく

14 실전 시험 한자 읽기 [14]

(/5) 제한 시간 : 1분

정답 및 해설 <본서1> p.24

問題 1 ＿＿＿＿の言葉の読み方として最もよいものを、1・2・3・4から一つ選びなさい。

1 昔、住んでいた町に行くと懐かしい気持ちになる。

1 わかわかしい　2 そそっかしい　3 はずかしい　4 なつかしい

2 日本語が上達するためには反復練習が必要だ。

1 はんふく　2 へんふく　3 へんぷく　4 はんぷく

3 初期の症状がわかりにくく、悪化して手術することになった。

1 しょじょう　2 しょじょ　3 しょうじょ　4 しょうじょう

4 スカートが何かに引っかかって破れてしまった。

1 たおれて　2 みだれて　3 やぶれて　4 はなれて

5 彼を半ば強引に誘った。

1 ごういんに　2 きょういんに　3 ごいんに　4 ぎょいんに

15 실전 시험 한자 읽기 [15]

(　/5) 제한 시간 : 1분

정답 및 해설 <본서1> p.25

問題 1 ＿＿＿＿の言葉の読み方として最もよいものを、1・2・3・4から一つ選びなさい。

1　漁業（ぎょぎょう）の発達により船の種類と構造が多様化した。

1　こうそう　　2　こうぞう　　3　きょうそう　　4　きょうぞう

2　今までの現象についてだれか説明できる人いますか。

1　げんそう　　2　げんしょう　　3　げんぞう　　4　げんじょう

3　世界には貧しい国がたくさんあります。

1　かなしい　　2　あやしい　　3　きびしい　　4　まずしい

4　入社試験に落ちた私を友人が慰めてくれた。

1　たしかめて　　2　ふかめて　　3　なぐさめて　　4　みとめて

5　スニーカーに穴が空いている。

1　あな　　2　そら　　3　こな　　4　かぎ

16 실전 시험 한자 읽기 [16]

(　　/5) 제한 시간 : 1분

▶정답 및 해설 <본서1> p.25

問題 1 ＿＿＿＿の言葉の読み方として最もよいものを、1・2・3・4から一つ選びなさい。

1 字が小さいプリントはコピーして拡大すると便利だ。

1　がくたい　　2　がくだい　　3　かくだい　　4　かくたい

2 子供のころから憧れていた有名人に会えて嬉しい。

1　あこがれて　　2　あらわれて　　3　あれて　　4　おそれて

3 昨日より円が若干上昇した。

1　やくかん　　2　わかかん　　3　じゃくかん　　4　じゃっかん

4 社長の強気な発言に社員は一言も言えず、黙(だま)っていた。

1　きょうきな　　2　ごうきな　　3　きょうけな　　4　つよきな

5 紫外線(しがいせん)は肌に悪い。

1　はた　　2　はだ　　3　はば　　4　はり

17 실전 시험 한자 읽기 [17]

(/5) 제한 시간 : 1분

▸정답 및 해설 <본서1> p.25

問題1 ＿＿＿＿の言葉の読み方として最もよいものを、1・2・3・4から一つ選びなさい。

1 彼が犯罪者であるという確実な<u>証拠</u>がなく困っている。

1 しょうきょ　2 しょきょ　3 しょうこ　4 しょこう

2 スリにあい、「助けてください」と<u>叫んだ</u>。

1 まなんだ　2 かんだ　3 さけんだ　4 よんだ

3 風呂場(ふろば)では<u>湯気</u>のせいでメガネがくもる。

1 ゆげ　2 ゆうげ　3 ゆうけ　4 ゆけ

4 利用客の増加により施設の<u>拡充</u>が必要だ。

1 かくちゅう　2 がくちゅう　3 かくじゅう　4 がくじゅう

5 試験に落ちたのを<u>今更</u>後悔してもしょうがない。

1 いまだに　2 いま　3 いまさら　4 こんさら

18 실전 시험 한자 읽기 [18]

(　/5) 제한 시간 : 1분

▶정답 및 해설 <본서1> p.26

問題 1 ＿＿＿＿の言葉の読み方として最もよいものを、1・2・3・4から一つ選びなさい。

1 客　：お勘定お願いします。
店員：はい。ありがとうございます。350円でございます。

1 きんてい　2 きんじょう　3 かんてい　4 かんじょう

2 人気俳優カップルの結婚式が盛大に行われた。

1 じょうだいに　2 じょうたいに　3 せいだいに　4 せいたいに

3 長時間のテレビ視聴は子供の成長を妨げる。

1 しあげる　2 さまたげる　3 さげる　4 こげる

4 あと5分で試合終了なのに選手交代が行われた。

1 こうたい　2 こうだい　3 ごうたい　4 ごうだい

5 私が仕事の話を始めたら、途端に西川(にしかわ)さんの気味が悪くなった。

1 とたんに　2 よたんに　3 とだんに　4 どたんに

19 실전 시험 한자 읽기 [19]

(　/5) 제한 시간 : 1분

▶정답 및 해설 <본서1> p.26

問題 1 ＿＿＿＿の言葉の読み方として最もよいものを、1・2・3・4から一つ選びなさい。

1 監督の合図をみて精一杯(せいいっぱい)走り出した。

1 ごうず　2 あいず　3 ごうと　4 あいと

2 女優として有名な彼女は相変わらず10年前の若さを保っていた。

1 そうへんわらず　2 あいへんわらず　3 しょうかわらず　4 あいかわらず

3 不正な方法で出馬した田中(たなか)さんは候補から除外された。

1 じょうがい　2 じょがい　3 じょうかい　4 じょかい

4 電車の模型が好きなオタクもいるらしい。

1 もけい　2 もがた　3 ぼけい　4 ぼがた

5 この会社の未来を担う人材を採用したい。

1 になう　2 ためらう　3 つきあう　4 やとう

20 실전 시험 한자 읽기 [20]

(　　/5) 제한 시간 : 1분

정답 및 해설 <본서1> p.26

問題1 ＿＿＿＿の言葉の読み方として最もよいものを、1・2・3・4から一つ選びなさい。

1　超高層ビルの建設については、賛否が分かれた。

1　さんぷ　　2　さんふ　　3　さんぴ　　4　さんひ

2　田舎で暮らす若者が減少し、お年寄りばかりが増え続けている。

1　けんしょう　　2　げんしょう　　3　げんしょ　　4　けんしょ

3　俳優の田中(たなか)さんは今度のドラマで優れた演技を見せてくれた。

1　たおれた　　2　ながれた　　3　ぬれた　　4　すぐれた

4　レポートの締め切りまであとわずかなので彼は相当プレッシャーを感じているはずだ。

1　あいとう　　2　しょうとう　　3　しょとう　　4　そうとう

5　久しぶりに通帳の残高を確認してみた。

1　ざんこう　　2　ざんだか　　3　のこたか　　4　のこごう

21 실전 시험 한자 읽기 [21]

(　　/5) 제한 시간 : 1분

정답 및 해설 <본서1> p.27

問題 1 ＿＿＿＿の言葉の読み方として最もよいものを、1・2・3・4から一つ選びなさい。

1　ベストセラーの本を買ったが分厚くて読むのに時間がかかった。

1　ぶあつくて　　2　ぶんあつくて　　3　ふんあつくて　　4　わかあつくて

2　災害に対する対策が求められている。

1　そんがい　　2　ひがい　　3　さいがい　　4　ぼうがい

3　あの子は人の悪口ばかり言うので距離をおいている。

1　きょうり　　2　きょり　　3　けいり　　4　けり

4　時間がないので、詳しい説明は省きます。

1　かわきます　　2　のぞきます　　3　ぬきます　　4　はぶきます

5　ピカソの作品は後半になると抽象的な絵が多くなる。

1　ちゅうそうてき　　2　ちゅそうてき　　3　ちゅうしょうてき　　4　ちゅうしょてき

22 실전 시험 한자 읽기 [22]

(　　/5) 제한 시간 : 1분

▶정답 및 해설 <본서1> p.27

問題１ ＿＿＿＿の言葉の読み方として最もよいものを、1・2・3・4から一つ選びなさい。

1 A社との契約は意外と簡単に結ぶことができた。

1 むすぶ　　2 はこぶ　　3 よろこぶ　　4 ころぶ

2 ダイエット中なのに食べ物の誘惑に負けそうになる。

1 ゆわく　　2 ゆうわく　　3 ゆめい　　4 ゆうめい

3 国の間では領土の問題で争うことも多い。

1 りょうど　　2 りょど　　3 りょうとう　　4 りょと

4 前田(まえだ)さんがそんなに偉い人だとは知りませんでした。

1 かしこい　　2 えらい　　3 すごい　　4 するどい

5 先生の話に胸が熱くなった。

1 ちょう　　2 あたま　　3 ひざ　　4 むね

23 실전 시험 한자 읽기 [23]

(/5) 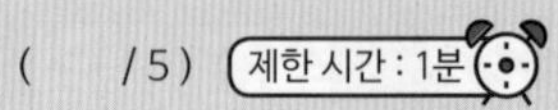

▶정답 및 해설 <본서1> p.27

問題 1 ＿＿＿＿の言葉の読み方として最もよいものを、1・2・3・4から一つ選びなさい。

1 父は家族を養うために一日も休まず仕事しています。

1 やしなう　2 やとう　3 すくう　4 ととのう

2 事件解決のための対策を模索しています。

1 もそく　2 ぼそく　3 もさく　4 ぼさく

3 彼は免許も持ってないのに、運転して逮捕（たいほ）されました。

1 べんきょう　2 べんきょ　3 めんきょう　4 めんきょ

4 私は今まで憎いと思った人が何人かいる。

1 にくい　2 こわい　3 ひどい　4 ずるい

5 彼は自分の将来について漠然と考えがちである。

1 ぼうぜん　2 ばくぜん　3 ぼくねん　4 ばくねん

24 실전 시험 한자 읽기 [24]

(　　/5) 제한 시간 : 1분

❯정답 및 해설 <본서1> p.28

問題 1 ＿＿＿＿の言葉の読み方として最もよいものを、1・2・3・4から一つ選びなさい。

1 大切なメールを削除してしまい、大変でした。

1 さくじょう　2 げんじょう　3 さくげん　4 さくじょ

2 コピー機のインク補充の仕方が分からない。

1 ほうじゅ　2 ほうじゅう　3 ほじゅ　4 ほじゅう

3 光熱費など個人消費を抑制した。

1 おくせい　2 よくせい　3 おくしょう　4 よくしょ

4 公園に続くさくら道はすっかり花びらで覆われていた。

1 おおわれて　2 すくわれて　3 あらわれて　4 こわれて

5 勤務時間の延長を強要された職員たちは怒りを隠せなかった。

1 おこり　2 いかり　3 かなり　4 まわり

25 실전 시험 한자 읽기 [25]

(/5) 

정답 및 해설 <본서1> p.28

問題 1 ＿＿＿＿の言葉の読み方として最もよいものを、1・2・3・4から一つ選びなさい。

1 A国は美しい自然に<u>恵まれて</u>いる。

1　めぐまれて　　2　かこまれて　　3　たのまれて　　4　かなしまれて

2 先週、銀行から100万円を借りたが、返済を<u>催促</u>されて困っている。

1　さいしゃく　　2　さいしょく　　3　さいそく　　4　さいぞく

3 この絵からは<u>勇ましい</u>気迫が感じられる。

1　やかましい　　2　あつかましい　　3　たくましい　　4　いさましい

4 これは木材を<u>運搬</u>するのに便利な道具です。

1　うんぱん　　2　うんはん　　3　くんぱん　　4　くんはん

5 魚が<u>群れ</u>になって川を泳いでいる。

1　むれ　　2　つれ　　3　きれ　　4　まみれ

26 실전 시험 한자 읽기 [26]

(　　/5) 제한 시간 : 1분

정답 및 해설 <본서1> p.28

問題 1 ＿＿＿＿の言葉の読み方として最もよいものを、1・2・3・4から一つ選びなさい。

1 このバスは公民館を経由して市役所まで行きます。

1 けいゆう　　2 けいゆ　　3 かいゆう　　4 かいゆ

2 ケンさんは「あともう少しで合格だったのに」と言いながら嘆く。

1 えがく　　2 まねく　　3 なげく　　4 かわく

3 資源の乏しい我が国は外国からの輸入が多いです。

1 とぼしい　　2 まずしい　　3 まぶしい　　4 けわしい

4 真面目で正直な彼が罪を犯すはずがない。

1 ばつ　　2 つみ　　3 けん　　4 なみ

5 日本は子供のころからマナーや秩序が身につくようにしている。

1 ちつじょう　　2 じつじょう　　3 ちつじょ　　4 じつじょ

27 실전 시험 한자 읽기 [27]

(　　/5) 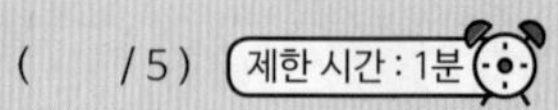

▶정답 및 해설 <본서1> p.29

問題1 ＿＿＿＿の言葉の読み方として最もよいものを、1・2・3・4から一つ選びなさい。

1 マラソンには不必要なエネルギーの消耗を防ぐための走り方を身につけることが必要だ。

1 しょもう　　2 しょうも　　3 しょも　　4 しょうもう

2 私の部屋は窓が大きくて朝日がまぶしく輝く。

1 かたむく　　2 いだく　　3 かわく　　4 かがやく

3 仕事の合間に仲間とおしゃべりをした。

1 ごうま　　2 あいかん　　3 ごうかん　　4 あいま

4 10年間働いていた会社を首になったが、頑張ってきたので悔いはない。

1 くい　　2 かい　　3 こまかい　　4 くやしい

5 構想がまとまり、最終段階に向かって進んでいる。

1 くうあい　　2 こうしょう　　3 こうそう　　4 くうそう

28 실전 시험 한자 읽기 [28]

(　　/5) 제한 시간 : 1분

정답 및 해설 <본서1> p.29

問題1 ＿＿＿＿の言葉の読み方として最もよいものを、1・2・3・4から一つ選びなさい。

1 大学のゼミではいろいろな刺激を受けた。

1 さてき　　2 さげき　　3 しげき　　4 してき

2 彼は質素な生活をしている。

1 しつそ　　2 しっそ　　3 しつさ　　4 しっさ

3 50年後、女性の平均寿命は90歳を超えるだろうという予測が出ている。

1 じゅうみょう　　2 じゅみょ　　3 じゅうみょ　　4 じゅみょう

4 新型テレビの登場とともに技術面の弱点を補うため、戦略的に動いている。

1 からかう　　2 みならう　　3 おぎなう　　4 うらなう

5 部屋の隅にごみ箱が置いてある。

1 うら　　2 おもて　　3 せき　　4 すみ

29 실전 시험 한자 읽기 [29]

›정답 및 해설 <본서1> p.29

問題 1 ＿＿＿＿の言葉の読み方として最もよいものを、1・2・3・4から一つ選びなさい。

1 デパート崩壊事件の原因を徹底的に調査する。

1 てつていてき　　2 てつたいてき　　3 てっていてき　　4 てったいてき

2 むだな動きを省いてボールを投げる木村(きむら)選手の技(わざ)は最高だ。

1 はぶいて　　2 ぬいて　　3 ないて　　4 おちついて

3 以前は海外で仕事がしたいという願望が強かった。

1 がんぼ　　2 がんぼう　　3 げんぼ　　4 げんぼう

4 人の物を勝手に触るな。

1 しょうしゅに　　2 しょうてに　　3 かっしゅに　　4 かってに

5 煙のせいで目が痛くなった。

1 かぎ　　2 いわ　　3 しる　　4 けむり

30 실전 시험 한자 읽기 [30]

(　　/5) 제한 시간 : 1분

▶정답 및 해설 <본서1> p.30

問題 1 ＿＿＿＿の言葉の読み方として最もよいものを、1・2・3・4から一つ選びなさい。

1 みなさんの声援に力づけられました。

1 しえん　　2 せいえん　　3 しいん　　4 せいいん

2 最近のカメラは小型で高性能のものが多い。

1 しょうがた　　2 こがた　　3 しょうけい　　4 こけい

3 裁判を目前にして緊張の毎日だ。

1 さいばん　　2 さいはん　　3 せいばん　　4 せいはん

4 洪水に備えてタンクに水を蓄える。

1 ととのえる　　2 ささえる　　3 ほえる　　4 たくわえる

5 スタートの合図で選手たちは一斉に走り出した。

1 いっさいに　　2 いっきに　　3 いっせいに　　4 いちどに

문제 2 한자 표기

» 유형 소개

한자 표기 (5문항)

히라가나로 쓰여진 단어가 한자로 어떻게 쓰이는지를 묻는다.

예

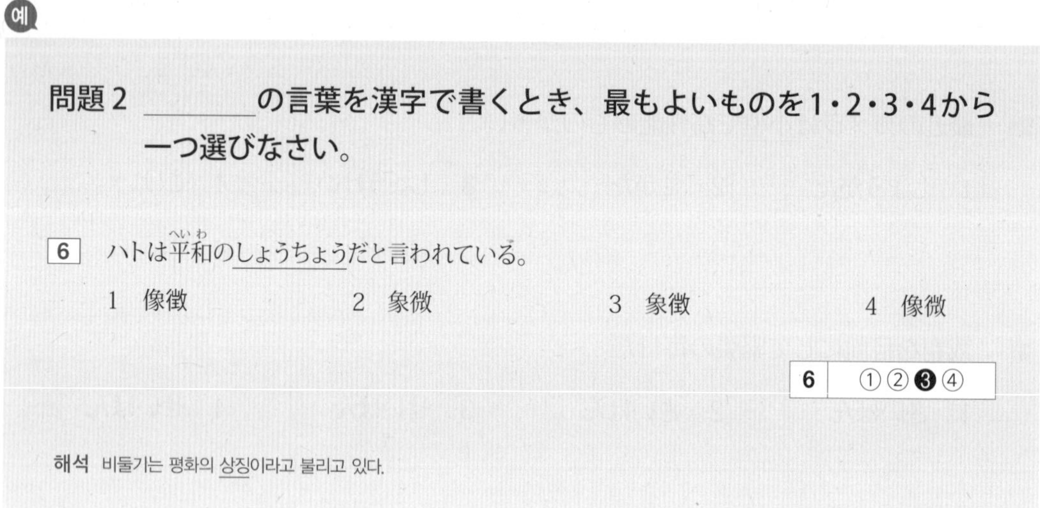

問題 2 ＿＿＿＿の言葉を漢字で書くとき、最もよいものを1・2・3・4から一つ選びなさい。

6 ハトは平和(へいわ)の<u>しょうちょう</u>だと言われている。

1 像徴　　2 象微　　3 象徴　　4 像微

6	①②❸④

해석 비둘기는 평화의 <u>상징</u>이라고 불리고 있다.

» 해답 스킬

1. 밑줄 친 부분의 히라가나만 보고 단어가 유추된다면 답을 고르는 게 빠르겠지만, 만약 그게 아니라면 문장 전체를 해석하고 밑줄 친 부분을 유추해 보도록 한다.
2. 비슷한 한자를 구별해야 하므로 한자의 세세한 곳까지 주의 깊게 봐야 한다.

» 학습 대책

1. 주로 나오는 문제는 〈비슷한 모양의 한자 구별 / 음독이 같은 한자 구별 / 훈독 한자 구별하기〉가 출제된다. 평소 비슷하고 헷갈리는 한자일수록 같이 모아서 다른 부분을 구분하면서 체크하며 공부한다. 예를 들어 '주택'의 경우, 인간의 삶과 관련되기 때문에 한자에 사람 인(**人**)이 부수로 들어간다. 그러므로 비슷한 한자 「**住宅、主宅、駐宅**」 중 「**人**」 자가 부수로 들어간 「**住宅**」를 답으로 고를 수 있다.
2. 과거 기출문제를 분석하여 비슷한 한자 구별하기가 잘 정리되어 있는 이어지는 기반 다지기 이론을 통해 다시 한번 점검하자.

문제 2 기반 다지기

1 필수 한자
2 닮은꼴 한자
3 동음이의 한자

필수 한자

💡 밑줄 친 단어는 예외적으로 읽거나 음의 변화가 있는 단어입니다.

あ행

暗 어두울 **암**	훈	くらい	[기출] 薄暗い(うすぐらい) 어둑어둑하다, 어슴푸레하다
	음	あん	暗黙(あんもく) 암묵
異 다를 **이**	훈	ことなる	異なる(ことなる) 다르다, 상이하다
	음	い	異常(いじょう) 이상　異文化(いぶんか) 이문화
移 옮길 **이**	훈	うつる/うつす	移る(うつる) 옮다, 옮아가다　移す(うつす) 옮기다, 전염시키다
	음	い	移動(いどう) 이동　移行(いこう) 이행
偉 클 **위**	훈	えらい	[기출] 偉い(えらい) 훌륭하다
	음	い	偉大(いだい) 위대　偉力(いりょく) 위력
違 어긋날 **위**	훈	ちがう	すれ違う(ちがう) 스치듯 지나가다
	음	い	違反(いはん) 위반　[기출] 相違(そうい) 상이(서로 다름)
育 기를 **육**	훈	そだつ/そだてる	育つ(そだつ) 자라다　育てる(そだてる) 키우다
	음	いく	育児(いくじ) 육아　保育(ほいく) 보육　育成(いくせい) 육성
引 끌 **인**	훈	ひく	引き換え(ひきかえ) 바꿈　長引く(ながびく) 지연되다
	음	いん	[기출] 引用(いんよう) 인용　[기출] 引退(いんたい) 은퇴　誘引(ゆういん) 유인
運 옮길 **운**	훈	はこぶ	運ぶ(はこぶ) 운반하다
	음	うん	[기출] 運賃(うんちん) 운임　運河(うんが) 운하　運搬(うんぱん) 운반　運航(うんこう) 운항
映 비칠 **영**	훈	うつる/うつす	映る(うつる) (그림자 등이) 비치다　[기출] 映す(うつす) 비추다, (영상 등을) 방영하다
	음	えい	映画(えいが) 영화　映像(えいぞう) 영상　放映(ほうえい) 방영

栄 영화 **영**	훈	さかえる/はえる	栄える(さかえる) 번영하다, 번창하다 栄える(はえる) 돋보이다, 두드러지다
	음	えい	光栄(こうえい) 영광 栄養素(えいようそ) 영양소 繁栄(はんえい) 번영 虚栄(きょえい) 허영
営 경영할 **영**	훈	いとなむ	営む(いとなむ) 경영하다, 영위하다
	음	えい	運営(うんえい) 운영 直営(ちょくえい) 직영
延 늘일 **연**	훈	のびる/のばす	延びる(のびる) 연기되다, 연장되다, 늘어지다 延ばす(のばす) 연장시키다, 길게 하다, 펴다
	음	えん	기출 延長(えんちょう) 연장 延期(えんき) 연기 遅延(ちえん) 지연 延着(えんちゃく) 연착
煙 연기 **연**	훈	けむい/けむり	煙い(けむい) 매캐하다 煙(けむり) 연기
	음	えん	禁煙(きんえん) 금연 喫煙(きつえん) 흡연
遠 멀 **원**	훈	とおい	遠い(とおい) 멀다
	음	えん	遠足(えんそく) 소풍 永遠(えいえん) 영원
汚 더러울 **오**	훈	きたない/よごれる/よごす	汚い(きたない) 더럽다 汚れる(よごれる) 더러워지다 汚す(よごす) 더럽히다
	음	お	汚染(おせん) 오염
応 응할 **응**	훈	こたえる	応える(こたえる) 반응하다, 부응하다, 보답하다
	음	おう	応じる(おうじる) 응하다 応答(おうとう) 응답 応用(おうよう) 응용 対応(たいおう) 대응 反応(はんのう) 반응
温 따뜻할 **온**	훈	あたたかい/あたたまる/あたためる	温かい(あたたかい) 따뜻하다(온도) 温まる(あたたまる) 따뜻해지다 温める(あたためる) 따뜻하게 하다, 데우다
	음	おん	기출 温暖化(おんだんか) 온난화 常温(じょうおん) 상온 保温(ほおん) 보온

か행

加 더할 **가**	훈	くわわる/くわえる	加わる(くわわる) 가해지다 加える(くわえる) 가하다, 더하다
	음	か	加減(かげん) 가감, 조절함, (알맞은) 정도 添加(てんか) 첨가 増加(ぞうか) 증가 追加(ついか) 추가

한자	구분	읽기	어휘
果 실과 **과**, 열매 **과**	훈	はたす	果(は)たす 완수하다　果(は)たして 과연
	음	か	果実(かじつ) 열매, 과일　果物(くだもの) 과일
過 지날 **과**	훈	すぎる/すごす	通(とお)り過(す)ぎる 통과하다　過(す)ごす 지내다
	음	か	[기출] 過剰(かじょう) 과잉　超過(ちょうか) 초과
回 돌아올 **회**	훈	まわる	出回(でまわ)る 나돌다　上回(うわまわ)る 상회하다, 웃돌다　下回(したまわ)る 하회하다, 밑돌다
	음	かい	回転(かいてん) 회전　回復(かいふく) 회복　回避(かいひ) 회피
快 쾌할 **쾌**	훈	こころよい	[기출] 快(こころよ)い 상쾌하다, 시원하다
	음	かい	快晴(かいせい)だ 쾌청하다　[기출] 愉快(ゆかい) 유쾌　快適(かいてき)だ 쾌적하다
改 고칠 **개**	훈	あらたまる/あらためる	改(あらた)まる 개선되다　改(あらた)める 개선하다　[기출] 改(あらた)めて 새로이, 다시, 재차
	음	かい	[기출] 改正(かいせい) 개정　[기출] 改善(かいぜん) 개선　改札口(かいさつぐち) 개찰구
解 풀 **해**	훈	とく/ほぐす	解(と)く (묶여있던 것을 원상태로, 문제·오해를) 풀다 解(ほぐ)す (긴장·실·감정·근육 등을) 풀다
	음	かい	解釈(かいしゃく) 해석　解答(かいとう) 해답　[기출] 解消(かいしょう) 해소
外 바깥 **외**	훈	はずれる/はずす/そと	外(はず)れる 빠지다, 빗나가다, 제외되다　外(はず)す 빼다, 떼다　外側(そとがわ) 바깥쪽
	음	がい/げ	外交官(がいこうかん) 외교관　例外(れいがい) 예외　外科(げか) 외과
害 해할 **해**	훈	–	–
	음	がい	弊害(へいがい) 폐해　被害(ひがい) 피해　[기출] 損害(そんがい) 손해　公害(こうがい) 공해　災害(さいがい) 재해
確 굳을 **확**	훈	たしかめる	確(たし)かめる 분명히 하다, 확인하다
	음	かく	確率(かくりつ) 확률　[기출] 確保(かくほ) 확보　確認(かくにん) 확인　確定(かくてい) 확정　明確(めいかく)に 명확하게
乾 마를 **건**	훈	かわく/かわかす	乾(かわ)く 마르다, 건조되다　乾(かわ)かす 말리다, 건조하게 하다
	음	かん	乾燥(かんそう) 건조

換 바꿀 **환**	훈	かえる	換(か)える 바꾸다
	음	かん	変換(へんかん) 변환　転換(てんかん) 전환
願 원할 **원**	훈	ねがう	願(ねが)う 바라다
	음	がん	기출 願望(がんぼう) 소원, 소망　念願(ねんがん) 염원
危 위태할 **위**	훈	あぶない/ あやうい	危(あぶ)ない 위험하다　危(あや)うい 위태롭다
	음	き	危険(きけん) 위험　危機(きき) 위기
寄 부칠 **기**	훈	よる	立(た)ち寄(よ)る 다가서다, 들르다
	음	き	기출 寄付(きふ) 기부
疑 의심할 **의**	훈	うたがう	疑(うたが)う 의심하다　疑(うたが)わしい 의심스럽다
	음	ぎ	疑問(ぎもん) 의문　疑惑(ぎわく) 의혹
逆 거스릴 **역**	훈	さからう	기출 逆(さか)らう 거스르다
	음	ぎゃく	逆転(ぎゃくてん) 역전
吸 마실 **흡**	훈	すう	吸(す)い込(こ)む 흡수하다, 빨아들이다
	음	きゅう	呼吸(こきゅう) 호흡　吸収(きゅうしゅう) 흡수　吸着(きゅうちゃく) 흡착
求 구할 **구**	훈	もとめる	求(もと)める 구하다, 요구하다
	음	きゅう	請求(せいきゅう) 청구　要求(ようきゅう) 요구　探求(たんきゅう) 탐구　기출 求人(きゅうじん) 구인
救 구원할 **구**	훈	すくう	기출 救(すく)う 구하다, 구조·구제하다
	음	きゅう	救助(きゅうじょ) 구조　救急車(きゅうきゅうしゃ) 구급차　救命(きゅうめい) 구명
球 공 **구**	훈	たま	球(たま) (야구·탁구 등) 공, 구형
	음	きゅう	電球(でんきゅう) 전구　野球(やきゅう) 야구　卓球(たっきゅう) 탁구

許 허락할 **허**	훈 ゆるす	許す(ゆる) 허락하다, 용서하다
	음 きょ	許可(きょか) 허가 許容(きょよう) 허용
恐 두려울 **공**	훈 おそろしい	恐ろしい(おそ) 두렵다, 염려스럽다
	음 きょう	恐怖(きょうふ) 공포 恐縮(きょうしゅく) (남에게 폐를 끼쳐) 황송함, 죄송함
強 강할 **강**	훈 つよまる/つよめる	強まる(つよ) 강해지다 強める(つよ) 강하게 하다, 강화하다
	음 きょう/ごう	強化(きょうか) 강화 強要(きょうよう) 강요 強調(きょうちょう) 강조 / 強引に(ごういん) 억지로 強盗(ごうとう) 강도
教 가르칠 **교**	훈 おそわる/おしえる	教わる(おそ) 가르침을 받다, 배우다 教える(おし) 가르치다
	음 きょう	説教(せっきょう) 설교 教養(きょうよう) 교양 宗教(しゅうきょう) 종교 教訓(きょうくん) 교훈
境 지경 **경**	훈 さかい	境(さかい) 경계, 갈림길
	음 きょう	境界(きょうかい) 경계 心境(しんきょう) 심경 環境(かんきょう) 환경
競 다툴 **경**	훈 きそう	기출 競う(きそ) 겨루다, 경쟁하다
	음 きょう/けい	競争(きょうそう) 경쟁 競技(きょうぎ) 경기 / 競馬(けいば) 경마
極 극진할 **극**	훈 きわめる	極めて(きわ) 지극히
	음 きょく	기출 極端(きょくたん) 극단 南極(なんきょく) 남극 기출 積極的(せっきょくてき) 적극적
勤 부지런할 **근**	훈 つとめる	勤める(つと) 종사하다, 근무하다
	음 きん	勤務(きんむ) 근무 通勤(つうきん) 통근
苦 쓸 **고**	훈 くるしい/くるしむ/にがい	苦しい(くる) 괴롭다 苦しむ(くる) 괴로워하다 苦い(にが) 씁쓸하다, 쓰다
	음 く	苦痛(くつう) 고통 苦労(くろう) 노고 기출 苦情(くじょう) 고충, 푸념
掘 팔 **굴**	훈 ほる	掘る(ほ) 파다
	음 くつ	発掘(はっくつ) 발굴

形 모양 **형**	훈 かたち	形(かたち) 형상, 형체
	음 けい	形式(けいしき) 형식　形態(けいたい) 형태　三角形(さんかっけい)(=さんかくけい) 삼각형
係 맬 **계**	훈 かかわる	係(かか)わる 관계·관련되다, (일에) 관여하다　係(かか)り 담당
	음 けい	関係(かんけい) 관계　連係(れんけい) 연계
経 지날 **경**	훈 たつ/へる	経(た)つ (시간·때가) 경과하다　経(へ)る 통과하다, (때·장소·과정을) 거쳐 가다
	음 けい	経過(けいか) 경과　神経(しんけい) 신경
恵 은혜 **혜**	훈 めぐむ	恵(めぐ)む (은혜·혜택·인정·사랑 등을) 베풀다
	음 え/けい	知恵(ちえ) 지혜 / 恩恵(おんけい) 은혜
敬 공경 **경**	훈 うやまう	敬(うやま)う 존경하다
	음 けい	尊敬(そんけい) 존경　敬具(けいぐ) 경구, ~올림(편지문)
傾 기울 **경**	훈 かたむく	기출 傾(かたむ)く 기울다, 한쪽으로 쏠리다
	음 けい	傾向(けいこう) 경향　傾斜(けいしゃ) 경사
迎 맞을 **영**	훈 むかえる	迎(むか)える 맞이하다　出迎(でむか)え 마중
	음 げい	歓迎(かんげい) 환영
欠 이지러질 **결**	훈 かける/かく	欠(か)ける 빠지다, 부족하다　欠(か)く 빠뜨리다, 게을리하다 기출 欠(か)かす 거르다, 빠뜨리다
	음 けつ	不可欠(ふかけつ) 불가결　欠点(けってん) 결점　欠陥(けっかん) 결함
結 맺을 **결**	훈 むすぶ	結(むす)ぶ 묶다, 체결하다, 맺다
	음 けつ	結論(けつろん) 결론　結合(けつごう) 결합　団結(だんけつ) 단결　妥結(だけつ) 타결
建 세울 **건**	훈 たてる	建(た)てる (건물·나라·동상 등을) 세우다
	음 けん/こん	建設(けんせつ) 건설　建築(けんちく) 건축　建立(けんりつ)(=こんりゅう) 건립

険 험할 **험**	훈 けわしい	険しい(けわ) 험악하다, 험하다
	음 けん	危険(きけん) 위험　保険(ほけん) 보험
賢 어질 **현**	훈 かしこい	기출 賢い(かしこ) 현명하다
	음 けん	賢明(けんめい) 현명
限 한할 **한**	훈 かぎる	限る(かぎ) 제한하다
	음 げん	기출 限定(げんてい) 한정　期限(きげん) 기한　限界(げんかい) 한계
現 나타날 **현**	훈 あらわれる	現れる(あらわ) 나타나다
	음 げん	現場(げんば) 현장　現実(げんじつ) 현실
減 덜 **감**	훈 へる/へらす	減る(へ) 줄다　減らす(へ) 줄이다
	음 げん	削減(さくげん) 삭감　減少(げんしょう) 감소　増減(ぞうげん) 증감
雇 품팔 **고**	훈 やとう	雇う(やと) 고용하다
	음 こ	雇用(こよう) 고용　解雇(かいこ) 해고
誤 그르칠 **오**	훈 あやまる	誤る(あやま) 실수하다, 틀리다
	음 ご	誤解(ごかい) 오해　誤読(ごどく) 오독(잘못 읽음)
光 빛 **광**	훈 ひかる	光る(ひか) 빛나다
	음 こう	光沢(こうたく) 광택　脚光(きゃっこう) 각광　光栄(こうえい) 영광　観光(かんこう) 관광
向 향할 **향**	훈 むく/むける/むかう	向く(む) 향하다　向ける(む) 향하게 하다　立ち向かう(た・む) 직면하다, 맞서다
	음 こう	向上(こうじょう) 향상　意向(いこう) 의향
好 좋을 **호**	훈 このむ/すく	好む(この) 좋아하다　好く(す) 좋아하다, 사랑하다, 호감이 가다　好かれる(す) 사랑받다
	음 こう	기출 好調(こうちょう) 호조　友好(ゆうこう) 우호　格好(かっこう) 차림새, 모양, 모습

効 본받을 **효**	훈	きく	効(き)く (효과·효능이) 있다, 듣다
	음	こう	効果(こうか) 효과　効率(こうりつ) 효율　効能(こうのう) 효능
幸 다행 **행**	훈	しあわせ	幸(しあわ)せだ 행복하다
	음	こう	幸運(こううん) 행운　幸福(こうふく) 행복
厚 두터울 **후**	훈	あつい	分厚(ぶあつ)い 두껍다　厚(あつ)かましい 뻔뻔스럽다
	음	こう	기출 温厚(おんこう)だ 온후하다　濃厚(のうこう) 농후
耕 밭 갈 **경**	훈	たがやす	耕(たがや)す (논·밭을) 갈다, 경작하다
	음	こう	耕地(こうち) 경작지　耕作(こうさく) 경작　農耕(のうこう) 농경
告 고할 **고**	훈	つげる	告(つ)げる 알리다, 고하다
	음	こく	報告(ほうこく) 보고　予告(よこく) 예고　告白(こくはく) 고백
刻 새길 **각**	훈	きざむ	기출 刻(きざ)む 새기다, 조각하다
	음	こく	遅刻(ちこく) 지각　刻印(こくいん) 각인　기출 彫刻(ちょうこく) 조각
混 섞을 **혼**	훈	こむ/まじる/まぜる	混(こ)む 붐비다, 혼잡하다　기출 混(ま)じる 섞이다　混(ま)ぜる 섞다, 혼합하다
	음	こん	기출 混乱(こんらん) 혼란　混雑(こんざつ) 혼잡　混同(こんどう) 혼동　混合(こんごう) 혼합

チェックアップ!

확인문제

		ⓐ	ⓑ			ⓐ	ⓑ
1	育児	ⓐ いくじ	ⓑ いくし	5	回収	ⓐ かいしゅ	ⓑ かいしゅう
2	引退	ⓐ いんたい	ⓑ ひきいん	6	災害	ⓐ さいがい	ⓑ そんがい
3	温厚	ⓐ おんこう	ⓑ おんこ	7	競争	ⓐ けいそう	ⓑ きょうそう
4	延ばす	ⓐ えんばす	ⓑ のばす	8	敬う	ⓐ あやまう	ⓑ うやまう

정답 1 ⓐ 2 ⓐ 3 ⓐ 4 ⓑ 5 ⓑ 6 ⓐ 7 ⓑ 8 ⓑ

さ행

採 캘 **채**	훈	とる	採(と)る 채취하다, 뽑다
	음	さい	기출 採用(さいよう) 채용　採択(さいたく) 채택　採集(さいしゅう) 채집
済 건널 **제**	훈	すむ	済(す)む (일이) 끝나다, 해결되다
	음	さい	経済(けいざい) 경제　返済(へんさい) 변제(돈을 갚음)
細 가늘 **세**	훈	こまかい/ほそい	細(こま)かい 미세하다, 세세하다　細(ほそ)い 가늘다
	음	さい	微細(びさい) 미세　詳細(しょうさい) 상세　細部(さいぶ) 세부
罪 허물 **죄**	훈	つみ	罪(つみ) 죄
	음	ざい	犯罪(はんざい) 범죄
刷 인쇄할 **쇄**	훈	する	刷(す)る (활판) 인쇄하다, 찍다
	음	さつ	印刷(いんさつ) 인쇄
殺 죽일 **살**	훈	ころす	殺(ころ)す 죽이다　人殺(ひとごろ)し 살인, 살인자
	음	さつ	暗殺(あんさつ) 암살　自殺(じさつ) 자살　殺人(さつじん) 살인
参 참여할 **참**	훈	まいる	기출 参(まい)る [行く・来る(가다·오다)]의 겸양
	음	さん	持参(じさん) 지참　参考(さんこう) 참고　参加(さんか) 참가
散 흩을 **산**	훈	ちらかす/ちらす	기출 散(ち)らかす (정리돼 있던 것을) 흩뜨리다, 어지르다 散(ち)らす (붙어 있던 것을) 분산시키다, 퍼뜨리다
	음	さん	散歩(さんぽ) 산책
残 남을 **잔**	훈	のこる	残(のこ)る 남다(잔여)
	음	ざん	残業(ざんぎょう) 잔업　残高(ざんだか) 잔고

支 지탱할 **지**	훈	ささえる	기출 支える(ささ) 지탱하다
	음	し	기출 支持(しじ) 지지　支配(しはい) 지배　支障(ししょう) 지장
止 그칠 **지**	훈	やむ/よす	止む(や) (비·눈·바람 등이) 멈추다, 멎다　止す(よ) 중지하다, 그만두다
	음	し	防止(ぼうし) 방지　阻止(そし) 저지　停止(ていし) 정지
指 가리킬 **지**	훈	さす	指す(さ) 가리키다
	음	し	기출 指示(しじ) 지시　指名(しめい) 지명　指導(しどう) 지도　指揮(しき) 지휘
試 시험 **시**	훈	ためす/こころみる	試す(ため) 시도하다, 시험해 보다 試みる(こころ) 시도해 보다, 실제로 해보다
	음	し	試行(しこう) 시행　試着(しちゃく) 옷이 맞는지 입어 봄
示 보일 **시**	훈	しめす	示す(しめ) 가리키다, 나타내다
	음	じ	展示会(てんじかい) 전시회　暗示(あんじ) 암시　기출 提示(ていじ) 제시　掲示板(けいじばん) 게시판
治 다스릴 **치**	훈	なおる/なおす	治る(なお) 낫다　治す(なお) 치료하다
	음	ち/じ	治安(ちあん) 치안　기출 治療(ちりょう) 치료　自治(じち) 자치　/　政治(せいじ) 정치
失 잃을 **실**	훈	うしなう	失う(うしな) 잃다
	음	しつ	失業(しつぎょう) 실업　失敗(しっぱい) 실패　失格(しっかく) 실격
湿 젖을 **습**	훈	しめる/しめす	기출 湿る(しめ) 습기 차다, 축축해지다　湿す(しめ) 적시다, 축이다
	음	しつ	加湿(かしつ) 가습　除湿(じょしつ) 제습　湿気(しっけ)/湿気(しっき) 습기
収 거둘 **수**	훈	おさまる/おさめる	収まる(おさ) 해결되다, 수습되다　収める(おさ) (속에) 넣다, (승리·성공을) 거두다
	음	しゅう	収得(しゅうとく) 취득　기출 収穫(しゅうかく) 수확　徴収(ちょうしゅう) 징수
柔 부드러울 **유**	훈	やわらかい	柔らかい(やわ) 부드럽다, 유연하다
	음	じゅう	기출 柔軟(じゅうなん) 유연　柔道(じゅうどう) 유도

助 도울 **조**	훈	たすかる/たすける	助かる(たす) (위험·죽음·피해로부터) 구제되다, 살아나다, 도움이 되다 助ける(たす) 구조하다, 살리다, 돕다
	음	じょ	援助(えんじょ) 원조　救助(きゅうじょ) 구조
承 이을 **승**	훈	うけたまわる	承る(うけたまわ) 삼가 받다, 삼가 듣다, 삼가 승낙하다
	음	しょう	[기출] 継承(けいしょう) 계승　承認(しょうにん) 승인　承知(しょうち) 승낙, 동의, 용서, 알아들음 了承(りょうしょう) 납득함, 양해　承諾(しょうだく) 승낙
昇 오를 **승**	훈	のぼる	[기출] 昇る(のぼ) 높이 올라가다, 승급하다
	음	しょう	昇進(しょうしん) 승진　[기출] 上昇(じょうしょう) 상승
勝 이길 **승**	훈	かつ	勝つ(か) 이기다
	음	しょう	[기출] 優勝(ゆうしょう) 우승　勝利(しょうり) 승리
焼 불사를 **소**	훈	やける/やく	焼ける(や) 타다　焼く(や) 태우다
	음	しょう	燃焼(ねんしょう) 연소
照 비칠 **조**	훈	てる/てらす	照る(て) (빛 등이) 비치다　照らす(て) 비추다
	음	しょう	照明(しょうめい) 조명　対照(たいしょう) 대조
蒸 찔 **증**	훈	むす	蒸す(む) 찌다　蒸し暑い(むしあつ) 무덥다
	음	じょう	蒸気(じょうき) 증기　蒸発(じょうはつ) 증발
常 항상 **상**	훈	つね	[기출] 常に(つね) 늘, 항상
	음	じょう	常用(じょうよう) 상용　通常(つうじょう) 통상　異常(いじょう) 이상　正常(せいじょう) 정상
色 빛 **색**	훈	いろ	緑色(みどりいろ) 녹색　色白(いろじろ) 살갗이 흼
	음	しょく/しき	[기출] 特色(とくしょく) 특색 / [기출] 景色(けしき) 경치　色彩(しきさい) 색채
触 닿을 **촉**	훈	さわる/ふれる	触る(さわ) 손을 대다　触れる(ふ) 접촉하다, 언급하다
	음	しょく	接触(せっしょく) 접촉　触感(しょっかん) 촉감

伸 펼 **신**	훈	のびる/のばす	伸(の)びる 펴지다, 성장하다 伸(の)ばす 펴다, 성장시키다
	음	しん	伸長(しんちょう) 신장 伸縮性(しんしゅくせい) 신축성
数 셀 **수**	훈	かぞえる	数(かぞ)える 세다
	음	すう	偶数(ぐうすう) 짝수 奇数(きすう) 홀수 複数(ふくすう) 복수
省 살필 **성**/덜 **생**	훈	はぶく/かえりみる	[기출] 省(はぶ)く 생략하다, 줄이다, 덜다 省(かえり)みる 반성하다, 회고하다
	음	しょう/せい	[기출] 省略(しょうりゃく) 생략 外務省(がいむしょう) 외무성 / [기출] 反省(はんせい) 반성 帰省(きせい) 귀성
整 가지런할 **정**	훈	ととのう/ととのえる	整(ととの)う 정돈되다 [기출] 整(ととの)える 정돈하다, 가지런히 하다, 갖추어지다
	음	せい	[기출] 整理(せいり) 정리 調整(ちょうせい) 조정
折 꺾을 **절**	훈	おれる/おる	折(お)れる 접히다 折(お)る 접다
	음	せつ	左折(させつ) 좌회전 右折(うせつ) 우회전 骨折(こっせつ) 골절
設 베풀 **설**	훈	もうける	設(もう)ける 설치하다, 마련하다
	음	せつ	設備(せつび) 설비 建設(けんせつ) 건설 施設(しせつ) 시설 設計(せっけい) 설계
戦 싸움 **전**	훈	たたかう	[기출] 戦(たたか)う 전투하다, 싸우다, 전쟁하다
	음	せん	戦争(せんそう) 전쟁 戦闘(せんとう) 전투
組 짤 **조**	훈	くむ	組(く)み立(た)てる 조립하다, 조직하다 仕組(しく)み 구조, 짜임
	음	そ	[기출] 組織(そしき) 조직 組成(そせい) 조성
争 다툴 **쟁**	훈	あらそう	[기출] 争(あらそ)う 다투다, 싸우다
	음	そう	[기출] 競争(きょうそう) 경쟁 [기출] 論争(ろんそう) 논쟁
捜 찾을 **수**	훈	さがす	捜(さが)す 찾다
	음	そう	捜索(そうさく) 수색 捜査(そうさ) 수사

한자	구분	읽기	어휘
続 이을 **속**	훈	つづく/ つづける	続く(つづく) (시간·공간 등이) 계속되다　続ける(つづける) 계속하다　手続き(てつづき) 수속, 절차
	음	ぞく	接続(せつぞく) 접속　続々(ぞくぞく) 잇따라　[기출]続出(ぞくしゅつ) 속출

한자	구분	읽기	어휘
率 거느릴 **솔**, 비율 **률(율)**	훈	ひきいる	率いる(ひきいる) 이끌다, 인솔하다
	음	そつ/りつ	引率(いんそつ) 인솔　軽率(けいそつ) 경솔　率先(そっせん) 솔선 / 合格率(ごうかくりつ) 합격률

た행

한자	구분	읽기	어휘
担 멜 **담**	훈	になう	[기출]担う(になう) (짐·책임을) 짊어지다
	음	たん	担当(たんとう) 담당　[기출]負担(ふたん) 부담　分担(ぶんたん) 분담

한자	구분	읽기	어휘
断 끊을 **단**	훈	ことわる	断る(ことわる) 거절하다
	음	だん	断念(だんねん) 단념　[기출]油断(ゆだん) 방심　判断(はんだん) 판단　横断(おうだん) 횡단　断片的(だんぺんてき) 단편적

한자	구분	읽기	어휘
築 쌓을 **축**	훈	きずく	[기출]築く(きずく) 쌓아 올리다, 이루다, 구축하다
	음	ちく	構築(こうちく) 구축　建築(けんちく) 건축

한자	구분	읽기	어휘
著 뚜렷할 **저**	훈	いちじるしい	[기출]著しい(いちじるしい) 두드러지다, 뚜렷하다, 현저하다
	음	ちょ	著名(ちょめい) 저명　著者(ちょしゃ) 저자　顕著(けんちょ) 현저

한자	구분	읽기	어휘
貯 쌓을 **저**	훈	ためる	貯める(ためる) 모으다, 저축하다
	음	ちょ	貯金(ちょきん) 저금　貯蓄(ちょちく) 저축

한자	구분	읽기	어휘
沈 잠길 **침**	훈	しずむ	沈む(しずむ) 가라앉다, (해·달이) 지다
	음	ちん	沈没(ちんぼつ) 침몰　沈黙(ちんもく) 침묵

한자	구분	읽기	어휘
追 쫓을 **추**	훈	おう	追う(おう) 쫓다　追い付く(おいつく) 따라잡다
	음	つい	追加(ついか) 추가　追及(ついきゅう) 추궁　追求(ついきゅう) 추구

通 통할 **통**	훈	かよう/とおる	通(かよ)う (정기적으로) 다니다　通(とお)り過(す)ぎる 지나가다, 통과하다
	음	つう	通(つう)じる (언어·마음이) 통하다　通過(つうか) 통과　通勤(つうきん) 통근　通用(つうよう) 통용
痛 아플 **통**	훈	いたい	痛(いた)い 아프다
	음	つう	痛感(つうかん) 통감　頭痛(ずつう) 두통
転 구를 **전**	훈	ころぶ	転(ころ)ぶ 구르다, 넘어지다
	음	てん	転職(てんしょく) 이직　転校(てんこう) 전학
怒 성낼 **노**	훈	おこる/いかる	怒(おこ)る 화내다　怒(いか)り 분노
	음	ど	怒鳴(どな)る 큰소리로 고함치다
投 던질 **투**	훈	なげる	投(な)げる 던지다
	음	とう	投手(とうしゅ) 투수　投資(とうし) 투자　投票(とうひょう) 투표
倒 넘어질 **도**	훈	たおれる/たおす	倒(たお)れる 쓰러지다　기출 倒(たお)す 쓰러뜨리다
	음	とう	倒産(とうさん) 도산　기출 面倒(めんどう)だ 귀찮다
盗 도둑 **도**	훈	ぬすむ	盗(ぬす)む 훔치다
	음	とう	強盗(ごうとう) 강도　盗難(とうなん) 도난

チェックアップ!
확인문제

		ⓐ	ⓑ			ⓐ	ⓑ
1	触る	ⓐ さわる	ⓑ わたる	5	築く	ⓐ きずく	ⓑ ちく
2	調整	ⓐ ちょせい	ⓑ ちょうせい	6	認める	ⓐ たしかめる	ⓑ みとめる
3	率先	ⓐ そっせん	ⓑ そつせん	7	配る	ⓐ くばる	ⓑ はいる
4	担う	ⓐ おう	ⓑ になう	8	努める	ⓐ どめる	ⓑ つとめる

정답 1 ⓐ 2 ⓑ 3 ⓐ 4 ⓑ 5 ⓐ 6 ⓑ 7 ⓐ 8 ⓑ

導 인도할 도	훈	みちびく	기출 導(みちび)く 이끌다, 인도하다
	음	どう	기출 導入(どうにゅう) 도입　誘導(ゆうどう) 유도　指導(しどう) 지도
突 부딪힐 돌	훈	つく	突(つ)き当(あた)り 막다른 곳　突(つ)き止(と)める 밝혀내다, 알아내다
	음	とつ	突然(とつぜん) 돌연, 갑자기　突撃(とつげき) 돌격　激突(げきとつ) 격돌　衝突(しょうとつ) 충돌　追突(ついとつ) 추돌　突発(とっぱつ) 돌발　突破(とっぱ) 돌파

な행

軟 연할 연	훈	やわらかい	軟(やわ)らかい 연하다, 온화하다 (⇔きつい 굳건하다, 과격하다)
	음	なん	기출 柔軟(じゅうなん) 유연　軟弱(なんじゃく) 연약
任 맡길 임	훈	まかせる/まかす	任(まか)せる 맡기다 (=任(まか)す)
	음	にん	赴任(ふにん) 부임　任務(にんむ) 임무　責任(せきにん) 책임　担任(たんにん) 담임
認 알 인	훈	みとめる	認(みと)める 인정하다
	음	にん	認定(にんてい) 인정　認識(にんしき) 인식
燃 탈 연	훈	もえる/もやす	燃(も)える 타다　燃(も)やす 태우다
	음	ねん	燃焼(ねんしょう) 연소　燃料(ねんりょう) 연료　燃費(ねんぴ) 연비
悩 번뇌할 뇌	훈	なやむ	悩(なや)む 고민하다
	음	のう	苦悩(くのう) 고뇌

は행

破 깨뜨릴 파	훈	やぶれる/やぶる	기출 破(やぶ)れる 깨지다, 찢어지다　破(やぶ)る 깨다, 찢다
	음	は	破損(はそん) 파손　破壊(はかい) 파괴　기출 破片(はへん) 파편

配 나눌 **배**, 짝 **배**	훈	くばる	配る(くば) 나누어주다, 분배하다, 배포하다
	음	はい	配達(はいたつ) 배달　配偶者(はいぐうしゃ) 배우자　配信(はいしん) (정보·데이터 등의) 전송, 송신
敗 패할 **패**	훈	やぶれる	[기출] 敗れる(やぶ) 패배하다
	음	はい	敗北(はいぼく) 패배　失敗(しっぱい) 실패
犯 범할 **범**	훈	おかす	犯す(おか) 범하다, 어기다
	음	はん	犯人(はんにん) 범인　犯罪(はんざい) 범죄
費 쓸 **비**	훈	ついやす	費やす(つい) 다 소비하다, 낭비하다
	음	ひ	費用(ひよう) 비용　交通費(こうつうひ) 교통비
備 갖출 **비**	훈	そなわる/そなえる	備わる(そな) 갖춰지다, 구비되다　[기출] 備える(そな) 준비하다, 구비하다
	음	び	設備(せつび) 설비　整備(せいび) 정비　守備(しゅび) 수비　準備(じゅんび) 준비　備考(びこう) 비고　[기출] 警備(けいび) 경비
表 겉 **표**	훈	あらわれる/あらわす	表れる(あらわ) 나타나다　表す(あらわ) 나타내다, 표현하다
	음	ひょう	表現(ひょうげん) 표현　表情(ひょうじょう) 표정　年表(ねんぴょう) 연표
貧 가난할 **빈**	훈	まずしい	貧しい(まず) 가난하다
	음	ひん/びん	貧弱(ひんじゃく) 빈약 / 貧乏(びんぼう) 빈핍, 가난함
負 질 **부**	훈	まける	負ける(ま) 패하다
	음	ふ	負債(ふさい) 부채　負担(ふたん) 부담　勝負(しょうぶ) 승부
富 부유할 **부**	훈	とむ	富む(と) 재산이 많다, 풍부하다
	음	ふ	[기출] 豊富だ(ほうふ) 풍부하다　貧富(ひんぷ) 빈부
返 돌이킬 **반**	훈	かえる	振り返る(ふ・かえ) 뒤돌아보다, 회고하다
	음	へん	[기출] 返却(へんきゃく) 되돌려줌, 반납　返還(へんかん) 반환

保 지킬 **보**	훈 たもつ	기출 保つ(たも) 유지하다, 지키다, 유지되다
	음 ほ	保護(ほご) 보호 保管(ほかん) 보관 保守的(ほしゅてき) 보수적 安保(あんぽ) 안보
捕 잡을 **포**	훈 つかまる/つかまえる/とらえる	捕まる(つか) 붙잡히다 捕まえる(つか) 붙잡다 捕らえる(と) 잡다, 붙들다, 인식하다, 파악하다
	음 ほ	逮捕(たいほ) 체포 捕獲(ほかく) 포획
補 도울 **보**	훈 おぎなう	기출 補う(おぎな) 보충하다, 보상하다
	음 ほ	補充(ほじゅう) 보충 候補(こうほ) 후보 補助(ほじょ) 보조 기출 補足(ほそく) 보충, 보족(부족한 부분을 채움)
放 놓을 **방**	훈 はなす/ほうる	放す(はな) 놓다, 풀어주다 放る(ほう) 던지다, 방치하다
	음 ほう	開放(かいほう) 개방 放棄(ほうき) 포기 放射(ほうしゃ) 방사 追放(ついほう) 추방
訪 찾을 **방**	훈 おとずれる/たずねる	기출 訪れる(おとず) 방문하다, (계절 등이) 찾아오다 訪ねる(たず) 방문하다
	음 ほう	訪問(ほうもん) 방문
豊 풍년 **풍**	훈 ゆたか	기출 豊かだ(ゆた) 풍부하다, 풍족하다
	음 ほう	기출 豊富だ(ほうふ) 풍부하다 豊作(ほうさく) 풍작
防 막을 **방**	훈 ふせぐ	기출 防ぐ(ふせ) 방어하다, 방지하다
	음 ぼう	기출 防災(ぼうさい) 방재 防音(ぼうおん) 방음 予防(よぼう) 예방 防止(ぼうし) 방지
望 바랄 **망**	훈 のぞむ	望む(のぞ) 바라다
	음 ぼう	希望(きぼう) 희망 失望(しつぼう) 실망
暴 사나울 **폭**	훈 あばれる	暴れる(あば) 난폭하게 굴다, 날뛰다, 설치다
	음 ぼう/ばく	乱暴(らんぼう) 난폭 暴落(ぼうらく) 폭락 暴行(ぼうこう) 폭행 / 暴露(ばくろ) 폭로

ま행

満 찰 **만**	훈	みちる/みたす	満ちる(みちる) 가득 차다, 충족되다, (기한이) 다 되다 満たす(みたす) 채우다, 충족시키다, 만족시키다
	음	まん	満喫(まんきつ) 만끽　満開(まんかい) 만개　未満(みまん) 미만

眠 잘 **면**	훈	ねむる/ねむれる/ねむたい	眠る(ねむる) 자다　眠れる(ねむれる) 잠들다　眠たい(ねむたい) 졸리다
	음	みん	睡眠(すいみん) 수면　安眠(あんみん) 안면(편히 잠)

務 힘쓸 **무**	훈	つとめる	務める(つとめる) (임무·역을) 맡다
	음	む	勤務(きんむ) 근무　公務員(こうむいん) 공무원

迷 미혹할 **미**	훈	まよう	迷う(まよう) 헤매다, 망설이다
	음	めい	迷惑(めいわく) 성가심, 민폐　迷路(めいろ) 미로　迷子(まいご) 미아

問 물을 **문**	훈	とう	問う(とう) 묻다　問い合わせ(といあわせ) 문의
	음	もん	疑問(ぎもん) 의문　訪問(ほうもん) 방문

や행

優 뛰어날 **우**	훈	すぐれる/やさしい	優れる(すぐれる) 뛰어나다　優しい(やさしい) 상냥하다
	음	ゆう	優勝(ゆうしょう) 우승　기출 優秀(ゆうしゅう) 우수　優劣(ゆうれつ) 우열　優位(ゆうい) 우위

預 맡길 **예**	훈	あずかる/あずける	預かる(あずかる) 맡다, 보관하다　預ける(あずける) 맡기다
	음	よ	預金(よきん) 예금

幼 어릴 **유**	훈	おさない	기출 幼い(おさない) 어리다, 미숙하다, 유치하다
	음	よう	幼稚園(ようちえん) 유치원　幼児(ようじ) 유아

用 쓸 **용**	훈	もちいる	用いる(もちいる) 이용하다
	음	よう	用心(ようじん) 조심　応用(おうよう) 응용　作用(さよう) 작용　採用(さいよう) 채용
溶 녹을 **용**	훈	とける/とかす	기출 溶ける(とける) 녹다, 용해되다　溶かす(とかす) 녹이다
	음	よう	溶解(ようかい) 용해　溶液(ようえき) 용액
様 모양 **양**	훈	さま	～様(さま) ~님　様々(さまざま) 여러 가지
	음	よう	様子(ようす) 모양, 상태　模様(もよう) 모양　同様だ(どうようだ) 다름없다, 같다

ら행

頼 의뢰할 **뢰**	훈	たのむ/たよる/たのもしい	頼む(たのむ) 부탁하다　頼りになる(たよりになる) 의지가 되다　頼もしい(たのもしい) 믿음직하다
	음	らい	依頼(いらい) 의뢰　信頼(しんらい) 신뢰
落 떨어질 **락(낙)**	훈	おとす/おちる	落とす(おとす) 떨어뜨리다　落ちる(おちる) 떨어지다
	음	らく	落選(らくせん) 낙선　転落(てんらく) 전락　下落(げらく) 하락　脱落(だつらく) 탈락
乱 어지러울 **란(난)**	훈	みだれる/みだす	기출 乱れる(みだれる) 어지러워지다, 혼란해지다　乱す(みだす) 어지럽히다, 혼란시키다
	음	らん	乱雑(らんざつ) 난잡　기출 混乱(こんらん) 혼란
利 이로울 **리(이)**	훈	きく	利く(きく) (본래 기능을 충분히) 발휘하다
	음	り	利益(りえき) 이익　利口だ(りこうだ) 영리하다
流 흐를 **류(유)**	훈	ながれる/ながす	流れる(ながれる) 흐르다　流す(ながす) 흐르게 하다, 흘리다
	음	りゅう	交流(こうりゅう) 교류
冷 찰 **냉**	훈	さめる/さます/ひえる/ひやす/つめたい	冷める(さめる) 식다　冷ます(さます) (뜨거운 것을) 식히다 冷える(ひえる) 차가워지다　冷やす(ひやす) 차갑게 하다　冷たい(つめたい) 차갑다
	음	れい	冷夏(れいか) 냉하, 덥지 않은 여름　冷房(れいぼう) 냉방　기출 冷蔵庫(れいぞうこ) 냉장고

連 잇닿을 **연**	훈 つれる	連(つ)れる 동반하다　～連(づ)れ～ 동반
	음 れん	連結(れんけつ) 연결　連想(れんそう) 연상　連合(れんごう) 연합

練 익힐 **련**	훈 ねる	練(ね)る 반죽하다, (정신·계획·문장 등을) 연마하다, (생각·계획 등을) 짜다
	음 れん	訓練(くんれん) 훈련　試練(しれん) 시련

わ행

和 화할 **화**	훈 なごやか	和(なご)やかだ (기색·공기가) 온화하다, 부드럽다
	음 わ	緩和(かんわ) 완화　平和(へいわ) 평화　調和(ちょうわ) 조화　和食(わしょく) 일식

チェックアップ! 확인문제

1	悩む	ⓐ なやむ	ⓑ こばむ	5	乱れる	ⓐ あばれる	ⓑ みだれる
2	破損	ⓐ はさん	ⓑ はそん	6	認める	ⓐ たしかめる	ⓑ みとめる
3	防ぐ	ⓐ ふせぐ	ⓑ かせぐ	7	配る	ⓐ くばる	ⓑ はいる
4	溶ける	ⓐ とける	ⓑ かける	8	努める	ⓐ どめる	ⓑ つとめる

정답 1 ⓐ 2 ⓑ 3 ⓐ 4 ⓐ 5 ⓑ 6 ⓑ 7 ⓐ 8 ⓑ

2 닮은꼴 한자

暴	사나울 **폭**	暴れる(あばれる) 난폭하다, 날뛰다　乱暴(らんぼう) 난폭 暴力(ぼうりょく) 폭력　暴行(ぼうこう) 폭행　暴言(ぼうげん) 폭언
爆	불터질 **폭**	爆発(ばくはつ) 폭발　爆弾(ばくだん) 폭탄　爆破(ばくは) 폭파
破	깨뜨릴 **파**	破る(やぶる) 깨다, 부수다, 찢다 破壊(はかい) 파괴　破産(はさん) 파산
確	굳을 **확**	確かめる(たしかめる) 확실히 하다, 확인하다 確認(かくにん) 확인　確信(かくしん) 확신　確定(かくてい) 확정
研	연마할 **연** / 닦을 **연**	研く(みがく) 닦다, 연마하다 研究(けんきゅう) 연구　研磨(けんま) 연마
講	욀 **강**	[기출] 講義(こうぎ) 강의　講演(こうえん) 강연 [기출] 講師(こうし) 강사　講堂(こうどう) 강당
構	얽을 **구**	構造(こうぞう) 구조　構成(こうせい) 구성 結構(けっこう) 훌륭함, 제법
購	살 **구**	購買(こうばい) 구매　購入(こうにゅう) 구입 定期購読(ていきこうどく) 정기 구독
消	사라질 **소**	消す(けす) 끄다, 지우다　[기출] 解消(かいしょう) 해소 消費(しょうひ) 소비　消防(しょうぼう) 소방　消毒(しょうどく) 소독 消耗(しょうもう) 소모
削	깎을 **삭**	[기출] 削る(けずる) 깎다, 삭감하다(경비·비용 등) [기출] 削除(さくじょ) 삭제　添削(てんさく) 첨삭
反	돌아올 / 돌이킬 **반**	違反(いはん) 위반　反省(はんせい) 반성　反映(はんえい) 반영 反撃(はんげき) 반격　反復(はんぷく) 반복
販	팔 **판**	販売(はんばい) 판매　通販(つうはん) 통신 판매 自動販売機(じどうはんばいき) 자판기
版	판목 **판**	初版(しょはん) 초판　出版(しゅっぱん) 출판
板	널빤지 **판**	[기출] 掲示板(けいじばん) 게시판　看板(かんばん) 간판
暮	저물 **모**	暮れる(くれる) (날·해 등이) 저물다, 지다 [기출] 暮らす(くらす) 생활하다, 살다
募	모을 **모**	募集(ぼしゅう) 모집　応募(おうぼ) 응모
墓	무덤 **묘**	墓参り(はかまいり) 성묘
委	맡길 **위**	委員会(いいんかい) 위원회　委託(いたく) 위탁 委任(いにん) 위임
季	계절 **계**	季節(きせつ) 계절　四季(しき) 사계　夏季(かき) 하계
秀	빼어날 **수**	[기출] 優秀だ(ゆうしゅうだ) 우수하다
透	사무칠 **투**	透明だ(とうめいだ) 투명하다　透視(とうし) 투시

経 날 **경**	経歴(けいれき) 경력 経由(けいゆ) 경유 経過(けいか) 경과
軽 가벼울 **경**	軽重(けいじゅう) 경중 軽快(けいかい) 경쾌
怪 괴이할 **괴**	怪(あや)しい 수상하다 怪(あや)しむ 수상히 여기다
径 지름길 **경**	[기출] 直径(ちょっけい) 직경 半径(はんけい) 반경

義 옳을 **의**	定義(ていぎ) 정의 意義(いぎ) 의의 講義(こうぎ) 강의
儀 거동 **의**	[기출] 礼儀(れいぎ) 예의 行儀(ぎょうぎ) 예의범절
議 의논할 **의**	議論(ぎろん) 의논 会議(かいぎ) 회의
犠 희생 **희**	犠牲(ぎせい) 희생

湿 젖을 **습**	[기출] 湿(しめ)る 젖다 湿気(しっけ) 습기 湿度(しつど) 습도
温 따뜻할 **온**	温(あたた)かい 따뜻하다(온도) 温(あたた)める 데우다 温泉(おんせん) 온천 温度(おんど) 온도

診 진찰할 **진**	診(み)る 진찰하다 診察(しんさつ) 진찰 診断(しんだん) 진단
珍 보배 **진**	珍(めずら)しい 드물다, 진귀하다

結 맺을 **결**	結(むす)ぶ 묶다, 맺다, 체결하다 結局(けっきょく) 결국 結論(けつろん) 결론
続 맺을 **결**	連続(れんぞく) 연속 継続(けいぞく) 계속 [기출] 続々(ぞくぞく) 속속, 잇따라 引(ひ)き続(つづ)く 잇따르다, 쭉 계속되다
統 합칠 **통**	[기출] 伝統(でんとう) 전통 統合(とうごう) 통합 統一(とういつ) 통일

召 부를 **소** / 대추 **조**	召(め)し上(あ)がる 드시다 [食べる・飲む]의 존경
沼 못 **소**	沼(ぬま) 늪
招 부를 **초**	[기출] 招(まね)く 초대하다 [기출] 招待(しょうたい) 초대

脳 골 **뇌**	脳(のう) 뇌 頭脳(ずのう) 두뇌
悩 번뇌할 **뇌**	悩(なや)む 고민하다 苦悩(くのう) 고뇌

広 넓은 **광**	広(ひろ)がる 퍼지다, 넓어지다, 확대되다 幅広(はばひろ)い 폭넓다
鉱 쇳돌 **광**	鉱物(こうぶつ) 광물
拡 넓힐 **확**	[기출] 拡大(かくだい) 확대 [기출] 拡充(かくじゅう) 확충

責
꾸짖을 **책**

[기출] 責(せ)める 나무라다, 책망하다
責任(せきにん) 책임

積
쌓을 **적**

[기출] 積(つ)む 쌓다　積(つ)もる 쌓이다
見積(みつ)もり 견적　積載(せきさい) 적재

績
길쌈할 **적**

成績(せいせき) 성적　功績(こうせき) 공적　実績(じっせき) 실적
業績(ぎょうせき) 업적

挑
돋울 **도**

挑(いど)む 도전하다　挑戦(ちょうせん) 도전　挑発(ちょうはつ) 도발

逃
도망할 **도**

逃(に)げる 도망치다　逃走(とうそう) 도주
逃避(とうひ) 도피　[기출] 逃亡(とうぼう) 도망

敵
대적할 **적**

強敵(きょうてき) 강적

適
맞을 **적**

適応(てきおう) 적응　快適(かいてき) 쾌적　最適(さいてき) 최적

摘
딸 **적**

摘(つ)む 뜯다, 따다　[기출] 指摘(してき) 지적
摘発(てきはつ) 적발

谷
골 **곡**

谷(たに) 산골짜기

浴
목욕할 **욕**

浴(あ)びる 뒤집어쓰다　浴室(よくしつ) 욕실

欲
하고자 할 **욕**

欲(ほ)しい 원하다, 갖고 싶다　意欲(いよく) 의욕

容
얼굴 **용**

収容(しゅうよう) 수용　容疑者(ようぎしゃ) 용의자

暖
따뜻할 **난** / 부드러울 **훤**

暖(あたた)まる 따뜻해지다　暖房(だんぼう) 난방

緩
느릴 **완**

緩(ゆる)い 느슨하다
緩(ゆる)やかだ 완만하다, 느슨하다, 느릿하다

援
도울 **원**

[기출] 援助(えんじょ) 원조　[기출] 声援(せいえん) 성원

灯
등잔 **등**

電灯(でんとう) 전등　灯台(とうだい) 등대

打
칠 **타**

打(う)つ 치다　打撃(だげき) 타격

町
밭두둑 **정**

下町(したまち) 번화가

岩
바위 **암**

岩(いわ) 바위

崩
무너질 **붕**

[기출] 崩(くず)れる 무너지다　崩壊(ほうかい) 붕괴

岸
언덕 **안**

岸(きし) 물가, 벼랑　海岸(かいがん) 해안

湧
끓어오를 **용**

湧(わ)く 솟다,
(기운·기분·감정·생각 등이) 솟아나다

勇
날랠 **용**

[기출] 勇(いさ)ましい 용감하다　勇気(ゆうき) 용기

里 마을 **리(이)**
里(さと) 마을, 시골

理 다스릴 **리(이)**
理解(りかい) 이해 理想(りそう) 이상

埋 묻을 **매**
埋(う)める 묻다, 메우다, 채우다
埋蔵(まいぞう) 매장

包 쌀 **포**
包(つつ)む 싸다, 포장하다 小包(こづつみ) 소포

抱 안을 **포**
1. [기출] 抱(いだ)く 품다
2. 抱(だ)く 안다 抱(だ)きしめる 끌어안다
   抱(だ)き合(あ)う (서로) 껴안다
3. [기출] 抱(かか)える (문제·고민·사물 등을) 안다
   抱負(ほうふ) 포부

泡 거품 **포**
泡立(あわだ)つ 거품이 일다 水泡(すいほう) 수포

農 농사 **농**
農業(のうぎょう) 농업 農夫(のうふ) 농부

濃 짙을 **농**
濃(こ)い 진하다 濃度(のうど) 농도

頂 정수리 **정**
頂(いただ)く 받다 [もらう·飲む·食べる]의 겸양
山頂(さんちょう) (산) 정상 [기출] 頂上(ちょうじょう) 정상

傾 기울 **경**
[기출] 傾(かたむ)く 기울다 傾斜(けいしゃ) 경사 傾向(けいこう) 경향

項 항목 **항**
注意事項(ちゅういじこう) 주의 사항 項目(こうもく) 항목

識 알 **식**
認識(にんしき) 인식

職 직분 **직**
職場(しょくば) 직장 就職(しゅうしょく) 취직

織 짤 **직**
[기출] 組織(そしき) 조직

貫 꿸 **관**
貫(つらぬ)く 관통하다 一貫(いっかん) 일관

慣 익숙할 **관**
慣(な)れる 익숙해지다 習慣(しゅうかん) 습관

主 임금 **주**
主(おも)に 주로 主義(しゅぎ) 주의 主演(しゅえん) 주연

住 살 **주**
住宅(じゅうたく) 주택 移住(いじゅう) 이주

注 부을 **주**
注(そそ)ぐ 흘러 들어가다, (액체를) 따르다, 붓다
注射(ちゅうしゃ) 주사

柱 기둥 **주**
柱(はしら) 기둥

駐 머무를 **주**
駐車場(ちゅうしゃじょう) 주차장 駐在(ちゅうざい) 주재

原 언덕 **원**
原因(げんいん) 원인 原稿(げんこう) 원고 原則(げんそく) 원칙

源 근원 **원**
源(みなもと) 근원 [기출] 資源(しげん) 자원 語源(ごげん) 어원

操 잡을 **조**
- 体操(たいそう) 체조　操作(そうさ) 조작　操縦(そうじゅう) 조종

燥 마를 **조**
- 乾燥(かんそう) 건조

象 코끼리 **상**
- [기출] 象徴(しょうちょう) 상징　[기출] 抽象的(ちゅうしょうてき) 추상적
- [기출] 現象(げんしょう) 현상　対象(たいしょう) 대상　印象(いんしょう) 인상
- 象(ぞう) 코끼리

像 모양 **상**
- 想像(そうぞう) 상상　画像(がぞう) 화상　映像(えいぞう) 영상

卒 마칠 **졸**
- 卒業(そつぎょう) 졸업

率 거느릴 **솔** / 비율 **률(율)**
- 率先(そっせん) 솔선　引率(いんそつ) 인솔

投 던질 **투**
- 投(な)げる 던지다　投手(とうしゅ) 투수

役 부릴 **역**
- 役立(やくだ)つ 쓸모 있다, 도움이 되다
- 市役所(しやくしょ) 시청　主役(しゅやく) 주역
- 役目(やくめ) 임무, 책임　役割(やくわり) 역할
- 使役(しえき) 사역　現役(げんえき) 현역

偏 치우칠 **편**
- 偏食(へんしょく) 편식　偏見(へんけん) 편견

編 엮을 **편**
- 編(あ)む 짜다, 뜨다
- 編集(へんしゅう) 편집　編成(へんせい) 편성

済 끝낼 **제** / 구제할 **제**
- 済(す)む 끝나다　済(す)ます 끝내다, 해결하다
- 経済(けいざい) 경제　返済(へんさい) 변제

剤 약지을 **제**
- 洗剤(せんざい) 세제

票 표 **표**
- 投票(とうひょう) 투표　開票(かいひょう) 개표　伝票(でんぴょう) 전표

標 표시 **표**
- 目標(もくひょう) 목표　標準(ひょうじゅん) 표준

共 함께 **공**
- 共(とも)に 함께　共働(ともばたら)き 맞벌이(= 共稼(ともかせ)ぎ)
- 共同(きょうどう) 공동　共感(きょうかん) 공감　共通(きょうつう) 공통

供 바칠 **공**
- 提供(ていきょう) 제공　供給(きょうきゅう) 공급

挟 낄 **협**
- 挟(はさ)む 끼우다　挟(はさ)まる 끼이다

狭 좁을 **협**
- 狭(せま)い 좁다　狭小(きょうしょう) 협소　偏狭(へんきょう) 편협

病 병 **병**
- 病人(びょうにん) 환자　持病(じびょう) 지병

症 증세 **증**
- [기출] 症状(しょうじょう) 증상

痛 아플 **통**
- 痛感(つうかん) 통감　頭痛(ずつう) 두통　腹痛(ふくつう) 복통

純 순수할 **순**
- 純粋(じゅんすい)だ 순수하다

鈍 둔할 **둔**
- 鈍(にぶ)い 둔하다, 무디다　鈍感(どんかん) 둔감
- 鈍(のろ)い 느리다, 더디다

余 남을 **여**
- 余(あま)る (여분) 남다　余裕(よゆう) 여유
- 余分(よぶん) 여분　余暇(よか) 여가　[기출] 余波(よは) 여파

除 버릴 **제**
- [기출] 除(のぞ)く 제외하다, 제거하다　除外(じょがい) 제외
- 解除(かいじょ) 해제　免除(めんじょ) 면제　排除(はいじょ) 배제
- 掃除(そうじ) 청소

途 길 **도**
- 途切(とぎ)れる 도중에 끊어지다, 중단되다
- 途中(とちゅう) 도중
- 中途半端(ちゅうとはんぱ) 어중간함, 엉거주춤함
- [기출] 途端(とたん)に 찰나, 그 순간, 바로 그때

帯 띠 **대**
- 熱帯(ねったい) 열대　時間帯(じかんたい) 시간대

滞 막힐 **체**
- 渋滞(じゅうたい) (교통·체증) 정체, 밀림　停滞(ていたい) 정체

申 거듭 **신**
- 申(もう)す 말씀드리다 ([言う]의 겸양)
- 申(もう)し込(こ)む 신청하다　申(もう)し訳(わけ)ない 죄송하다, 변명할 여지가 없다

伸 펼 **신**
- 伸(の)びる 펴지다, 늘다, 신장하다
- 伸(の)ばす 펴다, 늘리다, 신장시키다
- 伸長(しんちょう) (힘·물건·길이 등이) 늘어남, 늘림, 신장　引(ひ)き伸(の)ばす 잡아 늘리다

神 귀신 **신**
- 神様(かみさま) 하느님　神社(じんじゃ) 신사

チェックアップ! 확인문제

1 暴れる	ⓐ あばれる	ⓑ はなれる	
2 講演	ⓐ こうえん	ⓑ きょうえん	
3 伝統	ⓐ てんとう	ⓑ でんとう	
4 増える	ⓐ ふえる	ⓑ はえる	
5 緩い	ⓐ ゆるい	ⓑ ぬるい	
6 就職	ⓐ しゅしょく	ⓑ しゅうしょく	
7 原稿	ⓐ けんこう	ⓑ げんこう	
8 投げる	ⓐ なげる	ⓑ とげる	

정답 1 ⓐ 2 ⓐ 3 ⓑ 4 ⓐ 5 ⓐ 6 ⓑ 7 ⓑ 8 ⓐ

3 동음이의 한자

☐ あたためる

暖める 따뜻하게 하다(기후·날씨)

温める 따뜻하게 하다, 데우다(온도)

☐ あつい

暑い 덥다(날씨)

熱い 뜨겁다(온도)

厚い 두껍다(두께)

☐ あやまる

기출 誤る 실수하다, 틀리다

謝る 사과하다

☐ あらわす

表す 나타내다, 표현하다, 드러내다

現す 나타내다

☐ いたむ

痛む (몸·심적으로) 아프다

기출 傷む (식품이) 상하다, 썩다, (기물이) 손상되다

☐ うつす

移す (병·행동을) 옮기다, (시선·관심을) 돌리다

映す 비추다, 투영하다

写す 베끼다, 본뜨다

☐ おさめる

収める 정리해서 넣다, 담다, 수록하다 /
(승리·성공을) 거두다

기출 納める 납부, 납입하다

治める 수습하다, 다스리다

☐ かける

掛ける 걸다, (자물쇠·단추 등을) 채우다, 잠그다

欠ける 빠지다, 부족하다

賭ける (내기) 걸다

駆ける 뛰다, 전속력으로 달리다

☐ きく

効く 효력·효능이 있다

利く 제 기능을 다하다

☐ こえる

超える (수량·기준·한도를) 초과하다

越える (장소·시간·점을) 넘어가다, 건너다

☐ さす

差す (우산을) 쓰다

指す (사물을) 가리키다

刺す 찌르다

挿す 꽂다, 끼우다

注す (액체를) 붓다

☐ しめる

기출 湿る 축축하다, 눅눅하다, 습기 차다

기출 占める 차지하다, 점유하다

締める 매다, 죄다 / (마음·행동을) 다잡다

☐ すすめる

進める 앞으로 나아가게 하다

勧める 권장하다, 추천하다

☐ たずねる

訪ねる 방문하다

尋ねる 묻다

☐ たつ

建つ (건물이) 서다

絶つ (관계를) 끊다

断つ (시간이) 경과하다, 지나다

☐ つく

着く 도착하다, 닿다

付く 붙다, 켜지다

就く 종사하다, 취직·취임하다, (지위가) 오르다

突く 찌르다, 찌다, 괴다

□ つぐ

次ぐ 뒤를 잇다, 버금가다

注ぐ (액체 등을) 붓다, 따르다

継ぐ 잇다, 계승·상속하다

接ぐ 접목하다, 이어 붙이다

□ つとめる

기출 務める 임무를 맡다

기출 努める 노력하다, 애쓰다, 힘쓰다

기출 勤める 근무하다

□ とめる

止める 멈추다, 세우다, 정지하다, 막다, 끊다

泊める 묵게 하다, 숙박시키다

留める 만류하다, 고정시키다, 박아 움직이지 않게 하다

□ なおす

直す 고치다(수리)

治す (병을) 치료하다

□ のびる

伸びる 펴지다, 자라다, 발전하다, 증가하다, 신장하다

延びる 길어지다, 연장되다, 연기되다

□ のぼる

上る (위로) 오르다

昇る 높이 올라가다, 승급하다

登る (산을) 오르다

□ はかる

測る 측량하다(길이·면적)

計る 계산하다(수치·시간)

量る 계량하다(무게·부피)

図る 도모하다, 꾀하다

□ はく

履く (신을) 신다, 입다(하반신)

吐く 토하다

掃く 쓸다

□ はなす

離す 풀다, 떼어놓다

放す 놓다, 풀어놓다, 놓아주다

□ ふく

吹く (바람/입으로) 불다

拭く 닦다

□ へる

減る (양·부피·인원이) 줄다

経る (시간이) 경과하다, (장소를) 지나다

□ わかれる

分かれる 나뉘다

別れる 헤어지다

チェックアップ!

확인문제

		ⓐ	ⓑ
1	謝る	ⓐ あやまる	ⓑ はやまる
2	移す	ⓐ はなす	ⓑ うつす
3	超える	ⓐ ちょうえる	ⓑ こえる
4	勧める	ⓐ ほめる	ⓑ すすめる
5	伸びる	ⓐ かびる	ⓑ のびる
6	図る	ⓐ はかる	ⓑ かえる
7	離す	ⓐ はなす	ⓑ わたす
8	別れる	ⓐ はなれる	ⓑ わかれる

1 ⓐ 2 ⓑ 3 ⓑ 4 ⓑ 5 ⓑ 6 ⓐ 7 ⓐ 8 ⓑ 정답

31 실전 시험 한자 표기 [1]

(　　/5) 제한 시간 : 2분

정답 및 해설 <본서1> p.30

問題 2 ＿＿＿＿の言葉を漢字で書くとき、最もよいものを1・2・3・4から一つ選びなさい。

1 松本(まつもと)さんはいつも<u>そん</u>になることばかりしている。

1 害　　2 損　　3 罪　　4 毒

2 <u>しょうぼう</u>署(しょ)の近くが私の会社です。

1 削防　　2 削方　　3 消方　　4 消防

3 新型車が<u>あいついで</u>登場する。

1 想次いで　　2 想欠いで　　3 相欠いで　　4 相次いで

4 あの子は<u>おさない</u>ころから天才と呼ばれていた。

1 幼い　　2 玄い　　3 眩い　　4 功い

5 この映画は<u>えいぞう</u>が美しいうえにストーリーもおもしろいことから評判がいい。

1 映像　　2 映象　　3 央像　　4 央象

32 실전 시험 한자 표기 [2]

(　　/5) 제한 시간 : 2분

›정답 및 해설 <본서1> p.30

問題 2 ＿＿＿＿の言葉を漢字で書くとき、最もよいものを1・2・3・4から一つ選びなさい。

1 交通事故にあって<u>ちりょう</u>に3か月かかった。

1 知療　　2 治療　　3 知量　　4 治量

2 ほかの人の意見も<u>そんちょう</u>しましょう。

1 軽重　　2 敬重　　3 慎重　　4 尊重

3 木村(きむら)氏は殺人事件の容疑で<u>たいほ</u>されました。

1 逮捕　　2 康捕　　3 逮補　　4 康補

4 天気が<u>くずれ</u>、雨がたくさん降っている。

1 岩れ　　2 岸れ　　3 崖れ　　4 崩れ

5 この子は箱の中に何があるか<u>とうし</u>できる能力を持っている。

1 秀視　　2 秀見　　3 透視　　4 透見

33 실전 시험 한자 표기 [3]

(　/5) 제한 시간 : 2분

▶정답 및 해설 <본서1> p.31

問題 2 ＿＿＿＿の言葉を漢字で書くとき、最もよいものを1・2・3・4から一つ選びなさい。

1 私はパリに1年ぐらいたいざいしたことがあります。

1 滞在　　2 帯存　　3 滞存　　4 帯在

2 上司は社員のかくれた能力を引き出す必要がある。

1 隔れた　　2 陰れた　　3 隠れた　　4 穏れた

3 家族みんながすき焼き鍋（なべ）をかこんで話しながら食べた。

1 因んで　　2 囲んで　　3 回んで　　4 図んで

4 男女のひりつを合わせるため、さまざまな対策を立てている。

1 比率　　2 比卒　　3 北率　　4 北卒

5 この戦争がえいきゅうに続くわけではない。

1延及　　2 永久　　3 延久　　4 永及

34 실전 시험 한자 표기 [4]

(　　/5)　제한 시간 : 2分

▶정답 및 해설 <본서1> p.31

問題 2 ＿＿＿＿の言葉を漢字で書くとき、最もよいものを1・2・3・4から一つ選びなさい。

1 渡辺（わたなべ）さんのしゅみはギータをひくことだ。

1 興味　　2 香味　　3 習味　　4 趣味

2 おいしいソースの秘訣はのうどの加減（かげん）だ。

1 農度　　2 農席　　3 濃度　　4 濃席

3 取引先にいらいした製品がまだ届いていない。

1 依頼　　2 依瀬　　3 衣頼　　4 衣瀬

4 問題になった政治家はふせいに利益を得ようとしていた。

1 不政　　2 不定　　3 不制　　4 不正

5 教育において「ほめる」というのはほかのねらいを持っている。

1 追い　　2 助い　　3 組い　　4 狙い

35 실전 시험 한자 표기 [5]

(　　/5) 제한 시간 : 2분

정답 및 해설 <본서1> p.31

問題 2 ＿＿＿＿の言葉を漢字で書くとき、最もよいものを1・2・3・4から一つ選びなさい。

1　二人の性格はたいしょう的だ。

1　対等　　2　対象　　3　対称　　4　対照

2　最近の若者は自分のためにしょうひする傾向がある。

1　削貿　　2　削費　　3　消貿　　4　消費

3　北朝鮮(きたちょうせん)のちょうはつが日に日に過激になっている。

1　兆発　　2　挑発　　3　跳発　　4　逃発

4　町にあやしい男がうろうろしている。

1　軽やしい　　2　経やしい　　3　径しい　　4　怪しい

5　専用のようえきに一晩(ひとばん)漬けると消毒ができます。

1　溶液　　2　谷液　　3　溶夜　　4　谷夜

36 실전 시험 한자 표기 [6]

(/5) 제한 시간 : 2분

정답 및 해설 <본서1> p.32

問題２ ＿＿＿＿の言葉を漢字で書くとき、最もよいものを1・2・3・4から一つ選びなさい。

1 逮捕された犯人がにげてしまった。

1 兆げて　2 挑げて　3 逃げて　4 遂げて

2 原料のコストをさくげんして売り上げを伸ばした。

1 削感　2 消感　3 消減　4 削減

3 きちんとくんれんされた犬は人を噛(か)まない。

1 訓練　2 訓連　3 順連　4 順練

4 少しずつでもてきどな運動を毎日続けたほうがいい。

1 摘度　2 摘席　3 適度　4 適席

5 面接の直前はあせりと緊張を隠せない。

1 礁り　2 焦り　3 進り　4 推り

37 실전 시험 한자 표기 [7]

(　　/5) 제한 시간 : 2분

정답 및 해설 <본서1> p.32

問題2 ＿＿＿＿の言葉を漢字で書くとき、最もよいものを1・2・3・4から一つ選びなさい。

1 工場の入り口には夜間でもけいびの人がいる。

1 警備　2 警秘　3 係秘　4 係備

2 クリスマスのプレゼントに彼にセーターをあんであげるつもりだ。

1 編んで　2 緑んで　3 録んで　4 縁んで

3 最近、しょくばでの人間関係に悩んでいる人が多い。

1 職場　2 職易　3 識場　4 識易

4 冬になると肌がかんそうしやすくなる。

1 朝燥　2 朝操　3 乾燥　4 乾操

5 咳が出たり鼻水が出たりして、風邪のしょうじょうが現れた。

1 病状　2 症状　3 病犬　4 症犬

38 실전 시험 한자 표기 [8]

(/5) 제한 시간 : 2分

정답 및 해설 <본서1> p.33

問題 2 ＿＿＿＿の言葉を漢字で書くとき、最もよいものを1・2・3・4から一つ選びなさい。

1 彼はわたしのりそうのタイプです。

1 埋想　　2 理想　　3 埋相　　4 理相

2 この電車は新しくてとてもかいてきだ。

1 快適　　2 決適　　3 快摘　　4 決摘

3 そしき社会では部下は上司の命令に従わなければならない。

1 組識　　2 組織　　3 助識　　4 助織

4 かんきょう問題を考えつつも、ゴミを減らそうとする努力は全然していない。

1 環意　　2 環境　　3 還意　　4 還境

5 台風による被害をふせぐため、警察は村の人たちにいろいろ呼びかけている。

1 防ぐ　　2 脱ぐ　　3 稼ぐ　　4 騒ぐ

39 실전 시험 한자 표기 [9]

(　/5) 제한 시간 : 2분

정답 및 해설 <본서1> p.33

問題 2 ＿＿＿＿の言葉を漢字で書くとき、最もよいものを1・2・3・4から一つ選びなさい。

1 先生が学生をいんそつして修学旅行に行った。

1 引率　2 引卒　3 弓率　4 弓卒

2 大都市に住む人たちは個人しゅぎの傾向が強い。

1 主義　2 住義　3 主儀　4 住儀

3 てんけいてきな例を挙げて説明した。

1 点形的　2 典形的　3 点型的　4 典型的

4 サッカーの試合中、相手のチームが審判の判定にこうぎした。

1 航議　2 抗議　3 坑議　4 亢議

5 富士山(ふじさん)の頂上からながめる風景はすばらしい。

1 兆める　2 挑める　3 逃める　4 眺める

40 실전 시험 한자 표기 [10]

(　　/5) 제한 시간 : 2분

❯정답 및 해설 <본서1> p.33

問題2 ＿＿＿＿の言葉を漢字で書くとき、最もよいものを1・2・3・4から一つ選びなさい。

1 老夫婦は仲良く手をにぎって公園をゆうゆうと歩いていた。

1　握って　　2　屋って　　3　民って　　4　限って

2 ガラスのはへんが落ちていて危ないです。

1　破反　　2　波片　　3　波反　　4　破片

3 有名俳優がしゅえんの映画はよく売れる。

1　住演　　2　注演　　3　駐演　　4　主演

4 現代人の運動不足を解消するためのたいそう教室が最近人気だ。

1　休操　　2　休燥　　3　体燥　　4　体操

5 政府は少子化問題の深刻性に対するにんしきに欠けている。

1　認識　　2　忍識　　3　認職　　4　忍職

41 실전 시험 한자 표기 [11]

(/5) 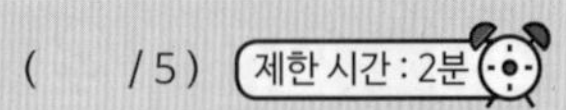

▸정답 및 해설 <본서1> p.34

問題2 ＿＿＿＿の言葉を漢字で書くとき、最もよいものを1・2・3・4から一つ選びなさい。

1 かべに白いペンキをぬったら雰囲気がからっと変わった。

1 余ったら　2 徐ったら　3 塗ったら　4 途ったら

2 げんこうの締め切りがあとわずかなので、いらいらしている。

1 原稿　2 源稿　3 原高　4 源高

3 豊富なしげんに恵まれているA国は経済的にも安定している。

1 資源　2 資原　3 貿源　4 貿原

4 要点はもっとかんけつにまとめてください。

1 間潔　2 簡潔　3 間喫　4 簡喫

5 高齢運転者のぞうかにつれて安全性の問題が問われている。

1 増加　2 増功　3 憎加　4 憎功

42 실전 시험 한자 표기 [12]

(　/5) 제한 시간 : 2분

정답 및 해설 <본서1> p.34

問題2 ＿＿＿＿の言葉を漢字で書くとき、最もよいものを1・2・3・4から一つ選びなさい。

1 展示会では新しく発売される予定の携帯をためすことができるので、楽しみです。

1 消す　　2 隠す　　3 試す　　4 許す

2 寒いからだんぼうを付けてください。

1 緩房　　2 暖房　　3 緩防　　4 暖防

3 書類はそれぞれのこうもくを確認してからサインしてください。

1 項目　　2 項日　　3 傾目　　4 傾日

4 ヘリコプターのそうじゅうミスで事故を起こした有田(ありた)さんは着陸後、すぐ逮捕された。

1 燥従　　2 操縦　　3 燥縦　　4 操従

5 職探しのため、きゅうじんサイトに登録したが、いまだに一件も連絡がない。

1 求人　　2 球人　　3 探人　　4 救人

43 실전 시험 한자 표기 [13]

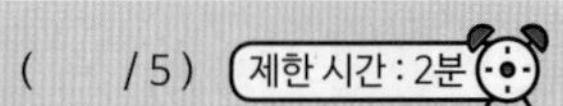

▶정답 및 해설 <본서1> p.34

問題2 ＿＿＿＿の言葉を漢字で書くとき、最もよいものを1・2・3・4から一つ選びなさい。

1 危険をともなう実験があちらこちらで行われている。

1 失う　　2 叶う　　3 伴う　　4 払う

2 げんそくとして人が運転しますが、最近は無人で運転できる車が登場している。

1 原則　　2 原側　　3 原測　　4 原販

3 今回の選挙における党のしょうりに与党の抗議が続いている。

1 巻利　　2 巻移　　3 勝利　　4 勝移

4 火災で100人あまりの人が犠牲(ぎせい)になったとすいそくされます。

1 進測　　2 進側　　3 推測　　4 推側

5 ぐうぜん、地元のスーパーで元彼(もとかれ)に会った。

1 偶然　　2 偶祭　　3 隅然　　4 隅祭

44 실전 시험 한자 표기 [14]

(/5) 제한 시간 : 2분

정답 및 해설 <본서1> p.35

問題2 ＿＿＿＿の言葉を漢字で書くとき、最もよいものを1・2・3・4から一つ選びなさい。

1 好きな先輩をパーティーにしょうたいしたが、断られた。

1 招待　2 召待　3 招持　4 召持

2 ストレスかいしょうのために何をしますか。

1 解消　2 解削　3 角消　4 角削

3 新商品の販売権をめぐって、A社とB社があらそっている。

1 戦って　2 競って　3 抗って　4 争って

4 事故の原因を明らかにする過程はせきにんを持って行わなければならない。

1 責住　2 債住　3 責任　4 債任

5 大企業は子会社に製造ラインをいたくして生産量を増やしている。

1 李宅　2 委宅　3 李託　4 委託

45 실전 시험 한자 표기 [15]

(/5) 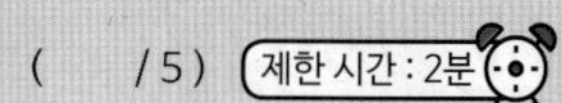

› 정답 및 해설 <본서1> p.35

問題2 ＿＿＿＿の言葉を漢字で書くとき、最もよいものを1・2・3・4から一つ選びなさい。

1 字が大きくてしゅくしょうコピーをした。

1 縮小　　2 宿少　　3 宿小　　4 縮少

2 パクさんはゆうしゅうな成績で大学を卒業した。

1 優勝な　　2 優秀な　　3 優李な　　4 優透な

3 医者は患者に対して親切にしんさつしてくれた。

1 診察　　2 珍察　　3 診祭　　4 珍祭

4 一度も怒ったことのないお母さんはおだやかな性格だ。

1 隠やかな　　2 急やかな　　3 穏やかな　　4 温やかな

5 この本の特徴はこうせいがよくできていることです。

1 講成　　2 講減　　3 構成　　4 構減

46 실전 시험 한자 표기 [16]

(　　/5) 제한 시간 : 2분

▶정답 및 해설 <본서1> p.35

問題2 ＿＿＿＿の言葉を漢字で書くとき、最もよいものを1・2・3・4から一つ選びなさい。

1 大企業がはさんして経済的な影響を受けた。

1 破産　　2 確産　　3 研産　　4 石産

2 荷物のせきさいは定量を守らなければならない。

1 積乗　　2 績載　　3 積載　　4 績乗

3 子供のとき住んでいた町にたまたま行ったらなつかしくなった。

1 壊かしく　　2 夢かしく　　3 惜かしく　　4 懐かしく

4 西川(にしかわ)さんにさそわれて週末映画を見に行くことにした。

1 誘われて　　2 季われて　　3 委われて　　4 秀われて

5 電話よりメールやメッセージをよく使うけいこうがある。

1 傾向　　2 頃向　　3 傾回　　4 頃回

47 실전 시험 한자 표기 [17]

(　　/5) 제한 시간 : 2분

정답 및 해설 <본서1> p.36

問題2 ＿＿＿＿の言葉を漢字で書くとき、最もよいものを1・2・3・4から一つ選びなさい。

1 木村(きむら)さんは音楽家としてもちょうこくかとしても幅広(はばひろ)く活躍している。

1　調刻家　　2　調核家　　3　彫核家　　4　彫刻家

2 再開発で役割を担う諸機能(しょきのう)をかくじゅうする必要があると言う声が多い。

1　拡充　　2　広流　　3　広充　　4　拡流

3 受験者がたくさん集まったため、試験会場はこんらんしていた。

1　困乱　　2　困雑　　3　混乱　　4　混雑

4 会うたびに遅刻する彼はいつもなさけない言い訳(わけ)をする。

1　情けない　　2　青けない　　3　晴けない　　4　清けない

5 家を建てる土地のめんせきを測った。

1　面積　　2　面績　　3　面責　　4　面債

48 실전 시험 한자 표기 [18]

(　　/5) 제한 시간 : 2분

정답 및 해설 <본서1> p.36

問題2 ＿＿＿＿の言葉を漢字で書くとき、最もよいものを1・2・3・4から一つ選びなさい。

1 論文の締め切りまで力をそそぐつもりです。

1 注ぐ　2 住ぐ　3 王ぐ　4 主ぐ

2 猫(ねこ)は無理に触るとていこうすることがある。

1 抵抗　2 底抗　3 低航　4 底航

3 彼は社会問題にびんかんに反応する。

1 毎感　2 毎盛　3 敏感　4 敏盛

4 最近、ミニトマトを自宅で植えている人が増えている。植木鉢(うえきばち)はちょっけい30センチのものが最適だ。

1 導径　2 直径　3 導怪　4 直怪

5 疲労がちくせきされ、朝起きられない。

1 畜責　2 蓄積　3 畜積　4 蓄責

정답 및 해설 <본서1> p.37

問題2 ＿＿＿＿の言葉を漢字で書くとき、最もよいものを1・2・3・4から一つ選びなさい。

1 先輩のアドバイスのおかげで、希望の職につけた。

1 着けた　2 諸けた　3 就けた　4 職けた

2 部長にほめられて仕事ののうりつが上がり、いい成績を出した。

1 能卒　2 態卒　3 能率　4 態率

3 地下1階のジムを無料で利用できるのが入居者のとっけんです。

1 特権　2 待権　3 特勧　4 待勧

4 優勝を目の前にしていたAチームはBチームに逆転され、けわしい表情を見せた。

1 験しい　2 剣しい　3 検しい　4 険しい

5 市内にばくだんが落ち、テロの疑(うたが)いがある。

1 暴弾　2 爆弾　3 暴引　4 爆引

50 실전 시험 한자 표기 [20]

(　/5) 제한 시간 : 2분

▶정답 및 해설 <본서1> p.37

問題 2 ＿＿＿＿の言葉を漢字で書くとき、最もよいものを1・2・3・4から一つ選びなさい。

1 日本の店の前には「まねきねこ」というものがおいてある。

1 招き　　2 召き　　3 紹き　　4 辺き

2 生徒に暴力(ぼうりょく)を振(ふる)った先生に対する厳しいひはんが続いている。

1 兆半　　2 兆判　　3 批判　　4 批半

3 真面目な彼女が万引(まんび)きをするとはそうぞうがつかない。

1 想像　　2 相象　　3 想象　　4 相像

4 3年間、ほけん会社に勤めたことがあります。

1 保険　　2 保検　　3 呆険　　4 呆検

5 風邪をひかないよう、いつも手をせいけつにすることを心掛(こころが)けている。

1 清潔　　2 青潔　　3 清喫　　4 青喫

문제 3 단어 형성

» 유형 소개

단어 형성 (3~5문항)

파생어(접두어, 접미어)에 대한 지식을 묻는다.

예

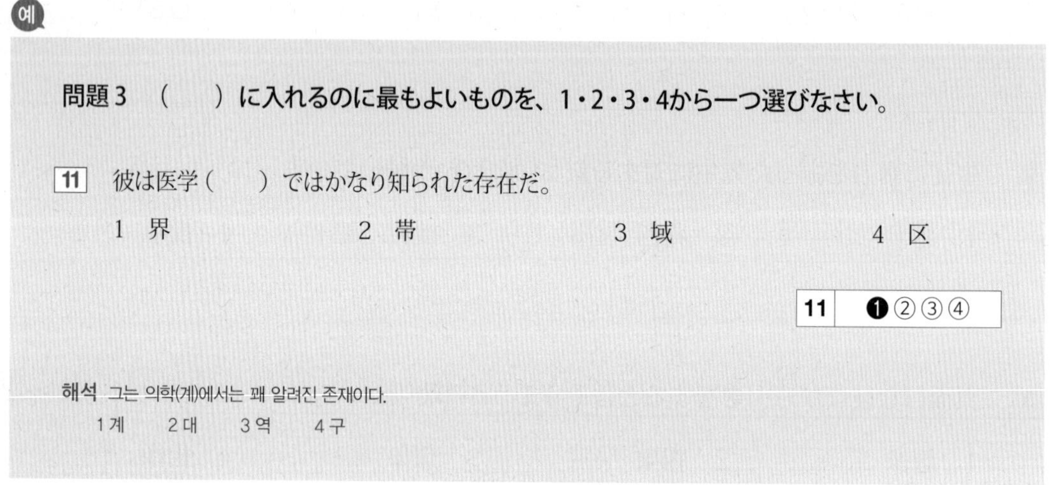

問題 3　(　　)に入れるのに最もよいものを、1・2・3・4から一つ選びなさい。

11　彼は医学(　　)ではかなり知られた存在だ。

1　界　　2　帯　　3　域　　4　区

11　❶②③④

해석 그는 의학(계)에서는 꽤 알려진 존재이다.

1 계　2 대　3 역　4 구

» 해답 스킬

한국인 학습자에게는 유리한 문제이기 때문에 문제 3 단어 형성에서는 점수를 얻어야 한다. 모르겠으면 선택지에 있는 말을 다 넣어서 해석해서 골라 보도록 한다.

» 학습 대책

잘 나오는 접두어와 접미어를 잘 알아 두고 공부하며, 한국어에서는 잘 사용하지 않으나 일본어에서는 자주 쓰는 표현은 따로 구분해 두자.

문제 3 기반 다지기

1 접두어

2 접미어

3 뒤에 명사처럼 붙는 복합어

1 접두어

❶ 반대 의미의 접두어

접두어	예
高(こう)～	[기출] 高収入(こうしゅうにゅう) 고수입　高学年(こうがくねん) 고학년　[기출] 高性能(こうせいのう) 고성능
低(てい)～	低血圧(ていけつあつ) 저혈압　低学年(ていがくねん) 저학년　[기출] 低(てい)カロリー 저칼로리
初(はつ)～	初登場(はつとうじょう) 첫 등장　初優勝(はつゆうしょう) 첫 우승　初公開(はつこうかい) 첫 공개
初(しょ)～	[기출] 初年度(しょねんど) 처음 해, 첫해　初対面(しょたいめん) 첫 대면
再(さい)～	再検討(さいけんとう) 재검토　再発見(さいはっけん) 재발견　再利用(さいりよう) 재이용　[기출] 再放送(さいほうそう) 재방송
悪(あく)～	悪循環(あくじゅんかん) 악순환　[기출] 悪条件(あくじょうけん) 악조건　悪天候(あくてんこう) 악천후　[기출] 悪影響(あくえいきょう) 악영향
好(こう)～	好印象(こういんしょう) 호인상　好景気(こうけいき) 호경기　好成績(こうせいせき) 호성적　好条件(こうじょうけん) 호조건
同(どう)～	同年齢(どうねんれい) 같은 연령　同意見(どういけん) 같은 의견　[기출] 同世代(どうせだい) 같은 세대
別(べつ)～	[기출] 別会場(べつかいじょう) 다른 회장　別問題(べつもんだい) 다른 문제　別世界(べっせかい) 다른 세계
異(い)～	[기출] 異分野(いぶんや) 다른 분야　[기출] 異文化(いぶんか) 다른 문화

多(た)～	多国籍(たこくせき) 다국적 多方面(たほうめん) 다방면 多人数(たにんずう) 다인수(많은 사람) 多目的(たもくてき) 다목적
少(しょう)～	少人数(しょうにんずう) 적은 인원 少量(しょうりょう) 소량
長(なが)～	長持(ながも)ち 오래 가는 것 長袖(ながそで) 긴소매 옷
長(ちょう)～	長距離(ちょうきょり) 장거리 長期間(ちょうきかん) 장기간 長時間(ちょうじかん) 장시간
短(たん)～	短距離(たんきょり) 단거리 短期間(たんきかん) 단기간 短時間(たんじかん) 단시간
重(じゅう)～	重労働(じゅうろうどう) 중노동 重工業(じゅうこうぎょう) 중공업 重金属(じゅうきんぞく) 중금속
軽(けい)～	軽自動車(けいじどうしゃ) 경차 軽音楽(けいおんがく) 경음악 軽犯罪(けいはんざい) 경범죄
新(しん)～	新発売(しんはつばい) 신발매 新技術(しんぎじゅつ) 신기술 新記録(しんきろく) 신기록 新製品(しんせいひん) 신제품
旧(きゅう)～	旧体制(きゅうたいせい) 구체제 旧市街(きゅうしがい) 구시가지 기출 旧制度(きゅうせいど) 구제도
古(ふる)～	古新聞(ふるしんぶん) 헌 신문 古時計(ふるどけい) 헌 시계 古本(ふるほん) 헌책
両(りょう)～	両手(りょうて) 양손 両足(りょうあし) 양쪽 다리 両(りょう)チーム 양 팀
片(かた)～	片手(かたて) 한쪽 손 片足(かたあし) 한쪽 다리 片方(かたほう) 한쪽, 한편

접두어	예
主(しゅ)～	主原料(しゅげんりょう) 주원료 [기출]主成分(しゅせいぶん) 주성분 主産地(しゅさんち) 주산지 主産業(しゅさんぎょう) 주산업
副(ふく)～	[기출]副作用(ふくさよう) 부작용 [기출]副社長(ふくしゃちょう) 부사장 副都心(ふくとしん) 부도심 [기출]副大臣(ふくだいじん) 부장관, 부대신

❷ 비슷한 의미의 접두어

접두어	예
来(らい)～	[기출]来(らい)シーズン 오는 시즌 来年度(らいねんど) 내년도 [기출]来学期(らいがっき) 다음 학기
明(あ)くる～	明(あ)くる日(ひ) 다음날, 이튿날 明(あ)くる年(とし) 이듬해 明(あ)くる朝(あさ) 이튿날 아침
逆(ぎゃく)～	逆方向(ぎゃくほうこう) 역방향 逆効果(ぎゃくこうか) 역효과 逆戻(ぎゃくもど)り 퇴보, 제자리로 되돌아감
反(はん)～	反比例(はんぴれい) 반비례 反体制(はんたいせい) 반체제 反社会的(はんしゃかいてき) 반사회적
前(ぜん)～	前大統領(ぜんだいとうりょう) 전 대통령 前首相(ぜんしゅしょう) 전 수상 [기출]前社長(ぜんしゃちょう) 전 사장 前年度(ぜんねんど) 전년도
元(もと)～	元大統領(もとだいとうりょう) 전직 대통령 元首相(もとしゅしょう) 전직 수상 元彼女(もとかのじょ) 전 여자 친구 元彼氏(もとかれし) 전 남자 친구 元歌手(もとかしゅ) 전직 가수 元(もと)スポーツ選手(せんしゅ) 전직 스포츠 선수
最(さい)～	[기출]最優先(さいゆうせん) 최우선 最先端(さいせんたん) 최첨단 最優秀賞(さいゆうしゅうしょう) 최우수상 最年少(さいねんしょう) 최연소
大(おお)～	大掃除(おおそうじ) 대청소 大喜(おおよろこ)び 큰 기쁨 大(おお)けが 큰 상처 大騒(おおさわ)ぎ 큰 소동 大間違(おおまちが)い 큰 잘못, 큰 착각
大(だい)～	大事件(だいじけん) 대사건 大評判(だいひょうばん) 큰 화제, 돌풍 大好評(だいこうひょう) 대호평 大企業(だいきぎょう) 대기업 大活躍(だいかつやく) 대활약 大流行(だいりゅうこう) 대유행 大成功(だいせいこう) 대성공

現~ (げん)	[기출] 現段階(げんだんかい) 현 단계　現時点(げんじてん) 현시점　現住所(げんじゅうしょ) 현주소　現市長(げんしちょう) 현재 시장
今~ (こん)	今年度(こんねんど) 금년도　今学期(こんがっき) 이번 학기　今世紀(こんせいき) 이번 세기　今シーズン(こん) 이번 시즌
真~ (ま)	[기출] 真新しい(まあたら) 아주 새롭다　[기출] 真夜中(まよなか) 한밤중　真正面(ましょうめん) 바로 정면　[기출] 真後ろ(まうし) 바로 뒤　[기출] 真下(ました) 바로 밑　真上(まうえ) 바로 위　真向い(まむか) 정면, 바로 맞은편
真っ~ (ま)	真っ赤(まっか) 새빨강　真っ青(まっさお) 새파랑　真っ白(まっしろ) 새하양　真っ暗(まっくら) 아주 캄캄한 암흑
真ん~ (ま)	真ん中(まんなか) 한가운데　真ん丸(まんまる) 아주 동그람
正~ (せい)	正反対(せいはんたい) 정반대　正社員(せいしゃいん) 정사원　正比例(せいひれい) 정비례
無~ (む)	[기출] 無責任(むせきにん) 무책임　無意味(むいみ) 무의미　無表情(むひょうじょう) 무표정　無制限(むせいげん) 무제한　無計画(むけいかく) 무계획　無意識(むいしき) 무의식
無~ (ぶ)	無器用(ぶきよう) 서투름, 손재주가 없음　無愛想(ぶあいそう) 무뚝뚝함　無遠慮(ぶえんりょ) 사양하지 않음, 제멋대로 함
非~ (ひ)	[기출] 非常識(ひじょうしき) 몰상식　[기출] 非公式(ひこうしき) 비공식　非科学的(ひかがくてき) 비과학적　非公開(ひこうかい) 비공개
未~ (み)	[기출] 未公開(みこうかい) 미공개　[기출] 未完成(みかんせい) 미완성　未成年(みせいねん) 미성년　未発表(みはっぴょう) 미발표
不~ (ふ)	[기출] 不注意(ふちゅうい) 부주의　不自然(ふしぜん) 부자연　不一致(ふいっち) 불일치　不透明(ふとうめい) 불투명　不真面目(ふまじめ) 불성실　不規則(ふきそく) 불규칙　不可能(ふかのう) 불가능　不景気(ふけいき) 불경기　不公平(ふこうへい) 불평등
不~ (ぶ)	不器用(ぶきよう) 서투름, 손재주가 없음　不気味(ぶきみ) 어쩐지 기분이 나쁨　不格好(ぶかっこう) 볼품 없음

諸(しょ)～

[기출] 諸問題(しょもんだい) 여러 문제　[기출] 諸外国(しょがいこく) 여러 외국　諸事情(しょじじょう) 여러 사정　諸条件(しょじょうけん) 여러 조건

全(ぜん)～

全世界(ぜんせかい) 전 세계　全科目(ぜんかもく) 전 과목　全国民(ぜんこくみん) 전 국민　全自動(ぜんじどう) 전자동　全財産(ぜんざいさん) 전 재산

総(そう)～

[기출] 総人口(そうじんこう) 총인구　総面積(そうめんせき) 총면적　総人数(そうにんずう) 총인원수　総収入(そうしゅうにゅう) 총수입

❸ 그 외

仮(かり)～

[기출] 仮予約(かりよやく) 가예약, 임시 예약　仮登録(かりとうろく) 가등록, 임시 등록　[기출] 仮採用(かりさいよう) 가채용, 임시 채용

生(なま)～

生放送(なまほうそう) 생방송　生(なま)クリーム 생크림　生(なま)ビール 생맥주　生演奏(なまえんそう) 실제로 연주함, 라이브
生出演(なましゅつえん) 생방송 출연

超(ちょう)～

超一流(ちょういちりゅう) 초일류　超高級(ちょうこうきゅう) 초고급　超小型(ちょうこがた) 초소형　超大型(ちょうおおがた) 초대형
[기출] 超高層(ちょうこうそう)ビル 초고층 빌딩　超特急(ちょうとっきゅう) 초특급　超能力(ちょうのうりょく) 초능력　超音波(ちょうおんぱ) 초음파

名(めい)～

名監督(めいかんとく) 명감독　名勝負(めいしょうぶ) 명승부　名場面(めいばめん) 명장면　名演技(めいえんぎ) 명연기　名(めい)セリフ 명대사
名(めい)コンビ 명콤비

半(はん)～

[기출] 半世紀(はんせいき) 반세기　半袖(はんそで) 반소매　[기출] 半透明(はんとうめい) 반투명　半永久的(はんえいきゅうてき) 반영구적

急(きゅう)～

急成長(きゅうせいちょう) 급성장　急上昇(きゅうじょうしょう) 급상승　急(きゅう)ブレーキ 급브레이크　急(きゅう)カーブ 급커브

各(かく)～

各分野(かくぶんや) 각 분야　各方面(かくほうめん) 각 방면　各地域(かくちいき) 각 지역

準(じゅん)～	기출 準優勝(じゅんゆうしょう) 준우승　기출 準決勝(じゅんけっしょう) 준결승　準会員(じゅんかいいん) 준회원
対(たい)～	기출 2対(たい)1 2 대 1　韓国対日本(かんこくたいにほん) 한국 대 일본

チェックアップ!
확인문제

1 (　)検討	ⓐ 再	ⓑ 高	
2 (　)影響	ⓐ 同	ⓑ 悪	
3 (　)問題	ⓐ 諸	ⓑ 重	
4 (　)成分	ⓐ 主	ⓑ 多	
5 (　)文化	ⓐ 小	ⓑ 異	
6 (　)社長	ⓐ 副	ⓑ 大	
7 (　)効果	ⓐ 反	ⓑ 逆	
8 (　)会場	ⓐ 異	ⓑ 別	

정답 1 ⓐ 2 ⓑ 3 ⓐ 4 ⓐ 5 ⓑ 6 ⓐ 7 ⓑ 8 ⓑ

2 접미어

❶ 직업군

～者(しゃ)	研究者(けんきゅうしゃ) 연구자　技術者(ぎじゅつしゃ) 기술자　科学者(かがくしゃ) 과학자　編集者(へんしゅうしゃ) 편집자
～家(か)	政治家(せいじか) 정치가　作曲家(さっきょくか) 작곡가　建築家(けんちくか) 건축가　専門家(せんもんか) 전문가　評論家(ひょうろんか) 평론가
～士(し)	弁護士(べんごし) 변호사　消防士(しょうぼうし) 소방사　宇宙飛行士(うちゅうひこうし) 우주 비행사
～員(いん)	研究員(けんきゅういん) 연구원　公務員(こうむいん) 공무원　警備員(けいびいん) 경비원
～官(かん)	警察官(けいさつかん) 경찰관　裁判官(さいばんかん) 재판관　外交官(がいこうかん) 외교관
～師(し)	美容師(びようし) 미용사　看護師(かんごし) 간호사　手品師(てじなし) 마술사　占い師(うらないし) 점술사
～業(ぎょう)	建設業(けんせつぎょう) 건설업　自営業(じえいぎょう) 자영업　製造業(せいぞうぎょう) 제조업　サービス業(ぎょう) 서비스업

❷ 감정 · 능력

～心(しん)	好奇心(こうきしん) 호기심 競争心(きょうそうしん) 경쟁심 恐怖心(きょうふしん) 공포심
～感(かん)	緊張感(きんちょうかん) 긴장감 責任感(せきにんかん) 책임감 危機感(ききかん) 위기감 満足感(まんぞくかん) 만족감
～力(りょく)	判断力(はんだんりょく) 판단력 想像力(そうぞうりょく) 상상력 기출 集中力(しゅうちゅうりょく) 집중력 行動力(こうどうりょく) 행동력

❸ 장소 관련

～場(じょう)	駐車場(ちゅうしゃじょう) 주차장 기출 スキー場(じょう) 스키장 ゴルフ場(じょう) 골프장 競技場(きょうぎじょう) 경기장
～地(ち)	観光地(かんこうち) 관광지 出身地(しゅっしんち) 출신지 住宅地(じゅうたくち) 주택지 目的地(もくてきち) 목적지
～所(しょ/じょ)	事務所(じむしょ) 사무소 保健所(ほけんしょ) 보건소 裁判所(さいばんしょ) 재판소 / 研究所(けんきゅうじょ) 연구소 案内所(あんないじょ) 안내소
～署(しょ)	消防署(しょうぼうしょ) 소방서 警察署(けいさつしょ) 경찰서 税務署(ぜいむしょ) 세무서
～街(がい)	기출 住宅街(じゅうたくがい) 주택가 温泉街(おんせんがい) 온천 거리 ビジネス街(がい) 비즈니스 거리 ショッピング街(がい) 쇼핑가 기출 商店街(しょうてんがい) 상점가 オフィス街(がい) 오피스 거리

❹ 돈 관련

～料(りょう)	기출 入場料(にゅうじょうりょう) 입장료　使用料(しようりょう) 사용료　保険料(ほけんりょう) 보험료　手数料(てすうりょう) 수수료
～費(ひ)	製作費(せいさくひ) 제작비　光熱費(こうねつひ) 광열비　生活費(せいかつひ) 생활비　交通費(こうつうひ) 교통비
～代(だい)	電話代(でんわだい) 전화 요금　電気代(でんきだい) 전기 요금　タクシー代(だい) 택시 요금　ガス代(だい) 가스 요금　修理代(しゅうりだい) 수리비
～金(きん)	入会金(にゅうかいきん) 입회금　入学金(にゅうがくきん) 입학금　寄付金(きふきん) 기부금　奨学金(しょうがくきん) 장학금　保証金(ほしょうきん) 보증금
～賃(ちん)	기출 電車賃(でんしゃちん) 전차 요금　汽車賃(きしゃちん) 기차 요금　家賃(やちん) 집세　運賃(うんちん) 운임(비)

❺ 기구 · 측량 관련

～量(りょう)	使用量(しようりょう) 사용량　生産量(せいさんりょう) 생산량　収穫量(しゅうかくりょう) 수확량　降水量(こうすいりょう) 강수량
～機(き)	洗濯機(せんたくき) 세탁기　掃除機(そうじき) 청소기　コピー機(き) 복사기　自動販売機(じどうはんばいき) 자판기
～器(き)	充電器(じゅうでんき) 충전기　消火器(しょうかき) 소화기　補聴器(ほちょうき) 보청기
～具(ぐ)	文房具(ぶんぼうぐ) 문방구　釣り具(つりぐ) 낚시 도구
～計(けい)	温度計(おんどけい) 온도계　体重計(たいじゅうけい) 체중계　体温計(たいおんけい) 체온계　血圧計(けつあつけい) 혈압계

❻ 어떠한 현상 · 상태와 관련

～風(ふう)	中華風(ちゅうかふう) 중화풍　西洋風(せいようふう) 서양풍　日本風(にほんふう) 일본풍　[기출] ヨーロッパ風(ふう) 유럽풍
～状(じょう)	[기출] クリーム状(じょう) 크림 상태　ゼリー状(じょう) 젤리 상태　テーブル状(じょう) 테이블 모양 ドーム状(じょう) 돔 모양
～性(せい)	多様性(たようせい) 다양성　危険性(きけんせい) 위험성　植物性(しょくぶつせい) 식물성　必要性(ひつようせい) 필요성
～化(か)	高齢化(こうれいか) 고령화　正当化(せいとうか) 정당화　機械化(きかいか) 기계화　産業化(さんぎょうか) 산업화　少子化(しょうしか) 저출산화 民主化(みんしゅか) 민주화　一般化(いっぱんか) 일반화　国際化(こくさいか) 국제화　実用化(じつようか) 실용화
～的(てき)	具体的(ぐたいてき) 구체적　一般的(いっぱんてき) 일반적　社会的(しゃかいてき) 사회적　効果的(こうかてき) 효과적　経済的(けいざいてき) 경제적 国際的(こくさいてき) 국제적　本格的(ほんかくてき) 본격적　[기출] 積極的(せっきょくてき) 적극적
～流(りゅう)	[기출] 日本流(にほんりゅう) 일본류　[기출] アメリカ流(りゅう) 미국 스타일　イギリス流(りゅう) 영국 스타일 自己流(じこりゅう) 자기류, 자기 스타일
～色(しょく)	国際色(こくさいしょく) 국제색　地方色(ちほうしょく) 지방색

❼ 서류 · 증서 관련

～証(しょう)	会員証(かいいんしょう) 회원증　学生証(がくせいしょう) 학생증　免許証(めんきょしょう) 면허증　許可証(きょかしょう) 허가증　身分証(みぶんしょう) 신분증
～状(じょう)	기출 招待状(しょうたいじょう) 초대장　案内状(あんないじょう) 안내장　年賀状(ねんがじょう) 연하장　挑戦状(ちょうせんじょう) 도전장
～届(とどけ)	離婚届(りこんとどけ) 이혼 신고　被害届(ひがいとどけ) 피해 신고　出生届(しゅっせいとどけ) 출생 신고　変更届(へんこうとどけ) 변경 신고
～帳(ちょう)	アドレス帳(ちょう) 주소록　小遣い帳(こづかいちょう) 용돈 기입장　電話帳(でんわちょう) 전화번호부　メモ帳(ちょう) 메모장
～集(しゅう)	問題集(もんだいしゅう) 문제집　論文集(ろんぶんしゅう) 논문집　기출 作品集(さくひんしゅう) 작품집
～券(けん)	乗車券(じょうしゃけん) 승차권　駐車券(ちゅうしゃけん) 주차권　食事券(しょくじけん) 식사권
～版(ばん)	日本語版(にほんごばん) 일본어판　最新版(さいしんばん) 최신판　改訂版(かいていばん) 개정판　限定版(げんていばん) 한정판

❽ 생산 · 제조 관련

～製(せい)	ガラス製(せい) 유리 제품　日本製(にほんせい) 일본 제품　金属製(きんぞくせい) 금속 제품　スイス製(せい) 스위스 제품
～産(さん)	北海道産(ほっかいどうさん) 홋카이도산　カリフォルニア産(さん) 캘리포니아산

⑨ 제도 · 법 · 형식과 관련

～制(せい)	기출 会員制(かいいんせい) 회원제　抽選制(ちゅうせんせい) 추첨제　기출 予約制(よやくせい) 예약제
～法(ほう)	使用法(しようほう) 사용법　予防法(よぼうほう) 예방법　活用法(かつようほう) 활용법
～式(しき)	移動式(いどうしき) 이동식　기출 選択式(せんたくしき) 선택식　組み立て式(くみたてしき) 조립식
～策(さく)	解決策(かいけつさく) 해결책　対応策(たいおうさく) 대응책　改善策(かいぜんさく) 개선책　防止策(ぼうしさく) 방지책

⑩ 분류와 관련

～別(べつ)	기출 年代別(ねんだいべつ) 연대별　男女別(だんじょべつ) 남녀별　種類別(しゅるいべつ) 종류별　年齢別(ねんれいべつ) 연령별　기출 学年別(がくねんべつ) 학년별
～用(よう)	家庭用(かていよう) 가정용　通勤用(つうきんよう) 통근용　医療用(いりょうよう) 의료용　携帯用(けいたいよう) 휴대용
～順(じゅん)	기출 アルファベット順(じゅん) 알파벳순　五十音順(ごじゅうおんじゅん) 오십음순　先着順(せんちゃくじゅん) 선착순　年代順(ねんだいじゅん) 연대순
～団(だん)	기출 応援団(おうえんだん) 응원단　選手団(せんしゅだん) 선수단　バレエ団(だん) 발레단
～類(るい)	기출 食器類(しょっきるい) 식기류　昆虫類(こんちゅうるい) 곤충류

⑪ 정도와 관련

～率 (りつ)

達成率(たっせいりつ) 달성률, 성취율　기출 成功率(せいこうりつ) 성공률　失業率(しつぎょうりつ) 실업률　기출 進学率(しんがくりつ) 진학률
競争率(きょうそうりつ) 경쟁률　기출 投票率(とうひょうりつ) 투표율

～度 (ど)

優先度(ゆうせんど) 우선도　満足度(まんぞくど) 만족도　理解度(りかいど) 이해도　信用度(しんようど) 신용도

～差 (さ)

実力差(じつりょくさ) 실력 차　個人差(こじんさ) 개인차　年齢差(ねんれいさ) 연령 차　能力差(のうりょくさ) 능력 차

～並み (な)

プロ並(な)み 프로급　大人並(おとなな)み 어른 수준　人並(ひとな)み 남만큼, 보통의 수준

⑫ 범위와 관련

～外 (がい)

時間外(じかんがい) 시간 외　予想外(よそうがい) 예상외　予算外(よさんがい) 예산 외

～圏 (けん)

大気圏(たいきけん) 대기권　首都圏(しゅとけん) 수도권　都市圏(としけん) 도시권　共産圏(きょうさんけん) 공산권

⑬ 그 외

～界 (かい)

기출 医学界(いがくかい) 의학계　기출 自然界(しぜんかい)자연계

～賞 (しょう)

기출 文学賞(ぶんがくしょう) 문학상　優秀賞(ゆうしゅうしょう) 우수상　団体賞(だんたいしょう) 단체상

～観 (かん)

기출 人生観(じんせいかん) 인생관　기출 結婚観(けっこんかん) 결혼관

～発(はつ)

日本発(にほんはつ) 일본 출발　[기출] 東京発(とうきょうはつ) 도쿄 출발

～派(は)

反対派(はんたいは) 반대파　演技派(えんぎは) 연기파　浪漫派(ろうまんは) 낭만파

チェックアップ!
확인문제

1	研究(　)	ⓐ 士	ⓑ 員	5	洗濯(　)	ⓐ 機	ⓑ 器
2	緊張(　)	ⓐ 感	ⓑ 心	6	多様(　)	ⓐ 性	ⓑ 的
3	温泉(　)	ⓐ 場	ⓑ 街	7	選択(　)	ⓐ 式	ⓑ 策
4	光熱(　)	ⓐ 料	ⓑ 費	8	優先(　)	ⓐ 度	ⓑ 率

정답 1 ⓑ 2 ⓐ 3 ⓑ 4 ⓑ 5 ⓐ 6 ⓐ 7 ⓐ 8 ⓐ

3 뒤에 명사처럼 붙는 복합어

～際(ぎわ)	[기출] 別(わか)れ際(ぎわ) 헤어지려고 할 때　帰(かえ)り際(ぎわ) 돌아가려고 할 때　散(ち)り際(ぎわ) (꽃이) 질 무렵
～頃(ごろ)	[기출] 食(た)べごろ 먹기에 적당한 때　見(み)ごろ 보기 좋을 때
～遣(づか)い	言葉遣(ことばづか)い 말투　色遣(いろづか)い 채색법, 배색　金遣(かねづか)い 돈 씀씀이　むだ遣(づか)い 낭비
～沿(ぞ)い	道沿(みちぞ)い 길가　川沿(かわぞ)い 강가　海岸沿(かいがんぞ)い 해안가　[기출] 線路沿(せんろぞ)い 선로, 철길
～扱(あつか)い	子供扱(こどもあつか)い 아이 취급　犯人扱(はんにんあつか)い 범인 취급
～明(あ)け	梅雨明(つゆあ)け 장마철이 끝남　週明(しゅうあ)け 주초, 월요일　夜明(よあ)け 새벽　[기출] 休(やす)み明(あ)け 휴가가 끝남
～済(ず)み	使用済(しようず)み 사용이 끝남　連絡済(れんらくず)み 연락 완료　消毒済(しょうどくず)み 소독 완료　登録済(とうろくず)み 등록 완료
～連(づ)れ	家族連(かぞくづ)れ 가족 동반　[기출] 子供連(こどもづ)れ 아이 동반　犬連(いぬづ)れ 반려견 동반 [기출] 親子連(おやこづ)れ 부모 자식 동반
～違(ちが)い	色違(いろちが)い 다른 색상　人違(ひとちが)い 사람을 착각함　計算違(けいさんちが)い 계산 착오
～たて	焼(や)きたて 갓 구운　揚(あ)げたて 갓 튀긴　出来(でき)たて 갓 만들어진　とれたて 갓 잡은

～建て	2階建てのビル 2층 높이 건물
～おき	기출 一日おき 하루걸러　一つおき 하나 걸러
～付き	朝食付き 조식 포함　ドリンク付き 음료 포함　기출 写真付き 사진 포함
～向き	南向き 남향　子供向き 아이용　留学生向き 유학생용
～ごと	骨ごと 뼈째로　丸ごと 통째로　皮ごと 껍질째로
～深い	興味深い 매우 흥미롭다　用心深い 조심성이 많다　印象深い 인상 깊다 罪深い 죄가 무겁다
～離れ	기출 現実離れ 현실 초탈　読書離れ 독서를 멀리함　都会離れ 도회를 떠남 政治離れ 정치에 무관심해짐
～気味	기출 風邪気味 감기 기운　疲れ気味 피곤한 기색　飽き気味 질린 기색
～漬け	メディア漬け 미디어에 열중함　기출 勉強漬け 공부에 열중함
～育ち	기출 都会育ち 도회에서 자람　田舎育ち 시골에서 자람
～切れ	期限切れ 기간 만료　時間切れ 시한이 지남, 시간이 넘어감

51 실전 시험 단어 형성 [1]

(/5) 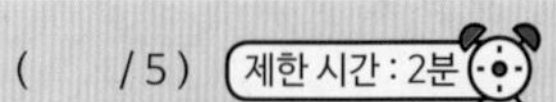

▶정답 및 해설 <본서1> p.37

問題3 ( )に入れるのに最もよいものを、1・2・3・4から一つ選びなさい。

1 砂糖(さとう)はコーラの( )成分だ。

1 古　　2 主　　3 多　　4 両

2 明日、世界的に有名なバレエ( )が来日する。

1 団　　2 集　　3 党　　4 族

3 ( )先端の技術をほこる日本は世界で認められている。

1 現　　2 超　　3 高　　4 最

4 期末テストの結果を学年( )に見ると、一年生だけが昨年を上回っていた。

1 境　　2 段　　3 制　　4 別

5 山中(やまなか)教授は医学( )で名高い人物である。

1 系　　2 界　　3 風　　4 類

52 실전 시험 단어 형성 [2]

(/5) 제한 시간 : 2분

정답 및 해설 <본서1> p.38

問題3 (　　)に入れるのに最もよいものを、1・2・3・4から一つ選びなさい。

1 今回のミレー展では(　　)公開の作品が展示される。

1 完　　2 不　　3 未　　4 無

2 彼女はまだ(　　)社員ではないので、私とは勤務条件が違う。

1 改　　2 正　　3 真　　4 定

3 天気予報によると明日は全国にわたって雨が降り、降水(　　)も多いだろうという予想だ。

1 計　　2 量　　3 度　　4 差

4 どんな場合でも暴力を正当(　　)することはできない。

1 感　　2 化　　3 可　　4 的

5 お客：このTシャツ、色(　　)はありますか。

1 建(だ)て　　2 向(む)き　　3 違(ちが)い　　4 沿(ぞ)い

53 실전 시험 단어 형성 [3]

▸정답 및 해설 <본서1> p.38

問題3（　　）に入れるのに最もよいものを、1・2・3・4から一つ選びなさい。

1 別れ（　　）に、彼女は何か言ったが、聞こえなかった。

1 際(ぎわ)　　2 間(かん)　　3 期(き)　　4 刻(こく)

2 契約において（　　）条件を詳しく検討したうえで決めたほうがいい。

1 末　　2 諸　　3 過　　4 複

3 彼の言い訳はむしろ（　　）効果をもたらした。

1 逆　　2 反　　3 副　　4 悪

4 トルストイの作品には数々の（　　）文句がある。

1 名　　2 最　　3 現　　4 諸

5 この地域の産業は製造中心の仕事からサービス（　　）へ変わりつつある。

1 完　　2 心　　3 業　　4 観

54 실전 시험 단어 형성 [4]

(　　/5) 제한 시간 : 2分

정답 및 해설 <본서1> p.38

問題3 (　　)に入れるのに最もよいものを、1・2・3・4から一つ選びなさい。

1 あしたのシンポジウムは(　　)会場で行われるので、ご注意ください。

1 離　　2 遠　　3 別　　4 補

2 今回の大統領(だいとうりょう)選挙は例年に比べ、投票(　　)が高かった。

1 率　　2 非　　3 重　　4 少

3 大病をして以来、私の人生(　　)はからりと変わった。

1 官　　2 案　　3 刊　　4 観

4 彼女の話はあまりに現実(　)していて、誰も同意しなかった。

1 落ち　　2 抜け　　3 逃げ　　4 離れ

5 過去、非難された映画が(　　)評価を受け映画祭で賞をとった。

1 低　　2 非　　3 再　　4 初

55 실전 시험 단어 형성 [5]

(/5) 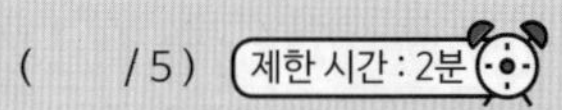

▶정답 및 해설 <본서1> p.39

問題3 (　　)に入れるのに最もよいものを、1・2・3・4から一つ選びなさい。

1 川田(かわだ)さんはアメリカ(　　)のビジネスで成功した。

1 流　　2 形　　3 様　　4 性

2 パクさんは大学4年間、奨学(　　)をもらった。

1 料　　2 代　　3 費　　4 金

3 日本の(　　)人口は約1億3千万人です。

1 全　　2 名　　3 総　　4 生

4 この映画を作るのに10億円という製作(　　)がかかった。

1 費　　2 賃　　3 代　　4 料

5 線路(　　)に小さな家がずらりと並んでいる。

1 添(ぞ)え　　2 沿(ぞ)い　　3 連(づ)れ　　4 込(こ)み

56 실전 시험 단어 형성 [6]

(　/5) 제한 시간 : 2분

정답 및 해설 <본서1> p.39

問題3（　　）に入れるのに最もよいものを、1・2・3・4から一つ選びなさい。

1　抽選は先着(　　)となります。

1 状　　2 順　　3 現　　4 界

2　最近、ベビー服でも北ヨーロッパ(　　)のスタイルが流行っている。

1 社　　2 風　　3 性　　4 感

3　夜中2時に電話するなんて(　　)常識だ。

1 反　　2 非　　3 不　　4 無

4　ビルといっても3階(　　)の小さい建物です。

1 建て　　2 連れ　　3 付き　　4 沿い

5　肉は切らないで丸(　　)煮(に)てください。

1 かけ　　2 込み　　3 ごと　　4 ひき

57 실전 시험 단어 형성 [7]

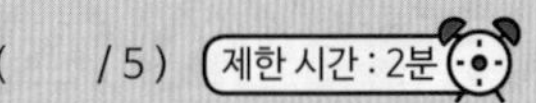

▶정답 및 해설 <본서1> p.39

問題3 (　　)に入れるのに最もよいものを、1・2・3・4から一つ選びなさい。

1 本予約をする前に、まずは(　　)予約を行ってください。

1 既　　2 仮　　3 近　　4 先

2 年末は年賀(　　)を書くのに時間がかかる。

1 書　　2 状　　3 集　　4 機

3 これからの状況は(　　)時点では断定しかねます。

1 今　　2 来　　3 現　　4 元

4 リンゴの産地で有名な青森(あおもり)は台風のせいで去年に比べ収穫(　　)が10%減った。

1 産　　2 量　　3 度　　4 面

5 使用(　　)の紙は捨ててください。

1 切(き)り　　2 違(ちが)い　　3 済(ず)み　　4 明(あ)け

58 실전 시험 단어 형성 [8]

(　　/5) 제한 시간 : 2분

❯정답 및 해설 <본서1> p.40

問題3（　　）に入れるのに最もよいものを、1・2・3・4から一つ選びなさい。

1　この昆虫は、敵(てき)に襲(おそ)われると、体をボール（　　）に丸めて身を守る。

1　式　　2　感　　3　状　　4　性

2　この薬は消化が悪くなる（　　）作用があります。

1　進　　2　新　　3　旧　　4　副

3　高橋(たかはし)氏は演技（　　）俳優として活躍している。

1　派　　2　反　　3　非　　4　流

4　お子さま（　　）のお客様は手をつないでご利用ください。

1　沿い　　2　建て　　3　連れ　　4　済み

5　JLPT試験まであと一か月なので、勉強(　　) の毎日だ。

1　侵し　　2　溶け　　3　漬け　　4　満ち

59 실전 시험 단어 형성 [9]

(/5) 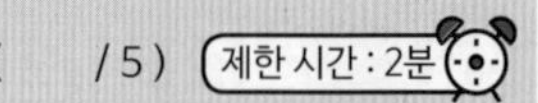

▶정답 및 해설 <본서1> p.40

問題3 (　　)に入れるのに最もよいものを、1・2・3・4から一つ選びなさい。

1 私も森(もり)さんと(　　)意見です。

1 同　　2 当　　3 等　　4 似

2 このオレンジはカリフォニア(　　)です。

1 産　　2 製　　3 式　　4 観

3 政府は新しい道路の開発に関するコスト削減の改善(　　)を立てている。

1 率　　2 化　　3 集　　4 策

4 2位の選手が1位の選手の(　　)うしろに付いて走っていた。

1 初　　2 同　　3 異　　4 真

5 お父さんは(　　)世紀にわたって勤めてきた会社を退職した。

1 急　　2 末　　3 反　　4 半

60 실전 시험 단어 형성 [10]

(　　/5) 제한 시간 : 2분

▸정답 및 해설 <본서1> p.40

問題3 (　　)に入れるのに最もよいものを、1・2・3・4から一つ選びなさい。

1 この桃(もも)は甘い香りがするので、そろそろ食べ(　　)ですよ。

1 期(き)　　2 頃(ごろ)　　3 際(ぎわ)　　4 節(せつ)

2 あの有名歌手は(　　)高級住宅に住んでいる。

1 超　　2 正　　3 無　　4 再

3 朝のビジネス(　　)は大変な人ごみだ。

1 所　　2 域　　3 場　　4 街

4 前日、お酒を飲み過ぎたので(　　)朝二日(ふつか)酔(よ)いで頭がふらふらする。

1 新　　2 来　　3 現　　4 明くる

5 ホテルを予約するとき朝食(　　)を優先して選ぶ。

1 扱い　　2 付き　　3 明け　　4 おき

문제 4 문맥 규정

» 유형 소개

문맥 규정 (7문항)

문맥에 의해서(문장의 흐름상) 의미적으로 통할 수 있는 단어가 무엇인가를 묻는다.

問題 4 （　　）に入れるのに最もよいものを、1･2･3･4から一つ選びなさい。

16 さまざまなデータを（　　）した結果、事故の原因が明らかになった。

1 視察　　2 検査　　3 発明　　4 分析

16	① ② ③ ❹

해석 여러가지 데이터를 (분석)한 결과 사고의 원인이 명백해졌다.
1 시찰　2 검사　3 발명　4 분석

» 해답 스킬

1. 문장의 흐름을 파악하고 괄호 안에 들어갈 적당한 단어를 골라야 하는 문제이기 때문에 괄호 앞뒤 문장을 정확히 해석한다.
2. 선택지에 의미상 유사한 뜻을 가진 단어들이 출제되므로 꼼꼼하게 확인한다.

» 학습 대책

1. 단어를 외울 때 정확한 뜻을 파악하며 외우는 게 중요하다.
2. 手間(てま)がかかる(수고가 들다)처럼 「手間(てま)」라는 명사와 자주 쓰는 말을 통째로 숙어처럼 외워둔다.
3. 선택지의 단어와 연상되는 상황이나 관련 어휘를 생각해 보도록 한다. 예를 들어 分析(ぶんせき)(분석)이라는 단어와 연상되는 상황이나 장소는 会社(かいしゃ)(회사)/研究室(けんきゅうしつ)(연구실)이 있을 테고, 관련되는 단어는 データ(데이터)/資料(しりょう)(자료)가 있을 것이다.

문제 4 기반 다지기

1 부사 및 의성어/의태어
2 가타카나 단어
3 관용 표현
4 동사 복합어
5 형용사 복합어

부사 및 의성어/의태어

あ행

- □ 相変(あいか)わらず 변함없이
- 기출 □ 相次(あいつ)いで 잇따라
- 기출 □ あいにく 공교롭게도
- □ あえて 굳이
- 기출 □ あらかじめ 미리
- □ 改(あらた)めて 다시, 재차
- □ あるいは 또는
- □ 案外(あんがい)(に) 의외로
- □ あまり/あんまり 그다지
- □ 幾分(いくぶん) 약간, 다소
- 기출 □ 生(い)き生(い)き (생기가 넘치는 모양) 활기찬, 생생한
- 기출 □ いきなり 갑자기
- □ 一応(いちおう) 일단
- 기출 □ 一気(いっき)に 단숨에, 한번에
- 기출 □ 一斉(いっせい)に 일제히
- 기출 □ 依然(いぜん)(として) 여전히
- □ 一層(いっそう) 한층 더
- □ 一体(いったい) 대체로, 전반적으로, 원래, 본디
- 기출 □ いったん 일단, 한번
- □ いまさら 이제 와서, 새삼스럽게
- □ 今(いま)に 지금 와서
- □ 今(いま)にも 당장이라도, 금방
- □ 嫌々(いやいや) 마지못해
- □ いよいよ 드디어, 마침내
- 기출 □ いらいら 안절부절
- □ いわゆる 이른바
- 기출 □ うとうと 꾸벅꾸벅(조는 모양)
- 기출 □ うろうろ 어슬렁어슬렁, 허둥지둥
- □ うろちょろ 졸랑졸랑(귀찮게 따라다님), 얼씬얼씬
- □ 大(おお)いに 크게, 많이, 매우
- □ おそらく 아마도
- □ 各々(おのおの) 각각
- 기출 □ 思(おも)い切(き)り 마음껏, 실컷, 충분히
- □ 思(おも)わず 무심코
- 기출 □ およそ 약

か행

- □ かえって 오히려
- □ がっちり 단단히, 꽉, 야무진
- □ かつて 일찍이, 예로부터, 전에
- □ がらがら ① 텅텅(비어 있는 모양) ② 와르르, 드르륵
- □ 必(かなら)ず 반드시, 꼭
- □ 必(かなら)ずしも 반드시[부정 수반]
- 기출 □ ぎくしゃく 서먹서먹, 삐끗삐끗(어색한, 딱딱한 모양/상태)

- ぎざぎざ (가장자리가 톱니 모양으로) 들쑥날쑥, 깔쭉깔쭉함
- ぎしぎし ① (무리하게 채워 넣음) 꽉꽉 ② 삐걱삐걱
- きちんと 깔끔히, 말끔히
- ぎっしり 가득히, 빼곡히
- きっちり 꼭, 꽉, 딱(빈틈없는 모양)
- きっと 반드시, 틀림없이
- 기출 きっぱり 딱 잘라, 단호히
- きらきら 반짝반짝
- 기출 ぎりぎり 간신히, 빠듯함
- 強硬(きょうこう)に 강경하게
- 기출 極端(きょくたん)に 극단적으로
- 偶然(ぐうぜん) 우연히
- ぐずぐず 꾸물꾸물, 우물쭈물
- 기출 くたくた ① 녹초가 됨 ② (낡아서) 후줄근함
- 기출 ぐったり 녹초가 된 모양, 느른한 모양
- ぐっすり 푹(깊이 잠든 모양)
- くれぐれも 아무쪼록
- ぐるぐる 빙글빙글
- ぐんぐん 부쩍부쩍(힘차게 진행·성장하는 모양)
- 決(けっ)して 결코[부정 수반]
- 強引(ごういん)に 강제로
- ごくごく 꿀꺽꿀꺽
- 기출 快(こころよ)く 흔쾌히
- 기출 こつこつ 꾸준히
- こっそり 몰래
- ごちゃごちゃ 너저분한 모양
- 기출 ごろごろ ① 빈둥빈둥 ② 데굴데굴 ③ 그르렁그르렁(고양이 울음소리)

さ행

- 幸(さいわ)い(に) 다행히
- 先(さき)ほど 아까, 먼저
- 기출 さっさと (지체 없이) 빨랑빨랑, 척척, 뚝딱
- 早速(さっそく) 즉시, 조속히
- ざっと 대충, 대략
- 기출 さっぱり ① 산뜻한 모양, 깔끔한 모양 ② 조금도, 전혀[부정 수반]
- 様々(さまざま) 여러 가지
- さらに 더욱이, 게다가
- 強(し)いて 억지로, 굳이
- しいんと 쥐 죽은 듯이(고요한)
- 直(じか)に 직접
- 至急(しきゅう) 지급(매우 급히)
- しきりに 자주
- じたばた (손발을 버둥거리며 몸부림치는 모양) 버둥버둥, 바동바동
- 次第(しだい)に 점점, 순차적으로
- しっかり ① 꼭 ② 똑똑히 ③ 견실하게
- 実(じつ)に 실로, 참으로, 정말
- しばしば 종종

- しばらく 잠시, 당분간
- じめじめ ① (습기가 많음) 축축, 질퍽질퍽
  ② 음울한 모양
- しみじみ 절실하게
- 若干(じゃっかん) 약간
- 十分(じゅうぶん) 충분
- 기출 徐々(じょじょ)に 서서히
- じりじり ① (한발 한발) 천천히, 착실히
  ② 쨍쨍(태양) ③ 바작바작(초조함)
  ④ 송송(조금씩 배어 나오는 모양)
- 少(すく)なくとも 적어도
- すっかり 완전히, 죄다, 몽땅
- 기출 すっきり 산뜻함, 후련함
- すっと 불쑥, 재빨리, 쓱
- ずっと 쭉, 계속
- すでに 이미, 벌써
- ずらっと 즐비하게, 쭉
- すらすら 거침없이, 척척
- せっせと 부지런히
- 絶対(ぜったい)(に) 절대적으로, 단연코
- ぜひ 꼭
- ぜひとも 꼭 ([ぜひ]의 힘준 말)
- 기출 せめて 적어도
- せいぜい ① 최대한, 가능한 한
  ② 기껏해야, 고작(해서)
- 早急(そうきゅう)/早急(さっきゅう) 조급히
- 相当(そうとう) 상당
- 기출 即座(そくざ)に 즉석에서, 그 자리에서
- 続々(ぞくぞく) 속속, 연달아
- そっくり 그대로, 몽땅, 똑 닮음
- そっと 살짝, 살며시
- 기출 ぞろぞろ ① (많은 사람이 천천히 움직이는 모양) 줄줄
  ② (길게 끌리는 모양) 질질
- それほど 그렇게, 그다지, 그만큼
- そわそわ 안절부절, 들썽들썽(걱정이 있어 들뜬 모양)

た행

- 大(たい)した 굉장한, 대단한
- 大(たい)して 그다지, 별로
- 大抵(たいてい) 대개, 대부분, 대강
- だいぶ/だいぶん 상당히, 꽤, 제법
- 絶(た)えず(に) 끊임없이
- 多少(たしょう) 다소
- 기출 直(ただ)ちに 바로, 곧바로, 직접, 즉시
- たちまち 금세
- たった 단지, 단, 겨우
- 기출 たっぷり 듬뿍
- たびたび 자주, 누차
- だぶだぶ ① 헐렁헐렁 ② 출렁출렁
- たぶん 아마도
- たまたま 우연히
- たまに 가끔

- だんだん 점점
- 単(たん)なる 단순한
- 単(たん)に 단지, 다만
- 近々(ちかぢか) ① 머지않아, 일간 ② 가까이, 바싹
- ちっとも 조금도[부정 수반]
- 기출 着々(ちゃくちゃく) 착착
- ちゃんと 단정하게, 분명히, 제대로
- ちょくちょく 이따금, 가끔
- ついつい 자신도 모르게, 무의식중에
- ついに 마침내, 드디어
- つくづく 곰곰이, 절실히
- 常(つね)に 항상
- どうしても 무슨 일이 있어도, 아무리 하여도
- どうぞ 아무쪼록, 부디
- どうも 아무래도, 정말, 어쩐지
- どうやら 그럭저럭, 간신히, 그런대로
- 時々(ときどき) 때때로
- 기출 どきどき 두근두근
- 기출 とっくに 진작에
- 突然(とつぜん) 돌연
- とにかく 아무튼
- ともかく 어쨌든, 여하튼, 고사하고
- とりあえず 우선, 일단
- どんどん 척척, 탕탕(소리)

な행

- なお 역시, 더욱이
- なかなか ① 좀처럼[부정 수반] ② 상당히, 꽤
- 何(なに)しろ 아무튼, 뭐니 뭐니 해도, 어쨌든
- なるほど 과연
- 何(なん)とか 뭐라고, 어떻게든
- 何(なん)となく 무엇인가, 어쩐지
- なんとも ① 정말로, 참으로
  ② 뭐라고, 무엇인지[부정 수반]
- にこにこ 싱글벙글
- にっこり 생긋, 방긋
- にやにや 히죽히죽
- のろのろ 느릿느릿
- 기출 のんびり 한가로이, 태평스럽게

は행

- はきはき 시원시원, 또렷또렷
- 果(は)たして 과연
- はっきり 확실히, 뚜렷하게
- ばったり ① 딱(뜻밖에 마주침)
  ② 푹(갑자기 떨어지거나 쓰러짐)
  ③ 뚝(갑자기 끊어짐)
- はらはら 아슬아슬, 조마조마
- ばりばり ① (기를 쓰고) 척척
  ② 북북(긁거나 찢음), 득득
- ぴかぴか 반짝반짝

기출 ☐ ひそひそ 소곤소곤

☐ びっくり 깜짝

☐ ぴったり ① (빈틈없이) 딱, 꼭, 꽉
② 착, 바싹(착 들러붙음)

기출 ☐ びっしょり 흠뻑(완전히 젖은 모양)

☐ びりびり ① (진동·자극 등으로) 드르르, 찌르르
② (종이 등이 찢어지는 소리) 찍찍

☐ 再(ふたた)び 다시, 재차

☐ ぶつぶつ 중얼중얼

☐ ふわふわ ① 푹신푹신 ② 둥실둥실, 둥둥

☐ ふらふら 흔들흔들

기출 ☐ ぶらぶら 빈둥빈둥, 대롱대롱

기출 ☐ ふんわり 폭신한

☐ 別々(べつべつ) 따로따로

☐ ぺらぺら 유창하게, 줄줄

☐ 方々(ほうぼう) 여기저기, 이곳저곳

☐ ほとんど 거의

☐ ほぼ 거의

기출 ☐ ぼんやり 어렴풋이, 멍청히, 희미하게

ま행

☐ まことに 참으로, 대단히

☐ まごまご 우물쭈물

☐ まさか 설마

☐ 正(まさ)しく 확실히, 틀림없이

☐ まっすぐ 곧, 곧장

☐ 全(まった)く ① 전혀, 완전히 ② 정말로, 참으로

☐ まもなく 곧, 머지않아

☐ まるで 마치

☐ めちゃくちゃ 엉망진창

☐ めっきり 눈에 띄게, 현저히

☐ もうすぐ 이제 곧

☐ もしかして 어쩌면, 혹시

☐ もしかしたら 어쩌면, 혹시

☐ もしかすると 어쩌면, 혹시

☐ もしくは 또는

☐ もしも 만약

☐ 最(もっと)も 가장

☐ もっぱら 오로지

☐ 元々(もともと) 원래

☐ もはや 벌써, 이미, 어느새

や행

☐ やがて 이윽고

☐ やや 약간, 조금

☐ ゆうゆう 유유히, 한가롭게

☐ ゆったり 넉넉하게, 편안하게

☐ 余計(よけい) 한층 더, 더욱

☐ よほど 상당히, 대단히, 훨씬

わ행

- □ わくわく 두근두근(기대감)
- □ わざと 일부러(고의성)
- □ わざわざ 일부러(호의성)
- 기출 □ わずか 불과, 얼마 안 되는 모양
- □ 割合(わりあい)に 비교적
- 기출 □ わりと 비교적

チェックアップ!
확인문제

1 여전히	ⓐ 依然として ⓑ 一斉に	5 축축, 질퍽질퍽	ⓐ ごくごく ⓑ じめじめ
2 안절부절	ⓐ うろうろ ⓑ いらいら	6 (기를 쓰고) 척척	ⓐ ばりばり ⓑ ひそひそ
3 (무리하게 채워 넣음) 꽉꽉	ⓐ ぎりぎり ⓑ ぎしぎし	7 돌연, 갑자기	ⓐ とにかく ⓑ 突然
4 (힘찬 진행이나 성장) 부쩍부쩍	ⓐ ぐんぐん ⓑ じたばた	8 진작에	ⓐ とりあえず ⓑ とっくに

정답 1 ⓐ 2 ⓑ 3 ⓑ 4 ⓐ 5 ⓑ 6 ⓐ 7 ⓑ 8 ⓑ

2 가타카나 단어

ア행

- アイデア/アイディア 아이디어
- アイロン 다리미
- アウト 아웃, 밖
- アクセル 액셀
- アクセント 악센트, 강조, 중점
- アジア 아시아
- アップ 업, 상승
- 기출 アピール 어필, 호소
- アプローチ 어프로치, 접근
- アマチュア 아마추어
- 기출 アレンジ 배열, 배치, 편곡
- アルカリ 알칼리
- アルミ 알루미늄
- イコール 같음, (수학) 등호(=)
- インク 잉크
- インストール 설치하다(install)
- インターチェンジ 인터체인지
- インターナショナル 인터내셔널
- インターフォン 인터폰
- インテリ 지식인, 인텔리
- インフォメーション 인포메이션, 정보
- インフレ 인플레이션
- ウイルス 바이러스
- ウーマン 우먼, 여성
- ウール 울
- ウエートレス 웨이트리스
- エアメール 항공 우편
- エスカレーター 에스컬레이터
- エチケット 에티켓
- エネルギー 에너지
- エプロン 앞치마
- エレガント 우아함
- エンジニア 엔지니어
- エンジン 엔진
- オイル 오일
- オーケー 오케이
- オーケストラ 오케스트라
- オートマチック 오토매틱, 자동적
- オーバー 오버
- オープン 오픈
- オリエンテーション 오리엔테이션
- オリンピック 올림픽
- オルガン 오르간, 풍금
- オンライン 온라인

カ행

- カテゴリー 카테고리
- カット 컷, 절단, 잘라냄
- カバー 커버
- カムバック 컴백, 재기, 되돌아옴
- カロリー 칼로리
- カンニング 커닝
- キャッチ 캐치
- キャプテン 캡틴
- キャリア 캐리어, 경력(経歴(けいれき))
- ギャング 갱(폭력단)
- キャンセル 캔슬, 취소
- キャンパス 캠퍼스
- キャンプ 캠프
- クイズ 퀴즈
- クーラー 에어컨
- クラシック 클래식
- グラフ 그래프
- 기출 クリア ① 분명한, 명석한 ② (난관·난문 등을) 잘 넘기다, 헤쳐나가다
- ケース ① 경우, 사정, 사례 ② 상자, 갑
- コーチ 코치
- コート 코트(court), 테니스·배구 경기장
- コーラス 코러스
- コック 마개
- コマーシャル 커머셜, 상업상, 선전
- コミュニケーション 커뮤니케이션, 전달
- ゴム 고무
- コメント 코멘트
- コレクション 컬렉션, 수집
- コンクール 콩쿠르, 경연 대회
- コンクリート 콘크리트
- コンセント 콘센트
- コンタクト 콘택트렌즈
- コンテスト 콘테스트, 경연
- コントラスト 대조, 대비
- コントロール 컨트롤
- コンパス 컴퍼스
- コンプレックス 콤플렉스, 열등감

サ행

- サイクル 사이클, 주기(周期(しゅうき))
- サイレン 사이렌
- サンキュー 땡큐, 감사
- シェア 셰어, 공유
- 기출 シーズン 시즌
- シーツ 시트(침대 커버)
- シート 자리
- ジーパン 청바지
- システム 시스템

- シック 시크, 멋짐, 세련됨
- シナリオ 시나리오
- ジャーナリスト 저널리스트
- ジャズ 재즈
- シャッター 셔터
- ジャンパー 점퍼
- ジャンプ 점프
- ジャンボ 점보
- ジャンル 장르
- ショー 쇼
- 기출 ショック 쇼크, 충격
- ショップ 샵, 가게
- シリーズ 시리즈
- スクリーン 스크린
- スタンド 스탠드
- スチュワーデス 스튜어디스
- ステージ 무대
- ストッキング 스타킹
- ストップ 정지
- ストライキ 스트라이크(동맹 파업)
- ストロー 빨대
- スプリング 스프링(용수철)
- スペース 스페이스(공간)
- 기출 スムーズ 원활함, 순조로움
- スラックス 슬랙스(홀쭉한 팬츠)
- スリッパ 슬리퍼
- セクション 섹션(분할된 부분)
- セメント 시멘트
- セレモニー 세리머니
- ゼロ 제로, 영(0)
- センス 센스
- センター 센터
- センチ 센티(cm)
- ソース 소스
- ソックス 양말
- ソロ 독주, 독주곡, 솔로

タ행

- 기출 ターゲット 표적, 목표, 과녁
- ダース 다스(12개를 한 조로 하는 것)
- タイトル 타이틀
- タイミング 타이밍
- タイムリー 타임리(시기가 적절함)
- タイヤ 타이어(자동차)
- ダイヤ 다이아(ダイヤモンド의 준말)
- ダイヤ 열차 운행표(ダイヤグラム의 준말)
- ダウン 다운, 아래, 내림
- ダブル 더블(2배)
- ダメージ 데미지, 손해, 피해
- ダム 댐

- ☐ タワー 타워
- ☐ ダンプ 덤프(덤프카)
- ☐ チームワーク 팀워크
- ☐ チェンジ 체인지, 변화
- ☐ チップ 팁
- ☐ チャイム 차임벨
- ☐ チャージ 차지, 충전, 요금
- ☐ チャンス 찬스, 기회
- ☐ チャンネル 채널
- ☐ チョーク 초크, 백묵
- ☐ デコレーション 데코레이션, 장식
- 기출 ☐ デザイン 디자인
- ☐ デモ 데모, 시위 운동, (상품 등의) 실물 선전
- ☐ テント 텐트
- ☐ テンポ 템포, 속도
- ☐ トーン 톤(tone), 색조, 음색
- ☐ トップ 톱, 정상, 선두
- ☐ ドライバー 드라이버, 운전수
- ☐ トラブル 트러블(문제)
- ☐ トンネル 터널

ナ행

- ☐ ナイロン 나일론
- ☐ ナプキン 냅킨
- ☐ ナンセンス 난센스
- ☐ ナンバー 넘버, 번호, 호수
- ☐ ニュアンス 뉘앙스
- ☐ ニュー 뉴(= 新(あたら)しい)

ハ행

- ☐ ハイキング 하이킹
- ☐ パイプ 파이프
- ☐ パイロット 파일럿
- ☐ バケツ 바케쓰(양동이)
- ☐ パジャマ 파자마
- ☐ パス 패스, 통과
- ☐ パターン 패턴, 유형
- ☐ バッジ 배지, 휘장
- ☐ バッテリー 배터리
- ☐ バット 배트(야구 방망이)
- 기출 ☐ バランス 밸런스, 균형
- ☐ ハンガー 옷걸이, 행거
- 기출 ☐ パンク (타이어의) 펑크, 터짐
- ☐ ビタミン 비타민
- ☐ フィルター 필터
- ☐ ブーム 붐, 유행
- ☐ フェリー 페리, 나룻배
- ☐ フォーク 포크
- ☐ フォーム 폼, 형식, 모양
- ☐ プッシュ ① 밂(push), 누름 ② 밀어붙임, 추진

- [ ] ブレーキ 브레이크, 제동기, 억제
- [ ] ブローチ 브로치
- [ ] プレッシャー 압박, 압력 (기출)
- [ ] プログラム 프로그램
- [ ] フロント 프런트(호텔 등의 접수대)
- [ ] ペース 페이스, 보조, (일 추진의) 정도나 속도
- [ ] ベストセラー 베스트셀러
- [ ] ベテラン 베테랑
- [ ] ヘリコプター 헬리콥터
- [ ] ペンキ 페인트
- [ ] ベンチ 벤치
- [ ] ペンチ 펜치(철사 끊는 가위)
- [ ] ボイコット 보이콧, 불매 동맹
- [ ] ポイント 포인트
- [ ] ポーズ 포즈
- [ ] ポジション 포지션, 지위, 수비 위치
- [ ] ポット 포트(pot), 단지, 병, 항아리
- [ ] ポンプ 펌프

マ행

- [ ] マイペース 마이페이스, 자기 나름의 진도 (기출)
- [ ] マスコミ 매스컴
- [ ] マスター 마스터
- [ ] マッチ 매치, 시합·경기, 일치, 조화
- [ ] ムード 무드, 분위기, 기분
- [ ] メーター 미터, 자동 계량기
- [ ] メディア 미디어
- [ ] メロディー 멜로디
- [ ] モーター 모터
- [ ] モダン 모던, 현대적
- [ ] モニター 모니터
- [ ] モノレール 모노레일

ヤ행

- [ ] ヤング 젊은(young)
- [ ] ユーモア 유머
- [ ] ユニーク 독특
- [ ] ユニフォーム 유니폼
- [ ] ヨーロッパ 유럽
- [ ] ヨット 요트

ラ、ワ행

- [ ] ライバル 라이벌
- [ ] ラッシュアワー 러시아워
- [ ] ラベル 라벨, 상표
- [ ] ランニング 러닝, 달리기
- [ ] ランプ 램프
- [ ] リーダー 리더 (기출)
- [ ] リード 리드, 지도, 선도

- リズム 리듬
- リメーク 리메이크
- 기출 リラックス 릴랙스, 긴장을 풀고 쉼
- ルーズ 칠칠치 못함, 헐렁함(= だらしない)
- レギュラー 레귤러, 정식, 정규
- レクリエーション 레크리에이션
- レコード 레코드
- レジ 계산대
- 기출 レシート 영수증
- レジャー 레저, 여가 (활동)
- レディー 레이디, 숙녀
- レンズ 렌즈
- レンタカー 렌터카
- レントゲン 엑스레이
- ロープ 로프
- ロープウェイ 로프웨이, 공중 케이블카
- ロッカー 사물함
- ロビー 로비
- ロマンチック/ロマンティック 로맨틱, 낭만적
- ワット 와트(전력 단위)

チェックアップ!
확인문제

1 설치하다	ⓐ インストール	ⓑ エンジニア	5 유형, 패턴	ⓐ パターン	ⓑ パンク
2 수집	ⓐ コンテスト	ⓑ コレクション	6 분위기, 기분	ⓐ ムード	ⓑ ポーズ
3 공유	ⓐ ダウン	ⓑ シェア	7 현대적	ⓐ モダン	ⓑ ベテラン
4 손해, 피해	ⓐ チャンス	ⓑ ダメージ	8 여가(활동)	ⓐ ロッカー	ⓑ レジャー

정답 1 ⓐ 2 ⓑ 3 ⓑ 4 ⓑ 5 ⓐ 6 ⓐ 7 ⓐ 8 ⓑ

3 관용 표현

気(き)

☐ 気が合(あ)う 마음이 맞다

☐ 気がつく 알아차리다, 깨닫다

☐ 気が進(すす)む 마음이 내키다

☐ 気になる 신경 쓰이다, 궁금하다, 걱정되다

☐ 気にする 신경 쓰다, 걱정하다

☐ 気に入(い)る 마음에 들다

☐ 気をつける 조심하다

☐ 気が利(き)く 눈치가 빠르다

☐ 気がする ~한 느낌이 나다

☐ 気をつかう 배려하다, 신경 쓰다

手(て)

☐ 手が離(はな)せない 일손을 놓을 수가 없다

☐ 手を焼(や)く 애먹다

☐ 手を抜(ぬ)く 일을 겉날리다, 빼먹다

☐ 手を出(だ)す 손을 대다

目(め)

☐ 目がない 사족을 못 쓰다

☐ 目につく 눈에 띄다

☐ 目を引(ひ)く 눈길을 끌다

☐ ひどい目にあう 호된 일을 당하다

☐ 目をそらす 눈을 피하다

頭(あたま)

☐ 頭に来(く)る 화가 치밀다

☐ 頭を抱(かか)える 머리를 싸쥐다, 고민하다

☐ 頭を下(さ)げる 머리를 숙이다, 굴복하다

首(くび)

☐ 首になる 해고가 되다

☐ 首にする 해고를 하다

腕(うで)

☐ 腕がいい 솜씨가 좋다

☐ 腕を組(く)む 팔짱을 끼다

☐ 腕が上(あ)がる 실력이 늘다

顔(かお)

☐ 顔を出(だ)す 얼굴을 내밀다, 참석하다

☐ 顔が広(ひろ)い 인맥이 넓다

口(くち)

- 口が堅い 입이 무겁다
- 口が軽い 입이 가볍다
- 口に合う 입(맛)에 맞다
- 口に出す 입 밖에 내다, 말하다, 입에 담다
- 口がうまい 말을 잘하다, 말솜씨가 좋다

肩(かた)

- 肩を落とす (실망하여) 어깨가 처지다, 기운 빠지다
- 肩を持つ 편을 들다

その他

- 腰が低い 겸손하다
- 心を打たれる 감동받다
- 기출 時間をつぶす 시간을 때우다
- 店がつぶれる 가게가 망하다
- 冗談を言う 농담을 말하다
- ストレスが溜まる 스트레스가 쌓이다
- ためいきをつく 한숨을 쉬다
- 手間がかかる 수고가 들다, 손이 많이 가다
- 手入れをする 손질하다
- 年を取る 나이가 들다, 나이를 먹다
- 기출 話が尽きる 이야기가 끝나다, 이야깃거리가 떨어지다
- 活気にあふれる 활기로 넘쳐나다
- 夢中になる 몰두하다, 열중하다
- 頼りになる 의지가 되다
- 기출 腹を立てる 화를 내다
- 文句を言う 불만을 말하다
- 真似をする 흉내를 내다
- ブレーキをかける 제어하다, 제동을 걸다
- 役に立つ 도움이 되다
- 約束をやぶる 약속을 깨다
- 足を運ぶ 찾아가 보다, 발걸음을 옮기다
- 汗をかく 땀을 흘리다
- 기출 恥をかく 창피를 당하다
- うそをつく 거짓말을 하다
- かさをさす 우산을 쓰다

チェックアップ!
확인문제

1 화가 치밀다
ⓐ 頭に来る　ⓑ 首になる

2 일손을 놓을 수가 없다
ⓐ 手を焼く　ⓑ 手が離せない

3 솜씨가 좋다
ⓐ 腕がいい　ⓑ 腕を組む

4 기운 빠지다, 실망하다
ⓐ 肩を落とす　ⓑ 肩を持つ

정답 1 ⓐ 2 ⓑ 3 ⓐ 4 ⓐ

동사 복합어

❶ 앞에 붙는 복합어

申し～	申し込む 신청하다 申し訳ない 죄송하다 申し上げる 말씀드리다, 여쭙다
受け～	受け持つ 담당하다 受け取る 수취하다 受け付ける 접수하다 기출 受け入れる (상대의 요구나 부탁을) 받아들이다, 수용하다 受け止める (자신을 향한 공격·문제를) 받아들이다
取り～	取り消す 취소하다 取り巻く 둘러싸다 取り上げる 집어 들다, 문제 삼다 取り組む 대처하다, 맞붙다, 몰두하다 取り出す 꺼내다 기출 取り入れる 집어넣다, 도입하다 取り替える 바꾸다, 교환하다
引き～	引き受ける 떠맡다, 인수하다 引き上げる 끌어올리다, 인상하다 기출 引き止める 만류하다, 붙들다, 말리다 引き出す 꺼내다, 인출하다 引き取る 맡다, 인수하다 / (그 자리에서) 물러나다
引っ～	引っかかる 걸리다 引っ張る 잡아끌다, 끌어당기다
見～	見下ろす 내려다보다 기출 見送る 배웅하다, 보류하다 見落とす 간과하다 見慣れる 낯익다 見習う 본받다 見逃す 기회를 놓치다, 눈감아 주다
追い～	追いかける 뒤쫓아가다 追い出す 내쫓다
打ち～	打ち合わせる 협의하다 打ち勝つ 이기다, 극복해내다 기출 打ち明ける 털어놓다, 고백하다 打ち切る 중단하다 기출 打ち消す 부정하다, 없애다

組み～	組み立てる 조립하다　組み合わせる 짜 맞추다, 편성하다
振り～	기출 振り向く 뒤돌아보다　振り込む (계좌 등에) 납입하다, 흔들어 넣다 振り返る 회고하다
乗り～	乗り遅れる 시간이 늦어 못 타다　乗り越える 극복하다

❷ 뒤에 붙는 복합어

～かかる	① 당장이라도 ～하다: 死にかかる 죽어가다　枯れかかる 시들어가다 ② ～하기 시작하다: 取りかかる 착수하다 ③ 어느 방향으로 ～하다: 飛びかかる 달려들다　寄りかかる 기대다
～かける	① 하다 말다: 食べかける 먹다가 말다 ② 당장이라도 ～할 듯 되다: 死にかける 죽어가다(거의 죽어가고 있다) ③ 상대에게 ～하다: 話しかける 말을 걸다　呼びかける 부르다, 호소하다 働きかける (상대가 응하도록) 요청하다
～込む	① 안으로 들어가다: 飛び込む 뛰어 들어가다　持ち込む 가지고 들어가다 詰め込む 채워 넣다, 가득 넣다　駆け込む 뛰어들다 기출 割り込む 끼어들다, 새치기하다 ② 잘/깊게 ～하다: 思い込む 믿어버리다, 확신하다　考え込む 골똘히 생각하다 信じ込む 완전히 믿다
上がる	① 동작이 완료되다: でき上がる 완성되다　仕上がる 마무리되다　書き上がる 다 쓰다 ② 위를 향해 ～하다: 立ち上がる 일어서다　起き上がる 일어나다 飛び上がる 날아오르다 ③ 매우 ～하다(강조): 晴れ上がる 맑게 개다　燃え上がる (활활) 타오르다

～切れる

① 전부 ~해서 없어지다: 売れ切れる 다 팔리다, 품절되다

② ~해 끊어지다: 擦り切れる 닳아서 떨어지다

③ 끝까지(완전히) ~할 수 있다: 食べきれる 다 먹을 수 있다 言いきれる 단정할 수 있다
待ちきれない 더 기다릴 수 없다
断りきれない 마지막까지 거절 못 하다

～切る

① 전부 ~하다: 使い切る 다 쓰다 飲み切る 다 마시다 走り切る 완주하다

② 매우 ~하다: 張り切る 힘이 넘치다 疲れ切る 매우 지치다

③ 분명히 ~하다: 言い切る 단언하다, 잘라 말하다

～つける

① 상대방에게 강하게 ~하다: 言いつける 명령하다 押しつける 강압하다, 강제로 시키다

② ~해 붙이다: 貼りつける 붙이다, 붙잡아 두다 取りつける 달다, 설비하다

～つめる

① 계속 ~하다: 見つめる 응시하다 通いつめる 늘 다니다

② 마지막까지 ~하다: 思いつめる 골똘히 생각하다
追いつめる 막다른 곳에 몰아넣다, 추궁하다

～つく

~잡다/붙다: 追いつく 따라잡다 張りつく 달라붙다 飛びつく 달려들다, 덤벼들다
기출 思いつく 문득 떠오르다

～出す

① 그 동작에 의해 밖으로 나타나게 하다: 呼び出す 불러내다 飛び出す 뛰쳐나가다
抜き出す 뽑아내다 貸し出す 대출하다
持ち出す 가지고 나오다

② (갑자기) ~하기 시작하다: 歩き出す 걷기 시작하다 泣き出す 울기 시작하다
怒り出す 화내다 言い出す 말을 시작하다, 말을 꺼내다

～慣れる

~에 익숙하다: 見慣れる 낯익다 使い慣れる 늘 사용해서 손에 익다
はき慣れる 신어서 익숙해지다 言い慣れる 입버릇처럼 말하다

～忘(わす)れる

~하는 것을 잊다: 買(か)い忘(わす)れる 사는 것을 잊다　書(か)き忘(わす)れる 쓰는 것을 잊다

～直(なお)す

다시 ~하다: 見直(みなお)す 재검토하다　やり直(なお)す 다시 하다　建(た)て直(なお)す 개축하다
書(か)き直(なお)す 다시 쓰다　考(かんが)え直(なお)す 다시 생각하다

～越(こ)す

~을 넘다, 지나치다: 乗(の)り越(こ)す (타고 가다) 목적지를 지나치다　飛(と)び越(こ)す 뛰어넘다
追(お)い越(こ)す 추월하다

～合(あ)う

서로 ~하다: 助(たす)け合(あ)う 서로 돕다　話(はな)し合(あ)う 서로 이야기하다　知(し)り合(あ)う 서로 알다
付(つ)き合(あ)う 사귀다, (의리나 사교상) 함께 하다

～回(まわ)る

~돌아다니다: 歩(ある)き回(まわ)る 여기저기 돌아다니다　走(はし)り回(まわ)る 뛰어다니다　出回(でまわ)る 나돌다
上回(うわまわ)る 상회하다, 웃돌다　下回(したまわ)る 하회하다, 밑돌다

～こなす

잘 활용하다, 익숙하게 다루다: 使(つか)いこなす 잘 사용하다, 잘 다루다　着(き)こなす 어울리게 입다, 맵시 있게 입다　読(よ)みこなす 읽고 충분히 이해하다

～合(あ)わせる

맞추다, 맞추어 보다: 기출 問(と)い合(あ)わせる 문의하다
待(ま)ち合(あ)わせる 시간·장소를 미리 정하고 만나다
打(う)ち合(あ)わせる 미리 의논하다, 협의하다

5 형용사 복합어

- 기출 ☐ 薄暗(うすぐら)い 어스레하다, 어둑어둑하다
- ☐ 塩辛(しおから)い 짜다
- ☐ 甘辛(あまから)い 달면서도 맵다
- ☐ 甘酸(あまず)っぱい 새콤달콤하다
- ☐ ずる賢(がしこ)い 교활하다
- ☐ 蒸(む)し暑(あつ)い 무덥다
- ☐ 息苦(いきぐる)しい 숨이 막히다, 답답하다
- ☐ 見苦(みぐる)しい 보기 흉하다, 꼴사납다
- ☐ 堅苦(かたくる)しい 너무 엄격하다, 너무 딱딱하다, 어렵다, 거북하다
- ☐ 重苦(おもくる)しい 답답하다, 울적하다
- ☐ 心細(こころぼそ)い 마음이 허전하다, 불안하다
- 기출 ☐ 心強(こころづよ)い 마음이 든든하다
- ☐ 薄汚(うすぎたな)い 누추하다, 추레하다
- ☐ 薄汚(うすよご)れる 어쩐지 좀 더럽다, 꾀죄죄한 느낌이다
- ☐ 身近(みぢか)い 몸에 가깝다, 친밀하다
- ☐ 幅広(はばひろ)い 폭넓다
- ☐ 細長(ほそなが)い 가늘고 길다, 좁고 길다
- ☐ 心優(こころやさ)しい 마음씨가 곱다

チェックアップ!
확인문제

1 수용하다, 받아들이다	ⓐ 受け付ける	ⓑ 受け入れる
2 취소하다	ⓐ 取り消す	ⓑ 取り出す
3 배웅하다, 보류하다	ⓐ 見送る	ⓑ 見慣れる
4 털어놓다	ⓐ 打ち明ける	ⓑ 打ち消す
5 부르다, 호소하다	ⓐ 呼びかける	ⓑ 呼び込む
6 뛰쳐나가다	ⓐ 飛び出す	ⓑ 抜き出す
7 나돌다	ⓐ 出回る	ⓑ 走り回る
8 몸에 가깝다, 친밀하다	ⓐ 心優しい	ⓑ 身近い

정답 1ⓑ 2ⓐ 3ⓐ 4ⓐ 5ⓐ 6ⓐ 7ⓐ 8ⓑ

Memo

61 실전 시험 문맥 규정 [1]

(　　/7) 제한 시간 : 5분

정답 및 해설 <본서1> p.41

問題4 (　　)に入れるのに最もよいものを、1・2・3・4から一つ選びなさい。

1 今日はこの夏でいちばんの暑さとなり、最高気温は40度に(　　)。

1 達した　　2 通じた　　3 減った　　4 沈んだ

2 仕事の(　　)を問わず、任されたことはちゃんとやるべきだ。

1 軽重　　2 重視　　3 重要　　4 大事

3 外国人留学生にもかかわらず、漢字を(　　)書く。

1 いらいら　　2 がっかり　　3 すっかり　　4 すらすら

4 チョウさんは試験に落ちても(　　)顔で笑っていた。

1 なだらかな　　2 得意な　　3 平気な　　4 真剣な

5 受験に失敗したキムさんは落ち込んだあまり、暗い毎日を(　　)いる。

1 贈って　　2 渡して　　3 過ごして　　4 覚まして

6 テレビで紹介された店だったが、世間(せけん)の(　　)はあまりよくなかった。

1 評判　　2 評論　　3 批判　　4 批評

7 姉は(　　)自分の研究に専念(せんねん)している。

1 もっぱら　　2 着々(ちゃくちゃく)　　3 多少(たしょう)　　4 ろくに

62 실전 시험 문맥 규정 [2]

(　　/7) 제한 시간 : 5分

›정답 및 해설 <본서1> p.41

問題4（　　）に入れるのに最もよいものを、1・2・3・4から一つ選びなさい。

1 質問の答えがわからなくて（　　）答えたのに、正解だった。

1 わがままに　2 きざきざに　3 ごちゃごちゃに　4 でたらめに

2 現代は情報が（　　）すぎて、何が正しいか自分で判断するしかない。

1 膨大（ぼうだい）　2 大幅（おおはば）　3 増大（ぞうだい）　4 巨大（きょだい）

3 新入生の歓迎会（かんげいかい）に参加したいが、苦手な先輩が来るので気が（　　）。

1 進まない　2 行かない　3 歩かない　4 合わない

4 昼は図書館の掃除、夜はコンビニでアルバイトして家計を（　　）いる。

1 任せて　2 握って　3 支えて　4 働かせて

5 休日は仕事から離れて、体を休めたり音楽を聞いたりしてストレスを（　　）しています。

1 削除　2 中止　3 発生　4 解消

6 先週は残業で忙しかったので、今週末は家で（　　）したい。

1 リラックス　2 リニューアル　3 アプローチ　4 シナリオ

7 試験に落ちたことを（　　）より、気持ちを切り替えて、明日からまた頑張ろうと思う。

1 あきらめる　2 断（ことわ）る　3 疑（うたが）う　4 悔（く）やむ

63 실전 시험 문맥 규정 [3]

(　/7) 제한 시간 : 5분

정답 및 해설 <본서1> p.42

問題4（　　）に入れるのに最もよいものを、1・2・3・4から一つ選びなさい。

1 部下のミスを（　　）上司は嫌(きら)われる。

1　ほめる　　2　努める　　3　責める　　4　込める

2 この問題に対して、原因を（　　）とらえて解決のために全力を尽(つ)くすべきだ。

1　的確(てきかく)に　　2　正直(しょうじき)に　　3　忠実(ちゅうじつ)に　　4　率直(そっちょく)に

3 焼(や)きたての食パンがあたたかくて（　　）しているからおいしい。

1　ふんわり　　2　すっきり　　3　ぐっすり　　4　ぼんやり

4 踏切(ふみきり)事故でけがをした人の命が（　　）。

1　険しい　　2　危うい　　3　悲しい　　4　惜しい

5 コンビニは24時営業なので、家内と私が（　　）で運営している。

1　交代　　2　交流　　3　交換　　4　郊外

6 動物は言葉を（　　）ことができません。

1　発する　　2　関する　　3　論ずる　　4　適する

7 山田(やまだ)先生は無駄(むだ)づかいのない（　　）生活をしている。

1　質素(しっそ)な　　2　ごうかな　　3　ぜいたくな　　4　貧乏(びんぼう)な

64 실전 시험 문맥 규정 [4]

(/7) 제한 시간 : 5分

›정답 및 해설 <본서1> p.42

問題4 (　　)に入れるのに最もよいものを、1・2・3・4から一つ選びなさい。

1 加藤(かとう)さんは(　　)返事をしていたから、パーティーに来るかどうかわからない。

1 かすかな　　2 地味(じみ)な　　3 鈍感(どんかん)な　　4 あいまいな

2 学生のころ、宿題は(　　)になってからやることが多かった。

1 ばりばり　　2 ぎりぎり　　3 じりじり　　4 びりびり

3 病気にかかったときは、栄養の(　　)を考えながら食事をした方がいい。

1 ストレス　　2 バランス　　3 チェンジ　　4 エネルギー

4 6か月前にいなくなった犬の(　　)が、いまだに分からない。

1 行方(ゆくえ)　　2 未来　　3 将来　　4 存在

5 いつも新宿(しんじゅく)はいろんな音楽にあふれすぎていて、(　　)。

1 のんきだ　　2 めちゃくちゃだ　　3 やかましい　　4 しつこい

6 俳優がドラマで着たワンピースの売り上げが(　　)だ。

1 好調(こうちょう)　　2 上昇(じょうしょう)　　3 販売(はんばい)　　4 対等(たいとう)

7 となりに新しくできたレストランは(　　)な雰囲気がある。

1 面倒(めんどう)　　2 得意(とくい)　　3 独特(どくとく)　　4 清潔(せいけつ)

65 실전 시험 문맥 규정 [5]

(　　/7) 제한 시간 : 5분

›정답 및 해설 <본서1> p.43

問題4（　　）に入れるのに最も良いものを、1・2・3・4から一つ選びなさい。

1 次の社長に最(もっと)も（　　）人は、経験豊富な佐々木(ささき)さんでしょう。

1　等しい　　2　ふさわしい　　3　当たり前な　　4　ありがちな

2 子供に分かりやすく一語一語（　　）ゆっくり話した。

1　別れて　　2　区切って　　3　外して　　4　割って

3 食品類に関する安全確認の（　　）があるべきだ。

1　標準　　2　基準　　3　模範　　4　基本

4 サラダにはドレッシングを（　　）かけて食べたほうがおいしい。

1　ばっさり　　2　ぼんやり　　3　たっぷり　　4　ひっそり

5 新商品を出したら（　　）売り切れてしまった。

1　やっと　　2　のんびり　　3　たちまち　　4　かつて

6 久しぶりに外に出たら太陽が（　　）いて気持ちよかった。

1　映って　　2　照って　　3　指して　　4　数えて

7 （　　）の注目を集めた鈴木(すずき)選手が突然、引退を発表したことで多くの人がショックを受けた。

1　世代　　2　地球　　3　世紀　　4　世間

66 실전 시험 문맥 규정 [6]

(　　/7) 제한 시간 : 5분

▶정답 및 해설 <본서1> p.43

問題4 (　　)に入れるのに最もよいものを、1・2・3・4から一つ選びなさい。

1 (　　)音がして振(ふ)り返(かえ)ってみたら、タクシーと人がぶつかっていた。

1 鈍い　　2 軽い　　3 あいまいな　　4 静かな

2 ボランティア活動は社会に出てもいろいろ役に(　　)と思い、申し込んでみた。

1 なる　　2 立つ　　3 待つ　　4 勝つ

3 (　　)が進めば進むほど便利になりますが、人間はどんどん機械に頼ろうとします。

1 文明　　2 生活　　3 文化　　4 習慣

4 林(はやし)さんは服の(　　)があって、いつもすてきな服装をしている。

1 タイミング　　2 センス　　3 ステップ　　4 ニュアンス

5 来シーズンでの優勝を(　　)毎日練習に励(はげ)んでいます。

1 あらためて　　2 めざして　　3 がんばって　　4 ためして

6 マラソン選手たちは出発点から(　　)走り出した。

1 一切(いっさい)に　　2 一斉(いっせい)に　　3 一回に　　4 一方的に

7 日本語を(　　)話すので、日本人みたいだ。

1 こつこつ　　2 すっきり　　3 ぺらぺら　　4 きらきら

67 실전 시험 문맥 규정 [7]

(　　/7) 제한 시간 : 5분

▶정답 및 해설 <본서1> p.43

問題4 (　　)に入れるのに最もよいものを、1・2・3・4から一つ選びなさい。

1 農薬がついているかもしれないので、皮を(　　)食べてください。

1 外して　　2 剥いて　　3 巻いて　　4 消して

2 借金だらけの彼は(　　)生活をしていた。

1 みじめな　　2 りっぱな　　3 かんたんな　　4 ぜいたくな

3 (　　)した会場には100人を超える人が集まった。

1 広々と　　2 軽々と　　3 細々と　　4 次々と

4 輸出の好調による生産および投資の(　　)とともに経済回復も期待されている。

1 改訂　　2 改正　　3 改定　　4 改善

5 行きたくないパーティーには(　　)な理由をつけて断る。

1 妥当　　2 強調　　3 真剣　　4 妥協

6 人気の店だから人が並んでいると思いきや(　　)空いていたのですぐ入れた。

1 思った通り　　2 やはり　　3 案外　　4 単に

7 公園が広かったので、(　　)歩き回った。

1 ほうぼう　　2 おのおの　　3 あれこれ　　4 たまたま

68 실전 시험 문맥 규정 [8]

(　　/7) 제한 시간 : 5分

정답 및 해설 <본서1> p.44

問題4 (　　)に入れるのに最もよいものを、1・2・3・4から一つ選びなさい。

1　食べ過ぎて息苦(いきぐる)しくなったのでベルトを(　　)。

1 汚した　2 外した　3 離した　4 剥した

2　年末は(　　)日々が続き、結局過労(かろう)で病院に運ばれた。

1 ばかばかしい　2 ずうずうしい　3 はずかしい　4 あわただしい

3　試合中、ルールを違反した選手が(　　)させられた。

1 退場　2 退社　3 退勤　4 退出

4　10代の女の子を(　　)にしたファッション誌が発売される。

1 アプローチ　2 ポイント　3 ターゲット　4 リーダー

5　コピー機に紙を(　　)してください。

1 補給(ほきゅう)　2 補充(ほじゅう)　3 配給(はいきゅう)　4 配信(はいしん)

6　A：あんなことを言われたら、誰だって(　　)よ。
B：そうだよね。ひどかったね。

1 ためらう　2 むかつく　3 かばう　4 ほほえむ

7　時間がなかったので、新聞記事のタイトルだけ(　　)読んでおいた。

1 きっと　2 どっと　3 ざっと　4 そっと

69 실전 시험 문맥 규정 [9]

(/7) 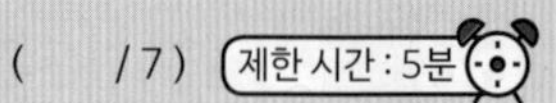

›정답 및 해설 <본서1> p.44

問題4 (　　)に入れるのに最もよいものを、1・2・3・4から一つ選びなさい。

1 環境問題から人間は目を(　　)いるのではないか。

1 通して　2 つぶって　3 覚まして　4 そらして

2 (　　)することは脳(のう)を休めるのに効果があると言う。

1 うっすら　2 ぶつぶつ　3 ぺらぺら　4 ぼんやり

3 パソコンが(　　)にかかってしまい、作業を中止せざるを得(え)なかった。

1 インフレ　2 ウイルス　3 インフルエンザ　4 ダウン

4 資料を作成するときは文字のサイズを(　　)ほうがいいですよ。

1 そろえた　2 もどした　3 おさえた　4 ゆるめた

5 連続ドラマの(　　)が放送され、人気を呼んでいる。

1 シーズン　2 シリーズ　3 シーン　4 システム

6 結婚が問題解決になるだろうという(　　)な考えは捨てたほうがいいよ。

1 安易　2 簡易　3 用意　4 容易

7 来シーズン、復帰する田中(たなか)選手の活躍に期待が(　　)。

1 膨(ふく)らむ　2 予想する　3 焦(あせ)る　4 頼る

70 실전 시험 문맥 규정 [10]

(　　/7) 제한 시간 : 5분

▶정답 및 해설 <본서1> p.45

問題4 (　　)に入れるのに最もよいものを、1・2・3・4から一つ選びなさい。

1 思春期(ししゅんき)に誰でも親に対して(　　)した時期はあったと思う。

1 反抗　　2 反対　　3 違反　　4 反省

2 新幹線(しんかんせん)の予約を(　　)でできる便利な時代になった。

1 ガイドブック　　2 コントロール　　3 オンライン　　4 メロディー

3 応募の締め切りが(　　)きたので、急いで準備しなければならない。

1 過ぎて　　2 迫って　　3 限って　　4 通って

4 学校から駅までの距離は、(　　)2キロメートルしかない。

1 せいぜい　　2 ほとんど　　3 とりあえず　　4 一応

5 20代から苦労を重ねてきた彼は成功を(　　)。

1 いわった　　2 うしなった　　3 あたえた　　4 おさめた

6 反対意見が多い中(なか)、私は(　　)あなたの意見に反対したくない。

1 あえて　　2 おのおの　　3 おおいに　　4 たいした

7 中国の10年後の人口を、さまざまなデータから(　　)した。

1 予感　　2 予習　　3 予報　　4 予測

71 실전 시험 문맥 규정 [11]

(　　/7) 제한 시간 : 5분

▶정답 및 해설 <본서1> p.45

問題4（　　）に入れるのに最もよいものを、1・2・3・4から一つ選びなさい。

1　彼は学費をレストランのアルバイトで（　　）いる。

1　借りて　2　稼(かせ)いで　3　集めて　4　注(そそ)いで

2　物価の（　　）にしたがって、国民の生活は厳しい状態になった。

1　上達　2　上昇　3　増加　4　減少

3　手作りのケーキにクリスマスの（　　）をした。

1　ツリー　2　キャロル　3　デコレーション　4　アクセント

4　図書館には本が（　　）並んでいた。

1　せっせと　2　即座(そくざ)に　3　絶(た)えず　4　ずらっと

5　（　　）に運んでいた仕事が突然(とつぜん)中止になった。

1　順調　2　好調　3　順番　4　好評

6　誤(あやま)った情報について訂正の放送を流したものの（　　）や問い合わせが100件以上寄せられた。

1　愚痴(ぐち)　2　苦労(くろう)　3　苦心(くしん)　4　苦情(くじょう)

7　年に5回も財布をなくすなんて（　　）人だ。

1　そそっかしい　2　はずかしい　3　うらやましい　4　わかわかしい

72 실전 시험 문맥 규정 [12]

(　/7) 제한 시간 : 5分

▶정답 및 해설 <본서1> p.46

問題 4 (　　)に入れるのに最もよいものを、1・2・3・4から一つ選びなさい。

1　彼は(　　)受験の準備を進めていた。

1　からからと　　2　こつこつと　　3　つくづくと　　4　しみじみと

2　夏休みは(　　)に帰って、家族と過ごします。

1　自宅　　2　実家　　3　大家　　4　帰宅

3　忙しいときは料理ができず、コンビニで買ってきたお弁当(べんとう)で(　　)こともある。

1　済ます　　2　終わる　　3　作る　　4　しまう

4　ニュースによると、今回の地震の被害は(　　)そうだ。

1　はなはだしい　　2　険しい　　3　深い　　4　高い

5　健康診断の結果、医者によると運動して汗を(　　)ほうがいいと言われた。

1　流れた　　2　かいた　　3　出した　　4　巻いた

6　完成予定日まであまり時間がないのに、彼は(　　)に仕事をしていた。

1　適度　　2　適切　　3　適用　　4　適当

7　人の結婚式にきちんとした(　　)で行くのがマナーだ。

1　外見　　2　様子　　3　格好　　4　姿

73 실전 시험 문맥 규정 [13]

(　　/7) 제한 시간 : 5분

정답 및 해설 <본서1> p.46

問題4（　　）に入れるのに最もよいものを、1・2・3・4から一つ選びなさい。

1 彼は自分の功績を自慢せず、（　　）が低い。

1　腰　　2　肩　　3　腹　　4　腕

2 天気予報が外れて急に雨が降り出し、服が（　　）ぬれてしまった。

1　ぴったり　　2　がっちり　　3　ぎっしり　　4　びっしょり

3 だれもが自分に（　　）仕事がしたいと考えている。

1　適した　　2　面した　　3　触れた　　4　当たった

4 いくら急いでもいまさら電車に（　　）と思うよ。

1　問い合わない　　2　間に合わない　　3　付き合わない　　4　話し合わない

5 昨日の試験では実力を（　　）できず、落ちてしまった。

1　表現　　2　明示　　3　発揮　　4　公開

6 新しく（　　）された制度を実行するにはまだ先のようだ。

1　採択　　2　引用　　3　限定　　4　決心

7 今回は特殊（とくしゅ）な（　　）なので、料金はいただきません。

1　ケース　　2　ミス　　3　パターン　　4　システム

74 실전 시험 문맥 규정 [14]

(　　/7) 제한 시간 : 5분

정답 및 해설 <본서1> p.47

問題 4 (　　)に入れるのに最もよいものを、1・2・3・4から一つ選びなさい。

1 子どもを(　　)育てる親が最近多くなった。

1 甘(あま)やかして　2 輝(かがや)かして　3 活(い)かして　4 任(まか)して

2 水は水素(すいそ)と酸素(さんそ)が(　　)してできたものです。

1 結成　2 結合　3 結実　4 完結

3 車のタイヤが(　　)して、事故になるところだった。

1 ダウン　2 マイナス　3 パンク　4 アウト

4 会議の前は時間がないので、必要な資料は(　　)コピーしておいてください。

1 とっくに　2 徐々(じょじょ)に　3 あらかじめ　4 ほどほどに

5 このレモンは顔がしわくちゃになるほど(　　)。

1 うすい　2 すっぱい　3 あまい　4 こい

6 昨日買った服のウェストが(　　)ので、取り替えてもらった。

1 ゆるかった　2 ぬるかった　3 かるかった　4 ほしかった

7 年をとっても若い肌(はだ)を維持(いじ)するためには紫外線(しがいせん)から(　　)ことが大切だ。

1 係(かかわ)る　2 支(ささ)える　3 望(のぞ)む　4 守(まも)る

75 실전 시험 문맥 규정 [15]

(　　/7) 

›정답 및 해설 <본서1> p.47

問題4（　　）に入れるのに最もよいものを、1・2・3・4から一つ選びなさい。

1 人気の映画だと聞いて見に来たけど、客席は（　　）だった。

1　ぎしぎし　　2　がらがら　　3　はらはら　　4　じめじめ

2 新しい企画のための取引先との（　　）の日程がまだ決まっていない。

1　待ち合わせ　　2　問い合わせ　　3　組み合わせ　　4　打ち合わせ

3 父は手術後、医者も驚(おどろ)くほど（　　）回復した。

1　劇的(げきてき)に　　2　格別(かくべつ)に　　3　真剣(しんけん)に　　4　強大(きょうだい)に

4 迷惑(めいわく)メールが（　　）届いて、面倒(めんどう)くさい。

1　むやみに　　2　しきりに　　3　実に　　4　ざっと

5 薬を飲んでも熱が（　　）心配です。

1　落(お)ちなくて　　2　下(さ)がらなくて　　3　曲(ま)がらなくて　　4　空(あ)かなくて

6 【給食(きゅうしょく)時間に】

先生：食事が済んだら、食器は元(もと)の場所に（　　）ください。

生徒：はい、わかりました。

1　見せて　　2　戻して　　3　残して　　4　渡して

7 この薬の効果は何時間（　　）するんですか。

1　持続(じぞく)　　2　継続(けいぞく)　　3　満足(まんぞく)　　4　後続(こうぞく)

76 실전 시험 문맥 규정 [16]

(　/7) 제한 시간 : 5분

정답 및 해설 <본서1> p.47

問題4（　　）に入れるのに最もよいものを、1・2・3・4から一つ選びなさい。

1　新しいことがなかなか覚えられないのは記憶力が（　　）からだろうか。

1　散(ち)った　　2　枯(か)れた　　3　傷(いた)んだ　　4　衰(おとろ)えた

2　英文の論文に誤りがあって（　　）した。

1　改定　　2　変換　　3　交換　　4　訂正

3　週末なのに店は（　　）すいている。

1　わりに　　2　ぎっしり　　3　じかに　　4　単(たん)に

4　この企画を成功させるには、いくつもの課題を（　　）しなければならない。

1　キャンセル　　2　クリア　　3　カット　　4　プッシュ

5　まだ使えそうな冷蔵庫を捨てるなんて（　　）。

1　憎(にく)らしい　　2　もったいない　　3　やかましい　　4　しつこい

6　恋人がいない学生は全体の60パーセントを（　　）。

1　上がった　　2　占めた　　3　保った　　4　入れた

7　有名なアイドルグループが（　　）したという記事をみてびっくりした。

1　解消　　2　解体　　3　解散　　4　解答

77 실전 시험 문맥 규정 [17]

(　　/7) 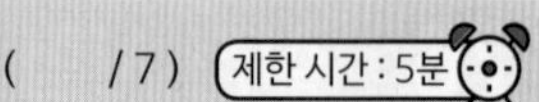

▶정답 및 해설 <본서1> p.48

問題4（　　）に入れるのに最もよいものを、1・2・3・4から一つ選びなさい。

1 あの人はいつも（　　）で行動するからみんなに嫌(きら)われている。

1 利益　　2 損得　　3 被害　　4 損害

2 ベストセラーの本がおもしろくて、一晩(ひとばん)かけて（　　）読んでしまった。

1 一方的に　　2 いっせいに　　3 一時的に　　4 一気(いっき)に

3 野口(のぐち)さんは野球をしているので、がっしりした（　　）をしている。

1 格好(かっこう)　　2 容姿(ようし)　　3 体格(たいかく)　　4 姿勢(しせい)

4 初デートなので張り切ったのに、彼女は約束を（　　）しまった。

1 破(やぶ)って　　2 割(わ)って　　3 壊(こわ)して　　4 外(はず)して

5 論文審査はいつも緊張する。山田(やまだ)教授の（　　）指摘が怖いからだ。

1 にぶい　　2 ほそい　　3 あさい　　4 するどい

6 いくつかの参考文献を（　　）して書いた論文が高い評価を得た。

1 引用　　2 移行　　3 関係　　4 導入

7 毎日家計簿(かけいぼ)をつけているので、ものを購入するたびに（　　）を集めています。

1 マスコミ　　2 ドル　　3 コンビニ　　4 レシート

78 실전 시험 문맥 규정 [18]

(　　/7)　제한 시간 : 5분

› 정답 및 해설 <본서1> p.48

問題４（　　）に入れるのに最もよいものを、1・2・3・4から一つ選びなさい。

1　ダムの建設に反対する（　　）活動を行った。

1　署名(しょめい)　　2　題名(だいめい)　　3　日付(ひづけ)　　4　宛名(あてな)

2　料理本を見ながら、自分の好みに合うように味付けを（　　）する。

1　デザイン　　2　コメント　　3　アレンジ　　4　シェア

3　夫はたった一人の（　　）味方になってほしい。

1　詳しい　　2　ばからしい　　3　頼もしい　　4　細かい

4　生徒の隠れた才能を（　　）のが先生の役割の一つだと思います。

1　引き出す　　2　言い出す　　3　見つめる　　4　育てる

5　広告は（　　）につくところに掲示したほうがいい。

1　目　　2　鼻　　3　口　　4　耳

6　約束の時間より早く着いたので、カフェに入って時間を（　　）。

1　削(けず)った　　2　抑(おさ)えた　　3　なくした　　4　つぶした

7　空欄(くうらん)のところに記入していただかないと手続きは（　　）しかねます。

1　完成　　2　決定　　3　完了　　4　達成

79 실전 시험 문맥 규정 [19]

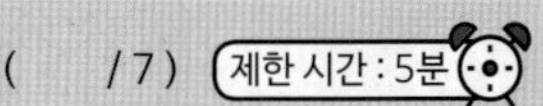

▶정답 및 해설 <본서1> p.49

問題4（　　）に入れるのに最もよいものを、1・2・3・4から一つ選びなさい。

1 仕事が遅くなってしまい、今日はご飯を作るのが（　　）ので、コンビニのお弁当(べんとう)で済ますことにした。

1　めんどうくさい　　2　にくらしい　　3　しょうがない　　4　だらしない

2 試験が始まって先生は試験用紙を（　　）した。

1　配布　　2　配分　　3　配慮　　4　配列

3 ノートパソコン使用の急増による製品の生産ラインを（　　）した。

1　整備　　2　準備　　3　警備　　4　整理

4 感動的な本を読むと胸(むね)に（　　）。

1　絡(から)まれる　　2　編(あ)まれる　　3　組(く)まれる　　4　刻(きざ)まれる

5 【居酒屋(いざかや)で最初の注文において】

お客：（　　）ビールください。

店員：はい、ありがとうございます。

1　べつべつ　　2　はたして　　3　とりあえず　　4　ふたたび

6 生徒のいたずらにいちいち（　　）を立ててもしょうがない。

1　腰　　2　頭　　3　気　　4　腹

7 テレビに新しい広告を出して、わが社の商品の良さを消費者にもっと（　　）したい。

1　チャレンジ　　2　セット　　3　アピール　　4　インストール

80 실전 시험 문맥 규정 [20]

(　　/7) 제한 시간 : 5분

▶정답 및 해설 <본서1> p.49

問題4（　　）に入れるのに最もよいものを、1・2・3・4から一つ選びなさい。

1 母はどんなに忙しいときでも、朝の運動を（　　）。

1 奪(うば)わない　2 離(はな)さない　3 欠(か)かさない　4 空(あ)けない

2 好奇心旺盛(おうせい)な長男はいつも新しいゲーム機を（　　）して、結局故障させてしまうというところまでいく。

1 分配　2 分布　3 分解　4 分析

3 予算もスタッフも希望通(どお)りにしたんだから、成果を期待しているよと、上司に（　　）をかけられた。

1 ショック　2 プレッシャー　3 ダメージ　4 コンプレックス

4 W大学を（　　）一生懸命勉強しています。

1 目指(めざ)して　2 叶(かな)って　3 向かって　4 高めて

5 田中(たなか)先生の話はいつも（　　）ので、嫌(いや)になる。

1 たのしい　2 くどい　3 ほそい　4 ひとしい

6 朝まで無理してお酒を飲んだら、授業中（　　）してしまった。

1 うとうと　2 いきいき　3 はきはき　4 ついつい

7 庭に植えてある花や木などの（　　）をするのが日課だ。

1 手入れ　2 整理　3 まとめ　4 予防

문제 5 교체 유의어

» 유형 소개

교체 유의어 (5문항)

밑줄 친 부분과 의미적으로 가까운 단어나 표현을 묻는다.

問題 5 ＿＿＿＿の言葉に意味が最も近いものを、1・2・3・4から一つ選びなさい。

23 このブームは長くは続かないだろう。

1 効果(こうか)　　2 状態(じょうたい)　　3 流行(りゅうこう)　　4 緊張(きんちょう)

23	① ② ❸ ④

해석　이 붐(유행)은 길게는 지속되지 않을 것이다.
1 효과　2 상태　3 유행　4 긴장

» 해답 스킬

1. 출제 단어가 명사일 경우에는 밑줄 친 부분만 보고 답을 고를 수 있는 경우가 많으나 그 외 동사, 형용사 또는 표현일 경우에는 전체 문장에서 파악해야 한다.
2. 단어의 의미가 비슷한 말을 고르는 것은 물론, 전체적인 문장에서 밑줄 친 단어가 의미하는 것과 가장 가까운 것을 골라야 하는 문제도 출제된다.
3. 여러 개 의미를 가진 단어가 출제되는 경우, 문장에서 그중 어떤 뜻으로 사용되었는지 파악한다.

» 학습 대책

1. 명사 / 동사 / 형용사의 유의어뿐만 아니라 부사의 유의어 찾기와 가타카나와 같은 의미의 한자어 찾는 문제가 거의 매회 빠지지 않고 꼭 한 문제씩은 나오니 신경 써서 보도록 한다.
2. 다의어(多義語; 여러 의미가 있는 단어)의 경우, 여러 가지의 뜻을 정확히 구별하여 외워 두도록 한다.

문제 5 기반 다지기

1 기출 유의어

– 2010~2022년 연도별 기출 유의어

2 예상 유의어

– 명사

– 동사

– 형용사

– 부사

1 기출 유의어

기출 2022

☐ 衝突(しょうとつ)しそう ≒ ぶつかりそう
충돌할 것 같은, 부딪힐 것 같은

☐ 再三(さいさん) ≒ 何度(なんど)も 재삼, 여러 번, 몇 번이나

☐ でたらめ ≒ わがまま 엉터리, 아무렇게나 함

☐ 勘定(かんじょう) ≒会計(かいけい) 계산

☐ さわがしい ≒ うるさい 시끄럽다

☐ スケール ≒ 規模(きぼ) 규모, 스케일

☐ 寄与(きよ) ≒ 貢献(こうけん) 공헌, 기여

☐ ろくに～ない ≒ なかなか～ない
제대로/좀처럼 ~하지 못하다

기출 2021

☐ 指図(さしず)する ≒ 命令(めいれい)する 지시하다, 명령하다

☐ 失望(しつぼう)する ≒ がっかりする 실망하다

☐ 仕事(しごと)に取(と)り掛(か)かる ≒ 仕事(しごと)を始(はじ)める
일에 착수하다, 일을 시작하다

☐ 人柄(ひとがら) ≒ 性格(せいかく) 인품, 성격

☐ 最寄(もよ)りの ≒ 一番近(いちばんちか)い 가장 가까운

☐ 案(あん)の定(じょう) ≒ やっぱり 아니나 다를까, 역시

☐ 依然(いぜん) ≒ まだ 여전, 아직

☐ 欠(か)かせない ≒ ないと困(こま)る
빠뜨릴 수 없다, 없으면 곤란하다

☐ くるんで ≒ 包(つつ)んで 휘감아서, 감싸서

☐ レンタルして ≒ 借(か)りて 렌털(임대)해서, 빌려서

기출 2020

☐ ガイド ≒ 案内(あんない) 가이드, 안내

☐ 終日(しゅうじつ) ≒ 一日中(いちにちじゅう) 하루 종일, 내내

☐ まれだ ≒ あまりいない 드물다, 별로 없다

☐ いじって ≒ さわって 만지고

☐ 真剣(しんけん)に ≒ まじめに 진지하게

기출 2019

☐ 定(さだ)める ≒ 決(き)める 정하다, 결정하다

☐ 精一杯(せいいっぱい) ≒ 一生懸命(いっしょうけんめい) 힘껏, 열심히

☐ 一層(いっそう) ≒ もっと 한층 더, 더욱더

☐ 落(お)ち込(こ)んだ ≒ がっかりした 실망했다, 낙담했다

☐ かかりつけの ≒ いつもいく 항상 가는

☐ 同情(どうじょう)した ≒ かわいそうだと思(おも)った 동정했다,
불쌍하다고 생각했다

☐ ハードした ≒ 大変(たいへん)だった 고되었다, 힘들었다

☐ 引(ひ)き返(かえ)した ≒ 戻(もど)った 되돌아왔다

☐ 物騒(ぶっそう)になってきた ≒ 安全(あんぜん)じゃなくなってきた
뒤숭숭해졌다, 안전하지 않게 되었다

☐ 動揺(どうよう)した ≒ 不安(ふあん)になった 동요했다, 불안해졌다

기출 2018

- ☐ うつむく ≒ 下(した)を向(む)く 머리를 숙이다, 아래를 보다
- ☐ 当(あ)てて ≒ ぶつけて 맞혀서
- ☐ あわれな ≒ かわいそうな 불쌍한, 가련한
- ☐ 一転(いってん)した ≒ すっかり変(か)わった 확 바뀌었다
- ☐ くどい ≒ しつこい 끈질기다, 끈덕지다
- ☐ じたばたしても ≒ 慌(あわ)てても 허둥대도
- ☐ 当分(とうぶん) ≒ しばらく 당분간
- ☐ じかに ≒ 直接(ちょくせつ) 직접
- ☐ 衝突(しょうとつ)する ≒ ぶつかる 충돌하다
- ☐ 卑怯(ひきょう)だ ≒ ずるい 교활하다, 비겁하다
- ☐ 愉快(ゆかい)だ ≒ 面白(おもしろ)い 유쾌하다, 재미있다
- ☐ やむをえない ≒ しかたない 어쩔 수 없다
- ☐ 息抜(いきぬ)きする ≒ 休(やす)む 숨을 돌리다, 쉬다
- ☐ ついていた ≒ 運(うん)がよかった 운이 좋았다
- ☐ つねに ≒ いつも 언제나, 항상

기출 2017

- ☐ 過剰(かじょう)だ ≒ 多(おお)すぎる 과잉이다, 너무 많다
- ☐ あやまり ≒ 間違(まちが)っているところ 실수, 틀린 곳
- ☐ 臆病(おくびょう)だ ≒ 何(なん)でも怖(こわ)がる 겁이 많다
- ☐ とっくに ≒ ずっと前(まえ)に 진작에, 훨씬 전에
- ☐ ゆずる ≒ あげる 양도하다, 주다
- ☐ 記憶(きおく)する ≒ 覚(おぼ)える 기억하다
- ☐ 不評(ふひょう)を言(い)う ≒ 文句(もんく)を言(い)う 불만을 말하다
- ☐ むかつく ≒ 怒(おこ)る 화나다
- ☐ 勝手(かって)だ ≒ わがままだ 제멋대로다
- ☐ まれだ ≒ ほとんどない 거의 없다, 드물다

기출 2015

- ☐ 所有(しょゆう)する ≒ 持(も)つ 소유하다, 가지다
- ☐ 収納(しゅうのう)する ≒ しまう 수납하다, 넣다
- ☐ 妙(みょう)な ≒ 変(へん)な 이상한, 묘한
- ☐ おそらく ≒ たぶん 아마도
- ☐ 小柄(こがら)だ ≒ 体(からだ)が小(ちい)さい 아담하다, 몸이 작다
- ☐ やや ≒ 少(すこ)し 조금, 약간
- ☐ 無口(むくち)だ ≒ あまり話(はな)さない 말이 없다
- ☐ かつて ≒ 以前(いぜん) 이전, 예전
- ☐ ささやく ≒ 小声(こごえ)で話(はな)す 속삭이다
- ☐ テンポ ≒ 速(はや)さ 템포, 속도

기출 2016

- ☐ たびたび ≒ 何度(なんど)も 종종, 몇 번이나
- ☐ 注目(ちゅうもく)をする ≒ 関心(かんしん)を持(も)つ
  주목하다, 관심을 가지다

기출 2014

- ☐ 揃(そろ)えて ≒ 同(おな)じにして 갖추어서, 같이해서
- ☐ 買(か)い占(し)める ≒ 全部買(ぜんぶか)う 매점하다, 전부 사들이다
- ☐ たまたま ≒ 偶然(ぐうぜん)に 우연히

□ 明らかな ≒ はっきりした 명백한

□ 間際 ≒ 直前 ~하려는 찰나, 직전

□ たちまち ≒ すぐに 금세, 곧

□ 異なる ≒ 違う 다르다, 상이하다

□ お勘定は済ます ≒ お金は払う
돈은 지불하다, 계산하다

□ 用心 ≒ 注意 주의

□ 騒々しい ≒ うるさい 시끄럽다, 소란스럽다

기출 2013

□ 直ちに ≒ すぐに 곧, 바로

□ 済ます ≒ 終える 끝내다, 해결하다

□ あいまいだ ≒ はっきりしない
애매하다, 분명하지 않다

□ 思いがけない ≒ 意外な 의외인

□ みずから ≒ 自分で 스스로

□ そろう ≒ 集まる 모이다, 갖춰지다

□ おおよそ ≒ だいたい 약, 대개

□ プラン ≒ 計画 계획

□ 依然として ≒ 相変わらず 변함없이, 여전히

□ 必死だった ≒ 一生懸命だった
필사적이었다, 열심이었다

□ 山のふもと ≒ 山の下のほう 산기슭

기출 2012

□ 直ちに ≒ すぐに 곧, 바로

□ 奇妙な ≒ 変な 기묘한, 이상한

□ 仕上げる ≒ 完成する 완성하다

□ 日中 ≒ 昼間 낮

□ 湿っている ≒ まだ乾いていない 축축하다

□ かさかさしている ≒ 乾燥している
거칠거칠하다, 건조하다

□ 相当 ≒ かなり 상당, 꽤

□ じっとしていて ≒ 動かないで 가만히

□ 過った ≒ 正しくない 잘못된, 바르지 않은

□ 追加する ≒ 足す 추가하다, 더하다

기출 2011

□ ブーム ≒ 流行 붐, 유행

□ 慎重に ≒ 十分注意して 신중하게

□ 縮む ≒ 小さくなる 줄어들다, 쪼그라들다

□ ほぼ ≒ だいたい 거의

□ 回復する ≒ よくなる 회복하다, 좋아지다

□ くたくただ ≒ ひどく疲れる ≒ くたびれる
지치다, 녹초가 되다

□ わずかに ≒ 少し 불과, 조금

□ 優秀だった ≒ 頭がよかった
우수했다, 머리가 좋다

□ うつむく ≒ 下を向く 고개를 숙이다

□ いきなり ≒ 突然 갑자기, 돌연

기출 2010

- □ とりあえず ≒ 一応(いちおう) 일단, 우선
- □ 譲(ゆず)る ≒ 売(う)る 양도하다, 팔다
- □ 雑談(ざつだん) ≒ おしゃべり 잡담, 수다
- □ 賢(かしこ)い ≒ 頭(あたま)がいい 현명하다, 머리가 좋다
- □ 大(おお)げさだ ≒ オーバーだ 오버하다, 과장되다
- □ 勝手(かって)だ ≒ わがままだ 제멋대로이다
- □ たびたび ≒ 何度(なんど)も 몇 번이나, 여러 번
- □ ぶかぶかだ ≒ とても大(おお)きい 헐렁헐렁, 매우 크다
- □ 見解(けんかい) ≒ 考(かんが)え方(かた) 견해, 사고방식
- □ レンタルする ≒ 借(か)りる 렌털(임대)하다, 빌리다

2 예상 유의어

명사

□ 催し ≒ イベント 이벤트

□ 販売 ≒ セールス 판매, 세일

□ 強み ≒ 長所 강점, 장점

□ ムード ≒ 雰囲気 무드, 분위기

□ ターゲット ≒ ねらい 타깃, 겨냥

□ 履歴書 ≒ レジュメ 이력서

□ 頂上 ≒ トップ 정상

□ ヤング ≒ 若者 젊은이

□ ユニフォーム ≒ 制服 유니폼, 제복

□ ユニーク ≒ 独特 독특

□ リラックス ≒ くつろぐこと 릴랙스

□ アイデア ≒ 案 아이디어, 안

□ きっかけ ≒ 契機 계기

□ こつ ≒ 方法 요령, 방법

□ サイン ≒ 署名 사인, 서명

□ ライブ ≒ 生演奏 라이브

□ メカニズム ≒ 仕組み 메커니즘, 구조

□ 苦情 ≒ クレーム 불만

□ リサイクル ≒ 再利用 리사이클, 재이용

□ サポート ≒ 支援 지원

□ コーチ ≒ 監督 코치, 감독

□ 明くる日 ≒ 翌日 다음날

□ 山場 ≒ クライマックス 고비, 절정

동사

□ フォローする ≒ かばう 감싸다, 보조하다

□ うんざりする ≒ あきれる 진절머리 나다, 질리다

□ ためになる ≒ 役に立つ 도움이 되다

□ チャレンジする ≒ 挑戦する 도전하다

□ インパクトがある ≒ 印象的だ 인상적이다

□ リメークする ≒ 作り替える 다시 만들다

□ 工夫する ≒ アイディアを出す 아이디어를 내다

□ 焦げる ≒ 焼ける 타다

□ 意見が固まる ≒ 意見がまとまる
의견이 정리되다

□ でき上がる ≒ 完成する 완성되다

□ 焦る ≒ いらいらする 안절부절못하다, 초조해하다

□ 詫びる ≒ 謝る 사죄하다

□ がっかりする ≒ 落ち込む ≒ 失望する
실망하다

□ 受け持つ ≒ 担当する 담당하다

□ ダブる ≒ 重なる 겹치다

□ 済ます ≒ 解決する ≒ 終える 끝내다, 해결하다

□ 教わる ≒ 習う ≒ 学ぶ 배우다

□ 心打たれる ≒ 感動する 감동하다

□ 頼む ≒ 注文する 주문하다

☐ 保つ ≒ 維持する 유지하다

☐ あきらめる ≒ 断念する 포기하다, 단념하다

☐ お礼をする ≒ 感謝する 감사하다

☐ あつかましい ≒ ずうずうしい 뻔뻔하다

☐ 柔らかい ≒ ソフトだ 부드럽다

☐ ぎざぎざだ ≒ 凸凹だ 들쑥날쑥하다

형용사

☐ 過剰だ ≒ オーバーする 과잉이다, 오버하다

☐ (経験が)浅い ≒ 乏しい (경험이) 얕다, 부족하다

☐ 立派だ ≒ 優れている 훌륭하다, 뛰어나다

☐ 等しい ≒ 同じだ 같다, 동등하다

☐ 物足りない ≒ 不足している 부족하다

☐ 大人しい ≒ 静かだ 조용하다, 얌전하다

☐ にこやかな顔 ≒ 笑顔 웃는 얼굴

☐ 利口だ ≒ 賢い 현명하다, 똑똑하다

☐ 慌ただしい ≒ 忙しい 분주하다, 바쁘다

☐ もっともだ ≒ その通りだ 지당하다

☐ 穏やかだ ≒ 温厚だ 온후하다, 온화하다

☐ フレッシュだ ≒ 新鮮だ 신선하다

부사

☐ 一向に ≒ 全然 전혀

☐ せいぜい ≒ わずか 기껏해야, 불과

☐ いきなり ≒ 突然 갑자기, 돌연

☐ あらかじめ ≒ 事前に 사전에

☐ 何となく ≒ 何の意味も持たず 그냥

☐ 次第に ≒ 徐々に 서서히

☐ つい ≒ 思わず 그만

☐ ようやく ≒ やっと 드디어

☐ まもなく ≒ もうすぐ 곧

☐ スムーズに ≒ 円滑に 원활히

☐ 続々と ≒ 相次いで 연달아, 잇달아

☐ さっぱり ≒ 全然 전혀

チェックアップ!
확인문제

1	勘定	ⓐ 鑑定	ⓑ 会計	5	間際	ⓐ 直前	ⓑ 直後
2	命令する	ⓐ 指図する	ⓑ 言い出す	6	わがままだ	ⓐ 大人しい	ⓑ 勝手だ
3	案の定	ⓐ やっぱり	ⓑ 案外	7	詫びる	ⓐ 謝る	ⓑ 立派だ
4	息抜きする	ⓐ 休む	ⓑ 運動する	8	ぎざぎざだ	ⓐ でこぼこだ	ⓑ ソフトだ

정답 1 ⓑ 2 ⓐ 3 ⓐ 4 ⓐ 5 ⓐ 6 ⓑ 7 ⓐ 8 ⓐ

81 실전 시험 교체 유의어 [1]

(　　/5) 제한 시간 : 2분

▶정답 및 해설 <본서1> p.49

問題 5 ＿＿＿＿の言葉に意味が最も近いものを、1・2・3・4から一つ選びなさい。

1　最近、レジャー観光がブームで、大勢(おおぜい)の観光客が海に訪れている。

1　立派で　　2　盛んで　　3　賑やかで　　4　派手で

2　図書館が静かすぎて、ついうとうとしてしまった。

1　居眠りして　　2　勉強して　　3　考えて　　4　笑って

3　冬になって乾燥で手がかさかさだ。

1　しっとりだ　　2　荒れている　　3　きれいだ　　4　汚い

4　このレストランはいつも人が並んでいる。その理由は店の雰囲気がいいし、料理のボリュームがあるからだ。

1　量が多い　　2　値段が安い　　3　質がいい　　4　味がおいしい

5　あの作家の絵には独特の味がある。

1　ユニークなところ　　2　おいしいところ

3　シンプルなところ　　4　リラックスしたところ

82 실전 시험 교체 유의어 [2]

(/5) 제한 시간 : 2분

▶정답 및 해설 <본서1> p.50

問題 5 ＿＿＿＿の言葉に意味が最も近いものを、1・2・3・4から一つ選びなさい。

1 その作家はあわれな人生を送った。

1 おかしな　2 不安な　3 退屈な　4 かわいそうな

2 留学に行きたくないと言っていた娘をしいて行かせて後悔している。

1 しきりに　2 無理やりに　3 おのおの　4 あいにく

3 パクさんの日本語は3か月前より、はるかにレベルアップしている。

1 上達　2 比較　3 低下　4 努力

4 親は子供に模範となる行動をとるべきだと思う。

1 試験　2 指導　3 尊敬　4 手本

5 外国の文化を取り入れてわが国の文化を客観的（きゃっかんてき）に考える必要もある。

1 学んで　2 取りかかって　3 取り組んで　4 導入して

▸정답 및 해설 <본서1> p.50

問題 5 ＿＿＿の言葉に意味が最も近いものを、1・2・3・4から一つ選びなさい。

1 A：レポートのしめきりはいつだったっけ？
B：明日までだけど、私はとっくに終わったよ。

1 先週　2 きっと　3 もうすぐ　4 ずっと前に

2 辛いことが社会経験にプラスになることもある。

1 つながる　2 役に立つ　3 流される　4 本当のことになる

3 マスコミでさんざん広告しているわりには一般人の関心は薄い。

1 関心が高い　2 人気がある　3 興味がある　4 関心が少ない

4 最近は生産量が過剰(かじょう)であることが問題になっている。

1 少なすぎる　2 早すぎる　3 多すぎる　4 遅すぎる

5 企業は労働者の事情や苦労をくみ取るべきだ。

1 理解する　2 聞く　3 くみ立てる　4 判断する

84 실전 시험 교체 유의어 [4]

(　　/5) 제한 시간 : 2분

정답 및 해설 <본서1> p.50

問題5 ＿＿＿＿の言葉に意味が最も近いものを、1・2・3・4から一つ選びなさい。

1 テストの前日になってじたばたしてもしかたない。

1 慌(あわ)てても　2 緊張(きんちょう)しても　3 心配(しんぱい)しても　4 悩(なや)んでも

2 最近、単身者向けの焼肉屋(やきにくや)などが流行っている。

1 シングル　2 子供　3 大人　4 家族

3 経営の悪化により、営業の経費を抑えるという意見が出されている。

1 多くする　2 削(けず)る　3 我慢(がまん)する　4 なくす

4 駅前のスーパーは広いし、品揃(しなぞろ)えがよくて人が集まる。

1 物の種類がたくさんあって　2 物が安くて

3 物がよく並んでいて　4 高級な物が多くて

5 いくら大変なことがあっても冷静に考えて判断すべきだ。

1 落ち着いて　2 安定に　3 冷たく　4 静かに

85 실전 시험 교체 유의어 [5]

(　　/5) 제한 시간 : 2분

▶정답 및 해설 <본서1> p.51

問題5 ＿＿＿の言葉に意味が最も近いものを、1・2・3・4から一つ選びなさい。

1 契約の話が一転した。

1 無事に成功した　　2 少し進んだ

3 すっかり変わった　　4 とうとうまとまった

2 初心者にはレンズの焦点を合わせて写真を撮るのは難しい。

1 フォーカス　　2 サイズ　　3 シーズン　　4 エラー

3 彼は相変わらず20代の若さを保っている。

1 前と同じで　　2 以前から　　3 長い間　　4 まもなく

4 売れる商品を作るためにはいろいろ工夫しないと消費者は満足できない。

1 勉強しない　　2 アイディアを出さない

3 見物しない　　4 販売しない

5 テンポの速い音楽が流れてにぎやかだ。

1 重さ　　2 高さ　　3 長さ　　4 速さ

86 실전 시험 교체 유의어 [6]

(　　/5) 제한 시간 : 2분

정답 및 해설 <본서1> p.51

問題 5 ＿＿＿＿＿の言葉に意味が最も近いものを、1・2・3・4から一つ選びなさい。

1 高速道路で徐々(じょじょ)にスピードを出し、車を走らせた。

1 しだいに　　2 やたらに　　3 とっくに　　4 大いに

2 今の仕事に向いているかどうかわからなくて悩んでいます。

1 に適している　　2 に適用している　　3 に適切している　　4 に適度している

3 部長はいつも笑っていて温厚な性格だ。

1 穏やかな　　2 冷たい　　3 厳しい　　4 情けない

4 今度の計画は思ったよりスムーズに進むから安心です。

1 円滑に　　2 大幅に　　3 大ざっぱに　　4 真剣に

5 新しいアプリケーションの仕組(しく)みが分からないので、教えてほしい。

1 こつ　　2 構造　　3 効果　　4 仕入(しい)れ

87 실전 시험 교체 유의어 [7]

(/5) 제한 시간 : 2분

▸정답 및 해설 <본서1> p.51

問題 5 ＿＿＿の言葉に意味が最も近いものを、1・2・3・4から一つ選びなさい。

1 前の書類の内容とダブってしまい、修正しないといけない。

1 重なって　2 整って　3 流行って　4 相違して

2 上司：会議に入る前に資料、ざっと見ておいて。

部下：はい、わかりました。

1 目を通して　2 ご覧（らん）になって　3 拝見（はいけん）して　4 見かけて

3 何時間にもわたる会議でやっと意見が固まった。

1 かたづいた　2 整えた　3 終わった　4 まとまった

4 駅の再建設で騒音が続いているなか、建設側も苦情減少のために力を入れている。

1 トラブル　2 クレーム　3 工事　4 検討

5 二人はまったく異なる意見を言い出した。

1 違う　2 類する　3 似ている　4 同様な

88 실전 시험 교체 유의어 [8]

(　　/5) 제한 시간 : 2分

▶정답 및 해설 <본서1> p.52

問題 5 ＿＿＿＿の言葉に意味が最も近いものを、1・2・3・4から一つ選びなさい。

1 彼は普段着より<u>ユニフォーム</u>の方が似合う。

1 ネクタイ　　2 レギュラー　　3 制服　　4 ワンピース

2 彼女の<u>ささやくような</u>歌声がかわいくて人気がある。

1 大声(おおごえ)で歌うような　　2 小声(こごえ)で歌うような

3 急いで歌うような　　4 ゆっくり歌うような

3 彼は客に対していつも<u>にこやかに</u>対応するので、人気がある。

1 笑顔で　　2 ぐんぐん　　3 親切に　　4 丁寧に

4 今回の調査で得た結果は、今後のサービス向上に<u>活かしていきたい</u>。

1 頑張りたい　　2 改善したい　　3 変えたい　　4 活用したい

5 先生の情熱的な授業のおかげで<u>意欲</u>がわいてきた。

1 やる気　　2 自信　　3 勇気　　4 実感

89 실전 시험 교체 유의어 [9]

(　　/5) 제한 시간 : 2분

정답 및 해설 <본서1> p.52

問題5 ＿＿＿＿の言葉に意味が最も近いものを、1・2・3・4から一つ選びなさい。

1　今回の開発計画は、これまでのものとはスケールが違う。

1　指針　　2　方針　　3　規模　　4　目的

2　最先端の技術を導入した電気自動車が続々と出てくる。

1　さっさと　　2　事前に　　3　徐々に　　4　相次いで

3　A：田中(たなか)君、取引先との打ち合わせの日程は決まった？

B：いいえ、今日届くはずの先方のメールがまだ…。

1　社長　　2　向こう　　3　部長　　4　会社

4　田舎出身の私が都会に出て夢が膨(ふく)らみ、いろんなことがしたくなった。

1　夢がかない　　2　夢をみて

3　夢を持ち　　4　夢が大きくなり

5　スピーチの内容が原稿とあっているか照(て)らし合(あ)わせてみる必要はある。

1　そのままにして　　2　比較して

3　組(く)み合(あ)わせて　　4　問い合わせて

90 실전 시험 교체 유의어 [10]

(/5) 제한 시간 : 2분

정답 및 해설 <본서1> p.52

問題 5 ＿＿＿＿の言葉に意味が最も近いものを、1・2・3・4から一つ選びなさい。

1 本田(ほんだ)さんがおもしろい話をしてみんないっせいに笑い崩れた。

1 ぞっと　2 さっと　3 どっと　4 ぐっと

2 新入社員といっても与えられた役目を果たすべきだ。

1 責任をもつ　2 仕事に集中する
3 仕事を終える　4 役(やく)を演(えん)じる

3 この映画には恋愛に関して臆病(おくびょう)になってしまった人々へのメッセージが込められている。

1 病気を持っていて　2 何でも覚えて
3 よく泣いて　4 怖がるようになって

4 これは決してあなどれない大問題である。

1 軽視できない　2 重要ではない　3 考えられない　4 信じられない

5 うちの犬は家族に序列(じょれつ)をつけ、順位の高い母の言いつけだけに従う。

1 命令　2 報告　3 告白　4 指導

문제 6 용법

 유형 소개

용법 (5문항)

출제어가 문장 속에서 제대로 사용되었는지를 묻는다.

예

問題 6　次の言葉の使い方として最もよいものを、1・2・3・4から一つ選びなさい。

28　方針

1　台風の方針がそれたので、特に被害は出なかった。→ 方向

2　私の今年の方針は漢字を600字覚えることだ。→ 目標

3　この料理を作る方針を教えてください。→ 方法

4　教育に関する政府の方針が大きく変わった。

28	①②③❹

해석　방침

1 태풍의 방침이 빗나갔기 때문에, 특별히 피해는 나오지 않았다. → 방향

2 나의 올해 방침은 한자를 600자 외우는 것이다. → 목표

3 이 요리를 만드는 방침을 가르쳐주세요. → 방법

4 교육에 관한 정부 방침이 크게 바뀌었다.

» 해답 스킬

1. 일단 제시된 단어의 뜻과 품사를 정확히 파악한다.
2. 한 문장 한 문장씩 읽으며 해석이 되는 문장인지를 본다.

» 학습 대책

1. 용법 파트는 단어가 문장 속에서 어떻게 사용되는지를 묻는 문제이다.
   주어진 단어가 어떤 단어와 함께 쓰이고 어떤 상황에서 쓰이는지를 생각해야 한다. 예를 들어 **方針**(ほうしん)(방침)이라는 단어는 **教育**(きょういく)(교육) / **政府**(せいふ)(정부) / **会社**(かいしゃ)(회사)라는 단어와 많이 쓰이기 때문에 문장에 출현하는 단어만 보고서도 재빨리 답을 고를 수 있다.
2. 단어의 품사를 구별할 줄 알아야 하는 문제도 출제되는데, 특히 **な**형용사가 명사처럼 활용되어 헷갈리게 하는 문제가 나오므로 접속 형태를 보고 구별할 수 있도록 한다.

문제6 기반 다지기

1 한자를 잘 안 쓰는 단어

- 동사
- 형용사
- 명사

2 한국어 해석으로 헷갈리는 단어

한자를 잘 안 쓰는 단어

동사

- [ ] あきらめる 포기하다
- [ ] あきれる 어이없다, 정떨어지다
- [ ] あふれる 넘치다, 넘쳐흐르다
- [ ] いじる ① 만지다 ② 취미로 삼다 ③ (필요 없이) 손대다
- 기출 [ ] うつむく 고개를 숙이다
- 기출 [ ] かばう 감싸다, 비호하다
- [ ] からかう 놀리다, 조롱하다
- [ ] くたびれる ① 지치다, 피로하다 ② 낡다
- [ ] こぼす 흘리다, 엎지르다
- [ ] こぼれる 넘치다, 넘쳐흐르다
- 기출 [ ] ささやく 속삭이다
- 기출 [ ] さびる 녹슬다
- [ ] しびれる (손·발 등이) 저리다
- [ ] そらす 시선을 돌리다, 외면하다, 피하다
- [ ] たたむ 꺾어 접다, 개다
- [ ] ダブる 중복되다, 겹쳐지다
- [ ] だます 속이다
- [ ] ためらう 주저하다, 망설이다
- [ ] つながる 이어지다, 연결되다
- [ ] つなげる 잇다, 연결하다
- [ ] つぶす 부수다, 으깨다
- [ ] つぶる (눈을) 감다
- [ ] つぶれる 찌그러지다
- 기출 [ ] つまずく ① 발이 걸려 넘어지다 ② 실패하다
- [ ] なくす 없애다
- [ ] なぐる 세게 치다, 때리다
- 기출 [ ] ふさぐ 막다, (구멍을) 메우다, 채우다
- [ ] ほめる 칭찬하다
- [ ] まとまる 정리되다
- [ ] まとめる 정리하다
- 기출 [ ] むかつく ① 역하다, 메슥거리다 ② 화나다
- [ ] めぐる 돌다, 순회하다
- [ ] ゆでる 데치다, (면·채소를) 삶다

형용사

- [ ] ありがたい 감사하다
- [ ] ありがちだ 흔하다
- [ ] あわれだ 불쌍하다, 가련하다
- [ ] うらやましい 부럽다
- [ ] おめでたい 경사스럽다
- 기출 [ ] かすかだ 희미하다, 어렴풋하다
- [ ] かゆい 가렵다
- [ ] かわいらしい 귀엽다, 사랑스럽다
- [ ] きつい 고되다, 꼭 끼다
- [ ] くだらない 시시하다, 하찮다
- [ ] くどい ① (이야기가) 장황하다, 끈덕지다 ② (맛이) 느끼하다 ③ (빛깔이) 칙칙하다
- [ ] しつこい 끈질기다, 집요하다

- ずうずうしい 뻔뻔하다
- すごい 굉장하다
- ずるい 교활하다
- たくましい 늠름하다, 건장하다
- たまらない 견딜 수 없다, 참을 수 없다
- 기출 だらしない 단정하지 못하다, 칠칠치 못하다
- 기출 でたらめだ 엉터리다
- とんでもない 뜻밖이다, 터무니없다
- のろい (머리·동작이) 둔하다, 느리다
- ばかばかしい 어처구니없다, 어이없다
- ばからしい 어리석다, 부질없다
- 기출 ふさわしい 어울리다(적합)
- もったいない ① 아깝다 ② 과분하다
- ものすごい ① 무섭다, 끔찍하다 ② 대단하다
- 기출 やかましい ① 시끄럽다 ② 성가시다, 까다롭다
- おしゃれだ 멋쟁이다
- かすかだ ① 희미하다, 어렴풋하다 ② 미미하다
- がらがらだ 텅텅 비다
- かわいそうだ 불쌍하다, 가엽다
- けちだ 인색하다
- 기출 そそっかしい 덜렁대다, 경솔하다, 방정맞다
- そっくりだ 똑 닮다
- 기출 なだらかだ 완만하다
- のんきだ 태평하다
- みっともない 꼴불견이다, 보기 싫다
- めちゃくちゃだ 형편없다, 엉망이다
- もっともだ 지당하다, 당연하다
- やっかいだ 귀찮다, 번거롭다
- わがままだ 제멋대로다
- わずかだ 근소하다, 사소하다

명사

- あいさつ 인사
- あくび 하품
- いたずら 장난
- うわさ 소문
- うがい 가글
- おかず 반찬
- おしゃべり 수다
- かたまり 덩어리
- かび 곰팡이
- 기출 きっかけ 계기
- くぎ 못
- くし 빗
- くしゃみ 재채기
- けた 자릿수
- げた (일본식) 나막신
- こしょう 후추
- しょうゆ 간장
- ことわざ 속담
- さじ 숟가락
- しっぽ 꼬리
- しゃっくり 딸꾹질

- じゃんけん 가위바위보
- しわ 주름
- せっけん 비누
- それぞれ 각각
- ただ 무료
- ちりとり 쓰레받기
- つや 광택, 윤기
- なぞ 수수께끼
- ぬくもり 온기
- ねじ 나사
- ねずみ 쥐
- のこぎり 톱
- のろい 저주
- はかり 저울
- ばか 바보
- はさみ 가위
- ばね 용수철
- ふもと 기슭
- へそ 배꼽
- ほうき 빗자루
- ほくろ 점
- ほこり 먼지
- まね 흉내
- まぶた 눈꺼풀

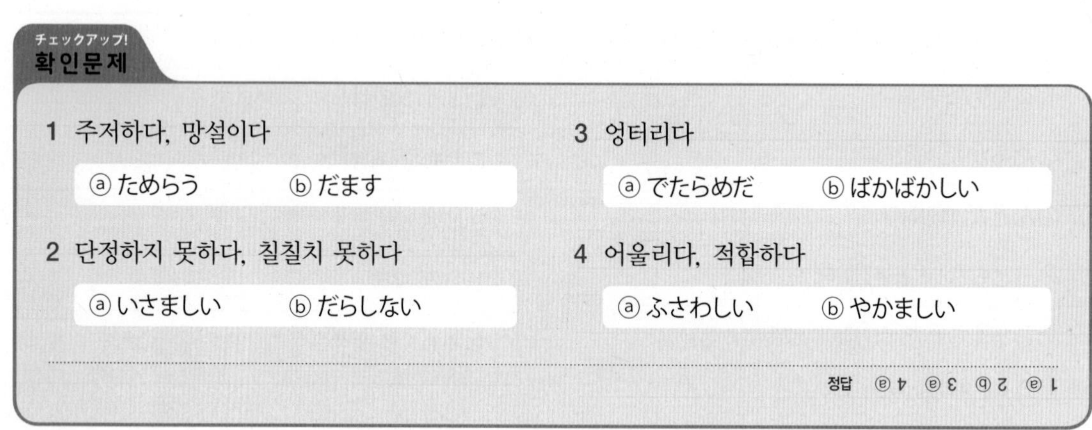

チェックアップ!
확인문제

1 주저하다, 망설이다
ⓐ ためらう　ⓑ だます

2 단정하지 못하다, 칠칠치 못하다
ⓐ いさましい　ⓑ だらしない

3 엉터리다
ⓐ でたらめだ　ⓑ ばかばかしい

4 어울리다, 적합하다
ⓐ ふさわしい　ⓑ やかましい

정답 1 ⓐ 2 ⓑ 3 ⓐ 4 ⓐ

2 한국어 해석으로 헷갈리는 단어

□ 받다

受(う)ける 1. (오는 것, 주는 것, 행위를) 받다	影響(えいきょう)を受ける 영향을 받다
2. (요구에) 응하다	試験(しけん)を受ける 시험을 보다 面接(めんせつ)を受ける 면접을 보다
もらう (사물을) 받다	プレゼントをもらう 선물을 받다

□ 떨어지다

落(お)ちる 떨어지다, 낙하하다	葉(は)が落ちる 잎이 떨어지다
下(さ)がる 떨어지다, 내려가다	熱(ねつ)が下がる 열이 떨어지다(내려가다)
離(はな)れる 떨어지다, (거리가) 멀어지다	50km離れたところ 50km 떨어진 곳
尽(つ)きる 떨어지다, 바닥나다, 다하다	話(はなし)が尽きる 이야깃거리가 떨어지다(다하다)
取(と)れる 떨어지다, 분리되다	汚(よご)れが取れる 더러움이 떨어지다(빠지다) ボタンが取れる 단추가 떨어지다

□ 줄이다

抑(おさ)える 줄이다, 억제하다	塩分(えんぶん)を抑(おさ)える 염분을 줄이다
減(へ)らす (양·부피·인원을) 줄이다	量(りょう)を減らす 양을 줄이다
略(りゃく)す 줄이다, 짧게 하다, 요약하다	500字(じ)を300字(じ)に略す 500자를 300자로 줄이다(요약하다)

□ 피우다

騒(さわ)ぐ (소란을) 피우다, 떠들썩하게 하다	電車(でんしゃ)の中(なか)で騒ぐ 전철 안에서 소란 피우다
吸(す)う (기체를) 마시다, 피우다, 빨아 들이다	タバコを吸う 담배를 피우다
立(た)てる (연기·거품·증기·소문을) 피우다, 나게 하다	煙(けむり)を立てる 연기를 피우다 うわさを立てる 소문을 나게 하다 泡(あわ)を立てる 거품을 나게 하다

□ 오르다

上(あ)がる 오르다, 올라가다	成績(せいせき)が上がる 성적이 오르다 3階(かい)に上がる 3층으로 올라가다

登る(のぼる) (높은 곳으로) 오르다, 올라가다 | 山(やま)に登る 산에 오르다

기출 昇る(のぼる) (지위가) 오르다, 높이 올라가다, 떠오르다 | 地位(ちい)が昇(のぼ)る 지위가 오르다 日(ひ)が昇(のぼ)る 해가 떠오르다

차다

満ちる(みちる) 차다, 그득하다, 충족되다 | 任期(にんき)が満ちる 임기가 차다 条件(じょうけん)が満ちる 조건이 차다(충족되다)

着ける(つける) 차다, 착용하다 | ネックレスを着ける 목걸이를 차다

蹴る(ける) (발로) 차다 | ボールを蹴る 공을 차다

보이다

見せる 1. 보이다, 남에게 보도록 하다 | ノートを見せる 노트를 보여주다

2. ~해 보이다(의지) *히라가나로 표기 | 合格(ごうかく)してみせる 합격해 보이다

見える(みえる) 보이다(시각) | 目(め)に見える 눈에 보이다

示す(しめす) 1. (표시·표현을) 보이다, 보여 주다 | 模範(もはん)を示す 모범을 보이다

2. 표시하다 | 可能性(かのうせい)を示す 가능성을 보이다

걸다

賭ける(かける) (내기를) 걸다 | ギャンブルにお金(かね)を賭ける 도박에 돈을 걸다

掛ける(かける) (희망·말·기계를) 걸다, 달다 | ブレーキを掛ける 브레이크를 걸다 声(こえ)を掛ける 말을 걸다

掲げる(かかげる) 1. (내)걸다, 싣다 | 旗(はた)を掲げる 깃발을 걸다(게양하다)

2. 내세우다, 내걸다 | スローガンを掲げる 슬로건을 걸다(내세우다)

피하다

避ける(よける) 1. (사물을 접촉하지 않도록) 피하다, 비켜 가다 | 車(くるま)を避ける 차를 피하다

2. 막다, 방지하다

避ける(さける) (장애·개입하기 싫은 것을) 피하다, 꺼리다, 삼가다 | ラッシュアワーを避ける 러시아워를 피하다
争(あらそ)いを避ける 다툼을 피하다(꺼리다)
被害(ひがい)を避ける 피해를 피하다

逃(のが)れる (무언가로부터) 피하다, 벗어나다	都会(とかい)を逃れる 도시로부터 피하다(벗어나다)
逸(そ)らす (향해야 할 곳으로부터) 피하다, 빗나가게 하다	目(め)を逸らす 눈을 피하다 的(まと)を逸らす 과녁을 피하다

□ 떼다

剥(は)がす (접착되어 있던 것으로부터) 떼다	シールを剥がす 편지 등의 실(봉인지)을 떼다 マニキュアを剥がす 매니큐어를 떼다(지우다)
기출 外(はず)す (탈·부착 가능한 것을) 떼다, 풀다	ネクタイを外す 넥타이를 풀다 アクセサリーを外す 액세서리를 떼다(풀다)
取(と)る 떼다(제거)	ゴミを取る 쓰레기를 떼다(제거하다)

□ 묶다

縛(しば)る (꼼짝 못 하게, 고정시켜) 묶다, 매다, 속박하다	動(うご)かないように手足(てあし)を縛る 움직이지 않도록 손발을 묶다
結(むす)ぶ 1. (끈을) 묶다	靴(くつ)ひもを結ぶ 구두끈을 묶다
2. (동맹·연합·계약을) 맺다	契約(けいやく)を結ぶ 계약을 맺다
括(くく)る (한데) 묶다, (한데) 매다, 총괄하다	ネギ、12本(ほん)を一(ひと)つに括る 파, 12개를 하나로 묶다(한 단으로 묶다)
束(たば)ねる (다발로) 묶다, 다스리다	札(さつ)を束ねる 지폐를 (다발로) 묶다

□ 덮다

기출 覆(おお)う (가리거나 씌워서) 덮다, 가리다, 막다	雨雲(あまぐも)が空(そら)を覆う 비구름이 하늘을 덮다
閉(と)じる (눈·입·책 등을) 닫다, 감다, 덮다	本(ほん)を閉じる 책을 덮다 目(め)を閉じる 눈을 감다

チェックアップ! 확인문제

1 影響を( )	ⓐ もらう	ⓑ 受ける	5 条件が( )	ⓐ 蹴る	ⓑ 満ちる
2 汚れが( )	ⓐ 取れる	ⓑ 離れる	6 ブレーキを( )	ⓐ 掲げる	ⓑ 掛ける
3 量を( )	ⓐ 略す	ⓑ 減らす	7 アクセサリーを( )	ⓐ 外す	ⓑ 剥がす
4 成績が( )	ⓐ 上がる	ⓑ 昇る	8 目を( )	ⓐ 閉じる	ⓑ 覆う

정답 1ⓑ 2ⓐ 3ⓑ 4ⓐ 5ⓑ 6ⓑ 7ⓐ 8ⓐ

91 실전 시험 용법 [1]

(/5) 제한 시간 : 4분

정답 및 해설 <본서1> p.53

問題6 次の言葉の使い方として最もよいものを、1・2・3・4から一つ選びなさい。

1 役目

1 近藤(こんどう)さんが今日の料理の役目だ。

2 健康のために、毎朝ジョギングすることが役目になっている。

3 次の公演で、私は刑事の役目を演じる。

4 部下に仕事を教えるのは、課長の役目の一つだ。

2 受け継ぐ

1 世界各地でどんどん増えている難民を受け継ぐべきだ。

2 彼はいつも私の話を適当に受け継いでいるように感じる。

3 伝統技術を受け継ぐ若者は最近減っている。

4 現状を真剣に受け継いでもらいたい。

3 いらいら

1 今週の初デートは想像するだけでいらいらして楽しみだ。

2 道路が渋滞していてバスの中の乗客はいらいらしている。

3 共同開発の仕事がいらいら進んだ。

4 新しくできた公園でいらいら歩いた。

4 あたかも

1 そんないい加減(かげん)な商売をしていたら、あたかも店はつぶれちゃうよ。

2 彼はこのうわさをあたかも初めて聞いたかのように驚(おどろ)いてみせた。

3 あの悲惨(ひさん)な事件は誰もが覚えているだろう。直接の被害者ならあたかもだ。

4 彼を裏切(うらぎ)ったことはあたかも謝っても仕方ない。

5 敗北

1 選挙は自民党の敗北な結果で終わった。

2 事業をしたことのない私は敗北な繰り返しだった。

3 今回の試験に敗北でももう一度挑戦してみようと思います。

4 試合の敗北の原因はチームワークの問題だと思います。

92 실전 시험 용법 [2]

(　　/5) 제한 시간 : 4분

정답 및 해설 <본서1> p.53

問題6 次の言葉の使い方として最もよいものを、1・2・3・4から一つ選びなさい。

1 乏しい

1 経験の乏しい人でもやる気があれば採用します。

2 運動が乏しくて公園で散歩でもしようと思います。

3 緑が乏しいわが国に比べて自然に恵まれている国はいいと思う。

4 考えれば考えるほど彼の行動に腹が立つ。気配りの乏しい人だな。

2 縮む

1 鉛筆(えんぴつ)を削ったら縮んでしまった。

2 部長に予算を縮めろと言われたので、見直さなければならない。

3 誕生日にもらったコートを洗濯機で回したら、縮んでしまった。

4 この小さい村では毎年若者がどんどん縮んでしまい、お年寄りが8割を占めている。

3 むだ

1 ベストセラーで有名なこの本はむだに読んでいる。

2 期限が過ぎたこのチケットはむだにしたい。

3 給料が少ないため、むだづかいはしないようにしている。

4 むだの時間が多く、効率性のためにもっと工夫すべきである。

4 精一杯(せいいっぱい)

1 相手が誰なのかは気にせず、精一杯頑張るだけです。

2 仕事が終わってから精一杯やりましょうか。

3 精一杯のほど元気が出なかったので残念です。

4 やるかやらないか、精一杯迷ってしまった。

5 妥当(だとう)

1 運動会当日の予報は雨だったが、きれいに晴れて、妥当な天気になった。

2 この小説は、内容が私の気持ちに妥当なので、最近よく読んでいる。

3 会議に遅れ気味だったのですが、中止になったのは、私には妥当だった。

4 この料理はおいしさ、量などにおいて私には妥当な金額だと思う。

93 실전 시험 용법 [3]

(　　/5) 제한 시간 : 4분

▶정답 및 해설 <본서1> p.54

問題6 次の言葉の使い方として最もよいものを、1・2・3・4から一つ選びなさい。

1 栽培

1 両親は牧場(ぼくじょう)で牛を栽培して、チーズを作っています。

2 私は今、生まれて半年の赤ちゃんを栽培しています。

3 庭で見つけた虫の卵を栽培して、観察日記を書いた。

4 この畑(はたけ)では、農薬を使わずに、野菜を栽培しています。

2 ゆずる

1 友だちが使っていた冷蔵庫を安くゆずってくれた。

2 おじいさんは孫がほしがっていたおもちゃをゆずった。

3 論文の締め切りがゆずってきたので、急いで準備して持って行った。

4 完成した資料を渡す前にゆずってください。

3 幼稚(ようち)

1 簡単に書いたつもりだったが、幼稚な文章になってしまった。

2 幼稚の彼はいつも私に小さいことでけんかを売っている。

3 兄はお金に関しては幼稚の考えを持っている。

4 彼は幼稚の行動をとるので子どもっぽいとよく言われる。

4 似合う

1 A:ワンピースよくお似合いですね。　B:ありがとうございます。

2 この会のリーダーとしてキムさんが一番似合う。

3 二人は性格が似合うから、長年付き合っているんですよ。

4 口に似合うかどうかわからないんですが、どうぞ。

5 たくましい

1 かぜによく効くたくましい薬がほしい。

2 外に出たら日ざしがたくましかったので、日がさをさした。

3 林(はやし)さんは仕事の経験がたくましくて頼りになる。

4 これからもどんな苦労にも負けず、たくましく生きていきたい。

94 실전 시험 용법 [4]

(　/5) 제한 시간 : 4분

정답 및 해설 <본서1> p.54

問題6 次の言葉の使い方として最もよいものを、1・2・3・4から一つ選びなさい。

1 最寄り

1 池田(いけだ)さんは最寄りの友達だ。

2 最寄りの試合は来月にある。

3 バスの中で最寄りの人に足を踏まれた。

4 最寄りのコンビニまでは、歩いて20分だ。

2 しびれる

1 徹夜(てつや)が続いてしびれてしまい、家に帰ってゆっくり休みたい。

2 運動しすぎて足がしびれてしまった。

3 おいしいものを食べて舌(した)がしびれる。

4 最近、元気がなく小さなことでもすぐしびれてしまう。

3 延長

1 野球中継を延長する。

2 3年間の海外勤務(きんむ)で子供の延長を見守ることができなかった。

3 利息(りそく)の返済が3か月も延長した。

4 売り上げが去年より10%も延長した。

4 大幅

1 A企業は去年に比べて大幅に成長し、黒字に転換した。

2 あの政治家は引退して70歳になるけど、まだ大幅でいろんなところで活躍している。

3 木村(きむら)さんは歌手、俳優、声優として大幅で活躍している。

4 あの塔(とう)は高さ50メートル、大幅60センチの珍しい形になっている。

5 略す

1 買い物の合計が3万円以上の場合、送料は略します。

2 ダイエットのために食事の量を略しています。

3 文字数は500字と決まっているので、多い場合は略して要点だけ書いてください。

4 友人の家は壁(かべ)を略して開放感のあるデザインになっています。

95 실전 시험 용법 [5]

(　　/5) 제한 시간 : 4분

정답 및 해설 <본서1> p.54

問題6 次の言葉の使い方として最もよいものを、1・2・3・4から一つ選びなさい。

1 積もる

1 ポイントが積もって商品をもらった。
2 雪が積もって冬の気分を十分楽しめた。
3 水が積もってあふれそうになった。
4 実績が積もって最優秀社員に選ばれた。

2 普及

1 よくないうわさが普及しているので、気をつけてください。
2 全員に飲み物が普及したようなので、森(もり)さんから乾杯(かんぱい)のあいさつをお願いします。
3 最近は携帯(けいたい)電話が普及しているので、家に電話をおかない家庭もある。
4 先週からインフルエンザが普及していて、小学校が休みになっている。

3 ぴったり

1 10年前会ったきりの友達にぴったり会った。
2 箱と中身のサイズがぴったりです。
3 兄は私のお願いをぴったり断った。
4 田中先輩はぴったりしていて頼りになる。

4 離れる

1 都市から50km離れているところへ徒歩で行けないと思います。
2 イヤリングを離れてどこに置いたかが思い出せません。
3 服についていた汚れが離れてすっきりする。
4 息苦(いきぐる)しくなってネクタイを離れていすにかけておいた。

5 円満

1 職場の仲間と円満な関係を持っている。
2 なかなか難しかった契約が円満の解決をした。
3 プロジェクトが計画通り円満に進んだから大成功した。
4 旅行社のプランが充実していて円満している。

96 실전 시험 용법 [6]

(/5) 제한 시간 : 4분

정답 및 해설 <본서1> p.54

問題6 次の言葉の使い方として最もよいものを、1・2・3・4から一つ選びなさい。

1 漏れる

1 ミルクを注ぎすぎて、コップから漏れてしまった。

2 階段で転んでしまい、膝(ひざ)から血が漏れてきた。

3 悲しいドラマを見たせいで、涙が漏れてきた。

4 水道管に穴があいているのか、水が漏れてきている。

2 築(きず)く

1 いい家庭を築いて幸せな生活をしている。

2 スケジュールを築いて、計画通りに行きましょう。

3 間違っているので築いてから修正しよう。

4 経験を築いてからこの仕事に挑戦してみたいです。

3 柔軟(じゅうなん)

1 2年間休まず体操をやってきた彼女は柔軟の体を持っている。

2 自分の思い込みに限らず、柔軟な考え方を持つことで、新しいアイデアが生まれるだろう。

3 焼きたてのパンは柔軟だ。

4 かたいもちを電子レンジで温めたら柔軟になった。

4 どっと

1 先生がおもしろい話をして生徒たちがどっと笑った。

2 おじいさんが昼寝をしているのでドアをどっと閉めた。

3 3か月前より日本語の実力がどっと上がった。

4 冷蔵庫(れいぞうこ)の中から出したたまごをテーブルの上にどっと置いた。

5 区切る

1 2年間付き合っていた彼との関係に区切りをつける。

2 髪(かみ)を区切ってからイメージが変わったとよく言われる。

3 リンゴを区切って4人で食べました。

4 お父さんは財産を平等(びょうどう)に区切って相続(そうぞく)した。

97 실전 시험 용법 [7]

(/5) 제한 시간 : 4분

›정답 및 해설 <본서1> p.55

問題6 次の言葉の使い方として最もよいものを、1・2・3・4から一つ選びなさい。

1 覆(おお)う

1 人気アイドルがファンに覆(おお)われてサインをしていた。

2 悲しい映画を見ていたのか、山中(やまなか)さんは感動で覆(おお)われていた。

3 うちの学校は、周りを木に覆(おお)われていて、いつでも新鮮な空気を吸うことができる。

4 雲が空を覆(おお)っていて今にも雨が降りそうだ。

2 手応え

1 2階に上がって書類にご記入の上、お手応えください。

2 努力しただけに今日のテストは手応えを感じられた。

3 週末、家内と一緒に庭の手応えをするつもりです。

4 今日は二人での食事だから、手応えに食べましょう。

3 ぼろぼろ

1 変な人が町をぼろぼろしている。

2 昼から何も食べてないので、お腹がぼろぼろです。

3 本を使いすぎて、ぼろぼろになってしまった。

4 簡単ではないが、ぼろぼろすれば結果は出ると思います。

4 みじめ

1 たばこを吸う人が低年齢化しているのはなんとみじめなことだ。

2 彼の会社が倒産し、今はみじめな生活をしている。

3 娘(むすめ)が言うことを聞かなくなりみじめだ。

4 旅行先で亡くなった友だちの死をみじめに受け取った。

5 支持

1 息子(むすこ)のサッカー試合のときは家族みんなが会場へ支持に行く。

2 博物館での撮影は禁止されているが、今回は特別に支持を得ることができた。

3 石田(いしだ)市長は市民の安全を一番に考えるので、多くの支持を集めている。

4 10年ぶりに高校に訪ねたら、先生方から温かく支持されてうれしかった。

98 실전 시험 용법 [8]

(/5) 제한 시간 : 4분

정답 및 해설 <본서1> p.55

問題6 次の言葉の使い方として最もよいものを、1・2・3・4から一つ選びなさい。

1 組み合わせ

1 明日の組み合わせ何時にすることにしましたか。

2 取引先との組み合わせを通して出された結論をもとにして進んでいこう。

3 今シーズンの試合の組み合わせを考えておかなければならない。

4 コンサートの取り消しによる組み合わせが続いている。

2 崩す

1 手に持っていた取り皿を崩してしまった。

2 細かいお金が必要だったので、1万円札(さつ)を崩してもらった。

3 木を崩して木造住宅を建てた。

4 今シーズンは強敵(きょうてき)を崩して優勝を手にしたい。

3 改良

1 作物の品種を改良して収穫量を増やした。

2 体質改良をするために何をすればいいだろう。

3 生活パターンの改良が必要だ。

4 風力を電気に改良する。

4 頂上

1 駐車場は満車で頂上まで行っても止められなかった。

2 部屋の頂上に虫がついていて気になる。

3 富士山に登り始めて11時間ぐらいしてようやく頂上に着いた。

4 テーブルの頂上に置いてあるパンは賞味期限を確認して食べなさい。

5 のろい

1 電池がないのかロボットの動きがのろくなった。

2 教授ののろい指導で無事に論文を書くことができた。

3 できるかどうか分からないが、のろくなる前にチャレンジしてみたい。

4 いつもおいしいものばかり食べている彼は味覚がのろい。

99 실전 시험 용법 [9]

(　　/5) 제한 시간 : 4분

정답 및 해설 <본서1> p.55

問題6 次の言葉の使い方として最もよいものを、1・2・3・4から一つ選びなさい。

1 詰まる

1 ジャムのふたが詰まって開かない。

2 道路が詰まってゆっくり走っています。

3 風邪ではなが詰まって薬を飲んだ。

4 種をまいて土で詰まって水をやった。

2 冷静

1 うるさくけんかしていた夫婦もようやく冷静になってきた。

2 不安定だった収入が少しずつ冷静になった。

3 熱が下がるまで、冷静にしてください。

4 激しい雨で高かった波も、今日はすっかり冷静になった。

3 かばう

1 鈴木(すずき)さんは自分のミスを認めず、いつもかばおうとしている。

2 お母さんにしかられている私をお父さんがかばってくれた。

3 なべにふたをかばうと火が通りやすくなる。

4 日ざしが強かったので、カーテンでかばった。

4 思いつく

1 夢を叶(かな)えた将来自分の姿を思いつくと、頑張ろうと思える。

2 いいアイデアは家でごろごろしているときに限って思いつく。

3 田村(たむら)さんに初めて会ったとき、この人とは親友になれそうだと思いついた。

4 昔の写真を見ると、いつも学生時代のことを思いついて、友達に会いたくなる。

5 どうせ

1 中村(なかむら)さんはドアを開けて、「どうせ、お先に」と言った。

2 どうせこの計画は予定通りには進まない。

3 どうせよろしくお願いします。

4 どうせ空を飛べるのなら飛んでみたい。

100 실전 시험 용법 [10]

(/5) 제한 시간 : 4분

정답 및 해설 <본서1> p.56

問題6 次の言葉の使い方として最もよいものを、1・2・3・4から一つ選びなさい。

1 うろうろ

1 6か月目の日本語の実力がうろうろ伸びている。

2 ガンで入院している友だちを見ると健康の大切さをうろうろ感じる。

3 一番前に座っている学生はいつもうろうろと返事をしてくれる。

4 毎晩、町の中をうろうろしている男の人がいて不安だ。

2 生じる

1 メールシステムに問題が生じて、メールが送れなくなった。

2 バターやチーズは牛乳から生じる。

3 昨日、姉(あね)に2番目の子どもが生じた。

4 いくら考えても、いいアイデアが生じない。

3 手ごろ

1 新しい洗濯機は価格も手ごろで、機能もいいからよく売れる。

2 この栄養剤はいつでも手ごろに摂取できます。

3 購入した本は何十冊、何百冊もスマートフォンの中に入れて手ごろに持ち歩ける時代になった。

4 折り紙さえあれば手ごろに作れます。

4 輝(かがや)かしい

1 夫からもらったダイヤモンドが輝かしい。

2 夜空に輝かしい星がたくさんある。

3 毎日10時間の練習に励んだだけに輝かしい成果をおさめた。

4 くつを輝かしくなるまで磨いた。

5 見慣れる

1 新しい仕事にまだ見慣れていないので、毎日大変だ。

2 空港で海外へ留学に行く友達を見慣れた。

3 公園で見慣れない顔の人がいたら注意したほうがいい。

4 入学して3か月、この学校に見慣れるまで時間がかかった。

1교시

언어지식

(문자 · 어휘 · 문법)

독해

시험 시간	105분

02

문법

문제 7	문법 형식 판단
문제 8	문장 완성
문제 9	글의 문법

접속 형태 정리

문법 표현에 따라 달라지는 단어의 접속 형태를 정확하게 정리해 두자.
품사별 접속 방법도 잘 구별해 두는 것이 좋겠다.

품사	접속 형태	예
동사	보통형	買う、買った、買わない、買わなかった
	사전형	買う
	ます형	買い(ます)
	て형	買って
	た형	買った
	ない형(부정형)	買わない
	う·よう형(의지형/의향형)	買おう
	ば형(가정형)	買えば
	가능형	買える
イ형용사	보통형	暑い、暑かった、暑くない、暑くなかった
	사전형	暑い
	て형	暑くて
	た형	暑かった
	ない형(부정형)	暑くない
	ば형(가정형)	暑ければ
ナ형용사	보통형	真面目だ、真面目だった 真面目ではない、真面目ではなかった
	사전형	真面目だ
	て형	真面目で
	た형	真面目だった
	ない형(부정형)	真面目ではない
	ば형(가정형)	真面目なら(ば)
명사	보통형	本だ、本だった、本ではない、本ではなかった
	の형	本の
	である형	本である

1. を

1	~을 (통과하거나 경과하는 장소, 시간)	• 公園を走り回る。공원을 뛰어 돌아다니다. • 冬休みを北海道で過ごす。겨울 방학을 홋카이도에서 보내다.
2	~을, ~로부터 (출발점, 기점)	• 家を出る。집을 나오다.
3	~을 (동작의 방향)	• 後ろを振り向く。뒤를 돌아보다.

2. に

1	~에 (존재, 장소)	• 京都は日本にある。교토는 일본에 있다.
2	~에서, ~로 (변화나 이동의 도착점)	• 明日、私のところに来てくださいませんか。 내일 제가 있는 곳으로 와 주시지 않겠습니까? • 右に曲がると、スーパーがあります。 오른쪽으로 돌면 슈퍼가 있습니다. • ボタンが赤に変わった。버튼이 빨강으로 바뀌었다.
3	① 동작·작용의 대상이나 상대 : ~에게 ② 동작·작용의 근원 : ~에게(서)	① 先生にレポートを提出した。 선생님에게 리포트를 제출했다. ② 友達にノートをもらった。 친구에게 노트를 받았다.
4	~에 (시간)	• 7時に終わる。7시에 끝나다.
5	~에, (~중)의 (비율, 분모)	• 年に1回 1년에 한 번 • 100人に一人 100명 중의 한 명

3. へ

	의미	예문
1	~로, ~에 (동작이 향하는 장소, 방향, 상대)	• 来月、国へ帰ります。다음 달 고국으로 돌아갑니다. • それはお父さんへの手紙です。그것은 아버지에게 쓴 편지입니다.

4. で

	의미	예문
1	~에서 (장소)	• 食堂で食べる。식당에서 먹다.
2	~로 (수단, 방법, 재료)	• パソコンで報告書を作る。컴퓨터로 보고서를 만들다(작성하다). • 木で机を作る。나무로 책상을 만들다.
3	~로 인해, ~때문에 (원인, 이유)	• 大雨で学校を休む。큰비 때문에 학교를 쉬다.
4	~면 (범위, 한도, 기한)	• 学校まで5分で行ける。학교까지 5분이면 갈 수 있다.
5	(전부) ~해서 (통합, 정리)	• 一人で暮らす。혼자서 살다 • みんなで行こう。모두 같이 가자.

5. から

	의미	예문
1	~에서/~부터 (장소, 시간, 대상의 기점)	• ソウルからプサンまで 서울에서 부산까지 • 7時から9時まで 7시에서 9시까지 • それは田中さんからもらった。그것은 다나카 씨로부터 받았다.
2	~로 (원료)	• 小麦からパンを作る。밀가루로 빵을 만들다.
3	~로부터 (판단의 근거)	• アンケートの結果から考えると 앙케트 결과로부터 생각하면

6. も

1	~도 (추가)	• 不景気で大手企業**も**新入社員を雇わないという。 불경기로 대기업도 신입 사원을 고용하지 않는다고 한다.
2	~이나 (강조)	• 人気の店なので、1時間**も**並んでやっと入った。 인기 있는 가게이기 때문에 1시간이나 줄 서 기다렸다가 겨우 들어갔다.

7. (で)さえ

1	~까지도, ~조차, ~마저	• のどが痛くなり、水**さえ**飲めなくなった。 목이 아파져서 물조차 마실 수 없게 되었다. • 穏やかな性格のお父さん**でさえ**怒った。 온화한 성격의 아버지조차 화냈다.
2	~만 ~하면 (~さえ…ば) *「すら」는 사용할 수 없다.	• 時間**さえ**あれ**ば**旅行に行きたい。 시간만 있으면 여행 가고 싶다. • この仕事**さえ**すれ**ば**あとは石田さんに任せればいい。 이 일만 하면 그다음은 이시다 씨에게 맡기면 된다.

8. すら

1	~조차 (「さえ」보다 문어적 표현)	• 足をけがして、歩くこと**すら**できない。 발을 다쳐 걷는 것조차 할 수 없다.

9. くらい(ぐらい)

1	정도, 만큼	• お酒一杯**くらい**は飲めるんじゃない? 술 한 잔 정도는 마실 수 있지 않아? • 孫はかわいいです。目に入れても痛くない**くらい**です。 손자는 귀여워요. 눈에 넣어도 아프지 않을 정도입니다.
2	~만큼 …한 것은 없다 (부정 수반) (비교의 기준)	• 田中さん**くらい**リーダーにふさわしい人はい**ない**。 다나카 씨만큼 리더로 어울리는 사람은 없다.

10. ほど

1	정도, 만큼	• 日本語は中国語ほど難しくないんです。 일본어는 중국어만큼 어렵지 않습니다.
2	~할수록	• 弱い犬ほど吠える。약한 개일수록 짖는다.
3	~하면 ~할수록	• 考えれば考えるほど腹が立つ。 생각하면 생각할수록 화가 난다.

11. とか

1	~라든가, ~든지 (예시·열거)	• たまには本を読むとか旅行するとかして自分の時間を作った方がいい。 가끔은 책을 읽든지 여행을 하든지 해서 자신의 시간을 만드는 편이 좋다.

12. ばかり

<table>
<tr><td>1</td><td>정도, 쯤, 가량
(정도, 수량)</td><td>• 試験まであと10分ばかり残っている。
시험까지 앞으로 10분 정도 남아 있다.</td></tr>
<tr><td>2</td><td>~만
(한정)</td><td>• 彼女と別れて彼はお酒ばかり飲んでいる。
그녀와 헤어지고 그는 술만 마시고 있다.</td></tr>
<tr><td>3</td><td colspan="2">ばかり를 이용한 표현
• ~たばかりだ : ~한 지 얼마 안 되다, 막~했다
예 昨日、東京に着いたばかりです。어제 막 도쿄에 도착했어요.
• ~てばかりいる : ~하고만 있다
예 主人はソファーで寝てばかりいる。남편은 소파에서 잠만 자고 있다.
• ばかりではなく : A뿐만 아니라 B(도)
예 能力ばかりではなく、人間関係も大事である。능력뿐만 아니라 인간관계도 중요하다.
• ばかりか : A뿐 아니라 B(도)
예 最近は子どもばかりか大人も携帯への依存度が高い。
최근에는 아이뿐 아니라 어른들도 휴대 전화에의 의존도가 높다.</td></tr>
</table>

13. だけ

1	~만, ~뿐 (한정)	• 日本語能力試験は単語だけ覚えてはだめだ。 일본어능력시험은 단어만 외워서는 안 된다.
2	(~할 수 있는) ~한, ~데까지	• やれるだけのことはやった。 할 수 있는 데까지는 했다. • できるだけ 가능한 한
3	~만큼, ~대로 (범위, 정도)	• 好きなだけ食べてください。 먹고 싶은 만큼 드세요.

14. こそ

1	~야말로 (강조, 당연)	• 今度こそ負けないぞ。 이번에야말로 지지 않겠다. • 学生のためを思えばこそ、うるさく言うんです。 학생을 생각하기 때문에야말로 잔소리를 하는 것입니다.

15. の

1	주격 조사 「が」가 명사구에서 「の」로 바뀌는 경우	• 彼の歌う声は低くて魅力的です。 그가 노래 부르는 목소리는 낮아서 매력적입니다.
2	문장을 명사화할 경우	• 人に知られるのが怖いです。 타인에게 알려지는 것이 무섭습니다.

그 외

1. だって

1 ~라도, ~든, ~도	• 彼だって仕事で疲れただろうから、少しは休ませよう。 그도 일 때문에 피곤했을 테니까 조금은 쉬게 하자.
2 왜냐하면	• A：何で勉強しないの？ 왜 공부 안 하니? B：**だって**、難しいんだもん。왜냐하면 어렵단 말이야.

2. とは

1 ~라는 것은, ~란	• 幸せ**とは**何でしょう。행복이라고 하는 것은 무엇일까요?
2 ~와는	• 彼**とは**もう会わないつもりだ。그와는 더 이상 만나지 않을 생각이야.
3 ~라고는, ~하다니 (놀라움, 화남, 감동)	• まさか負ける**とは**思わなかった。설마 질 거라고는 생각지도 못했다. • 不真面目な彼が合格する**とは**……。불성실한 그가 합격하다니…….

3. って

1 ~라고 (인용)	• 鈴木さんが主人公**だっ**ていってたよ。 스즈키 씨가 주인공이라고 말했어.
2 ~라는 것은, ~란 (주제) 〈という(もの)は〉	• 幸せ**って**何でしょう。행복이란 무엇일까요?
3 ~라고 하는 (축약) 〈~という〉	• 確か、田村**って**名前だったと思う。 분명 타무라라고 하는 이름이었던 것 같아.
4 ~래, ~라고 한다 (전문)	• 明日の試合、中止だ**って**。내일 시합 중지래.

4. のに

1 ~인데 (AB 상반을 나타내는 접속 조사)	• 休みなのに行事があって会社に行かなければならない。 휴일인데도 행사가 있어 회사에 가지 않으면 안 된다.
2 ~하는 데, ~하는 것에 (수단)	*の + に가 합쳐진 형태 • はさみは紙を切るのに使われます。 가위는 종이를 자르는 데 사용됩니다.

チェックアップ!
확인문제

1 後ろ(　)振り向く。
ⓐ に　ⓑ を

2 ボタンが赤(　)変わった。
ⓐ で　ⓑ に

3 学校まで5分(　)行ける。
ⓐ で　ⓑ から

4 今度(　)負けないぞ。
ⓐ こそ　ⓑ だけ

5 明日の試合、中止だ(　)。
ⓐ って　ⓑ のに

6 まさか負ける(　)思わなかった。
ⓐ とは　ⓑ ので

7 人に知られる(　)が怖いです。
ⓐ の　ⓑ さえ

8 孫は目に入れても痛くない(　)かわいいです。
ⓐ とか　ⓑ くらい

정답 1 ⓑ　2 ⓑ　3 ⓐ　4 ⓐ　5 ⓐ　6 ⓐ　7 ⓐ　8 ⓑ

기초문법 2 부사

1. 시험에 잘 나오는 부사

あらかじめ	미리, 사전에
いきなり	갑자기
いずれ	어차피, 언젠가는, 머지않아
おそらく	아마도
かえって	오히려
仮(かり)に	만일, 만약, 임시로
ざっと	대충
事前(じぜん)に	사전에
しばしば	종종
せいぜい	기껏 해서, 겨우, 고작해서
直(ただ)ちに	곧, 즉각, 바로
とっくに	진작에
とにかく	아무튼
まさに	정말로, 틀림없이, 꼭
まして	하물며
むしろ	오히려
やがて	이윽고, 머지않아
たまたま	가끔, 우연히
しきりに	자주
突然(とつぜん)	돌연, 갑자기
依然(いぜん)として	여전히
相変(あいか)わらず	변함없이
いっそ	도리어, 차라리
あくまで	어디까지나
まもなく	곧
そのうち	그사이, 머지않아
必(かなら)ず	반드시
さっき	아까, 조금 전
ようやく	드디어, 마침내
一層(いっそう)	한층 더, 더욱더

2. 문법과 같이 잘 나오는 부사

❶ 「부정」을 동반하는 부사

1 一向に～ない 조금도 · 전혀 ~않는다/없다

예문 • 企画を提案しても一向に用いられない。 기획을 제안해도 전혀 채택되지 않는다.

2 めったに～ない 좀처럼(전혀) ~하지 않다

예문 • 10億円の宝くじに当たるなんてめったにないことだ。 10억 엔의 복권에 당첨되다니 좀처럼 없는 일이다.

3 一切～ない 일절(전혀) ~하지 않다

예문 • これからは一切連絡をしないでください。 앞으로는 일절 연락하지 마세요.
• 当店の配送はすべて無料です。一切費用はかかりません。
당점 배송은 모두 무료입니다. 일절 비용은 들지 않습니다.

4 必ずしも～ない 반드시 ~아니다

예문 • お金持ちが必ずしも幸せだとは言えない。 부자가 반드시 행복하다고는 말할 수 없다.
• 長時間勉強した人が必ずしも合格するとは限らない。集中して勉強することが重要だ。
장시간 공부한 사람이 반드시 합격한다고는 할 수 없다. 집중해서 공부하는 것이 중요하다.

5 決して～ない 결코 ~하지 않다

예문 • それは決して安易な問題ではありません。 그것은 결코 안이한 문제는 아닙니다.

6 さっぱり～ない 전혀 ~하지 않다

예문 • 今日の授業は難しくてさっぱりわからなかった。 오늘 수업은 어려워서 전혀 이해할 수 없었다.

7 ちっとも・少しも～ない 조금도 ~하지 않다

예문
- 主人は暇でもちっとも家事を手伝ってくれない。
  남편은 한가해도 조금도 집안일을 도와주지 않는다.
- 興味のない本を読んでも、少しも楽しくないでしょう。
  흥미 없는 책을 읽어 봤자 조금도 즐겁지 않겠죠.

8 別に～ない 딱히(별로) ~하지 않다

예문
- 酒は好きですけど別に強くはないです。 술은 좋아하지만 별로 세지는 않습니다.

9 大して～ない 그다지 ~하지 않다

예문
- 才能は大してなくても、努力すれば成功することはできる。
  재능은 그다지 없어도 노력하면 성공할 수 있다.

10 とても～ない 도저히 ~할 수 없다

예문
- 2時間で100ページの本をとても読み切れない。 2시간에 100페이지의 책을 도저히 다 읽을 수 없다.

11 二度と～ない 두 번 다시 ~하지 않다/없다

예문
- こんな運命的な出会いは二度とないと思います。
  이런 운명적인 만남은 두 번 다시 없을 거라고 생각합니다.

12 ろくに～ない 제대로 ~하지 않다

예문
- 日曜すらろくに休めなかった。 일요일조차 제대로(변변히) 쉬지 못했다.

13 なんら～ない 조금도 ~하지 않다, 아무런 ~ 없다

예문
- なんら得るところがない。 조금도 얻는 바가 없다.
- 品質にはなんら問題はないと強調した。 품질에는 아무런 문제는 없다고 강조했다.

❷「~ても」를 동반하는 부사

1 いくら/どんなに~ても 아무리 ~해도

예문 · いくら考(かんが)えてもその案(あん)には賛成(さんせい)しかねます。
아무리 생각해도 그 안건에는 찬성할 수 없습니다.

· どんなに離(はな)れていてもあなたのことは忘(わす)れません。
아무리 떨어져 있어도 당신은 잊지 않겠습니다.

2 たとえ~ても 설령 ~라도

예문 · たとえ苦(くる)しくても、挑戦(ちょうせん)したいと思(おも)います。설령 힘들더라도 도전하고 싶습니다.

❸「추측이나 추량 표현」을 동반하는 부사

1 果(は)たして~か/だろうか/でしょうか 과연 ~인가/~것일까/~것일까요

예문 · 手術後(しゅじゅつご)、回復(かいふく)を目指(めざ)して頑張(がんば)っている山中選手(やまなかせんしゅ)は果(は)たして今(いま)まで以上(いじょう)に強(つよ)くなれるか。
수술 후 회복을 목표로 분발하고 있는 야마나카 선수는 과연 지금보다 더욱더 강해질 수 있을까?

2 一体(いったい)(だれ・なぜ・どこ…)~か/だろうか/でしょうか
대체 (누구 · 왜 · 어디…)인가/~것일까/~것일까요

예문 · 一体(いったい)どこに向(む)かって行(い)っているんだろう。대체 어디를 향해서 가고 있는 걸까?

· 一体何(いったいなに)があったのか彼(かれ)は部屋(へや)から出(で)てこない。
대체 무슨 일이 있었는지 그는 방에서 나오지 않는다.

3 きっと~だろう/でしょう/はずだ 반드시(틀림없이) ~것이다/~겠죠

예문 · 親(おや)に知(し)らせずに結婚(けっこん)したら、きっと驚(おどろ)くだろう。부모에게 알리지 않고 결혼하면 분명 놀랄 거야.

· きっと彼(かれ)に浮気相手(うわきあいて)がいるはずだ。분명 그에게 바람 피는 상대가 있음에 틀림없다.

4 たぶん・おそらく～だろう/でしょう 아마도 ~일 것이다/이겠죠

예문 ・試合中、相手の選手とぶつかったが、たぶん大した怪我ではないだろう。
시합 중 상대 선수와 부딪쳤지만, 아마도 큰 부상은 아닐 것이다.

・空がくもっているから、おそらく明日は雨が降るでしょう。
하늘이 흐리니까 아마도 내일은 비가 오겠지요.

5 まさか～ないだろう/まい/思わなかった 설마~ 하지 않겠지/않을 것이다/생각하지 않았다

예문 ・けんかばかりしていたあの二人がまさか結婚までするとは思わなかった。
싸움만 했던 그 두 사람이 설마 결혼까지 할 거라고는 생각지도 못했다.

6 ひょっとして・ひょっとしたら・もしかすると・もしかしたら～かもしれない 어쩌면(혹시) ~일지도 모른다

예문 ・ひょっとして彼女に告白したら受け入れてくれるかもしれません。
어쩌면 그녀에게 고백한다면 받아 줄지도 모릅니다.

・この作品はフィクションでありながら、もしかしたらこんな世界もありえるかも…と思わせる。
이 작품은 픽션이지만 어쩌면 이런 세계가 있을지도… 라고 생각하게 한다.

❹「판단」 표현을 동반하는 부사

1 どうも～ようだ 아무래도(어쩐지) ~인 듯하다

예문 ・遅刻してきたキムさんはどうも道に迷っていたようだ。
지각한 김 씨는 아무래도 길을 잃은 듯하다.

2 どうやら～ようだ/みたいだ/らしい 아무래도(아마 · 다분히) ~인 듯하다

예문 ・金子さんは彼の話がどうやら気になってしょうがないようだ。
가네코 씨는 그의 이야기가 아무래도 신경이 쓰여 견딜 수 없는 듯하다.

3 まるで・あたかも～ようだ/かのようだ 마치(흡사) ~같다, ~인 양하다, ~인 것처럼 하다

예문 ・ドラマにはまっている姉はまるで主人公になったかのように女優のまねをして演技している。
드라마에 빠져 있는 언니는 마치 주인공이 된 양 여배우의 흉내를 내며 연기하고 있다.

❺ 그 외 표현을 동반하는 부사

1 せっかく～のに 모처럼(애써 · 일부러) ~인데

예문 ・せっかく温泉に来たのに台風のせいで露天風呂には入れなかった。
모처럼 온천에 왔는데 태풍 때문에 노천탕에는 들어갈 수 없었다.

2 せめて～たい/ほしい 적어도~하고 싶다/원한다

예문 ・平日は忙しいから、せめて週末だけはゆっくり休みたい。
평일은 바쁘니까 적어도 주말만은 푹 쉬고 싶다.

3 つい～てしまう 그만 ~해 버리다

예문 ・お酒をやめることを医者に言われたが、帰宅中、飲み屋の前を通るとつい入ってしまう。
술을 끊을 것을 의사가 말했지만, 귀가 중 술집 앞을 지나게 되면 그만 들어가고 만다.

기초문법

3 접속사

접속사는 문장과 문장의 관계를 나타내고, 문장과 이야기의 구성에 중요한 역할을 하는 것이다.

1. 순접

❶ 원인/이유−귀결

1 **だから** 그러니까

예문 • 時間がないです。**だから、**急いでください。
시간이 없습니다. 그러니까 서둘러 주세요.

2 **それで/そのために** 그래서/그 때문에

예문 • ずっと雨だ。**それで(そのために)**洗濯物が乾かない。
계속 비다. 그래서 빨래가 마르지 않는다.

3 **そこで** 그래서

예문 • 映画の時間まで時間があった。**そこで**喫茶店で時間をつぶした。
영화 시간까지 시간이 있었다. 그래서 커피숍에서 시간을 때웠다.

4 **したがって** 따라서

예문 • 証拠がない。**したがって、**彼の犯行とは考えられない。
증거가 없다. 따라서 그의 범행이라고는 생각할 수 없다.

❷ 조건–귀결

1 すると 그러자

예문 ・ 信号が青になった。すると、人々は渡り始めた。
신호가 파랑이 되었습니다. 그러자 사람들은 건너기 시작했다.

2 それなら 그렇다면

예문 ・ A：試験があと一週間後です。시험이 앞으로 1주일 후입니다.
B：それなら、一日10時間勉強した方がいいよ。
그렇다면 하루에 10시간씩 공부하는 편이 좋아.

3 その結果 그 결과

예문 ・ アンケートを実施した。その結果、いろんな問題点が出てきた。
앙케트를 실시했다. 그 결과 여러 가지 문제점이 나왔다.

2. 이유/서술

1 なぜなら/なぜかというと 왜냐하면

예문 ・ 自転車があっても使わない。なぜなら(なぜかというと)、事故で壊れたからだ。
자전거가 있어도 사용하지 않는다. 왜냐하면 사고로 고장났기 때문이다.

2 だって 하지만, 그래도, 왜냐하면

예문 ・ 母：野菜も食べたら？ 채소도 먹는 게 어때?
子供：いやだ。だって、おいしくないんだもん。싫어. 왜냐면, 맛없단 말이야.

3. 역접

1 しかし 그러나

예문 ・ 毎日10時間勉強した。しかし、成績が上がらない。
매일 10시간씩 공부했다. 그러나 성적은 오르지 않는다.

2 けれども/だけど 그렇지만

예문 ・ 両親は私の結婚に反対するかもしれない。けれども(だけど)、話せばきっと許してくれると思う。
부모님은 내 결혼에 반대할지도 모른다. 그렇지만 이야기하면 분명 허락해 줄 거라고 생각한다.

3 それなのに 그런데(그럼에도 불구하고)

예문 ・ 精一杯頑張った。それなのに失敗した。힘껏 분발했다. 그런데 실패했다.

4 それにしても 그렇다 해도

예문 ・ 古い家でもないよりましだ。それにしても古すぎてすぐ倒れそうだ。
오래된 집이라도 없는 것보다는 낫다. 그렇다 해도 너무 낡아 곧 쓰러질 것 같다.

4. 환언(다른 말로 바꿈)/예시

1 つまり/すなわち 즉

예문 ・ 人間は社会的存在である。つまり、人間は他人と関係を持つことで生きていくのだ。
인간은 사회적 존재이다. 즉, 인간은 타인과 관계를 가지는 것으로 살아가는 것이다.

2 要するに/結局 요컨대/결국

예문 ・ A：いろいろ試してみましたが、今の状況では…。여러 가지 시도해 보았지만, 지금의 상황에서는….
B：要するに今回は見送るということなんですね。결국 이번에는 보류한다는 것이네요.

3 例(たと)えば 예를 들면

예문 • 京都(きょうと)には古(ふる)いお寺(てら)が多(おお)い。例(たと)えば、清水寺(きよみずでら)、金閣寺(きんかくじ)など。
교토에는 오래된 절이 많다. 예를 들면 청수사, 금각사 등.

5. 병렬/첨가

1 そして 그리고

예문 • 窓(まど)を開(あ)けた。そして、遠(とお)くの山(やま)を眺(なが)めた。
창문을 열었다. 그리고 먼 산을 바라보았다.

2 それに 게다가

예문 • このワンピースはデザインがいい。それに、値段(ねだん)も安(やす)い。
이 원피스는 디자인이 좋다. 게다가 가격도 싸다.

3 そのうえ/しかも/さらに 게다가, 더군다나

예문 • 彼(かれ)はスポーツ万能(ばんのう)だ。そのうえ、成績(せいせき)も優秀(ゆうしゅう)だ。
그는 스포츠 만능이다. 게다가 성적도 우수하다.

4 および 및

예문 • アメリカはニューヨーク、ボストンおよび多(おお)くの大都市(だいとし)がある。
미국은 뉴욕, 보스턴 및 많은 대도시가 있다.

6. 보충

1 なお 더구나, 또한

예문 ・ 今日の授業はこれで終わりです。**なお**、次の授業は10日からです。
오늘 수업은 여기까지입니다. 또한 다음 수업은 10일부터입니다.

2 ただし/ただ 단, 다만

예문 ・ 美術館の開館は9時です。**ただし**、冬季は10時から入場できます。
미술관의 개관은 9시입니다. 단, 동계에는 10시부터 입장 가능합니다.

3 ちなみに 덧붙여, 이와 관련하여

예문 ・ うちのクラスは100人います。**ちなみに**、そのうち女性は2割しかいません。
우리 클래스는 100명입니다. 덧붙이자면 그중 여성은 20%밖에 없습니다.

7. 선택

1 または/あるいは/もしくは 또는

예문 ・ 答えはえんぴつ**または**シャープペンシルで記入してください。
답은 연필 또는 샤프펜슬로 기입해 주세요.

2 それとも 아니면, 또는

예문 ・ スパゲッティ**それとも**ピザ、どっちにしますか。
스파게티 아니면 피자 어느 쪽으로 하겠습니까?

8. 대비

1 一方 한편

예문 • 駅の西口は商店街があってにぎやかだ。**一方**、東口はひっそりしている。
역의 서쪽 출구는 상점가가 있어 북적거린다. 한편 동쪽 출구는 조용하다.

2 逆に/反対に 반대로

예문 • 友達に借りたお金を返せなくて謝ったが、**逆に**励まされてしまった。
친구에게 빌린 돈을 갚을 수 없어서 사과했는데 반대로 위로를 받아 버렸다.

9. 전환

1 ところで 그런데

예문 • みんな宿題はしましたか。**ところで**、今日欠席した学生は誰ですか。
여러분, 숙제는 다 했나요? 그런데 오늘 결석한 학생은 누구지요?

2 それでは 그럼

예문 • 5時になりました。**それでは**、ニュースをお伝えします。
5시가 되었습니다. 그럼, 뉴스를 전해드리겠습니다.

3 さて 그런데, 그럼

예문 • 安全できれいな旅行地として日本が1位を占めた。**さて**、グルメで人気のある国はどこか。
안전하고 깨끗한 여행지로 일본이 1위를 차지했다. 그럼, 식도락으로 인기 있는 나라는 어디일까?

• このサプリメントは記憶力の向上、目の疲れに効果があります。**さて**、いかがでしょうか。
이 건강 보조제는 기억력 향상, 눈의 피로에 효과가 있습니다. 그럼 어떠신지요?

10. 총괄

1 このように/以上のように/こうして 이처럼/이상과 같이/이렇게 해서

예문 ・ このように結果をもとに実行して参りたいと思います。
이처럼 결과를 토대로 실행해 가겠습니다.

11. 그 외

1 そのうち 가까운 시일 안에, 머지않아, 곧

예문 ・ A：いくら練習してもボールが当たらないんです。아무리 연습해도 공이 맞지 않아요.
B：こつこつ練習すれば、そのうち上手になるよ。꾸준히 연습하면 머지않아 능숙해져요.

지시사란 대화의 현장에 있는 것을 가리킬 때 그 명사 대신에 사용되는 것을 말한다.
지시사는 「こそあ」로 시작되는 규칙적인 체계가 있는 반면, 가리키는 것을 모를 때는 의문사 「ど」를 사용한다.

こそあど의 형태

	지시사			의문사
	こ	そ	あ	ど
명사 수식	この 이	その 그	あの 저, 그	どの 어느
속성	こんな 이런	そんな 그런	あんな 저런, 그런	どんな 어떤
사물	これ(ら) 이것(들)	それ(ら) 그것(들)	あれ(ら) 저것(들), 그것(들)	どれ 어느 것
장소	ここ 여기	そこ 거기	あそこ 저기, 그곳	どこ 어디
방향	こちら 이쪽	そちら 그쪽	あちら 저쪽, 그쪽	どちら 어느 쪽
부사	こう 이렇게	そう 그렇게	ああ 저렇게, 그렇게	どう 어떻게

✚ 특히, 「そ、あ」는 한국어로 둘 다 「그」로 해석되어 헷갈리기 쉬우니 다음과 같이 구별해서 알아 두도록 하자.

TIP

「そ」 어느 한쪽만이 알고 있는 사람·사물의 상태와 모습을 표현할 때 사용한다.

「あ」 말하는 사람과 듣는 사람이 함께 알고 있거나 보이는 사람·사물의 상태와 모습을 표현할 때 사용한다.

예 井上　営業部の森さんと人事部の佐藤さん、付き合ってるんだって。
영업부의 모리 씨와 인사부의 사토 씨, 사귄대.

石川　え？(それ)、本当ですか。全然気づきませんでした。
어? (그거) 정말이에요? 전혀 눈치 못 챘어요.

예 田中　さっき林さんが部長に怒られていたよね。아까 하야시 씨가 부장님한테 혼나고 있더라.

山下　うん。私も見た。응. 나도 봤어.

田中　確かに林さんも悪いけど、部長の(あの)言い方はひどいと思わない？
확실히, 하야시 씨도 잘못 했지만, 부장님의 (그) 말투는 너무하다고 생각하지 않아?

예 山下　さっき田中さんから、風邪ひいて、スキーに行けないって連絡が来たんだ。
조금 전에 다나카 씨한테서, 감기 걸려서 스키 타러 못 간다고 연락이 왔어.

川村　えっ、田中さん、**(あんなに)**楽しみにしていたのに、残念だね。
앗, 다나카 씨, (그렇게) 기대하고 있었는데, 아쉽게 됐네.

예 (電話で) (전화로)

田中　ねえ、明日のイベントの準備、終わった？
있잖아, 내일 행사 준비 끝났어?

小川　まだ終わってないけど、まあ、大丈夫だよ。
아직 안 끝났는데, 뭐 괜찮아.

田中　**(ああいう)**小川さんの楽観的な性格がうらやましいよ。
(그런) 오가와 씨의 낙관적인 성격이 부러워.

예 会社に入ったとき、かっこよく働いている先輩を見て、自分も早く**(ああ)**なりたいと思った。
회사에 들어왔을 때, 멋있게 일하는 선배를 보고, 나도 어서 그렇게 되고 싶다고 생각했다.

사역형·수동형·사역수동형

1. 사역형

의미 : ~시키다, ~하게 하다

1그룹	2그룹	3그룹
「う」단 → 「あ」단 + せる 예 飲む → 飲ませる ★ 「う」로 끝나는 동사는 「わ」로 바꾼 후 + せる 예 買う → 買わせる	~~る~~ → させる 예 食べる → 食べさせる	する → させる 来る → 来させる

❶ 강제·지시

- 母は弟を病院へ行かせました。
  엄마는 남동생을 병원에 가게 했습니다.
- 医者は林さんにたばこをやめさせました。
  의사는 하야시 씨를 금연 시켰습니다(담배를 끊으라고 했습니다).

❷ 허가

- 林さんのお父さんは、留学したがっている林さんを留学させました。
  하야시 씨의 아버지는 유학하고 싶어 하는 하야시 씨를 유학하게 했다.
- 姉が「一人で旅行に行きたい」と言ったので、父は(姉を)行かせました。
  누나가 '혼자서 여행하러 가고 싶어'라고 말해서, 아빠는 (누나를) 가게 했다.

❸ 유발

- 私は病気をして、両親を心配させました。
  나는 병을 앓아서, 부모님을 걱정시켰다.
- あの人はいつもおもしろいことを言って、みんなを笑わせます。
  저 사람은 항상 재미있는 소리를 해서 모두를 웃게 만든다.

2. 수동형

□ 의미 : ~함을 당하다, ~해지다

1그룹	2그룹	3그룹
「う」단 → 「あ」단 + れる 예 飲む → 飲まれる ★「う」로 끝나는 동사는 「わ」로 바꾼 후 + れる 예 誘う → 誘われる	る → られる 예 見る → 見られる	する → される 来る → 来られる

❶ 기본 수동형

- 私は母にしかられました。나는 엄마에게 혼났다.
- 私はいつも母に「勉強しなさい」と言われています。
  나는 늘 엄마에게 '공부해'라는 말을 듣는다.

❷ 피해

- 私は犬に手をかまれました。나는 개에게 손을 물렸다.
- 兄はどろぼうに財布をとられました。형은 도둑에게 지갑을 도둑맞았다.

❸ 폐·성가심

- 若いお母さんは電車の中で赤ん坊に泣かれて、困っています。
  젊은 엄마는 전철 안에서 아기가 울어서 곤란해하고 있다.
- 友だちに来られて、仕事ができなかった。친구가 와서 일을 할 수 없었다.

❹ 객관적 설명

- 今夜はここでパーティーが開かれます。오늘 밤은 여기에서 파티가 열립니다.
- 世界中でこの歌が歌われています。전 세계에서 이 노래가 불려지고 있습니다.

3. 사역수동형

의미 : ~시킴을 당하다, 다른 사람이 시켜 억지로·마지못해·어쩔 수 없이 ~하다

1그룹	2그룹	3그룹
「う」→「あ」+ せられる(*단축형은 される) 예 飲む → 飲ませられる(=飲まされる) 「す」로 끝나는 동사는 「させられる」로 바꿀 수 있지만, 단축형 「される」로는 바꿀 수 없으니 주의하자. 예 話す → 話させられる (○) 話さされる (×) ★「う」로 끝나는 동사는 「わ」로 바꾼 후 + せられる/される 예 手伝う → 手伝わせられる (=手伝わされる)	~~る~~ ⇒ させられる 예 食べる一食べさせられる	する⇒ させられる 来る⇒ 来させられる

❶ 피해의 감정

- 山田さんは社長に会社をやめさせられました。야마다 씨는 사장님에게 해고당했습니다.
- 私は嫌いなお酒を友達に飲まされました(飲ませられました)。
  나는 싫어하는 술을 친구 때문에 억지로 마셨습니다. (친구가 억지로 마시게 했습니다.)
- 私は上司に残業させられました。나는 상사가 시켜 마지못해 야근을 했습니다.
- 嫌いな物をむりやり食べさせられた。싫어하는 것을 억지로 먹었다.

❷ 자발

- 彼の奇抜なアイディアには毎回びっくりさせられる。그의 기발한 아이디어에는 매번 깜짝 놀란다.
- その作品のクオリティーには感心させられた。그 작품의 퀄리티에는 감동했다.

1. 경어란?

❶ **존경어**: 상대방의 행위를 높이는 표현 (행동의 주체가 상대방)

❷ **겸양어**: 상대방에게 자신의 행위를 낮추는 표현 (행동의 주체가 자신 또는 내가 속한 집단)

❸ **정중어**: 자신의 말을 정중하게 표현 (상대방과 자신에게 사용하는 말)

です(입니다)、**ます**(합니다)、**ございます**(있습니다)、**でございます**(입니다)、**よろしい**(괜찮습니다)、**いかがですか**(어떻습니까) 등

2. 경어 만드는 법

존경어 상대방이 「～하시다」의 의미를 갖는다.	**겸양어** 내가 「～하다」의 의미를 갖는다.
① お + ます형 + になる • 先生がお書きになった本ですか。 선생님이 쓰신 책입니까? ② れる/られる • 何時に出発されますか。 몇 시에 출발하십니까? • どちらから来られましたか。 어디에서 오셨습니까? ③ お/ご + 명사 + になる • どなたでもご利用になれます。 어느 분이든 이용하실 수 있습니다.	① お + ます형 + する(=いたす) • お荷物をお持ちします。 (제가) 짐을 들어드리겠습니다. ② お/ご + 명사 + する(=いたす) • また、ご連絡します。 (제가) 연락드리겠습니다. • ゲストをご紹介しましょう。 (제가) 게스트를 소개해 드리겠습니다.

TIP

「**お**」: **일본어 고유어에 붙임.** 예 お名前(이름)、お体(몸)、お机(책상)、お国(나라)…

「**ご**」: **한자어에 붙임.** 예 ご専門(전문 · 전공)、ご親戚(친척)、ご感想(감상)、ご意見(의견)…

※주의: **お電話**(전화)、**お料理**(요리)、**お食事**(식사)、**お会計**(계산)、**お時間**(시간) 등 자주 쓰는 단어에는 예외적으로 「ご」가 아닌 「**お**」를 붙인다.

3. 경어 응용 표현

❶ 의뢰·부탁·지시 표현: ~해 주세요, ~해 주실 수 없을까요?

> **お/ご + 명사/ます형 + ください**
>
> **て형 + ていただけませんか**
>
> **お/ご + 명사 + いただけませんか**

- どうぞ、ご**利用**(りよう)**ください**。부디 이용해 주세요.
- ご**自由**(じゆう)に**お取**(と)**りください**。자유롭게 가져가세요.
- 辞書(じしょ)を**貸**(か)**していただけませんか**。사전을 빌려주실 수 없을까요?
- ちょっと席(せき)を**空**(あ)**けていただけませんか**。자리를 좀 비워주실 수 없을까요?
- ご**連絡**(れんらく)**いただけませんか**。연락주실 수 없을까요?

❷ 의사 표현: (제가) ~하겠습니다.

> **사역형 + ていただきます**

- ここで**待**(ま)**たせていただきます**。여기서 기다리겠습니다.
- チケットを**拝見**(はいけん)**させていただきます**。티켓을 보겠습니다(확인하겠습니다).
- 熱(ねつ)が下(さ)がらないので今日(きょう)は**欠席**(けっせき)**させていただきます**。
  열이 내려가지 않아 오늘은 결석하겠습니다.

❸ 허가를 구하는 표현: (제가) ~하게 해 주실 수 없을까요?

> **사역형 + ていただけませんか**

- 少(すこ)し**考**(かんが)**えさせていただけませんか**。
  조금 생각하게 해 주실 수 없을까요? (조금 생각할 시간을 주세요.)
- このいす、**使**(つか)**わせていただけませんか**。
  이 의자, 사용하게 해 주실 수 없을까요?
- 今日(きょう)、用事(ようじ)があるので早(はや)く**帰**(かえ)**らせていただけませんか**。
  오늘, 용무(볼일)가 있는데 일찍 돌아가게 해 주실 수 없을까요?

4. 특수 경어 표현

尊敬語(존경어)	動詞	謙譲語(겸양어)
なさる 하시다	する 하다	いたす 하다/드리다
おっしゃる 말씀하시다	言う 말하다	申す/申し上げる 말씀드리다
いらっしゃる 계시다	いる 있다	おる 있다
いらっしゃる おいでになる 가시다 お越しになる	行く 가다	参る 가다
いらっしゃる おいでになる 見える/お見えになる 오시다 お越しになる	来る 오다	参る 오다
召し上がる 드시다, 잡수시다	食べる 먹다	いただく 먹다
	飲む 마시다	
ご覧になる 보시다	見る 보다	拝見する 삼가 보다
	聞く 듣다	伺う 삼가 듣다, 여쭙다, 찾아뵙다
	問う/質問する 묻다, 질문하다	
	訪れる 찾다, 방문하다	
ご存じだ 아시다	知っている 알고 있다	存じておる 알다
	～と思う ～라고 생각하다	～と存じる ～라고 생각하다
	会う 만나다	お目にかかる 만나 뵙다
	聞く 듣다	承る 삼가 듣다, 삼가 받다, 삼가 맡다
	受ける 받다	
	引き受ける 떠맡다	
お休みになる 주무시다	寝る 자다	
お求めになる 구입하시다	買う 사다	

5. 인사 표현

- □ おかけください。앉으세요.
- □ おかまいなく 걱정 말고, 개의치 말고
- □ お気(き)の毒(どく)に 불쌍하게도/가엾게도
- □ お邪魔(じゃま)します。(방문 시) 실례하겠습니다.
- □ お世話(せわ)になりました。신세 졌습니다.
- □ お大事(だいじ)に。몸조리 잘하세요.
- □ お待(ま)たせしました。오래 기다리셨습니다.
- □ かしこまりました。분부대로 하겠습니다./잘 알겠습니다.
- □ かまいません。상관없어요./괜찮아요.
- □ ご遠慮(えんりょ)なく 사양 말고, 삼가 말고, 기탄없이
- □ ご苦労(くろう)さま。고생하셨습니다.
- □ ご存知(ぞんじ)ですか。아십니까?
- □ ご馳走(ちそう)さまでした。잘 먹었습니다.
- □ ごめんください。계세요?
- □ ご無沙汰(ぶさた)しております。오랜만입니다. 격조했습니다.
- □ ご覧(らん)ください。보세요.
- □ 少々(しょうしょう)お待(ま)ちください。잠시 기다려주세요.

필수 문법 표현 100

1 ～あまり(に) (너무) ～한 나머지

접속 동사 보통형 | イ형용사 보통형 | ナ형용사な | 명사の + あまり(に)

해설 「(감정·상태의 정도가 지나쳐) ～했다, ～해버렸다」라는 의미로 쓰인다. 앞에는 감정·상태를 나타내는 명사(心配、悲しみ、驚き、忙しさ)에 접속하는 경우가 많으며, 문말에 의지, 희망, 추측 등의 표현은 오지 않는다.

예문
- 失敗を恐れる**あまり**、消極的なプレーをした。실패를 두려워한 나머지 소극적인 경기를 했다.
- 試験結果の日、嬉しさの**あまり**隣の人を抱きしめてしまった。
  시험 결과 날, 너무 기쁜 나머지 옆 사람을 껴안아 버렸다.

2 ～一方だ ～하기만 한다, ～할 뿐이다

접속 동사 사전형 + 一方だ

해설 一方だ 앞에는 변화·변동의 뜻을 가진 동사의 사전형이 오며, 「그 변화가 한쪽 방향을 향해 점점 진행하고 있다」는 의미이다. 화자가 그 진도가 빠르다거나 제한이 없다고 느끼는 뉘앙스를 포함하고 있으며, 그다지 바람직하지 않은 방향으로 진행하고 있는 경우에 사용될 때가 많다.

예문
- 警察は休暇中、戸締りを呼びかけているが、盗難事件は増える**一方だ**。
  경찰은 휴가 중, 문단속을 호소하고 있지만 도난 사건은 늘어나기만 한다.

3 ～上(で) ～한 다음, ～하고 나서 〈전제 · 조건〉

접속 동사 た형 | 명사の + 上(で)

해설 「(우선, 제대로) A하고 나서 B하다」라는 의미를 나타낸다. 앞 문장 A가 조건이 되어 뒤 문장 B에 이르는 것을 나타내며, A에는 확인·절차·순서 등을 나타내는 말이 자주 온다.

예문
- その件につきましては、上司と相談した**上で**お返事いたします。
  그 건에 관련해서는 상사와 의논한 다음 답변드리겠습니다.
- 手続きの書類は、必要事項をご記入の**上**、ご返送ください。
  수속 서류는 필요 사항을 기입한 다음 반송해 주세요.

4 ～上で ～하는 데, ～상으로는 〈경우 · 과정〉

접속 동사 사전형 | 명사の + 上で

해설 A하는 경우나 과정 중에 B는 필요하거나 포인트가 되는 것이 이어지며, 조금 딱딱한 표현이다.

예문
- ちょっとトラブルがありましたが、連絡の上でのことなので、心配はいりません。
  좀 문제가 있었습니다만, 연락하는 데 있어서의 문제이니 걱정은 필요 없습니다.
- 若者の意識調査は、新商品を開発する上でたいへん役立つ。
  젊은 사람들의 의식 조사는 신제품을 개발하는 데 매우 도움이 된다.

5 ～上(に) A인 데다가 〈추가 · 첨가〉

접속 동사 보통형 | イ형용사 보통형 | ナ형용사な | 명사の | 명사 である형 + 上(に)

해설 「A한 데다가 B도 추가·첨가한다」는 의미이며, B가 더해지는 것으로 충분하다, 더할 나위 없다는 마음이 담겨 있다.

예문
- お世話になった上、駅まで送っていただいて、申し訳ありません。
  신세를 진 데다가 역까지 바래다주셔서 몸 둘 바를 모르겠습니다.
- この製品は、値段が安い上に品質もいいので、消費者に好評だ。
  이 제품은 가격이 싼 데다가 품질도 좋기 때문에 소비자에게 호평이다.

6 ～得る · 得る/～得ない ～할 수 있다/～할 수 없다

접속 동사 ます형 + 得る/得ない

해설 능력의 유무를 나타내는 것이 아닌, 상황이나 사정에 따라 가능한지 판단 여부를 나타낼 때 쓰인다.

예문
- そんなこともあり得る。그런 일도 있을 수 있다.
- いい計画案のため、考え得る最上の方法を探す。
  좋은 계획안을 위해 생각할 수 있는 최상의 방안을 찾는다.

7 ① ～うちに ② ～ないうちに ① ～하는 동안(사이)에 ② ～하기 전에

접속 ① 동사 ている | イ형용사 사전형 | ナ형용사な | 명사の + うちに
② 동사 ない형 + ないうちに

해설 ① 「앞 문장의 A라는 상황이나 상태가 지속·계속되고 있는 동안에 자연스레 B라는 변화가 일어났다 또는 행위가 완료되었다」로 해석한다.

예문 • 進学で悩んでるうちに締め切りが過ぎてしまった。
진학으로 고민하고 있는 동안에 마감이 지나 버렸다.

• スープは温かいうちに召し上がってください。 수프는 따뜻할 때 드세요.

② 「A의 변화 또는 상황이 발생하지 않는 동안에 B하다」로 직역할 수 있지만, 한국어로 자연스럽게 「A하기 전에 B하다」로 해석할 수 있다.

• ここは危ないから、暗くならないうちに早く帰りましょう。
여기는 위험하니까 어두워지기 전에 빨리 돌아갑시다.

8 ～恐れがある ～할 우려가 있다

접속 동사 사전형 | 명사の + 恐れがある

해설 「걱정·불안으로부터 좋지 않은 사태가 발생할 가능성이 있다」는 의미를 내포한다.

예문 • インフルエンザが流行する恐れがある。 인플루엔자가 유행할 우려가 있다.

9 ① ～限り/～限りは/～限りでは ② ～ない限り ① ～한에서는 ② ～하지 않는 한

접속 ① 동사 사전형 | 동사 ている형 | イ형용사 사전형 | ナ형용사 な | 명사の | 명사 である형 + 限り
② 동사ない형 + ない限り

해설 ① 어디까지나 얻은 정보의 범위 안에서 화자의 판단이나 의견을 말할 때 사용한다. 또는 「A 상태가 지속되는 동안은 B하다」라는 의미이다.

예문 • 外は嵐でも、この部屋にいる限り安全だ。 밖은 폭풍우라도 이 방에 있는 한 안전하다.

• 私の知る限りでは、彼はまじめな青年だ。 내가 알고 있는 한에서는 그는 성실한 청년이다.

• グラフで見る限りでは、わが社の売り上げは伸びている。
그래프로 보는 한에서는 우리 회사 매출은 늘어나고 있다.

② 「A하지 않는 한 B할 수 없다」라는 의미로 B에는 「できない、わけがない、無理だ」 등 불가능·부정·곤란의 의미가 자주 오며, 「A해야만 B가능하다」로 바꿔 말할 수 있다.

• 雨が降らない限り、水不足は解消されない。
비가 내리지 않는 한 물 부족은 해소되지 않는다. (= 비가 내려야만 물 부족은 해소될 수 있다.)

10 ～かけだ/～かける/～かけの ～하다 말다/～하다만

접속 동사 ます형 + かけだ/かける/かけの

해설 동작이 시작되고 아직 끝나지 않은 상태나 상황을 나타낸다.

예문 • 娘の部屋には編みかけのセーターが置いてあった。딸 방에는 뜨다가 만 스웨터가 놓여 있었다.

• この食べかけのパンはだれのですか。이 먹다 만 빵은 누구 것입니까?

11 ～かと思うと/～かと思ったら ~(했는가) 생각하자/~(했는가) 생각했더니

접속 동사 た형 + かと思うと/かと思ったら

해설 「A했더니 다음 순간 B하다」라는 의미로, 일순간에 새로운 상황과 변화가 일어남을 나타낸다.

예문 • 晴れたかと思うといきなり雷が鳴り、天気が崩れた。
맑아졌다고 생각하자 갑자기 천둥이 치고 날씨가 나빠졌다.

12 ～か～ないかのうちに ~하자마자

접속 동사 사전형 | 동사 た형 + か～동사 ない형 + ないかのうちに

해설 A라는 동작을 행하자 잇따라 곧 B라는 사건이나 동작이 일어남을 나타낸다.

예문 • 短気な娘は、母が部屋を片付けろと言うか言わないかのうちに家を出てしまった。
성격이 급한 딸은 어머니가 방을 정리하라고 말하자마자 집을 나가 버렸다.

13 ～かねない ~할지도 모른다, ~할 법하다

접속 동사 ます형 + かねない

해설 「어떠한 사실이나 사건의 성질·경향·상황이 탐탁지 않은 사태를 일으킬지도 모른다」는 의미이다. 화자의 걱정·불안·경계의 기분을 나타내며, 불확실한 사실에 대한 짐작을 나타내기도 한다.

예문 • 軽い病気でも悪い状態のままにしておくと、重病になりかねないです。
가벼운 병이라도 나쁜 상태인 채로 두면 중병이 될지도 모릅니다.

• 普通の人なら考えられないけど、あいつならやりかねない。
일반 사람이라면 생각할 수 없지만, 저 녀석이라면 할 법하다.

14 ～かねる ~하기 어렵다, ~할 입장이 아니다, ~할 상황이 아니다

접속 동사 ます형 + かねる

해설 의지동사에 접속하며 화자의 허용범위를 넘는 앞 문장 A의 상황·조건·요구에 B는 「참을 수 없다, 응할 수 없다」 등의 심리적 저항감을 표현할 때 쓰인다. (*능력적, 물리적으로 할 수 없는 경우에는 사용하지 않는다.)

예문 ・彼女は上司のいじめに耐えかねて、会社をやめた。
그녀는 상사의 괴롭힘을 참을 수 없어서 회사를 그만두었다.
・申し訳ございませんが、お客様の要求にはお答えいたしかねます。
죄송합니다만 고객님의 요청에는 답변드리기 어렵습니다.
・道がわからなくて迷っていたら、見るに見かねて、お巡りさんが教えてくれた。
길을 몰라서 헤매고 있었는데 보다 못해 경찰관이 알려줬다.

15 ～からこそ ～야말로, ～이니까, ～이기 때문에

접속 동사・イ형용사・ナ형용사・명사의 보통형 + からこそ

해설 「뒤 문장의 B를 하는 이유는 앞 문장의 A라는 사실이 있기 때문이다」라는 의미로, A의 이유・목적을 강조하고 싶을 때 사용한다. 「～んです、～のです」와 호응할 때가 많다.

예문 ・あの時頑張ったからこそ、今の成功した会社があるのです。
그때 분발했기 때문에야말로 지금의 성공한 회사가 있는 것입니다.
・子供への期待が大きいからこそ、厳しくするのです。
아이에 대한 기대가 크기 때문에 엄하게 하는 것입니다.

16 ～かのようだ ～것 같다, ～인 양하다 (하지만 실제로는 그렇지 않다)

접속 동사 보통형 | ナ형용사である | 명사である + かのようだ

해설 「(실제와는 다르지만) ～인 것처럼 보인다, 느낀다」라는 의미로 의문이나 부정확함을 나타내는 조사 「か」에 「～のような」가 결합한 표현이다.

「まるで(마치)、あたかも(흡사, 마치)、いかにも(자못, 마치, 정말이지)、さも(아주, 참으로, 마치)」 등과 같은 비유를 나타내는 부사와 함께 쓰이는 경우가 많다.

예문 ・桜が咲いて一度に春が来たかのようだ。벚꽃이 펴서 단번에 봄이 온 것 같다.
・ジョンさんは根拠のない話を聞いて、まるで事実であるかのようにうわさをまき散らす。
존 씨는 근거없는 이야기를 듣고, 마치 사실인 것처럼 소문을 낸다.

17 ～からといって ～라고 해서 ～ (반드시 그런 것은 아니다)

접속 동사・イ형용사・ナ형용사・명사의 보통형 + からといって

해설 상대에 대한 비판이나 조언 또는 사실 관계에 대해 주의를 주거나 정정할 때 사용하며, 「설령 A라는 이유・사실이 있어도 B에는 わけではない(～것은 아니다)、～とは限らない(～라고는 단정할 수 없다)、～とは言えない(～라고는 말할 수 없다)」와 같이 부분 부정의 표현이 오는 경우가 많다.

예문 • 親が優秀だ**からといって**必ず子供も優秀だとは言えない。
부모님이 우수하다고 해서 반드시 아이도 우수하다고는 말할 수 없습니다.
• 大金持ちだ**からといって**、幸せとは限らない。엄청난 부자라고 해도 행복하다고는 단정 지을 수 없습니다.

18 ～から(に)は ～한 이상은 ～(한다)

접속 동사 보통형 | イ형용사 보통형 | ナ형용사である | 명사である + から(に)は

해설 A에는 당연히 요구되는 각오·태도·행위 등의 표현을 쓰고, B에는 A에 대한 의무·의지·추량·단정 등의 표현이 온다.

유사표현 ～以上(は)/～上は

예문 • こうなった**からには**やるしかないと思う。이렇게 된 이상은 할 수밖에 없다고 생각한다.
• オリンピックに出ると決めた**以上は**、全力を尽くすつもりだ。
올림픽에 나간다고 결정한 이상은 전력을 다할 생각이다.

19 ～がたい ～하기 어렵다, ～하기 곤란하다

접속 동사 ます형 + がたい

해설 「～하는 것이 상당히 곤란하다(심리적으로 불가능하다)」라는 의미로, 능력적, 물리적으로 할 수 없는 경우에는 사용하지 않는다. 주로 「信じがたい(믿기 어렵다)、理解しがたい(이해하기 어렵다)、許しがたい(용서하기 곤란하다)、言いがたい(말하기 곤란하다)、得がたい(얻기 힘들다)」로 사용하는 경우가 많다.

예문 • あの真面目な人が親友を裏切るなんて、信じ**がたい**ことだ。
저 성실한 사람이 친한 친구를 배신하다니 믿기 어려운 일이다.
• 出品された作品はどれも素晴らしく、優劣をつけ**がたい**。
출품된 작품은 전부 훌륭해서 우열을 가리기 어렵다.

20 ～がちだ/～がちの ～하기 십상이다, 자주 ～하는 경향이 있다

접속 동사 ます형 | 명사 + がちだ/がちの

해설 뒤 문장 B에는 바람직하지 않은 경향을 나타내는 표현들이 자주 오며, 관용적으로 「遠慮がち(언행에 있어 조심스러움)、曇りがち(흐릴 때가 많음)、遅れがち(자주 늦음)、病気がち(잔병치레가 많음)」 등이 많이 쓰인다.

예문 • この種の間違いは、初心者にあり**がちの**ことだ。이 같은 종류의 실수는 초보자에게 자주 있는 일이다.
• 日本人は遠慮**がちの**人が多い。일본인은 조심성 있는 사람들이 많다.

21 ～気味 ～기색, ～기미(～기운이 있다, ～느낌(낌새)이 있다)

접속 동사 ます형 | 명사 + 気味

해설 주로 상태를 나타내는 말에 접속하여 「정도는 가볍지만 좀 ～한 것처럼 느껴진다」라는 의미로 사용한다.

예문
- 彼女は接客で忙しかったようで、疲れ気味だ。그녀는 손님을 상대하느라 바빴던 모양으로 힘든 기색이다.
- 今日は風邪気味なので、早く帰らせていただきます。오늘은 감기 기운이 있어 빨리 돌아가겠습니다.

22 ～きり/～きりだ ～한 채, ～한 이래(다시는 ～하지 못했다)/～한 게 끝이다

접속 동사 た형 + きり/きりだ

해설 동사의 た형과 접속하여 「A한 것을 마지막으로 그 후로 진전이 없다」라는 의미이다.

예문
- 新婚旅行に行ったきり、どこへも行っていない。신혼여행에 간 이래 어디에도 가지 않았다.
- 元彼女に会ったのは出張先の北海道で偶然会ったきりだ。
  전 여자친구를 만난 것은 출장지인 홋카이도에서 우연히 만난 게 마지막이다.

23 ～きる/～きれる/～きれない (완전히, 전부, 마지막까지) ～하다/～할 수 있다/～할 수 없다

접속 동사 ます형 + きる/きれる/きれない

해설 애매한 상황이 아닌 완전히 행해지는 일을 의미하며, 철저한 모양을 나타낼 때 쓰인다.

예문
- 彼はマラソン大会で、体調不良にもかかわらず最後まで走りきった。
  그는 마라톤 대회에서 몸이 안 좋음에도 불구하고, 마지막까지 완주했다.
- ボリュームのある料理だから食べきれない。양이 많은 요리여서 다 먹을 수 없다.

24 ～くせに ～인 주제에

접속 동사 보통형 | イ형용사 보통형 | ナ형용사な | 명사の + くせに

해설 대상에 대해서 불만, 불쾌함, 비난, 경멸 등을 나타낼 때 쓰인다.

예문
- 何も知らないくせに余計なこと言うな。아무것도 모르는 주제에 쓸데없는 말 하지 마.

25 ～くらい(ぐらい)なら ～할 정도라면

접속 동사 사전형 + くらいなら

해설 최악의 사태를 나타내며, 「A의 사태가 되다면 B쪽이 훨씬 낫다, 좋았다」라고 A를 부정하고, 대신에 B를 선택하겠다는 표현이다.

문말에는 「～ほうがいい(～하는 편이 좋다)、～ほうがましだ(～하는 편이 더 낫다)」, ～なさい(～하세요)」 등의 표현이 자주 온다.

예문 • 体をこわすぐらいなら頑張って食べます。 건강을 헤칠 정도라면, 열심히 먹겠습니다.

• あんな人に頭を下げるぐらいなら、いっそ死んだほうがました。

저런 사람에게 머리를 숙일 정도라면(굴복할 정도라면), 차라리 죽는 편이 더 낫다.

26 ～げ(に)/げ(な) ～인 듯하게, ～인 듯이/～듯한

접속 イ형용사·ナ형용사 어간 + げ(に)/げな

해설 「～같은 모습이다」라는 의미로, 양태의「そうだ」와 바꿔 쓸 수 있다. 동사에 붙는 경우도 있기는 하나 대부분은 형용사의 어간에 붙여 사용한다.

예문 • おばさんたちはカフェで楽しげにおしゃべりをしていた。

아주머니들은 카페에서 즐거운 듯이 수다를 떨고 있었다.

• 中田さんの自慢げな顔がみっともない。 나카타 씨의 우쭐대는 듯한 얼굴이 꼴사납다.

27 ～ことか (얼마나) ～했는지, ～했던가, ～이던가

접속 의문사 + 동사 | イ형용사 보통형 | ナ형용사な + ことか

해설 「매우 ～했다/～라고 느끼다」라고 화자의 감정을 담아 표현할 때 쓰인다. 「どんなに(얼마나)、どれほど(얼마만큼)、なんと(얼마나, 대단히)、何回(몇 번)、何度も(몇 번이나)」 등과 함께 사용하는 경우가 많다.

예문 • ここにゴミを捨てないでって、何度言ったことか。まったく!!

여기에 쓰레기를 버리지 말라고 몇 번이나 말했던가. 정말!!

• 好きな人との結婚式をどんなに待っていたことか。 좋아하는 사람과의 결혼식을 얼마나 기다렸는지.

28 ～ことから ～라는 것을 이유로, ～하기 때문에

접속 동사 보통형 | イ형용사 보통형 | ナ형용사な、である、だった | 명사である、だった + ことから

해설 앞 문장 A는 뒤 문장 B의 경위·이유·판단의 근거임을 설명한다.

예문 • 土が湿っていることから雨が降ったことがわかった。

땅이 젖어 있었기 때문에 비가 내린 것을 알았다.

• 静かな住宅街だし、交通の便がいいことからここに引っ越しが決まった。

조용한 주택가이고, 교통편도 좋기 때문에 이곳으로 이사가 결정됐다.

29 ～ことだ ～하는 편이 좋다, ～하는 것이 상책이다 〈조언 · 주장〉

접속 동사 사전형 | 동사 ない형 + ことだ

해설 화자의 개인적인 생각과 판단으로부터 주의를 주거나 조언할 때 쓰인다. **(*일반적으로 동등하거나 아랫사람에게 사용한다.)**

예문
- 合格したいなら一生懸命勉強する**ことだ**。합격하고 싶다면 열심히 공부하는 편이 좋다.
- 仕事に疲れたときは週末はゆっくり休む**ことだ**。일에 지쳤을 때는 주말은 푹 쉬는 것이 상책이다.

30 ～ことなく ～하는 일 없이

접속 동사 사전형 + ことなく

해설 「A하지 않고 B하다」의 의미를 나타낸다.

예문
- パクさんは週末も休む**ことなく**、働いているそうだ。
  박 씨는 주말도 쉬지 않고 일하고 있다고 한다.
- 値段が高かったので、迷う**ことなく**一番安いものを買った。
  가격이 비쌌기 때문에 망설이지 않고 가장 싼 것을 샀다.

31 ～ことに ～하게도

접속 동사 た형, ない형 | イ형용사 사전형 | ナ형용사な + ことに(は)

해설 놀라움이나 감정을 나타내는 말 뒤에 이어 붙여 쓴다. 주로 자주 쓰이는 표현으로는 「珍しいことに(흔치 않게도), うれしいことに(기쁘게도), ありがたいことに(고맙게도), 困ったことに(곤란하게도), 残念なことに(유감스럽게도)」 등이 있다.

예문
- 数年間成績が良くなかった近藤選手は、今回の試合で驚いた**ことに**新記録を達成した。
  수년간 성적이 좋지 않았던 곤도 선수는 이번 시합에서 놀랍게도 신기록을 달성했다.

32 ～ことはない ～ 할 필요는 없다

접속 동사 사전형 + ことはない

해설 과잉 반응이나 행동에 대해 부정적인 것을 서술할 때 사용하며, 상대에게 충고하거나 격려할 때도 사용한다.

예문
- 面接に通らないといって焦る**ことはない**。면접에 통과하지 못한다고 해서 초조해할 필요는 없다.
- 風邪くらいで病院へ行く**ことはない**。감기 정도로 병원에 갈 필요는 없다.

33 ～最中に/～最中だ 한창(마침) ～하는 중에/한창 ～중이다

접속 동사 ている | 명사の + 最中に/最中だ

해설 앞 문장 A의 상황이 최고조일 때, 방해가 되는 B의 상황이 뒤에 온다.

예문
- お風呂に入っている**最中に**宅配便が来た。한창 목욕하고 있는 중에 택배가 왔다.
- 顧客との商談の**最中に**部長から電話がかかってきた。
  고객과 한창 상담 중에 부장님으로부터 전화가 걸려 왔다.

34 ～ざるを得ない (어쩔 수 없이) ～하지 않을 수 없다

접속 동사 ない형 + ざるを得ない (예외: する→せざる、くる→こざる)

해설 「그렇게 하고 싶지 않지만, 어쩔 수 없는 상황에 놓여 있다」라는 뜻으로, 화자의 감정을 포함하고 있다.

예문
- 社長の指示だから行か**ざるを得ない**。사장님의 지시니까 가지 않을 수 없다.
- 議長役として会議には出席せ**ざるを得ない**。의장역으로 회의에는 출석하지 않을 수 없다.

35 ～次第 ～하는 대로

접속 동사 ます형 + 次第

해설 「A가 실현되고 나서 (바로, 즉시) B하겠다」로 뒤 문장 B에는 과거형이 아닌, 의뢰와 희망 등의 의지 표현이 온다. 정중한 표현으로 전화 대응 상황에서 자주 사용된다.

예문
- 日にちが決まり**次第**、連絡します。날짜가 결정되는 대로 연락하겠습니다.
- 小林はあいにく外出しております。戻り**次第**、お電話させましょうか。
  고바야시는 공교롭게도 외출 중입니다. 돌아오는 대로 전화하도록 할까요?

36 ～末(に) ～한 끝에, ～한 끝의

접속 동사 た형 | 명사の + 末(に)

해설 「여러 가지 A한 끝에, 마지막에 탐탁지 않은 결과 B되었다」라는 의미이다.
앞 문장에는 최종적인 결과에 이르는 과정에서 곤란·시행착오 등이 있었음을 암시하는 말 「いろいろ(여러 가지)、さんざん(실컷, 호되게, 온통)、長時間(장시간)、長期間(장기간)、何度も(몇 번이나)」와 함께 사용하는 경우가 많다.

유사표현 ～あげく(に)

예문
- 長時間の会議の**末に**結論を出せず終わってしまった。장시간 회의 끝에 결론을 내지 못하고 끝나 버렸다.

・どれを買おうかとさんざん迷ったあげく、必要のないものばかり買ってしまった。
어느 것을 살지 많이 고민한 끝에 필요 없는 것만 사버렸다.

37 ～たつもりだ ～한 셈 치다, ～했다 생각하다

접속 동사 た형 + たつもりだ

해설 실제는 다르지만 그렇다고 가정할 때 사용하여 「～라고 가정하다/～라고 생각하다」로 해석할 수 있다.

예문 ・かばんを買ったつもりで10万円を貯金した。 가방을 산 셈 치고 10만 엔을 저금했다.

38 ～たところ ～했더니

접속 동사 た형 + たところ

해설 「A한 결과 또는 A했더니, B한 상황이 이미 일어났다」라는 뜻으로 쓰인다.

예문 ・久しぶりに実家に帰ったところ、あいにく両親は旅行中だった。
오랜만에 고향에 돌아갔더니, 공교롭게도 부모님은 여행 중이었다.
・彼を飲み会に誘ったところ、あっさりと断られた。
그를 술자리에 권했더니, 깨끗이(시원스레) 거절당했다.

39 ～たところで ～한들, ～해봤자

접속 동사 た형 + たところで

해설 「A해 봤자 B무리다, 소용없다」의 의미로, 가령 앞 문장 A를 해도 뒤 문장 B에 기대하는 결과는 얻을 수 없음을 부정적으로 판단할 때 사용한다.

예문 ・これ以上議論をつづけたところで、時間の無駄だ。 이 이상으로 논의를 계속한들 시간 낭비다.
・バタバタしたところで、もう遅いから落ち着いて。 허둥지둥해봤자 이미 늦었으니 침착해.

40 ～たとたん(に) ～하자마자

접속 동사 た형 + たとたん(に)

해설 A의 동작·변화가 일어난 바로 뒤에 예상치 못한 B가 일어남을 의미한다. 두 개의 상황이 거의 시간 차가 없이 느껴지기 때문에 「거의 동시에, 그 순간에」로 강조할 수 있다. 앞 문장 A에 의해서 뒤 문장 B라는 상황이 일어나는 경우가 많다.

예문 ・歌が終わったとたんに客席から大きい拍手が起こった。
노래가 끝나자마자 객석에서 큰 박수 소리가 났다.

41 ～たび(に) ～할 때마다

접속 동사 사전형 | 명사の ＋ ～たび(に)

해설 「A할 때 매번 B라는 동작이 일어난다, 또는 옛 기억을 불러일으킨다」라는 의미를 가진다.

예문 • アルバムを見るたびに亡くなったお父さんを思い出す。앨범을 볼 때마다 돌아가신 아버지를 떠올린다.

42 ～だけに/～だけあって/だけのことはある
～인 만큼/～인 만큼 더욱더(가치 · 보람이 있다)/～인 만큼의 가치(보람)가 있다

접속 동사 보통형 | イ형용사 보통형 | ナ형용사な | 명사 ＋ だけに/だけあって/だけのことはある

해설 앞 문장 A는 지위·직업 등을 나타내는 말 외에 평가·특징을 나타내는 표현이 오며, 「さすが(과연, 역시)、確かに(확실히)、なるほど(과연)、やはり(역시)」 등과 함께 감동하거나 납득하거나 하는 마음을 나타내기도 한다.

예문 • 長年日本語の教師としての経験があるだけに、教えることにはプライドを持っている。
오랜 시간 일본어 교사로서의 경험이 있어서 가르치는 것에는 자부심을 가지고 있다.

• イタリアの職人が作っただけに、この靴は長持ちする。
이탈리아 장인이 만든 것인 만큼 이 구두는 오래 신을 수 있어.

• さすがプロだけあって、すばらしいプレーを見せてくれた。역시 프로답게 굉장한 경기를 보여줬다.

• ここのうどんはおいしい。テレビに紹介されるだけのことはある。
여기 우동은 맛있다. 텔레비전에 소개될 만하다.

43 ～ついでに A하는 김에 B

접속 동사 사전형 | 동사 た형 | 명사の ＋ ついでに

해설 「본래의 행위인 A하는 기회를 이용해 다른 행위 B까지 한다」로 쓰인다.

예문 • 京都まで足を運んだついでに奈良まで行ってきた。교토까지 이동한 김에 나라까지 다녀왔다.

44 ～つつ ～하면서

접속 동사 ます형 ＋ つつ

해설 「A하면서 동시에 B를 진행한다」는 의미이며, 「～ながら」보다는 조금 더 문어체 표현이다.

유사표현 ながら

예문 • 風景を楽しみつつ、ドライブをした。풍경을 즐기면서 드라이브를 했다.

- ダイエットのために運動(うんどう)をしながら、食事(しょくじ)の調節(ちょうせつ)もしている。
  다이어트를 위해 운동을 하면서 식사 조절도 하고 있다.

45 ～つつある ～하는 중이다, ～하고 있다 〈계속 진행〉

접속 동사 ます형 + つつある

해설 일정한 방향으로 동작 또는 상태나 상황의 변화가 계속되는 모습을 표현할 때 사용한다.

예문
- 人(ひと)の経験(けいけん)と考(かんが)え方(かた)が多様化(たようか)し、人々(ひとびと)の価値観(かちかん)も変(か)わりつつある。
  사람들의 경험과 사고방식이 다양화되고, 사람들의 가치관도 변하고 있다.

46 ～っけ ～던가, ～라고 했지, ～였지

접속 동사·イ형용사·ナ형용사·명사의 보통형 + っけ

해설 확실히 기억하고 있지 않은 일에 대해 상대의 생각을 묻거나 확인하려고 할 때 또는 누군가에게 대답을 요구하는 것이 아닌 혼잣말로써 표현할 때도 쓰인다. (*회화체 표현이다.)

예문
- あの学生(がくせい)の名前何(なまえなん)だっけ。저 학생 이름 뭐였지?
- さっき田中(たなか)さん来(き)たっけ。아까 다나카 씨 왔었던가.

47 ～っこない ～할 리가 없다, ～할 턱이 없다

접속 동사 ます형 + っこない

해설 「절대 ～하지 않는다」라는 강한 부정을 나타낸다.

예문
- 月(つき)1万円(まんえん)の貯金(ちょきん)では家(いえ)を買(か)えっこないよ。
  한 달에 1만엔 저금으로는 집을 살 수 있을 리가 없다.
- 3か月以内(げついない)で日本人(にほんじん)のように日本語(にほんご)がペラペラになれっこない。
  3개월 이내로 일본인처럼 일본어를 능숙하게 말할 수 있게 될 리가 없다.

48 ～っぽい ～같은 느낌이 나다, ～같아 보이다

접속 동사 ます형 | イ형용사 어간 | 명사 + っぽい」

해설 어떤 상태나 성질에 대해서 「～의 경향·요소가 강하다」의 의미를 나타낸다. 사람의 성질을 나타내는 용법으로 「飽(あ)きる(질리다)、怒(おこ)る(화내다)、忘(わす)れる(잊다)」 등의 동사와 접속하여, 화자의 부정적 평가를 포함할 때가 많다.

예문 • 男っぽい。남자 같다.

• 彼女は、年のわりには考え方が子供っぽい。그녀는 나이에 비해서 사고방식이 어린이 같다.

• 彼は飽きっぽい性格で一つの仕事を長く続けることができない。

그는 금방 질리는 성격으로 한 가지 일을 길게 이어가지 못한다.

49 ～て以来 ～한 이래, ～한 이후

접속 동사 て형 + て以来

해설 「어느 시점에서부터 지금에 이르기까지 계속」이라는 의미로, 뒤 문장 B에는 동작과 상태가 계속되고 있음을 나타낸다.

예문 • 開業して以来、この店の味は少しも変わっていない。개업한 이래 이 가게의 맛은 조금도 변하지 않았다.

チェックアップ! 확인문제

1 その件につきましては、上司と相談した(　)お返事いたします。

ⓐ 上で　ⓑ 上に

2 この食べ(　)のパンはだれのですか。

ⓐ がち　ⓑ かけ

3 桜が咲いて一度に春が来た(　)。

ⓐ かのようだ　ⓑ ということだ

4 新婚旅行に行った(　)、どこへも行っていない。

ⓐ ついでに　ⓑ きり

5 体をこわす(　)、頑張って食べます。

ⓐ ぐらいなら　ⓑ ぐらい

6 イさんは週末も休む(　)、働いているそうだ。

ⓐ ことなく　ⓑ からには

7 社長の指示だから行か(　)。

ⓐ ざるを得ない　ⓑ ずに済む

8 どれを買おうかとさんざん迷った(　)必要のないものばかり買ってしまった。

ⓐ あげく　ⓑ とたん

정답 1 ⓐ 2 ⓑ 3 ⓐ 4 ⓑ 5 ⓐ 6 ⓐ 7 ⓐ 8 ⓐ

50 ～てからでないと/てからでなければ ～하고 나서가 아니면

접속 동사 て형 + てからでないと/てからでなければ
명사 + からでないと/からでなければ

해설 「A하고 나서가 아니면 B할 수 없다」라는 의미로, 앞 문장 A에는 동작의 완료나 어느 특정한 시기를 나타내는 말이 오며, 뒤 문장 B에는 불가능과 곤란함을 나타내는 문장이 온다. 즉, B에 이르기 위해서는 우선, 그 전 단계 A의 성립이 필요하다는 말이다.

예문
- 暗証番号を入力してからでないとお金は引き出せません。
  비밀번호를 입력하고 나서가 아니면 돈은 인출할 수 없습니다.
- 夜からでないと花火は見られません。
  밤부터가 아니면 불꽃놀이는 볼 수 없습니다.(= 밤이 되어야 불꽃놀이를 볼 수 있다.)

51 ～てしょうがない ～해서 견딜 수 없다

접속 동사 て형 | イ형용사くて | ナ형용사で + しょうがない

해설 「매우, 도저히, 참을 수 없을 정도로」라는 의미로, 강한 감정과 감각이 끓어올라 억제할 수 없음을 나타낼 때 사용하는 표현이다.

유사표현 ～てたまらない/～てならない/てしかたない

예문
- 不親切な店員の態度に腹が立ってしょうがなかった。 불친절한 점원의 태도에 화가 나서 견딜 수 없었다.
- 一週間、野菜ばかり食べていたら、肉が食べたくてたまらなかった。
  일주일 동안, 채소만 먹었더니 고기를 먹고 싶어서 견딜 수 없었다.
- ぎりぎりだが合格したので、うれしくてならない。 아슬아슬하지만 합격했기 때문에 매우 기쁘다.
- 私のせいで試合に負けてしまい、残念でしかたない。 나 때문에 시합에 져버려 유감스러워 견딜 수 없다.

52 ～ということだ ① ～라는 것이다, ～라고 한다 〈전문〉 ② (즉, 결국) ～라고 하는 것이다 〈요약〉

접속 동사·イ형용사·ナ형용사·명사의 보통형 + ということだ

유사표현 ～とのことだ

해설 앞에는 모든 시제가 올 수 있으며 전문과 요약의 용법으로 사용한다.
(*「～とのことだ」는 조금 더 딱딱한 표현으로 일상생활보다는 비즈니스 상황에서 자주 사용한다.)
① 전문(伝聞) : 직접적, 간접적 내용 둘 다 사용할 수 있고, 「～라고 한다, ～라고 들었다」로 해석한다.

예문
- 火事で燃えた木を復旧するのに30年かかるということだ。
  화재로 탄 나무를 복구하는 데 30년 걸린다고 한다.

② 요약 : 상대방의 말을 받아 「그것은 즉, 결국 ~라고 하는 것이군요」라고 확인하는 경우와 지금까지의 이야기를 정리·요약하며 결론을 서술할 때 사용한다.

예문 · A：今度の企画は見送ることにしよう。이번 기획은 보류하는 것으로 하자.

B：えっ、じゃ、私の企画が選ばれなかったということでしょうか。

엇, 그럼 제 기획이 채택되지 않았다는 것입니까?

53 ～というと ~라고 하면, ~로 말할 것 같으면

접속 동사·イ형용사·ナ형용사·명사의 보통형 + というと

해설 어떠한 상황에 대한 생각이 나거나 상대의 발언을 받아 그 말을 내세워 화제로 삼을 때 쓰는 표현이다.

유사표현 ～といえば/～といったら

예문
- 温泉というとやはり日本が一番でしょう。온천이라 하면 역시 일본이 최고죠.
- 高いといえば高いが買えないほどではない。비싸다고 하면 비싸지만 사지 못할 정도는 아니다.
- 地震の悲惨さといったら、もう言いようがないです。

  지진의 비참함으로 말할 것 같으면 더 이상 말로 표현할 수 없습니다.

54 ～というものだ ~인 것이다, ~인 법이다

접속 동사·イ형용사·ナ형용사·명사의 보통형 + というものだ

*ナ형용사 어간 | 명사 + というものだ인 경우도 있다.

해설 「바로(정말로) 그렇다」라는 의미로, 상황의 본질과 화자의 의도를 강조할 때 쓰이는 표현이다.

예문
- ほかの仕事もあるのに短期間で原稿を書くのは、無理というものだ。

  다른 일도 있는데 단시간에 원고를 쓰는 것은 무리인 법이다.
- 毎日怒られてばかりだと、だれでも嫌になるというものだ。

  매일 화내고만 있다면, 누구든 정떨어지는 법이다.

55 ～というものではない/～というものでもない (무조건 · 꼭) ~한 것은 아니다/~한 것도 아니다

접속 동사·イ형용사·ナ형용사·명사의 보통형 + というものではない/というものでもない

해설 「반드시(꼭) 그런 것은 아니다」의 의미로, 어떠한 일의 본질을 설명하려는 의도를 강조할 때 쓰는 표현이다.

예문
- お金が多ければ多いほど幸せだというものではない。돈이 많으면 많을수록 (무조건) 행복한 것은 아니다.
- 一流俳優が出演したから映画が成功するというものでもない。

  일류 배우가 출연했기 때문에 (반드시) 영화가 성공하는 것도 아니다.

56 ～というより A라기보다 (B가 더 적절하다)

접속 동사·イ형용사·ナ형용사·명사의 보통형 + というより

해설 앞 문장 A와 뒤 문장 B를 비교했을 때 B 쪽이 더 적절하다는 의미이다.

예문 · 田中さんは慎重**というより**、ちょっと臆病に近いかもしれない。
다나카 씨는 신중하기보다 조금 겁쟁이에 가까울지도 모른다.

57 ～といっても A라고 해도 B

접속 동사·イ형용사·ナ형용사·명사의 보통형 + からといって

해설 「A라고는 하지만 B는 고작 ~이다 또는 불과 ~이다, 별거~아니다」의 의미로, 실제로는 상대방이 생각하고 있는 정도만큼은 아니라는 뉘앙스를 가진다.

예문 · 知り合い**といっても**友達の結婚式で一度会っただけです。
지인이라고 해도 친구의 결혼식에서 한 번 만났을 뿐입니다.

· 宝くじに当たった**といっても**、わずか500円です。 복권에 당첨됐다고 해도 고작 500엔입니다.

58 ～通り(に) ～한대로, ~처럼

접속 동사 사전형 | 동사 た형 | 명사の + とおり(に)
*명사와 바로 접속될 때는 「명사 + どおり(に)」로 쓰기도 한다. 예 計画どおり(に)、予想どおり(に)

해설 「A하는 대로 B의 내용도 그대로이다」를 뜻한다.

예문 · 先生がおっしゃった**通り**です。 선생님이 말씀하신 대로입니다.

· こつこつ現地調査を進めているが、思い**通りに**ならない。
꾸준히 현지 조사를 진행하고 있지만 생각처럼 되지 않는다.

59 ～ところに/～とうろへ/～ところを 그때/그 참에/그 장면을

접속 동사 보통형 + ところに/とうろへ/ところを

해설 「마침 A의 장면이거나, A일 때에 지금까지의 상황을 확 바꾸는 B가 발생한다」는 의미이다.

예문 · 彼との結婚で悩んでいる**ところに**、先輩からのアドバイスのおかげで決心を固めることができた。 그와의 결혼으로 고민하고 있을 때 선배의 조언 덕분에 결심을 굳힐 수 있었다.

· 試験中カンニングをしている**ところを**先生に見られて叱られた。
시험 중 커닝하고 있는 장면을 선생님에게 들켜서 혼났다.

60 ～とは限らない ～라고 할 수는 없다

접속 동사·イ형용사·ナ형용사·명사의 보통형 + とは限らない

해설 「많은 경우에 A라 말할 수 있지만, 그렇지 않을 경우도 있다」라는 의미의 부분 부정 표현이며, 「必ずしも(반드시)、いつも(언제나)、常に(항상)、だれでも(누구든)、なんでも(무엇이든)」 등과 같은 부사나 「～からといって(~라고 해서)」의 표현과 함께 사용하는 경우가 많다.

예문
- 書類試験が通ったからといって必ずしも面接も通る**とは限らない**。
  서류 시험을 통과했다고 해서 반드시 면접도 통과한다고 할 수는 없다.
- 医者もそれぞれ専門があるので、どんな病気でも治せる**とは限らない**。
  의사도 각각 전문 분야가 있기 때문에 어떤 병이라도 고칠 수 있다고 할 수는 없다.

61 ～どころか ～(하기는) 커녕

접속 동사·イ형용사·ナ형용사·명사의 보통형 | 명사 + どころか

해설 A라는 예상·기대·이미지와는 전혀 다르게 반대의 상황인 B로 이어질 때 사용한다.

예문
- 2週間サラダだけの生活で頑張ったのに、やせる**どころか**1キロ増えたの。
  2주간 샐러드만 먹는 생활로 힘냈는데, 살이 빠지기는커녕 1킬로 늘어났어.
- 年一回の旅行**どころか**、日帰りで近郊の温泉にも行ったことがない。
  연 1회 여행은커녕 당일치기로 근교 온천에도 간 적이 없다.

62 ～どころではない/～どころではなく ～할 수 있는 상태가 아니다/～할 수 있는 상태가 아니라

접속 동사 사전형 | 명사 + どころではない/どころではなく

해설 「도저히 A 같은 것을 할 여유나 상황이 되지 않는다」는 의미를 나타낸다. 절박한 상황, 힘든 상황을 강조한다.

예문
- オリンピックが始まったら、気になって仕事**どころじゃなく**なる。
  올림픽이 시작되면 궁금해서 일할 상황이 아니게 된다.
- カフェで隣の赤ちゃんに泣かれて、静かに本を読む**どころではなかった**。
  카페에서 옆에 있는 아기가 울어서 조용히 책을 읽을 수 있는 상황이 아니었다.

63 ~ないことには~ない ~하지 않고서는 ~할 수 없다

접속 동사 ない형 + ないことには~ない

해설 「우선 A하지 않으면 B할 수 없다」는 의미로, B를 성립하기 위해서는 우선 첫 번째로 A의 성립이 필요하다는 뜻을 내포한다.

예문
- できるかどうか、やってみないことにはわからない。할 수 있을지 어떨지 해보지 않고서는 알 수 없다.
- 今回のプロジェクトにみんな力を合わせて拍車をかけないことには成功できない。
  이번 프로젝트에 모두 힘을 합쳐서 박차를 가하지 않고서는 성공할 수 없다.

64 ~ないことはない/~ないこともない ~하지 않는 것은 아니다/~못할 것은 없다

접속 동사 ない형 + ないことはない/~ないこともない

해설 근소한 가능성을 소극적으로 인정할 때 사용된다.

예문
- 時間はちょっとかかるけど、やり方次第ではできないことはないです。
  시간은 조금 걸리지만 하는 방법에 따라서는 하지 못할 것은 없습니다.
- ちょっと高価だけど、私の給料で買えないこともない。조금 비싸지만 내 월급으로 사지 못할 것도 없다.

65 ~ないとも限らない ~하지 않는다고 단정할 수 없다(= 그럴 수도 있다)

접속 동사 ない형 + ないとも限らない

해설 적은 가능성을 시사하며, 화자의 심리나 기대하는 마음을 표현할 때 쓰인다. 「A할 수도 있으니, B의 대응이나 대책이 있어야 한다」고 판단을 나타낼 때 자주 사용한다.

예문
- 交通事故にあわないとも限らないから、保険に加入しておいた方がいい。
  교통사고를 당하지 않는다고 할 수 없기 때문에 보험에 가입해 놓는 편이 좋다.
  (= 교통사고를 당할 수도 있으니 보험에 가입해 두는 편이 좋다.)
- その本、書店においていないとも限らないから、一応探してみよう。
  그 책, 서점에 놓여 있지 않다고 단정지을 수 없으니까, 일단 찾아보자.(= 서점에 있을 수도 있으니 일단 찾아보자.)

66 ~ないではいられない/~ずにはいられない
(도저히) ~하지 않을 수 없다, ~하지 않고 서는 못 견디다, ~하지 않고 서는 배길 수 없다

접속 동사 ない형 + ないではいられない/ずにはいられない (예외: する→せずにはいられない)

해설 마음·기분을 억제할 수 없어 어떻게든 ~하고 말겠다는 의미로, 자연스레 끓어오르는 개인적인 감정을 나타낼 때 쓰는 표현이다.

예문 • あまりに寒くて厚着をしないではいられなかった。
너무 추워서 두꺼운 옷을 입지 않고서는 배길 수 없었다.
• 蚊がいる以上は捕まえずにはいられない。모기가 있는 이상은 잡지 않고서는 못 견딘다.

67 ~ながら(も) A하면서(도) B

접속 동사 ます형 | イ형용사 사전형 | ナ형용사 어간 | 명사であり + ながら(も)

해설 앞 문장 A와 뒤 문장 B는 역접 관계로 이어진다.

유사표현 ~つつ(も)

예문 • 招待していただいてありがたいですけど、残念ながら行けそうにないです。
초대해 주셔서 감사합니다만, 유감스럽게도 갈 수 없을 것 같습니다.
• 作家の山田は「現実的でありながら理想的な面も失わないようにした」と言っている。
야마다 작가는 "현실적이면서도 이상적인 면도 잃지 않도록 했다"고 말하고 있다.
• 頭の中ではそう考えつつもどうしても納得ができない。
머릿속에서는 그렇게 생각하면서도 어떻게 해도 납득이 가지 않는다.

68 ~など/~なんか/~なんて ① ~등, ~같은 것 ② ~따위

접속 동사て형 | 명사 + なんか/など
동사·イ형용사·ナ형용사의 보통형 | 명사 + なんて

해설 ① 「예를 들면, ~등등」의 예시 표현으로 단정을 피하는 어투로 사용된다.

예문 • 先生への感謝のプレゼントは、香水などが人気です。
선생님께 드릴 감사 선물은 향수 등이 인기입니다.
• 彼女はいつも険しい表情をしているけど、別に怒ってなんていないです。
그녀는 항상 험악한 표정을 짓고 있지만, 딱히 화내는 것은 아닙니다.

② 평가의 대상을 강조할 때 쓰이며 경시·경멸 또는 겸손의 마음을 표현할 때 쓰인다. 뒤 문장 B에는 부정적 표현이 이어진다.
• お母さんなんか嫌い! 엄마 따위 싫어!
• 私なんか、運転免許も持っていません。나 같은 사람은 운전면허도 갖고 있지 않습니다.

69 ～にあたって/～にあたり ～할 때에/～를 맞이하여

접속 동사 사전형 | 명사 + にあたって/にあたり

해설 새로운 상황을 시작하는 국면이나 또는 끝나는 국면에서 사용되며, 「～라는 상황을 앞두고」의 뜻으로 쓰인다. 표현 앞에 올 수 있는 명사로는 受験(수험), 入学(입학), 卒業(졸업), 就職(취직), 結婚(결혼), 開会(개회), 申し込み(신청)」 등이 자주 온다.

예문
- 日本での生活を始める**にあたって**、まず部屋を探した。
  일본에서의 생활을 시작하면서 먼저 방을 찾았다.
- 海外進出をする**にあたり**、まず、現地の市場調査のためのスタッフを送り出した。
  해외 진출을 맞이해 우선 현지 시장 조사를 위해 직원을 보냈다.

70 ～に決まっている 틀림없이 ～이다, ～임에 틀림없다

접속 동사·イ형용사·ナ형용사의 보통형 | 명사である + に決まっている

해설 말할 필요도 없이 명백한 상황임을 뜻하며, 「애매하지 않고 정말 그렇다」라는 의미를 강조할 때 쓰인다.

유사표현 ～に相違ない/～に違いない/(명사)にほかならない

예문
- 彼の実力ならどんな試験でも合格する**に決まっている**。
  그의 실력이라면 어떤 시험에도 틀림없이 합격할 것이다.
- 私が頼んでも断る**に相違ない**。내가 부탁해도 거절할 것임에 틀림없다.
- 口の軽い彼女だから、この問題の種は彼女**に違いない**。
  입이 가벼운 그녀이기 때문에 이 문제의 원인은 그녀임에 틀림없다.
- 今回の優勝は彼の完璧なプレーの結果**にほかならない**。
  이번 우승은 그의 완벽한 플레이의 결과임에 틀림없다.

71 ～にしたがって/～にしたがい ～함에 따라, ～에 따라

접속 동사 사전형 | 명사 + にしたがって/にしたがい

해설 「A라는 변화에 대응하여 차례차례 B도 A를 따라 변화한다」는 의미를 가진다.

예문
- 年をとる**にしたがって**視力がどんどん落ちていく。나이를 먹음에 따라 시력이 점점 떨어져 간다.

유사표현 ～につれて/～につれ ～와 함께

접속 동사의 사전형 | 명사 + につれて/につれ

예문
- 北の方に行く**につれ**、だんだん寒くなった。북쪽으로 갈수록 점점 추워졌다.

유사표현 ～に伴って/～に伴い/～に伴う ～와 동반하여, ～함에 따라

접속 동사 사전형(の) | 명사 + に伴って

예문 • 少子化が進むの**に伴って**教育費が減少するだろうと思うが、そうでもない。
저출산이 진행됨에 따라 교육비가 줄어들 것이라고 생각하겠지만, 그렇지도 않다.

유사표현 ～とともに ～와 함께

접속 동사 사전형 | 명사 + とともに

예문 • ファッションは、時代**とともに**変化してきた。
패션은 시대와 함께 변화해 왔다.

72 ～に過ぎない (불과 · 고작 · 다만) ～에 지나지 않는다, ～에 불과하다

접속 동사 보통형 | イ형용사 보통형 | ナ형용사だった、である | 명사だった、である + にすぎない

해설 「다만 ～뿐이다」라는 의미이며, 정도에 있어서 하찮음 또는 대단한 게 아니라는 경시의 마음을 내포한다. 「あくまで(어디까지나)、ただ(단)、ただの(다만)、単に(단순히)、ほんの(그저)」 등과 함께 자주 호응한다.

예문 • 大学に進学するのも、人生の選択肢の一つ**に過ぎない**。
대학에 진학하는 것도 인생의 선택지 중 하나에 불과하다.

• いくら性能のいいコンピューターでも、使わなければ、ただの箱**に過ぎない**。
아무리 성능이 좋은 컴퓨터라도 사용하지 않으면 그냥 상자에 불과하다.

• いえいえ、お礼は結構です。当然のこと**に過ぎません**。
아니요, 사례는 괜찮습니다. 당연한 일을 한 것에 지나지 않아요.

73 ～にしては ～로서는, ～치고는(예상 · 기대와는 다르다)

접속 동사·イ형용사·ナ형용사의 보통형 | 명사である + にしては

해설 A에 대한 이미지와 실제에 차이가 있을 때 사용하는 표현으로 의외의 기분을 나타낸다.

유사표현 ～わりに/～わりには

예문 • この町は田舎**にしては**珍しく若者が多い。
이 마을은 시골치고는 드물게 젊은 사람이 많다.

• 年をとっている**わりには**若く見える。나이를 먹은 것 치고는 젊게 보인다.

74 ～にしろ/～にせよ/～にもせよ ～이든, ～라고 해도, ～의 경우도

접속 동사 보통형 | イ형용사 보통형 | ナ형용사である、だった | 명사である、だった·명사 + にしろ/にせよ/にもせよ

해설 「A의 경우든 B의 경우든 A, B 어느 쪽이든 적용된다」라는 의미이며, 긍정형과 부정형을 조합한 형태로도 자주 사용된다.

예문
- 事実(じじつ)にしろ嘘(うそ)にしろ、自分(じぶん)の目(め)で確(たし)かめたい。
  사실이든 거짓말이든 내 눈으로 확인하고 싶다.
- 勝(か)つにせよ負(ま)けるにせよ、実力(じつりょく)を出(だ)し切(き)ることができれば、悔(く)いはない。
  이기든 지든 실력을 발휘할 수 있다면 후회는 없다.

75 ～につけ～につけ ～할 때나 ～할 때나

접속 イ형용사 사전형 + につけ～イ형용사 사전형 + につけ

해설 「A하면 (항상, 언제나) 자연적으로 생기는 마음과 사태가 B로 이어진다」는 의미이다.

예문
- いいにつけ、悪(わる)いにつけ、親(おや)の行動(こうどう)は子供(こども)に影響(えいきょう)するものだ。
  좋을 때나 나쁠 때나 부모님의 행동은 아이에게 영향을 끼친다.
- 楽(たの)しいにつけ、悲(かな)しいにつけ、学生(がくせい)の頃(ころ)を思(おも)うと懐(なつ)かしくなる。
  즐거울 때나 슬플 때나 학생 때를 생각하면 그리워진다.

76 ～抜(ぬ)く 끝까지 ～하다, 몹시~하다

접속 동사 ます형 + ぬく

해설 「마지막까지 철저하게 ～하다」의 의미로 어떤 상황이 흐지부지하지 않고 철저한 모습을 나타낸다.

예문
- すぐあきらめるより最後(さいご)までやり抜(ぬ)くという根性(こんじょう)のある人(ひと)が好(す)きだ。
  금방 포기하는 것보다 마지막까지 다 해낸다는 근성 있는 사람이 좋다.
- 悩(なや)み抜(ぬ)いた末(すえ)に、会社(かいしゃ)をやめて事業(じぎょう)を始(はじ)めることにした。
  많이 고민한 끝에 회사를 그만두고 사업을 시작하기로 했다.

77 ～のみならず ～뿐 아니라

접속 동사 사전형 | イ형용사 사전형 | ナ형용사である | 명사·명사である + のみならず

해설 A에 B가 추가·첨가되는 것으로 정도가 더욱더 증가함을 강조하는 표현이다.

유사표현 ～ばかりか/～ばかりでなく/～だけで(は)なく

예문
- 体が病弱であるのみならず何かをやり遂げようとする意志の力が欠けている。
  몸이 병약할 뿐 아니라 무언가를 해내려고 하는 의지력이 부족하다.
- 1年も2年もなおらないばかりか一生これに苦しめられることもある。
  1년도 2년도 낫지 않을 뿐 아니라 평생 이것으로 고통받는 경우도 있다.
- 泥棒に入られ、現金やパスポートばかりかパソコンまで盗まれた。
  도둑이 들어와 현금과 여권뿐 아니라 컴퓨터까지 훔쳐 갔다.
- この果物は、味がいいばかりでなく栄養価もとても高い。
  이 과일은 맛이 좋을 뿐 아니라 영양가도 매우 높다.

78 ～はもとより ～은 물론

접속 동사 보통형 | イ형용사 보통형 | ナ형용사な、だった + (の)はもとより
명사 + はもとより

해설 A뿐만 아니라 혹은 A인 것은 당연하며, B에는 새로운 정보 등이 온다.

유사표현 ～はもちろん

예문
- 英語はもとより中国語もできる彼は会社が求める人材だ。
  영어는 물론 중국어도 할 수 있는 그는 회사가 요구하는 인재다.
- とれたトマトは料理に使うのはもちろん、ジュースにしてもいい。
  수확한 토마토는 요리에 사용하는 것은 물론 주스로 만들어도 좋다.

79 ～ばかりに ～한 바람에, ～탓에

접속 동사 た형 | イ형용사 보통형 | ナ형용사な、である、だった | 명사である、だった + ばかりに

해설 나쁜 결과를 초래한 원인이 되는 앞 문장 A에 대한 후회·불만·유감의 기분을 강하게 표현할 때 사용한다. 뒤 문장 B에는 바람직하지 않은 상황이 계속된다.

예문
- 火を消し忘れたばかりに、大火事になってしまった。
  불 끄는 것을 잊어버린 탓에 큰 화재가 나 버렸다.
- 日本語ができると言ったばかりに通訳させられて、大恥をかいた。
  일본어를 할 수 있다고 말한 바람에 통역하게 되어 큰 망신을 당했다.

80 ~にもほどがある ~하는 데에도 정도가 있다

접속 동사 기본형·동사 ない형 | イ형용사 | 명사 + にもほどがある

해설 「A하는 데에도 정도가 있다」 또는 「A하는 데에도 상식적인 범위가 있다」의 의미로, 행위가 한도를 넘고 있다는 것을 말하고 싶을 때 사용하며 비난의 의미가 포함되어 있다.

예문
- 冗談**にもほどがある**。言葉に気を付けて。 농담에도 정도가 있어. 말조심해.
- マナーがない**にもほどがある**。夜明けの2時に電話で質問するなんて…。
  매너가 없는데도 정도가 있다. 새벽 2시에 전화로 질문하다니….

81 ~(より)ほか(は)ない ~할 수밖에(는) 없다, ~외에 방법이 없다

접속 동사 사전형 + (より)ほか(は)ない

해설 A 외에는 방도나 방법이 없다는 뜻으로 사용한다.

유사표현 ~ほかはない/~ほかしかたがない

예문
- 今の状況ではあなたに頼る**よりほかない**。
  지금의 상황에서는 당신에게 의지할 수밖에 없어.
- もうこれ以上方法はない。あきらめる**よりほかはない**。
  이제 이 이상 방법은 없다. 포기하는 것 외에 방법은 없다.

82 ~ほどのことではない ~할 정도는 아니다

접속 동사 기본형 + ほどのことではない

해설 「대단한 것은 아니니 ~할 정도는 아니다」라는 의미이다.

예문
- ちょっと咳が出るだけで、心配する**ほどではありません**。
  조금 기침이 나오는 정도이니 걱정할 정도는 아닙니다.

83 ~まい ① (부정 추측) ~하지 않을 것이다 ② (부정 의지) ~하지 않겠다

접속 (1그룹) 동사 사전형 + まい | (2, 3그룹) 동사 ない형 + まい
(*「する」는 「するまい」 | 「しまい」 둘 다 사용)

해설 ① 부정 추측: 「~하지 않을 것이다」라는 의미를 나타내는 추량 표현이다.

예문
- いくら急いでも電車には間に合う**まい**。
  아무리 서둘러도 전철 시간에는 맞추지 못할 것이다.

② 부정 의지 : 「어떤 행위를 하지 않겠다」라는 강한 의지 표현으로 「決して(결코)、 二度と(두 번 다시)、もう(이제)」 등의 부사를 동반하는 경우가 많다.

- 彼と別れるとき、絶対涙は見せ**まい**と決めていたんですが、つい…
  그와 헤어질 때, 절대 눈물은 보이지 않겠다고 다짐했었습니다만, 나도 모르게….(그만 흘려버렸습니다.)

84 (AはBより)ましだ A는 B보다 낫다

접속 동사 사전형 | 명사 + ましだ

해설 A와 B를 비교하면서 A가 더 나음을 강조하는 표현이다.

예문
- 少額の貯金でもしない**よりましだ**。소액의 저금이라도 하지 않는 것보다는 낫다.
- 運動は苦手だが、走る方が水泳**よりましだ**。운동은 잘 못하지만 달리기 쪽이 수영보다 낫다.

85 ~も~ば~も A도 하는가 하면 B도

접속 명사 + も~(동사 ば형 | イ형용사ければ | ナ형용사ならば | 명사ならば)~명사+も

해설 비슷한 사항을 나열하여 어떠한 경향이나 성질을 강조하거나 대조적인 사항을 나열하여 여러 가지 경우가 있다는 것을 강조할 때 쓴다.

유사표현 ~も~なら~も

예문
- うちの子は部屋の掃除**も**すれ**ば**洗濯**も**してよく家の手伝いをしてくれる。
  우리 아이는 방 청소도 하는가 하면 세탁도 하며 자주 집안일을 도와준다.
- 「ことわざ」人生には、山**も**あれ**ば**、谷**も**ある。「속담」 인생에는 산도 있는가 하면 계곡도 있다.

86 ~もの/~もん ~인 걸요, ~란 말야

접속 동사 보통형 | イ형용사 보통형 | ナ형용사な、だった | 명사な、だった + (んだ)もの/もん

해설 주로 문말에 오며 이유를 서술할 때 회화 표현으로 사용된다. 반론이나 호소를 나타내는 「だって」와 호응하며, 자신의 정당성을 감정적으로 호소할 경우에 사용된다.

「もん」은 꽤 캐주얼한 표현으로 말투에 따라서는 어린애 같거나 어리광 부리는 인상을 줄 수 있다.

예문
- A: また見てるの? 何回目? 또 보고 있어? 몇 번째야?
  B: だって、このドラマおもしろいんだ**もん**。왜냐면 이 드라마 재미있는걸.
- 私、もういらない。だって、これ、あまり好きじゃない**もん**。
  나 이제 필요 없어. 왜냐면 이거 별로 좋아하지 않단 말이야.

87 ～ものか/～もんか ～하겠어(안 하지), ～하나 봐라

접속 동사 사전형 | イ형용사 사전형 | ナ형용사な | 명사な + ものか/もんか

해설 상대나 주위의 의견 또는 생각에 대해 반어적으로 써서 강한 부정을 뜻하는 표현으로, 「절대 ～하지 않겠다」는 강한 반발이 담긴 감정적 표현이다. 회화체로서 「～もんか」, 정중체로서 「～ものですか、～もんですか」가 있다.

예문
- 不正な方法で当選した政治家を支持するものか。
  부정한 방법으로 당선된 정치가를 지지하겠어? (지지하지 않겠다)
- お前なんかに負けるもんか。 너 따위에게 지나 봐라. (지지 않겠다)

88 ～ものがある ～한 면이 있다, ～인(한) 데가 있다

접속 동사 사전형·동사 ない형 | イ형용사 사전형 | ナ형용사な + ものがある

해설 화자가 강하게 느낀 어떠한 사실을 나타내는 표현으로 「～라고 느끼는 요소가 있다」라는 의미를 가진다.

예문
- 彼女の日本語の上達の速さには、驚くべきものがある。
  그녀가 빨리 일본어를 잘하게 된 것은 놀라운 면이 있다.
- 勉強ができない学生に「今回の試験は不可能だ」と言うのは辛いものがある。
  공부를 못하는 학생에게 "이번 시험은 불가능해"라고 말하는 것은 괴로운 면이 있다.

89 ～ものだ (일반적으로 · 통념상) ～인 법이다

접속 동사 사전형·동사 ない형 | イ형용사 사전형 | ナ형용사な + ものだ

해설 「본래 ～이다, 일반적으로 ～이다」라는 본래의 성질, 경향 또는 사회적·도덕적 통념을 서술할 때 사용되며, 누구나 인정하는 공통 의식을 가리킬 때 쓰인다. 그 때문에 주의나 충고 표현으로 사용되는 경우가 많다.

예문
- 自然の前で人間は小さいものだ。 자연 앞에서 인간은 작은 법이다.
- 人の悪口を言うものではない。いつか自分に返ってくるからだ。
  타인의 험담을 하는 것은 아니다. 언젠가 자신에게 돌아오기 때문이다.

90 ～たものだ ～하곤 했다 〈회상〉

접속 동사 た형 + ものだ

해설 과거의 습관적으로 행했던 일을 그리워하며 회상할 때 쓰는 표현이다.

예문
- 昔、ここも人が多く活気にあふれたものです。 예전에 이곳도 사람이 많아 활기가 넘쳐나곤 했다.

- 毎年、横浜で行われた国際花火大会に友達と一緒に行ったものだ。
  매년 요코하마에서 열린 국제 불꽃 축제에 친구와 함께 가곤 했다.

91 ～ものだから ～하기 때문에, ～하므로

접속 동사 보통형 | イ형용사 보통형 | ナ형용사な, だった | 명사な, だった + ものだから

해설 어쩔 수 없는 이유나 정당한 이유를 강조할 때 사용한다.

예문
- アラームが壊れたものだから遅れてしまいました。
  알람이 고장 났기 때문에 늦어 버렸습니다.
- 共働きなものだから、子供の教育にはお留守になってしまった。
  맞벌이기 때문에 아이 교육에는 소홀해져 버렸다.

92 ～ものなら ～라면, ～할 수 있다면

접속 동사 가능형·사전형 + ものなら

해설 동사의 가능형 또는 가능의 의미를 나타내는 동사의 사전형에 접속하고 「불가능하거나 무리라고 생각했던 A라는 일이 가능하다면」이라는 가정 조건을 말하며, 뒤 문장 B에는 바램이나 기대를 나타낸다.

예문
- できるものなら、私も一度、一人旅に行ってみたい。
  가능하다면 나도 한번 혼자 여행을 떠나 보고 싶다.
- キャンプに行けるものなら行きたいんですが、テストが近いので無理そうです。
  캠핑에 갈 수 있다면 가고 싶습니다만, 시험이 가까워서 무리일 것 같습니다.

93 ～ものの 비록 A하긴 했지만 (B 부정적 내용)

접속 동사 보통형 | イ형용사 보통형 | ナ형용사な、である、だった | 명사な、の、である、だった + ものの

해설 앞 문장 A라는 사실로부터 예상·기대되는 것이 B의 현실과 차이가 있음을 뜻하는 역접 표현이다. A하는 것은 확실하지만, 「그러나」라고 B에는 부정적 내용이 이어지고, 어떤 문제가 있어 상황이 원활하게 진행되지 않거나 해결되지 않을 때 자주 사용된다.

예문
- そこの担当者という人に説明されたものの、やはり納得ができなかった。
  그쪽 담당자라고 하는 사람에게 설명 들었지만, 역시 납득할 수 없었다.
- 卒業はしたものの就職が決まらなくて困っている若者が多い。
  졸업은 비록 하긴 했지만, 취직이 결정되지 않아서 곤란해하고 있는 젊은이가 많다.

94 ～やら～やら ～라든지 ～라든지, ～이며 ～이며 〈예시〉

접속 동사·イ형용사·ナ형용사·명사의 사전형 + やら～동사·イ형용사·ナ형용사·명사의 사전형 + やら

해설 몇 개의 예를 구체적으로 나열하며, 어떠한 물건이나 상황이 여러 가지 있음을 나타내고, 「A(물건, 감정 등)가 있어, B(힘들다, 복잡하다)」라고 말하고 싶을 때 쓰는 표현이다.

예문
- 朝から書類を忘れるやら遅刻するやら、ついていない一日だった。
  아침부터 서류 분실이며 지각이며 운 없는 하루였다.
- 迷子が泣くやらわめくやら、道でお母さんを探している。
  미아가 울며불며 길에서 엄마를 찾고 있다.

95 ～ようがない/～ようもない ～할 방도(방법)가 없다/～할 방도도 없다

접속 동사 ます형 + ようがない/ようもない

해설 포기나 무기력 등의 감정의 뉘앙스가 포함된 표현이다.

예문
- あの事件は悲惨としか言いようがない。
  저 사건은 비참하다고 밖에 말할 방법이 없다(말로 형용할 수가 없다).
- どうしようもない。 어떻게 할 방도도 없다.

96 ～(よ)うではないか (함께) ～하자, ～해야 하지 않겠는가?

접속 동사 의지형(う·よう형) + ではないか

해설 여러 사람 앞에서 「함께 ～하자」라고 자신의 생각을 강하게 제안하거나 행동을 재촉할 때 쓰이며, 주로 연설 등에 자주 사용되고 남성적인 표현이다.

예문
- せっかくだからみんな参加しようではないか。
  모처럼이니 모두 참가해야 하지 않겠는가?

97 ～(よ)うものなら ～하려고 한다면

접속 동사 의지형(う·よう형) + ものなら

해설 「만일 어떠한 동작이나 행위를 하려고 하면, (바로 그 자리에서) 어떤 행위나 상황이 일반적이지 않은 반응·결과로 직결된다」는 의미이다.

예문
- 下の子に何かあげようものなら、上の子がすぐ奪ってしまう。
  작은 아이에게 무언가 주려고 하면 큰 애가 금방 빼앗아 버린다.

・Aチームが優勝(ゆうしょう)でもしようものなら、ファンは大騒(おおさわ)ぎになるだろう。

A팀이 우승이라도 하려고 한다면, 팬은 야단법석을 떨 것이다.

98 ～わけがない/～わけはない ～일 리가 없다/～일 리는 없다

접속 동사·イ형용사 보통형 | ナ형용사な、である、だった | 명사の、である、だった + わけがない/わけはない

해설 「그 같은 일이 일어날 이유와 도리가 없다, ～같은 상황이 일어날 것은 생각할 수 없다」는 관점에서 해석되며, 단정적으로 가능성을 부정할 때 쓰는 표현이다.

예문 ・今月(こんげつ)から勉強(べんきょう)しては、合格(ごうかく)できる**わけがない**。

이번 달부터 공부해서는 합격할 수 있을 리가 없다.

・優秀(ゆうしゅう)な彼(かれ)のことだから、この問題(もんだい)を解(と)けない**わけがない**。

우수한 그이기 때문에 이 문제를 풀지 못할 리가 없다.

99 ～わけだ/～わけではない/～わけでもない ～셈(것)이다, ～셈(것)은(도) 아니다

접속 동사 보통형 | イ형용사 보통형 | ナ형용사な、である、だった | 명사の、である、だった + わけだ/わけではない/わけでもない

해설 그렇게 된 상황이나 배경을 알게 되어서 납득이 된다는 뜻으로 사용된다. 「A라는 원인·이유가 있었음을 알게 되었으니, 그렇다면 B하는 것은 당연하다」는 뉘앙스다. 납득과 당연의 마음을 나타내는 「なるほど(과연)、どうりで(어쩐지)、それで(그래서)」라는 말을 동반하기도 한다.

예문 ・180点中(てんちゅう)、60点(てん)だったから不合格(ふごうかく)という**わけだ**。

180점 중 60점 받았으니까 불합격인 셈이다.

・事件現場(じけんげんば)には遺書(いしょ)が置(お)いてあった。自殺(じさつ)した**わけだ**。

사건 현장에는 유서가 놓여 있었다. 자살한 것이다.

・会社(かいしゃ)を辞(や)める**わけではなく**、長期休暇(ちょうききゅうか)をもらっただけです。

회사를 그만두는 것은 아니고, 장기 휴가를 받은 것뿐입니다.

・A：スミンさんのお母(かあ)さん、日本人(にほんじん)だからうちでは日本語使(にほんごつか)うんだって。

수민 씨 엄마, 일본인이라 집에서는 일본어 사용한대.

B：そう？どうりでうまい**わけだ**。그래? 어쩐지 잘하더라.

100 ～わけにはいかない/～わけにもいかない ～할 수는 없다/～할 수도 없다

접속 동사 사전형·ない형 + わけにはいかない/わけにもいかない

해설 사회적 통념이나 주위에 대한 배려 또는 금지 사항으로 인해 「그렇게 할 수 없다」로 해석되는 경우에 쓰인다. (*개인적 사정·능력이 이유일 경우에는 사용하지 않는다)

예문
- 助けを求める人をおいて行くわけにはいかない。
  도움을 요청하는 사람을 두고 갈 수는 없다.
- 引き受けることにした以上、いまさらやめるわけにもいかない。
  받아들이기로 한 이상 이제 와서 그만둘 수도 없다.

チェックアップ!
확인문제

1 さっき田中さん来た（　）。
ⓐ っけ　　ⓑ つもりだ

2 宝くじに当たった（　）、わずか500円です。
ⓐ というより　　ⓑ といっても

3 年一回の旅行（　）、日帰りで近郊の温泉にも行ったことがない。
ⓐ どころか　　ⓑ どころではなく

4 年をとる（　）視力がどんどん落ちていく。
ⓐ にしたがって　　ⓑ にこたえて

5 年をとっている（　）若く見える。
ⓐ わりには　　ⓑ とともに

6 火を消し忘れた（　）、大火事になってしまった。
ⓐ のみならず　　ⓑ ばかりに

7 ちょっと咳が出るだけで、心配する（　）。
ⓐ ほどではない　　ⓑ ほどがある

8 不正な方法で当選した政治家を支持する（　）。
ⓐ ものか　　ⓑ ものがある

정답 1 ⓐ 2 ⓑ 3 ⓐ 4 ⓐ 5 ⓐ 6 ⓑ 7 ⓐ 8 ⓐ

필수문법

2 명사와 접속하는 문법 표현 40

1 ～おきに ～간격으로, ～마다, ～을 두고

해설 수량을 표현하는 단어 뒤에 붙어 일정한 간격을 두고 일이 거듭됨을 나타낸다.

예문
- 道に沿って10メートルおきに看板が立っている。길을 따라 10미터마다 간판이 서 있다.
- 空港行きのバスは市役所から1時間おきに出発しています。
  공항행 버스는 시청에서 1시간 간격으로 출발하고 있습니다.

2 ～限りで ～를 마지막으로

해설 「일시·수량」의 뒤에 붙어 「～만이다, 이번을 끝으로 ～하겠다」는 한정의 의미를 가지고 있다.

예문
- 半額サービスは、今週限りで終わらせていただきます。
  50% 할인 서비스는 이번 주를 마지막으로 끝내겠습니다.
- 家庭の事情で、今月限りで帰国することになりました。
  가정 사정으로 이번 달을 마지막으로 귀국하게 됐습니다.

3 ～から～にかけて A(시작)부터 B(끝)에 걸쳐

해설 시간과 장소를 나타내는 명사와 접속하며, 「A에서부터 B 사이에 어떠한 상황이 일어나거나 행해지는 것」을 나타낸다.

예문
- 3丁目から4丁目にかけて道路工事が行われています。
  3번지부터 4번지에 걸쳐서 도로 공사가 행해지고 있습니다.
- ラッシュアワーは朝7時から9時にかけて一番込む。러시아워는 아침 7시부터 9시 사이에 가장 붐빈다.

4 ～から言うと/～から言えば/～から言って ～의 입장에서 보면(말하면 · 생각하면), ～로부터 판단하면

해설 「A라는 입장·관점 또는 어떠한 재료·기준에서 생각하면」의 의미로, 뒤 문장 B에는 판단·추량·의견이 온다.

유사표현 ～からすると/～からすれば/～から見ると/～から見れば/～から見ても

예문
- 私の立場からいうとそれは無理だと思います。제 입장에서 보면 그것은 무리라고 생각합니다.
- 現状からいって、実行までするのは不可能だ。현재 상황에서 보면 실행까지 하는 것은 불가능하다.

・べたべたして気持ち悪い梅雨でも、豊作を願っている農家**からすると**嬉しいはずだ。
끈적끈적해서 기분 나쁜 장마여도 풍작을 바라고 있는 농가 입장에서 보면 기쁠 것이다.

・今までの実力**から見ても**、彼が最優秀賞をもらったのは当然のことだ。
지금까지의 실력에서 보아도 그가 최우수상을 받은 것은 당연한 일이다.

5 ~からして ~부터가

해설 사소한 것, 가장 기본적인 것, 가장 가능성이 없는 것을 예로 들며, 상징적이면서 전체적인 것으로 평가할 때 쓰인다.

예문 ・さすがに一流レストランだ。店員の態度**からして**丁寧で上品だ。
역시 일류 레스토랑이다. 점원의 태도부터가 정중하고 품위 있다.

・松本さんは服装**からして**、とてもまじめな学生って感じだよね。
마츠모토 씨는 복장부터가 매우 성실한 학생 같은 느낌이지.

6 ~次第だ/~次第で/~次第では ~에 달려 있다/~에 따라서/~에 따라서는

해설 「결정적인 요소를 가진 A에 의해서 B의 결과가 좌우된다」는 의미를 가진다.

예문 ・やる気**次第で**結果が違ってくる。의지에 따라 결과가 달라진다.

・トムさんはその日の機嫌**次第で**態度がころころ変わる。톰 씨는 그날의 기분에 따라 태도가 확 바뀐다.

7 ~だらけ ~투성이

해설 「~가 많다, ~가 가득하다」는 의미로, 부정적 의미를 가진 단어가 앞에 오는 경우가 많다.

예문 ・借金までして買った車が、昨日の事故で傷**だらけ**になった。
빚까지 져서 산 차가 어제 사고로 흠집투성이가 됐다.

8 ~として ~(으)로서, ~입장에서는

해설 「A의 입장·자격·명목·관점으로서」라는 의미이다.

예문 ・韓国人の海外での評判は、韓国人の一人**として**気になる。
한국인에 대한 해외에서의 평가는 한국인의 한 사람으로서 궁금하다.

・親**として**子供に何でもやってやりたいという気持ちは当然のことだ。
부모로서 아이에게 무엇이든 해주고 싶은 마음은 당연한 일이다.

9 ～において/～における (어떤 상황 · 장면) ～에 있어서, ～에서

해설 조사「で」의 의미로, 장소·영역·장면·시간 등을 명시적으로 나타내는 표현이다.

예문
- 式は小ホールにおいて行われる。식은 작은 홀에서 열린다.
- 本日の会議は、第一会議室において行います。오늘 회의는 제1회의실에서 실시합니다.
- 20世紀における最大の発明は、コンピューターだろう。20세기 최대의 발명은 컴퓨터이겠지.

10 ～に限ったことではない ～에 국한된 것은 아니다

해설 「A만으로 말할 수 있는 것은 아니다, A만 그런 것이 아니다」는 의미를 가진다.

예문
- 丁寧な言葉遣いができないのは大学生に限ったことではない。社会人でもできない人が多い。
  정중한 말투를 사용하지 못하는 것은 대학생에 국한된 것은 아니다. 사회인 중에서도 할 수 없는 사람은 많다.
- 今回の問題はわが国に限ったことではなく、全世界に共通する問題です。
  이번 문제는 우리나라에 국한된 것이 아니라 전 세계에 공통되는 문제입니다.

11 ～に限って～ない ～인 경우에 한해서 꼭 ～하지 않는다

해설 「A의 경우만큼은 절대 B하지 않는다」의 뜻으로, 화자의 주관적인 생각을 표현한다.

예문
- あの学生に限って、カンニングなどするはずはない。
  저 학생의 경우에 한해 커닝 같은 것을 할 리는 없다.
- わが社の製品に限って、そんなに簡単に壊れることはないと思います。
  저희 회사의 제품에 한해서 꼭 그렇게 간단히 고장 날 리는 없다고 생각합니다.

12 ～にしたら/～にすれば ～입장에서 생각하면

해설 「A의 입장이 되면 B할 것이다, 또는 B일지도 모른다」의 의미로, 「だろう(～일 것이다)、かもしれない(～일지도 모른다)」와 같은 추량 표현이 뒤 문장 B로 자주 온다.

예문
- 使用する側にしたら、この説明書は難しい。
  사용하는 쪽 입장에서 생각하면 이 설명서는 어렵다.
- 先生は簡単に漢字を100字覚えろと言うけど、学生にしたら大変かもしれない。
  선생님은 가볍게 한자를 100자 외우라고 말하지만, 학생 입장에서 생각하면 힘들지도 모릅니다.

13 ~に応じて ~에 대응하여, ~에 (알)맞게, ~에 적합하게

해설 「앞의 A의 요구·요망·주문에 B로 대응한다」는 의미이다.

예문 · 注文に応じてケーキを作ります。주문에 맞게 케이크를 만들겠습니다.

· 期待に応じた対処 기대에 부응한 대처

14 ~にもかかわらず/~にもかかわりなく ~임에도 불구하고, ~인데도 불구하고, ~인데도

해설 「A와 상관없이, 또는 A의 영향을 받지 않고 뒤 문장 B하다」의 의미이다.

예문 · 今日は休日にもかかわらず、仕事せざるを得なかった。
오늘은 휴일임에도 불구하고, 일하지 않을 수 없었다.

· この会社では地位にもかかわりなく誰でも同じ立場で働いている。
이 회사는 지위에도 관계없이 누구든 같은 입장에서 일하고 있다.

15 ~に限って/~に限らず ① ~에 한해(서) ② ~에 한하지 않고

해설 ① 「그렇게 하는 일은 결코 없다」와 「A의 경우 특히 그렇다」는 의미를 가진다.

예문 · 今日に限って半額セールです。오늘만 반값 세일입니다.

② 「A뿐만 아니라 이외에」라는 뜻이며, 대상이 A에 한정되지 않고 그 이외에도 영향을 끼친다는 뜻을 내포하고 있다.

· このゲームは若者に限らずお年寄りにも人気がある。
이 게임은 젊은 사람뿐만 아니라 어르신들에게도 인기가 있다.

16 ~にかけては/~にかけても ~에 있어서 만큼은 (자신 · 소질 · 자질 · 능력이 있다)

해설 「A에 관해서는 또는 A의 분야에서는 B 정도의 수준이나 능력이 있다」라는 의미로, 자신의 능력을 자랑하거나 누군가의 능력을 칭찬할 때 사용한다.

예문 · 動物保護への情熱にかけては、彼女は誰にも引けを取らない。
동물 보호를 향한 열정에 있어서는 그녀는 누구에게도 뒤지지 않는다.

· 弟は勉強はできないが、走ることにかけては全国一位を記録している。
동생은 공부는 못하지만, 달리기에 있어서는 전국 1위를 기록하고 있다.

17 ～に加えて/～に加え ～에다가, ～에 더해

해설 어떤 사항에 다른 비슷한 사항을 추가해 표현할 때 사용한다.

예문
- 強風に加えて激しい雨も降ってきたので、お年寄りの外出は特に気を付けてください。
  강풍에 더하여 폭우도 내렸기 때문에 어르신들의 외출은 특히 주의해 주세요.
- 最近のアイドルは歌に加えて、演技も上手だ。요즘 아이돌은 노래뿐만 아니라 연기도 잘한다.

18 ～に先立って ～에 앞서

해설 「A의 메인이나 주제가 시작되기 전에 부수적인 B를 먼저 행한다」로 어떠한 의식이나 행사, 퍼포먼스 등의 장면에 사용하는 경우가 많다.

예문
- 開会に先立って会社からのお知らせがあります。개회에 앞서 회사로부터 안내가 있겠습니다.
- 全国のコンビニで発売されるのに先立って、ネットでの予約が始まった。
  전국 편의점에서 발매되는 것에 앞서 인터넷에서의 예약이 시작됐다.

19 ～に対して ① ～에 대해서 ② ～에 대비하여, ～와 대조하여

해설 ① 어떠한 행위와 감정이 향하는 대상을 나타낸다.

예문
- 目上の人に対して敬語を使わない子供が増えた。
  손윗사람에 대해 경어를 사용하지 않는 아이들이 늘었다.

② A와 B를 대비하거나 대조적으로 말할 때 사용하는 용법이다.
- A大学は経営学部が有名なのに対して、B大学は法学部が有名だ。
  A대학은 경영학부가 유명한 반면, B대학은 법학부가 유명하다.

20 ～につき ① ～이므로 ② ～당

해설 ① 손님이나 이용자 등의 불특정 다수에게 현재 상황이나 이유를 설명할 때 쓰인다. (*게시물·안내·편지 등 격식을 차려야 하는 경우에 사용한다.)

예문
- 準備中につき、営業はしません。준비 중이므로 영업은 하지 않습니다.
- これらの商品は、セール価格につき、返品できません。이 상품들은 세일 가격이므로 반품할 수 없습니다.

② 수량을 나타내는 단어 뒤에 붙어 「～에 한하여, ～마다, ～당」의 의미로 다소 딱딱한 표현이다.
- 特別価格のこの商品はお一人につき3個までです。특별 가격의 이 상품은 한 사람당 3개까지입니다.

21 ～にとって/～にとっては ～에 있어서/～로서는

해설 「A의 입장·시점에서 말하면」의 의미로, 스피치 등에서 격식을 차려 말할 때는 「～にとりまして」가 사용된다.

예문
- この問題は小さい子供にとっては耐えられないことだと思います。
  이 문제는 어린아이에게 있어서는 견딜 수 없는 일이라고 생각합니다.
- 忙しい現代人にとっては必要なものだ。바쁜 현대인에게 있어서는 필요한 것이다.

22 ～にとどまらず ～에 그치지 않고

해설 「A함에 만족하지 않고 더욱더 B하다」로 범위가 한층 더 확대됨을 나타낸다.

예문
- 彼の才能は美術の世界のみにとどまらず、あらゆる芸術活動にまで見られるようだ。
  그의 재능은 미술 세계만으로 그치지 않고 모든 예술 활동에까지 보여지는 듯하다.
- 彼は言葉だけにとどまらず、すぐ行動に移すのでみんなに好かれている。
  그는 말에서 그치지 않고, 즉시 행동에 옮기기 때문에 모두에게 사랑받고 있다.

23 ～に反して (예상 · 기대 · 예측) ～과는 달리, ～에 반해

해설 「A의 예상·기대·예측·바람·의향·희망과는 반대로 B하다」라는 의미이다.

예문
- 歩きたばこは禁止だが、規則に反してたばこを吸っている人もいる。
  걸으면서 담배를 피우는 것은 금지지만 규칙과는 달리 담배를 피우는 사람도 있다.
- 本田さんは自分の希望に反して、海外勤務を命じられた。
  혼다 씨는 자신의 희망과는 반대로 해외 근무를 명받았다.

24 ～に基づいて ～를 근거로 하여, ～을 기반으로, ～에 기초를 두고

해설 「A의 생각·사고방식·계획·자료를 근거·기초로 하여 B하다」로 동사 基づく(기반하다, 근거하다)에서 파생된 표현이다.

예문
- 地震が起きたら、マニュアルに基づいて行動するべきだ。
  지진이 일어나면 매뉴얼을 기반으로 행동해야만 한다.
- この映画は10年前の事件に基づいて製作された。이 영화는 10년 전 사건을 바탕으로 제작되었다.

25 ～によって ① ～에 의해, ～(으)로 ② ～에 따라서

해설 ①「A라는 수단·방법·이유·원인·근거에 의해 B를 두드러지게 하다」라는 의미로 쓰인다.

예문 • 地球温暖化**によって**、さまざまな問題が起きている。
지구 온난화로 인해 여러 문제가 발생하고 있다.

②「A가 바뀌면 B도 그것에 따라 바뀐다」는 의미로「A마다 B가 다르다, 여러 가지다」로도 풀이할 수 있다.

• 日本のラーメンは店**によって**味が違う。일본 라면은 가게에 따라서 맛이 다르다.

26 ～にわたって ～에 걸쳐서

해설 기간·횟수·범위를 나타내는 단어에 접속하여 어떤 행위나 상태가 전체에 걸쳐 행해졌다는 뉘앙스를 내포한다.

예문 • 3回**にわたって**やっと試験に合格した。3번에 걸쳐 겨우 시험에 합격했다.
• 犯人探しは2年**にわたって**続けられた。범인 수사는 2년 동안 계속됐다.
• 10キロ**にわたる**距離を歩いて行くなんてすごいな。
10킬로미터에 이르는 거리를 걸어가다니 대단해

27 ～抜きで/～抜きにして/～抜きでは ～없이, ～를 빼고는

해설「본래 존재하던 A를 생략하고 B하다」의 의미이다.

예문 • 朝食**抜きで**会社へ行ったらお腹がぺこぺこだ。아침을 거르고 회사에 갔더니 배고 고프다.
• 堅苦しい挨拶は**抜きにして**早速、本題に移りましょう。
형식적인 인사는 빼고, 바로 본론으로 들어갑시다.

28 ～のことだから A는 항상 그러니까 (이번에도 그럴 거다)

해설 어떤 사람의 일관된 성격과 평소의 행동을 보고 미루어 짐작해 판단한 것을 서술하는 표현이며,「～だろう(～일 것이다)、～に違いない(～임에 틀림없다)」등 추량의 뜻을 가진 표현과 자주 나온다.

예문 • 慎重な彼女**のことだから**、きっと考え抜いて出した結論だろう。
항상 신중한 그녀이니까 분명 깊이 생각하고 낸 결론이겠지.

29 ～のもとで/～のもとに ～아래서, ～하에

해설 「A의 지배나 영향이 끼치는 곳에서 B하다」라는 의미를 나타낸다.

예문
- 鈴木先生のご指導のもとで今の研究を進めています。
  스즈키 선생님의 지도하에 지금의 연구를 진행하고 있습니다.
- 子どもは親の保護のもとに育つのが一番いいと思う。
  아이는 부모의 보호하에 자라는 것이 가장 좋다고 생각한다.

30 ～はともかく/～はともかくとして ～은 어쨌든, ～은 둘째 치고

해설 A의 결과가 어떻든 지금 문제 삼지 않고, A보다는 B를 더 우선시할 때 쓰는 표현이다.

예문
- 成績はともかく人柄はいい。성적은 어쨌든 됨됨이는 좋다.
- 姉が作ったクッキーは、見た目はともかく味はとてもいい。
  언니가 만든 쿠키는 겉보기는 어쨌든 맛은 매우 좋다.

31 ～向きに/～向きの (방향)～향, ～에게 적합하게

해설 화제가 된 것의 성질이 무언가에 의해 의도된 것이 아닌 「(우연히, 때마침) 좋다, 적합하다」의 의미로 사용된다.

예문
- 南向きの部屋が日当たりがよくて暖かい。
  남쪽 방향 방이 햇살이 잘 들어 따뜻하다.

32 ～向けだ/～向けに/～向けの ～을 대상으로 하다/～용으로/～를 위한

해설 처음부터 특정 대상에 적합하도록 의도된 경우에 사용한다.

예문
- 色んな絵と動物が描いてある子ども向けの本が人気を呼んでいる。
  여러 그림과 동물이 그려져 있는 아이용 책이 인기가 있다.

33 ～もかまわず ～도 상관 없이, ～에도 아랑곳하지 않고

해설 「A에 개의치 않고 B하다」의 의미를 가지며, 동사·イ형용사의 보통형 + (の)もかまわず의 형태로도 사용한다.

예문
- 濡れるのもかまわず歩きつづけた。젖는 것도 개의치 않고 계속 걸었다.
- 若いカップルは人目もかまわず、広場でキスをしていた。
  젊은 커플은 사람들의 시선에도 아랑곳하지 않고 광장에서 키스를 하고 있었다.

34 ～を契機に、～を契機として、～を契機にして/～を機に ～를 계기로, ～를 계기로 하여

접속 명사 + ～を契機に、～を契機として、～を契機にして/～を機に
동사 た형 + の + ～を契機に、～を契機として、～を契機にして/～を機に

유사표현 ～をきっかけに/～をきっかけとして/～をきっかけにして

해설 「A가 새로운 전개나 상황을 낳는 기회·동기·단서가 되어 B하다」로 뒤 문장 B는 지금까지 와는 다른 변화나 새로운 생각·행동에 대해 서술하는 경우가 많다.

～をきっかけに는 「우연히」라는 뉘앙스를 담고 있을 때가 있다.

～を契機に는 표현 앞에 오는 A에는 시대나 사회, 인생의 전환기가 되는 큰 사건 등이 오는 경우가 많다. 약간 딱딱한 느낌을 주기도 한다.

～を機に에는 「지금까지의 상황을 바꾸는데 딱 좋은 기회이다」라는 뉘앙스가 내포되어 있으며 개인적인 일에서 자주 사용된다.

예문
- 友達の結婚式での出会いをきっかけに、二人の交際が始まった。
  친구 결혼식에서 만난 것을 계기로, 두 사람의 교제가 시작됐다.
- 今回の事件を契機として、秩序に対する国民の意識が、これまで以上に高まった。
  이번 사건을 계기로 하여, 질서에 대한 국민의 의식이 지금까지 이상으로 높아졌다.
- イギリス旅行を機に本格的に英語を学びたいという意欲が湧いてきて留学を決心した。
  영국 여행을 기회로 본격적으로 영어를 공부하고 싶다는 의욕이 생겨 유학을 결심했다.

35 ～を込めて (기분 · 마음 · 사랑) ～을 담아서

해설 「感謝(감사)、願い(소망)、気持ち(기분)、愛(사랑)、心(마음)、愛情(애정)」 등과 함께 사용하는 경우가 많으며, 어떤 물건이나 상황에 마음과 의미·힘 등을 넣는다, 또는 포함시킨다는 의미로 사용된다.

예문
- ちょっと高かったけど、日頃の感謝**を込めて**、いいものを贈りました。
  조금 비쌌지만, 평소 감사의 마음을 담아 좋은 것을 선물했습니다.
- お母さんはいつも愛情**を込めて**手料理を作ってくれる。
  어머니는 언제나 애정을 담아 손수 요리를 만들어 준다.

36 ～を通じて/～を通して ① ～을 통해서 ② ～내내

해설 ① 「A를 매개·수단으로 하여 B하다」의 뜻이다.

예문
- 掲示板**を通じて**学校の行事がわかる。
  게시판을 통해 학교 행사를 알 수 있다.

② 「어떤 기간이나 범위를 나타내는 단어 뒤에 붙어 내내 ～하다, 계속 ～하다」로 쓰인다.

- この公園は1年**を通して**いろんな花が見られる。
  이 공원은 1년 내내 다양한 꽃을 볼 수 있다.

37 ～を中心に/～を中心として/～を中心にして ～를 중심으로, ～를 중심으로 하여

해설 「어느 공간 또는 시간·시점에서 중요한 위치·역할·작용을 한다」는 의미로 사용한다

예문
- 昔、この町**を中心にして**産業が栄えた。
  옛날, 이 마을을 중심으로 산업이 번창했다.

38 ～をはじめ/～をはじめとする ～을 비롯하여, ～을 시작으로 하는

해설 전체에 대해서 서술하기 전에 알기 쉽게 하기 위해 A라는 대표적인 예를 들어 설명하는 표현으로, 주로 스피치와 리포트 등에서 사용하는 경우가 많고 비교적 딱딱한 표현이다.

예문
- この店では、服**をはじめとする**ファッション全般を扱っている。
  이 가게에서는 옷을 비롯한 패션 전반을 다루고 있다.

39 ～をめぐって/～をめぐる ~를 둘러싸고/~를 둘러싼

해설 앞의 A에는 논의나 논쟁 중심의 주제나 추구하는 대상이 오며, 그것들에 대해 뒤의 B에는 여러 논의·논쟁·대립이 일어나는 것을 서술한다.

예문
- ある法案**をめぐって**、議論が続いている。한 법안을 둘러싸고 논란이 계속되고 있다.
- 外国人**をめぐる**諸問題 외국인을 둘러싼 여러 문제

40 ～をもとに(して) ~를 토대로, ~를 토대로 하여

해설 무언가를 만들거나 생각할 때 토대·기초·소재가 되는 것을 표현할 때 사용한다.

예문
- この映画は、過去のある事件**をもとに**作られた。
  이 영화는 과거의 어느 사건을 토대로 만들어졌다.
- 調査の結果**をもとにして**報告書が作成された。
  조사 결과를 토대로 하여 보고서가 작성됐다.

チェックアップ! 확인문제

1 やる気（　）結果が違ってくる。
ⓐ 次第で　ⓑ からして

2 式は小ホール（　）行われる。
ⓐ において　ⓑ にあたって

3 使用する側（　）、この説明書は難しい。
ⓐ として　ⓑ にしたら

4 この映画は10年前の事件（　）製作された。
ⓐ に反して　ⓑ に基づいて

5 3回（　）やっと試験に合格した。
ⓐ にわたって　ⓑ にかわって

6 濡れるの（　）歩きつづけた。
ⓐ もかまわず　ⓑ はともかく

7 今回の事件（　）、秩序に対する国民の意識が高まった。
ⓐ を契機に　ⓑ を問わず

8 外国人（　）諸問題
Ⓐ をもとに　ⓑ をめぐる

정답 1 ⓐ 2 ⓐ 3 ⓑ 4 ⓑ 5 ⓐ 6 ⓐ 7 ⓐ 8 ⓑ

문제 7 문법 형식 판단

» 유형 소개

문법 형식 판단 (12문항)

문장 내용에 맞는 문법 형식인지 아닌지에 대해 판단할 수 있는가를 묻는다.

問題7　次の文の（　　）に入れるのに最もよいものを、1・2・3・4から一つ選びなさい。

33　あれこれ悩んだ（　　）、ABC大学を志望校（しぼうこう）に決めた。

1　さきに　　2　すえに　　3　ところに　　4　とおりに

33	① ❷ ③ ④

해석 이것저것 고민한 (끝에) ABC대학을 지망 학교로 정했다.

» 해답 스킬

1. 문장 내용에 맞는 문법 표현인지 판단할 수 있는가를 묻기 때문에 일단 문장을 해석하고 괄호 안에 들어갈 만한 표현을 먼저 한국어로 생각해 본다.
2. 답이 안 나올 경우, 선택지의 문법 표현을 보고 하나씩 넣어보고 문장을 해석해 보는 방법도 있지만, 시간이 걸린다는 것에 유념하자.

» 학습 대책

1. 문법적 지식을 요구하는 문제 형태보다는 문장 전체를 읽고 선택해야 하는 문제가 늘었기 때문에 평소 글을 많이 읽어봄으로써 문장의 흐름을 잘 파악할 수 있는 힘을 길러두는 것이 필요하다.
2. 특히 문법도 2개 이상 섞여 있는 이중문법과 이중조사가 자주 출제되고 회화체 표현도 심심치 않게 출제되고 있으니 체크해 두길 바란다.
3. N2 필수 문법은 기본적으로 암기해 두고 경어와 조사, 부사 문제도 거의 매회 한 문제씩은 꼭 출제되니 알아 두도록 한다.
4. 문법 공부할 때 단순히 의미만 암기하지 말고, 문법이 갖는 뉘앙스와 앞뒤 문장의 관계를 파악하며 학습하는 것이 중요하다.

Memo

101 실전 시험 문법 형식 판단 [1]

問題7 次の文の（　　）に入れるのに最もよいものを、1・2・3・4から一つ選びなさい。

1 自分に自信がない人(　　)、他人の悪口を言う人が多い。

1　くらい　　2　ほど　　3　さえ　　4　しか

2 後輩：どうすれば日本語がうまくなるんですか。

先輩：たくさん話すようにすれば(　　)うまくなるよ。

1　何度も　　2　さっき　　3　必ずしも　　4　そのうち

3 みんなが私の意見に賛成か反対か(　　)、自分一人で進むべき道を決めました。

1　を中心に　　2　をきっかけに　　3　を問わず　　4　をめぐって

4 この国の経済状況はどんどん向上し(　　)。

1　一方だ　　2　がちだ　　3　つつある　　4　がたい

5 私はアニメばかり見ていると思われているようだが、そんなことはない。たまには真面目に勉強すること(　　)ある。

1　のほかにも　　2　のほうが　　3　なんて　　4　だって

6 さくらデパートの中のうどん屋の主人は、手打ち麺(めん)づくり(　　)全国一の技術を持っている。

1　に適して　　2　によっては　　3　に対して　　4　にかけては

7 おいしい(　　)あまり食べすぎると、体によくないよ。

1　からといって　　2　からみると　　3　からして　　4　からすると

정답 및 해설 <본서1> p.56

8 課長：助けてくれてありがとう。

山田：いいえ、当然のことをした（　　）。

1　にすぎません　　2　に違いないです

3　に基づいています　　4　にほかならないです

9 社員：部長、A社の本田(ほんだ)課長が（　　）。応接室でお待ちです。

部長：うん。わかった。すぐ行くよ。

1　伺(うかが)いました　　2　参(まい)りました

3　お見えになりました　　4　承(うけたまわ)りました

10 失敗の連続で落ち込んでいたので、二度とチャレンジ（　　）と思ったけど、頑張っている仲間を見たら、また心が動き始めた。

1　なんかするもんか　　2　なんかすることか

3　ばかりするもんか　　4　ばかりすることか

11 毎日徹夜(てつや)が続き、（　　）。

1　疲れそうで体がだるい　　2　疲れそうで体がだるくなることになった

3　疲れ気味で体がだるい　　4　疲れ気味で体がだるくなることになった

12 台風が上陸し、風がこんなに強くては（　　）。

1　かさをさしてはいけません　　2　かさをさすべきです

3　かさをさすことはできません　　4　かさをさしてもいいんじゃない

102 실전 시험 문법 형식 판단 [2]

問題 7 次の文の（　　）に入れるのに最もよいものを、1・2・3・4から一つ選びなさい。

1 上司：木村さんは韓国語どのくらい話せる？

部下：旅行に行って困らない（　　）です。

1　ぐらい　　2　すら　　3　ほか　　4　だけ

2 この問題の深刻さは大人はもちろん子ども（　　）わかる。

1　って　　2　だって　　3　しか　　4　とか

3 サボテンは毎日水をやらなくてもいい。1か月（　　）やってもいいものもあるそうだ。

1　たびに　　2　なかに　　3　うちに　　4　おきに

4 まつりムードの街角に飾りが並び、駅前から商店街（　　）多彩なイベントが開かれる予定だ。

1　にかけて　　2　にもかかわらず　　3　を契機に　　4　に先立って

5 あやし（　　）男の人が駅の周辺をうろついている。

1　っこない　　2　がちな　　3　っぽい　　4　げな

6 レポートの締め切りが迫ってくると、もっと時間があればと思うが、（　　）、きっとまた、遊んでしまうのだろうとも思う。

1　あったらあったで　　2　あるにはあるが

3　あるとないとでは　　4　あればあることは

›정답 및 해설 <본서1> p.57

7 昨日もらった2万円のお小遣いを(　　)使っていたら、500円しか残っていなかった。月末までどうしよう。

1 使ったまま　2 使いきって　3 使ったのに　4 使いたいだけ

8 道路工事中で、みなさまにご迷惑をおかけいたしますが、どうかご理解(　　)よろしくお願い申し上げます。

1 召し上がりますよう　2 差し上げますよう

3 うけたまわりますよう　4 いただけますよう

9 時間的に無理なので、部長に頼まれた仕事は断ら(　　)。

1 ざるを得ない　2 ないこともない

3 ないとは限らない　4 なくてもいい

10 田中：林さんきらい。

上原：何かあったの。

田中：(　　)いつも偉そうな態度が気に入らないの。

1 何も知らないくせに　2 何も知っているくせに

3 何か知らないくせに　4 何か知っているくせに

11 明日は志望している会社のインタビューに行く予定だ。絶対に遅刻(　　)。

1 してはいけないにすると　2 してはいけないにしないと

3 しないようにすると　4 しないようにしないと

12 こんな小さいかさでも(　　)、それにしても小さすぎて困る。

1 あるよりましだが　2 あるよりましだから

3 ないよりましだが　4 ないよりましだから

103 실전 시험 문법 형식 판단 [3]

問題7 次の文の（　　）に入れるのに最もよいものを、1・2・3・4から一つ選びなさい。

1 一億円（　　）の借金を彼は2年で返した。

1　や　　2　に　　3　も　　4　で

2 日本の7月は海へ行く人や山登りをする人にとってはとても楽しい時期ですが、（　　）水害や台風などの自然災害が発生する時期でもあります。

1　一方で　　2　かりに　　3　ろくに　　4　せいぜい

3 このデパートはお客さんの声（　　）夏季（かき）の開館時間を30分延長することにした。

1　にこたえて　　2　にくわえて　　3　にかかわって　　4　にむけて

4 A：数年前から、結婚しない若者がどんどん増えてるんだって。これが社会問題（　　）広がるなんておもしろいね。

B：そういえば、うちの姉も結婚してないわね。

1　までに　　2　にまで　　3　からに　　4　にから

5 食べ物に関しては譲（ゆず）らない彼が食事を抜くことは（　　）ない。

1　めったに　　2　さっぱり　　3　別に　　4　二度と

6 このあたりは、富士山がきれいにみえる（　　）、「富士見町（ふじみちょう）」と呼ばれている。

1　からには　　2　ことから　　3　ことだから　　4　からといって

7 日本語ができるといっても簡単な会話ができる（　　）。

1　にすぎません　　2　ほかありません

3　もかまいません　　4　かねない

›정답 및 해설 <본서1> p.58

8 【選挙中】

私、本田(ほんだ)はこの町の発展のために全力(ぜんりょく)を尽(つ)くして(　　)と思います。

1　参りたい　　2　うかがいたい

3　いただきたい　　4　申し上げたい

9 妻(つま)：着られなくなった服やくつが多いけど、もったいないから(　　)なあ。

夫(おっと)：部屋がものであふれてるから、少し整理したほうがいいんじゃない?

妻(つま)：うん。そうする。

1　どれも捨てがたい　　2　どれにも捨てがたい

3　何も捨てにくい　　4　何にも捨てにくい

10 外で遊んでいたら蚊(か)に刺(さ)されたみたいで(　　)。

1　かゆくてかまわない　　2　かゆくてたまらない

3　かゆいにせよ　　4　かゆいおそれがある

11 「裁判所(さいばんしょ)で」

「これは極(きわ)めて悪質な犯罪であり、被告には強く(　　)」と裁判官が言った。

1　反省してほしい　　2　反省させてほしい

3　反省してもらっていい　　4　反省させてください

12 大変申し訳ございませんが、至急資料を(　　)。明日のセミナーで使うつもりなので…。

1　送ってよろしいでしょうか　　2　送ればよろしいでしょうか

3　送っていただけないでしょうか　　4　送っていただけたでしょうか

104 실전 시험 문법 형식 판단 [4]

問題7 次の文の（　　）に入れるのに最もよいものを、1・2・3・4から一つ選びなさい。

1 男：指輪（ゆびわ）、きれいだから買ったんだけど、あげるよ。

女：これ（　　）プロポーズ？

1　くらい　　2　って　　3　ちゃ　　4　だって

2 親の許可を得て一人旅（ひとりたび）に行ったので、私が好きな京都（きょうと）の高級旅館で（　　）一泊はしたいと思った。

1　せっかく　　2　大して　　3　せめて　　4　一体

3 女：ああ、困ったわ。またしわができちゃった。私ももう年かなあ。

男：そんなこと言うなよ。まだ20代の（　　）。

1　くせに　　2　せいで　　3　かわりに　　4　たびに

4 まあまあだったスープに塩（しお）を加えた（　　）味がぐっとあがった。

1　だけか　　2　だけで　　3　だけに　　4　だけの

5 A：田中（たなか）社長って今（　　）成功しているけど、若いときは失敗の連続だったんだって。

B：えー。そうなんだ。

1　からこそ　　2　でこそ　　3　からでは　　4　でさえ

6 一般的に着物（きもの）は何枚か重ねて着るの（　　）浴衣（ゆかた）は薄いものを一枚だけ着る形式のものを言います。

1　に対して　　2　とは限らず　　3　というより　　4　として

정답 및 해설 <본서1> p.59

7 株価(かぶか)が底(そこ)を打(う)ったという報道があったが、予測(　　)株価(かぶか)はさらに下落し、大きな損失をもたらした。

1　に反して　　2　にかかわらず　　3　もかまわず　　4　にあたって

8 誕生日にお祝いのメッセージを送って(　　)友達がたくさんいて、うれしかった。

1　きてくれた　　2　いってくれた　　3　いってもらった　　4　みてあげた

9 お父さんが事故で(　　)もう15年がたつ。

1　亡くなってからでないと　　2　亡くなったのか

3　亡くなってから　　4　亡くなってはじめて

10 【デパートで】

店員：お客様、何か(　　)、ご案内いたしますが。

客：あ、プレゼント用のスカーフを探してるんですが…。

1　探しになりますか　　2　探してくださいました

3　お探しでしたら　　4　お探しいただくんですが

11 この庭園(ていえん)にある池はあまりにもきれいで人工的な感じが(　　)、全体の雰囲気にも合っているのでそのまま残しておくことにした。

1　することもするが　　2　しないでもないが

3　するのだから　　4　しないのではないが

12 会社の後輩が私によく恋愛相談にくる。いったい私にどういう助言を(　　)。

1　したがるのだろうか　　2　してほしいのだろうか

3　してもかまわないらしいか　　4　したほうがいいらしいか

105 실전 시험 문법 형식 판단 [5]

問題7 次の文の（　　）に入れるのに最もよいものを、1・2・3・4から一つ選びなさい。

1 大学生の学力低下問題が取り上げられているが、簡単な漢字（　　）書けない大学生が多く、問題の深刻性を感じた。

1 きり　　2 すら　　3 のみ　　4 こそ

2 入試のために頑張って勉強したものの、（　　）合格できるだろうか。

1 どうりで　　2 まさか　　3 おそらく　　4 果たして

3 重病にかかって（　　）健康の大切さがわかった。

1 以来　　2 こそ　　3 はじめて　　4 からでないと

4 家に帰る（　　）居酒屋（いざかや）にかばんを置いてきたのに気づいた。

1 なかで　　2 うちに　　3 とちゅうで　　4 たびに

5 人身事故（じんしんじこ）のために、3時間（　　）電車が止まっている状態だ。

1 にともない　　2 にわたり　　3 につれ　　4 にかけては

6 せっかく時間をとって友達の家に行ったけど、（　　）友達は旅行中だった。

1 今日に限って　　2 今日にかかわらず

3 今日はともかく　　4 今日をきっかけに

7 田中（たなか）さんには3年前に友だちの結婚式で会った（　　）。

1 ばかりだ　　2 きりだ　　3 一方だ　　4 ようだ

정답 및 해설 <본서1> p.60

8 いくらお腹がすいた(　　)人のものに手を出してはいけません。

1　にしたって　　　2　にしたのに

3　にしたのか　　　4　にしたほかない

9 子どもをしかるとき「鬼(おに)がくるよ」などのことばを使って(　　)のは子どもの心に深い傷(きず)をつけてしまうこともあるそうだ。

1　怖がらせる　　　2　怖くすることになる

3　怖がる　　　4　怖くするようになる

10 共同で行うポスター制作に私も(　　)。

1　参加させていただけないでしょうか　　　2　参加させたらどうですか

3　参加されていただけないでしょうか　　　4　参加されたらどうですか

11 A：春の楽しみ、花見がもうすぐだよね。

B：うん。早く春に(　　)。

1　なるのかな　　　2　ならないかな

3　なってきたな　　　4　なってきたかも

12 映画俳優のリサさんは「主人公の誠実な人柄(ひとがら)などが感じられ感動しました。でも、その感情に左右され(　　)気をつけながら自分の役作りに夢中しました」という。

1　にすぎるという　　　2　にすぎないように

3　すぎるという　　　4　すぎないように

106 실전 시험 문법 형식 판단 [6]

問題7 次の文の（　　）に入れるのに最も よいものを、1・2・3・4から一つ選びなさい。

1 人々はかわいいペットを眺めている（　　）心が穏やかになるという。

1 だけに　　2 だけで　　3 さえに　　4 さえで

2 医者：夜はなるべく食べないようにしてください。

患者：わかってはいますけど、我慢（がまん）できず、（　　）食べてしまうんです。

1 どうりで　　2 つい　　3 必ずしも　　4 万一

3 土日は待ち時間が発生すると思うので、事前にお申込みの（　　）、お越（こ）しくださいませ。

1 から　　2 うえ　　3 以上　　4 あまり

4 私がミスをした（　　）、会社全体に大きい損害（そんがい）を与（あた）える結果になってしまった。

1 ばかりに　　2 とたんに　　3 ついでに　　4 すえに

5 この会場の料金は3時間3万円で、1時間しか使わない（　　）、3万円払わなければならない。

1 点でも　　2 点には　　3 場合でも　　4 場合には

6 少なくとも1週間は（　　）プロジェクトがみんなの協力で早く終わった。

1 かかるだろうと思っていた　　2 かかったはずがない

3 かかるほどではない　　4 かかったにもかかわらず

▶정답 및 해설 <본서1> p.61

7 田村さんの作品は伝統的で（　　）新たな試みをしようとする点に定評がある。

1　ありながらも　　2　なりながらも

3　あったからには　　4　なったからには

8 私が一通り説明を（　　）後、質疑応答に入りたいと思います。

1　させていただいた　　2　させてあげた

3　していただいた　　4　してさしあげた

9 【中古品売り場で】

客：これ、傷がひどいんですけど、値引きしてもらえますか。

店員：それは（　　）。

1　できようがないですね　　2　できてならないですね

3　できかねますね　　4　できないわけですね

10 今は立派な有名歌手になったけど、最初は彼も苦労（　　）。

1　したに違いない　　2　したせいだと思う

3　したにもかかわりない　　4　したに限らない

11 有名な店だと聞いて行って（　　）あいにく休みだった。

1　みていた　　2　みているのに　　3　みたところ　　4　みたところに

12 A：えっ、財布がない。

B：どこかで（　　）。

1　落ちちゃったんだって　　2　落ちちゃったんじゃない

3　落としちゃったんだって　　4　落としちゃったんじゃない

107 실전 시험 문법 형식 판단 [7]

問題７ 次の文の（　　）に入れるのに最も よいものを、1・2・3・4から一つ選びなさい。

1 初心者、経験者を問わずこのピアノ教室の先生はだれ（　　）丁寧(ていねい)に教えてくれる。

1 とも　　2 にでも　　3 までに　　4 とは

2 彼はこの計画には、（　　）協力しないときっぱり言った。

1 必ずしも　　2 一切　　3 どうやら　　4 まさか

3 最近のアイドルはデビュー（　　）何年間も練習をします。

1 に応じて　　2 に比べて　　3 に先立って　　4 につき

4 兄：何かあったの？目が真(ま)っ赤(か)じゃん。

妹：好きな俳優が出ている連続ドラマがあってね。朝まで見続けちゃったの。

兄：それで寝不足(ねぶそく)（　　）。

1 だって　　2 ってわけか

3 じゃないか　　4 なくちゃ

5 日本の調味料はしょうゆ・砂糖(さとう)・みそ（　　）代表的だと考えられます。

1 といったものが　　2 ということが

3 といってもいいのが　　4 といっていいか

6 彼女は買い物が好きで、セール中はデパートに（　　）要らないものまで買ってくる。

1 行っては　　2 行くなら

3 行ったうえは　　4 行く一方で

›정답 및 해설 <본서1> p.62

7　あの真面目な人が友人を裏切る(うらぎ)なんて(　　)。

1　信じかねない　　2　信じがちだ　　3　信じ気味だ　　4　信じがたい

8　仕事が忙しくなりジムに通えなくなって体力が(　　)一方だ。

1　衰え　　2　衰えた　　3　衰えて　　4　衰える

9　彼の美術の才能には(　　)。

1　すばらしいものがある　　2　すごいものか

3　できたことか　　4　りっぱなことだ

10　母：最近、あのレトルトカレーの宣伝、テレビでよく見るね。

娘：うん。若者に人気らしいよ。

母：それにしても、チャンネルを(　　)からちょっと…。

1　変えるたびに出てくる　　2　変えるたびに出てきた

3　変えるうちに出てくる　　4　変えるうちに出てきた

11　彼が増税(ぞうぜい)に反対したのは、今回の選挙に勝ちたかった(　　)。

1　からにほかならない　　2　しかにほかならない

3　からになる　　4　しかになる

12　お荷物の配送については、受付カウンターで(　　)。

1　うけたまわります　　2　いただきます

3　おたずねします　　4　存(ぞん)じます

108 실전 시험 문법 형식 판단 [8]

問題7 次の文の（　　）に入れるのに最もよいものを、1・2・3・4から一つ選びなさい。

1 風邪（　　）で病院に行くことはない。

1 すら　　2 のみ　　3 ぐらい　　4 さえ

2 この町は大型スーパー（　　）あれば、病院や図書館などの施設もあるので暮らしやすい。

1 も　　2 が　　3 に　　4 さえ

3 （　　）旅行に来たのに、事故でひどい目にあった。

1 かりに　　2 かえって　　3 せっかく　　4 いまにも

4 入場した人たちが真っ先に目指したのは10年（　　）復元された庭園だった。

1 にわたって　　2 にさいして　　3 をめぐって　　4 を契機に

5 この薬はどの症状に効果が（　　）知りたい。

1 あるようだが　　2 あるのか　　3 あったようだが　　4 あったかどうか

6 転校する友達からのメールに「たとえ遠く（　　）、私たちの友情は変わらない」と書いてあった。

1 離れても　　2 離れるけど　　3 離れなくて　　4 離れないから

7 全国優勝を果たした木村さんは今回の結果（　　）次回の試合のために頑張り続けている。

1 にとどまらず　　2 に限って　　3 を中心に　　4 次第では

정답 및 해설 <본서1> p.63

8 誕生日にもらった3段のケーキは一人ではとても（　　）。

1　食べなかった　　2　食べたきりだ
3　食べずにはいられない　　4　食べきれなかった

9 何時間もかけて作ったカレーライスはうまく（　　）、おいしくなかった。

1　できるつもりだったから　　2　できるつもりだったが
3　できたつもりだったから　　4　できたつもりだったが

10 妻（つま）：明日から連休に入るから、きっと高速道路は込むだろうね。
夫（おっと）：うん、かなり早く出発するか遅く出発するか（　　）だめかもしれない。

1　しないと　　2　しとかなきゃ
3　しちゃうのでは　　4　しているんじゃ

11 ブレーキの誤作動（ごさどう）でリコールされた車に対し、XX自動車会社は「お客様に大変ご迷惑（めいわく）をおかけしましたことを深く（　　）。申し訳ございませんでした。」と言った。

1　おわびいただきます　　2　おわびくださいました
3　おわび申し上げます　　4　おわびになります

12 病気がだんだん悪化しているから、本格的に治療を受ける（　　）。

1　ほかあるまい　　2　ほかあるだろう
3　ほどにあるまい　　4　ほどにあるだろう

109 실전 시험 문법 형식 판단 [9]

問題7 次の文の（　　）に入れるのに最もよいものを、1・2・3・4から一つ選びなさい。

1 今回のバイオリンのコンクールでまた2位となりました。この悔しさを忘れずこれからはどんな厳しい練習（　　）耐え(た)ようと思います。

1 にだって　　2 とは　　3 っていうか　　4 までに

2 1300年前に建てられたお寺がある奈良(なら)は古代史ファン（　　）大変魅力的(みりょくてき)な地域です。

1 に関しては　　2 にわたっては　　3 をはじめとしては　　4 にとっては

3 A：ここで別れのあいさつしなきゃ…。
B：もう（　　）会えないみたいに言うのは嫌(いや)だよ。

1 いつの間にか　　2 二度と　　3 どうも　　4 仮に

4 コンサートは大阪(おおさか)（　　）全国の大都市でも行われる。

1 をはじめ　　2 をめぐって　　3 をきっかけに　　4 をもとに

5 悩みぬいた（　　）、地元を離れ都会に行くことにした。

1 末(すえ)に　　2 限りに　　3 ことに　　4 わりに

6 なかなか漢字が覚えられなかったが、手で書く（　　）どんどん覚えられるようになった。

1 ようにしたら　　2 ようにしても　　3 ようになっても　　4 ようになったまま

7 部下：このたびは（　　）上、ごちそうにまでなってしまい、ありがとうございます。
上司：いいえ、とんでもない。

1 お越(こ)しになる　　2 お招(まね)きいただいた
3 おいでになった　　4 お呼びになった

❯정답 및 해설 <본서1> p.64

8 この科目を取るかどうかは先生と相談してからでないと（　　）。

1　決めることができる　　2　決めたほうがいい

3　決めなければいけない　　4　決められない

9 ノーベル文学賞を受けた森さんは高校に入って文学に親近感を（　　）進路を変更したという。

1　覚えることにし　　2　覚えるようになり

3　覚えたといっても　　4　覚えたに限って

10【会議で社長の一言】

財政難に苦労しているなか、この状況を乗り越えられるように一緒に（　　）。

1　頑張ろうのではないだろうか　　2　頑張ろうではないか

3　頑張ったのではないだろうか　　4　頑張ったのではないか

11 田中：論文はうまくいってる？

木村：ううん。しめきりまであとわずかだから、早く（　　）思うんだけど、なかなかね。

1　書かなきゃって　　2　書いたつもりだったんで

3　書いちゃってって　　4　書いとかないって

12 私は病院が苦手だ。痛みがひどいときは行くが、少し（　　）我慢してしまう。

1　痛くなったら　　2　痛いかどうか

3　痛くないのだから　　4　痛いぐらいなら

110 실전 시험 문법 형식 판단 [10]

問題7 次の文の（　　）に入れるのに最もよいものを、1・2・3・4から一つ選びなさい。

1 執筆（しっぴつ）のしめきりがもうすぐだから旅行（　　）行けない。

1 だけに　　2 なんか　　3 ほど　　4 ところに

2 あの子はまだ幼い（　　）考え方が大人っぽい。

1 限りは　　2 わりには　　3 ことには　　4 ぬきには

3 泣きそうな顔をしている彼女は（　　）今回の試験も失敗してしまったようだ。

1 どうやら　　2 さっぱり　　3 めったに　　4 せっかく

4 彼は考え（　　）、すぐ実行に移す行動力のある人だ。

1 だけに限って　　2 ほどに限って

3 ほどにとどまらず　　4 だけにとどまらず

5 何をしても（　　）ので、やりたいことをやってください。

1 かまわない　　2 いけない　　3 ならない　　4 しかたない

6 学生時代に（　　）ものなら戻って一生懸命勉強したい。

1 戻れる　　2 戻って　　3 戻り　　4 戻った

7 この通りは有名俳優が生まれたことから（　　）。

1 サトミ通りと呼ばれている　　2 サトミ通りができたらいいと思う

3 サトミ通りがあったらいいなと思う　　4 サトミ通りはできるかもしれない

❯정답 및 해설 <본서1> p.64

8　子どもが電車が好きで毎日のように一緒に(　　　)自分も電車が好きになってしまったお母さんを「ママ鉄」と言うそうだ。

1　通わないなかで　　　　2　通っているうちに

3　通わないうちに　　　　4　通っているなかで

9　A：最近、インターネット販売が流行っているよね。

B：うん、でも自分の目で確かめ(　　)買わないという人にはあんまり…。

A：それはそうかもね。

1　て以来しか　　　　2　て以来だけ

3　てからしか　　　　4　てからだけ

10　いつも仕事が(　　)今回は早くやり始めよう。

1　遅れ気味だから　　　　2　遅れげだから

3　遅れっこないから　　　　4　遅れ得るから

11　この洗濯機を10月中に(　　)方に限って洗剤を無料で差し上げます。

1　お越しになる　　　　2　ご覧になる

3　お求めになる　　　　4　お見えになる

12　これは「富士山(ふじさん)」の写真です。どこから見ても同じ形をしているこの山は、私たちの目を(　　)。

1　楽しませてくれます　　　　2　楽しんでもらえます

3　楽しんでくれます　　　　4　楽しませてもらえます

문제 8 문장 완성

» 유형 소개

문장 완성 (5문항)

어법에 맞고 의미가 통하는 문장을 만들 수 있는지를 묻는다.

問題8　次の文の＿＿★＿＿に入る最もよいものを、1・2・3・4から一つ選びなさい。

45　山中(やまなか)選手がついにゴールを決めた。彼に＿＿ ＿＿ ★ ＿＿相当あったはずだ。

1　したら　　　2　という

3　プレッシャーは　　　4　「もし、またミスをしたら」

45	① ❷ ③ ④

해석 야마나카 선수가 드디어 골을 정했다. 그의 입장에서 보면(1) 「만약 또 실수를 한다면」(4) 이라는(2 ★) 압박은(3) 상당히 있었을 것이다.

» 해답 스킬

빠른 시간에 정확히 답을 찾아내기 위해서는 다음과 같은 순서로 문제를 풀기를 권한다.

1. 밑줄의 앞과 뒤 문장을 먼저 해석하며 의미를 파악해 둔다.
2. 선택지 네 개의 뜻과 문법적 관계를 파악하여 문장을 만든다.
3. 네 개의 칸에 선택지 번호를 넣고 바른 문장이 되는지 꼭! 해석해 본 다음, ★에 들어갈 번호를 답으로 체크한다.

» 학습 대책

모르는 단어가 나왔다고 해서 절대 당황하지 말자. 문법적 지식으로 풀 수 있는 문제이기 때문이다. 일단 푸는 요령 3가지는 꼭 알아 두자.

1. 기본적 문장의 구조를 파악한다. 최소한의 문장이 되기 위해서는 「주어 + 서술어」 또는 「목적어 + 서술어」 등의 형식을 요구한다. 한국어와 일본어에서는 예를 들어 주어라고 하면 「명사 + 주격조사」, 목적격이라고 하면 「명사 + 목적격조사」로 이루어진다. 여기에 서술어가 와야 최소한의 문장이 된다는 것을 기억해 두자.
2. 단어의 형태를 본다. 기본형이 아닌 활용이 되었다면 그 뒤로 이어질 수 있는 말이나 접속될 수 있는 문법 표현을 찾는다.
3. 문법 표현을 먼저 찾는 것이 가장 빠른 방법이다. 따라서, N2 필수 문법 암기는 기본적으로 해두는 것이 필요하다.

Memo

111 실전 시험 문장 완성 [1]

(/5) 

정답 및 해설 <본서1> p.65

問題8 次の文の＿＿★＿＿に入る最もよいものを、1・2・3・4から一つ選びなさい。

1 今回、多くの人がリストラされた。実績＿＿ ＿＿ ★ ＿＿。

1 次第で　　2 生き残ることができる

3 が決まる　　4 かどうか

2 「会社で」

鈴木(すずき)：山下(やました)さん、先ほど青木(あおき)商事の田中(たなか)さんから電話がありましたよ。

打ち合わせの資料の＿＿ ＿＿ ★ ＿＿ です。

山下(やました)：はい、わかりました。

1 至急　　2 連絡が欲しいと

3 件で　　4 のこと

3 健康診断で＿＿ ★ ＿＿ ＿＿悪いところはなかったのでほっとした。

1 では　　2 限り

3 調べた　　4 どこにも

4 本田(ほんだ)さんは有名な＿＿ ★ ＿＿ ＿＿を作っています。

1 をもとにして　　2 大人向けに

3 編曲した歌　　4 クラシック音楽

5 「お疲れさまでした」＿＿ ＿＿ ★ ＿＿仕事が終わった時にするあいさつです。

1 一緒に仕事をしている　　2 仲間

3 という表現は　　4 に対して

112 실전 시험 문장 완성 [2]

(　　/5) 제한 시간 : 5분

▶정답 및 해설 <본서1> p.66

問題 8 次の文の＿＿★＿＿に入る最もよいものを、1・2・3・4から一つ選びなさい。

1 この町には、バスも電車も通っていない＿＿ ＿＿ ＿★＿ ＿＿。

1　ほかはない　　2　歩くより

3　の　　4　だから

2 希少種(きしょうしゅ)の動物がいたので写真を撮りたかったが、＿＿ ＿＿ ＿★＿ ＿＿ 飛んで行ってしまった。

1　取り出そうと　　2　カメラを

3　しているうちに　　4　かばんから

3 A：ねえ、来週までのレポート、進んでる？

B：私はもうばっちりだよ。＿＿ ＿＿ ＿★＿ ＿＿ と思って、先週からすぐ始めたんだよ。

1　やらなきゃ　　2　どうせ

3　いけないんなら　　4　早めにやっちゃおう

4 出発時刻の1時間前に空港に着くバスがちょうど＿＿ ＿＿ ＿★＿ ＿＿ 間に合わなかった。

1　結局、飛行機に　　2　来たので

3　満員で乗れず　　4　乗ろうとしたが

5 今の時代の子供は男女平等が当然で育った。＿＿ ＿＿ ＿★＿ ＿＿ のが現状だ。

1　子育ての負担は　　2　家に帰ると家事や

3　母親ばかりという　　4　それなのに

113 실전 시험 문장 완성 [3]

(/5)

정답 및 해설 <본서1> p.66

問題8 次の文の＿＿★＿＿に入る最もよいものを、1・2・3・4から一つ選びなさい。

1 携帯のボタンが押せなくなってしまった。いろいろ試してみたが＿＿ ＿＿ ★ ＿＿。

1 うまくいかず　　2 こうなっては
3 ほかない　　4 修理に出す

2 A：今日はどうも。楽しかったよ。夕飯もおいしかったし。
B：もう帰るの？ まだ7時だよ。＿＿ ＿＿ ★ ＿＿ いいのに。

1 せっかく　　2 もう少しゆっくりしていけば
3 来たんだから　　4 お茶でも飲んで

3 最盛期(さいせいき)には＿＿ ＿＿ ★ ＿＿ なってしまった。

1 だけに　　2 持っていたが
3 今は2店舗　　4 支店を20店舗も

4 彼は1980年代に活躍した野球選手で、この人 ★ ＿＿ ＿＿ ＿＿ 大きな 存在だった。

1 語れない　　2 というほど
3 抜きには　　4 日本の野球は

5 日本では少子化と＿＿ ＿＿ ★ ＿＿ 読んだ。

1 さらに　　2 進むだろうという
3 新聞記事を　　4 高齢化が

114 실전 시험 문장 완성 [4]

(　　/5) 제한 시간 : 5분

정답 및 해설 <본서1> p.67

問題 8 次の文の ＿＿★＿＿ に入る最もよいものを、1・2・3・4から一つ選びなさい。

1 スペインの首都マドリードでは気温が＿＿ ＿＿ ＿★＿ ＿＿を記録したと発表した。

1　7月の気温　　2　40度を超えるという

3　としては　　4　観測史上最高

2 消費者の意見を＿＿ ＿＿ ＿★＿ ＿＿ための会議が開かれた。

1　作る　　2　して

3　新製品を　　4　もとに

3 情報技術の＿＿ ＿★＿ ＿＿ ＿＿多様化している。

1　発展　　2　ミュニケーションの

3　にともなって　　4　手段は

4 昨日まで楽しいゴールデンウィークだったのに、＿★＿ ＿＿ ＿＿ ＿＿だった。

1　今日は出勤中　　2　大変な一日

3　財布を落とすなど　　4　連休明けの

5 新卒学生の就職率は2008年の世界的金融危機(きんゆうきき)＿＿ ＿＿ ＿★＿ ＿＿「氷河期(ひょうがき)の再来」といわれている。

1　景気後退(こうたい)や　　2　にともなう

3　影響を受け　　4　円高(えんだか)などの

115 실전 시험 문장 완성 [5]

(　　/5) 제한 시간 : 5분

▸정답 및 해설 <본서1> p.67

問題8 次の文の＿★＿に入る最もよいものを、1・2・3・4から一つ選びなさい。

1 人気の店には理由がある。ある店では季節ごとに＿＿ ＿★＿ ＿＿ ＿＿ もらっているという。

1 に加えて　　2 旬の素材を使った料理

3 多様な日替わりメニューで　　4 ビジネスマンに足を運んで

2 A：ねえ、「自撮り（じど）」って何？

B：＿＿ ＿★＿ ＿＿ ＿＿ 社会問題までになってるんだって。

1 最近、それによって　　2 「自撮り」というけど

3 自分撮りを略して　　4 死亡事故が増えて

3 ショウガを紅茶（こうちゃ）に入れて1日に5～6杯＿＿ ＿＿ ＿★＿ ＿＿ そうだ。

1 ショウガのブームは　　2 飲むとやせられるという

3 ダイエット本が売れていて　　4 まだまだ続き

4 厳しい就職難の中、大学が卒業時期になっても＿＿ ＿＿ ＿★＿ ＿＿ 特別に「留年（りゅうねん）」を認める制度を始めている。

1 見つからない学生　　2 本人が希望すれば

3 に対して　　4 就職先が

5 いつも冷静な林（はやし）さんに＿＿ ＿＿ ＿★＿ ＿＿ と思ったのに…。

1 発言をする　　2 そんな

3 限って　　4 はずはない

116 실전 시험 문장 완성 [6]

(　　/5) 제한 시간 : 5分

▶정답 및 해설 <본서1> p.68

問題 8 次の文の＿＿★＿＿に入る最もよいものを、1・2・3・4から一つ選びなさい。

1 この雑誌は赤ちゃんの年齢や時期に合わせた育児情報＿＿ ＿＿ ＿★＿ ＿＿提供します。

1　病気に関する　　　2　知識や

3　をはじめ　　　4　中古品交換などの情報も

2 彼は必ず＿＿ ＿＿ ＿★＿ ＿＿ここに戻ることはなかった。

1　にもかかわらず　　　2　戻ってくると

3　約束した　　　4　二度と

3 周りの人たちの＿＿ ＿＿ ＿★＿ ＿＿と思う。

1　いい結果は　　　2　抜きにしては

3　協力を　　　4　なかっただろう

4 5歳(さい)の娘は私と同じ警察官になりたいと言っている。本当に将来＿＿ ＿＿ ＿★＿ ＿＿感激した。

1　別として　　　2　そんなことを

3　言ってくれたことに　　　4　なるかどうかは

5 【旅行会社で】

A：お客さんからの苦情があったそうだね。

B：はい。お客さんの情報を＿＿ ＿＿ ＿＿ ＿★＿なりました。すみません。

A：そんな…これからはよく注意してくださいね。

1　入力してしまい　　　2　間違って

3　飛行機に乗れずに　　　4　キャンセルに

117 실전 시험 문장 완성 [7]

(　　/5) 제한 시간 : 5분

▶정답 및 해설 <본서1> p.68

問題 8 次の文の ＿＿★＿＿ に入る最もよいものを、1・2・3・4から一つ選びなさい。

1 今回の戦略が有効であったかどうかは、＿＿ ＿★＿ ＿＿ ＿＿。

1 判断しかねる　　2 出ていない

3 現時点では　　4 まだ結果が

2 あの医者は多くの＿＿ ＿＿ ＿＿ ＿★＿ 呼ばれている。

1 医者と　　2 成功させたことから

3 患者(かんじゃ)の脳(のう)の手術を　　4 「神(かみ)の手」をもつ

3 毎日料理を＿＿ ＿＿ ＿★＿ ＿＿ ものばかりだ。

1 使ってできる　　2 作っているといっても

3 電子レンジを　　4 簡単な

4 プレゼントをするときは、＿★＿ ＿＿ ＿＿ ＿＿、喜ばれるかどうか相手の趣味や都合をよく考えて決めましょう。

1 品物を選ぶと　　2 思い込みだけで

3 自分の勝手な　　4 迷惑をかけることもあるので

5 言葉がわからず不安を感じている＿＿ ＿＿ ＿★＿ ＿＿ 人の笑顔はその不安を取(と)り去(さ)ってくれるものかもしれない。

1 外国人旅行者　　2 出会う

3 にとって　　4 旅先(たびさき)で

118 실전 시험 문장 완성 [8]

(　　/5) 제한 시간 : 5分

정답 및 해설 <본서1> p.68

問題 8 次の文の ＿＿★＿＿ に入る最もよいものを、1・2・3・4から一つ選びなさい。

1 ＿＿ ＿★＿ ＿＿ ＿＿、その会社は世界進出を目指している。

1 を契機に　　2 ハワイでの
3 成功　　4 ベトナムと

2 外国語で＿＿ ＿＿ ＿＿ ＿★＿ とてもできない。

1 には　　2 スピーチ
3 私　　4 なんて

3 明日9時より面接をいたします。＿＿ ＿＿ ＿★＿ ＿＿ お越しください。

1 お渡しする　　2 資料を
3 今から　　4 よく読んだ上で

4 筆記試験はできたのに、健康診断で＿＿ ＿＿ ＿★＿ ＿＿。

1 なんて　　2 たまらない
3 落とされる　　4 悔しくて

5 戦争の悲惨(ひさん)さは＿＿ ＿★＿ ＿＿ ＿＿ それを繰(く)り返(かえ)してきた。

1 人類は　　2 いるにもかかわらず
3 十分　　4 わかって

119 실전 시험 문장 완성 [9]

(　　/5) 

▸정답 및 해설 <본서1> p.69

問題 8 次の文の＿＿★＿＿に入る最もよいものを、1・2・3・4から一つ選びなさい。

1 今日は寒くなるという予報＿＿＿、＿＿＿ ＿★＿ ＿＿＿汗をかいた。

1　どころか　　　2　暑くて

3　だったが　　　4　寒い

2 この店のざるそばは有名で、大勢(おおぜい)の人が＿★＿ ＿＿＿ ＿＿＿ ＿＿＿食べようとは思わない。

1　並んで　　　2　並んでまで

3　待っているが　　　4　私は

3 人気のイベントが行われたとき、この辺りの道は込んでいて、＿＿＿ ＿★＿ ＿＿＿ ＿＿＿。

1　にも　　　2　急いで

3　歩こう　　　4　歩けない

4 こんな雨の日でも、＿＿＿ ＿＿＿ ＿★＿ ＿＿＿用意しておこう。

1　いらっしゃらない　　　2　から

3　とも限らない　　　4　お客様が

5 大切な自然を＿＿＿ ＿★＿ ＿＿＿ ＿＿＿皆、満足しているのだろうか。

1　便利な生活に　　　2　壊して

3　でも　　　4　手に入れたかった

120 실전 시험 문장 완성 [10]

(　　/5) 제한 시간 : 5분

정답 및 해설 <본서1> p.69

問題 8 次の文の＿＿★＿＿に入る最もよいものを、1・2・3・4から一つ選びなさい。

1 宇宙開発の＿＿ ＿＿ ★ ＿＿ 現実化しつつある。

1 夢が　　2 宇宙空間で生活するという

3 進展により　　4 人類が

2 うちの近くにあるスーパーは夜12時まで営業しているから、仕事＿＿ ★ ＿＿ ＿＿ 便利だ。

1 終わってから　　2 が

3 でも　　4 行けて

3 いくら運動しても＿＿ ＿＿ ★ ＿＿、健康な体にはならない。

1 限り　　2 している

3 不規則な　　4 生活を

4 そんなこともわからない＿＿ ★ ＿＿ ＿＿ いられなかった。

1 ようでは　　2 言えないと

3 言わずには　　4 大学生とは

5 若いとき努力して＿＿ ＿＿ ★ ＿＿ なって必ず将来役に立つと思う。

1 目標を　　2 経験は

3 自信と　　4 達成した

문제 9 글의 문법

» 유형 소개

글의 문법 (4~5문항)

글의 흐름에 맞는 문장과 문법 표현인지 판단할 수 있는가를 묻는다.

예

問題9　次の文章を読んで、文章全体の内容を考えて、50から54の中に入る最もよいものを、1・2・3・4から一つ選びなさい。

以下は、雑誌のコラムである。

日本の鉄道ファン

鉄道ファンとは、鉄道が好きで鉄道に関することを趣味にしている人たちのことだ。鉄道ファンは単に「鉄(てつ)」と言われたりもする。日本では、これまでは「鉄(てつ)」といえば男性だど思われていたが、近年は女性のファンが急増しているらしい。

ところで、彼ら鉄道ファンたちは 50 趣味を楽しんでいるだろうか。

一言で鉄道ファンといってもその趣味の内容は多種多様だ。そして、電車に乗るのが好きな「鉄(てつ)」は「乗り鉄(のりてつ)」というように、それぞれその内容に対応した呼び名がある。「乗り鉄(のりてつ)」 51 、写真を撮るのが好きな「撮り鉄(とりてつ)」、車両や鉄道がある風景を描く「描き鉄(かきてつ)」、鉄道の模型が好きな「模型鉄(もけいてつ)」などだ。

⋮

50	1　それほど	2　どのように	3　それでも	4　どちらの
51	1　にかわって	2　によって	3　のうえ	4　のほか

⋮

50	①❷③④
51	①②③❹

해석 이하는 잡지 칼럼이다.

일본의 철도 팬

철도 팬이라고 하는 것은 철도를 좋아해서 철도에 관한 것을 취미로 하고 있는 사람들을 말한다. 철도 팬은 간단히 [철]이라고 불려지기도 한다. 일본에서는 지금까지 [철]이라고 하면 남성이라고 여겨졌지만, 최근 여성팬이 급증하고 있다고 한다.

그런데 그들 철도 팬들은 50 어떻게 취미를 즐기고 있는 것일까?

한마디로 철도 팬이라고 해도 그 취미의 내용은 가지각색이다. 그리고 전철을 타는 것을 좋아하는 [철]은 [타는 철]이라고 하듯 각각 내용에 대응하는 호칭이 있다. [타는 철] 51 외에 사진을 찍는 것을 좋아하는 [찍는 철], 차량과 철도가 있는 풍경을 그리는 [그리는 철] , 철도의 모형을 좋아하는 [모형 철] 등이다.

» 해답 스킬

1. 글을 읽어 내려가며, 특히 괄호가 등장하는 부분은 앞뒤 문맥을 파악하며 정확히 읽는다.
2. 괄호 안의 답을 찾을 때에는 우선 어떤 말이 들어갈 것인가를 한국어로 생각해 보고, 선택지를 보며 찾는다.

» 학습 대책

1. 주로 나오는 문제는 접속사, 어울리는 문법 표현 찾기, 문맥상 들어가야 하는 지시어와 문말 표현 찾기, 그리고 시제나 시점이 통일되어 있는가를 묻는 문제가 출제된다.
2. 마지막 문제로는 글의 흐름상 결론을 묻는 문제 및 그에 맞는 표현 찾기가 출제되니, 반드시 글 전체 흐름을 파악해 두고 있어야 한다.
3. 글의 흐름에 맞는 문장인가를 판단할 수 있어야 하는 능력을 키워야 하는 게 이 파트의 포인트이므로 특히, 괄호를 중심으로 앞뒤 문장을 잘 읽도록 한다.

121 실전 시험 글의 문법 [1]

問題 9 次の文章を読んで、文章全体の内容を考えて、[1]から[4]の中に入る最もよいものを、1・2・3・4から一つ選びなさい。

以下は『日本の食卓』という雑誌に掲載されたコラムである。

> [1] インドの料理ですが、今ではすっかり日本の家庭料理となった「カレーライス」。日本の国民食(こくみんしょく)とも言われ、大人から子どもまで幅広(はばひろ)い人気があり、現代の家庭料理としては欠(か)かすことのできない料理です。家庭[2]、学生食堂や社員食堂などでも人気が高く、学校給食では子供たちに最(もっと)も人気があるメニューがカレーライスです。
>
> 日本にカレーライスが入ってきたのは、明治(めいじ)時代(1868年~1912年)で、イギリスの料理[3]伝わりました。日本で独自の進化をし、どろりとしたカレーの汁(しる)をご飯にかけて食べる料理に落ち着きました。
>
> 日本の家庭でカレーライスを作るとき、よく利用されるのが固形の即席(そくせき)カレーです。野菜や肉と一緒に煮(に)るだけで簡単においしいカレーが出来上がるので、おふくろの味(注)であると同時に、「手抜き料理」[4]。
>
> スーパーマーケットの棚には、さまざまな即席(そくせき)カレーが並んでいます。
>
> 『国崎理恵』
>
> (注) おふくろの味：お母さんの味

(/4) 제한 시간 : 5分

정답 및 해설 <본서1> p.70

1

1 以前は　　2 もともとは

3 あとは　　4 実は

2

1 だけではなく　　2 わけではなく

3 こともなく　　4 ものでもなく

3

1 でも　　2 にとって

3 によって　　4 として

4

1 と言えるでしょうか　　2 と言われることもあるほどです

3 と言われたでしょうか　　4 と言えないとも限りません

問題9 次の文章を読んで、文章全体の内容を考えて、[1]から[5]の中に入る最もよいものを、1・2・3・4から一つ選びなさい。

以下は新聞の記事です。

ある調査で、本を読む頻度(ひんど)(注)に応じて、学力がどう変化するのかを調べました。はっきりと差が現れたのは、小説と新聞。小説を読む子どもは読解力の平均点が高く、新聞を読む子どもは文系[1]理系の学力もアップするようです。

[2]、子どもに好んで読まれるマンガは、学力とはあまり関連していません。読解力については、マンガをほとんど読まない子どものほうが、週に数回読む子どもより平均点が低い傾向さえ見られました。

したがって、「マンガなど読むべきでない」というのは極論(きょくろん)に過ぎるでしょう。絵入りでストーリーを読者に分かりやすく伝えるマンガは、[3]文化です。そんなマンガの中にも活字はあります。絵を楽しみながらストーリーを追うのは、量は[4]、活字を読み進めることと同じです。国語教師の中にも、「マンガでもいいから読め」という先生がときどきいますね。

昔のマンガは漢字に読みがながついていませんでした。ストーリーの展開を追いたいばかりに、読み方を親に聞いたりして、上の学年で習う漢字を先取(さきど)りして覚えます。そんなことも多かったです。こう考えると、マンガの力は[5]。

(注) 頻度(ひんど)：ものごとがくり返して起こる程度(ていど)

(　　/5) 제한 시간 : 6분

정답 및 해설 <본서1> p.70

1

1 だけでは　　2 だけでなく
3 とは別として　　4 に比べ

2

1 一方で　　2 いわゆる
3 それなりに　　4 さらに

3

1 日本が誇(ほこ)らしい　　2 日本を誇(ほこ)る
3 日本の誇(ほこ)るべき　　4 日本に誇(ほこ)れる

4

1 少ないとは限らず　　2 少ないとは言えず
3 少ないというより　　4 少ないとはいえ

5

1 ばからしいのです　　2 ばからしいのではないでしょうか
3 ばかにできません　　4 ばかにするのではないでしょうか

123 실전 시험 글의 문법 [3]

問題9 次の文章を読んで、文章全体の内容を考えて、[1]から[5]の中に入る最もよいものを、1・2・3・4から一つ選びなさい。

以下はウェブサイトのコラムである。

> ドラマや漫画(まんが)などで、主人公が「行きつけの飲み屋」に行くシーンがよくあります。「自分もこんな店がほしいなあ」と、[1]人も多いのではないでしょうか。
>
> 行きつけは、自分との相性(あいしょう)が一番のポイントになります。相性(あいしょう)のよい店は一人で行ってもリラックスできるし、沈んだ気持ちをリセットできる貴重な場になります。[2]、どうやって自分に合った店を見つけるのか？
>
> まずは店さがし。素朴な、昔ながらの個人経営店がおすすめです。エリアは、駅から近い生活圏内がベスト。飲みなれていない人の場合、毎日[3]通り過ぎている店があるかもしれないので、まずはそんな店から立ち寄ってみましょう。
>
> 入店前は、事前リサーチを兼(か)ねてグルメサイトを見たくなりますが、確認するのは価格帯くらいにして、評価はあまり[4]。行きつけとは自分と相性(あいしょう)がよい店ですから、判断基準はあくまでも自分自身です。
>
> 入店後は好きなものを頼んで、また、お酒について質問があればどんどん聞きましょう。自分の店に興味を持っていると感じれば、店員さんも気にかけてくれることもあるようです。[5-a]、客同士が穏(おだ)やかに交流する店から一人で静かに飲む店まで、雰囲気は店によって[5-b]ですから、その場の空気を乱さないことも大切です。一つの店では1時間くらい楽しんで、いろんな店にチャレンジしましょう。

정답 및 해설 <본서1> p.71

1

1 あこがれている　　2 怒っている
3 待っている　　4 喜んでいる

2

1 なのに　　2 だから
3 かつ　　4 では

3

1 気づいたとたん　　2 気づいたばかりに
3 気づかないまま　　4 気づかないからこそ

4

1 気になりません　　2 気にならないでしょう
3 気にするようにしましょう　　4 気にしないようにしましょう

5

1 a 一方で / b 同じ　　2 a 一方で / b さまざま
3 a ついに / b 同じ　　4 a ついに / b さまざま

124 실전 시험 글의 문법 [4]

問題 9 次の文章を読んで、文章全体の内容を考えて、[1]から[5]の中に入る最もよいものを、1・2・3・4から一つ選びなさい。

以下は健康雑誌に掲載されたコラムである。

健康のために体を動かしたいけれど、ハードな運動はちょっと苦手…。[1]お勧めしたいのが「スロージョギング」。息切れしないペースでゆっくりと走るジョギング方法で、すれ違う人同士が笑顔で会話できる速度が目安(注1)だ。

基本は、足の指の付け根から着地する[2]。そうすると、かかとから着地するのに比べて衝撃が3分の1になり、体への負担が少なくなるという。同時に、スロージョギングは、小刻みな走り方(注2)が特徴だ。まずは、20～30センチの歩幅で走る練習をする。ただ、頭では分かっていても、慣れないとつい歩幅が大きくなり、スピードが出てしまう[3-a]、注意[3-b]。

体力をつけ、減量を目指すなら1日に30～60分が目安。初心者の場合は、スロージョギングの合間にウォーキングをはさむ[4]良い方法だという。継続することで、年とともに筋肉量が減るのをおさえる効果もある。

40代半ばで太り気味のAさんは、ゆっくりとしたジョギングに取り組んだ。その結果、3カ月ほどで10キロの減量に成功。専門家によると、「スロージョギングの消費エネルギーは、通常のウォーキングの約2倍。ウォーキングに比べて多くの筋肉を使う」とのこと。今後、スロージョギング人口が[5]。

(注1) 目安：おおよその基準

(注2) 小刻みな走り方：短い歩幅で走る方法

➤정답 및 해설 <본서1> p.72

1

1 それぞれに　　2 お互いに

3 そんな人に　　4 どんな人に

2

1 もの　　2 こと

3 つもり　　4 くらい

3

1 a ので / b が必要だ　　2 a せいで / b を求めたい

3 a ため / b が一般的だ　　4 a ことで / b しにくい

4

1 ことさえ　　2 ことすら

3 までも　　4 のも

5

1 増えるようだ　　2 増えつつあります

3 増えそうだ　　4 増えてきた

125 실전 시험 글의 문법 [5]

問題9 次の文章を読んで、文章全体の内容を考えて、1から5の中に入る最もよいものを、1・2・3・4から一つ選びなさい。

以下は雑誌のコラムである。

　最近、シャンプーを使わない「お湯(ゆ)だけで髪(かみ)を洗う」やり方がひそかに広まっているようです。お湯(ゆ)でシャンプーすることを「湯(ゆ)シャン」と［1］ようですが、この方法はシャンプーを使わないので頭皮(とうひ)に強い刺激がなく、皮脂(ひし)を落としすぎる心配もないということです。

　一般的に、シャワーで髪(かみ)を洗うだけで汚れの70〜80%は落ちると言われています。それでも洗髪(せんぱつ)(注)にシャンプーを使うのは、「汚れを［2］落とさなくてはいけない」といった思い込みのほかに、「さっぱりして気持ちいい」「ベタベタして気持ち悪い」「髪(かみ)の毛のにおいが気になる」などが主な理由のようです。

　［3］、「湯(ゆ)シャン」でも汚れは落ちるし、皮膚(ひふ)を守るために皮脂(ひし)の中に存在する細菌(さいきん)の働きによってにおいをおさえることはできると言います。「湯(ゆ)シャン」の目的は、シャンプーによって傷(いた)んだ頭皮と、皮脂(ひし)が肌を守る機能を回復させることにあるとのこと。芸能界などでもその実践者が増え［4］ようです。

　ちなみに、あるベストセラー作家は1か月に1回しか洗髪(せんぱつ)しないことで有名です。ここまでいくとレベルが高すぎてすぐには実践できそうにない領域(りょういき)ですが、非シャンプー派の思想はじんわりと世の中に［5］。

（注）洗髪(せんぱつ)：髪を洗うこと

(　　/5)　제한 시간 : 6분

정답 및 해설 <본서1> p.72

1

1　呼ばせる　　2　呼んだ

3　呼ぶ　　4　呼ばれた

2

1　すっかり　　2　ぐっすり

3　しっかり　　4　ばっさり

3

1　しかし　　2　つまり

3　おまけに　　4　なぜなら

4

1　ながら　　2　得る

3　次第　　4　つつある

5

1　広まるというのでしょうか　　2　広まるのではないでしょう

3　広まりそうです　　4　広まりそうにないです

1교시

언어지식

(문자 · 어휘 · 문법)

독해

시험 시간	105분

03

독해

문제 10	내용 이해 : 단문
문제 11	내용 이해 : 중문
문제 12	통합 이해
문제 13	내용 이해 : 장문
문제 14	정보 검색

1. JLPT 독해란?

문장을 읽는 목적/과제에 맞춰서 언어 지식과 화제에 관한 지식과 그것들을 이용하는 능력을 함께 사용해서 본문에 쓰여 있는 정보를 처리하고 이해해가는 과정을 측정하는 것을 말한다.

2. 독해 문제의 특징

본문에서 무엇인가의 정보를 얻는 것이라고 말할 수 있다. 새로운 시험의 [독해]에서는 [어떠한 본문에서] [어떠한 정보를 얻을까]의 두 개의 관점에서 과제를 설정한다.

첫째, [어떠한 본문에서]에 대해서는 여러 학습환경을 고려한 적절한 범위에서 다양한 내용의 본문을 넣게 된다. 본문의 화제나 내용은 학습에 관한 것, 생활 속에서 접할 수 있는 실용적인 것, 일에 관한 것 등을 다룬다. 또 본문의 종류는 설명문, 의견문, 평론, 에세이 외에도 실생활 장면에서 볼 수 있는 연락과 안내, 일에서 사용되는 문서 등이다. 본문의 형식은 일반적인 문장 형식 외에 조목별로 쓴 글이나 표의 경우도 있다. 그리고 본문의 길이도 레벨에 따라 단문, 중문, 장문으로 구분한다.

둘째, [어떠한 정보를 얻을까]에 대해서는 4개의 타입으로 과제를 설정한다.

❶ 본문 전체를 신속하게 읽는다.

❷ 본문의 부분을 신속하게 읽는다.

❸ 본문 전체를 주의 깊게 읽는다.

❹ 본문의 부분을 주의 깊게 읽는다.

실제 문제는 ❶~❹중에서 하나 또는 둘을 요구하는 문제가 출제된다.

3. 독해의 출제 의도 파악

1) 본문의 내용(부분)을 정확히 이해하는 문제 (단문, 중문)

본문에 쓰여 있는 사실 관계를 이해할 수 있는지, 그 문맥에서는 어떠한 의미인지를 이해하고 있는가를 묻는다.

자주 나오는 부분적 질문의 예

① ＿＿＿とは何(なに)か。＿＿＿은 무엇을 말하는가?(무엇을 의미하는가?)

② ＿＿＿とあるが、なぜか。＿＿＿는 왜 그런가?

③ ＿＿＿の理由(りゆう)は何(なに)か。＿＿＿의 이유는 무엇인가?

④「それ、このように、そちら、こういう」が指(さ)しているのは何(なに)か。
지시어(これ/それ/あれ)가 가리키는 것은 무엇인가?

2) 본문의 내용(보다 넓은 부분, 전체)을 정확히 이해하는 문제 (단문, 중문, 장문, 종합 이해)

필자가 이 글을 통해 전체적으로 전달하려고 하는 주장, 의견을 읽어낼 수 있는가를 묻는다. 본문의 전체상과 대의를 파악할 수 있으며, 키워드를 찾아 어떠한 논리로 전개하고 있는가를 캐치한다.

자주 나오는 전체적 질문의 예

① 筆者が最も言いたいことは何か。
필자는 이 글을 통해 무엇을 전하고 싶은가?/필자가 가장 하고 싶은 말은 무엇인가?

② 筆者の考えに合うのはどれか。 필자의 생각과 맞는 것은 무엇인가?

③ テーマは何か。 이 글의 테마(주제)는 무엇인가?

3) 관련이 있는 복수의 본문을 비교하거나 종합하거나 하는 문제 (종합 이해)

관계성, 공통점이나 다른 점을 비교하거나 종합적으로 이해하거나 한다.

자주 나오는 질문의 예

① AとBと共通して述べられていることは何か。
A와 B에서 공통으로 서술하고 있는 것은 무엇인가?

② ______について、AとBはどのように述べているか。
______에 대해서 A와 B는 어떻게 서술하고 있는가?

4) 알림, 팸플릿 등으로부터 필요한 정보를 검색하는 문제 (정보 검색)

정확히 이해하기보다도 질문의 목적과 과제에 맞춰 필요한 정보를 찾아내는 것에 중점을 둔다.

자주 나오는 질문의 예

① ______さんの希望に合うのはどれか。
______ 씨의 희망에 맞는 것은 어느 것인가?

______、______、______の条件に最も合うホテルはどれか。
______, ______, ______의 조건에 가장 맞는 호텔은 어느 것인가?

② ______に関して気をつけなければならないことは次のうちどれか。
______에 관해서 신경 써야 하는 것은 다음 중 어느 것인가?

______のためにはどんな方法がいいか。
______하기 위해서는 어떤 방법이 좋은가?

4. 독해 답 찾는 요령

1) 문형/표현으로도 답을 찾을 것!

2) 지시어나 밑줄 친 부분의 의미 · 이유를 찾는 문제는 앞뒤 두 줄에서 찾을 것!

3) 접속사를 통해 문장의 관계, 단락의 관계를 파악할 것!

*378쪽 주요 접속사 참고

4) 본문의 내용(필자의 생각)과 선택지의 내용이 일치하는가?

5) 본문에서의 표현과 선택지에서의 표현이 일치하는가? (유의어를 사용한 표현에 주의!)

6) 선택지를 읽을 때 공통점을 발견하여 읽는 시간을 단축시키자.

7) 중문이나 장문을 읽을 땐 단락을 나누어 한 문제씩 풀자.

8) 정보검색의 경우 [●, ★, ※, ただし, ただ]의 표시 부분의 설명에서 문제가 나올 가능성이 높다.

9) 글의 종류에 따라 읽는 법을 선택할 줄 아는 능력도 중요하다.

- 평론/사설/에세이/해설: 글의 흐름을 따라가면서 세세하고 정확하게 이해해 가는 것이 중요하다.
- 팸플릿/광고/정보지/비즈니스: 찾고 있는 정보를 전체에서 재빨리 찾아내는 것이 필요하다.
- 메일/편지/메모: 주로 보내는 목적, 받는 사람이 해야 할 일을 찾아내는 것이 필요하다.

해석에 주의해야 하는 문말 표현

1 ~のではないかと思う ~인 것은 아닌가라고 생각하다

예문 その仕事ほどおもしろくない仕事はないのではないかと、私は思った。
그 일만큼 재미있지 않은 일은 없는 것은 아닌가라고 나는 생각한다. (결론: 그 일이 가장 재미없다고 생각한다.)

2 ~のではないでしょうか ~인 것은 아닐까요

예문 その中に、人生を変える出会いや幸運が潜んでいるのではないでしょうか。
그 안에 인생을 바꾸는 만남과 행운이 숨어 있는 것은 아닐까요?
(결론: 그 안에 인생을 바꾸는 만남과 행운이 숨어 있다고 생각한다.)

3 ~のではないだろうか ~하는 것은 아닐까

예문 これが自分の仕事だと胸を張って言える人は意外と少ないのではないだろうか。
이것이 자신의 일이라고 자신 있게 말할 수 있는 사람은 의외로 적은 것은 아닐까?
(결론: 이것이 자신의 일이라고 자신 있게 말할 수 있는 사람은 의외로 적다고 생각한다.)

4 ~のである ~인 것이다

예문 本当に興味のあることしかメモしないのである。
정말 관심 있는 것밖에 메모하지 않는 것이다. (결론: 정말 관심 있는 것만 메모한다.)

5 ~ことである/必要がある ~것이다/~필요가 있다

예문 何でも自分でやってみることである。
무엇이든 스스로 해봐야 하는 것이다. (해볼 필요가 있다.)

6 ~だろうか/であろう ~일까(것이다)

예문 高校生がタバコ吸う。こんなことが、あってよいのだろうか。
고등학생이 담배를 피운다. 이런 일이 있어도 되는 것일까?
(결론: 고등학생이 담배를 피운다. 이런 일이 있어서는 안 된다고 생각한다.)

7 ～ざるを得ない ～하지 않을 수 없다

예문 今回の事件については君にも責任はあると言わざるを得ない。
이번 사건에 대해서는 너에게도 책임은 있다고 말하지 않을 수 없다.
(결론: 이번 사건에 대해서는 너에게도 책임은 있다고 말할 수 있다.)

8 ～なければならない/なければならぬ ～하지 않으면 안 된다

예문 言うべきときは言わなければならぬ。
말해야만 할 때는 말하지 않으면 안 된다. (결론: 말해야만 할 때는 말해야만 한다.)

9 ～わけにはいかない ～할 수는 없다

예문 洋服は試着できるが、仕事に関しては、試しにちょっと、というわけにはいかない。
옷은 입어볼 수 있지만, 일에 관해서는 시험 삼아 조금 (해볼게)라고는 할 수 없다.

10 ～べきである ～해야 한다

예문 税金を不正に使った政治家は非難されるべきだ。세금을 부정하게 사용한 정치가는 비난받아야 한다.

11 ～べきではない ～하는 것은 마땅하지 않다, ～하지 말아야 한다

예문 ちょっとぐらいミスしたからといってそんなに怒るべきではない。
조금 정도 실수했다고 해서 그렇게 화내는 것은 마땅하지 않다.

12 ～はずである ～것이다, ～터이다

예문 若いときの経験はその人の人生にとって、むだにはなっていないはずだ。
젊을 때의 경험은 그 사람의 인생에 있어서 헛되지 않을 것이다. (확실히 헛되지 않다.)

13 ～はずがない ～할 리가 없다

예문 こんな短期間でできるはずがない。이런 단기간에 가능할 리 없다.

14 ~に違いない ~임에 틀림없다

예문 清潔な印象の人は部屋もきっときれいに片付いているに違いない。
청결한 인상의 사람은 방도 분명 깨끗하게 정리되어 있음에 틀림없다.

15 ~にほかならない/にほかならぬ ~임에 틀림없다

예문 全国大会での優勝は厳しい練習の成果にほかならない。
전국대회에서의 우승은 엄격한 연습의 성과임에 틀림없다.

16 ~と言える/とは言えない ~라고 말할 수 있다/~라고는 말할 수 없다

예문 ほかのイヌとの集団生活があったほうがよいことから、習得的な部分もあると言えるでしょう。
다른 개와의 집단생활을 한 적이 있는 것으로부터 습득적인 부분도 있다고 말할 수 있겠죠?

17 ~は言うまでもない ~은 말할 것도 없다

예문 試験前まで頑張っていくことが大事だということは言うまでもない。
시험 전까지 열심히 해 나가는 것이 중요하다고 하는 것은 말할 것도 없다.
(결론: 시험 전까지 열심히 해 나가는 것은 당연히 중요하다.)

18 ~ということだ/とのことだ ~라고 하는 것이다

예문 一人で食べるほうが時間の節約になるということだ。
혼자서 먹는 편이 시간 절약이 된다고 하는 것이다.

19 ~かねます ~하기 어렵다, ~할 수 없다

예문 キャンセルなさる場合は代金の返金はいたしかねます。
취소하실 경우는 대금의 환불은 해드릴 수 없습니다.

2 문맥 파악과 답 찾기에 도움 되는 **접속사**

❶ A원인 B결과: 이유/원인 찾기, 결과 찾기 문제에서 접속사가 힌트가 된다.

だから 그러니까　　それで 그래서　　そのために 그 때문에

そこで 그래서　　その結果(けっか) 그 결과　　したがって 따라서

❷ A조건 B결과: 조건 찾기, 결과 찾기 문제에서 접속사가 힌트가 된다.

すると 그러자　　それなら 그렇다면

❸ 역접: 앞의 내용과 달리 반전의 내용으로 이어질 때 사용된다.

しかし 그러나　　けれども 그렇지만　　だけど 그렇지만

ところが 그렇지만

❹ 환언: 앞의 말을 다른 표현으로 바꾸기, 필자의 주장이나 생각을 찾는 데 도움 된다.

つまり 즉　　すなわち 즉　　えば 예를 들면

するに 요컨대

❺ 병렬/첨가: 필자의 생각을 병렬, 추가, 첨가할 때 사용되는 접속사이다.

そして 그리고　　それなら 그렇다면　　それに 게다가

しかも 게다가　　そのうえ 게다가

❻ 화제 전환: 이야깃거리가 전환될 때 사용된다.

ところで 그런데　　さて 그런데

독해에서 잘 나오는 주제별 어휘

❶ 자연 · 환경

省(しょう)エネルギー 에너지 절약　エコ 환경　オス 암컷　メス 수컷　汚染(おせん) 오염　希少(きしょう)だ 희귀하다　警報(けいほう) 경보

昆虫(こんちゅう) 곤충　鉱山(こうざん) 광산　細胞(さいぼう) 세포　飼育(しいく) 사육　弱肉強食(じゃくにくきょうしょく) 약육강식　樹木(じゅもく) 수목, 나무　進化(しんか) 진화

性別(せいべつ) 성별　退化(たいか)する 퇴화하다　津波(つなみ) 해일　天候(てんこう) 날씨　天然資源(てんねんしげん) 천연자원　豊(ゆた)かだ 풍부하다

廃棄(はいき) 폐기　被害(ひがい) 피해　災害(さいがい) 재해　被災(ひさい) 재해를 입음　哺乳類(ほにゅうるい) 포유류

❷ 기술 · 산업

研修(けんしゅう) 연수　達成(たっせい)する 달성/성취하다　成(な)し遂(と)げる 완수하다　役割(やくわり) 역할　姿勢(しせい) 자세　意義(いぎ) 의의

支(ささ)える 지탱하다, 버티다　従来(じゅうらい) 종래　見送(みおく)る 보류하다, 배웅하다　取引先(とりひきさき) 거래처　発行(はっこう)する 발행하다

産業(さんぎょう) 산업　アナログ 아날로그　遺伝子(いでんし) 유전자　加工(かこう)する 가공하다　画期的(かっきてき) 획기적　産出(さんしゅつ) 산출

原子力発電(げんしりょくはつでん) 원자력 발전　考案(こうあん)する 고안하다　仕組(しく)み 구조, 짜임　従事(じゅうじ)する 종사하다　精密(せいみつ) 정밀

先端(せんたん) 첨단　技術(ぎじゅつ) 기술　携(たずさ)わる 종사하다, 관계하다　テクノロジー 테크놀로지　鉄鋼(てっこう) 철강　肥料(ひりょう) 비료

放射能(ほうしゃのう) 방사능　輸送(ゆそう) 수송　酪農(らくのう) 낙농　流通(りゅうつう) 유통　領域(りょういき) 영역　商売(しょうばい) 장사

❸ 학업 · 유학

考察(こうさつ) 고찰　論文(ろんぶん) 논문　研究室(けんきゅうしつ) 연구실　主題(しゅだい) 주제　書評(しょひょう) 서평　参考(さんこう)する 참고하다　受験(じゅけん) 수험

受(う)け入(い)れる 수용하다, 받아들이다　成果(せいか) 성과　態度(たいど) 태도　過程(かてい) 과정　述(の)べる 서술하다

発揮(はっき)する 발휘하다　満(み)たす 채우다, 충족시키다　望(のぞ)む 바라다, 희망하다　引用(いんよう)する 인용하다

記載(きさい)する 기재하다　記述(きじゅつ)する 기술하다　掲載(けいさい)する 게재하다　主題(しゅだい) 주제　書物(しょもつ) 서적(물)

創作(そうさく)する 창작하다　著書(ちょしょ) 저서　伝聞(でんぶん) 전문　投票(とうひょう)する 투표하다　文献(ぶんけん) 문헌　文脈(ぶんみゃく) 문맥

前置(まえお)き 서론, 머리말　要旨(ようし) 요지

❹ 교육 · 연구

応用(おうよう) 응용　概念(がいねん) 개념　権威(けんい) 권위　講座(こうざ) 강좌　志(こころざ)す 뜻을 두다　在学(ざいがく) 재학　参照(さんしょう)する 참조하다

主張(しゅちょう) 주장　知性(ちせい) 지성　知的(ちてき) 지적　定義(ていぎ)する 정의하다　養成(ようせい)する 양성하다　類推(るいすい)する 유추하다

理念(りねん) 이념　目指(めざ)す 지향하다, 목표로 하다　触(ふ)れる 닿다, 만지다, 언급하다　掲示(けいじ)する 게시하다　避(さ)ける 피하다

果(は)たす 완수하다, 다하다　磨(みが)く 닦다, 연마하다　義務(ぎむ) 의무　比較(ひかく) 비교　優劣(ゆうれつ) 우열　克服(こくふく) 극복

褒(ほ)める 칭찬하다　考察(こうさつ) 고찰　講義(こうぎ) 강의

❺ 의료 · 건강

回復(かいふく)する 회복하다　治療(ちりょう) 치료　衰弱(すいじゃく) 쇠약　立(た)ち向(む)かう 맞서다　解消(かいしょう) 해소　ヘルシー 헬시, 건강한

安静(あんせい) 안정　医療(いりょう) 의료　衰(おとろ)える 쇠약해지다　老(お)いる 늙다　介護(かいご)する 간호하다　過労(かろう) 과로　感染(かんせん) 감염

休養(きゅうよう) 휴양　細菌(さいきん) 세균　脂肪(しぼう) 지방　消化(しょうか)する 소화하다　症状(しょうじょう) 증상　診断(しんだん) 진단　体調(たいちょう) 몸의 상태

だるい 나른하다　内臓(ないぞう) 내장　疲労(ひろう) 피로　保険(ほけん) 보험　老衰(ろうすい) 노쇠

❻ 법률 · 행정 · 나라 · 정치

改正(かいせい) 개정　整備(せいび) 정비　追及(ついきゅう) 추궁　取(と)り締(し)まる 단속하다, 다잡다　廃止(はいし) 폐지　保証(ほしょう) 보증　免除(めんじょ) 면제

改革(かいかく) 개혁　革新(かくしん) 혁신　革命(かくめい) 혁명　行政(ぎょうせい) 행정　条約(じょうやく) 조약　規約(きやく) 규약　支配(しはい) 지배　情勢(じょうせい) 정세

親善(しんぜん) 친선　侵略(しんりゃく) 침략　立法(りっぽう) 입법　領土(りょうど) 영토　侵(おか)す 침략/침범하다　友好関係(ゆうこうかんけい) 우호 관계

世論(よろん)/世論(せろん) 여론　政権(せいけん) 정권　政党(せいとう) 정당　体制(たいせい) 체제　治安(ちあん) 치안　秩序(ちつじょ) 질서　独裁(どくさい) 독재　内閣(ないかく) 내각

難民(なんみん) 난민　繁栄(はんえい) 번영　表明(ひょうめい) 표명　保守(ほしゅ) 보수　上回(うわまわ)る 상회하다, 웃돌다　下回(したまわ)る 하회하다, 밑돌다

緩和(かんわ) 완화　均衡(きんこう) 균형　供給(きょうきゅう) 공급　高騰(こうとう) 고등(물가가 오름)　雇用(こよう) 고용　財政(ざいせい) 재정　収支(しゅうし) 수지(수입과 지출)

需要(じゅよう) 수요　所得(しょとく) 소득　動向(どうこう) 동향　投資(とうし) 투자　負債(ふさい) 부채　物価(ぶっか) 물가　暴落(ぼうらく) 폭락　融資(ゆうし) 융자

裁判(さいばん) 재판　検事(けんじ) 검사　公平(こうへい)だ 공평하다　裁(さば)く 재판하다, 판가름하다　証言(しょうげん) 증언　訴訟(そしょう) 소송

損害(そんがい) 손해　被(こうむ)る 입다, 받다(피해·손해 등)　償(つぐな)う 갚다, 보상하다　賠償(ばいしょう) 배상　弁護士(べんごし) 변호사　法廷(ほうてい) 법정

❼ 문화 · 예술

催す(もよおす) 개최하다　伝承(でんしょう) 전승　受け継ぐ(うけつぐ) 계승하다, 이어받다　見事だ(みごとだ) 훌륭하다, 멋지다　特徴(とくちょう) 특징

遡る(さかのぼる) (흐름이나 시간 등을) 거슬러 올라가다　刻む(きざむ) 새기다, 조각하다　伝統行事(でんとうぎょうじ) 전통 행사　保守的(ほしゅてき) 보수적

維持する(いじする) 유지하다　創造(そうぞう) 창조　振り返る(ふりかえる) 뒤돌아보다, 회고하다　意図(いと) 의도　映像(えいぞう) 영상　演じる(えんじる) 연기하다

コンテンツ 콘텐츠　シナリオ 시나리오　芝居(しばい) 연극, 연기　装飾(そうしょく) 장식　音色(ねいろ) 음색　美術(びじゅつ) 미술　演奏(えんそう) 연주

芸術(げいじゅつ) 예술

❽ 사회 문제

手がかり(てがかり) 단서　取り上げる(とりあげる) 내세우다, 주제화하다　取り組む(とりくむ) (일에) 대처하다, 맞붙다, 몰두하다　判断(はんだん) 판단

味わう(あじわう) 맛보다　高齢化(こうれいか) 고령화　失業率(しつぎょうりつ) 실업률　示す(しめす) 나타내다, 가리키다　少子化(しょうしか) 저출산　詳細(しょうさい) 상세

介護施設(かいごしせつ) 요양/간호 시설　異なる(ことなる) 다르다, 상이하다　多様化(たようか) 다양화　逮捕(たいほ) 체포　多様多種だ(たようたしゅだ) 각양각색이다

犯人(はんにん) 범인　人殺し(ひとごろし) 살인　歴史(れきし) 역사　探る(さぐる) (원인 등을) 찾다, 살피다　現状(げんじょう) 현상, 현실　見なす(みなす) 간주하다

突き止める(つきとめる) 밝혀내다, 찾아내다

❾ 생활 · 여가 · 여행

眺める(ながめる) 바라보다, 조망하다　風景(ふうけい) 풍경　感心する(かんしんする) 탄복하다, 감탄하다　疑問(ぎもん) 의문　搭乗(とうじょう) 탑승

組み立てる(くみたてる) 조립하다, 구성하다　省く(はぶく) 생략하다　充実する(じゅうじつする) 충실하다　抑える(おさえる) 억제하다, 줄이다

繰り返す(くりかえす) 반복하다　了承(りょうしょう) 양해, 승낙함, 납득함　添える(そえる) 첨부하다, 더하다　旅先(たびさき) 여행지　ツアー 투어

指定席(していせき) 지정석　航空券(こうくうけん) 항공권　往復(おうふく) 왕복　片道(かたみち) 편도　休養(きゅうよう) 휴양　余暇(よか) 여가　宿泊(しゅくはく) 숙박

レジャー 레저　予算(よさん) 예산　客室(きゃくしつ) 객실　割引クーポン(わりびきクーポン) 할인 쿠폰　対象外(たいしょうがい) 대상 외　宿(やど) 숙소

税込(ぜいこみ) 세금 포함　観光(かんこう) 관광　名所(めいしょ) 명소

문제 10 내용 이해 : 단문

» 유형 소개

내용 이해 : 단문 (5문항)

생활, 업무 등 여러 가지 화제를 포함한 설명문이나 지시문 등 200자 정도의 지문을 읽고 내용을 이해할 수 있는지를 묻는다.

예

(1)

問題 10 次の(1)から(5)の文章を読んで、後の問いに対する答えとして最もよいものを、1・2・3・4から一つ選びなさい。

マスコミで毎日のように環境問題が取り上げられているが、本当に「環境問題」と言っていいのだろうか。

地球温暖化にしろ、森林破壊(はかい)(注)にしろ、エネルギー資源の不足にしろ、これらはどれも人類によって起こされた問題である。しかし、このような問題を環境問題と呼ぶことで、**人は無意識のうちにその問題から目をそらしているのではないか。**むしろ**「人間問題」と呼ぶことで自分の問題としてとらえることになり、**未来の環境を変えることができるのではないだろうか。

（注）森林破壊(はかい)：森林が壊(こわ)されて少なくなったり、なくなったりすること

질문에서도 나온 키워드 [인간 문제]를 본문에서도 발견하고 그 앞뒤를 정확히 읽어내는 게 포인트~!

55 筆者は、なぜ環境問題を「人間問題」と呼んだほうがよいと考えているか。

1 環境は人間にしか変えられないから
2 良い環境を必要としているのは人間だから
3 人間が責任を持って考えるべき問題だから
4 人間の生活に多大な影響(えいきょう)を与えている問題だから

55	①②❸④

해석 매스컴에서 매일 같이 환경문제가 다뤄지고 있는데, 정말 [환경문제]라고 말해도 되는 걸까?

지구 온난화든 삼림 파괴든 에너지 자원의 부족이든 이것들은 모두 인류에 의해서 일어난 문제이다. 그러나 이 같은 문제를 환경문제라고 부르는 것으로 **사람들은 무의식중에 그 문제로부터 외면하고 있는 것은 아닐까? 오히려 [인간 문제]라고 부르는 것으로 자신의 문제로서 받아들이게 되고,** 미래의 환경을 바꿀 수 있는 것은 아닐까?

(주) 삼림 파괴: 삼림이 망가져서 적어지거나 없어지거나 하는 것

55 필자는 왜 환경문제를 [인간 문제]라고 부르는 편이 좋다고 생각하고 있는가?

1 환경은 인간밖에 바꿀 수 없기 때문에
2 좋은 환경을 필요로 하고 있는 것은 인간이기 때문에
3 인간이 책임을 가지고 생각해야만 하는 문제이기 때문에
4 인간의 생활에 크고 많은 영향을 주고 있는 문제이기 때문에

» 해답 스킬

1. 질문을 먼저 읽고 본문 안에서 어디에 중점을 두고 읽어야 하는지를 파악한다.
2. 본문을 정확히 해석하며 질문에서 요구하는 부분을 본문에 밑줄 쳐 둔다.
3. 본문에서 찾아 둔 부분의 의미와 가장 근접하게 표현한 선택지를 답으로 고른다.

밑줄 친 부분을 묻는 문제가 아닌 전체적인 내용을 이해하고 풀어야 하는 문제이다. 질문의 포인트는 환경문제를 인간 문제라고 불러야 하는 이유에 대해서 묻고 있다. 본문 중 「**人は無意識のうちにその問題から目をそらしているのではないか。むしろ「人間問題」と呼ぶことで自分の問題としてとらえることになり、**」에서 인간은 무의식중에 그 문제로부터 외면하고 있는 것은 아니겠느냐고 하며 환경문제를 인간 문제라고 불러야만 자신의 문제로 받아들일 수 있다고 말하고 있으므로 답은 3번으로 고를 수 있다.

» 학습 대책

1. 읽다가 필자가 말하고 싶어 하는 부분(질문에서 요구하는 부분)을 찾아 밑줄 치며 읽도록 한다.
2. 특히 질문에서의 키워드가 본문에서 말하는 키워드와 일치하는가를 보는 것도 하나의 방법일 수 있겠다.

126 실전 시험 내용 이해 : 단문 [1]

問題10 次の 1 から 5 の文章を読んで、後の問いに対する答えとして最もよいものを、1・2・3・4から一つ選びなさい。

(1)

電話が普及するにつれて、手紙という形の通信の必要性も大幅(おおはば)に減少した。特に、プライベートな手紙を書く機会はめっきり減った。書かないでいると、そのうち手紙の作法(さほう)(注1)を忘れてしまう。きちんとした手紙がなかなか書けないので、手紙を書くこと自体が面倒(めんどう)くさくなる。面倒(めんどう)がって書かないでいるうちに、ますます書けなくなる。そんな悪循環(あくじゅんかん)に陥(おちい)って(注2)いるようだ。やがては、手紙の作法などはじめから覚えようとしなくなるかもしれない。

（中村明『日本語のコツ』による）

（注1）作法(さほう)：きまった作り方

（注2）陥(おちい)る：そのような状態になる

1 そんな悪循環とは何ですか。

1 面倒(めんどう)がって手紙を書かないでいると、手紙の必要性を忘れてしまうこと

2 長い間手紙を書かないと、そのうち手紙の書き方を忘れてしまうこと

3 手紙ばかり書いていると、だんだん書くことが面倒(めんどう)になってしまうこと

4 ずっと手紙を書かないでいると、電話の方が簡単だと思ってしまうこと

(2)

あるとき、不思議な日本語を目にしました。きれいなそば屋なのですが、壁(かべ)に「お子様は遠慮(えんりょ)させていただきます」とある。私はこの「させていただきます」が非常に不愉快(ふゆかい)なのですが、このときも笑ってしまいました。お客が「遠慮させていただきます」と言うのが正しいのであって、そば屋は本来、「ご遠慮(えんりょ)ください」と言わねばならないはずです。これでは、ただただ丁寧なつもりの言葉をまき散(ち)らしているだけです。その意味を考えてみようともしない、このうえなく鈍感(どんかん)な形式主義だと思いました。

정답 및 해설 <본서1> p.74

2 筆者は、そば屋の壁(かべ)にあった言葉をどうとらえていますか。

1 言葉の使い方も間違っているし、形だけの丁寧さしか考えていない。

2 言葉は丁寧だが、客の気持ちなどひとつも考えていない。

3 子供の客は受け入れようとしない、頑固(がんこ)な態度だ。

4 言葉が丁寧すぎて、客が不愉快(ふゆかい)になる。

(3)

「落ちついて本が読める」とはどういうことだろうか。それは、周りが気にならないということだとぼくは思う。では、その「周り」とは何だろうか。周りにいる人のことだろうか。さまざまな雑音のことだろうか。おそらく、そうではない。

本を読むぼくたちにとって、一番うるさいのは自分の体だ。だからふつう、自分の体が気にならないような姿勢を整えてから、ぼくたちは本を読む。本に熱中している時には自分の体を感じていない。体がくすぐったく(注)なったりしたら、読書に熱中できない。読書には、体はじゃまなのだ。

(注) くすぐったい：刺激(しげき)を受けてかゆい

3 読書に体がじゃまにならないためには、どうすればいいか。

1 周囲を気にせず、落ち着いて本を読む。

2 周囲のさわがしさに気を取られないように本を読む。

3 体が発する雑音が気にならない環境で本を読む。

4 自分が気になる環境を整えてから本を読む。

(4)

以下は、ある会社が取引先に送った文書である。

拝啓(はいけい)

貴社(きしゃ)(注1) ますますご清栄(せいえい)のことと慶(よろこ)び申し上げます。(注2)

さて、去る10月1日付でご注文いただきました「ワンタッチ枕(まくら)カバー」の件についてですが、10月末日までに発送のお約束でございましたが、今回の期日延期は全く当社の責任で、お詫(わ)びの申(もう)し上(あ)げようもございません。仕上げ工程での突然の機械故障のため、貴社(きしゃ)へご迷惑をおかけする事態になりましたが、現在では機械も復旧(ふっきゅう)(注3) し、連日残業を重ねてのフル生産体制で増産しておりますので、翌月12日までには必ず発送させていただく予定でございます。

ご迷惑をおかけすることになり大変申し訳ございませんが、なにとぞご理解くださいますようお願い申し上げます。

敬具(けいぐ)

(注1) 貴社(きしゃ)：相手の会社
(注2) ますますご清栄(せいえい)のこととお慶(よろこ)び申し上げます：相手の健康(けんこう)や発展(はってん)を祝(いわ)うあいさつ
(注3) 復旧(ふっきゅう)：直ること

4 筆者が最も伝えたいことは何か。

1 商品の発送が遅れることを許してほしい。

2 商品発送ができないことのお知らせである。

3 商品を作る機械が壊れたのは自分たちのせいだと反省している。

4 商品の発送を10月12日まで待ってほしい。

(5)

私は「癒し(注)」という言葉を以前から積極的に使ってきた。必要があるときは、きちんと悩み苦しむことが本当の癒しにつながると考えるからだ。現実という越えがたい大きな壁にぶつかったとき、人はしばしば病にかかる。そんなとき、「ちゃんと」病になること、それがむしろ癒しをもたらすのではないか。

「悩み」や「病」は自分が自分に送る赤信号である。「悩み」や「病」を単なるネガティブなものとしてすぐに取り除いてしまおうという姿勢は、人生を見直すきっかけやせっかくの成長のチャンスを逃すことになりかねない。

（注）癒し：疲れや悩みが解消して穏やかになること

5 筆者は、どうすれば「癒し」を得られると考えているか。

1 「悩み」や「病」をすぐに取り除く。

2 「悩み」や「病」についてちゃんと勉強する。

3 「癒し」という言葉を積極的に使う。

4 「悩み」や「病」と正面から向き合う。

127 실전 시험 내용 이해 : 단문 [2]

問題 10 次の 1 から 5 の文章を読んで、後の問いに対する答えとして最もよいものを、1・2・3・4から一つ選びなさい。

(1)

最近の若者は、「むかつく」という表現をよく使う。もともと、「むかつく」とは、吐き気のように身体的な不快感を感じたときに使う言葉である。だが最近は、かつて「腹が立つ」とか「頭にくる」などと表現していた精神状態に対して、この言葉を用いるようになっている。このような使い方が広まったのは、いじめが社会問題となった1980年代の半ばだった。このことは、いじめ問題の高まりと「むかつく」人々の増加が、同じ根から生まれた現象であることを示している。

1 本来の「むかつく」の使い方として正しいものはどれか。

1 友人の一方的な主張を聞いていたら、むかついてきた。

2 自分のことしか考えない人は、一緒にいる人をむかつかせる。

3 足が言うことを聞かず、マラソンの途中でむかついた。

4 甘いものをたくさん食べすぎて、胃がむかつき始めた。

(2)

これは個人としての考えだが、私は、人間は二度死ぬと思っている。一度目は、心臓が止まり、蘇生(注1)のありえない脳死と判定された、生物体として死んだとき。二度目は、その人についての思い出や記憶が、まだ生きている人たちから全て消えてしまったとき。

死者が、まだ生きている人たちの、目覚めているあいだの心の中に、眠っているあいだの夢の中に、時々にでも蘇る(注2)ことがある間は、その故人は、部分的に、だが終わることなく、生き続けているといえるのではないか。

(注1) 蘇生：生き返ること

(注2) 蘇る：ここでは、出てくること

정답 및 해설 <본서1> p.75

2 筆者が、死者が死後も生き続けているといえると考える理由は何か。

1 時々、まだ生きているのではないかと思われるから

2 思い出や記憶はいつでも思い起こされるから

3 亡くなった後も、人々の心の中に残っているから

4 二度死ななければ、生きているのと同じだから

(3)

以下は、ある古本屋に張り出されていた案内である。

お客様各位（かくい）

いつも当店をご利用いただき、ありがとうございます。

当店では、当店で買った本を再度お持ちいただくと、半額で引き取るというシステムを採用しております。引き取り額は、現金ではなく当店でお使いいただける商品券に換えてお渡ししています。

さらに、新規会員登録されますと、次回ご購入の際（さい）にお使いいただける500円の割引券を差し上げております。

詳しくはお近くの店員におたずねください。

3 この店のシステムについて正しいものはどれか。

1 他の店で買った本を持ってくると、500円高い値段で引き取ってもらえる。

2 他の店で買った本を持ってくると、半額で引き取ってもらえる。

3 初めての客が会員になると、最初に買うときだけ半額で買うことができる。

4 初めての客が会員になると、次に来店したとき、500円安く本が買える。

(4)

花といえば、日本人が思い浮かべるのは「さくら」だろう。しかし、文化や民族、時代が違えば、この常識は通用しない。西洋の人なら、花と言われて「バラ」を思い浮かべる人が多いだろう。同じ文化や民族でも、時代や地域が異なれば、これと似たような違いが生じる。

私事(しじ)にわたって恐縮(きょうしゅく)だが、「花＝さくら」という暗黙(あんもく)の了解(りょうかい)(注)を初めて知った時の驚(おどろ)きは、今でも記憶に鮮やかだ。それは確か、中学か高校の「古文」の授業の中でだった。当時、日本の文学や文化には興味を持たず、もっぱら西洋の翻訳(ほんやく)小説ばかり読んでいた文学少年だった私には、その暗黙(あんもく)の了解(りょうかい)が逆カルチャーショックだった。

（野内良三『偶然を生きる思想』による）

（注）暗黙(あんもく)の了解(りょうかい)：口にしなくてもみんなが知っていること

4 筆者が逆カルチャーショックを感じた理由は何か。

1 日本人にとっての花はさくらだが、西洋人にとっての花はバラを意味するから

2 日本では花と言えばさくらだが、かつては梅(うめ)が花の代表だったと知ったから

3 日本では花と言えばさくらという事実に、初めて気付かされたから

4 「花＝さくら」という当然の事実を、クラスで自分だけが知らなかったから

(5)

慣用句（注1）の中には、必ずしも正しい意味が理解されているとは言えないものもあります。例えば、「気が置けない」という慣用句は「相手に気配り（注2）や遠慮をしなくてよいこと」という意味です。しかし、ある調査では、半数近くの人が「相手に気配りや遠慮をしなくてはならないこと」と、逆の意味にとらえているという結果が出ています。今では、この慣用句をいくつかの国語辞典で調べてみると、間違った意味で使っていることについても説明されているのが現状です。

（注1）慣用句：決まった形の言い方や文句

（注2）気配り：気を使うこと

5 「気が置けない」という慣用句を間違った意味で使っている人は、どういう意味で使っていますか。

1　相手を信用して何でも言ってよいこと

2　相手に気を使わなくてはならないこと

3　相手を疑ってはならないこと

4　相手にばかり気を使ってもらうこと

문제 11 내용 이해 : 중문

» 유형 소개

내용 이해 : 중문 (9문항)

비교적 평이한 내용의 평론, 해설, 에세이 등 500자 정도의 지문을 읽고 인과관계와 이유, 개요 등 필자의 생각 등을 이해할 수 있는지를 묻는다.

예

(1)

問題 11　次の(1)から(3)の文章を読んで、後の問いに対する答えとして最もよいものを、1・2・3・4から一つ選びなさい。

「日本の消費者は世界一、目が肥(こ)えている(注1)」という言葉には2つの意味がある。第1は機能や味などへの要求水準が高いこと。第2には、わずかな傷も許さないなど見た目へのこだわりだ。

消費者は後者のこだわりを捨てつつある。それでは消費者は嫌々「傷物」に目を向け、我慢(がまん)して買っているのか。必ずしもそうではない。

衣類品や家具などでは中古品市場や消費者同士の交換が盛(さか)んだ。再利用でごみが減り、環境にもいい。商品の傷も前の使用者のぬくもり(注2)とプラスにとらえる感性(かんせい)(注3)が若い人を中心に広がっている。

⋮

（注1）目が肥(こ)えている：良いものを見慣れていて、物の価値がわかる

（注2）ぬくもり：あたたかい感じ

（注3）感性(かんせい)：感じ方

선택지를 읽을 때 시간 절약을 위해서 공통점을 묶어 읽도록 하고 답과 관련이 없거나 글의 결론과 맞지 않는 것은 바로 제외시킨다.

60　以前と比べ、消費者はどのように変わったか。

1　商品の機能や味を重視しなくなった。

2　商品の機能や味を重視するようになった。

3　商品の傷などの見た目を気にしなくなった。

4　商品の傷などの見た目を気にするようになった。

⋮

60	① ② ❸ ④

해석 「일본의 소비자는 세계 제일 안식이 높다」라고 하는 말에는 두 개의 의미가 있다. 제1은 기능과 맛 등의 요구 수준이 높은 것. 제2에는 작은 상처도 허용하지 않는 등 겉모습에의 고집이다.

소비자는 후자의 고집을 계속 버리고 있는 것이다. 그럼, 소비자는 마지못해 [상처 입은 물건]에 눈을 돌려 참고 사고 있는 것일까? 반드시 그렇지는 않다.

의류품과 가구 등에서는 중고품 시장과 소비자들끼리의 교환이 활발하다. 재사용으로 쓰레기가 줄고 환경에도 좋다. 상품의 상처도 전 사용자의 온기라고 장점으로 받아들이는 감성이, 젊은 이를 중심으로 확대되고 있다.

⋮

(주1) 안식이 높다: 좋은 것을 자주 봐서 물건의 가치를 아는 것

(주2) 온기: 따뜻한 느낌

(주3) 감성: 정서, 느끼는 방식

60 이전과 비교하여 소비자는 어떻게 변화했는가?

1 상품의 기능과 맛을 중시하지 않게 되었다.

2 상품의 기능과 맛을 중시하게 되었다.

3 상품의 상처 등의 겉모습을 신경 쓰지 않게 되었다.

4 상품의 상처 등의 겉모습을 신경 쓰게 되었다.

⋮

» 해답 스킬

1. 서론 – 본론 – 결론으로 세 단락을 나눈다.
2. 첫 번째 단락에서 1번 문제를 풀고 두 번째 단락에서 2번 문제를 푼다.
3. 세 번째 단락에서는 이 글의 결론으로 대부분 필자의 생각·주장을 묻는 문제가 출제되므로, 서론/본론의 내용의 흐름을 생각하며 전체적인 맥락에서 답을 찾아야 한다.

» 학습 대책

1. 중문의 경우 단문 3개가 합쳐져 있다고 생각하고 세 단락으로 나누어서 앞서 설명한 단문 푸는 요령을 적용한다.
2. 부분적인 질문의 형태는 그 앞뒤를 중심으로 정확히 읽어내고 전체 필자의 생각과 주장을 물어 보는 질문은 마지막 단락에서 결론의 포인트를 잡아 내는 것이 중요하다.
3. 항상 잊지 말아야 할 것은 답은 본문 안에 있다는 것이다. 다시 말해 필자가 말하고 싶은 것, 전하고 싶은 것을 본문 안에서 캐치하여 제대로 이해한 후, 선택지 네 개를 꼼꼼하게 읽어 답을 찾는 것이 중요하다.

Memo

128 실전 시험 내용 이해 : 중문 [1]

問題 11 次の[1]から[3]の文章を読んで、後の問いに対する答えとして最もよいものを、1・2・3・4から一つ選びなさい。

(1)

情報化社会を迎え、チャンスをつかんだり成功するには、どれだけたくさんの情報を得られるかが鍵(かぎ)となっています。これだけ情報量が増えてくると、これまでのようにふつうに文字を読んでいるだけでは間に合わなくなりました。そこで登場したのが、速読術です。成功しているサラリーマン、経営者、情報起業家、コンサルタントのあいだでは、速読はもはや常識となっています。

しかし、文学書などは、速読しないで、ゆっくり時間をかけて、丁寧に読むほうがいいでしょう。なぜなら、人が感動するには、時間が必要だからです。たとえば、赤い夕陽が沈むのを20分くらいかけて眺めれば、楽しく嬉しいものですが、その夕陽がたったの3秒で沈んでしまったら、なんのおもしろみもないでしょう。幸福感を楽しむのなら、感動を味わいたいのなら、時間があるほうが良いのです。

速読は、残念ながら、余韻(よいん)(注)を楽しむものではありません。あくまで、ビジネスマンが情報を短い時間で収集するための手段です。会社で資料を読むときや、試験勉強をするときには、おおいに役立ちます。速読を使えば、自由な時間を手に入れられます。時間は、ある意味ではお金よりも大切なのです。この時間が手に入れば、あなたは「お金持ち」ならぬ「時間持ち」になれます。

(注) 余韻(よいん)：できごとが起こった後に残る感覚や感情

›정답 및 해설 <본서1> p.77

1 そこでを言い換えたものは次のどれか。

1　情報化社会に逆(さか)らって

2　たくさんの情報を消化するために

3　与えられたチャンスを逃(のが)さないために

4　ビジネスで成功するために

2 筆者によると、感動するのは次のうちどのような場合か。

1　旅先で偶然、新種の生物を発見したとき

2　何度も練習を重ねたダンスの公演を見るとき

3　料理をみんなで分け合って食べるとき

4　一枚の絵の前で足を止めてじっくり見るとき

3 筆者は、速読とはどのようなものだと言っているか。

1　多くの情報を処理するコツを教えてくれるもの

2　限られた時間を有効に使う情報化社会で成功するには不可欠なもの

3　お金を稼ぐために何より必要な、「自由な時間」を与えてくれるもの

4　社会で活躍する人間にとっては、時間より大切なもの

(2)

精神病院の浴室で、ある一人の患者が浴槽に釣り糸をたれていました。そこを通りかかった医師が、患者に声をかけました。「どうです、釣れますか？」患者はこう答えました。「釣れるわけないでしょう。ここは風呂場ですよ。」これはフランスの作家、カミュがつくった話です。この話の前提にあるのは、精神病患者はおかしな考え方をするという、我々の思い込みです。

我々にすれば、釣り糸をたれるのは魚を釣るためですが、かといって、その論理が正しいわけではありません。むしろ、本当に釣りを楽しむ人は、魚が釣れても釣れなくてもいいのです。とすると、①我々のような大人のものの考え方のほうが、いやらしいのではないか。魚を釣るために釣りをし、大学に合格するために受験勉強をし、生活のために仕事をするといった目的意識が前提にあるからです。そしてその目的が達成されないと、つまらなく思う。

昔、トルコに旅行したときの話です。店で土産物を買おうとして、2時間かけて値切った(注1)のですが、結局、私の望む値段にならなかった。その間、コーヒーをごちそうになったりしたのですが、何も買わずに帰ることで相手の時間をむだにしたと思い、「すまなかった」と謝りました。すると彼は「とんでもない、おかげで日本人と楽しい時間をすごせました。私は明るく楽しい毎日を送るために商売をしているのだ。売れる売れないは二の次だ」と言いました。

目的意識があると、我々はその目的を達成することだけにとらわれてしまい、毎日、②灰色(注2)の生活をすることになります。私たちが人間らしく生きるためには、目的意識というものが邪魔なのかもしれません。

(注1) 値切る：値段を安くさせる

(注2) 灰色：グレー色

1 ①我々のような大人のものの考え方とは何か。

1 結果を気にしない考え方

2 過程を楽しむという考え方

3 論理的で正しい考え方

4 目的があるのが当然という考え方

2 上の文章で、②灰色(はいいろ)の生活とはどんな生活だと考えられるか。

1 希望に満(み)ちた生活

2 貧しく苦しい生活

3 暗く活気のない生活

4 お金を気にしない生活

3 上の文章で筆者がもっとも言いたいことは何か。

1 目標達成にこだわっていては、毎日の時間をむだにしてしまう。

2 目標を達成できないと、人生はつまらないものになってしまう。

3 目的を達成することより、人間らしく楽しく生きることが大切だ。

4 目的を持つのが良いという考えは、大人に限った考え方だ。

(3)

私たちの周辺にある多くの工業製品は、その寿命(注1)が数年程度というものが多い。乗用車、家電製品などがその代表で、十年以上使っていると珍しく思われたりもする。しかもこれらの製品はたびたびモデルチェンジを行って、性能やファッションの観点から古いものの価値を落としてしまう。①結果的に、実際に使える寿命は、本来の半分以下になってしまうのだ。

このことは日常的に起こるので、それほど疑いを持たずに受け入れているが、よく考えてみれば②不思議である。古代エジプトのピラミッドや中世の教会建築などを見れば分かるが、人間はもともと不変ということに憧れ、いかに長く維持させるかに重点を置いていた。ところが今、我々の自動車は5年、ファッションなどはせいぜい2年の寿命と言える。ピラミッドから現代の自動車まで、数千年というわずかな期間に、製品寿命を数千分の一にしてしまったのは驚くべきことである。しかもそれは、人類がもともと持っていた夢、永遠性(注2)に逆らっているという点が特徴である。

永遠性の夢を捨ててまで人類がほしかったものは、生活を豊かにする機能性や利便性(注3)にほかならない。進歩を続けるためには、製品の短寿命はなくてはならなかったのかもしれない。だがそこには一つの疑問が起こる。なぜなら、短寿命は結局、次々につくり、次々に捨てることにほかならず、資源やエネルギー、さらにごみ問題にまで、大きく影響するからである。

(注1) 寿命：ここではものの使用の限界

(注2) 永遠性：永遠に存在すること

(注3) 利便性：便利であること

1 ①結果的に、実際に使える寿命は、本来の半分以下になってしまうのはなぜか。

1 新製品が出ると、消費者は買い替えることを勧められるから

2 新製品が出ると、消費者の半分が新しいものに買い替えてしまうから

3 新製品が出ると、古い製品の使い方を忘れてしまうから

4 新製品が出ると、古い製品はまだ使えても価値や魅力を失ってしまうから

2 ②不思議であるとあるが、どのような点が不思議なのか。

1 高い技術を用いた現代の製品の方が、機能性において古代の製品より劣っている点

2 製品の長寿命を望んでいた人間が、短期間で製品の寿命をあまりにも短くした点

3 古代に作られた製品も現代に作られた製品も、寿命はあまり変わらないという点

4 モデルチェンジを行うたびに、消費者がそろって新しい製品を買う点

3 筆者の考えに合ったものはどれか。

1 現代の工業製品の作り方は、古代人の知恵を受け継いだものである。

2 現代社会が進歩するためには、製品の寿命を短くすることが何より重要だった。

3 現代の工業製品が短寿命になったことは、自然環境に悪影響を与える。

4 現代人は性能や外観で製品を選び、生活を豊かにしてきた。

129 실전 시험 내용 이해 : 중문 [2]

問題 11 次の 1 から 3 の文章を読んで、後の問いに対する答えとして最もよいものを、1・2・3・4から一つ選びなさい。

(1)

食材の旬(しゅん)(注1)というのは、それを最も多く収穫(しゅうかく)できる時期のことです。市場にたくさん出回るので価格も安くなり、味も最もおいしい時期です。でも、それだけではありません。旬(しゅん)の時期には、栄養価も最も高くなるのです。たとえば、ホウレンソウの旬は冬です。ホウレンソウのビタミンCの量を見てみると、夏のホウレンソウは冬に取れるホウレンソウの1/3しか含まれません。冬のトマトは、夏のトマトの1/2しかビタミンCが含まれないのです。

一方、季節はずれの野菜を育てるためには、温度などを調節するエネルギーが必要になってきます。例えば、トマト1個をつくるのに、ハウス栽培(さいばい)(注2)では普通に栽培(さいばい)するときの10倍ものエネルギーが必要だと言われています。<u>これら</u>は、自分たちが暮らしている土地のもの、そして旬のものを食べていれば、使われずに済むエネルギーです。

さらに、自分たちの暮らす地域で生産されたものを食べよう、という声も徐々(じょじょ)に広まっています。これは経済的な理由だけではなく、次世代の子どもたちに残す地球に負担をかけないという、大きな視点に立った考え方です。近所を歩いているときに畑(はたけ)があったら、そこで何が作られているかみてください。そして買い物に行ったとき、その野菜がないかぜひ探してみてください。できるだけ身近な地域でとれた、旬の食材。それが人の体にとっても、地球にとっても、恵(めぐ)みの食べ物だと言えるのではないでしょうか。

(注1) 旬(しゅん)：食材が最もおいしい時期

(注2) 栽培(さいばい)：植物を植(う)えて育てること

정답 및 해설 <본서1> p.80

1 野菜の栄養価について正しく述べているのはどれか。

1 旬の野菜のほうが、そうでない野菜より栄養価が低い。

2 旬の野菜のほうが、そうでない野菜より栄養価が高い。

3 ホウレンソウのほうがトマトより栄養がある。

4 トマトにはホウレンソウの1/3しか栄養がない。

2 <u>これら</u>とは何か。

1 旬でない野菜を育てるのに必要なエネルギー

2 トマトをつくるのに必要なエネルギー

3 高い温度で育つ野菜に必要なエネルギー

4 旬が短い野菜をつくるのに必要なエネルギー

3 上の文章で筆者がもっとも言いたいことは何か。

1 子どもたちには、近所でとれた旬の野菜を食べさせることが大事だ。

2 地球の環境を考えれば、ハウス栽培をやめるべきだ。

3 買い物に行ったときは、地域でとれた旬の食材を探すと経済的だ。

4 地元でとれた旬の野菜を食べることは、人間にも地球にも良い。

(2)

私たち人間は、自分たちが、他の動物より頭が良いと思っているらしい。人間は、ムササビのように暗闇の中を飛び回れないし、チーターのように猛スピードで走ることもできない。それでも、これだけの文明を発達させてきたという事実を見ると、確かに少しは頭が良いのかもしれない。

では、人間の頭の良さは何に由来するのか。計算を早く、正確に実行するだけならば、今やコンピュータのほうがずっと優れている。ルールの決まったゲームなら、コンピュータはチェスの世界チャンピオンを簡単に負かすことだってできる。

一体、人間の頭の良さの特徴とは何なのか。多くの研究者が、人間の知性の本質は、その社会性にあると考えている。ある研究者は、「教養とは他人の心がわかることである」と言う。他人と心を通じ合わせ、協力して社会をつくることが、人間の頭の良さの本質である。現代の脳科学では、頭の良さとはつまり、他人とうまくやっていけることであると考えるのだ。

他人の心を読み取る能力を、専門用語で「心の理論」と言う。コンピュータは、いくら計算が速くできたとしても、心の理論を備えていない。他人の心を読み、初対面の人とも生き生きとしたやりとりができるといった「コミュニケーション」の能力においては、人間はコンピュータよりもまだまだ優れているのである。

コミュニケーションを通じて、他者を受け入れ、共生することが、頭が良くなることにつながる。そんな科学の理論には、現代を生きる人間が耳を傾ける(注)べきメッセージが潜んでいる。

（注）耳を傾ける：注意して聞く

1 筆者が人間について少しは頭が良いのかもしれないと言う理由は何か。

1 動物に負けない頭脳を持っているから

2 飛ぶことも早く走ることもできないから

3 今ある文明を発展させてきたから

4 すぐれた身体能力を持っているから

2 人間の頭が良くなった理由は何か。

1 社会を生きるうえで必要な知識を身に付けてきたから

2 自分以外の他人と心を通わせることができるから

3 初めて会う人でもためらうことなく受け入れるから

4 「心の理論」をいちはやく発見したから

3 筆者はこの文章を通じて、どのような人間関係が望ましいと考えているか。

1 お互いの存在を認め、相手の心を読み取れるような人間関係

2 互いに力を合わせて、頭を良くする環境をつくれるような人間関係

3 ルールに従って行動し、相手の気持ちに配慮できるような人間関係

4 最新の科学が送るメッセージを、一緒に読み解けるような人間関係

(3)

若い人たちには、この仕事をすれば報(むく)われる(注1)のはこの程度まで、というのが先に見えてしまう。だから、①そんなことに自分を賭(か)ける(注2)のはばかばかしいと思う。あるいは、会社に勤めたり学校に行っても、そこにいるのが自分でなければならない理由を見つけにくい。自分がいようがいまいが(注3)何が変わるのか、自分の代わりに仕事をする人はいくらでもいるんだろうな、というように、自分がいることに果たして意味があるのかという問いにとらわれやすい。

だから②若い人は、恋愛に憧(あこが)れる。恋愛は、「あなたでないと嫌だ」という言葉を贈ってくれるからだ。会社でも学校でも、「お前でなくてもいい」という無言の圧力がある。しかし恋愛は唯一(ゆいいつ)、「あなたでなければいけない」「あなたがいないと生きてゆけない」という世界であり、「こんな私でも生きている意味があるんだ」と感じさせてくれる。だから恋愛に憧(あこが)れるのだ。

生きることの意味、老いることの意味、自分がここにいることの意味、そういうかつては哲学的といわれた問いを、現代は多くの人が抱(かか)えこんでいる。ここに、ものごとを根本(こんぽん)(注4)から考えるという哲学的な思考が求められる。答えが出ない問いかも知れないが、そういう問いとかかわらずには生きてゆけないのが、私たち現代人なのである。

(注1) 報(むく)われる：努力や成果が出る

(注2) 自分を賭(か)ける：全ての力を注(そそ)ぐ

(注3) 自分がいようがいまいが：自分がいてもいなくても

(注4) 根本(こんぽん)：ここでは基本

1 ①そんなこととは何か。

1 結果がある程度分かっている仕事

2 良い結果が出そうにない仕事

3 お金を賭けるほどではない仕事

4 結果が予想できない仕事

2 ②若い人は、恋愛に憧れるとあるが、それはなぜか。

1 自分にしかできないのだと応援してくれるから

2 自分の代わりは他にいないと実感させてくれるから

3 社会から与えられるプレッシャーを忘れさせてくれるから

4 自分と相手の世界に入り込むことができるから

3 上の文章で筆者の言いたいことはどれか。

1 現代は哲学的思考が十分あり、皆が「生きる意味」だけを考えている。

2 現代は哲学的思考が十分あり、皆が「生きる意味」を探し求めている。

3 現代は哲学的思考を必要とし、人は「生きる意味」という難問と共に生きている。

4 現代は哲学的思考を必要とし、人は「生きる意味」を持ってないでいる。

문제 12 통합 이해

» 유형 소개

통합 이해 (2문항)

비교적 평이한 내용의 두 개의 지문(총 600자 정도)을 읽고, 비교·종합하면서 이해할 수 있는지를 묻는다.

問題 12　次のAとBの文章を読んで、後の問いに対する答えとして最もよいものを、1・2・3・4から一つ選びなさい。

A

今日、多くの国々で、地球環境に配慮(はいりょ)した、(注) 車が求められている。そのような中でガソリンではなく電気で走る自動車が登場したが、まだ値段が高く長距離を走ることも難しい。また、充電する場所も限られるために、電気自動車に乗る人はそれほど多くない。

しかし、近い将来、それらの問題も技術の進歩によって解決され、やがてはより身近で一般的な乗り物になっていることが考えられる。また、電気自動車は構造が複雑ではないため、一人用または二人用の小型のものならば、個人で製造できる可能性もあるそうだ。数十年後には一人一台電気自動車を持ち、全国どこへでも行ける時代が訪れるかもしれない。

B

今や自動車は私たちの生活になくてはならないものになっているが、環境への意識が高まるにつれ、車に対する人々の考え方が変化してきている。その結果、電気自動車が、走行(そうこう)時に二酸化炭素を出さず、騒音も少ないことから、環境に優しい車として注目を集め、徐々(じょじょ)に利用者も増えている。また、カーシェアリングといって、一台の車を複数の人で使用するというシステムも整ってきている。このような傾向が続けば、個人で車を持つ必要性は薄れてくるだろう。

十年後、二十年後はガソリン車が姿を消し、電気をエネルギーとする車を数人で一台利用している、そんな時代が来るかもしれない。

（注）～に配慮(はいりょ)する：～を大切に思っていろいろ考慮(こうりょ)する

69 AとBのどちらの文章にも触れられている点は何か。

1 電気自動車所有状況(じょうきょう)の予測

2 人々の電気自動車に対する関心の高さ

3 今後開発される電気自動車の新機能

4 現在の電気自動車が環境に与える効果

질문에서 「～について」 앞부분에 밑줄로 표시할 것~! 이것이 두 본문을 비교하는 포인트가 된다.

70 AとBの筆者は、**車社会の今後の可能性**についてどのように考えているか。

1 AもBも、車の台数はさらに増え、人々の生活に不可欠なものになるだろうと考えている。

2 AもBも、車の技術はますます進歩し、環境を意識した車が手軽に利用できるようになるかもしれないと考えている。

3 Aは電気自動車の利用者が増えると考え、Bは電気自動車の普及に加え利用の仕方も変化するだろうと考えている。

4 Aは電気自動車の技術が向上すると考え、Bは将来個人で電気自動車を所有することになるだろうと考えている。

69	❶②③④
70	①②❸④

해석

A

오늘날 많은 나라에서 지구 환경을 배려한 차가 요구되고 있다. 그 같은 가운데 가솔린이 아닌 전기로 달리는 자동차가 등장했는데, 아직 가격이 비싸고 장거리를 달리는 것도 어렵다. 또, 충전하는 장소도 한정되어 있기 때문에 전기자동차를 타는 사람은 그만큼 많지 않다.

그러나, 가까운 장래 그것들의 문제도 기술의 진보에 의해서 해결되고, 이윽고 보다 가까이 일반적인 이동 수단으로 되어 있으리라 생각할 수 있다. 또, 전기자동차는 구조가 복잡하지 않기 때문에 1인용 또는 2인용의 소형의 것이라면 개인이 제조할 수 있는 가능성도 있다고 한다. 수십 년 후에는 한 사람당 한 대 전기자동차를 가지고 전국 어디든 갈 수 있는 시대가 올지도 모른다.

B

이제는 자동차는 우리들의 생활에 없어서는 안 되는 것으로 되어 있지만, 환경에 대한 의식이 높아짐에 따라 차에 대한 사람들의 사고방식도 변화되고 있다. 그 결과, 전기자동차가 주행 시에 이산화탄소를 내지 않고 소음도 적은 것으로부터 환경에 좋은 차로서 주목을 모으고 서서히 이용자도 늘고 있다. 또, 카쉐어링이라고 해서 한 대의 차를 여러 사람이 사용한다고 하는 시스템도 갖춰지고 있다. 이 같은 경향이 계속되면 개인이 차를 가질 필요성은 옅어질 것이다.

10년 후, 20년 후는 가솔린차가 모습을 감추고 전기를 에너지로 하는 차를 여러 명이서 한 대 이용하는 그런 시대가 올지도 모르겠다.

(주) ~에 배려하다: ~을 소중히 여겨 여러 가지 고려하다

공통점 찾기 문제

69 A와 B 둘 다 다루고 있는 점은 무엇인가?

1 전기자동차 소유 상황 예측

2 사람들의 전기자동차에 대한 높은 관심

3 앞으로 개발되는 전기자동차의 신기능

4 현재 전기자동차가 환경에 미치는 효과

다른 점 찾기 문제

70 A와 B의 필자는 자동차 사회의 앞으로의 가능성에 대해서 어떻게 생각하고 있는가?

1 A도 B도, 차의 대수는 더욱 늘어 사람들의 생활에 불가결한 것이 될 것이라 생각하고 있다.

2 A도 B도 차의 기술은 점점 진보하고 환경을 의식한 차를 손쉽게 이용할 수 있게 될지도 모른다고 생각하고 있다.

3 A는 전기자동차의 이용자가 늘 것이라 생각하고, B는 전기자동차의 보급에 더해 이용의 방법도 변화할 것이라 생각하고 있다.

4 A는 전기자동차의 기술이 향상될 것이라 생각하고, B는 장래 개인이 전기자동차를 소유하게 될 것이라 생각하고 있다.

» 해답 스킬

1. 두 개의 질문에서 각각 요구하는 게 무엇인지 파악하고 밑줄을 그어 둔다.
2. 다른 점을 찾는 문제의 경우 각각 두 개의 본문에서 질문의 포인트를 잡아 둔다.
3. 다른 점 찾기 문제를 먼저 풀고 나서 공통점 찾기 문제를 풀어야 시간을 절약할 수 있다.

» 학습 대책

1. 두 문제가 출제되는데 공통점 찾기가 한 문제, 다른 점 찾기가 한 문제 출제되는 경우가 많다.
2. 특히 다른 점 찾기일 때는 질문에서 포인트를 두고 읽어야 하는 부분에 먼저 밑줄을 그어 놓고 각각의 본문을 읽으면서 찾아내도록 한다. 이때 질문과 본문의 키워드가 일치하는지를 보고 본문에서 찾아보는 것도 방법이다.
3. 공통점을 찾아내는 문제는 선택지의 내용이 각각의 두 개의 본문에서 다뤄지고 있는지 찾아보며 답을 고른다.

Memo

130 실전 시험 통합 이해 [1]

問題 12 次のAとBの文章を読んで、後の問いに対する答えとして最もよいものを、1・2・3・4から一つ選びなさい。

A

観光バスの長所は、バスに座っていれば何も心配することなく目的地に行って帰ってこられるということだ。旅行者個人ですべて行うとなると、時間も費用も余計にかかり、説明もガイドブックのみになる。しかもそれを自分で読まなくてはならない。だが、観光バスを利用すれば、移動の問題、説明の問題（ガイドによる説明）が解消し、客は見に行きたい先のことだけ考えていればいい。つまり、観光に集中できる。

短所は、団体行動なので、「私はここで時間をもっと取りたい」といったリクエストには対応できないことだ。各観光プランの特徴をよく見比べて、商品を選ぶといい。

B

観光バスに欠かせないのがプロの運転手だ。プロならではのテクニックで道を選択し、見事に到着予定時刻を守ってくれる。また、バスツアーは圧倒的に値段が安い。同じ旅行を個人ですると、2倍以上の値段になることもあるという。

反対に、デメリットとしては、まず団体行動をあげることができるだろう。休憩時間や集合時間の厳守はもちろん、時間を守らない人がいたときのストレスはひどい。時に望まない場所に同行することにもなるが、それが逆に新しい発見にもつながるため、欠点と言い切ることはできないだろう。

❯정답 및 해설 <본서1> p.82

1 観光バスの良い点について、AとBに共通する意見は何か。

1 団体行動ができる。

2 バスガイドの説明がある。

3 観光地を事前に調べる必要がない。

4 時間とコストの面で安心できる。

2 AとBは、観光バスを利用する際の団体行動についてどのように述べているか。

1 ABともどこへ行くにも団体行動なので個人の意見は通らないが、特にBは時には思わぬ発見もあると述べている。

2 ABとも団体行動を守らない人がいるとストレスになるが、特にBはそれが新鮮な刺激になることもあると述べている。

3 ABとも基本的には全て団体行動だが、特にAは個人的に行きたい場所があれば意見を言うことができると述べている。

4 ABとも行きたくない場所にまで一緒に行かなければならないが、特にAはそれがストレスにならないと述べている。

131 실전 시험 통합 이해 [2]

問題 12 次のAとBの文章を読んで、後の問いに対する答えとして最もよいものを、1・2・3・4から一つ選びなさい。

A

仕事や家事、育児が忙しくてストレスを感じるときは、家事代行(だいこう)(注)サービスを利用する手もある。最近では低価格で気軽に利用できるサービスが多くなり、利用者も増えてきている。ただし、プライバシーに関わることなどで、トラブルに発展するケースも中にはある。注意すべき点はどこか。

まずは、業者選びを慎重に行うこと。実際に電話をしてみて、接客態度から信頼できる相手かどうか判断する必要がある。次に、何といっても知らない人を招いて家事を頼むのだから、防犯対策をきちんと行うこと。貴重品類は目の届かない場所にしまっておいたり、金庫に入れたりしておくと安心だ。

B

家事代行サービスは、忙しい現代人にとって、非常に便利なサービスだ。だが、家事代行サービスを頼む際にも、気をつけるべき点がある。中でも一番気をつけたいのは、プライバシーにかかわる点だ。家事代行サービスは、基本的には依頼者の家の中での作業となるため、自分の暮らしぶりがスタッフに分かってしまう。

また、作業中に物を壊されたり、個人情報の流出や盗難(とうなん)などの被害にあわないとも言い切れない。このような事態を防ぐためには、気になる点は前もって家事代行業者に確認したり、貴重品をあらかじめ安全な場所に移動させておくなど、依頼主自身が気をつける必要がある。

(注) 代行(だいこう)：代わりにその仕事を行うこと

정답 및 해설 <본서1> p.83

1 Aの言う家事代行サービスのメリットは何か。

1 家事だけを頼めば非常に安い。

2 家事だけでなく会社の仕事も手伝ってもらえる。

3 忙しいときすぐに来てもらえる。

4 忙しいとき安価で気軽に利用できる。

2 AとBは、家事代行サービスを利用する際の注意点は何だと述べているか。

1 AもBも、盗難(とうなん)などの防犯対策を事前に行うべきだと述べている。

2 AもBも、経験の多い業者を選ぶことが大事だと述べている。

3 Aは私生活を見られないこと、Bは個人情報を隠すことが必要だと述べている。

4 Aは業者側が依頼者のプライバシーを守るべきだと考え、Bは依頼主側が気をつけるべきだと述べている。

132 실전 시험 통합 이해 [3]

問題 12 次のAとBの文章を読んで、後の問いに対する答えとして最もよいものを、1・2・3・4から一つ選びなさい。

A

ロボット掃除機のひとつ「ルンバ」も、今ではすっかり認知度が上がった。ルンバの愛用者は30〜40歳代が中心だが、60歳以上の高齢者もかなり多い。購入理由として、30〜40歳代は「部屋を掃除する時間がない」というのが主な理由だ。

特に共働きの夫婦などは、掃除ができないために部屋が汚くなり、そのせいでけんかになることもあるという。ルンバの購入者からは「夫婦げんかが減った」という声が実際に寄せられているそうだ。一方、高齢者の購入理由は意外にも、「掃除機のコンセントをささなくてもいい」というものだ。一度しゃがんでコンセントをさし、立ち上がる動作は高齢者にとって負担が大きいが、ルンバならその手間がかからないというわけだ。

B

ロボット掃除機の中でも、「ルンバ」が愛される理由は何か。ルンバ自体はどこまでも機械的な動きのはずなのに、「かわいい」「ペットのよう」といった声が続出している。「自分のために頑張っている」と感じられ、愛さずにはいられないようだ。

また、実際のペットとルンバが遊ぶ様子がかわいらしいという声も大きい。まるでペット同士が仲良く遊んでいるかのような光景に感激するようだ。ほとんどのユーザーがルンバに名前をつけているうえ、ペットに服を着せるようにルンバを着飾(きかざ)ってあげているというから、ルンバはもはや家族の一員ともいえる存在になっているのかもしれない。

▶정답 및 해설 <본서1> p.84

1　Aによると、高齢者の購入理由として正しいのはどれか。

1　「ルンバ」の認知度が上がったから

2　高齢者にとって使いやすいため

3　共働きの夫婦は掃除ができないため

4　一人暮らしの人が増えたから

2　AとBの筆者は、「ルンバ」の何について述べているか。

1　AもBも、「ルンバ」が進化する過程について述べている。

2　AもBも、「ルンバ」を使用する理由について述べている。

3　Aは「ルンバ」を購入する理由、Bは「ルンバ」のペット化について述べている。

4　Aは「ルンバ」が掃除する様子、Bは「ルンバ」が遊ぶ様子について述べている。

133 실전 시험 통합 이해 [4]

問題 12 次のAとBの文章を読んで、後の問いに対する答えとして最もよいものを、1・2・3・4から一つ選びなさい。

A

今年注目といわれている抗炎症(こうえんしょう)(注1)フード。抗酸化(こうさんか)作用があり、腸内(ちょうない)環境を整える食べ物のことだが、どうやらダイエットに役立つという。具体的には、ショウガやハチミツ、野菜・果物、海藻類(かいそうるい)があげられる。では、それがダイエットに役立つ理由は、どこにあるのか。

身体が酸化すると体内の老化が進み、代謝(たいしゃ)(注2)が悪くなる。その点、抗炎症フードは、体内の酸化(さんか)を抑(おさ)え、個々の細胞(さいぼう)の活性を高めることで、ダイエットにつながると考えられる。個々の細胞(さいぼう)の代謝(たいしゃ)が活性化すると、体内に取り入れたエネルギーが消費されやすくなったり、脂肪(しぼう)が燃えやすくなったり、筋肉がつきやすくなったりするためだ。普段から食材を選ぶ際に、意識してみるといいかもしれない。

B

今年は健康な身体に生まれ変われる食材に注目が集まりそうだ。中でも抗炎症(こうえんしょう)フードは要チェックだ。抗炎症(こうえんしょう)フードとは、のどの痛み、肌のトラブル、アレルギーなど、慢性的(まんせいてき)(注3)な炎症(えんしょう)を抑制する効果が期待できる食材のことだ。

抗炎症(こうえんしょう)フードは細胞(さいぼう)レベルで病気を防ぐとともに、健康的でスリムな体質づくりにも効果が期待できるとして、アメリカでも話題になっている。ただ細いだけ、体重を減らすだけのダイエットではなく、筋肉量をしっかりと増やし、脂肪(しぼう)を減らすことが、生命力をアップさせることにつながる。そのためには食事のコントロールも大切だ。栄養バランスの整った食事と適度な運動が強い生命力につながるからだ。

정답 및 해설 <본서1> p.85

（注1）抗炎症：刺激を受けて体に起こる症状を抑えること

（注2）代謝：古いものと新しいものが入れ替わること

（注3）慢性的：症状が治りにくく、長びく

1　AとBのどちらの文章でも触れられている点は何か。

1　体に良い食べ物の例

2　ダイエットの大切さ

3　抗炎症フードの効果

4　健康な体の作り方

2　AとBは抗炎症フードのダイエット効果についてどのように述べているか。

1　AもBも、抗炎症フードを食べれば脂肪が減り、筋肉が増えると述べている。

2　AもBも、運動で体重を減らすためには、抗炎症フードは効果的だと述べている。

3　Aは抗炎症フードはダイエットに効果的だと述べ、Bはさらに抗炎症フードの健康面への影響についても述べている。

4　Aは抗炎症フードを日常的に食べるとダイエットに役立つと述べ、Bはさらに抗炎症フードは長生きにつながると述べている。

134 실전 시험 통합 이해 [5]

問題12 次のAとBの文章を読んで、後の問いに対する答えとして最もよいものを、1・2・3・4から一つ選びなさい。

A

お花見シーズンになると、公園などで飲食をすることで毎年問題になるのがゴミ問題だ。小金井(こがねい)公園では3日間で4トンものゴミが出ていたが、ある方法で9割減(わりげん)にすることに成功した。その方法とは、ゴミ箱の撤去(てっきょ)(注)だ。ゴミは花見客に持ち帰ってもらい、出店で買った物についてくる容器や箸は、購入した店に返却するという方法を取るだけで、ゴミが激減したそうだ。

ルールを破った人にお金を払わせようという声もあったようだが、ゴミ箱を撤去するだけで個人個人がゴミを持ち帰らねばならないという意識が生まれ、ゴミの量を減らすことができたと成果を感じているという。

B

福岡(ふくおか)市ではゴミ減量作戦を行っている。さくらの名所である天神(てんじん)中央公園では「花見の場所届け制」をとることで、ゴミの量が7割減った。この届け出はネットや電話ではなく、事務所で対面しての申し込みとなっている。対面することで、その区画を誰が使っているのかというのが担当者に分かっているため、ゴミを置いて帰る人も減っているそうだ。

以前よりゴミの量が減ったのは良いことだが、対面しての申し込みのわりにゴミの量が7割しか減ってないというのは少し残念な気もする。「家に帰るまでがお花見」。自分で持ってきたものはきちんと持ち帰るというマナーは守ってもらいたい。

(注) 撤去(てっきょ):なくすこと

(　　/2) 제한 시간 : 8분

▶정답 및 해설 <본서1> p.86

1 AとBに共通した話題は何か。

1 公共施設の利用案内

2 ゴミ箱に対する人々の関心

3 ゴミが環境に与える影響

4 お花見シーズンのゴミ問題

2 それぞれがとった対策によって、AとBはどのような結果になったか。

1 AもBも、予想どおりの割合で、ゴミを持って帰る人が急増した。

2 AもBも、ゴミは減少したが、人々の意識にはあまり変化が見られない。

3 Aはゴミの減少量に満足しているが、Bは対策の効果にそれほど満足していない。

4 Aは現在の方法を続けるつもりだが、Bは今後ほかの方法を取り入れることも考えている。

135 실전 시험 통합 이해 [6]

問題 12 次のAとBの文章を読んで、後の問いに対する答えとして最もよいものを、1・2・3・4から一つ選びなさい。

A

病気の原因は、先天的なものを除くと、ほとんどの場合がストレスではないかと思われる。ストレスとは、肉体的なものではなく、精神的なものが原因となるが、現代社会では、ストレスなく生きていくことは非常に難しい。職場や家庭、親兄弟との不和（ふわ）(注1)や、ご近所との問題は多々ある。家計やローンなどの経済的な問題もまた、精神的なストレスとなる。

精神的なストレスを受けると、神経までもがダメージを受けて、その人の弱い部位に症状が出ることがある。体を治療しても、その原因であるストレスを軽減しないと、根本的な改善にはならない。その人に見合った、ストレスを受けない考え方や生き方を見つけることが大切なのだ。

B

心や体にストレスを感じると、体内のバランスが乱れ、気持ちと体の釣り合い(注2)がうまくとれなくなる。すると体のあちこちで異常が出て、あらゆる病気につながることになり、非常に危険だ。また、ストレスを一時的に解消しようとして、つい食べ過ぎてしまったり、飲むお酒の量が増えてしまうこともあるが、食生活の乱れはさまざまな生活習慣病を引き起こしかねない。

では、ストレスを減らすにはどうすればよいか。まずは笑うこと。そして、好きなことをしたりリラックスできる時間を作ることだ。自分へのご褒美（ほうび）(注3)を決めて、それを目標に一週間を頑張れば、平日のストレスも達成感として良い効果を発揮する。また、ストレッチやジョギングなど、体を動かすこともおすすめだ。

›정답 및 해설 <본서1> p.86

(注1) 不和（ふわ）：仲が悪いこと

(注2) 釣り合い（つりあい）：バランス

(注3) 褒美（ほうび）：ほめて与える金品（きんぴん）

1　AとBで意見が一致しているのはどれか。

1　病気の予防や治療には、なるべくストレスのない生活を送ることが重要だ。

2　肉体的な要因も精神的な要因も、ストレスの原因になりうる。

3　ストレスは、楽天的な考え方とスポーツを通じて減らすことができる。

4　現代人は、日常生活の中でつねにストレスを感じている。

2　AとBは、ストレスと病気の関係についてどのように述べているか。

1　AもBも、心の弱い人がストレスを受けると病気につながりやすい。

2　AもBも、ストレスは肉体に悪影響を及ぼし、さまざまな病気をもたらす。

3　Aはストレスを受けないこと、Bはストレスを無視することが大事だ。

4　Aは精神的なストレスを、Bは身体的なストレスを減らすことが大事だ。

문제 13 주장 이해 : 장문

» 유형 소개

주장 이해 : 장문 (3문항)

이론 전개가 비교적 명쾌한 평론 등 900자 정도의 지문을 읽고 전체적으로 전달하려고 하는 주장과 의견을 파악할 수 있는지를 묻는다.

問題 13　次の文章を読んで、後の問いに対する答えとして最もよいものを、1・2・3・4から一つ選びなさい。

　私は食べ物については好き嫌いが多いが、研究テーマや人間関係についてはあまり好き嫌いがない。ところが、いろいろな人と話をしていると、以外に好き嫌いがあるという人が多い。この研究は嫌いとか、この人は好きじゃないとかよく耳にする。しかし、どんな研究にも視点を変えれば学ぶところは必ずあるし、人間も同様に、悪い面もあればいい面もある。やって損をするという研究は非常にまれであるし、つきあって損をするという人間も非常に少ない。

　科学者や技術者であるなら、発見につながるあらゆる可能性にアンテナを伸ばすべきで、そのためには、好き嫌いがあってはいけないように思う。研究の幅や、発見につながる可能性を大きく狭めて(注1)**しまう。**

「A하기 위해서는 B해서는 안 된다」는 바꿔 말해 「B하게 되면 A하기가 어렵다」라는 문장이 된다. 앞뒤 문맥의 관계를 따져 답을 찾는 것이 포인트~!

　ところで、そもそも(注2)好き嫌いとは何だろうか。

　自分の研究分野は、理系であることには間違いない。しかし自分でも、理由があって理系の道を選んだと思えない。単なる**偶然の積み重なりの結果なのだ。**

「自分の好みや得手不得手(注3)で選んだ」とあとから言うのは、その偶然の選択に何らかの理由をあたえないと、あとで悔やむことになるからだと思う。たとえば、理系の道を選んで思ったような成果を上げられなかったとき、「なぜ文系の道を選ばなかったのか」と思うような後悔である。遠い過去にさかのぼっていちいち後悔していては、その時点の目の前の問題に力を注げず、前向きに生きていくことはできない。

そう考えると、好き嫌いや感情というものは、偶然の積み重なりで進んでいく人生を自分なりに納得するためにあるようなものと言えるのではないか。好き嫌いや感情は、無意識のうちに、自分を守るために、自分を納得させるために、都合よく持つものなのだろう。

感情や好き嫌いは元来(注4)人間に備わっているものであるというのは間違いないが、人間は、十分な理由がないまま行った自らの行動を、納得し、**正当化する**(注5)**ためにも、感情や好き嫌いを用いる。**人間は、他の動物にはない、そんな感情や好き嫌いの利用方法を身につけているのかもしれない。

(石黒浩「ロボットとは何か - 人の心を映す鏡」講談社による)

(注1) 狭める：狭くする

(注2) そもそも：もともと

(注3) 得手不得手：得意不得意

(注4) 元来：初めから

(注5) 正当化する：ここでは、間違っていなかったと思う

71 好き嫌いがあってはいけないと筆者が考えているのはなぜか。

1 どんな研究であっても、役に立つ新しい発見につなげられるから
2 どんなことでも、自分の研究に役立つものがあるかもしれないから
3 好き嫌いで判断することによって、悪い面に気づきにくくなるから
4 嫌いなことには、自分が気づかない重要なことが隠されているから

72 筆者は、どうして理系に進んだのか。

1 文系が得意ではなかったから
2 自分の気持ちに従ったから
3 特に嫌いではなかったから
4 たまたまそうなったから

본문과 선택지에서 나온 표현이 유의어를 사용하여 헷갈리게 나올 수 있으니 주의~!
偶然 = たまたま 우연히

03 독해 문제 13 주장 이해 : 장문

73 筆者は、好き嫌いとは人間にとってどのようなものだと考えているか。

1 自分がこれからとる行動を決める時のきっかけになるもの

2 自分が前向き（まえむ）きに生きていくために意識的に利用しているもの

3 自分の研究や仕事がうまくいくように普段は抑（おさ）えているもの

4 **自分の行動や選択（せんたく）が間違っていなかったと思うために用いるもの**

正当化＝自分の行動や選択が間違っていなかったと思うことを通해 필자의 생각과 선택지의 내용이 일치함을 알 수 있다.

71	①❷③④
72	①②③❹
73	①②③❹

해석 나는 음식에 대해서 호불호가 심하지만, 연구 테마와 인간관계에 대해서는 별로 호불호가 없다. 그렇지만, 여러 사람과 이야기를 하면 의외로 호불호가 있다라고 하는 사람이 많다. 이 연구는 싫다든지 이 사람은 좋아하지 않는다든지를 자주 듣는다. 그러나 어떤 연구에도 시점을 바꾸면 배울 부분은 반드시 있고, 인간도 똑같이 나쁜 면도 있는가 하면 좋은 면도 있다. 해서 손해를 보는 연구는 상당히 드물고, 사귀어서 손해를 보는 인간도 상당히 적다.

과학자와 기술자라면, 발견으로 연결되는 모든 가능성에 안테나를 늘려야만 하고 그러기 위해서는 호불호가 있어서는 안 된다고 생각한다. 연구의 폭과 발견으로 연결되는 가능성을 크게 좁혀 버린다.

그런데 원래 호불호라고 하는 것은 무엇일까?

나의 연구 분야는 이과인 것에는 틀림없다. 그러나 나 자신도 이유가 있어서 이과의 길을 선택했다고는 생각하지 않는다. 단순한 **우연이 거듭된 결과인 것이다.**

[자신의 기호와 잘하고 잘 못하고로 골랐다]라고 나중에 말하는 것은 그 우연의 선택에 무언가의 이유를 부여하지 않으면 나중에 후회하게 되기 때문이라고 생각한다. 예를 들면 이과의 길을 선택하고 생각했던 것보다 성과를 올리지 못했을 때 [왜 문과의 길을 선택하지 않았는가]라고 하는 듯한 후회이다. 먼 과거를 거슬러 올라 일일이 후회해서는 그 시점의 눈앞의 문제에 힘을 쏟지 못하고 미래지향적으로 살아갈 수 없다.

그렇게 생각하면 호불호와 감정이라는 것은 우연이 거듭되어 나아가는 인생을 자신 나름대로 납득하기 위해서 있는 것이라고 말할 수 있지 않을까? 호불호와 감정은 무의식중에 자신을 지키기 위해서, 자신을 납득시키기 위해서, 상황에 맞춰 지니게 되는 것일 것이다.

감정과 호불호는 원래 인간에게 갖춰져 있는 것이라고 하는 것은 틀림없지만, **인간은 충분한 이유가 없는 채 행한 스스로의 행동을 납득하고 정당화하기 위해서라도 감정이나 호불호를 이용한다.** 인간은 다른 동물에게는 없는 그런 감정이나 호불호의 이용 방법을 습득하고 있는 것일지도 모른다.

(주1) 좁히다: 좁게 하다

(주2) 처음, 애초: 원래

(주3) 잘하고 못함: 잘하고 못함(의미 동일함)

(주4) 원래: 처음부터

(주5) 정당화하다: 여기에서는, 틀리지 않았다고 생각한다

71 호불호가 있어서는 안 된다고 필자가 생각하고 있는 것은 왜인가?

1 어떤 연구라도 도움이 되는 새로운 발견으로 연결되기 때문에

2 어떤 것이라도 자신의 연구에 도움이 되는 것이 있을지도 모르기 때문에

3 호불호로 판단하는 것에 의해서 나쁜 면을 깨닫기 어려워지기 때문에

4 싫어하는 것에는 자신이 깨닫지 못한 중요한 것이 숨겨져 있기 때문에

72 필자는 왜 이과를 진학한 것인가?

1 문과를 잘 못했기 때문에

2 자신의 마음에 따랐기 때문에

3 특별히 싫지는 않았기 때문에

4 우연히 그렇게 되었기 때문에

73 필자는 호불호라고 하는 것은 인간에게 있어서 어떠한 것이라고 생각하고 있는가?

1 자신이 앞으로 취할 행동을 정할 때의 계기가 되는 것

2 자신이 긍정적으로 살아가기 위해서 의식적으로 이용하고 있는 것

3 자신의 연구와 일이 잘 되어 가도록 보통 때는 억제하고 있는 것

4 자신의 행동과 선택이 틀리지 않았다고 생각하기 위해 이용하는 것

» 해답 스킬

1. 중문을 푸는 형식과 똑같이 세 단락으로 나누어 문제를 풀고 마지막 부분에 전체적인 내용이 나오니 필자의 생각을 찾으면 되겠다.
2. 마지막 3번 문제를 읽고 전체적 흐름을 읽어내는 문제의 경우 필자가 말하고 싶은 부분을 찾아 밑줄을 치고 내용이 일치하는 선택지를 고른다.

» 학습 대책

1. N2의 장문 독해는 내용 이해보다는 주장 이해를 중심으로 문제가 출제되며, 필자의 생각이나 의견을 물어보는 형식으로 세 문제가 나온다. 주로 문장 끝이 **～大切だ / ～ポイントだ / ～のではないだろうか / 必要だ**로 끝나면 필자가 말하고자 하는 부분을 나타내는 경우가 많다.
2. 필자가 주장하고자 하는 내용을 뒷받침하기 위해 예를 들어 설명할 때가 있는데, 질문의 답은 예문 안에 있는 경우는 거의 없다. 그 예를 들면서까지 필자가 무엇을 말하고 싶어 하는가에 중점을 두고 읽어내도록 한다.

136 실전 시험 주장 이해 : 장문 [1]

問題 13 次の文章を読んで、後の問いに対する答えとして最もよいものを、1・2・3・4から一つ選びなさい。

日本ではこれまで多くの人が、「水と安全は無料」と信じてきたのではないか。だがこの数年の間に、それが思い違いだったことに、多くの人が気付いたはずだ。特に、安全については、きっぱり①「無料ではない！」と言いたい。

私は仕事の関係で、食品メーカーの製造現場を見学することが多い。そのときに感じるのは、どこも急速に、衛生問題に気を配ってきているということだ。

たとえば食品メーカーでは、入室する前にユニフォームに着替えて、服のホコリを取り、それでも残っている小さなホコリを空気で吹き飛ばし、両手を消毒して、ようやく部屋に入れるのが普通だ。

また、材料の準備、調理、それをパッケージする段階など、すべての段階が部屋で区切られ、お互いの部屋に出入りできない施設も多い。だが、そこには膨大な費用がかかっていることは言うまでもない。

なぜ②ここまでするのかと言えば、それは、やはり消費者への対応を考えてのことだ。異物(注1)が混じっていたり傷んでいる(注2)とのクレームが急増し、事件として大きく扱われるようになったため、お金をかけて安全対策をしなければ、企業として生き残れなくなってきたからだ。

けれども、こういった安全対策がエスカレートすることは、消費者のためにならない可能性が高い。傷まないように保存料を入れたり、素材の味やかおりが消えてしまうほど加熱するせいで調味料を大量に使ったり…。生産者も消費者もそんな食品は好きではないはずだが、傷んでクレームが来るよりはましだと、事業者は考えてしまう。

だが大事なのは、社会にとって最適な安全対策とは何かを冷静に考えることだ。そうでなければ、衛生管理に果てしなくお金を出してしまい、結果的にその費用は消費者に返ってくる。それでは誰も幸せになれない。

(注1) 異物：そこにあるべきものではない物

(注2) 傷む：食べ物が傷ついたり腐ること

›정답 및 해설 <본서1> p.87

1 筆者はどうして、安全は①無料ではないと考えるのか。

1 「水と安全は無料」と信じることができなくなったから

2 安全に多額の費用がかかっていることを知っているから

3 昔は無料だった水も今は有料だから

4 お金さえ出せば安全を買える時代だから

2 ②ここまでするとは具体的にどういうことか。

1 食品を製造するとき、材料に高級なものを使うこと

2 食品を製造するとき、徹底した衛生管理を行うこと

3 消費者の幸せを第一に考えること

4 事業者の利益を一番に考えること

3 文章で筆者の言いたいことは何か。

1 消費者は食品の安全について、生産者より気を使わなければならない。

2 生産者はつねに消費者の声に耳をかたむけて、意見を反映させることが大切だ。

3 食品の安全に関してはよく考えた方が、生産者と消費者ともに損をしない。

4 安全対策は多ければ多いほど、生産者と消費者にとって幸せな結果をもたらす。

137 실전 시험 주장 이해 : 장문 [2]

問題 13 次の文章を読んで、後の問いに対する答えとして最もよいものを、1・2・3・4から一つ選びなさい。

かつて、書店に勤めたことがある。売り場に立てば、朝から晩まで「いらっしゃいませ」「ありがとうございます」をくりかえす。あるとき、休憩(きゅうけい)を終えたアルバイトの女の子が、くすくす笑いながら戻ってきた。理由を聞くと、弁当箱(べんとうばこ)のふたを開けて「いただきます」というつもりが、「いらっしゃいませ」と頭を下げたのだと言う。

「ありがとうございます」も癖(くせ)になる。買い物をしたとき、あるいはタクシーを降りるとき、おつりを受け取りながら、自然に「ありがとうございます」と言ってしまう。受けたサービスへのお礼だ。悪いことではないし、相手に不思議に思われることでもないが、無表情のままおつりを差し出す店員や運転手にあたると、なぜ自分だけが礼を言うのかと①苦笑(くしょう)(注1)してしまう。

商売というのはすばらしいシステムである。ごまかしがなく、納得した上での公平な取引ならば、お互いに喜べるのだから。売り手は「うちで買っていただいてありがたい」と感謝はするにしても、別に、買い手が偉いわけではない。

「いや、お客は偉い。買うときのお客は王様だ」という考え方もあるだろう。かつての私も、そう思っていた。だがある時、それを変える出来事(できごと)があった。

中学生になったばかりの夏休みに、私は両親の故郷(こきょう)に遊びに行き、ある光景を目にした。店先に帽子(ぼうし)をかぶったおじさんが立ち、奥(おく)の方を見ていた。50代くらいの人で、連れはいなかった。食事を終えて、店を出ようとしていたらしい。おじさんは財布を片手に持って言った。

「ごちそうさまあ」

とても意外な言葉だった。代金を払おうとして、店員の姿が見えない場合、とりあえず「すみません」と呼びかけるものだと思っていた。なのにこのおじさんは、無料でもてなされ(注2)たかのように「ごちそうさま」と言ったのだ。②違和感(いわかん)を感じたのは一瞬だけで、次の瞬間、私の中に変化が起きた。

自分のためにサービスしてくれたのだから、お客としてお金を払うとしても、感謝の気持ちを言うのが礼儀だ。考えたこともなかったが、それはそうだと納得し、お客は偉いわけで

정답 및 해설 <본서1> p.88

はない、と知ったのだ。

後日、食堂で食事をして店を出るとき、私は小さな声で「ごちそうさま」と言ってみた。すると、それだけのことなのに、自分が一歩大人に近付いたように思われた。以来、店側が不親切じゃない限り「ごちそうさま」を言うようにしている。あのおじさんには、今も感謝している。

(有栖川有栖「お客は偉くない」による)

(注1) 苦笑(くしょう)：不快感(ふかいかん)や戸惑(とまど)いを感じながらもしかたなく笑うこと

(注2) もてなす：客の世話をする

1 ①苦笑(くしょう)してしまうのはなぜか。

1 客が礼を言うと、サービスする側が客に感謝するから

2 客が礼を言っているのに、サービスをする側が客に感謝しないから

3 客が礼を言わないと、変に思うタクシー運転手がいるから

4 客が礼を言って当たり前と考えるタクシー運転手がいるから

2 筆者は何に②違和感(いわかん)を感じたのか。

1 代金を払えないおじさんが「すみません」と謝ったこと

2 おじさんが代金を払おうとしたのに、店員がいなかったこと

3 おじさんが代金をただにしてもらおうとしたこと

4 代金を払う側のおじさんが「ごちそうさま」と言ったこと

3 筆者は、どうして今もおじさんに感謝しているのか。

1 礼儀を守る大人は偉いのだと気付かせてくれたから

2 食堂では「ごちそうさま」と言う礼儀を教えてくれたから

3 小さなことだが、大人の世界を味わせてくれたから

4 客が偉いわけではないことを教えてくれたから

138 실전 시험 주장 이해 : 장문 [3]

問題 13 次の文章を読んで、後の問いに対する答えとして最もよいものを、1・2・3・4から一つ選びなさい。

「男女七歳にして、席を同じうせず(注1)」。昔の人は古いことを言っていた。でも、昔だから、古いに決まっている。教育を考えるとき、たとえば男と女という具体的な問題が出てくる。男の子は男らしく、女の子は女らしく。そんなことを現代で主張したら、「古い」のひとことで終わるだろう。

大学で学生を教えていると、目立つのは、女の子は元気がよく、男の子は元気がない、ということだ。街に出てレストランにお昼を食べに行くと、客のほとんどは女性だ。元気で活発で、おしゃれで、きれいなのは女性だ。男はいけない。暗い色のスーツに身を包んで、意味の分からない模様(もよう)のネクタイで首をしめている。大人がそんな調子だから、学生も男子は元気がない。講義で前の方に座るのは、たいていは女子学生だ。

フェミニズム(注2)というのは、一時盛んだった。<u>これには困った</u>。私は実はフェミニストなのである。なにしろ母子家庭で育って、母親が稼(かせ)いでいたため、うちでいちばん偉かったのは母親だった。女なくしては何も始まらなかったのだ。

高校生のとき、家でサルを飼っていた。母親が勝手に飼うんだと決めてしまった。でも、世話をするのは私で、このサルがよく知っていた。庭でサルの面倒を見ていると、さすがに私には愛想(あいそう)(注3)よくする。ところが突然、態度ががらりと変わる。近くの人にほえたりする。なぜ急に態度が変わったのだろうと思ってあたりを見回すと、2階の窓に母親の顔が見える。ボスが顔を出したから、たちまち態度を変えたのだ。サルの世話など一切しない母親を、サルの方はボスだと思っているわけだ。

女の子が元気で活発で、男の子がおとなしくて神経質、これを見ていると、昔の人が言ったことがよく分かる。「女は女らしく静かで上品に」「男は男らしく元気で活発に」と、つまりは、それが教育なのだ。放っておいたら、どうなるか。今のようになるわけだ。男がおとなしく、女が活発。放っておいたら自然にそうなるものを「教育する」必要はない。教育でそれを「変えて」、なんとか男女のそれぞれが、世の役に立つようにする。それが教育というものではないだろうか。それをひとこと、「古い」で片づけてしまえば、その責任を誰がとると言うのか。

정답 및 해설 <본서1> p.90

(注1) 男女七歳にして、席を同じうせず：七歳にもなれば男女の区別をはっきりさせるべきだ

(注2) フェミニズム：ここでは女性尊重主義

(注3) 愛想：ここでは、態度

1 これには困ったのはなぜか。

1 男より女を尊重する考え方に、まったく同意できなかったから

2 動物さえも男より女を尊重する社会に、うんざりしたから

3 男より女の地位が高い、女中心の家庭で育ったから

4 女の意志が強く、男の意見を無視する家庭で育ったから

2 筆者は、教育をせずに放っておくと、男女がどうなると言っているか。

1 男は積極的で、女は消極的になる。

2 男は気が弱く、女は元気になる。

3 男は体が弱く、女は元気になる。

4 男は男らしく、女は女らしくなる。

3 筆者は、男女の問題について、どう教育すべきだと考えているか。

1 男女はそれぞれに違う長所があり、教育を通してそれを育てるべきだ。

2 男女のそれぞれに足りない部分を、教育を通して補うべきだ。

3 男女を性別で分けるべきではなく、平等な教育を与えるべきだ。

4 男女を区別することが古いという考え方を、教育を通して改めさせるべきだ。

문제 14 정보 검색

» 유형 소개

정보 검색 (2문항)

광고, 팸플릿, 정보지, 비즈니스 문서 등의 정보 소재(700자 정도) 안에서 필요한 정보를 찾아낼 수 있는지를 묻는다.

問題 14　右のページは、キャンプ場の利用案内である。下の問いに対する答えとして最もよいものを1・2・3・4から一つ選びなさい。

74　チャンさんは来月帰国する際に、A社を利用して引越す予定である。荷物が10箱以上あるのでなるべく**安い料金で送りたいが、そのうち帰国後すぐに使うものが入った5箱は料金が少し高くてもいいので早く着くように送りたい。**チャンさんはどうしたらいいか。

1　急ぐものはプラン①で、その他のものはプラン②で送る。
2　急ぐものはプラン①で、その他のものはプラン③で送る。
3　急ぐものはプラン④で、その他のものはプラン②で送る。
4　急ぐものはプラン④で、その他のものはプラン③で送る。

⋮

74	①②③❹

A社海外引越サービスプラン比較

	プラン①	プラン②
こんな方に	荷物が多い方 手間をかけたくない方	荷物が少ない方 手間をかけたくない方
荷造り	当社スタッフが行います	当社スタッフが行います
荷物量	Mサイズ10箱以上	Mサイズ10箱未満
料金	1箱12,000円～	1箱15,000円～

	プラン③	プラン④
こんな方に	**予算を抑えたい方** 必要なサービスだけ利用したい方	荷物が少ない方 **早く荷物を受け取りたい方**
荷造り	お客様ご自身で行ってください	お客様ご自身で行ってください
荷物量	Mサイズ5箱以上	Mサイズ5箱まで
料金	1箱10,000円〜	1箱15,000円〜

질문에서 원하는 조건을 찾아 밑줄로 표시하면 알아보기 쉽다~! 본문에서는 밑줄로 표시된 내용을 중심으로 찾아낸다.

※ 料金には、荷物の日本でのお引取り、輸出入税関手続き、海外でのお届け費用を含みます。

※ プラン①は、海外での荷物のお届けの際に日本語がわかるスタッフがうかがうので安心です。

※ プラン④のみ、他のプランに追加してのご利用が可能です。

해석

74 장 씨는 다음 달 귀국할 때 A사를 이용하여 이사할 예정이다. 짐이 10상자 이상 있기 때문에 될 수 있는 한 저렴한 요금으로 보내고 싶지만, 그중 귀국 후에 바로 사용할 것이 들어 있는 5상자는 요금이 조금 비싸더라도 좋으니 일찍 도착하도록 하고 싶다. 장 씨는 어떻게 하면 좋을까?

선택지를 읽을 때 시간 절약을 위해서 공통점을 묶어 읽도록 하고 답과 관련이 없는 것은 바로 제외시킨다.

1 급한 것은 플랜①로 그 외의 것은 플랜②로 보낸다.
2 급한 것은 플랜①로 그 외의 것은 플랜③로 보낸다.
3 급한 것은 플랜④로 그 외의 것은 플랜②로 보낸다.
4 급한 것은 플랜④로 그 외의 것은 플랜③로 보낸다.

⋮

A사 해외 이사 서비스 플랜 비교

	플랜①	플랜②
이러한 분에게	짐이 많은 분 수고를 들이고 싶지 않은 분	짐이 적은 분 수고를 들이고 싶지 않은 분
짐 싸기	당사 직원이 행합니다	당사 직원이 행합니다
짐량	M사이즈 10상자 이상	M사이즈 10상자 미만
요금	1상자 12,000엔~	1상자 15,000엔~
	플랜③	**플랜④**
이러한 분에게	예산을 줄이고 싶은 분 필요한 서비스만 이용하고 싶은 분	짐이 적은 분 빨리 짐을 받고 싶으신 분
짐 싸기	손님 본인이 해주세요	손님 본인이 해주세요
짐량	M사이즈 5상자 이상	M사이즈 5상자까지
요금	1상자 10,000엔~	1상자 15,000엔~

※ 요금에는 짐의 일본에서의 수취, 수출입 세관 수속, 해외에서의 배달 비용을 포함합니다.

※ 플랜①은 해외에서의 짐 배달 시에 일본어를 아는 스텝이 찾아 뵙기 때문에 안심입니다.

※ 플랜④만 다른 플랜에 추가해서 이용 가능합니다.

≫ 해답 스킬

1. 질문에서 얻을 수 있는 정보에 밑줄을 그어 둔다.
2. 정보를 본문의 어디에서 찾을 수 있는지 관련 내용이 있는 곳을 집중적으로 읽어낸다. 반드시 본문을 다 읽어야 하는 문제가 아니라 질문에 대한 필요한 정보만 정확히 골라 읽는다는 것에 유념하자.
3. 선택지를 보고 답을 고른다. 선택지를 읽을 때 선택지를 읽을 때 공통점을 묶어 두어 읽는 시간을 단축시키자.

≫ 학습 대책

1. 질문을 통해 얻은 정보를 본문에서 검색하는 데에서 무엇보다 필요한 것은 처음부터 끝까지 꼼꼼히 읽는 정독이 아닌, 발췌독(부분 읽기) 하는 게 필요하다.
2. 팸플릿이나 안내문 같은 경우 소제목부터 읽어 어느 부분인지를 파악하고 표로 나와 있는 경우에는 윗줄이나 왼쪽의 제목부터 보고 어느 부분을 발췌독 해야 하는지를 파악한다.

Memo

139 실전 시험　정보 검색 [1]

問題14 右のページは、キャンプ場の利用案内である。下の問いに対する答えとして最もよいものを1・2・3・4から一つ選びなさい。

1 山田さんは職場の同僚とキャンプに行くことになった。費用を調べるため、日時と人数などを聞いてメモした。費用は一人いくらかかるか。

<山田さんのメモ>

・10月28日(土)5:00~翌9:00 ・女性はシャワーを使いたい

1　男女ともに1,500円

2　男女ともに1,800円

3　男性は750円、女性は1,050円

4　男性は1500円、女性は1,800円

2 この施設を利用する際に気をつけなければならないことは、次のうちどれか。

1　キャンプ場内で火を使ってはいけない。

2　タバコは指定された場所以外で吸ってはいけない。

3　ゴミは決められた場所に捨てなければならない。

4　木や枝を折ってはならない。

›정답 및 해설 <본서1> p.91

市民キャンプ場ご利用案内

市民キャンプ場は利用期間中であればどなたでもご利用いただける施設です。
ご家族やグループで大自然の中でのアウトドアライフを満喫してください。

◇ 利用期間

・4月1日～11月30日

◇ 利用時間

・日帰り利用時間：10:00～16:00

・宿泊利用時間　：16:30～翌9:30

◇ テントサイト（約50㎡）利用料金

日帰り（10~16時）	平日	500円	注：休日前の宿泊は土日祝の料金が適用されます。
	土日祝	750円	
宿泊（16:30~翌日9:30時）	平日	1000円	
	土日祝	1500円	
シャワー利用料	1回	300円	宿泊者のみ利用可

◇ 注意事項

1. 火気（かき）使用について

・指定されている場所以外では火を使用しないこと。

・おタバコは所定の場所で吸ってください。

・気象状況により、火気の使用を制限することがあります。

2. ゴミ等（など）の処理について

・持ち込んだゴミはお持ち帰りください。

※周辺に落ちている木、枝などは燃（も）やさないでください。

※施設使用後は次の利用者のために完全に片づけを行ってください。

140 실전 시험 정보 검색 [2]

問題 14 右のページは、花火大会のボランティア募集の案内である。下の問いに対する答えとして最もよいものを1・2・3・4から一つ選びなさい。

1 大会当日ボランティアに参加できる人は次のうち誰か。

1 7月30日の講習会に出られる、中学生の山田さん

2 7月30日の講習会に出られる、50歳の吉田さん

3 ボランティア経験があり、7月30日の講習会には出られない松本さん

4 ボランティア経験があり、7月30日の講習会に出られる鈴木さん

2 鈴木さんは事前に清掃ボランティアに申し込んでおいたが、当日すべきことは何か。

1 8月6日の13時までにぼうしとタオルを持って現場に行く。

2 8月7日の8時までにぼうしとタオルを持って現場に行く。

3 8月6日の13時までに行って、ぼうしやタオルを委員会から借りる。

4 8月7日の8時までに、ぼうしとタオルと掃除道具を持っていく。

❯정답 및 해설 <본서1> p.92

サマー花火大会執行委員会

花火大会ボランティア募集

1. 大会当日ボランティア

8月6日（土）14:00〜22:00ごろまで（受付13:00定刻）

◇ 内容 ◇

見物客の中にけが人や病人が発生した場合に、患者をテントまで運んだり、見物客の中に迷子(まいご)が出た場合に、迷子者の対応や迷子の案内などをするのが主な業務です。

◇ 対象 ◇

・満18〜40才まで（男女問わず）

・ボランティア経験のある方は申し込みの際にお伝えください。

・ただし、事前に開かれる講習会（7月30日午後3時から2時間程度）に参加いただける方に限ります。

2. 翌日清掃(せいそう)ボランティア

8月7日（日）8:00〜10:30（受付7:00〜8:00）

花火大会終了後は大量のごみが落ちています。花火大会をエコなお祭りへと変えていきませんか。ご参加お待ちしています。

◇ ご注意事項 ◇

・ぼうしとタオルを必ずご持参ください。

・ごみ拾いの際に使用するほうき · ちりとり · ごみ袋 · 手袋はこちらで用意しております。

◇ 申し込み期間 ◇

7月1日〜7月25日

＊ただし、翌日清掃ボランティアは、当日参加も可能。

◇ 申し込み方法 ◇

ウェブサイトでお申し込みいただくか、ホームページにある参加申込書に必要事項をご記入の上、ＦＡＸまたはメールでお送りください。

141 실전 시험 정보 검색 [3]

問題 14 右のページは、レンタル専門店の利用案内である。下の問いに対する答えとして最もよいものを1・2・3・4から一つ選びなさい。

1 Aさんはこの店をはじめて利用する。中古CDを売りに行くとき、利用方法として正しいのはどれか。

1 会員登録をして、現金でもらう。

2 会員登録をして、ポイントとしてためてもらう。

3 会員登録をせずに、現金かポイントを選ぶ。

4 会員登録をせずに、現金とポイントに分けてもらえる。

2 Bは訪れた店舗にない商品を注文したい。探索機を使わずに注文するにはどうすればよいか。

1 スタッフにたずねることが可能で、記入したお取り寄せ用紙をカウンターに持っていく。

2 スタッフにたずねることは可能で、必要事項を入力しレシートを取っておく。

3 探索機を使う必要があり、レシートを保管する必要がある。

4 探索機を使う必要があり、分からなければスタッフにたずねる。

정답 및 해설 <본서1> p.92

<レンタルサービスの利用案内>

◇ はじめての方へ

当店でのレンタル利用には、会員登録が必ず必要となります。レンタルご利用登録をしていただくと専用カードが発行され、ＤＶＤ、ＣＤ、コミックのレンタルが可能となります。

◇ レンタルおよび販売のご利用方法

専用カードをレンタル利用時にご提示いただくと、利用額に応じたポイントがたまります。また、中古販売時にご提示いただくと、引き取り額がそのままポイントとして加算されます。

◇ 登録に必要なもの

・運転免許証や健康保険証など本人であることを確認できる書類
・年に一度の更新の際にはすでにお持ちの専用カード

◇ 登録の手順

STEP1：本人であることが確認できる書類をご用意ください。
STEP2：店員に登録したいということをお伝えください。
STEP3：応募用紙にご記入ください。
STEP4：ご記入いただいた申し込み用紙を、本人であると確認できる書類と一緒に店員へ渡してください。
STEP5：カードをその場で発行します。カードはその日からご利用可能です。

<新サービスのお知らせ>

店頭にないレンタル商品はお取り寄せできます！

探索機を使用する場合	→ はい	1. ご希望の作品を検索で探し、お取り寄せボタンを選択してください。	→	2. 必要事項を入力してください。お申込み完了後に出力されるレシートをお取りください。
↓いいえ				
スタッフにたずねる場合	→	1. ご希望の作品をスタッフにおたずねください。	→	2. 必要事項をお取り寄せ用紙に記入し、カウンターにてお手続きください。

142 실전 시험 정보 검색 [4]

問題 14 右のページは、日本へ留学する学生を対象に作られた、住居の例です。これについて、次の問いに答えなさい。

1 Aさんは食事などの世話はしてほしいが、門限(もんげん)(注)などの規則はない方が良いと思っている。どのタイプの住居を選べば良いか。

1 下宿かホームステイをする。

2 学生会館または学生寮に入る。

3 アパートを借りる。

4 そのような条件の宿舎はない。

2 Bさんはマンションに住むかルームシェアをしたいと思っている。2つの宿舎についての正しい説明はどれか。

1 マンションもルームシェアも、敷金や礼金などの基本費用はかからない。

2 マンションもルームシェアも、比較的安い家賃で借りることができる。

3 マンションに比べると、ルームシェアは費用の負担が少ない。

4 マンションに比べると、ルームシェアの方が人気がある。

（注）門限(もんげん)：外出先から帰らねばならない時刻

정답 및 해설 <본서1> p.93

＜学生会館・学生寮＞

- 食事付きが多く、ホストが世話をしてくれます。
- 自由に暮らしながら勉強ができる環境が整っています。
- 門限(もんげん)などの規則をしっかり守らなければなりません。

＜民間の賃貸住居＞

	住宅形式	備考
アパート	・木造または組(く)み立(た)て式の集合住宅。 ・マンションより家賃が安い。	・台所、トイレは共同の場合もあり、風呂はない所もある。
マンション	・コンクリートなどで作られた集合住宅。 ・高い階の部屋ほど家賃も高い。	・部屋のほかに台所、トイレ、風呂がある。
下宿	・家の主人と同じ建物の一部を借りる形式。	・食事や宅配便の受け取り、防犯面など、ひとり暮らしの不安がない。
ホームステイ	・日本人の家庭に、家族の一員として滞在する形式。 ・日本文化や習慣を知るための希望者が多い。	・日本人の家族との食事や生活体験が可能。 ・ただし受け入れてくれる家庭の数は少ない。
ルームシェア	・1部屋を複数人で借りて住む形式。 ・比較的安い負担額で広い部屋に住むことができる。	・共同生活。 （ワンルームではなく、2つ以上の部屋を借りることが多い。）

＊契約時に必要となる基本費用

- 家賃：1カ月の部屋代。
- 敷金(しききん)（保証金(ほしょうきん)）：大家さんに預けるお金
- 礼金(れいきん)（権利金(けんりきん)）：大家さんに支払うお金

143 실전 시험 정보 검색 [5]

問題 14 右のページは、ある市の駐車場の利用案内である。下の問いに対する答えとして最もよいものを、1，2，3，4から一つ選びなさい。

1 下川(しもかわ)市にある会社に勤めているアラさんは、駐車場の定期利用を申請したいと思っている。屋根があって、管理人がいる駐車場がいい。アラさんの希望に合う駐車場はどれで、払うことになる料金はいくらか。

1 Bの5500円か、CかDの7000円

2 CかDの7000円

3 CかDの9000円

4 CかDの9000円か、Eの7500円

2 ケンさんは、現在、「下川(しもかわ)駅東駐車場」を定期利用している。2023年4月から、継続して利用したい場合は、どのように申し込まなければならないか。

1 2月1日から2月28日の間に下川駅東駐車場の管理人室に行き、申請書を提出し、身分証明書を提示する。

2 3月1日から3月14日の間にに下川駅東駐車場の管理人室に行き、申請書、登録証を提出し、身分証明書を提示する。

3 2月1日から2月28日の間に駐車場センターに行き、申請書、登録証を提出し、身分証明書を提示する。

4 3月1日から3月14日の間に駐車場センターに行き、申請書、登録証を提出し、身分証明書を提示する。

정답 및 해설 <본서1> p.94

<2023年下川(しもかわ)駅周辺駐車場の定期利用のご案内>

2023年4月から2024年3月まで下川駅駐車場の定期利用の申請を受け付けます。

駐車場		年間定期利用料金				設備
		市民(注)の方		市民(注)以外の方		
		一般	高校生以下	一般	高校生以下	
A	下川駅東駐車場	6000円	4000円	8000円	5000円	屋根あり 管理人なし
B	下川駅西駐車場	5500円	3500円	7500円	4500円	屋根あり 管理人なし
C	谷山通り駐車場	7000円	5000円	9000円	6000円	屋根あり 管理人あり
D	東町駐車場	7000円	5000円	5000円	6000円	屋根あり 管理人あり
E	池中駐車場	5500円	3500円	7500円	4500円	屋根なし 管理人あり

(注) 市民は以下の①～③のいずれかに当てはまる方です。

① 下川市にお住まいの方　② 下川市に通勤されている方　③ 下川市に通学されている方

【申し込み期間】 継続して利用される方：2023年2月1日から2月28日まで
初めて利用される方：2023年3月1日から3月14日まで

【申し込み窓口】 A, B：駐車場センター［下川駅］(受付：午前8時～午後6時)
C~E：各駐車場の管理人室(受付：午前7時～午後9時)

【申し込み方法】

・指定の申し込み窓口で申請書をご提出ください。ご提出の際には、身分証明書(高校生以下の方は学生証)をご提示ください。

・現在、定期利用中で来年度も継続して申請をされる方は、登録証を更新しますので現在利用中の登録証をお持ちください。

【支払い】 3月20日までに指定の金融機関で利用料金をお支払いください。

下川市役所　交通課　電話　03-555-0889

http://www.city.sitakawa.lg.jp

2교시

청해

시험 시간	50분

N2

04

청해

문제 1	과제 이해
문제 2	포인트 이해
문제 3	개요 이해
문제 4	즉시 응답
문제 5	통합 이해

1. JLPT 청해란?

화자의 발화를 듣고 언어와 화제에 관한 지식을 이용하여 과제와 목적에 맞게 정보를 처리해 가는 과정을 측정하는 것을 말한다.

2. 청해 문제의 특징

1) 현실의 커뮤니케이션에 필요한 청해 능력을 묻는 것에 중점을 두고, 시험 문제보다 현실의 과제에 가까운 것으로 한다.

2) 실제의 커뮤니케이션 장면에서 있을 수 있는 몇 가지 듣는 법에 초점을 맞춰서 청해 능력을 측정한다.

3) 상대의 발화에 대한 응답의 적절한 이해를 묻는 형식으로 출제된다.

4) 청해 문제를 크게 다음과 같은 두 가지로 나눌 수 있다.

❶ 내용을 이해할 수 있는지 어떤지를 묻는 문제

❷ 즉각적인 처리를 할 수 있는지 어떤지를 묻는 문제

3. 청해 듣기 요령

1) 청음・탁음・반탁음

한국인 학습자들에게는 특히 청음과 탁음의 구별이 어렵다. 처음에 외울 때 제대로 된 발음으로 익숙해질 때까지 소리 내며 읽어가면서 암기하도록 한다.

예
- きん(金) 금 / ぎん(銀) 은
- バス 버스 / パス 패스(통과)
- てんき(天気) 날씨 / でんき(電気) 전기

2) 장음・단음

한국어에는 장음과 단음으로 구별되는 단어가 일본어만큼 많지 않다. 그러나 일본어에서는 장단음에 따라 의미가 완전히 달라지기 때문에 항상 의식하면서 외우도록 한다.

예
- おばあさん 할머니 / おばさん 아주머니, 백모, 숙모
- おじいさん 할아버지 / おじさん 아저씨, 백부, 숙부

3) 촉음

작은 「っ」가 있을 때와 없을 때 어떻게 발음되는가를 구별하고, 평소에 읽을 때도 정확하게 읽도록 한다.

예
- 知っているの？ 알고 있어? / しているの？ 하고 있어?
- 行ってください。 가 주세요. / いてください。있어 주세요.
- 切ってください。 잘라 주세요. / 来てください。와 주세요.

4) 동음이의어

음독 한자어가 많기 때문에 동음이의어가 등장할 경우 어떤 의미의 단어인지를 파악하기가 어려운데, 대화의 흐름을 가지고 전체적인 문장에서 이해하는 게 좋다.

예
- こうかい　公開 공개　後悔 후회　航海 항해
- かき　柿 감　牡蠣 굴
- はし　橋 다리　箸 젓가락

5) 축약형

축약형은 회화체에서 많이 사용하며, 편안한 말투이기 때문에 격식을 차려야 하는 자리에서는 주의해서 사용해야 한다. 청해는 이러한 회화체 표현이 많이 등장하니 몇 가지 참고로 알아두면 편리할 것이다.

① ては — ちゃ　　예 食べては — 食べちゃ 먹어서는
　 では — じゃ　　飲んでは — 飲んじゃ 마셔서는

② ている — てる　　예 食べている — 食べてる 먹고 있다
　 でいる — でる　　飲んでいる — 飲んでる 마시고 있다

③ ておく — とく　　예 食べておく — 食べとく 먹어 두다
　 でおく — どく　　飲んでおく — 飲んどく 마셔 두다

④ てしまう — ちゃう　　예 食べてしまう — 食べちゃう 먹어 버리다
　 でしまう — じゃう　　飲んでしまう — 飲んじゃう 마셔 버리다

⑤ なければ — なきゃ　　예 食べなければ — 食べなきゃ 먹지 않으면
　 なくては — なくちゃ　　食べなくては — 食べなくちゃ 먹지 않아서는

⑥ ら/る/れ/の/に — ん　예 帰らない — 帰んない 돌아가지 않는다

何やってるの — 何やってんの 뭐 하고 있어?

食べられない — 食べらんない 먹을 수 없다

食べるもの — たべるもん 먹는단 말야

いちにち — いちんち 하루

⑦ と — って　예 昨日、食べたと — たべたって 먹었대

6) 생략형

대화에 있어서 문장 끝까지 말이 이어지는 게 아닐 경우 뒤에 올 수 있는 내용을 뉘앙스나 대화의 흐름을 통해 알아내야 할 경우가 있다. 생략형의 경우 다음에 이어질 문법 표현을 미리 알고 있으면 전체 내용 이해가 쉬워지기 때문에 아래 내용을 중심으로 외워두자.

① なければ~(ならない・なりません)

예 A：朝ごはん食べた？ 밥 먹었어?

B：食べなきゃ(ならない)。먹지 않으면…(안 되지)/먹어야 하지.

② たら / と / なら / ば } ~(いい・どう「ですか」？)

예 A：大学に入りたいけど…。대학에 들어가고 싶은데….

B：勉強したら(どう)？ 공부하는 게 (어때)?

③ ては~(いけない・いけません・だめだ)

예 いくら忙しくてもここで走っては(だめだ)。아무리 바쁘더라도 여기에서 뛰어서는 (안 된다).

「문제 1 과제 이해」에서 잘 나오는 질문 유형

질문 유형 1 앞으로 해야 할 일 찾기

女の人はこれから何をしますか。	여자는 앞으로 무엇을 합니까?
男の人は何をしなければなりませんか。	남자는 무엇을 해야만 합니까?
部下はこの後、資料をどのように直しますか。	부하는 이후에 자료를 어떻게 고칩니까?

질문 유형 2 행동의 순서 찾기

学生は(まず/最初(さいしょ)/初(はじ)めに)何をしますか。	학생은 (우선, 처음) 무엇을 합니까?
ビザ申請(しんせい)のため、どの順番(じゅんばん)で回りますか。	비자 신청을 위해 어떤 순서로 진행합니까?

질문 유형 3 준비물 찾기

来週の授業に何を持っていかなければなりませんか。	다음 주 수업에 무엇을 가지고 가야만 합니까?
～のために必要な書類は何ですか。	~하기 위해 필요한 서류는 무엇입니까?

질문 유형 4 질문의 키워드 찾기

男の学生はボランティアにどうやって申し込みますか。	남학생은 봉사활동에 어떻게 신청합니까?
今年の目標(もくひょう)は何ですか。	올해의 목표는 무엇입니까?
女の人は今ここでいくら払いますか。	여자는 지금 여기서 얼마 지불합니까?
社員はこの後、新(あら)たに何をしなければなりませんか。	사원은 이후, 새롭게 무엇을 해야만 합니까?

* 답의 힌트가 되는 표현들

상황·장면	표현	해석
부탁·의뢰	～てくれる/もらえる/いただけませんか	～해 줄래/~주시겠습니까
	お願いします/お願いできますか	부탁드립니다/부탁할 수 있을까요?
	頼むよ	부탁해
	～てほしいですが…	～하길 바라는데…
지시	～てください	～해 주세요
	～ようにして	～하도록 해
	기본형 + こと	～ 할 것
제안·충고	～たらどう？	～하는 게 어때?
	～たらいいんじゃない？	～하는 게 낫지 않아?
	～はどうですか	～는 어때요?
	～た方がいい	～하는 편이 좋다
승낙	再検討します	재검토하겠습니다
	見直します	다시 보겠습니다
	やってみます	해보겠습니다
행동의 순서	～た後で	A한 후에 B **(A를 먼저)**
	～てから	A하고 나서 B **(A를 먼저)**
	～次第	A하는 대로/하자마자 (즉시) B **(A를 먼저)**
	～前に	A하기 전에 B **(B를 먼저)**
	～に先立って	A에 앞서 B **(B를 먼저)**
준비물 찾기	～をご持参ください	～을 지참해 주세요
	お持ちください	가져오세요
	(今月中に、今日中に、来週までに) 持ってきてください	(이번 달 안에, 오늘 안에, 다음 주까지) 가져오세요
	ご用意しております	준비되어 있습니다

2 「문제 2 포인트 이해」에서 잘 나오는 질문 유형

질문 유형 1 이유나 목적을 물어보는 질문

なぜ/どうして/理由(りゆう)は	店員(てんいん)はどうして元気(げんき)がないと言(い)っていますか。 점원은 왜 기운이 없다고 말하고 있습니까?
	この会社(かいしゃ)の売(う)り上(あ)げが伸(の)びた**理由(りゆう)は**何(なん)ですか。 이 회사의 매상이 늘어난 이유는 무엇입니까?
～ために/目的(もくてき)は	店(みせ)に警察官(けいさつかん)が来(き)た**目的(もくてき)は**何(なん)ですか。 가게에 경찰관이 온 목적은 무엇입니까?

질문 유형 2 방법이나 문제점을 물어보는 질문

何が	計画書(けいかくしょ)で**何(なに)が**問題(もんだい)だと言(い)っていますか。 계획서에서 무엇이 문제라고 말하고 있습니까?
どんな/どう/どのように	先生(せんせい)は**どんな**ところが気(き)になったと言(い)っていますか。 선생님은 어떤 점이 신경 쓰인다고 말하고 있습니까?
	この機械(きかい)は**どんな**機能(きのう)がありますか。 이 기계는 어떤 기능이 있습니까?

※ 주의하여 들어야 하는 표현 3 답 키 포인트

1. **それより**(그것보다) / **何(なに)より**(무엇보다) / **やはり**(역시) / **結局(けっきょく)**(결국) / **つまり**(즉, 요컨대) / **実(じつ)は**(실은) / **特(とく)に**(특히) 등의 표현이 나오면 그 뒤에 정답이 있을 가능성이 크다.
2. 이유·목적을 물어보는 질문일 경우, 본문에서 「**ので、から、ため**(~이기 때문에, ~하기 위해서)」 등의 이유·목적의 표현이 사용된 문장을 찾도록 한다.

「문제 3 개요 이해」에서 질문 예상하는 방법

● 상황 설명문으로 질문 예상하기

1. 한 명이 등장하는 경우의 질문

❶ 전체적인 내용을 파악하고 주제를 묻는 질문

女の人は主に何について話していますか。	여자는 주로 무엇에 대해 이야기하고 있습니까?
男の人が伝えたいことは何ですか。	남자가 전하고 싶은 것은 무엇입니까?
～についてどう言っていますか。	~에 대해서 어떻게 말하고 있습니까?
今日の授業のテーマは何ですか。	오늘 수업의 테마(주제)는 무엇입니까?
先生が言いたいことは何ですか。	선생님이 말하고 싶은 것은 무엇입니까?

2. 두 명이 등장하는 경우의 질문

❶ 둘 중 한 명의 의견이나 생각에 대해 질문

❷ 대화의 결론 찾기 문제

男の人が言いたいことは何ですか。	남자가 말하고 싶은 것은 무엇입니까?
二人はどうすることにしましたか。	두 사람은 어떻게 하기로 했습니까?
女の人は ～についてどう考えていますか。	여자는 ~에 대해서 어떻게 생각하고 있습니까?

「문제 4 즉시 응답」 빈출 표현

1. 상황별 빈출 표현

부탁·의뢰·지시	～ていただけたらと思います	～해 주셨으면 좋겠습니다
	～させていただけませんか	～하게 해 주시겠어요?
	～ていただけるとありがたいんですが…	～해 주시면 감사하겠습니다만…
허가·금지	てもいい/てもかまわない	～해도 된다/～해도 상관없다
	てはだめ/てはいけない	～해서는 안 돼/～해서는 안 된다
	ご遠慮(えんりょ)ください	삼가주세요
권유·제안·양해	～たらどうですか	～하는 게 어때요?
	よろしければ～いかがでしょうか	괜찮으시다면 ～어떠십니까?
	ご了承(りょうしょう)ください	양해 바랍니다
후회·유감·아쉬움	～ばよかった(のに)	～하면 좋았을 텐데
	～たらいいのに	～하면 좋았을 텐데, ～하면 좋을 텐데
	せっかく～のに、ので	모처럼, 애써 ～했는데, 때문에
	ちゃった/じゃった	～해 버렸다, 하고 말았다
	～のを	～할 것을
의지	ようにする	하도록 하다
	う/よう+と思う	하려고 생각하다
승낙·요구	お願いできるかな	부탁할 수 있을까
	承(うけたまわ)ります	제가 ～맡겠습니다
	承知(しょうち)いたしました	승낙하겠습니다, 알겠습니다
	かしこまりました	분부대로 하겠습니다, 알겠습니다
	しょうがないね	어쩔 수 없네

상황 설명	사전형 + ところだった	~할 뻔했다
	~たつもりだ	~한 셈 치다, ~했다고 생각하다
	ます형 + そうに(も)ない	~일 것 같지(도) 않다
	~んじゃない?	~하지 않아?
	~んだって	~래, ~하대
	わりには = にしては	~치고는 (예상·기대 밖이다)
	ます형 + っぱなし	~한 채, ~한 상태

2. 빈출 의성어, 의태어, 부사

がらがら 텅텅 / 와르르	うっかり 깜빡	あいにく 공교롭게
なかなか 좀처럼 / 꽤, 상당히	さっぱり 전혀 / 후련한 모양	とっくに 진작에
ばたばた 허둥지둥, 푸드득	しっかり 제대로, 야무지게	たまたま/偶然(ぐうぜん) 우연히
ごちゃごちゃ 너저분한 모양	しょんぼり 풀이 죽어, 기운 없이	結構(けっこう) 꽤나, 제법
わざわざ 일부러	ぎっしり 빽빽이	ずいぶん 꽤, 상당히
ざっと 대충	そろそろ 슬슬	ほっと 후유(한숨 쉬거나 안심하는 모양)
にやにや 히죽히죽, 싱글싱글	ごろごろ 데굴데굴 / 빈둥빈둥	相変(あいか)わらず 변함없이

「문제 5 통합 이해」 공략법

● 자주 출제되는 상황에 따른 공략법

	상황	공략법
문제 1	• 전자 제품, 물건 • 식당의 메뉴 • 여행사 상품 • 이벤트 회장 • 문화 센터 과목을 고르는 상황	상황 설명 → 본문(상품 설명) → 질문 → 선택지 → 정답 Tip 4가지 상품 설명 메모해 두기. 대화 도중 부정적인 반응은 소거한다.
문제 2	• 가족 3명의 대화 • 점원과 사장의 매출 상승을 위한 대책 • 그룹 발표 주제 정하기	상황 설명 → 본문(의견) → 질문 → 선택지 → 정답 Tip 각각 의견을 메모해 두기. 의견을 듣고 마지막 선택은 무엇인지를 파악한다.
문제 3	① 제품 설명, 강좌, 여행 종류, 경품, 티켓 종류, 설명회를 듣기 ② 이어지는 2명의 대화를 듣고 각각 선택한 것 찾기	상황 설명 → 본문(상품 설명 + 2명의 대화문) → 질문 → 선택지 → 정답 Tip 선택지의 상품 설명 메모해 두기. 2명의 대화에서 각각 무엇을 선택하는지 파악한다.

문제 1 과제 이해

» 유형 소개

과제 이해 (5문항)

구체적인 과제 해결에 필요한 정보를 들은 다음, 무엇을 해야 하는지 이해할 수 있는가를 묻는다.

問題 1

問題1では、まず質問を聞いてください。それから話を聞いて、問題用紙の1から4の中から、最もよいものを一つ選んでください。

질문의 키워드를 메모해 두면 편리~!

순서		문제
음성듣기	**상황 설명문**	1番　大学で女の学生と男の学生が話しています。
	질문문 – 질문의 포인트를 잘 잡아 둔다.	男の学生は最初に何をしなければなりませんか。
	본문 선택지를 보면서 듣는다 – 일러스트나 문장으로 된 선택지	F：夏休み中、ゼミないけど、休みの間も引き続きみんなで集まって勉強しない？先生は出張でいらっしゃらないから、ゼミの学生だけで論文を読んだりしましょう。 M：はい、ぜひ。みんなもやりたいって言ってました。えっと、論文はどうしましょうか。 F：まずは、先週先生が紹介してくださった論文を読みましょうよ。それでいいなら、私、もう持っているから、大丈夫。 M：コピーしたりするのは僕がやりますよ。 F：コピーは人数が決まってからでいいから、それより日程の調整して。 M：はい、分かりました。みんなにメールをしてみます。 F：うん、よろしく。で、日程が固まり次第、教室を確保しておいてもらえる？ M：はい、分かりました。
	질문문 – 한번 더 나온다.	男の学生は最初に何をしなければなりませんか。

답고르기	**선택지** - 읽으면서 정답을 고른다.	1番 1 先生の都合を聞く 2 論文をコピーする 3 勉強会の日を決める 4 教室を予約する

1 ①②❸④

해석 1번 대학에서 여학생과 남학생이 이야기하고 있습니다. 남학생은 맨 처음 무엇을 해야 합니까?

여 : 여름방학 동안 연구실 말인데 방학 중에도 계속해서 모두가 모여 공부하지 않을래? 선생님은 출장으로 안 계시니까 연구실의 학생만 논문을 읽거나 하자.
남 : 네, 꼭, 모두가 하고 싶다고 했어요. 그럼, 논문은 어떻게 할까요?
여 : 우선은 지난주 선생님께서 소개해주신 논문을 읽자. 그것으로 괜찮다면 내가 가지고 있으니까 괜찮아.
남 : 복사하거나 하는 것은 제가 하겠습니다.
여 : 복사는 인원수가 정해지고 나서 해도 되니까 그것보다 일정을 조정해.
남 : 네, 알겠습니다. 모두에게 메일을 보내겠습니다.
여 : 응, 부탁해. 그리고 일정이 정해지는 대로 교실을 확보해 놔 줄래?
남 : 네 알겠습니다.

남학생은 맨 처음 무엇을 해야 합니까?

1번
1 선생님의 상황을 묻는다.
2 논문을 복사한다.
3 스터디 날(공부할 날)을 정한다.
4 교실을 예약한다.

» 해답 스킬

1. 질문을 간단히 메모해 두고 본문에서 어디에 초점을 두고 들어야 하는가를 파악한다.
2. 본문을 들을 때에는 꼭 선택지를 읽으며 답이 아닌 것은 소거하며 듣도록 한다.
3. 문제지를 받자마자 선택지는 무조건 시간 날 때 읽어 두자. 특히 잘 들리지 않는 학생일수록 선택지를 통해 본문의 정보를 미리 알아 두도록 한다.
4. 선택지가 그림이나 표로 되어 있을 경우 관련 어휘를 미리 예상해 둔다.

» 학습 대책

1. 평소에 기본적으로 언어지식(문자·어휘·문법)의 양을 늘리고 음성파일을 반복 청취하며 본문의 흐름 파악을 중심으로 듣도록 한다.
2. 이 문제는 앞으로 해야 할 과제를 이해하고 있는가를 물어보기 때문에 이미 해버린 과거형 문장이나 현재하고 있는 진행형 문장은 답이 될 수 없다. 반드시 아직 하지 않은, 앞으로 해야 하는 미래형 표현을 찾는 것이 포인트이다.
   - **과거형**을 나타내는 말 – **もう** 이미 **すでに** 이미 **とっくに** 진작에 **さっき** 아까 **先**(さき)**ほど** 조금 전 **昨日**(きのう) 어제 **昨年**(さくねん) 작년 **去年**(きょねん) 작년
   - **현재형**을 나타내는 말 – **今**(いま) 지금 **今日**(きょう) 오늘 **今年**(ことし) 올해
   - **미래형**을 나타내는 말 – **まだ** 아직 **これから** 이제부터, 앞으로 **明日**(あした) 내일 **来年**(らいねん) 내년
3. 질문에 **まず/最初**(さいしょ)**/初**(はじ)**めに**라는 말이 들어가면 시간의 순서상 가장 먼저 해야 할 과제를 찾는 문제이기 때문에 선택지의 내용이 본문에 다 나오는데 순서상 무엇을 가장 먼저 해야 하는지를 따져야 한다.
   - 일을 재촉하거나 급한 순서임을 알리는 말 – **先**(さき)**に** 먼저 **一応**(いちおう) 일단 **早速**(さっそく) 즉시 **できるだけ早**(はや)**く** 가능한 한 빨리

Memo

144 실전 시험 과제 이해 [1]

問題1

問題1では、まず質問を聞いてください。それから話を聞いて、問題用紙の1から4の中から、最もよいものを一つ選んでください。

1番

1　他の従業員にシフトを変更する

2　他の従業員に電話の内容を伝える

3　お客さんに追加注文が可能だと電話をかける

4　お客さんに追加注文の断りの連絡を入れる

2番

1　課長に電話をかける

2　FAX番号を調べる

3　資料を送る

4　ホテルに電話する

정답 및 해설 <본서1> p.95

(　　/5)

3番

1　ア、イ、ウ

2　ア、ウ、オ

3　イ、エ、オ

4　ウ、エ、オ

4番

1　参加者のめいぼの修正

2　出張スケジュールの確認

3　出発場所変更の報告

4　部屋の追加予約

5番

1　開け閉めが手動と自動のかさを試しに作る

2　消費者の意見を聞くため、モニター募集をかける

3　会社に消費者を招待し、使用体験談を聞く

4　女性に人気の色を調べる

145 실전 시험 과제 이해 [2]

問題(もんだい)1

問題(もんだい)1では、まず質問(しつもん)を聞(き)いてください。それから話(はなし)を聞(き)いて、問題用紙(もんだいようし)の1から4の中(なか)から、最(もっと)もよいものを一(ひと)つ選(えら)んでください。

1番(ばん)

1　ア

2　イ

3　ウ

4　エ

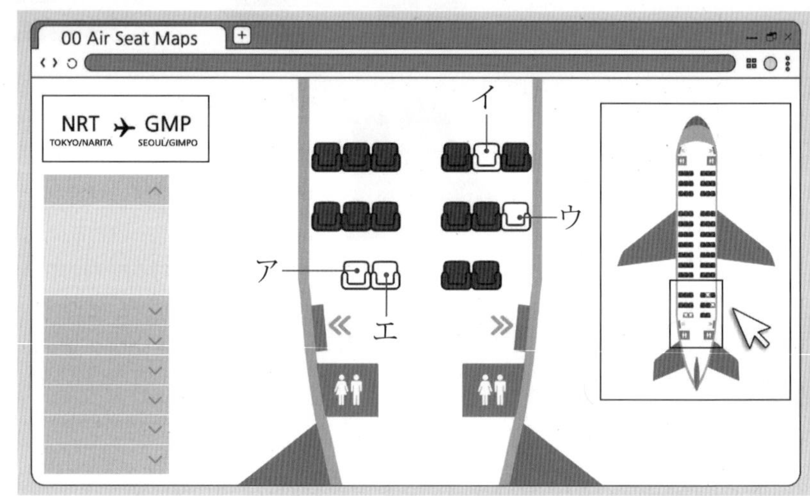

2番(ばん)

1　内容を短くする

2　流行語をいんようする

3　文章を追加する

4　かたい表現を使って話す

› 정답 및 해설 <본서1> p.98

(　　/5)

청해 01_02

고사장 버전

3番(ばん)

1　小さく切って見えないようにする

2　子どもが好きな食べ物に加えて食べさせる

3　両親が全部食べることに集中する

4　子どもが全部食べたらほめてあげる

4番(ばん)

1　ドラマのさつえいの見学に行く

2　テニス教室を見学に行く

3　スポーツ用品店にラケットを買いに行く

4　スポーツ用品店について行く

5番(ばん)

1　きつえんルームの朝食付きのホテル

2　きつえんルームのコンビニがあるホテル

3　きんえんルームの朝食付きのホテル

4　きんえんルームのコンビニがあるホテル

146 실전 시험 과제 이해 [3]

問題1

問題1では、まず質問を聞いてください。それから話を聞いて、問題用紙の1から4の中から、最もよいものを一つ選んでください。

1番

1 全体のこうせい

2 どうにゅうの部分

3 経験を書いた部分

4 まとめの部分

2番

1 飲み物を運ぶ

2 3色のペンを用意する

3 エアコンの温度を設定する

4 参加者のリストを作る

정답 및 해설 <본서1> p.102

(/5)

청해 01_03

고사장 버전

3番（ばん）

1 最近人気のある商品

2 これからのチャレンジ

3 店が困っていること

4 発展のれきし

4番（ばん）

1 これまでにないような栄養ドリンクを作る

2 若者向けの広告を各社員に考えてもらう

3 自分の上司に会議の結果を報告しに行く

4 50代から60代に身近に感じてもらえる商品を考える

5番（ばん）

1 本にラベルをつける

2 本を図書館のたなに入れる

3 本のデータを入力する

4 本を箱に入れる

문제 2 포인트 이해

» 유형 소개

포인트 이해 (6문항)

사전에 제시된 선택지와 질문을 듣고 포인트를 잡아 들을 수 있는지를 묻는다. 본문을 듣기 전에 질문이 있기 때문에 그것을 듣고 본문에서 들어야 하는 포인트를 의식한다.

問題 2

問題2では、まず質問を聞いてください。そのあと、問題用紙のせんたくしを読んでください。読む時間があります。それから話を聞いて、問題用紙の1から4の中から、最もよいものを一つ選んでください。

순서		문제
음성듣기	**상황 설명문**	1番　会社で女の人と男の人が話しています。
	질문문－질문의 포인트를 잘 잡아 둔다.	パーティーの会場が変更になった理由は何ですか。
	20초 간의 공백 시간 동안 선택지 읽기	1番 1　料理の味がよくないから 2　雰囲気がよくないから 3　料金が高いから 4　会場がせまいから
	본문 선택지를 보면서 듣는다 – 일러스트나 문장으로 된 선택지	F：田中先生の出版記念パーティーの会場、レストランはやめてホテルに変更したんだって。 M：そうなんだ。 F：あのレストラン、田中先生のお気に入りじゃなかった？ M：うん。味も雰囲気もいいしね。できればあの店にしたかったんだけど。 F：えっ、予算オーバーしちゃったの？ M：いや、お店の人がだいぶ値引きしてくれて、予算内に何とか収まったんだ。でも、結局参加者が増えて、100人超えちゃったんだ。

이 공백 시간에 선택지를 읽으며 주요 키워드에 표시할 것!

		F：それじゃ、あのレストランじゃ。 M：まあ、せっかくのお祝いだから、大きいところで派手にやった方がいいよね。それに、あのホテル、料理もなかなか評判がいいしね。
	질문문 - 한번 더 나온다.	パーティーの会場が変更になった理由は何ですか。
답고르기	**선택지** - 읽으면서 정답을 고른다.	1番 1　料理の味がよくないから 2　雰囲気がよくないから 3　料金が高いから 4　会場がせまいから

1	①②③❹

해석　1번 회사에서 여자와 남자가 이야기하고 있습니다. 파티 회장이 변경된 이유는 무엇입니까?

1　요리 맛이 좋지 않기 때문에
2　분위기가 좋지 않기 때문에
3　요금이 비싸기 때문에
4　회장이 좁기 때문에

여: 다나카 선생님의 출판기념 파티 회장, 레스토랑은 그만두고 호텔로 변경했다던데.
남: 그렇구나.
여: 그 레스토랑 다나카 선생님이 좋아하던 곳 아니었나?
남: 응, 맛도 분위기도 좋고. 가능하면 그 가게로 하고 싶었는데….
여: 에? 예산초과 해버렸어?
남: 아니, 가게 사람이 꽤 깎아줘서 예산 내에서 어떻게든 해결되었어. 그런데 결국 참가자가 늘어서 100명 넘어버렸어.
여: 그럼, 그 레스토랑은…(안 되겠구나.)
남: 그래, 모처럼 하는 축하이니까 큰 곳에서 화려하게 하는 편이 좋지. 게다가 그 호텔 요리도 꽤 평판이 좋으니까.

파티 회장이 변경된 이유는 무엇입니까?

1번
1　요리 맛이 좋지 않기 때문에
2　분위기가 좋지 않기 때문에
3　요금이 비싸기 때문에
4　회장이 좁기 때문에

» 해답 스킬

1. 이유나 목적을 물어보는 질문의 형태가 많으니 なぜ / どうして / 何 / どんな / どう / どのように 등의 의문사와 질문의 주인공이 누구인지를 간단히 메모해 두자.

   ❖주로 등장하는 인물 구도는 「남・여 / 상사・부하 / 선생님・학생 / 의사・환자」가 자주 등장한다.

2. 20초 동안의 공백 시간 동안에는 선택지를 읽고 키워드에 밑줄 친다.
3. 대부분 선택지 1~4번의 내용이 본문에 나온다. 본문을 들으며 오답을 하나씩 소거해 가며 답을 찾는다.

» 학습 대책

1. 질문과 선택지를 통해 어느 부분에서 중점적으로 들어야 하는지를 본문에서 파악할 수 있어야 한다. 답이 있는 키포인트는 それより(그것보다) / 何より(무엇보다) / やはり(역시) / 結局(결국) / つまり(즉) / 実は(실은) / 特に(특히) 등의 단어가 등장하면 그 뒤가 질문에서 요구하는 답일 가능성이 크다.
2. 본문에서 나온 키워드가 선택지에 똑같이 나오면 답이 아닐 가능성이 크다. 대부분 유의어로 대체해서 나오는 경우가 많으니 주의하도록 한다.
3. 평소 기본적인 어휘량의 확대와 반복 청취는 필수이다.

Memo

147 실전 시험 포인트 이해 [1]

問題 2

問題2では、まず質問を聞いてください。そのあと、問題用紙のせんたくしを読んでください。読む時間があります。それから話を聞いて、問題用紙の1から4の中から、最もよいものを一つ選んでください。

1番

1　学生に勉強への興味を持たせるため

2　教科書に出てくる先生がかわいかったから

3　ストーリーの展開がおもしろいから

4　大きな話題になったから

2番

1　まだレポートが終わっていないから

2　ねこアレルギーがまだ治っていないから

3　アレルギー薬を飲むとお酒が飲めないから

4　お酒を飲むと薬が効かなくなるから

3番

1　自転車でも通学しやすいところ

2　短期間でも住めるところ

3　家具家電がついているところ

4　家賃が高すぎないところ

정답 및 해설 <본서1> p.105

(　　/6)

청해 02_01

고사장 버전

4番

1　ドラマの題名のインパクトが強いから

2　出演者たちが有名で人気があるから

3　主題歌を人気歌手が歌っているから

4　制作費をたくさんかけているから

5番

1　２階の部屋でストーブの火が燃え出したこと

2　台所でストーブの火が燃え出したこと

3　台所のカーテンにストーブの火が燃え移ったこと

4　居間のカーテンにストーブの火が燃え移ったこと

6番

1　想像と違っていて、おどろいてしまったから

2　彼女と彼の趣味が合わなかったから

3　彼女が一人でしゃべりすぎていやになったから

4　初めてのデートで緊張しすぎたから

問題2

問題2では、まず質問を聞いてください。そのあと、問題用紙のせんたくしを読んでください。読む時間があります。それから話を聞いて、問題用紙の1から4の中から、最もよいものを一つ選んでください。

1番

1 ゴミの分別をしなかったから

2 ゴミの曜日を間違えたから

3 夜遅くに洗濯機を回したから

4 前にも同じミスをしたから

2番

1 本店じゃなくて支店だから

2 場所がよくないし、おいしくないから

3 サービスが悪いし、値段も高いから

4 近くにある店が人気だから

3番

1 才能のある人材だから

2 演技がいいと思ったから

3 きそんのイメージが作品に影響しないから

4 作品の役に合うイメージだから

(　　/6)

청해 02_02

고사장 버전

4番（ばん）

1　新しくできたスポーツジムだから

2　医者に健康について注意されたから

3　無理しないで運動ができるから

4　楽しそうなプログラムがたくさんあるから

5番（ばん）

1　あしたの午前中

2　あしたの夜

3　あさっての午前中

4　あさっての夜

6番（ばん）

1　他の支社にあいさつしに行きたいから

2　スケジュールによゆうがないから

3　以前の上司に聞きたいことがあるから

4　取引先の人に会いに行きたいから

問題 2

問題2では、まず質問を聞いてください。そのあと、問題用紙のせんたくしを読んでください。読む時間があります。それから話を聞いて、問題用紙の1から4の中から、最もよいものを一つ選んでください。

1番

1 鈴木さん

2 佐藤さん

3 井上さん

4 投票しない

2番

1 せいしんてきな豊かさを味わえるから

2 農業の経験がなくても始められるから

3 じちたいの支援制度があるから

4 農業指導が受けられるから

3番

1 仕事が多く、すいみんぶそくだから

2 翌朝に仕事をするから

3 気分がよくならないから

4 いい発想が浮かばないから

➤정답 및 해설 <본서1> p.113

(/6)

청해 02_03

고사장 버전

4番(ばん)

1 会費や日程に無理がないから

2 最近、運動にあきてきたから

3 テレビをきっかけに関心がわいたから

4 星を見に行くことがロマンチックだから

5番(ばん)

1 コーヒー

2 くだもの

3 おかし

4 ほうせき

6番(ばん)

1 だれかに何か言われたから

2 毎年参加してあきてしまったから

3 人前で発表するのが苦手だから

4 去年より後輩(こうはい)の人数が多いから

문제 3 개요 이해

유형 소개

개요 이해 (5문항)

본문 전체로부터 화자의 의도와 주장 등을 이해할 수 있는지를 묻는다.

예

問題 3

問題3では、問題用紙に何もいんさつされていません。この問題は、全体としてどんな内容かを聞く問題です。話の前に質問はありません。まず話を聞いてください。それから、質問とせんたくしを聞いて、1から4の中から、最もよいものを一つ選んでください。

순서		문제
음성 듣기	상황 설명문	1番　テレビで医者がインタビューに答えています。
	본문	F：先生、最近、目の不調を訴える人が増えているようですが。 M：ええ、そうですね。現代は、テレビやパソコン、ゲームのように、目を疲れさせるものがたくさんありますからね。楽しいから、つい時間を忘れてしまうんですよね。でも、目の健康を考えれば、できるかぎり目に負担のかからない生活をする必要があります。例えば、パソコンを使う時間を決めるとか、暗いところで画面を見ないなど、普段から気をつけることが大切です。
	질문문과 선택지를 듣는다.	医者は、何の話をしていますか。 1　子どもの視力の低下 2　目の治療にかかる時間 3　目の検査の必要性 4　目を疲れさせない方法
답 고르기		

1	①②③❹

해석 1번 텔레비전에서 의사가 인터뷰에 답하고 있습니다.
여 : 선생님, 요즘 눈의 불편을 호소하는 사람이 늘고 있는 듯한데요….
남 : 네, 그렇죠. 현대는 텔레비전과 컴퓨터, 게임 등과 같이 눈을 피곤하게 하는 것이 많이 있기 때문이죠. 재미있으니까 그만 시간을 잊어버리는 거죠. 하지만 눈의 건강을 생각하면 가능한 한 눈에 부담이 가지 않는 생활을 할 필요가 있습니다. 예를 들면, 컴퓨터를 사용할 시간을 정한다든가, 어두운 곳에서 화면을 보지 않는 등, 평소 때부터 주의하는 것이 중요합니다.

의사는 무슨 이야기를 하고 있습니까?
1 아이의 시력 저하
2 눈 치료에 드는 시간
3 눈 검사의 필요성
4 눈을 피곤하지 않게 하는 방법

» 해답 스킬

1. 의사 한 명이 이야기하는 상황이므로 주로 무엇에 대한 이야기인지 묻는 질문이 출제될 것을 예상할 수 있다.
2. 본문을 들을 때는 세세한 내용보다는 전체적으로 주로 무엇에 대한 이야기를 하는가에 초점을 두고 듣도록 한다.
3. 질문과 선택지를 들으며 본문에서 나오지 않은 키워드의 선택지는 소거하며 답을 고르는 것이 포인트이다.

» 학습 대책

1. 주제와 화자의 의도, 주장 등 이야기 전체의 내용을 이해할 수 있도록 한다.
2. 본문이 먼저 나온 후 질문이 나오기는 하나 상황 설명문을 듣고 질문을 예상할 수 있다.
3. 제대로 된 문장이 아니더라도 본문과 선택지의 내용을 메모해 두어야 정답을 고를 때 유리하다.
4. 본문 속에 예나 에피소드가 나온다면 무엇을 강조하고 설명하기 위함인지를 꼭 생각해 보는 게 좋겠다.

1) 상황 설명문에 한 명만 등장하는 경우

자주 출제되는 상황으로는 안내방송 / 설명 / 강연 / 부재중 전화 / 인터뷰 등의 본문이 출제되며 질문은 대체로 「**何について~**」 등의 전체적으로 무엇에 대해 말하고 있는가를 묻는 문제가 출제된다.

Tip 주로 나오는 질문 예

何について話していますか。	무엇에 대해 이야기하고 있습니까?
何が言いたいですか。	무엇을 말하고 싶습니까?
主に伝えたいことは何か。	전달하고 싶은 주된 내용은 무엇인가?
話のテーマは何か。	이야기의 테마(주제)는 무엇인가?

2) 상황 설명문에 두 명이 등장하여 대화하는 경우

주로 이와 같은 경우에는 크게 두 가지의 질문 형태로 나누어진다. 첫 번째는 둘의 대화의 결론은 무엇인가? 두 번째는 둘 중 한 명의 의견이나 생각 또는 행동의 이유나 목적을 묻는 문제가 출제되기 때문에 대화문의 경우 여자 또는 남자의 의견이나 생각을 간단히 메모해 두는 게 좋다.

Tip 주로 나오는 질문 예

男の人は何をしに来ましたか。	남자는 무엇을 하러 왔습니까?
女の人はどのように考えているか。	여자는 어떻게 생각하고 있는가?
二人はどうすることにしたか。	두 사람은 어떻게 하기로 했는가?

1. 본문을 들으면서 주로 나오는 키워드를 최대한 간단히 메모하다 보면 내용을 유추할 수도 있다.
2. 모르는 단어나 문법 표현이 나왔다고 해서 당황하지 말자. 이것은 모든 파트에 다 해당하는 것인데, 우리가 놓치고 간 단어의 의미를 물어보는 문제는 거의 없다. 정확한 해석을 하려고 하지 않아도 되며, 전체적인 대화의 흐름을 파악하고 있는지 결과는 어떻게 되어가고 있는지에 중점을 두고 파악해야 답을 찾을 수 있다.

Memo

▶정답 및 해설 <본서1> p.117

150 실전 시험 개요 이해 [1]

(/5)

問題3

問題3では、問題用紙に何もいんさつされていません。この問題は、全体としてどんな内容かを聞く問題です。話の前に質問はありません。まず話を聞いてください。それから、質問とせんたくしを聞いて、1から4の中から、最もよいものを一つ選んでください。

— メ モ —

청해 03_01

고사장 버전

▶정답 및 해설 <본서1> p.120

151 실전 시험 개요 이해 [2]

(/5)

問題3

問題3では、問題用紙に何もいんさつされていません。この問題は、全体としてどんな内容かを聞く問題です。話の前に質問はありません。まず話を聞いてください。それから、質問とせんたくしを聞いて、1から4の中から、最もよいものを一つ選んでください。

— メ モ —

청해 03_02

고사장 버전

❯정답 및 해설 <본서1> p.123

152 실전 시험 개요 이해 [3] (/5)

問題 3

問題3では、問題用紙に何もいんさつされていません。この問題は、全体としてどんな内容かを聞く問題です。話の前に質問はありません。まず話を聞いてください。それから、質問とせんたくしを聞いて、1から4の中から、最もよいものを一つ選んでください。

— メ モ —

청해 03_03

고사장 버전

Memo

문제 4 즉시 응답

» 유형 소개

즉시 응답 (11~12문항)

간단한 문장이나 질문 등의 짧은 발화를 듣고, 적절한 응답을 선택할 수 있는지를 묻는다.

問題 4

問題4では、問題用紙に何もいんさつされていません。まず文を聞いてください。それから、それに対する返事を聞いて、1から3の中から、最もよいものを一つ選んでください。

<table>
<tr><th colspan="2">순서</th><th>문제</th></tr>
<tr><td rowspan="2">음성듣기</td><td>짧은 문장이나 질문문</td><td>1番
M：土曜日のハイキング、来ればよかったのに。</td></tr>
<tr><td>3개의 선택지를 듣는다.</td><td>F：1　次の機会にはぜひ。
2　じゃあ、ご一緒いたします。
3　いい天気になりそうですね。</td></tr>
<tr><td colspan="3">답 고르기</td></tr>
</table>

1	❶②③

해석　1번　남 : 토요일 하이킹, 오면 좋았을 텐데.
여 : 1　다음 기회에는 꼭.
2　그럼 함께 하겠습니다.
3　좋은 날씨가 될 것 같네요.

» 해답 스킬

1. 발화자의 문장을 듣고 상황 및 의도를 파악한다.
2. 선택지를 들으며 아닌 답은 ×, 애매한 답은 △, 정답은 ○로 표시해가며 바로 답을 고를 수 있도록 한다. 만약 답으로 추정되는 것이 도저히 없다면, 빨리 포기하고 넘어가야 다음 문제에 집중할 수 있다.
3. 짧은 한 문장을 듣고 답을 골라야 하는데 앞에 부분을 놓쳤다 하더라도 여운으로 남는 맨 끝 문장에서 사용된 표현을 상기해 보자.

   예를 들어 「**～ていただけたらと思います**」라고 하는 부탁과 의뢰 표현으로 문장이 끝났다면, 그에 맞는 대답으로는 승낙이나 거절을 요구하는 문제이므로 선택지 중에서 답을 충분히 고를 수 있다.

» 학습 대책

1. 한 문제당 30초 전후의 짧은 시간 동안 듣고 판단하여 답을 골라야 하기 때문에 집중력과 빠른 판단력을 요구한다. 따라서 주저하다가 문제를 놓치거나 다음 문제에 영향을 주지 않도록 한다.
2. 자주 출제되는 문제 유형은 다음과 같으니 관련 기본 지식을 미리 학습해 두도록 한다.

   – 경어·인사말 표현

   – 의성어·의태어·부사 표현

   – 유의어(비슷한 의미 찾기 문제)

   – 비슷한 발음, 동음이의어, 다의어(의미가 여러 개인 단어)를 구별하는 문제

   – 시제가 일치하는가를 묻는 문제

   – 상황별 빈출 표현(P. 457 참고)

▶정답 및 해설 <본서1> p.126

153 실전 시험 즉시 응답 [1]

(　　/12)

問題4

問題4では、問題用紙に何もいんさつされていません。まず文を聞いてください。それから、それに対する返事を聞いて、1から3の中から、最もよいものを一つ選んでください。

— メ モ —

청해 04_01

고사장 버전

›정답 및 해설 <본서1> p.129

154 실전 시험 즉시 응답 [2]

(/12)

問題 4

問題4では、問題用紙に何もいんさつされていません。まず文を聞いてください。それから、それに対する返事を聞いて、1から3の中から、最もよいものを一つ選んでください。

— メ モ —

청해 04_02

고사장 버전

›정답 및 해설 <본서1> p.131

155 실전 시험 즉시 응답 [3]

(/12)

問題 4

問題4では、問題用紙に何もいんさつされていません。まず文を聞いてください。それから、それに対する返事を聞いて、1から3の中から、最もよいものを一つ選んでください。

— メ モ —

청해 04_03

고사장 버전

Memo

문제 5 통합 이해

» 유형 소개

통합 이해 (3~4문항)

긴 본문을 듣고, 복수의 정보를 비교·종합해 내용을 통합적으로 이해할 수 있는지를 묻는다.

1번 문제의 유형: 네 가지 설명을 듣고 그중에서 자신의 조건, 희망하는 것에 맞는 것을 고르는 문제로 출제된다.

예

問題5

問題5では、長めの話を聞きます。この問題には練習はありません。
問題用紙にメモをとってもかまいません。

1番

問題用紙に何もいんさつされていません。まず話を聞いてください。それから、質問とせんたくしを聞いて、1から4の中から、最もよいものを一つ選んでください。

순서		문제
음성듣기	상황 설명문	1番 電子辞書売り場で留学生と販売員が話しています。
	본문	F：あのう、電子辞書を探してるんですけど。なるべく安いもので。日本語の勉強に使いたいと思って。 M：そうですか。ええと、それでは、こちらの1番の辞書が最も安い商品になっていますが、機能はあまり多くありません。こちらの2番は、漢字辞典に漢字認識機能がついてて、人気があります。 F：漢字認識機能？ M：はい、だいたいの形しか覚えていない漢字でも、簡単に調べることができるんです。3番も同じ機能がついていて、あと、カタカナ語辞典も充実しているタイプですね。あとは、少し高くなりますけど、この4番はさらに単語の発音が聞けるようになっていて、人気がありますよ。

		F：うーん。漢字認識機能はよさそうですね。発音は聞けなくてもいいんですけど、カタカナ語辞典はあったら便利ですね。じゃ、これにします。
	질문문과 선택지를 듣는다.	留学生はどの電子辞書を買うことにしましたか。 1　1番の電子辞書 2　2番の電子辞書 3　3番の電子辞書 4　4番の電子辞書
답 고르기		

해석　1번 전자사전 판매점에서 유학생과 판매원이 이야기하고 있습니다.

여 : 저, 전자사전을 찾고 있는데요. 가능한 싼 것으로. 일본어 공부에 사용하고 싶어서요.

남 : 그렇습니까? 그럼, 이쪽의 1번 사전이 가장 저렴한 상품인데요. 기능은 별로 없습니다. 이쪽 2번은 한자사전에 한자 인식 기능이 있어 인기가 있습니다.

여 : 한자 인식 기능?

남 : 네, 대략적인 형태밖에 기억하고 있지 않은 한자라도 간단히 찾을 수 있습니다. 3번도 같은 기능이 있고 그리고 가타카나어 사전도 충실한 타입입니다. 그리고 조금 비싸지겠지만, 이 4번은 게다가 단어의 발음을 들을 수 있게 되어 있어 인기가 있습니다.

여 : 음~. 한자 인식 기능은 좋은 것 같네요. 발음은 듣지 않아도 되지만 가타카나어 사전은 있으면 편리하겠네요. 그럼, 이것으로 하겠습니다.

유학생은 어느 전자사전을 사기로 했습니까?

1　1번의 전자사전
2　2번의 전자사전
3　3번의 전자사전
4　4번의 전자사전

» 해답 스킬

1. 상황 설명을 듣고 무엇에 대한 설명이 나올지를 예상한다. (보통 제품/상품 설명, 메뉴 설명이 자주 출제된다.)
2. 대부분의 문제의 경우, 본문 안에 네 개의 설명이 나오니 그 특징을 간단히 메모한다.
3. 대화의 흐름을 들으며 네 개의 설명 중에서 부정적 반응으로 답하는 것은 소거하며, 남는 것을 답으로 선택한다.

» 학습 대책

1. 결국 원하는 조건에 맞는 것을 고르는 문제이기 때문에 본문 초반부에 나오는 조건을 잘 들어 두는 게 중요하다.
2. 메모할 때 포인트는 네 개의 상품 설명이 소비자의 조건에 부합하는지 아닌지에 대한 간단한 메모만 해 두는 것이다. 이렇게만 해 두어도 충분히 요점 정리가 된다.

2번 문제의 유형: 3명 이상의 사람이 나누는 대화를 듣고 결국 어떻게 하기로 했는지 결론을 찾는 문제가 출제된다.

問題5

問題5では、長めの話を聞きます。この問題には練習はありません。
問題用紙にメモをとってもかまいません。

2番

問題用紙に何もいんさつされていません。まず話を聞いてください。それから、質問とせんたくしを聞いて、1から4の中から、最もよいものを一つ選んでください。

순서		문제
음성듣기	상황 설명문	2番 家族三人がペットについて話しています。
	본문	M1：ねえねえ、僕、犬飼いたいんだ。飼ってもいい？ M2：うーん。犬かあ。 F：　だめだめ。犬って家族と一緒なのよ。一度飼ったら、途中でやめるわけにはいかないよ。

	본문	M1：僕がちゃんと世話するから。 F：でもね、前欲しい欲しいって言って飼った金魚だって、結局、今、だれがえさをあげてる? M1：お母さん。だって、金魚って一緒に遊べないから。今度こそちゃんと世話するから。お願い。 M2：うーん。まあ、お父さんは、犬を飼うことには賛成だよ。遊び相手になってくれるだろうし。 M1：本当？ M2：うん。でも一つ条件があるんだ。 M1：条件？ M2：うん。まず、金魚世話をちゃんとすること。それができたら飼ってもいいよ。金魚の世話ができないのに犬の世話ができるはずないから。 M1：分かった。僕、頑張って世話するよ。それなら、お母さんもいいでしょ? F：そうね。しょうがないわね。
	질문문과 선택지를 듣는다.	両親はどうすることに決めましたか。 1　世話が大変なので、犬は飼わない。 2　すでに金魚がいるので、犬は飼わない。 3　子供が一緒に遊べるので、すぐに犬を飼う。 4　子供に金魚の世話ができたら、犬を飼う。
답 고르기		

1	①②③❹

해석　2번 가족 세 명이 펫에 관해 이야기하고 있습니다.

남1: 있잖아, 나 개 기르고 싶어. 길러도 돼?
남2: 음…. 개라….
여: 안 돼 안 돼. 개는 가족과 같은 거야. 한 번 기르면 도중에 그만둘 수 없어.
남1: 내가 잘 보살필 테니까.
여: 하지만, 전에 갖고 싶다 갖고 싶다 말해 길렀던 금붕어는 결국 지금 누가 먹이 주고 있어?
남1: 엄마. 왜냐면, 금붕어는 함께 놀 수 없으니까. 이번에야말로 제대로 보살필 테니까. 부탁해요~.
남2: 음~. 뭐 아빠는 개를 기르는 것에는 찬성이야. 놀이 상대가 되어 줄 것이고.
남1: 정말?
남2: 응, 하지만 하나 조건이 있어.
남1: 조건?
남2: 응. 우선, 금붕어의 케어를 제대로 할 것. 그것이 가능하면 길러도 돼. 금붕어 케어를 할 수 없는데 개를 보살필 수 있을 리 없잖아.
남1: 알겠어. 나 열심히 보살필게. 그렇다면 엄마도 되는 거지?
여: 그래. 어쩔 수 없네.

부모님은 어떻게 하기로 결정했습니까?

1 보살피는 게 힘드니까 개는 기르지 않는다.
2 이미 금붕어가 있으니까 개는 기르지 않는다.
3 아이가 함께 놀 수 있으니까 바로 개를 기른다.
4 아이가 금붕어를 보살필 수 있다면 개를 기른다.

» 해답 스킬

1. 상황 설명문을 통해 앞으로 나올 본문의 이야기 주제를 파악해 둔다.
2. 세 명의 관계를 대화를 통해 확인하며 이야기의 흐름을 중심으로 파악해 둔다.
3. 특히, 대화 속의 세 명의 의견을 중심으로 메모해 두면 좋다. 그것이 답을 고르는 선택지가 되기 때문이다.

» 학습 대책

1. 세 명의 대화의 이유와 결과를 묻는 문제가 자주 출제되며, 주로 결과는 대화의 마지막 부분에서 결정되는 경우가 많다. 대화의 결과나 결정을 나타내는 문말 표현으로는 **～ことにしよう/～決めましょう** 등의 말이 자주 온다.
2. 대화 속에 선택지에 해당하는 네 가지 의견이 나오기 때문에 키워드만 신속하게 적어두는 것이 좋다.

3번 문제의 유형: 무언가를 설명하는 본문을 듣고 두 명의 대화문을 통해 각각의 선택을 고르는 형식으로 출제된다.

問題 5

問題5では、長めの話を聞きます。この問題には練習はありません。
問題用紙にメモをとってもかまいません。

3番

まず話を聞いてください。それから、二つの質問を聞いて、それぞれ問題用紙の1から4の中から、最もよいものを一つ選んでください。

<table>
<tr><th colspan="2">순서</th><th>문제</th></tr>
<tr><td rowspan="2">음성 듣기</td><td>상황 설명문</td><td>3番
ラジオでプレゼントするCDの紹介をしています。</td></tr>
<tr><td>본문</td><td>F1：えー、では、番組からの今日のプレゼントです。今日はCDを4枚ご用意いたしました。ぜひご応募くださいね。えー、1番目はクラシックの曲をピアノで演奏したものです。静かな曲が多いので、私は夜寝る前によく聴いてるんですよ。次、2番目は、世界の民族音楽をその地域の太鼓で力強く演奏したもので、聴いていると力が沸いてきます。3番目は、年代別にはやった歌を集めたCDで、聴いていると、その時代を思い出しますね。そして最後、4番目は、私が最近出したCDです。最近子供が生まれたので、子供に歌って聴かせたい曲ばかりを集めて、作ってみました。
M：へえ、この人って、歌も歌うんだね。知らなかった。
F2：ほんとだね。私、応募してみようかな。
M：え?この人の歌、聴いてみたいの?
F2：そうじゃなくて。私、最近夜寝られないのよ。だから。この人も寝る前に聴いてるって言ってたし。
M：あ、そっちね。じゃ、僕も応募しようかな。カラオケでよく上司が歌ってる昔の歌っていい曲多いんだよね。CDもらえるんだったら聴いてみたいな。
F2：そうなんだ。太鼓習ってるからそっちにすると思った。</td></tr>
</table>

	질문문과 선택지를 듣는다.	質問(しつもん)1 女(おんな)の人(ひと)はどのCDに応募(おうぼ)したいと言(い)っていますか。 1　1番(ばん)のCD 2　2番(ばん)のCD 3　3番(ばん)のCD 4　4番(ばん)のCD
	질문문과 선택지를 듣는다.	質問(しつもん)2 男(おとこ)の人(ひと)はどのCDに応募(おうぼ)したいと言(い)っていますか。 1　1番(ばん)のCD 2　2番(ばん)のCD 3　3番(ばん)のCD 4　4番(ばん)のCD
답 고르기		

1	❶ ② ③ ④
2	① ② ❸ ④

해석 3번 라디오에서 선물할 CD의 소개를 하고 있습니다.

여1: 음, 그럼, 프로그램의 오늘의 선물입니다. 오늘은 CD를 4장 준비했습니다. 꼭 응모해 주세요. 음... 첫 번째는 클래식 곡을 피아노로 연주한 것입니다. 조용한 곡이 많기 때문에 저는 잠자기 전에 자주 들어요. 다음 두 번째는 세계 민족음악을 그 지역의 다이코(일본의 북)로 힘차게 연주한 것으로, 듣고 있으면 힘이 솟아납니다. 세 번째는 연대별로 유행했던 곡을 모은 CD로, 듣고 있으면 그 시대가 생각납니다. 그리고 마지막, 네 번째는 제가 최근에 낸 CD입니다. 최근에 아이가 태어나서 아이에게 들려주고 싶은 곡만 모아서 만들어 보았습니다.

남: 이야…. 이 사람 노래도 부르는구나. 몰랐어.

여2: 진짜네. 나 응모해 볼까?

남: 어? 이 사람 노래 들어보고 싶어?

여2: 그게 아니라, 나 요즘 밤에 잠을 못 자. 그래서 이 사람도 자기 전에 듣고 있다고 하고.

남: 아, 그쪽이구나. 그럼 나도 응모해 볼까? 노래방에서 자주 상사가 부르는 옛날 노래 좋은 곡 많잖아. CD 받을 수 있다면 들어 보고 싶네.

여2: 그렇구나. 다이코 배우고 있어서 그것을 할 거라고 생각했는데.

질문 1
여자는 어떤 CD에 응모하고 싶다고 말하고 있습니까?

1 1번 CD　　2 2번 CD　　3 3번 CD　　4 4번 CD

질문 2
남자는 어떤 CD에 응모하고 싶다고 말하고 있습니까?

1 1번 CD　　2 2번 CD　　3 3번 CD　　4 4번 CD

» 해답 스킬

1. 상황 설명과 함께 네 가지의 설명에 대해 간단히 메모하면서 듣는다.
2. 남녀의 대화를 통해 네 가지 중 각각 어떤 것을 선택하는가를 고르는 문제이므로 처음에 나온 설명문과 대화문을 종합하여 듣도록 한다.
3. 특히 남녀의 대화 속에서 반전의 결과가 있을지 모르니 끝까지 집중해서 듣도록 하자.

» 학습 대책

1. 보통 네 가지의 설명은 주로 상품 또는 제품의 설명이나 가게의 메뉴 설명 등이 많다.
   시험지의 선택지 옆에 각각의 특징을 메모하는 게 중요하다.
2. 질문 1번이 남자에 대한 질문인지 여자에 대한 질문인지 파악하고 재빨리 나머지 2번도 답을 선택한 후, 남은 시간은 문제지의 답과 대조하여 답안지 마킹에 실수가 없도록 한다.

Memo

問題5

問題5では、長めの話を聞きます。この問題には練習はありません。

問題用紙にメモをとってもかまいません。

1番

問題用紙に何もいんさつされていません。まず話を聞いてください。それから、質問とせんたくしを聞いて、1から4の中から、最もよいものを一つ選んでください。

— メ モ —

정답 및 해설 <본서1> p.134

(　　/3)

청해 05_01

고사장 버전

2番

まず話を聞いてください。それから、二つの質問を聞いて、それぞれ問題用紙の1から4の中から、最もよいものを一つ選んでください。

質問1

1　1番の洗剤
2　2番の洗剤
3　3番の洗剤
4　4番の洗剤

質問2

1　1番の洗剤
2　2番の洗剤
3　3番の洗剤
4　4番の洗剤

157 실전 시험 통합 이해 [2]

問題 5

問題5では、長めの話を聞きます。この問題には練習はありません。

問題用紙にメモをとってもかまいません。

1番、2番

問題用紙に何もいんさつされていません。まず話を聞いてください。それから、質問とせんたくしを聞いて、1から4の中から、最もよいものを一つ選んでください。

― メ モ ―

정답 및 해설 <본서1> p.136

(/4)

청해 05_02

고사장 버전

3番

まず話を聞いてください。それから、二つの質問を聞いて、それぞれ問題用紙の1から4の中から、最もよいものを一つ選んでください。

質問1

1　地下鉄

2　バス

3　車

4　シャトルバス

質問2

1　地下鉄

2　バス

3　車

4　シャトルバス

158 실전 시험 통합 이해 [3]

問題 5

問題5では、長めの話を聞きます。この問題には練習はありません。

問題用紙にメモをとってもかまいません。

1番、2番

問題用紙に何もいんさつされていません。まず話を聞いてください。それから、質問とせんたくしを聞いて、1から4の中から、最もよいものを一つ選んでください。

— メ モ —

›정답 및 해설 <본서1> p.139

(　　/4)

청해 05_03

고사장 버전

3番(ばん)

まず話(はなし)を聞(き)いてください。それから、二(ふた)つの質問(しつもん)を聞(き)いて、それぞれ問題用紙(もんだいようし)の1から4の中(なか)から、最(もっと)もよいものを一(ひと)つ選(えら)んでください。

質問(しつもん)1

1　ブルーベリースムージー

2　マンゴースムージー

3　トマトジュース

4　ミックスジュース

質問(しつもん)2

1　ブルーベリースムージー

2　マンゴースムージー

3　トマトジュース

4　ミックスジュース

Memo

파고다 JLPT N2

일본어능력시험

이 책의 구성

부가 자료

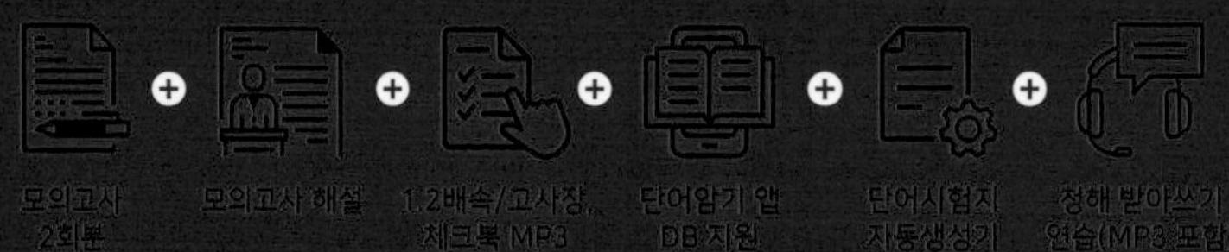

최신 개정판

박은정 | 저

파고다 JLPT

N2

일본어능력시험

마무리 체크북

PAGODA Books

최신 개정판

파고다 JLPT

N2

일본어능력시험

마무리 체크북

PAGODA Books

차례

시험 직전 문자·어휘 まとめ

1	동사
2	형용사
3	명사

≫ 꼭 알아둬야 할 단어만 엄선한 N2 필수 어휘 500입니다.
품사별로 정리했습니다.
시험 직전에 한 번 더 눈에 담아 두세요~!

동사

1	□ 憧れる	あこがれる	동경하다
2	□ 味わう	あじわう	맛보다
3	□ 預かる	あずかる	맡다
4	□ 与える	あたえる	주다, 수여하다
5	□ 温める	あたためる	데우다
6	□ 当たる	あたる	맞다, 해당하다
7	□ 暴れる	あばれる	난폭하게 굴다, 날뛰다
8	□ あふれる	あふれる	넘쳐나다, 흔하다
9	□ 甘やかす	あまやかす	응석 부리게 하다
10	□ 謝る	あやまる	사과하다, 사죄하다
11	□ 荒れる	あれる	거칠어지다
12	□ 慌てる	あわてる	당황하다, 허둥거리다
13	□ 生かす	いかす	살리다, 발휘하다, 활용하다
14	□ 維持する	いじする	유지하다
15	□ 至る	いたる	이르다
16	□ 一致する	いっちする	일치하다
17	□ 祈る	いのる	빌다, 기원하다
18	□ 祝う	いわう	축하하다
19	□ 植える	うえる	심다

20	□承る	うけたまわる	삼가 듣다, 받잡다
21	□失う	うしなう	잃어버리다, 놓치다
22	□薄れる	うすれる	엷어지다, 약해지다
23	□打ち明ける	うちあける	고백하다
24	□映す	うつす	비추다
25	□奪う	うばう	뺏다
26	□占う	うらなう	점치다
27	□追い込む	おいこむ	몰아넣다
28	□追いつく	おいつく	따라붙다, 따라잡다
29	□補う	おぎなう	보충하다, 메우다
30	□贈る	おくる	선물하다
31	□抑える	おさえる	억누르다
32	□収める	おさめる	거두다, 넣다, 담다
33	□納める	おさめる	납입하다
34	□恐れる	おそれる	무서워하다, 두려워하다
35	□落ち着く	おちつく	침착하다, 안정되다
36	□訪れる	おとずれる	방문하다
37	□劣る	おとる	열등하다, 뒤떨어지다
38	□驚く	おどろく	놀라다

39	□思い込む	おもいこむ	확신하다, 결심하다
40	□及ぼす	およぼす	미치다, 파급하다
41	□抱える	かかえる	안다, 떠맡다
42	□輝く	かがやく	빛나다
43	□限る	かぎる	한정하다
44	□欠く	かく	부족하다, 없다
45	□隠す	かくす	숨기다
46	□重ねる	かさねる	겹치다, 중복되다
47	□貸し出す	かしだす	대출하다
48	□稼ぐ	かせぐ	벌다 (돈 · 시간 · 점수)
49	□傾く	かたむく	기울다 (위치 · 마음 · 사상)
50	□偏る	かたよる	기울다, 치우치다(편중)
51	□語る	かたる	말하다
52	□叶う	かなう	이루어지다
53	□かばう	かばう	감싸다, 비호하다
54	□我慢する	がまんする	참다
55	□乾く	かわく	마르다(건조)
56	□観察する	かんさつする	관찰하다
57	□乾燥する	かんそうする	건조하다
58	□競う	きそう	경쟁하다
59	□鍛える	きたえる	단련하다

60	□急増する	きゅうぞうする	급증하다
61	□区切る	くぎる	구분하다, 구획 짓다
62	□悔やむ	くやむ	분하게 여기다, 후회하다
63	□繰り返す	くりかえす	반복하다
64	□削る	けずる	깎다, 줄이다, 삭감하다
65	□貢献する	こうけんする	공헌하다
66	□超える	こえる	넘다
67	□克服する	こくふくする	극복하다
68	□焦げる	こげる	타다
69	□異なる	ことなる	상이하다, 다르다
70	□断る	ことわる	거절하다
71	□探す	さがす	찾다
72	□避ける	さける	피하다
73	□差し上げる	さしあげる	드리다, 바치다
74	□指す	さす	가리키다
75	□誘う	さそう	권유하다
76	□妨げる	さまたげる	방해하다
77	□持参する	じさんする	지참하다
78	□沈む	しずむ	가라앉다
79	□招待する	しょうたいする	초대하다
80	□救う	すくう	구하다, 구조하다

81	□優れる	すぐれる	우수하다
82	□勧める	すすめる	권하다, 추천하다
83	□捨てる	すてる	버리다
84	□済む	すむ	끝나다(해결)
85	□狭める	せばめる	좁히다
86	□迫る	せまる	육박하다, 다가오다
87	□遭遇する	そうぐうする	조우하다, 우연히 만나다
88	□添える	そえる	첨부하다, 덧붙이다
89	□属する	ぞくする	속하다
90	□注ぐ	そそぐ	붓다, 따르다
91	□揃う	そろう	갖추다
92	□耐える	たえる	참다, 인내하다
93	□倒す	たおす	쓰러뜨리다
94	□倒れる	たおれる	쓰러지다
95	□確かめる	たしかめる	확인하다
96	□経つ	たつ	경과하다, 지나다
97	□達する	たっする	달하다
98	□頼む	たのむ	부탁하다
99	□黙る	だまる	잠자코 있다, 침묵하다
100	□保つ	たもつ	유지하다, 보존하다
101	□近づく	ちかづく	다가오다, 접근하다

102	□縮む	ちぢむ	줄어들다, 쪼글쪼글해지다
103	□費やす	ついやす	소비하다
104	□通じる	つうじる	(언어 · 마음 등이) 통하다
105	□就く	つく	(지위에) 오르다, 취임하다
106	□続く	つづく	계속되다
107	□務める	つとめる	(임무를) 맡다, 역할을 다하다
108	□繋がる	つながる	연결되다, 이어지다
109	□潰れる	つぶれる	찌부러지다, 망하다
110	□詰まる	つまる	막히다, 꽉 차다
111	□積み重ねる	つみかさねる	겹겹이 쌓다, 쌓아 올리다
112	□詰め込む	つめこむ	채워 넣다
113	□出来上がる	できあがる	완성되다
114	□適応する	てきおうする	적응하다
115	□徹底する	てっていする	철저하다
116	□転じる	てんじる	바꾸다, 바뀌다
117	□伝染する	でんせんする	전염되다
118	□問い合わせる	といあわせる	문의하다
119	□溶かす	とかす	녹이다
120	□届ける	とどける	보내다, 배달하다, (관청 등에) 신고하다
121	□伴う	ともなう	동반하다
122	□取り上げる	とりあげる	집어 들다, 채택하다

123	□取り除く	とりのぞく	제거하다, 없애다
124	□眺める	ながめる	바라보다, 조망하다
125	□嘆く	なげく	한탄하다
126	□納得する	なっとくする	납득하다
127	□悩む	なやむ	고민하다
128	□鳴る	なる	울리다
129	□慣れる	なれる	적응되다, 익숙하다
130	□担う	になう	짊어지다, 메다
131	□抜く	ぬく	뽑다, 빼다
132	□願う	ねがう	원하다, 바라다
133	□逃す	のがす	놓치다
134	□伸ばす	のばす	늘리다, 신장시키다
135	□伸びる	のびる	늘다, 신장하다
136	□述べる	のべる	서술하다
137	□拝見する	はいけんする	보다, 읽다 [겸양]
138	□吐き出す	はきだす	토해내다, 내뱉다
139	□外す	はずす	떼다, 풀다
140	□果たす	はたす	완수하다, 다하다
141	□離れる	はなれる	멀어지다, 떨어지다
142	□省く	はぶく	생략하다
143	□冷える	ひえる	차가워지다, 추워지다

144	□ 引き受ける	ひきうける	떠맡다
145	□ 引き渡す	ひきわたす	넘겨주다, 인도하다
146	□ 広げる	ひろげる	넓히다
147	□ 増える	ふえる	늘다, 증가하다
148	□ 深める	ふかめる	깊게 하다
149	□ 含む	ふくむ	포함하다
150	□ 防ぐ	ふせぐ	막다, 방지하다
151	□ 踏み出す	ふみだす	내딛다, 착수하다
152	□ 踏む	ふむ	밟다
153	□ 振り返る	ふりかえる	뒤돌아보다, 돌이켜보다
154	□ 振り込む	ふりこむ	납입하다, 불입하다
155	□ 触れる	ふれる	접촉하다, 다루다
156	□ 隔てる	へだてる	사이를 두다, 칸을 두다
157	□ 減る	へる	줄다, 감소하다
158	□ 保存する	ほぞんする	보존하다
159	□ 参る	まいる	오다, 가다 [겸양]
160	□ 任せる	まかせる	맡기다
161	□ 負ける	まける	지다
162	□ 混ぜる	まぜる	섞다, 혼합하다
163	□ まとめる	まとめる	정리하다
164	□ 惑わす	まどわす	현혹시키다, 유혹하다

165	□招く	まねく	초대하다, 부르다
166	□迷う	まよう	망설이다, 헤매다
167	□見い出す	みいだす	찾아내다, 발견하다
168	□磨く	みがく	닦다, 연마하다
169	□満たす	みたす	채우다, 충족시키다
170	□乱れる	みだれる	흐트러지다, 혼란해지다
171	□見慣れる	みなれる	눈에 익숙하다
172	□見分ける	みわける	분간하다, 분별하다
173	□結ぶ	むすぶ	맺다, 묶다
174	□恵まれる	めぐまれる	혜택받다, 은혜받다
175	□目指す	めざす	지향하다, 목표하다
176	□申し上げる	もうしあげる	말씀드리다 [言う의 겸양]
177	□潜る	もぐる	잠수하다
178	□用いる	もちいる	쓰다, 이용하다
179	□基づく	もとづく	근거하다
180	□求める	もとめる	구하다(요구하다)
181	□戻る	もどる	돌아가다
182	□漏れる	もれる	새다(누수)
183	□養う	やしなう	기르다, 양육하다
184	□破れる	やぶれる	찢어지다
185	□譲る	ゆずる	양보하다, 양도하다

186	□輸入する	ゆにゅうする	수입하다
187	□許す	ゆるす	용서하다, 허락하다
188	□緩む	ゆるむ	느슨해지다
189	□汚れる	よごれる	더러워지다
190	□寄せる	よせる	밀려오다, 다가오다
191	□呼び止める	よびとめる	불러 세우다
192	□寄る	よる	들르다
193	□湧く	わく	솟다, 솟아나다
194	□渡る	わたる	건너다
195	□割り込む	わりこむ	끼어들다

2 형용사

196	□あいまいだ	あいまいだ	애매하다
197	□明らかだ	あきらかだ	명백하다, 뚜렷하다
198	□厚い	あつい	두껍다
199	□怪しい	あやしい	수상하다, 이상하다
200	□荒い	あらい	거칠다
201	□新ただ	あらただ	새롭다
202	□痛ましい	いたましい	가엽다, 애처롭다
203	□薄暗い	うすぐらい	어슴푸레하다
204	□思いがけない	おもいがけない	의외다, 뜻밖이다
205	□重苦しい	おもくるしい	답답하다, 숨 막히다
206	□快晴だ	かいせいだ	쾌청하다
207	□勝手だ	かってだ	제멋대로다
208	□悲しい	かなしい	슬프다
209	□頑丈だ	がんじょうだ	튼튼하다
210	□簡略だ	かんりゃくだ	간략하다
211	□危険だ	きけんだ	위험하다
212	□貴重だ	きちょうだ	귀중하다
213	□厳しい	きびしい	엄하다, 엄격하다
214	□強烈だ	きょうれつだ	강렬하다

215	□ 悔しい	くやしい	분하다, 억울하다
216	□ 詳しい	くわしい	상세하다, 자세하다
217	□ 険しい	けわしい	험하다
218	□ 好調だ	こうちょうだ	호조를 보이다, 순조롭다
219	□ 快い	こころよい	유쾌하다, 기분 좋다
220	□ 幸いだ	さいわいだ	다행이다
221	□ 盛んだ	さかんだ	번성하다, 왕성하다
222	□ 寂しい	さびしい	쓸쓸하다, 외롭다
223	□ 残念だ	ざんねんだ	유감이다
224	□ 重要だ	じゅうようだ	중요하다
225	□ 正直だ	しょうじきだ	정직하다
226	□ 深刻だ	しんこくだ	심각하다
227	□ 慎重だ	しんちょうだ	신중하다
228	□ 素直だ	すなおだ	고분고분하다, 순하다, 솔직하다
229	□ 率直だ	そっちょくだ	솔직하다
230	□ 粗末だ	そまつだ	허술하다
231	□ 対等だ	たいとうだ	대등하다
232	□ 多大だ	ただいだ	많고 크다
233	□ 多様だ	たようだ	다양하다

234	□辛い	つらい	괴롭다
235	□丁寧だ	ていねいだ	정중하다
236	□適切だ	てきせつだ	적절하다
237	□同様だ	どうようだ	다름없다, 마찬가지다
238	□得意だ	とくいだ	잘하다, 자신 있다
239	□乏しい	とぼしい	빈곤하다
240	□情けない	なさけない	한심하다
241	□苦手だ	にがてだ	못하다, 싫어하다
242	□激しい	はげしい	격하다, 심하다
243	□複雑だ	ふくざつだ	복잡하다
244	□ふさわしい	ふさわしい	어울리다
245	□不思議だ	ふしぎだ	이상하다, 불가사의하다
246	□不調だ	ふちょうだ	상태가 나쁘다, 부진하다
247	□豊富だ	ほうふだ	풍부하다
248	□面倒だ	めんどうだ	귀찮다
249	□豊かだ	ゆたかだ	풍족하다, 풍부하다
250	□余計だ	よけいだ	쓸데없다
251	□立派だ	りっぱだ	훌륭하다
252	□冷静だ	れいせいだ	냉철하다, 이성적이다
253	□わがままだ	わがままだ	제멋대로다, 이기적이다

Memo

3 명사

254	□愛用	あいよう	애용
255	□意識	いしき	의식
256	□意図	いと	의도
257	□意欲	いよく	의욕
258	□印象	いんしょう	인상
259	□引用	いんよう	인용
260	□器	うつわ	그릇
261	□裏	うら	뒤쪽, 안쪽
262	□売上	うりあげ	매상
263	□笑顔	えがお	웃는 얼굴
264	□遠慮	えんりょ	사양, 삼가
265	□温暖化	おんだんか	온난화
266	□絵画	かいが	회화, 그림
267	□解決	かいけつ	해결
268	□外見	がいけん	외견
269	□外交	がいこう	외교
270	□解散	かいさん	해산
271	□解釈	かいしゃく	해석
272	□解消	かいしょう	해소

273	□回数	かいすう	횟수
274	□解放	かいほう	해방
275	□価格	かかく	가격
276	□拡充	かくじゅう	확충
277	□角度	かくど	각도
278	□確認	かくにん	확인
279	□形	かたち	형태
280	□価値	かち	가치
281	□活気	かっき	활기
282	□学期	がっき	학기
283	□格好	かっこう	모습, 차림
284	□活動	かつどう	활동
285	□活発	かっぱつ	활발
286	□活躍	かつやく	활약
287	□活力	かつりょく	활력
288	□可能性	かのうせい	가능성
289	□歓迎	かんげい	환영
290	□感性	かんせい	감성
291	□監督	かんとく	감독

292	□勧誘	かんゆう	권유
293	□簡略化	かんりゃくか	간략화
294	□記憶	きおく	기억
295	□機会	きかい	기회
296	□規格	きかく	규격
297	□企業	きぎょう	기업
298	□技術	ぎじゅつ	기술
299	□基礎	きそ	기초
300	□期待	きたい	기대
301	□機能	きのう	기능
302	□希望	きぼう	희망
303	□休憩	きゅうけい	휴게, 휴식
304	□共通点	きょうつうてん	공통점
305	□恐怖	きょうふ	공포
306	□曲線	きょくせん	곡선
307	□議論	ぎろん	논의
308	□緊張	きんちょう	긴장
309	□空間	くうかん	공간
310	□傾向	けいこう	경향
311	□掲載	けいさい	게재
312	□掲示	けいじ	게시

313	□経費	けいひ	경비
314	□契約	けいやく	계약
315	□結果	けっか	결과
316	□決勝	けっしょう	결승
317	□健康	けんこう	건강
318	□検査	けんさ	검사
319	□減少	げんしょう	감소
320	□現状	げんじょう	현상
321	□建設	けんせつ	건설
322	□限定	げんてい	한정
323	□検討	けんとう	검토
324	□効果	こうか	효과
325	□後悔	こうかい	후회
326	□効果的	こうかてき	효과적
327	□講義	こうぎ	강의
328	□広告	こうこく	광고
329	□口座	こうざ	계좌, 구좌
330	□講師	こうし	강사
331	□後者	こうしゃ	후자
332	□向上	こうじょう	향상
333	□構造	こうぞう	구조

334	□構築	こうちく	구축
335	□肯定	こうてい	긍정
336	□行動	こうどう	행동
337	□購入	こうにゅう	구입
338	□好評	こうひょう	호평
339	□項目	こうもく	항목
340	□効率	こうりつ	효율
341	□小型	こがた	소형
342	□事柄	ことがら	사정, 내용, 일
343	□好み	このみ	기호, 취향
344	□困難	こんなん	곤란
345	□再開	さいかい	재개
346	□採用	さいよう	채용
347	□作業	さぎょう	작업
348	□司会者	しかいしゃ	사회자
349	□支給	しきゅう	지급
350	□仕組み	しくみ	조직, 구조, 짜임새
351	□資源	しげん	자원
352	□視察	しさつ	시찰
353	□事情	じじょう	사정, 일
354	□姿勢	しせい	자세

355	□自然	しぜん	자연
356	□実施	じっし	실시
357	□指定	してい	지정
358	□視点	してん	시점
359	□指導	しどう	지도
360	□地元	じもと	그 고장, 그 지방
361	□集合	しゅうごう	집합
362	□充実感	じゅうじつかん	충실함
363	□修正	しゅうせい	수정
364	□柔軟	じゅうなん	유연
365	□修理	しゅうり	수리
366	□終了	しゅうりょう	종료
367	□取得	しゅとく	취득
368	□趣味	しゅみ	취미
369	□種類	しゅるい	종류
370	□循環	じゅんかん	순환
371	□消化	しょうか	소화
372	□状況	じょうきょう	상황
373	□条件	じょうけん	조건
374	□証拠	しょうこ	증거
375	□詳細	しょうさい	상세

376	□招待	しょうたい	초대
377	□状態	じょうたい	상태
378	□象徴	しょうちょう	상징
379	□商品	しょうひん	상품
380	□書物	しょもつ	서적
381	□所有	しょゆう	소유
382	□神経	しんけい	신경
383	□進出	しんしゅつ	진출
384	□診断	しんだん	진단
385	□進歩	しんぽ	진보
386	□信頼	しんらい	신뢰
387	□森林	しんりん	산림
388	□人類	じんるい	인류
389	□水準	すいじゅん	수준
390	□数量	すうりょう	수량
391	□姿	すがた	모습
392	□図表	ずひょう	도표
393	□政治	せいじ	정치
394	□成績	せいせき	성적
395	□製造	せいぞう	제조
396	□制約	せいやく	제약

397	□責任	せきにん	책임
398	□設置	せっち	설치
399	□全額	ぜんがく	전액
400	□洗剤	せんざい	세제
401	□前者	ぜんしゃ	전자
402	□宣伝	せんでん	선전
403	□専念	せんねん	전념
404	□専門家	せんもんか	전문가
405	□騒音	そうおん	소음
406	□増加	ぞうか	증가
407	□総合	そうごう	종합
408	□送付	そうふ	송부
409	□総務課	そうむか	총무과
410	□総量	そうりょう	총량
411	□退出	たいしゅつ	퇴출
412	□対象	たいしょう	대상
413	□退場	たいじょう	퇴장
414	□態度	たいど	태도
415	□多数	たすう	다수
416	□棚	たな	선반
417	□多様化	たようか	다양화

418	□単位	たんい	단위
419	□炭素	たんそ	탄소
420	□担当者	たんとうしゃ	담당자
421	□長所	ちょうしょ	장점
422	□調節	ちょうせつ	조절
423	□追加	ついか	추가
424	□通念	つうねん	통념
425	□通用	つうよう	통용
426	□定価	ていか	정가
427	□提出	ていしゅつ	제출
428	□手数料	てすうりょう	수수료
429	□哲学	てつがく	철학
430	□鉄道	てつどう	철도
431	□添付	てんぷ	첨부
432	□統一	とういつ	통일
433	□同士	どうし	동지
434	□登場	とうじょう	등장
435	□特徴	とくちょう	특징
436	□特定	とくてい	특정
437	□特別	とくべつ	특별
438	□土地	とち	토지

439	□波	なみ	파도
440	□涙	なみだ	눈물
441	□温もり	ぬくもり	온기, 따스함, 체온
442	□値段	ねだん	가격
443	□農産物	のうさんぶつ	농산물
444	□能率	のうりつ	능률
445	□把握	はあく	파악
446	□配達	はいたつ	배달
447	□俳優	はいゆう	배우
448	□配慮	はいりょ	배려
449	□破壊	はかい	파괴
450	□肌	はだ	피부
451	□発揮	はっき	발휘
452	□発行	はっこう	발행
453	□発送	はっそう	발송
454	□発売	はつばい	발매
455	□幅	はば	폭
456	□範囲	はんい	범위
457	□反映	はんえい	반영
458	□半額	はんがく	반액
459	□半減	はんげん	반감

460	□判断	はんだん	판단
461	□反応	はんのう	반응
462	□販売	はんばい	판매
463	□筆者	ひっしゃ	필자
464	□飛躍的	ひやくてき	비약적
465	□費用	ひよう	비용
466	□評価	ひょうか	평가
467	□風景	ふうけい	풍경
468	□不可欠	ふかけつ	불가결
469	□不足	ふそく	부족
470	□負担	ふたん	부담
471	□普遍的	ふへんてき	보편적
472	□不良品	ふりょうひん	불량품
473	□分析	ぶんせき	분석
474	□弊社	へいしゃ	자기 회사의 겸칭
475	□平和	へいわ	평화
476	□変換	へんかん	변환
477	□変更	へんこう	변경
478	□法律	ほうりつ	법률
479	□保護者	ほごしゃ	보호자
480	□募集	ぼしゅう	모집

481	□本質	ほんしつ	본질
482	□本物	ほんもの	진짜, 실물, 전문가
483	□見た目	みため	겉모습
484	□魅力	みりょく	매력
485	□名刺	めいし	명함
486	□模型	もけい	모형
487	□模範	もはん	모범
488	□遊園地	ゆうえんち	유원지
489	□有効	ゆうこう	유효
490	□優勝	ゆうしょう	우승
491	□夢	ゆめ	꿈
492	□要求	ようきゅう	요구
493	□様子	ようす	모습, 모양
494	□世の中	よのなか	세상
495	□余裕	よゆう	여유
496	□楽天的	らくてんてき	낙천적
497	□利益	りえき	이익
498	□利点	りてん	이점
499	□歴史	れきし	역사
500	□割引	わりびき	할인

Memo

시험 직전
문법 まとめ

» 꼭 알아둬야 할 표현만 엄선한 N2 필수 문법 120입니다.
예문과 함께 읽어보면서 시험 직전에 한 번 더 눈에 담아 두세요~!

시험 전에 꼭 외워야 할 N2 핵심 문법

1 ☐ **～に対して/～に対しては/～に対しても/～に対する**

~에 대해서/~에 대해서는/~에 대해서도/~에 대한

예문 消費者団体は、不良品を製造した会社に対して抗議した。

소비자 단체는 불량품을 제조한 회사에 대해 항의했다.

2 ☐ **～をめぐって/～をめぐる** ~를 둘러싸고/~를 둘러싼

예문 留学生をめぐる諸問題 유학생을 둘러싼 여러 문제

国会ではこの法案の是非をめぐって、議論が続けられている。

국내에서는 이 법안의 시비(옳고 그름)를 둘러싸고 논의가 이어지고 있다.

3 ☐ **～にとって/～にとっては/～にとっても** ~에 있어서/~로서는/~에게도

예문 子供にとっては難しすぎる。아이에겐 너무 어렵다.

海外旅行は、現代人にとっては珍しいことではなくなった。

해외여행은 현대인에게 있어서는 드문 일은 아니게 되었다.

4 ☐ **～に応じて/～に応じた/～に応じては** ~에 상응하여

예문 年齢に応じた対処 연령에 상응한 대처

この会社の給料は、経験年数と能力に応じて決められる。

이 회사의 월급은 경험 햇수(경력)와 능력에 상응하여 정해진다.

5 ☐ **～にこたえて/～にこたえ/～にこたえる** ~에 부응하여, ~에 답하여

예문 要望·期待にこたえて 요망 · 기대에 부응하여

顧客の拍手にこたえて、ピアニストはアンコール曲を弾き始めた。

고객의 박수에 답하여 피아니스트는 앙코르곡을 연주하기 시작했다.

6 ☐ **～において/～においては/～における** ~에 있어서, ~에서(장소)

예문 20世紀における最大の発明は、コンピューターだろう。

20세기에 있어서 최대의 발명은 컴퓨터일 것이다.

7 ☐ **～にあたって/～にあたり** ~할 때, ~를 맞이하여

예문 海外進出をするにあたり、まず、現地の市場調査のためのスタッフを送り出した。

해외 진출을 맞이하여, 먼저 현지 시장조사를 위한 직원을 보냈다.

8 ☐ **～に基づいて/～に基づき/～に基づく/～に基づいた**

~를 바탕으로, ~를 토대로, ~에 기초를 둔

예문 このドラマは実際にあった事件に基づいて作られたものです。
이 드라마는 실제로 있었던 사건을 바탕으로 만들어진 것입니다.

9 ☐ **～にしたがって/～にしたがい** ~(함)에 따라

예문 電車が都心から離れるにしたがい、緑が多くなってきた。
전차가 도심에서 멀어짐에 따라, 녹음이 짙어졌다.

10 ☐ **～から～にかけて** ~부터 ~에 걸쳐

예문 昨夜、東北地方から関東地方にかけて、大きな地震がありました。
어젯밤에 도호쿠 지방부터 간토 지방에 걸쳐 큰 지진이 있었습니다.

11 ☐ **～にわたって/～にわたり/～にわたる/～にわたった**

~에 걸쳐서/~에 걸친

예문 各科目にわたり、よい成績をとる。각 과목에 걸쳐 좋은 성적을 받다.
30年間にわたる戦争 30년에 걸친 전쟁

12 ☐ **～を通じて/～を通して** ~를 통해서

예문 都はマスコミを通じて、住民にゴミを減らすよう呼びかけている。
도는 매스컴을 통해서 주민에게 쓰레기를 줄이도록 호소하고 있다.

13 ☐ **～のもとで/～のもとに** ~아래서/~하에

예문 親の保護のもとに 부모의 보호하에

14 ☐ **～にかけては/～にかけても** ~에 있어서(는)/~에 있어서(도)

예문 彼は、仕事だけでなく遊びにかけても、だれよりも積極的だ。
그는 일뿐만 아니라 노는 것에 있어서도 누구보다 적극적이다.

15 ☐ **～はともかく/～はともかくとして** ~은 어쨌든

예문 勝てるかどうかはともかくとして、試合に出られるだけでうれしい。
이길 수 있을지 어떨지는 어찌 됐든, 시합에 나올 수 있는 것만으로 기쁘다.

16 ☐ **～とかいう** ~라든가 라고 한다

예문 A：駅前にあった本屋、なくなっちゃったね。
역 앞에 있던 서점, 없어져 버렸네.
B：あの店は、駅の反対側に移転したとかいう話よ。
그 가게는 역 반대편으로 이전했다든가 하는 이야기가 있어.

17 ☐ **～さえ/～でさえ** ~까지도, ~조차, ~마저

예문 たばこが体に悪いことは、小学校の子供でさえ知っている。
담배가 몸에 나쁜 것은 초등학교 애들조차 알고 있다.

18 ☐ **～さえ～ば** ~만 ~이면

예문 現金がなくてもカードさえ持っていれば、買い物も食事もできる。
현금이 없어도 카드만 가지고 있으면 쇼핑도 식사도 가능하다.

19 ☐ **～からこそ** ~야말로, ~이니까, ~이기 때문에

예문 あの先生は、学生に人気がある。やさしいからではない。厳しいからこそ、好かれるのだ。
저 선생님은 학생에게 인기가 있다. 상냥하기 때문은 아니다. 그야말로 엄하기 때문에 좋아하는 것이다.

20 ☐ **①～だけ ②～だけあって ③～だけに ④～だけの** ~만큼/~만큼의

예문 日本語がだいぶ上手になったが、まだ通訳をするだけの実力はない。
일본어가 꽤 늘었는데, 아직 통역을 할 만큼의 실력은 아니다.

21 ☐ **～どころか** ~(하기)는커녕

예문 この薬はよく効くと言われて飲んでみたが、効くどころかもっと悪くなってしまった。
이 약은 잘 듣는다고 들어서 먹어 봤지만, 효과가 있기는커녕 더 나빠져 버렸다.

22 ☐ **～どころではない/～どころではなく** ~할 때(상황)가 아니다

예문 母が病気だと聞いて、勉強どころではなくなってしまった。
엄마가 아프다고 들어서, 공부할 때가 아니게 되어 버렸다.

23 ☐ **～ばかりか/～ばかりでなく** ~뿐만 아니라

예문 この果物は、味がいいばかりでなく栄養価もとても高い。
이 과일은 맛이 좋을 뿐만 아니라 영양가도 매우 높다.

24 ☐ **～ばかりに** ~한 바람에, ~탓에

예문 お金がないばかりに、子供に十分な教育を受けさせてやれない。
돈이 없는 탓에, 아이에게 충분한 교육을 받게 해줄 수 없다.

25 ☐ **～なんて** ~하다니(감탄, 놀라움)

예문 大学生がこんなに易しい問題が解けないなんて、本当に情けない。
대학생이 이렇게 쉬운 문제를 풀지 못하다니, 정말 한심하다.

26 ☐ **～かと思うと/～かと思ったら/～と思うと/～と思ったら**
~(인가) 생각하자/~(인가) 생각했더니

예문 息子は学校から帰ってきたと思ったら、もう外で遊んでいる。
아들은 학교에서 돌아왔다고 생각했더니, 이미 밖에서 놀고 있다.

27 ☐ **～たとたん(に)** ~하자마자

예문 大学に入るまでは一生懸命に勉強するが、入ったとたんに勉強しなくなる学生が多い。
대학교에 들어가기까지는 열심히 공부하지만, 들어가자마자 공부하지 않는 학생이 많다.

28 ☐ **～か～ないかのうちに** ~인가 싶더니

예문 バーゲン会場の入り口が開くか開かないかのうちに、客がいっせいに入ろうとし、負傷者が出た。바겐세일 회장의 입구가 열리는가 싶더니, 고객이 일제히 들어오려고 해, 부상자가 나왔다.

29 ☐ **～次第** ~하는 대로(즉시)

예문 雨がやみ次第出かけましょう。비가 그치는 대로 나갑시다.

30 ☐ **～に際して/～に際し/～に際しての** ~할 즈음하여/~할 즈음의

예문 図書館の利用に際しては、学生手帳の「図書館利用についての注意」をよく読んでください。도서관을 이용할 때는 학생 수첩의 '도서관 이용에 관한 주의 사항'을 잘 읽어 주세요.

31 ☐ **～に先立って/～に先立ち/～に先立つ** ~하기에 앞서

예문 映画の公開に先立つ試写会には、多くの有名人が訪れた。
영화 개봉에 앞선 시사회에는 많은 유명인이 찾아왔다.

32 ☐ **~最中に/～最中だ** 한창 ~하는 중에

예문 テレビでサッカーの試合を見ている最中に新聞の集金が来て、いいところを見逃してしまった。TV에서 축구 시합을 한창 보고 있는 중에 신문의 수금이 와서 좋은 부분을 놓쳐버리고 말았다.

33 ☐ **～わけがない/～わけはない** ~일리가 없다/~일리는 없다

예문 水なしで一ヵ月も生きられるわけがない。
물 없이 한 달도 살아남을 수 있을 리가 없다.

34 □ **～わけだ/～わけではない/～わけでもない**

~셈(것)이다/~셈(것)은(도) 아니다

예문 あなたの気持ちもわからないわけではない。

당신의 기분도 모르는 것은 아니다.

35 □ **～わけにはいかない** ~할 수는 없다

예문 先生が作ってくださった料理だから、おなかはすいていないけれど、食べないわけにはいかない。선생님이 만들어 주신 요리이니까, 배고프지 않아도 먹지 않을 수는 없다.

36 □ **～ことだ** (조언·주장 등) ~하는 것이 상책이다, ~하는 편이 좋다, ~할 필요가 있다

예문 売れる商品を作るには、消費者のニーズを知ることだ。

팔리는 상품을 만드는 것에는 소비자의 니즈를 알 필요가 있다.

37 □ **どんなに/どれほど/なんと/何回・何度も～ことか**

(얼마나) ~했던가, ~이던가

예문 あの人と結婚できたら、どんなにうれしいことか。

저 사람과 결혼할 수 있다면, 얼마나 기쁠까.

38 □ **～ことから** ~라는 것을 이유로, ~하기 때문에

예문 あの火事は火の気のない場所から出火していることから、警察は放火と見て捜査を開始した。저 화재는 화기가 없는 장소에서 불이 나고 있는 것을 이유로, 경찰은 방화로 보고 조사를 개시했다.

39 □ **～のことだから** ~는 항상 그러니까 (이번에도 그럴 거다), 잘 아는 ~이기 때문에

예문 子ども好きの彼のことですから、いいお父さんになるでしょう。

아이를 좋아하는 그이니까, 좋은 아버지가 될 거예요.

40 □ **～ことなく** ~하는 일 없이

예문 料金が高いので、迷うことなく、一番安い席のチケットを買った。

요금이 비싸기 때문에 망설일 것 없이, 가장 싼 좌석의 티켓을 샀다.

41 □ **～ことに(は)** ~하게도

예문 今朝、車の衝突事故があったが、幸いなことにけが人はいなかったようだ。

오늘 아침에 자동차 충돌 사고가 있었는데, 다행히 다친 사람은 없었던 것 같다.

42 □ **～ことはない** ~할 필요는 없다

예문 君は何も悪いことをしていないんだから、謝ることはない。

너는 아무것도 잘못하지 않았으니까, 사과할 필요는 없다.

43 □ **～ないことには～ない** ~하지 않고서는 ~(할 수) 없다

예문 実際に品物を見ないことには、買うか買わないか決められない。
실제로 물건을 보지 않고서는 살지 말지 정할 수 없다.

44 □ **～ものだ/～ものではない** ~인 법이다/~인 것은 아니다

예문 食べ物を口に入れたまま話すものじゃありませんよ。
음식을 입에 넣은 채로 말하는 것은 아닙니다.

45 □ **～というものだ** (바로) ~인 것이다, ~인 법이다

예문 お世話になったのにお礼も言わないのは、非常識というものだ。
신세를 졌는데, 감사 인사도 하지 않는 것은 몰상식한 것이다.

46 □ **～というものではない/～というものでもない**
무조건 ~한 것은(도) 아니다

예문 商品は、ただ価値が安ければ売れる、というものではない。
상품은, 단지 가격이 저렴하면 무조건 팔리는 것은 아니다.

47 □ **～ものだから** ~하기 때문에, ~하므로

예문 遅くなってごめんなさい。電車が遅れたもんだから。
늦어서 미안합니다. 전차가 늦어서요.

48 □ **～もの** ~인 걸요

예문 A：どうして来なかったの？ 왜 안 왔어?
B：だって、起きられなかったんだもん。 왜냐하면 못 일어났는 걸.

49 □ **～ものがある** ~한 면이 있다, ~인(한) 데가 있다

예문 彼の作品には、人の心を打つものがある。
그의 작품에는 사람의 마음을 울리는 데가 있다.

50 □ **～ものか** ~하겠어, ~할까 보냐, ~하나 봐라

예문 プレッシャーなんかに負けるものか、という気持ちで頑張りました。
압박감 따위에 질쏘냐, 하는 마음으로 열심히 했습니다.

51 □ **～ものの** 비록 ~하긴 했지만

예문 大変な仕事を引き受けたものの、できるかどうか自信がない。
힘든 일을 받아들이긴 했지만, 될지 어떨지 자신이 없다.

52 ☐ 가능형 + **ものなら** ~할 수 있다면

예문 これは50キロはありますよ。持てるものなら持ってみなさい。
이건 50킬로그램은 나가요. 들 수 있다면 들어 보세요.

53 ☐ **う/よう**형 + **ものなら** ~하려 한다면

예문 彼女に秘密を教えようものなら、すぐみんなに知られてしまう。
그녀에게 비밀을 가르쳐 준다면, 금방 모두에게 알려져 버린다.

54 ☐ **～たところ** ~했더니

예문 先生に進学相談を申し込んだところ、今週の金曜日に決まった。
선생님에게 진학 상담을 신청했더니 이번 주 금요일로 정해졌다.

55 ☐ **～ところに/～とうろへ/～ところを** ~ 때/~ 참에/~ 장면을

예문 恋人と歩いているところを、担任の先生に見られてしまった。
애인과 걷고 있는 장면을 담임 선생님에게 들켜 버렸다.

56 ☐ **～かのようだ** ~(인) 것 같다, ~인 양하다

예문 彼女は、あたかも自分が被害者(である)かのように言っていますが、実際は全く違います。
그녀는 마치 자기가 피해자인 듯이 말하고 있습니다만, 실제로는 완전히 다릅니다.

57 ☐ **～ようがない/～ようもない** ~할 방도가 없다/~할 수도 없다

예문 どうしようもない。어쩔 수 없다
なんとなく好きなだけだから、理由を聞かれても答えようがない。
왠지 모르게 좋을 뿐이니까, 이유를 물어도 대답할 수가 없다.

58 ☐ **～まい/～まいか** ~하지 않을 것이다/~하지 않을까?

예문 帰国したのではあるまいか。귀국한 것은 아닐까?

59 ☐ **～う/ようか～まいか** ~할지 말지

예문 旅行に行こうか行くまいか、まだ決めていない。
여행에 갈지 말지 아직 정하지 않았다.
この大学を受けようか受けまいか、考えているところだ。
이 대학을 지원할지 말지 생각하고 있는 참이다.

60 □ **～う/ようではないか** (함께) ~하자, ~해야 하지 않겠는가?

예문 今日は大いに飲もうじゃないか。오늘은 실컷 마시자.
行かないなんて言わないで、いっしょに行ってみようじゃないか？
안 가겠다는 말 같은 건 하지 말고, 함께 가보자.

61 □ **～から言うと/～から言えば/～から言って**
~의 입장에서 보면/말하면/생각하면

예문 立場・現状から言って 입장 · 현실을 생각하면
今の会社の経営状態から言うと、いつ倒産してもおかしくない。
지금 회사의 경영 상태에서 말하면 언제 도산해도 이상하지 않다.

62 □ **～からすると/～からすれば** ~(입장)으로 보아/~으로 보면

예문 うっとうしい梅雨だが、米を作る農家からすれば必要なものだ。
찌무룩한 장마인데, 쌀을 만드는 농가 입장으로 보면 필요한 것이다.

63 □ **～から見ると/～から見れば/～から見て/～から見ても**
~로 보면/~로 본다면/~로 봐서(도)

예문 高校の成績から見ても 고등학교 성적으로 봐도
他人から見ると幸せそうでも、実際はどうかわからないものだ。
다른 사람이 보면 행복할 것 같아도, 실제로는 어떨지 모르는 법이다.

64 □ **～にしたら/～にすれば/～にしても** ~입장에서 생각하면/~라고 해도

예문 先生は気軽に宿題を出すけれど、学生にしたら大変なんです。
선생님은 가벼운 마음으로 숙제를 내준다지만, 학생 입장에서 생각하면 힘든 것입니다.

65 □ **～からして** ~로 미루어 보아, ~부터가

예문 彼女は元トップモデルだっただけあって、歩き方からして美しい。
그녀는 전직 톱모델였던만큼, 걷는 법부터가 아름답다.

66 □ **～てからでないと/てからでなければ** ~하지 않고서는, ~한 후가 아니면

예문 仕事を依頼されたが、詳しい話を聞いてからでないと返事できない。
일을 의뢰받았지만, 자세한 이야기를 듣지 않고서는 대답할 수 없다.

67 □ **～にしては** ~로서는, ~치고는 (=わりには)

예문 この辺りは、都心にしては静かだ。이 주변은 도심치고는 조용하다.

68 □ **～としたら/～とすれば** ~라고 한다면, ~라고 가정하면

예문 この絵が本物だとしたら、2000万円はするそうだ。
이 그림이 진짜라고 한다면, 2만 엔은 나간다고 한다.

69 □ **의문사 + たとえ～にしろ, 의문사 + たとえ～にせよ** 설령 ~일지라도

예문 何を専攻するにせよ、英語は勉強しておいた方がいい。
무엇을 전공할지라도 영어는 공부해 두는 편이 좋다.

70 □ **～にしろ/～にせよ/～にもせよ** ~라 하더라도, ~라고 해도

예문 ゴミ問題にせよ、排ガス問題にせよ、文明社会からは切り離せない。
쓰레기 문제라든지, 배기가스 문제라든지, 문명사회로부터는 떼어 놓을 수 없다.

71 □ **～からには/～からは** ~한 이상에는, ~이니까

예문 オリンピックに出るからには、メダルをとりたい。
올림픽에 나간 이상에는 메달을 따고 싶다.

72 □ **～に限って/～に限り/～に限らず** ~에 한해(서), ~뿐만 아니라

예문 最近は、コンビニに限らずレストランでも、24時間運営の店が増えている。
최근에는, 편의점에 국한하지 않고, 24시간 영업하는 가게가 늘고 있다.

73 □ **～上(に)** ~인 데다가

예문 この製品は、値段が安い上に品質もいいので、消費者に好評だ。
이 제품은 가격이 싼 데다가 품질도 좋아서 소비자들이 호평한다.

74 □ **～上(で)** ~한 다음, ~하고 나서

예문 若者の意識調査は、新商品を開発する上でたいへん役立つ。
젊은이들의 의식 조사는 신상품을 개발하는 데 있어 매우 도움이 된다.

75 □ **～のみならず** ~뿐 아니라, ~에 한하지 않고

예문 父のみならず母までも 아빠뿐 아니라 엄마까지도

76 □ **～あげく/～あげくに** ~한 끝에

예문 困ったあげく 곤란한 끝에
どれを買おうかとさんざん迷ったあげく、何も買わずに店を出てきてしまった。
어느 것을 살지 몹시 망설인 끝에, 아무것도 사지 않고 가게를 나와 버렸다.

77 □ **～というと/～といえば/～といったら** ~라고 하면, ~로 말할 것 같으면

예문 A：暑(あつ)くなるとビールが飲(の)みたくなりますね。
더워지면 맥주를 마시고 싶어져요.
B：ビールといえば、最近(さいきん)また新製品(しんせいひん)が発売(はつばい)されましたね。
맥주라고 하면, 요즘 또 신제품이 발매되었죠.

78 □ **～からといって** ~라고 해서

예문 きらいだからといって野菜(やさい)を食(た)べないのは、体(からだ)に良(よ)くない。
싫어한다고 해서 채소를 먹지 않는 것은 몸에 좋지 않다.

79 □ **～といっても** ~라고 하더라도

예문 彼(かれ)は、会長(かいちょう)といっても名(な)ばかりで、経営(けいえい)には全(まった)く関係(かんけい)していません。
그는 회장이라고 하더라도 이름뿐이고, 경영에는 전혀 관계하고 있지 않습니다.

80 □ **～ながら(も)** ~하면서 (AB 역접)

예문 近(ちか)くまで行(い)っていながら、悪天候(あくてんこう)のため救助(きゅうじょ)できなかった。
근처까지 갔으면서 악천후 때문에 구조하지 못했다.

81 □ **～つつ** ~하면서

예문 景気(けいき)の動向(どうこう)を考慮(こうりょ)しつつ、今後(こんご)の方針(ほうしん)を決定(けってい)する。
경기 동향을 고려하면서, 앞으로의 방침을 결정한다.

82 □ **～つつも** ~하면서도

예문 先生(せんせい)に手紙(てがみ)を書(か)かなくてはと思(おも)いつつも、忙(いそが)しくてなかなか書(か)けない。
선생님에게 편지를 써야 한다고 생각하면서도 바빠서 좀처럼 쓰지 못한다.

83 □ **～を問(と)わず/～は問(と)わず** ~를 불문하고/~은 불문하고

예문 商業目的(しょうぎょうもくてき)であるかどうかを問(と)わず、コピーは固(かた)く禁(きん)じられている。
상업 목적인지 어떤지를 불문하고 복사는 엄히 금지되어 있다.

84 □ **～にもかかわらず/～にはかかわりなく** ~임에도 불구하고, ~인데도 (불구하고)

예문 今日(きょう)は休日(きゅうじつ)にもかかわらず、出勤(しゅっきん)せざるを得(え)なくなった。
오늘은 휴일임에도 불구하고, 출근해야 했다.

85 □ **～きり/～きりだ** ~한 채/~한 채이다, ~했을 뿐이다

예문 田中君(たなかくん)には4年前(ねんまえ)、同窓会(どうそうかい)で会(あ)ったきりだ。
다나카 군은 4년 전, 동창회에서 만났을 뿐이다.

86 □ **～につき** ～에 대해서, ～이므로

예문 本日は定休日につき、休ませていただきます。またのご来店をお待ち致しております。
오늘은 정기휴무일이므로, 쉽니다. 다시 방문해 주시기를 기다리고 있겠습니다.

87 □ **～もかまわず** ～도 상관 없이, ～에도 아랑곳하지 않고

예문 彼女は、親が反対するのもかまわず、恋人を追って家を出て行った。
그녀는 부모가 반대함에도 아랑곳하지 않고 애인을 쫓아 집을 나갔다.

88 □ **～につけ～につけ** ～할 때나 ～할 때나, ～든 ～든

예문 うれしいにつけ、悲しいにつけ、亡くなったわが子を思い出す。
기쁠 때나 슬플 때나, 죽은 우리 아이를 떠올린다.

89 □ **～も～ば～も/～も～なら～も** A도 하는가 하면 B도

예문 この団地には、学校もあれば病院や図書館などの施設もある。
이 단지에는 학교도 있는가 하면 병원과 도서관 등의 시설도 있다.

90 □ **～やら～やら** ～라든지 ～라든지, ～이며 ～이며

예문 帰国前には、荷造りやらいろいろな手続きやらで本当に忙しかった。
귀국 전에는 짐 싸기라든지 여러 가지 절차라든지 때문에 정말 바빴다.

91 □ **～ざるを得ない** (어쩔 수 없이) ～하지 않을 수 없다
(예외: **する → せざる, くる → こざる**)

예문 体の具合が悪いが、責任者として会合には出席せざるを得ない。
몸 컨디션이 나쁘지만, 책임자로서 모임에 출석하지 않을 수 없다.

92 □ **～(より)ほかない/～(より)ほかはない/～ほかはない/～ほかしかたがない**
～할 수밖에(는) 없다/～외에 방법이 없다

예문 夜遅くなるとバスがなくなるので、タクシーで帰るほかない。
밤이 늦어지면 버스가 없어지기 때문에, 택시로 돌아가는 수밖에 없다.

93 □ **～にすぎない** (불과·고작) ～에 불과하다, ～에 지나지 않는다

예문 社長が交代するなどということは、単なるうわさにすぎない。
사장님이 바뀐다는 등의 이야기는 한낱 소문에 지나지 않는다.

94 □ **～てしょうがない** ～해서 견딜 수 없다

예문 このごろ食事制限をしているので、おなかがすいてしょうがない。
요즘 식사 제한을 하고 있기 때문에, 배가 고파 견딜 수 없다.

95 ☐ **～に相違ない** ~에 틀림없다

예문 社長が新製品発売を断念したのは、工場からの反対があったからに相違ない。
사장이 신제품 개발을 단념한 것은 공장으로부터의 반대가 있었기 때문임에 틀림없다.

96 ☐ **～っけ** ~던가, ~라고 했지, ~였지

예문 A：昨日の夜、何を食べたっけ。어젯밤, 뭐 먹었더라?
B：もう忘れたの？カレーでしょ。벌써 잊어버린 거야? 카레였잖아.

97 ☐ **～っこない** ~할 리가 없다, ~할 턱이 없다

예문 A：このマンション、いいでしょう？いかがですか。
이 아파트 좋지요? 어떠세요?
B：1億円のマンションなんて、私に買えっこありませんよ。
1억 엔이나 하는 아파트라니, 내가 살 수 있을 리가 없어요.

98 ☐ **～つつある** ~하는 중이다, ~하고 있다 (계속 진행)

예문 考え方が多様化し、人々の価値観も変わりつつある。
사고방식이 다양화되고, 사람들의 가치관도 변해가는 중이다.

99 ☐ **～得る(得る)/～得ない**
~할 수 있다, ~할 가능성이 있다/~할 수 없다, ~할 가능성이 없다

예문 子供がいい学校に入るためなら、多少をの出費もやむを得ない。
아이가 좋은 학교에 들어가기 위해서라면, 다소간의 지출도 부득이하다.

100 ☐ **～がたい** ~하기 어렵다

예문 出品された作品はどれも素晴らしく、優劣をつけがたい。
출품된 작품은 모두 훌륭해서, 우열을 가리기 어렵다.

101 ☐ **～げ** ~한 듯 (예외: **ある→ありげ**)

예문 10年ぶりに故郷に帰り、彼は以前住んでいた家を懐かしげに眺めた。
10년 만에 고향에 돌아가, 그는 예전에 살았던 집을 그리운 듯이 바라보았다.

102 ☐ **～っぽい** ~경향이 강하다, ~같아 보이다

예문 彼は飽きっぽい性格で一つの仕事を長く続けることができない。
그는 쉽게 질리는 성격으로 하나의 일을 길게 지속하는 것이 불가능하다.

103 □ **～かねる** ～하기 어렵다, ~할 입장(상황)이 아니다

예문 おっしゃることはわかりますが、その意見には賛成しかねます。
말씀하시는 바는 알겠습니다만, 그 의견에는 찬성하기 어렵습니다.

104 □ **～かねない** ～할지도 모른다, ~할 법하다

예문 このごろの若い社員は、気に入らないことがあると会社を辞めるなどと言い出しかねない。
요즘의 젊은 사원들은, 마음에 들지 않는 것이 있으면 회사를 그만두겠다는 등으로 말을 꺼낼지도 모른다.

105 □ **～きる/～きれる/～きれない** 완전히(전부) ~하다/~할 수 있다/~할 수 없다

예문 会社でも家庭内でもいろいろと問題があり、疲れきってしまった。
회사에서도 집안에서도 여러 가지로 문제가 있어, 완전히 지쳐버렸다.

106 □ **～かけだ/～かけの/～かける** ～하다 말다/~하다만

예문 彼の部屋のテーブルには、食べかけのパンが残されていた。
그의 방에 있는 테이블에는 먹다 만 빵이 남겨져 있다.

107 □ **～向きだ/～向きに/～向きの**
～에게 적합하다/~를 대상으로/~를 대상으로 한

예문 このゴルフコースは起伏が少なくて初心者向きだ。
이 골프 코스는 기복이 적어서 초보자에게 적합하다.

108 □ **～向けだ/～向けに/～向けの**
～용이다/~용으로, ~를 위해서/~용의, ~를 위한

예문 これは独身者向けに作られた部屋なので、台所が狭いんです。
이건 혼자 사는 사람용으로 만들어진 방이라서, 부엌이 좁습니다.

109 □ **～だらけ** ～투성이

예문 彼の運転は乱暴だから、買ったばかりの車がもう傷だらけだ。
그의 운전은 난폭하기 때문에, 이제 막 구매한 차가 벌써 상처투성이다.

110 □ **～一方だ** ～하기만 한다

예문 情報社会の中で、マスコミの役割は大きくなる一方だ。
정보사회 속에서 매스컴의 역할은 커져 가기만 하다.

111 □ **～おかげで/～おかげだ** ～덕분에/~덕분이다

예문 友達が手伝ってくれたおかげで、引越しも楽にできた。
친구가 도와준 덕분에 이사도 편하게 할 수 있었다.

112 ☐ **～せいだ/～せいで/～せいか** ~탓이다/~탓에/~탓인지

예문 天気がいいせいか、今日は気分がいい。날씨가 좋은 탓인지, 오늘은 기분이 좋다.

113 ☐ **～恐れがある** ~할 우려가 있다

예문 明日は低気圧の影響による大雨のおそれがあります。
내일은 저기압의 영향으로 인한 큰비가 올 우려가 있습니다.

114 ☐ **～あまり** 너무 ~한 나머지

예문 熱心に指導しようとするあまり、暴力をふるってしまう教師がいる。
너무 열심히 지도하려고 한 나머지, 폭력을 휘두른 교사가 있다.

115 ☐ **～ぬきで/～ぬきにして** ~없이/~를 빼고(는)

예문 仕事の話はぬきにして、今日は楽しく飲みましょう。
일 얘기는 빼고, 오늘은 즐겁게 마십시다.

116 ☐ **～次第だ/～次第で/～次第では** ~에 달려있다/~에 따라서/~에 따라서는

예문 目的が達成できるかどうかは、本人の努力次第だ。
목적을 달성할 수 있을지 어떨지는 본인의 노력에 달려있다.

117 ☐ **～ついでに** ~하는 김에

예문 買い物のついでに、はがきを出してきた。
쇼핑하는 김에, 엽서를 보내고 왔다.

118 ☐ **～をもとに/～をもとにして** ~를 토대로/~를 토대로 하여

예문 調査の結果をもとにして報告書が作成された。
조사 결과를 토대로 하여 보고서가 작성되었다.

119 ☐ **～を契機に/～を契機として/～を契機にして** ~를 계기로/~를 계기로 하여

예문 テロ事件を契機として、空港などのチェックが厳しくなった。
테러 사건을 계기로 하여, 공항 등의 체크가 삼엄해졌다.

120 ☐ **～をはじめ/～をはじめとする** ~를 비롯하여/~를 시작으로 하는

예문 東京には、上野公園をはじめ、桜の名所がたくさんある。
도쿄에는 우에노 공원을 비롯하여 벚꽃 명소가 많이 있다.

Memo

시험 직전
독해 まとめ

» 독해 지문을 주제별로 분석하여 자주 출제되는 어휘만 엄선했습니다. 주제별 연관 어휘들을 함께 확인해 보세요~!

주제별 빈출 어휘

❶ 자연 · 환경

省エネルギー 에너지 절약　エコ 환경　オス 암컷　メス 수컷　汚染 오염　希少だ 희귀하다

警報 경보　昆虫 곤충　鉱山 광산　細胞 세포　飼育 사육　弱肉強食 약육강식　樹木 수목, 나무

進化 진화　性別 성별　退化する 퇴화하다　津波 해일　天候 날씨　天然資源 천연자원

豊かだ 풍부하다　廃棄 폐기　被害 피해　災害 재해　被災 재해를 입음　哺乳類 포유류

❷ 기술 · 산업

研修 연수　達成する 달성/성취하다　成し遂げる 완수하다　役割 역할　姿勢 자세　意義 의의

支える 지탱하다, 버티다　従来 종래　見送る 보류하다, 배웅하다　取引先 거래처　発行する 발행하다

産業 산업　アナログ 아날로그　遺伝子 유전자　加工する 가공하다　画期的 획기적　産出 산출

原子力発電 원자력 발전　考案する 고안하다　仕組み 구조, 짜임　従事する 종사하다　精密 정밀

先端 첨단　技術 기술　携わる 종사하다, 관계하다　テクノロジー 테크놀로지　鉄鋼 철강

肥料 비료　放射能 방사능　輸送 수송　酪農 낙농　流通 유통　領域 영역　商売 장사

❸ 학업 · 유학

考察 고찰　論文 논문　研究室 연구실　主題 주제　書評 서평　参考する 참고하다　受験 수험

受け入れる 수용하다, 받아들이다　成果 성과　態度 태도　過程 과정　述べる 서술하다

発揮する 발휘하다　満たす 채우다, 충족시키다　望む 바라다, 희망하다　引用する 인용하다

記載する 기재하다　記述する 기술하다　掲載する 게재하다　主題 주제　書物 서적(물)

創作する 창작하다　著書 저서　伝聞 전문　投票する 투표하다　文献 문헌　文脈 문맥

前置き 서론, 머리말　要旨 요지

❹ 교육 · 연구

応用(おうよう) 응용　概念(がいねん) 개념　権威(けんい) 권위　講座(こうざ) 강좌　志(こころざ)す 뜻을 두다　在学(ざいがく) 재학　参照(さんしょう)する 참조하다

主張(しゅちょう) 주장　知性(ちせい) 지성　知的(ちてき) 지적　定義(ていぎ)する 정의하다　養成(ようせい)する 양성하다　類推(るいすい)する 유추하다

理念(りねん) 이념　目指(めざ)す 지향하다, 목표로 하다　触(ふ)れる 닿다, 만지다, 언급하다　掲示(けいじ)する 게시하다

避(さ)ける 피하다　果(は)たす 완수하다, 다하다　磨(みが)く 닦다, 연마하다　義務(ぎむ) 의무　比較(ひかく) 비교　優劣(ゆうれつ) 우열

克服(こくふく) 극복　褒(ほ)める 칭찬하다　考察(こうさつ) 고찰　講義(こうぎ) 강의

❺ 의료 · 건강

回復(かいふく)する 회복하다　治療(ちりょう) 치료　衰弱(すいじゃく) 쇠약　立(た)ち向(む)かう 맞서다　解消(かいしょう) 해소　ヘルシー 헬시, 건강한

安静(あんせい) 안정　医療(いりょう) 의료　衰(おとろ)える 쇠약해지다　老(お)いる 늙다　介護(かいご)する 간호하다　過労(かろう) 과로

感染(かんせん) 감염　休養(きゅうよう) 휴양　細菌(さいきん) 세균　脂肪(しぼう) 지방　消化(しょうか)する 소화하다　症状(しょうじょう) 증상　診断(しんだん) 진단

体調(たいちょう) 몸의 상태　だるい 나른하다　内臓(ないぞう) 내장　疲労(ひろう) 피로　保険(ほけん) 보험　老衰(ろうすい) 노쇠

❻ 법률 · 행정 · 나라 · 정치

改正(かいせい) 개정　整備(せいび) 정비　追及(ついきゅう) 추궁　取(と)り締(し)まる 단속하다, 다잡다　廃止(はいし) 폐지　保証(ほしょう) 보증

免除(めんじょ) 면제　改革(かいかく) 개혁　革新(かくしん) 혁신　革命(かくめい) 혁명　行政(ぎょうせい) 행정　条約(じょうやく) 조약　規約(きやく) 규약　支配(しはい) 지배

情勢(じょうせい) 정세　親善(しんぜん) 친선　侵略(しんりゃく) 침략　立法(りっぽう) 입법　領土(りょうど) 영토　侵(おか)す 침략/침범하다

友好関係(ゆうこうかんけい) 우호 관계　世論(よろん)/世論(せろん) 여론　政権(せいけん) 정권　政党(せいとう) 정당　体制(たいせい) 체제　治安(ちあん) 치안　秩序(ちつじょ) 질서

独裁(どくさい) 독재　内閣(ないかく) 내각　難民(なんみん) 난민　繁栄(はんえい) 번영　表明(ひょうめい) 표명　保守(ほしゅ) 보수　上回(うわまわ)る 상회하다, 웃돌다

下回(したまわ)る 하회하다, 밑돌다　緩和(かんわ) 완화　均衡(きんこう) 균형　供給(きょうきゅう) 공급　高騰(こうとう) 고등(물가가 오름)　雇用(こよう) 고용

財政(ざいせい) 재정　収支(しゅうし) 수지(수입과 지출)　需要(じゅよう) 수요　所得(しょとく) 소득　動向(どうこう) 동향　投資(とうし) 투자　負債(ふさい) 부채

物価(ぶっか) 물가　暴落(ぼうらく) 폭락　融資(ゆうし) 융자　裁判(さいばん) 재판　検事(けんじ) 검사　公平(こうへい)だ 공평하다

裁く(さばく) 재판하다, 판가름하다　証言(しょうげん) 증언　訴訟(そしょう) 소송　損害(そんがい) 손해　被る(こうむる) 입다, 받다(피해・손해 등)

償う(つぐなう) 갚다, 보상하다　賠償(ばいしょう) 배상　弁護士(べんごし) 변호사　法廷(ほうてい) 법정

❼ 문화・예술

催す(もよおす) 개최하다　伝承(でんしょう) 전승　受け継ぐ(うけつぐ) 계승하다, 이어받다　見事だ(みごとだ) 훌륭하다, 멋지다　特徴(とくちょう) 특징

刻む(きざむ) 새기다, 조각하다　遡る(さかのぼる) (흐름이나 시간 등을) 거슬러 올라가다　伝統行事(でんとうぎょうじ) 전통 행사

保守的(ほしゅてき) 보수적　維持する(いじする) 유지하다　創造(そうぞう) 창조　振り返る(ふりかえる) 뒤돌아보다, 회고하다　意図(いと) 의도

映像(えいぞう) 영상　演じる(えんじる) 연기하다　コンテンツ 콘텐츠　シナリオ 시나리오　芝居(しばい) 연극, 연기　装飾(そうしょく) 장식

音色(ねいろ) 음색　美術(びじゅつ) 미술　演奏(えんそう) 연주　芸術(げいじゅつ) 예술

❽ 사회 문제

手がかり(てがかり) 단서　取り上げる(とりあげる) 내세우다, 주제화하다　失業率(しつぎょうりつ) 실업률　高齢化(こうれいか) 고령화　判断(はんだん) 판단

取り組む(とりくむ) (일에) 대처하다, 맞붙다, 몰두하다　味わう(あじわう) 맛보다　示す(しめす) 나타내다, 가리키다　少子化(しょうしか) 저출산

詳細(しょうさい) 상세　介護施設(かいごしせつ) 요양/간호 시설　異なる(ことなる) 다르다, 상이하다　多様化(たようか) 다양화　逮捕(たいほ) 체포

多種多様だ(たしゅたようだ) 각양각색이다　犯人(はんにん) 범인　人殺し(ひとごろし) 살인　歴史(れきし) 역사　探る(さぐる) (원인 등을) 찾다, 살피다

現状(げんじょう) 현상, 현실　見なす(みなす) 간주하다　突き止める(つきとめる) 밝혀내다, 찾아내다

❾ 생활・여가・여행

眺める(ながめる) 바라보다, 조망하다　風景(ふうけい) 풍경　感心する(かんしんする) 탄복하다, 감탄하다　疑問(ぎもん) 의문　搭乗(とうじょう) 탑승

組み立てる(くみたてる) 조립하다, 구성하다　省く(はぶく) 생략하다　充実する(じゅうじつする) 충실하다　抑える(おさえる) 억제하다, 줄이다

繰り返す(くりかえす) 반복하다　了承(りょうしょう) 양해, 승낙함, 납득함　添える(そえる) 첨부하다, 더하다　旅先(たびさき) 여행지　ツアー 투어

指定席(していせき) 지정석　航空券(こうくうけん) 항공권　往復(おうふく) 왕복　片道(かたみち) 편도　休養(きゅうよう) 휴양　余暇(よか) 여가　宿泊(しゅくはく) 숙박

レジャー 레저　予算(よさん) 예산　客室(きゃくしつ) 객실　割引(わりびき)クーポン 할인 쿠폰　対象外(たいしょうがい) 대상 외　宿(やど) 숙소

税込(ぜいこみ) 세금 포함　観光(かんこう) 관광　名所(めいしょ) 명소

시험 직전
청해 まとめ

문제 01	과제 이해
문제 02	포인트 이해
문제 03	개요 이해
문제 04	즉시 응답
문제 05	통합 이해

» 청해 문제별로 자주 출제되는 어휘만 엄선했습니다.
유형별 연관 어휘들을 함께 확인해 보세요~!

과제 이해

★ 리포트 · 논문 · 보고서 등의 수정, 앞으로의 과제를 수행하기 위한 장면에서 자주 출제되는 어휘

情報(じょうほう)	정보
整理(せいり)	정리
条件(じょうけん)	조건
本棚(ほんだな)	책장
印刷(いんさつ)	인쇄
論文(ろんぶん)	논문
参考(さんこう)	참고
文献(ぶんけん)	문헌
採用(さいよう)	채용
新製品(しんせいひん)	신제품
修正(しゅうせい)	수정
お年寄(とした)り	어르신
反応(はんのう)	반응
提出(ていしゅつ)	출제
名簿(めいぼ)	명부
載(の)せる	(짐을) 싣다, 게재하다
備(そな)える	대비하다
書(か)き込(こ)む	써 넣다

配(くば)る	배부하다
確保(かくほ)する	확보하다
目(め)に付(つ)く	눈에 띄다
詰(つ)める	채워 넣다
調整(ちょうせい)する	조정하다
貼(は)る	붙이다
譲(ゆず)る	양보하다
避(さ)ける	피하다
考察(こうさつ)	고찰
掲示板(けいじばん)	게시판
許可(きょか)	허가
修正(しゅうせい)	수정
ボランティア	자원봉사자
パンフレット	팸플릿
ゼミ	세미나, 연구
ポスター	포스터
評判(ひょうばん)	평판
箱(はこ)	상자

衣類(いるい)	의류
休暇(きゅうか)	휴가
体調(たいちょう)	몸 상태
証明(しょうめい)	증명
特徴(とくちょう)	특징
容器(ようき)	용기
斜(なな)め	경사짐, 대각선
文章(ぶんしょう)	문장
設備(せつび)	설비

포인트 이해

★ 학교, 직장, 가게 등의 대화에서 자주 출제되는 어휘

触(ふ)れる	접촉하다
断(ことわ)る	거절하다
見逃(みのが)す	못 보고 놓치다
扱(あつか)う	취급하다
急増(きゅうぞう)する	급증하다
雇(やと)う	고용하다
超(こ)える	초과하다
担当(たんとう)	담당
配達(はいたつ)	배달
就職(しゅうしょく)	취직
給料(きゅうりょう)	급료, 봉급
対応(たいおう)	대응
了承(りょうしょう)	양해, 승낙
指導(しどう)	지도
転職(てんしょく)	이직
免許(めんきょ)	면허
打(う)ち合(あ)わせ	협의
売(う)り切(き)れ	품절

見込(みこ)み	전망
間隔(かんかく)	간격
事情(じじょう)	사정
開催(かいさい)	개최
監督(かんとく)	감독
支援(しえん)	지원

개요 이해

★ 강연, 설명, 방송, 안내, 인터뷰, 부재중 전화 관련 지문 빈출 단어

講演会(こうえんかい)	강연회
種類(しゅるい)	종류
効果(こうか)	효과
成分(せいぶん)	성분
育成(いくせい)	육성
観察(かんさつ)	관찰
議会(ぎかい)	의회
細胞(さいぼう)	세포
処理(しょり)	처리
建設(けんせつ)	건설
候補(こうほ)	후보
現場(げんば)	현장
労働(ろうどう)	노동
収穫(しゅうかく)	수확
症状(しょうじょう)	증상
特徴(とくちょう)	특징
増加(ぞうか)	증가
傾向(けいこう)	경향

試み(こころ)	시도
施設(しせつ)	시설
選挙(せんきょ)	선거
判断(はんだん)	판단
一因(いちいん)	일인, 한 원인
同士(どうし)	끼리
重要性(じゅうようせい)	중요성
必要性(ひつようせい)	필요성
深刻性(しんこくせい)	심각성
評論家(ひょうろんか)	평론가
消費量(しょうひりょう)	소비량
保つ(たも)	지키다, 유지하다
実践する(じっせん)	실천하다
明らかだ(あき)	명백하다
迎える(むか)	맞이하다
離れる(はな)	멀어지다, 떨어지다
抱える(かか)	(떠)안다
検討する(けんとう)	검토하다

즉시 응답

★ 상황별 자주 출제되는 어휘와 표현

世話(せわ)	신세
都合(つごう)	형편, 사정
自宅(じたく)	자택
記入(きにゅう)	기입
締(し)め切(き)り	마감
至急(しきゅう)	매우 급함
偶然(ぐうぜん)	우연
相当(そうとう)	상당
ぎりぎり	간당간당
ごちゃごちゃ	너저분함
がらがら	텅텅 빔
わざわざ	일부러
ずいぶん	꽤, 상당히
うっかり	깜빡
プレゼンテーション	프레젠테이션
まあまあだ	그럭저럭이다
落(お)ち込(こ)む	실망하다
助(たす)かる	도움 되다

お越(こ)しいただく	오시다
お見(み)えになる	오시다
お会(あ)いする	만나 뵙다
切(き)り替(か)える	새로 바꾸다
いまいちだ	시원찮다
迷惑(めいわく)をかける	민폐를 끼치다

통합 이해

★ 제품 소개, 의견 취합, 경품 · 상품 소개 지문 빈출 단어 정리

研修(けんしゅう)	연수
支援(しえん)	지원
活動(かつどう)	활동
急増(きゅうぞう)	급증
収納(しゅうのう)	수납
希望(きぼう)	희망
会費(かいひ)	회비
講座(こうざ)	강좌
指導(しどう)	지도
行事(ぎょうじ)	행사
対策(たいさく)	대책
推選(すいせん)	추천
職員(しょくいん)	직원
条件(じょうけん)	조건
確保(かくほ)	확보
宣伝(せんでん)	선전
応募(おうぼ)	응모
祝(いわ)い	축하
記念(きねん)	기념
お勧(すす)め	추천
性能(せいのう)	성능
提案(ていあん)	제안
普段(ふだん)	보통
超(こ)す	넘다, 초과하다
揃(そろ)える	갖추다, 같게 하다
見渡(みわた)す	전망하다, 멀리 보다
見直(みなお)す	재검토하다
譲(ゆず)る	양보 · 양도하다
来場(らいじょう)する	회장에 오다
整理(せいり)する	정리하다

Memo

Memo

Memo

파고다 JLPT N2
일본어능력시험

마무리 체크북

MP3 및 부가자료 무료이용 www.pagodabook.com